THE FALL OF THE OTTOMANS

THE GREAT WAR IN THE MIDDLE EAST, 1914-192

鄂圖曼帝國的殞落

一戰關鍵的東線戰場與現代中東的形成

百年紀念版

尤金・羅根——著
Eugene Rogan

何修瑜——譯

一九一四年地中海周圍國家
聖彼得堡
莫斯科
俄羅斯帝國
奧匈帝國
達佩斯
羅馬尼亞
貝爾格勒
布加勒斯特
塞凡堡
黑海
索菲亞
保加利亞
博斯普魯斯海峽
埃迪爾內
伊斯坦堡
塞薩洛尼基
馬爾馬拉海
加里波利
安卡拉
特拉布宗
利姆諾斯
希臘
米蒂利尼
伊茲密爾
鄂圖曼帝國
雅典
希俄斯
愛琴海
阿達納
亞歷山卓塔
阿勒坡
摩蘇爾
羅德島
克里特島
賽普勒斯
地中海
貝魯特
大馬士革
巴格達
波斯
班加西
亞歷山卓
塞德港
耶路撒冷
蘇伊士運河
開羅
蘇伊士灣
阿卡巴灣
埃及
巴斯拉
科威特
波斯灣
巴林
裏海
巴庫
麥地那
紅
阿拉伯中部
吉達
麥加
阿曼
海
蘇丹
非洲
厄利垂亞
沙那
葉門

愛丁堡
北海
丹麥
都柏林
英國
阿姆斯特丹
荷蘭
柏林
德意志帝國
倫敦
比利時
布魯塞爾
盧森堡
巴黎
維也
大西洋
法國
瑞士
馬賽
義大利
科西嘉
地中海
葡萄牙
西班牙
薩丁尼亞
阿爾及爾
彭城
突尼斯
西西里
瓦赫蘭
君士坦丁
的黎波
摩洛哥
阿爾及利亞
里約德奧羅
法屬西非

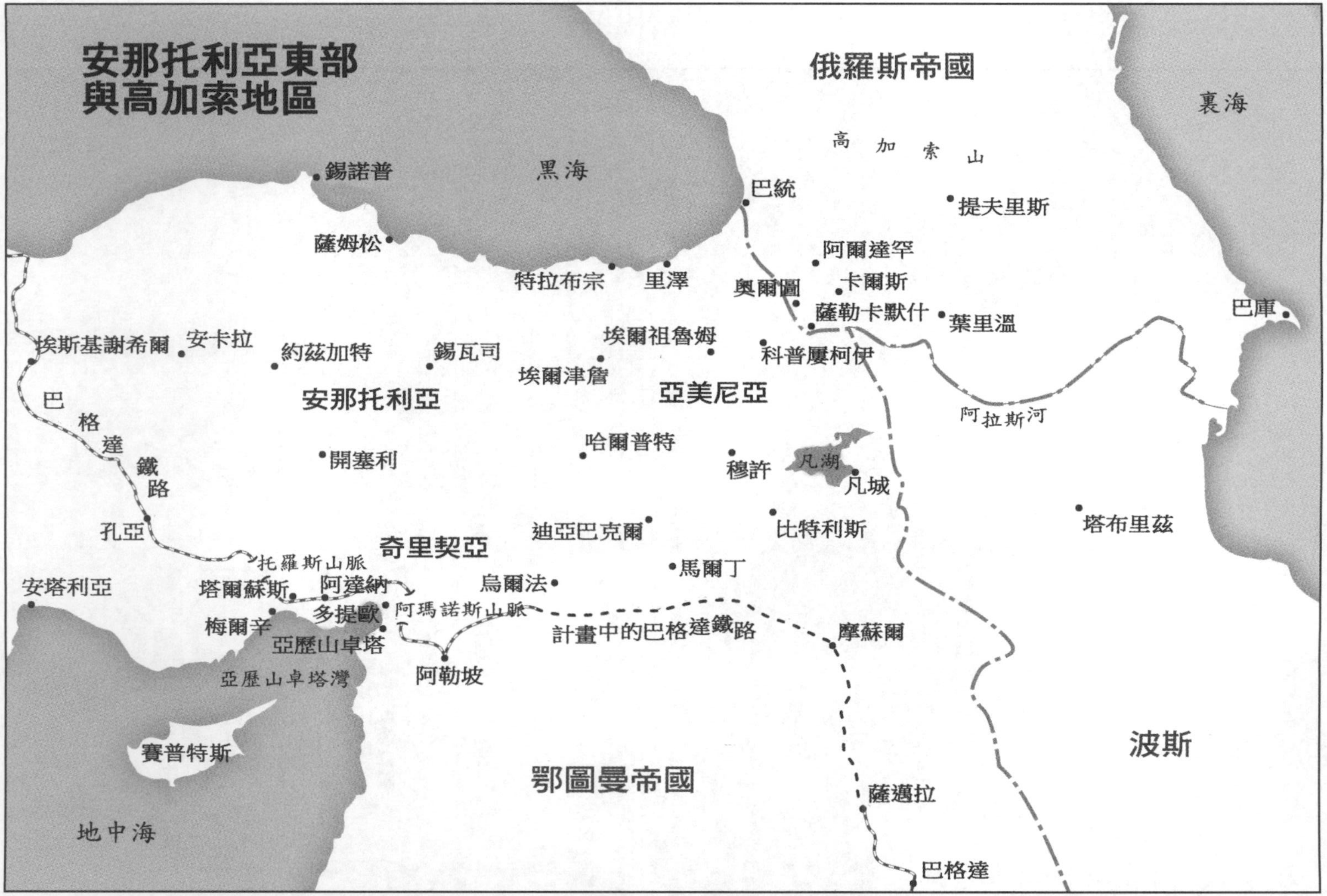
安那托利亞東部
與高加索地區
俄羅斯帝國
裏海
高 加 索 山
黑海
錫諾普
薩姆松
特拉布宗
里澤
巴統
提夫里斯
阿爾達罕
卡爾斯
奧爾圖
薩勒卡默什
葉里溫
巴庫
埃斯基謝希爾
安卡拉
約茲加特
錫瓦司
埃爾津詹
埃爾祖魯姆
科普屢柯伊
安那托利亞
亞美尼亞
阿拉斯河
巴
格
達
鐵
路
開塞利
哈爾普特
穆許
凡湖
凡城
孔亞
迪亞巴克爾
比特利斯
塔布里茲
奇里契亞
托羅斯山脈
馬爾丁
安塔利亞
塔爾蘇斯
阿達納
烏爾法
梅爾辛
多提歐
阿瑪諾斯山脈
計畫中的巴格達鐵路
摩蘇爾
亞歷山卓塔
亞歷山卓塔灣
阿勒坡
賽普特斯
鄂圖曼帝國
波斯
薩邁拉
地中海
巴格達

加里波利戰役

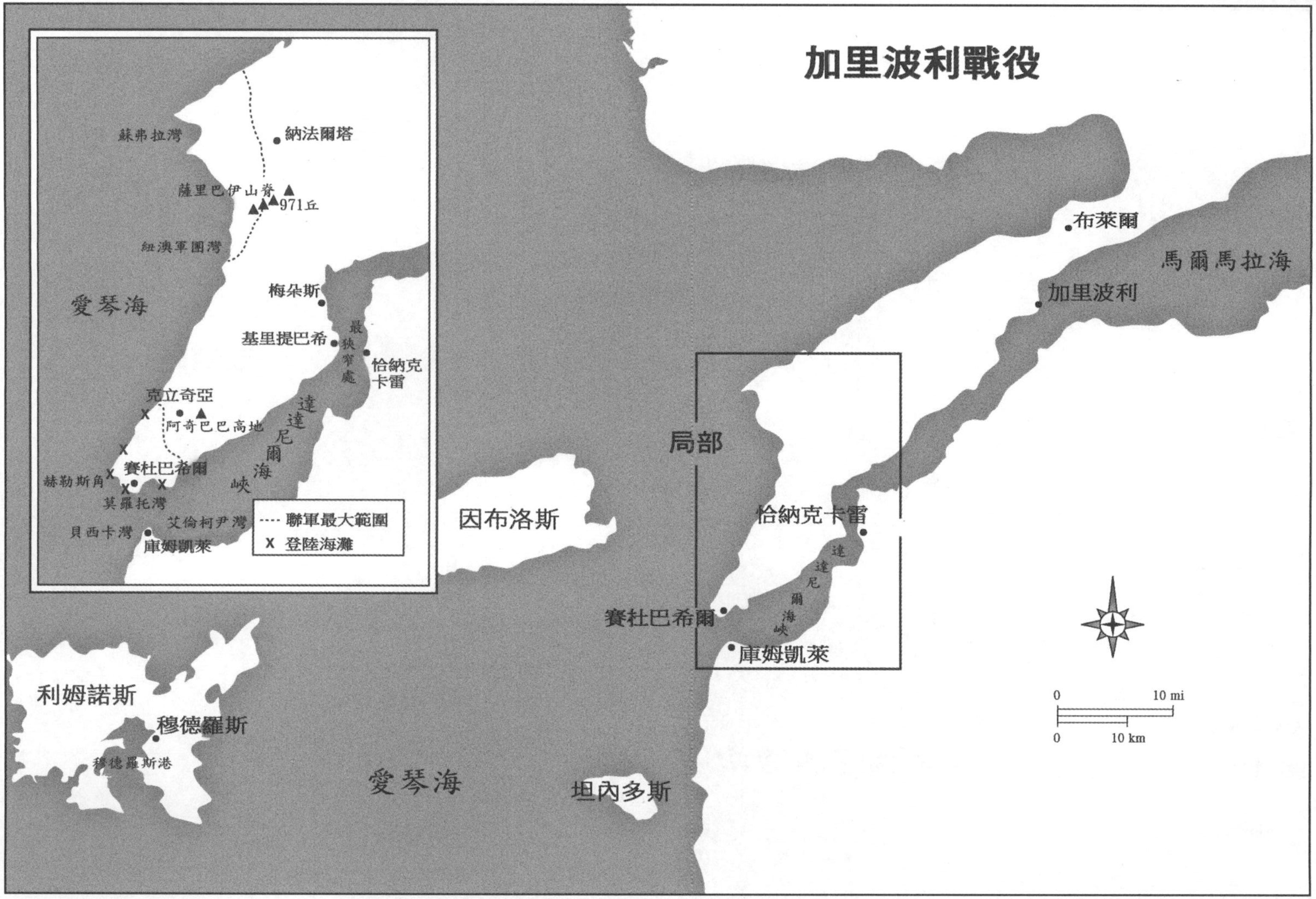

蘇弗拉灣
納法爾塔
薩里巴伊山脊
971丘
紐澳軍團灣
愛琴海
梅朵斯
最狹窄處
基里提巴希
恰納克卡雷
克立奇亞
阿奇巴巴高地
達達尼爾海峽
賽杜巴希爾
赫勒斯角
莫羅托灣
艾倫柯尹灣
貝西卡灣
庫姆凱萊
聯軍最大範圍
X 登陸海灘
因布洛斯
局部
恰納克卡雷
達達尼爾海峽
賽杜巴希爾
庫姆凱萊
布萊爾
加里波利
馬爾馬拉海
利姆諾斯
穆德羅斯
穆德羅斯港
愛琴海
坦內多斯
0
10 mi
0
10 km

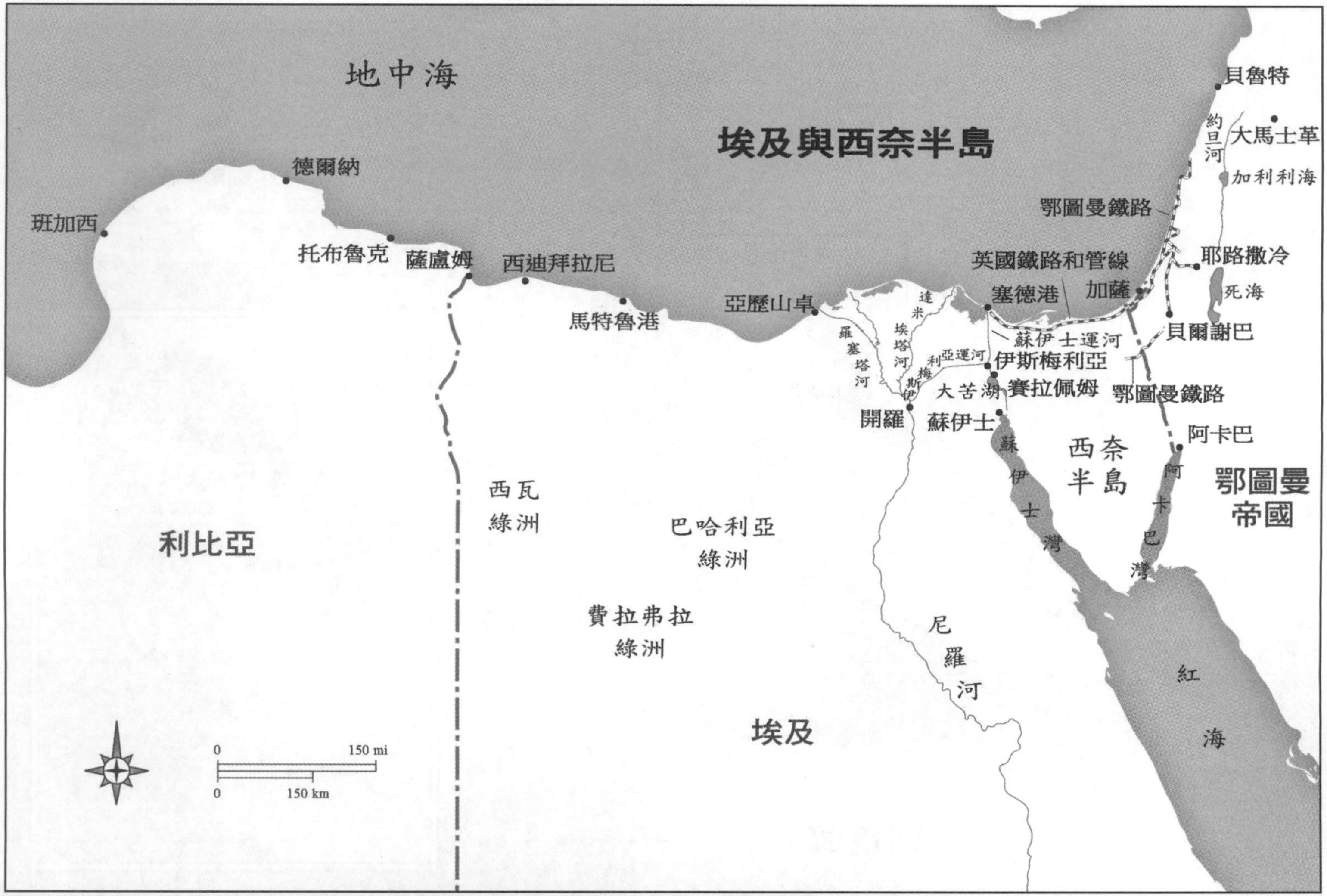
埃及與西奈半島
地中海
班加西
德爾納
托布魯克
薩盧姆
西迪拜拉尼
馬特魯港
亞歷山卓
羅塞塔河
埃塔河
達米
開羅
伊斯梅利亞運河
大苦湖
蘇伊士
伊斯梅利亞
賽拉佩姆
塞德港
蘇伊士運河
英國鐵路和管線
加薩
鄂圖曼鐵路
貝爾謝巴
耶路撒冷
死海
約旦河
加利利海
大馬士革
貝魯特
阿卡巴
蘇伊士灣
阿卡巴灣
西奈半島
鄂圖曼帝國
紅海
尼羅河
西瓦綠洲
巴哈利亞綠洲
費拉弗拉綠洲
利比亞
埃及
0 150 mi
0 150 km

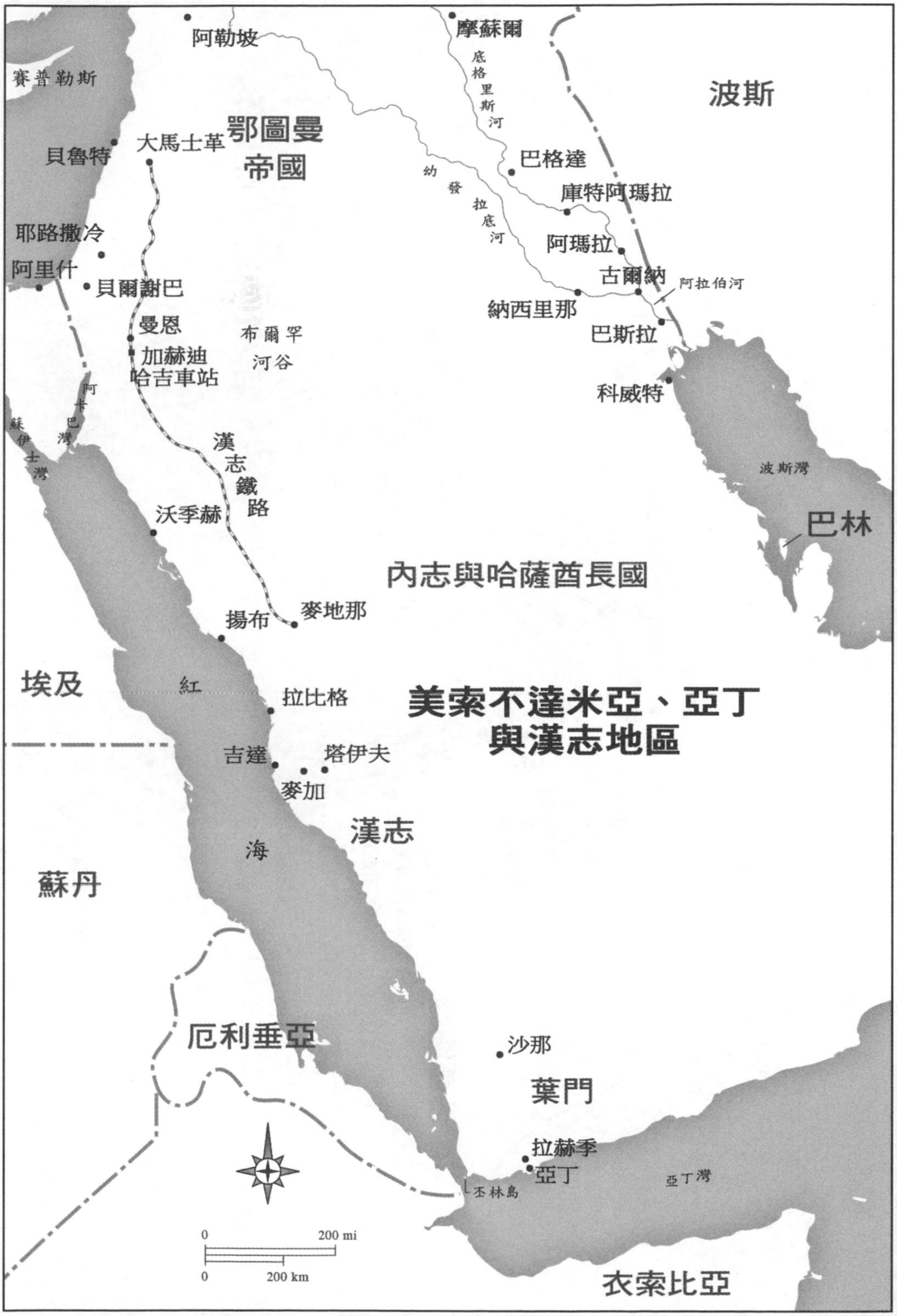

美索不達米亞、亞丁
與漢志地區
鄂圖曼
帝國
波斯
阿勒坡
摩蘇爾
底格里斯河
賽普勒斯
貝魯特
大馬士革
巴格達
庫特阿瑪拉
幼發拉底河
阿瑪拉
古爾納
阿拉伯河
納西里那
巴斯拉
科威特
耶路撒冷
阿里什
貝爾謝巴
曼恩
加赫迪
哈吉車站
布爾罕
河谷
阿卡巴灣
蘇伊士灣
漢志鐵路
波斯灣
巴林
沃季赫
內志與哈薩酋長國
揚布
麥地那
埃及
紅
海
拉比格
吉達
塔伊夫
麥加
漢志
蘇丹
厄利垂亞
沙那
葉門
拉赫季
亞丁
丕林島
亞丁灣
衣索比亞
0
200 mi
0
200 km

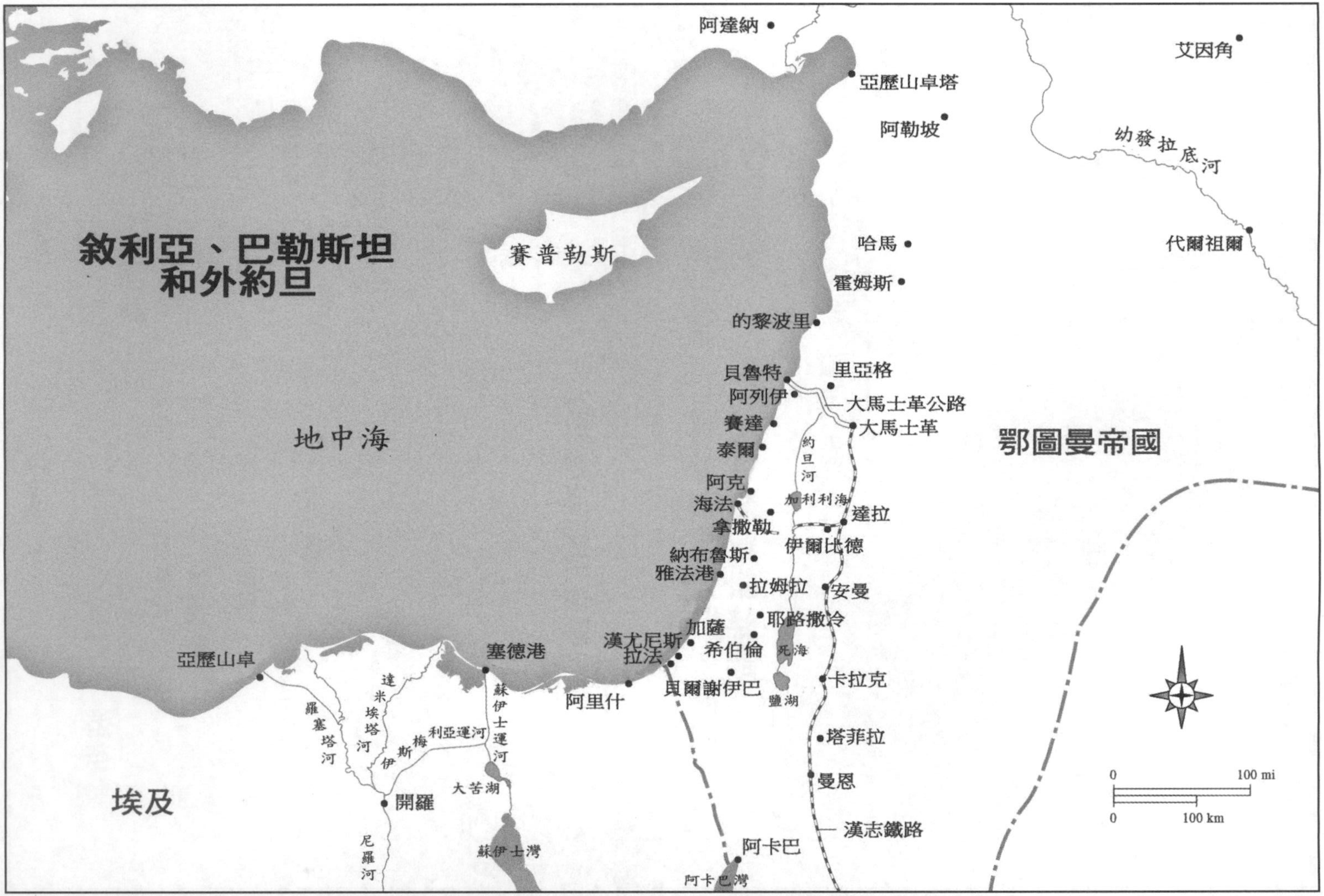
敘利亞、巴勒斯坦和外約旦
地中海
賽普勒斯
鄂圖曼帝國
埃及
阿達納
亞歷山卓塔
阿勒坡
艾因角
幼發拉底河
哈馬
代爾祖爾
霍姆斯
的黎波里
貝魯特
里亞格
阿列伊
大馬士革公路
大馬士革
賽達
泰爾
約旦河
阿克
海法
加利利海
拿撒勒
達拉
伊爾比德
納布魯斯
雅法港
拉姆拉
安曼
耶路撒冷
加薩
漢尤尼斯
拉法
希伯倫
死海
貝爾謝伊巴
鹽湖
卡拉克
塔菲拉
曼恩
漢志鐵路
阿卡巴
阿卡巴灣
阿里什
塞德港
亞歷山卓
羅塞塔河
達米埃塔河
伊斯梅利亞運河
蘇伊士運河
大苦湖
開羅
尼羅河
蘇伊士灣
0
100 mi
0
100 km

專業推薦

黎巴嫩貝魯特南方的貧民社區裡，巴勒斯坦裔的居民至今還背負著一九四八年大逃難以來的難民稱號，家戶牆上總有一幅耶路撒冷圓頂清真寺的圖像，映著寄人籬下的每一日。當今的歐洲難民潮裡，亦有當初逃離至敘利亞的巴勒斯坦後代，堆疊出世代以來另一個難民身分。今日中東地區不間斷的離散與混亂，與鄂圖曼帝國的崩解、列強瓜分、以色列建國息息相關，尤金・羅根的著作提供了細膩的史料與脈絡，聚焦中東與北非，更翻轉了西方視角主導的一戰論述。

——吳玟諭／貝魯特美國大學中東研究碩士

一次大戰之後，鄂圖曼帝國因戰勝國的瓜分而殞落，原本在其政權治理之下的美索不達米亞平原、阿拉伯半島、北非等地區隨後受到西方國家宰制，也就成為現今中東混亂局勢的源頭。一次大戰的研究與論著雖汗牛充棟，但以歐洲地區為主，有關中東的描述著實不多，也多偏向西方視角。本書《鄂圖曼帝國的殞落》作者羅根以鄂圖曼帝國的角度，填補了一戰時期為人們遺忘的一段歷史記憶，也可作為人們理解現代中東形成與發展的起點。

——陳立樵／輔仁大學歷史系助理教授

從古至今，土耳其優越的地理位置，讓她擁有許多先天優勢，但也同時讓她無法在各國角力中缺席。在現今的國際關係中，作為歐亞橋梁的土耳其更是扮演著重要腳色。這本書清楚又不死板地講述第一次世界大戰前後，鄂圖曼土耳其對內以及對外的關係，一個跨歐、亞、非的大帝國，境內居住著不同種族、信仰的人民，在第一次世界大戰中如何分崩離析，而這些歷史因素又將如何影響現今的土耳其，想要了解土耳其，就讓我們從她的歷史開始。

——陳琬喻／聯合線上轉角國際專欄作家

■導讀

從「世界哈里發」到「近東病夫」：理解歐斯曼帝國

林長寬／成功大學歷史學系

先知穆罕默德建立伊斯蘭，強調「絕對一神論」，其追隨者以伊斯蘭教義為基礎建立哈里發帝國（Caliphate）長達七個世紀，之後在西元一二五八年帝國首先亡於蒙古人的入侵，往後哈里發權位成為有名無實，因為哈里發被奴隸傭兵瑪穆魯克政權（the Mamluks）所挾持，一直到一五一七年才被興起於安那托利亞高原的歐斯曼蘇丹政權（the 'Othmānlıs*）滅掉。歐斯曼蘇丹宣稱其為哈里發繼承者，經營了一個跨歐亞非的龐大帝國，十七世紀後卻逐漸步向衰微，十九世紀時被視為「近東病夫」，帝國繁華不再，掉入內亂外侵之處境，苟延殘喘直到二十世紀初方被歐洲的帝國主義勢力瓦解。歐斯曼人的大業將伊斯蘭哈里發帝國延續了六個世紀之久，強化了伊斯蘭文明在人類歷史上的永恆價值。閱讀歐斯曼帝國覆滅的近因，有必要對其六世紀的發展歷史作整體的認識。

歐斯曼政權的誕生實受到中世紀兩股大潮流所影響，即：突厥人（注：本書內文翻譯成土耳其人，是歐洲拉丁化之後的音譯）的遷徙和後阿巴斯時期（post-'Abbasids）的社會重建。阿巴斯朝滅亡後，整個中土伊斯蘭世界分裂為許多地方政權，阿巴斯朝與地方蘇丹國政權為歐斯曼帝國的體制建構奠定了良好的基礎；而其前人如蒙古、波斯、塞爾柱（Seljuk）、帖木兒（Timurid）等政權的遺緒都被融入歐斯曼帝國文化中，帝國統治者也接納拜占庭文明，融合成別有特色的中東伊斯蘭文明。

塞爾柱突厥人的入侵西亞，將烏古斯突厥人（Oghuz）帶入了喬治亞、亞美尼亞以及安那托利亞地區。這些小型的游牧部族透過 Bey（戰士首領）和 Baba（蘇非導師）的合作，在此建立了權力據點。傳統上，游牧部族非常尊敬首領，並透過蘇非導師的領導，不僅在當地建立宗教組織，並以東伊斯蘭地區（Mashriq）†的制度運作日常行政事務。而一些塞爾柱貴族也在與拜占庭帝國接壤的前沿地帶，建立類似伊朗地區的中央集權的小政權，並且邀請伊朗地區的宗教學者擔任行政和伊斯蘭法官的職務。

由於拜占庭帝國的積弱、東正教的衰微，以及安那托利亞地區社會的破碎，塞爾柱突厥統治期間（一〇七一～一二四三），大部分希臘、亞美尼亞、喬治亞與敘利亞地區的人民改信了伊斯蘭。而突厥征服者也積極地從事社會建設，對於非穆斯林採取容忍的態度，加上穆斯林與基督宗教徒之間共通

---

*‘Othmānlı 為帝國時期「歐斯曼文」（採阿拉伯文、新波斯文字母）的羅馬拼音，一般英文的拼法為 Ottoman，法文為 Ottomane，德文為 Osmanen。在台灣，習慣由英文音譯成「鄂圖曼」（正確的音譯應該是「歐托曼」，在中華人民共和國則大都譯成「奧斯曼」或「奧圖曼」。）‘Othmān 一詞源自於阿拉伯文的 ‘Uthmān（伍斯曼），土耳其共和國建立後，為了「去阿拉伯化」，將原先使用的阿拉伯文字母拉丁化，成為 Osman，因此較正確的中文音譯應該是「歐斯曼」。

†所謂的「東伊斯蘭世界」（Mashriq）指的是尼羅河以東至中亞烏滸（或阿姆）河之間的廣大區域，又稱「伊斯蘭中土」（central lands of Islam）。

的教義，使得改宗伊斯蘭大增。事實上，在非穆斯林改宗伊斯蘭的過程中，蘇非主義（Sufism）扮演了非常重要的角色。由於蘇非道團（Tariqah）對宗教儀式採較寬鬆容忍的態度，蘇非行者（Sufi）也在當地建立組織，施行社會福利計畫，進而取得當地人民的認同。透過這種方式，讓安那托利亞地區的人民逐漸地改信伊斯蘭。在巴爾幹半島雖然後來也有許多人改信伊斯蘭，但是基督宗教徒仍是大多數。這是因為當地突厥穆斯林的人口本來就不多，再加上歐斯曼人對此區的運作是透過基督宗教徒掌管當地的行政組織，以致當地的基督宗教徒並沒有強烈的意願改信伊斯蘭。

塞爾柱人統治安那托利亞地區期間，其管理雖有效率，但是在中央政府和地方政權之間緊張關係卻一直存在著；中央政府雖一味強化其權力，地方政權卻希望維持著自治的狀態，這也是促使地方政權一直往拜占庭帝國邊境前進擴張的動力；因為他們不但可以藉此榮耀伊斯蘭，也可以逐漸遠離塞爾柱中央政府的控制，進而保持自治獨立。歐斯曼政權之可以在十三世紀末建立，其實是基於上述原因。歐斯曼政權的建立可回溯其部族領袖 Ertugrul（一二八〇）時期，其繼承者在一三二六年征服了安那托利亞西部的布爾薩（Bursa），到了一三四五年穿越了加里波利（Gallipoli）海峽進入了巴爾幹半島地區，又在一三八九年的科索沃（Kosovo）戰役擊敗了塞爾維亞帝國。成功地征服巴爾幹之後，便以此為根據地，於一四五三年擊敗了拜占庭帝國，並自詡為羅馬帝國的繼承者。

君士坦丁堡的征服代表了歐斯曼帝國前期對外征戰發展的顛峰，也開啟新時期的擴張野心。「征服者梅赫美德」（Mehmed the Conqueror），攻占君士坦丁堡之後，將之改名為 Islambul（意為「充滿著伊斯蘭」，後轉音為「伊斯坦堡」），並宣稱自己是羅馬帝王和阿拉伯哈里發的繼承者。他的勝利被解讀認為古突厥天命觀的落實，自詡為世界的統治者，並要讓這個世界散發著伊斯蘭光芒。君士坦丁堡征服後，歐斯曼人進入歐洲的信心大為加強。對巴爾幹的征服使得他們在爾後兩個世紀的時間裡，與歐洲強權互相爭鬥，主要是與哈布斯堡政權（the Habsburgs）敵對。歐斯曼人也在地中海地區大肆擴張，最後在一五八〇年與西班牙的國王菲利浦二世（Philip II）簽訂領土確認協議。這份協議意義非凡，因為再次劃分出穆斯林與基督宗教徒在地中海的勢力界線。往北，歐斯曼人也與當時的俄羅斯有相當接觸，並且一度取得黑海、裏海以及烏克蘭的部分地區。

除了西進外，梅赫美德和他的繼承者也不斷向東伊斯蘭世界前進，進入了伊朗和阿拉伯半島上的兩聖地（麥加與麥地那）。他們的野心更遠達印度洋，並與當時的葡萄牙競爭香料貿易。歐斯曼人的擴張，起於安那托利亞高原西部，往西遠達歐洲的維也納，往北則是到達了黑海與烏克蘭地區，與什葉派的伊朗薩法維帝國（the Safavids）接壤，並擁有埃及、敘利亞、葉門等地區，其在北非沿海的控制則遠至現代的摩洛哥地區。三個世紀以來的擴張，使得歐斯曼帝國成為空前絕後最偉大的穆斯林政權。大部分歐斯曼帝國的歷史都是以伊斯蘭之名的擴張形塑而成的。而他們所標榜以 Jihad（奮戰〔注：本書內文翻譯為聖戰〕）之名的征戰，也為他們帶來莫大的榮耀，因為 Jihad 乃為真主之道而奮戰。然而在歐洲，他們卻被認為是上帝帶來懲罰（有如蒙古人入侵伊斯蘭世界之對穆斯林的懲罰），這樣的恐懼在歐洲長達數世紀之久。這種「殘暴突厥人」的印象至今仍在。

歐斯曼人的成功可以歸因於：一、戰術應用上的成功，他們有效地控制了許多貿易和交通要道。二、他們不讓部族首領據地稱王，而維持了國家領土的完整控制。三、彈性靈活的政治手段為他們創造了許多跨越宗教、部族間的結盟。而 Ghazi（前線戰士）的意識形態讓他們積極地以伊斯蘭 Jihad 名義發動戰爭，並且為了自己的利益又會對同盟或敵人採取較為彈性的政策。

整體而言，歐斯曼人成功地執行了中央集權政策，並有效地對抗突厥戰士領導者。歐斯曼人是中東地區最偉大的征服者，因為他們擁有效率極高的行政官僚體系。他們壓制、消除了 Ghazi 領袖，以壓制地方政權，並以官僚取代當地的領導菁英；而在成功拿下君士坦丁堡之後，使中央集權獲得更完全的運作。原本統治者應該是氏族長者或部族長老領導的觀念被世襲王權概念所取代，部族武力也被奴隸傭兵所替代。*

歐斯曼政權所建立的體制與之前中東地區的伊斯蘭政權非常類似。宮庭是國家行政中樞的核心，分為內外兩部分。內部是蘇丹與其家族、後宮居住所在，並有專門訓練侍從與官員的機構。在歐斯曼帝國的歷史與政治體制中，女性扮演了非常重要角色。因為統治權力不僅給予統治者本身，也包含了他的家族，女性因此在政權中扮演著溝通或是密謀策劃的角色。至於外部結構則是行政區域，包括政府和宮庭的行政組織。

在梅赫美德征服君士坦丁堡之後，發現其豐富的資產，進而重新打造這座城市，讓這裡的居民不只有普羅大眾，還遷入了許多穆斯林社群及宗教少數族群，鼓勵他們從事商業或工藝製作。蘇丹也建立許多公共設施，如市場、旅館、醫院、經學院（Madrasah）等，當然還有著名的清真寺，如塞利米耶（Selimiy）和蘇萊曼尼耶（Suleymaniye），皆是以贊助建造的蘇丹命名，後來也變成了當地的社群中心。如同薩法維帝國建造了新都伊斯法罕（Isfahan），歐斯曼蘇丹也透過同樣的方式重建了君士坦丁堡，成為繼巴格達、開羅之後，順尼伊斯蘭世界的宗教、文化中心，伊斯坦堡（Islambul）蛻變為歐斯曼帝國榮耀政權的裝飾。

軍隊規模的發展對於歐斯曼帝國的擴張是不可或缺的，而且早在蘇丹穆拉德一世（Murad I）時便開始有計畫地建立奴隸傭兵部隊——Devshirme，以代替並鎮壓頑強不屈的突厥部族武力。不若之前的政權，從中亞引進奴隸部隊，統治者所組織的Devshirme是以人力稅收的方式，招募巴爾幹半島上的基督宗教徒。這是伊斯蘭世界的首創，將經濟因素與部隊結合建構新的軍事體制，也是第一次從政權統治的區域內部進行招募。

而歐斯曼帝國軍事訓練方式也非常新穎，他們不像之前的政權只訓練奴隸士兵為騎兵部隊，而是讓他們成為手持槍砲的步兵隊，並且透過方陣方式作戰，訓練成為當時最先進的軍隊。也因為如此，歐斯曼帝國被冠上軍事政權（或火藥帝國）的稱號。歐斯曼帝國也有地方的騎兵部隊，他們是由突厥軍人所組成，但並不直接效忠中央政府，捍衛其政權。透過Timar制度（類似阿拉伯的Iqta'）他們被安排在不同的地方區域，維持當地的安全，是一個類似半封建的體制。† 至於奴隸部隊則隸屬於中央行政組織，統治者提供他們教育資源，使他們成為政權的忠心捍衛者。歐斯曼統治者也積極讓奴隸部隊改信伊斯蘭，不論其出生背景，從小即施以歐斯曼伊斯蘭傳統教育他們。因此政權不僅是建立在同文同種的關係上，透過軍事訓練及教育也會讓不同背景的人成為統治階級。

十七世紀歐斯曼政權開始衰微之前，統治者在政治上一直試圖避免官員私人權力的積累和世襲。奴隸軍隊制度則是一個關鍵性概念，因為只有新進並經過訓練的奴隸軍人才能獲得權力。雖然也有無

---

* 歐斯曼人出身於突厥奴隸傭兵，但建國後卻引進歐洲基督教徒白人作為奴隸傭兵。

† Iqta' 與 Timar 事實上乃統治者分封土地給軍人開墾，政府從而收稅。此制度起源於第二位正統哈里發歐瑪爾（'Umar b. al-Khattab）統治時期（r. 西元六三四年—西元六四四年）。

可避免之可能性，歐斯曼政府的政策往往無法讓私人累積大量的財富，因為過多的私人財富可能會被統治者充公。不同於薩法維帝國統治者的無能消除地方勢力，歐斯曼統治者卻逐漸消滅地方部族軍事集團的政治反抗，並且以發給薪水的中央官僚體制代替之，如此造成幾乎所有地方附庸國都被併吞。歐斯曼帝國是歷來中東政權中，在中央集權運作和鎮壓地方勢力方面上是最成功的，這也為中央統治者與部族之間的長期鬥爭，畫上了句點。

歐斯曼統治者在中央集權的發展中特別注重宗教制度之建構。如同之前的塞爾柱統治者，他們持續資助宗教學者和蘇非道團的活動，建立經學院與相關公共建設。統治者不僅資助他們，更將他們納入中央組織，並吸收他們成為國家機器的一環。而所謂的 Shaykh al-Islam（或 Chief Mufti，意為「伊斯蘭大長老」）職位在一四三三年設立。*一開始其功能只是蘇丹的宗教事務顧問，並且強化蘇丹統治其宗教的合法性，此職位不具備任何行政功能權力。但到了梅赫美德二世（Mehmed II），Shaykh al-Islam 被認為是所有宗教學者的領導，而它任免其他宗教學者的權力則是十六世紀中期才被賦予。

由於宗教國家化，伊斯蘭教育制度也轉變為國家體制。之前的政權是給予重要城市的經學院資助，而歐斯曼統治者則是將這些經學院加以分級。十六世紀，宗教學者的等級體系也被確立，他們可從原本的位置晉升到下一個地位。學校也照功能分級，最低階的學校教授的是阿拉伯語文、天文學、數學和宗教等；中級的學校則教導文學和詩歌；最高級的學校則是傳授關於法律和神學方面的知識。

至於司法制度，一開始只有在伊斯坦堡、埃迪爾內（Edirne）以及布爾薩三個城市施行，但到了十六世紀司法組織開始在其他地方擴展，這或許是為了滿足許多宗教學者對於職位的需求。Shaykh al-Islam 是整個體系中地位最高的人物，而在巴爾幹及安那托利亞的 Qadi-Askar（軍事法官）則位居其後。司法階級體制與教育制度也有相當關係，因為宗教學者在被任命進入司法體系之前，必須先達到教育制度中的某一個職位等級。而在司法制度中能夠獲得職位者必須由某些高階的官員所資助，才能慢慢從教育體制中轉換到司法體系內。但是宗教學者中 Mufti 的地位並不是透過如此升遷方式，而是要先有經學院教書的教授和法官資格才能晉升。

歐斯曼統治者控制著宗教學者的進入政府機關工作，而對於蘇非道團的領導者也採取類似做法。居住在城市中的蘇非行者自古以來即受到非常好的待遇。梅夫勒維道團（Mevlevi）的導師透過蘇丹的加冕儀式，認同蘇丹統治的合法性，並藉以突顯蘇非導師為國家的精神保護者。相較於其他伊斯蘭政權，這是一項特殊的成就。宗教學者和蘇非導師卻因個人利益成了統治者政策推動的工具，無能保護一般人民免於政治力量的迫害，他們也無力挽救政府的衰頹。然而，他們卻形成以自我利益為中心之團體，他們可以獲得國家 Waqf（宗教基金）部門的資助，而且在他們死後財產也毋須充公。宗教學者家族往往成為統治政府中的菁英，影響力延續長久，並且由一小群的宗教家族掌控了整個宗教體制的運作。這些既得利益的群體，往後常成為被批判改革的對象。

歐斯曼蘇丹權威源自於中東地區不同的文化傳統，其統治的合法性最主要是基於突厥——蒙古的統治家族觀念，主張統治者具至高無上之地位，並且肩負著征服世界的責任，其權位世襲制度則是來自中亞地區的突厥部族傳統。這些概念在早期的歐斯曼統治者死後，透過他的兒子之間的互相競爭呈

＊Shaykh al-Islam 設立後，宗教學者階級正式形成，分享了蘇丹的宗教權，但由於是蘇丹所任命，往往成為蘇丹政策的背書者；但是這也確立了「宗教與政治平行治國」的精神。

現之，最後的贏家則被認知是神命定的世界統治者，並且將他所統治的整個國家視為私人財產。

就伊斯蘭傳統而言，統治者聲稱是伊斯蘭捍衛者，也是哈里發的繼承人。所以蘇雷曼一世（Suleyman I）稱自己為 Halife-i Ru-i Zemin（caliph of the world 伊斯蘭世界領導者），即全世界的哈里發。「蘇丹」（sultan）*此伊斯蘭字彙的意義是「伊斯蘭捍衛者」，即「穆斯林之保護者」；Ghazi 則是透過 Jihad 來擴張伊斯蘭信仰境域（Dar al-Islam）。於是蘇丹必須幫助穆斯林對抗基督宗教徒的敵人；而且歐斯曼蘇丹也是麥加、麥地那兩聖城的保護者。歐斯曼蘇丹治權外的穆斯林也會向帝國尋求援助；在西班牙、蘇門答臘以及中亞等地穆斯林政權與伊斯坦堡保持相當程度的從屬關係。歐斯曼帝國是伊斯蘭歷史上一個偉大的政權，在穆斯林眼中擁有絕對的合法性，甚至將蘇丹視同哈里發，因為他們是伊斯蘭法（Shariah）的執行者。他們保護穆斯林免於受到政府官吏的剝奪，也資助伊斯蘭的學術及慈善活動。因統治者具有司法權，也使得他們被賦予增補法規（Firman）的責任，並建立伊斯蘭法之外的法典即 **Kanun**，以補伊斯蘭法因國家發展所需之不足。相較於宗教學者，蘇丹有如世俗立法者，將拜占庭法律傳統注入以活化伊斯蘭法制。這也為其本身帶來合法性，即統治者特權。

歐斯曼帝國文化具國際性，因為融合阿拉伯、波斯、突厥、拜占庭以及歐洲等文化元素。蘇丹自認為羅馬帝國的繼承者，採用了 Padishah（supreme shah，至高統治者）頭銜。蘇丹梅赫美德二世（Mehmed II）以世界統領身分慷慨贊助波斯詩作文學和歐洲繪畫藝術；阿拉伯和波斯作家、義大利藝術家、希臘和塞爾維亞詩人常伴左右。許多受到贊助的藝術作品更是以讚頌歐斯曼政權為主題，例如屬於蘇丹的工作坊早期創作出來的作品皆是描繪蘇丹的偉大，後來又轉變為各種不同風格的文學作品。十六世紀時的繪畫更是表現當時的歷史事件與場景，蘇丹也以真貌被呈現，帝國風華彰顯無遺。

歐斯曼蘇丹對哲學、科學和其他學科的資助證明其為普世性政權。蘇丹建立了許多清真寺與經學院，並借用了許多 Aya Sofia 教堂和其他希臘正教建築的基底圖案作為裝飾。而蘇丹的宮殿則是表現出世界統治者權力之本質；無論是公開的慶典或私人的娛樂宴會，都可以看到蘇丹其超越平凡人之地位與權力。

歐斯曼蘇丹也嘗試表現他們與歐洲文化的連結，例如蘇丹梅赫美德二世便邀請義大利重要的藝術家前來首都工作；而到了一五三〇年代，「蘇雷曼仁君」（Suleyman the Magnificent）重新擬定藝術政策與發展方針，於一五三二年向威尼斯的工匠訂做了一個可以媲美教皇的冠冕，還包括了其他的禮服、權杖等，這些象徵性的物品都不曾出現在之前帝國的傳統中，其意義無外是為了要證明他也是歐洲的統治者——羅馬帝國的繼承者，同時也是環地中海區的主控者。

歐斯曼統治者的權力也使用許多儀式來加以合法化，蘇丹在首都是為這些慶典儀式建造舞台。透過這些慶典儀式，蘇丹成為神在人世間的監督者，並掌管人事間事務。透過神所選擇的語言（阿拉伯文）與經典（古蘭經）及個人的領袖魅力，蘇丹具有了半神性的特質。

歐斯曼帝國菁英大都來自不同的背景，但這並無反映出帝國境內人口的組成比例，菁英的出現是透過教育、貴族禮儀、宮廷與政治等訓練與功能，以及個人對統治者的貢獻；而歐斯曼政權並不是一個全然的穆斯林政權，政府官員中包含不少猶太人和希臘人，以及一些變節效忠的歐洲基督宗教徒。

＊Sultan 之原意為「握有權力者」，本為阿巴斯朝哈里發為了拉攏地方軍閥將領所授與的頭銜，亦即哈里發在地方的代理人。最早被授與此頭銜的是塞爾柱政權的統治者。

就一般人民而言，其間並無太大的差別，因為帝國是一個語言、文化都非常複雜的結構體，所以統治者、貴族對一般穆斯林和非穆斯林皆等同看待，子民被稱為 Re'āya（羊群），是稅收的來源。穆斯林和非穆斯林都被允許組織其宗教團體，這種組織通常被稱為 Millet（宗教社群）。歐斯曼政府雖沒有任何官僚組織管理這些半自治的宗教團體，但政府也都能適時介入調停團體內部的糾紛。而這些非穆斯林的群體也被視為 Dhimmi（受保護者），必須繳交特殊的稅，相對也被授與相當程度的自治權。歐斯曼帝國也是當時代地中海區與中東地區猶太人的避難所，征服者梅赫美德（Mehmed the Conqueror）曾邀請許多猶太人前往其治權內定居，並給予他們建立新教堂的特權，這是基督宗教徒所沒有的。而這些猶太人也形成一些半獨立的自治團體，但彼此之間並沒有太多的互動，也沒有統合成一個單一的組織。

歐斯曼統治者對其臣民施行妥善管控，特別是在經濟活動的規範管理。中央政府對於人民實施有系統的稅制。稅收的基礎是來自於詳盡的地籍調查，包括了家族、人口數、財產和資源等。歐斯曼政府對貿易的政策則是以能為國庫快速累積財富為首要考量，但同時也兼顧穆斯林的社會福利制度。然而歐斯曼統治者並不認為貿易是創造財富的手段，他們認為財富應該來自征服併吞之土地。

帝國中的農地開墾採以家庭為組織單元；村莊的土地並非集體共有，而是由不同的家族擁有，並連結在一起，因此地主在農田水利上也有共同的利益。對統治者而言，土地的生產力和稅收才是他們最關心的。理論上，所有的土地都是屬於國家（Miri），但又分為兩類：Tapulu，即農夫對土地擁有無限期的租約，除擁有土地使用權外，也可以將之分配給家中男性後裔繼承；Mukatalu，向稅收者承租土地，並在契約終止後繳交費用。來自於土地的收入也必須分配施用在 Timar 制度以及其他方面的津貼。至於收稅的標準則是按照農地大小、家庭人口多寡以及勞動牛隻等各種約略計算生產力之指標，這可謂延續了之前拜占庭時期的制度。*歐斯曼統治者在十五世紀中期剛完成征服時，不得不承認突厥部族領導者和宗教領袖擁有占領土地的權力；但是在一個半世紀後，中央政府計劃消除這些地方權貴，並將地方稅收權力重新交給由中央政府所任命的 Timar 官員。雖然有許多財產是 Mulk（私人財產）與 Waqf（宗教捐獻基金），但卻被一些與政府同盟的少數人所把持。

由於國家境內安全性提高，游牧部族逐漸採取定居生活方式，因此在十六世紀中期帝國人口開始快速增加；地方經濟也因此快速地成長，主要原因是大量人口投入農業生產活動。而鄉村過剩人口則往城鎮移動，造成農產品需求的增加。農人提供了更多的食物以換取現金繳稅；農業保持為大眾生活的主要經濟活動。

經濟活動的擴張使得小區域土地農產品增加；大部分過剩人口雖轉成公職人員與收稅者，但沒有導致農奴化的產生，或是形成土地兼併造成的集體耕作。統治者雖然有興趣朝商業化發展，但這並未破壞以農業為主的經濟體制。政府在保護農民方面也扮演重要的角色。統治者保障農民使用土地的權利，也在商品市場樹立許多規範，並幫助農民抵抗貴族封建威權，使他們能夠繼續以小塊土地的方式進行耕作。

供應首都之需求是國家經濟政策主要的考量。政府並沒有使用機械化的市場機制來供應首都需

---

*此種稅制稱為 Çift-hane 或 Çift-resmi，早在塞爾柱時期即已實施，事實上與之前拜占庭帝國的土地稅收制有關。

求，而是各省分的官員和商人必須穩定地提供貨物到首都的市場進行貿易，除非首都貨品需求已足夠，否則禁止大量貨品的出口。中央政府同時也規定行會體制，工匠都必須受到行會的管理，並且被要求穩定價格與生產量。伊斯坦堡龐大的經濟規模也對其周圍的區域產生相當大的影響，為了供應這座城市而有不同的生產規劃。雖然政府非常重視土地所帶來的財富，但國際貿易也非常重要。帝國控制的地區位於東西方貿易的重要路線上，加上後來領土的擴張，使得歐斯曼政權更能夠完全掌控國際貿易路線，並與當時的葡萄牙競爭印度洋貿易。帝國早期的首都布爾薩並發展成貨物集散地，有來自中東和印度地區的商品，也有許多路線由此通往歐洲各地；當然也會從歐洲進口貨品。

葡萄牙人十六世紀進入印度洋，改變了世界貿易的發展。新航路的發現使得貨物可經由海路運抵歐洲，而不用經過歐斯曼帝國所控制的陸地。但是葡萄牙還是無法切斷歐斯曼人的香料貿易，統治者開始與香料出口地區進行政治與貿易的合作；且後來帝國的國際商業更是以持續成長的咖啡貿易為主。

帝國的國際貿易活動後來產生戲劇性的變化。十六世紀時，英國、荷蘭也加入了香料貿易戰，並且在海外廣建殖民地。競爭結果，歐斯曼人後來只剩下絲、棉和咖啡的交易，其他高利潤的貿易都被英國、荷蘭把持。一五八〇年時，英國和歐斯曼帝國簽訂了第一份的貿易協定，向其購買絲綢，並將棉與金屬製品銷售給歐斯曼人。到最後，連香料也是直接從地中海區進入歐洲，而不是由歐斯曼人所控制的印度洋了。

十六世紀末期，伊茲密爾（Izmir）發展成帝國最大港口。在統治者逐漸喪失對伊茲密爾的控制後，大批的歐洲商人湧入，致使伊茲密爾成為國際化城市。當地政府官員則是不斷脫離中央政府的控制，伊茲密爾最後也融入了歐洲經濟體制，而與首都切斷聯繫。至此，帝國已經完全喪失了環地中海區的歐洲貿易。在國際貿易競爭失敗後，其他方面也開始衰微。歐洲人所獲取的糖、咖啡、菸草貿易利益已經完全超越絲綢貿易，大眾消費用品轉變成利潤最高的貿易物品。歐洲人在保險、銀行信貸等方面也獲得了極高利益；而且由於工業革命興起，歐洲人開始銷售附加價值極高的工業產品給歐斯曼人。十六世紀結束前，歐斯曼政權是一個不依賴世界貿易而能自足的經濟體；十七世紀時，仍能保持某種程度的經濟自主；但是到了十八世紀中後期，帝國的經濟商業已只能依賴與歐洲的貿易了。

幾個世紀以來，歐斯曼帝國的統治體制實建立在區域政治、文化和歷史系統理性化的基礎，他們精進了拜占庭、阿拉伯、塞爾柱以及蒙古帝國的統治權威；但是到了十七、十八世紀，帝國建設時期已經結束，歐斯曼社會逐漸轉變成不利中央集權統治的狀態。帝國權力遭受破壞最關鍵因素是中央政府式微。奴隸出身的軍人與宗教菁英份子開始控制中央官僚體制，並且依自己的利益運作制度，而不再是以國家和蘇丹為依歸。奴隸傭兵發展出來的 Janissary（新軍）是免稅階級，並被允許建立其家族之經濟事業，最後即使他們無法提供軍事服務，國家還需給付他們薪水。地方官員也急於擺脫中央的控制，並開始掌握地方經濟，將農田稅收轉變為私人財產，更建立私人武裝部隊，猶如中央的蘇丹家族，擁軍自重，並擴大家族權力體系。農村地區的地方領袖也開始積極建立自己的政治力量，而這些地方權貴——Bey、Pasha、Ayan——逐漸控制了各地區的資源。

由於統治者無法掌控經濟的變化，間接導致中央政府的無能。而新航路的發現，使得絲綢與礦產等資源不再經由帝國運往歐洲，破壞了價格的穩定性。歐洲贏得了國際貿易的控制權；因為來自其他地方的商品價格更低，致使帝國內的商品無法競爭。加上人口的大量增加，國家無法負擔龐大的財政支出，製造了許多無業遊民、無給薪軍人與無耕地農民等結合在一起，劫掠農村。地方官員和非法的軍隊則是參與對抗中央部隊。

中央政府似乎無對策，而所做的回應政策卻是得到反效果。政府為了減少財政支出，解僱許多軍人，這些軍人後來轉變為劫掠農村的盜匪。為了強化中央政府的權力，設置了一些永久性要塞，但是這些要塞卻為地方利益團體所把持，並利用他們的職位滿足自身的利益。這些劇烈的變動，被通稱為 Celali 叛變；卻有背後更深層的政治影響。由於中央政府的衰微和地方強權的興起，安那托利亞地區的穆斯林也開始要求和政治菁英一樣享有特權。Celali 叛變不再只是一場犯罪或是農村的抗議運動，而是許多人開始為尋求政治上的特權的鬥爭。

就統治者觀點而言，他們認為這是巴爾幹地區的人為了分化中央權力和侵占土地、稅收，並且誇大對歐洲貿易量。由於貿易的增加刺激了當地權貴想要脫離蘇丹的掌控，並藉由和歐洲貿易強化本身權力。商人拒絕將貨品運往伊斯坦堡，而是直接與歐洲商人貿易，更藉此獲取武器保護自己利益。巴爾幹地區也因此慢慢朝向自治前進，新的政治思想開始蔓延於人民心中，他們開始對自己的民族和文化傳統的認知逐漸取代了對歐斯曼帝國文化的認同。歐洲民族主義國家的意識已經萌芽，逐漸破壞了歐斯曼社會中多元信仰與種族的認同。

對外軍事活動的失敗也是中央權力式微因素之一。雖然帝國十六世紀時仍維持對外的擴張，但是到了穩定的十七世紀後，便開始逐漸落後俄羅斯與哈布斯堡帝國。一七九二年時，俄羅斯人控制了黑海地區，直接威脅伊斯坦堡；而在一七九八年法國皇帝拿破崙則是進占埃及。這一連串的失敗突顯歐斯曼帝國的軍隊也如商業貿易，輸給了歐洲人。其領土的完整是否能夠保持，開始讓人產生懷疑。

在這一連串的危機中，帝國內部出現一系列改革聲音。保守派呼籲要回歸到蘇丹「立法者蘇雷曼」（Suleyman the Kanuni）時期的政策；激進的改革派則是要求採用歐洲制度。當時歐洲的文化，歐式的畫作，洛可可式的裝飾，甚至是鬱金香花園都在帝國境內風行。也因為這股文化風格的變動，所以到十九世紀時又產生了一股新的變革，可惜的是，時不我與，一切皆以失敗結束。

歐洲帝國主義的全球性擴張，到處占領土地殖民，行經濟剝削，實乃拜工業革命、科技發展之賜。歐斯曼帝國因無法與歐洲帝國主義勢力匹敵，導致控有歐亞非三洲廣大的領土一塊塊被割據，最後只剩下其發源地的安那托利亞高原，甚至有亡國之慮。幸而有「突厥青年團」（the Young Turks）的掌權、革命，改變體制，建立新政權，一個號稱世界統治者的「哈里發帝國」最後淪為單一民族的「土耳其共和國」。歐斯曼帝國滅亡的直接原因是參與第一次世界人戰的失敗。羅根這本歷史書，詳述歐斯曼帝國最後十年的悲慘命運，除了政治、經濟、社會的大崩潰，更細說歐斯曼帝國治權內各民族紛紛被歐洲帝國殖民主義勢力策動，起身革命，謀求單一民族的建國。這本書的附標題雖為「一九一四～一九二〇的中東大戰」（*the Great War in the Middle East, 1914-1920*），它事實上解析了歐洲殖民勢力在中東的勝利，本書也可被歸列於第一次世界大戰史的解析，非歷史專業的讀者若先對十九世紀之歐洲與中東伊斯蘭世界歷史做些背景知識的理解，當可熟悉本書敘述的歷史。羅根之前的一部阿拉伯人近現代歷史（*The Arabs: A History*）所述內容與本書相輔相成，若兩本書並讀，當有相得益彰之效。羅根為中東現代史專家，其學術權威毋庸置疑，他的著作有助國人對現代中東歷史的理解，而他的另一部書 *The War for Palestine: Rewriting the History of 1948*，亦值得閱讀，讀之當可以理解「以巴問題」的根源。總而言之，這本書道盡了歐斯曼帝國夕陽落日的掙扎，值得仔細品讀，以擴大世界觀。

鄂圖曼帝國的殞落

目次

謹以本書獻給
伊莎貝爾・圖依・伍茲・羅根

中文版作者序

尤金・羅根／牛津，二〇一六年七月二十六日

在記念一戰百年的此時，我很榮幸能將本書呈現給台灣讀者。我無緣檢視中文文獻，但據我猜想，鄂圖曼前線在東亞和在西方一樣遭到忽略。希望本書出版能填補這部分的空白。

寫作本書的目的，就是為了彌補西方一戰文獻的不足。許多歐洲作者致力於研究西線慘烈的壕溝戰，卻遺漏歐洲以外的戰爭——然而，中東戰場才是名副其實的「世界大戰」。確實有許多書中提及某幾場鄂圖曼帝國的戰事。市面上有大量關於加里波利戰役和阿拉伯的勞倫斯與阿拉伯革命的書籍。然而，沒有任何一本著作從一九一四年十月鄂圖曼加入第一次世界大戰開始，接著敘述鄂圖曼打敗英國與其盟友的幾場重大勝利，最後以帝國戰敗並殞落告終，從頭到尾單獨敘述鄂圖曼前線。

我的目標，就是將鄂圖曼戰時的軍事史，與社會、經濟狀況以及政治與外交史相結合，敘述鄂圖曼前線的故事。我相信大戰的這種種面向之間關係密不可分，而唯有將戰時外交政策放在大戰的時代背景中，才能讓讀者理解。我也想打破以將領和政治家為主的敘事傳統，試圖捕捉一般士兵與低階軍官的感受，因為他們才是親身參與戰鬥的人。最後，我想以**土耳其人**和阿拉伯人對大戰的描述，追溯雙方壕溝中士兵的經歷。總而言之，我希望能寫出一部觀點平衡的鄂圖曼前線史，與全世界共同紀念

一九一四年至一九一八年的第一次世界大戰。

本書首次出版於二〇一五，依英文讀者的反映，書中有三項議題最具爭議性：聖戰＊在鄂圖曼前線扮演的角色、亞美尼亞滅種屠殺，和戰時瓜分鄂圖曼領土外交政策之一賽克斯－皮科協定的影響。

寫作本書之前，我大量閱讀鄂圖曼帝國宣戰之際的聖戰宣言。提爾曼．呂德（Tilman Lüdke）的哈佛博士論文即以此為題：《德製聖戰：第一次世界大戰鄂圖曼帝國與德國的政治宣傳與情報戰》（*Jihad made in Germany: Ottoman and German Propaganda and Intelligence Operations in the First World War*, 2001）。目前，學界多採用他的論點，也就是鄂圖曼宣布展開聖戰的唯一目的，是為了討好德國盟友。一批德國的東方研究者說服德皇威廉二世以及幾位政府官員，一旦鄂圖曼宣布展開聖戰，就能在英國與法國殖民地引發大規模穆斯林反叛，藉此削弱這兩個帝國的戰力。這場「德製聖戰」以失敗告終，因為殖民地穆斯林沒有大舉發動叛變。

我同意以上論點，也相信現今的政治家和一世紀前戰時領導人物犯了同樣錯誤，認定穆斯林有可能在宗教權威人士（如賓拉登〔Osama bin Laden〕，或自稱為伊斯蘭國哈里發的阿布．貝克爾．巴格達迪〔Abu Bakr al-Baghdadi〕）的教唆下，訴諸大規模的宗教狂熱。然而，我依舊將聖戰的政治活動視為左右鄂圖曼戰爭的關鍵元素。聖戰訴求激發了鄂圖曼軍人慷慨赴義的精神，成為打勝仗的重要因素。再者，鄂圖曼帝國對虔誠穆斯林的呼籲，確實造成英國穆斯林士兵經常性的逃跑與叛變，雖然人數並不多。然而，我主要的論點是，事後證明，對於蘇丹－哈里發所號召的聖戰，英國將領的反應比起殖民地的穆斯林更激烈。一如德國的東方研究者，英國人也相信穆斯林有形成集體宗教狂熱的本事。他們擔心任何一次鄂圖曼對抗英國與其協約國盟友所獲得的勝利，都會造成英屬印度或埃及的叛變。鄂圖曼在加里波利半島和美索不達米亞的勝仗更加深這些人的恐懼。放手一搏、想消滅聖戰威脅的英國人，卻發現自己被拖入更遙遠的鄂圖曼前線。到頭來，鄂圖曼的聖戰宣言從未引發穆斯林叛變，卻在大戰的整整四年中，讓協約國在此地耗費數十幾萬人力以及不計其數的戰爭物資，削弱了至關重要的西線戰力。

鄂圖曼這場大戰的餘波中，最引人爭議的問題之一就是亞美尼亞滅種屠殺。直到不久前，土耳其法律仍禁止人民提及，違者將被視為犯下違反國家榮耀的罪行。二〇〇五年，土耳其諾貝爾文學獎得主奧罕・帕慕克（Orhan Pamuk）在接受某瑞士雜誌訪談中提到「有一百萬名亞美尼亞人」被屠殺，因而被控「公開詆毀土耳其形象」，這個案例相當有名。二〇〇六年，土耳其政府撤銷對帕慕克的控訴，不久後伊斯坦堡的資訊大學（Bilgi University）舉辦了一場針對亞美尼亞問題的會議，打破長久以來的禁忌。許多重要的土耳其與西方學者仍舊持續爭辯，鄂圖曼政府戰時對付亞美尼亞人的手段，是否構成以國家進行制裁的滅種罪行。然而，這番爭論被新一波的學術研究所取代，其中許多研究出自土耳其學者之手。這些根據鄂圖曼、亞美尼亞與西方史料所提出的研究，使得以上的爭論已無否定餘地。我在書中的敘述也大量採用這些文獻。

為了批判亞美尼亞問題，土耳其歷史學家必須克服極大的社會壓力。對於戰時驅離並屠殺亞美尼

＊jihad一詞近年以「聖戰」廣為人知。其原意不僅限於為了改變他人信仰而發起的「聖戰」，更包含穆斯林的各種奮鬥，可以是個人內在與邪惡、慾望的奮鬥，或是善行等。本書中因為指涉的仍是以軍事行動為主的Jihad，因此仍採用「聖戰」一詞，特此說明。

亞人是國家刻意而為的政策或構成滅種罪行的說法，土耳其政府依舊持續否認。然而，本書出版後我多次造訪土耳其，當地對於這曾被視為禁忌的主題已出現新的開放態度，令我十分訝異。回想起二〇〇五年之前，在公開場合根本不可能談到亞美尼亞問題，更不用說提及「滅種」一詞。因此，我很驚訝今日我們能公開討論這些具爭議性的話題，即便我必須回答某些質疑亞美尼亞權利的聽眾提問。「我是個西方學者」，我向他們解釋，「我無權告訴土耳其人如何看待本國的歷史。這是土耳其人自己必須討論的問題。但各位必須接受，我有撰寫歷史的自由，無須接受審查。你們不能限制我的言論。」

我希望能在土耳其討論亞美尼亞問題，對於這新的開放態度貢獻一己之力。我撰寫這本向鄂圖曼戰事致敬的歷史，希望提供一個歷史脈絡，或許土耳其人在這脈絡中也能逐漸接受大戰帶來的苦果。本書的土耳其文譯本即將在伊斯坦堡出版，就是一個好兆頭。

本書終於引起對戰時瓜分外交的廣泛討論。二〇一六年是賽克斯－皮科協定百年，當初英、法、俄等國就是根據此協定瓜分鄂圖曼領土。伊斯蘭國的政治宣傳者聲稱，二〇一五年他們跨越伊拉克國界進入敘利亞的舉動，已經粉碎賽克斯－皮科協定。然而，這份文件就這麼重要嗎？我不這麼認為。不斷變動的協約國戰時利益考量早已摧毀賽克斯－皮科協定，各國幾乎是立刻重新展開談判。到了最後，現代中東地圖已和當初由英國馬可・賽克斯爵士和法國喬治－皮科劃定的界線沒有絲毫相似處。現代中東地圖，其實是一九二〇年四月各國在同屬巴黎和會的聖雷莫會議中劃定。

我在書中處理瓜分外交的方式，是將這些瓜分暨協議放在戰爭的時空背景中。列強瓜分鄂圖曼的外交政策始於一九一五年三月加里波利戰役前夕，此時俄國希望協約國盟友同意該國宣稱擁有鄂圖曼首都君士坦丁堡和黑海與地中海之間海峽區的主權。法國同意了，但要求盟友以法國取得奇里契亞和敘利亞主權為交換條件。參戰時對鄂圖曼帝國並無領土野心的英國，同意法、俄盟友的要求，卻保有要求鄂圖曼具戰略重要性領土的權利（協約國最後同意英國取得美索不達米亞）。這些國家的要求最後在名為君士坦丁堡協定的往返文件中生效。

接下來幾個重大的瓜分外交政策如下：首先是胡笙－麥克馬宏協定，英國為了與領導阿拉伯革命（一九一五～一九一六）的麥加謝里夫形成聯盟、對抗鄂圖曼帝國；接著是一九一六年的賽克斯－皮科協定，英國藉此宣稱對美索不達米亞主權、其土地邊界圍繞法國索求的奇里契亞與敘利亞；再來是聖尚德莫西安那三國協定（Tripartite Agreement of Saint-Jean de Maurienne），義大利藉此宣示擁有部分安那托利亞主權；最後是一九一七年的貝爾福宣言。這些肆無忌憚的協議，只有放在協約國戰時狀態下檢視，才有理可循。而且每一份協議都是強權國遂行其帝國主義野心、並以此為唯一目的之下的產物。與麥加謝里夫談條件的英國人並非一心支持阿拉伯人；正如允諾在巴勒斯坦建立猶太人的民族國家的英國政府也並非一心支持猶太復國主義者。反之，在一場看似永無止境的殘暴戰爭中，英國與其盟友願意對任何人承諾任何事，只求贏得戰爭。再者，從鄂圖曼人參戰的那一刻起，列強就將鄂圖曼領土視為史上最無情的戰爭中對協約國損失的彌補或獎賞。

許多二十世紀的中東問題，都是第一次世界大戰瓜分外交政策的惡果。列強劃分中東國界時，並非在與當地人民協商的過程中建立新的阿拉伯國家；國界的劃分只是各帝國為達成政治均勢所施行的手段。這些國界延續了許久，而劃分國界的方式所引發的衝突，同樣持續不斷。以阿衝突、無國家歸屬的庫德族人問題，乃至於敘利亞和黎巴嫩邊界長久以來的緊張局勢，都屬於中東一次世界大戰的悲慘後果，影響所及持續塑造中東情勢，也因此這段歷史仍舊與今日世界息息相關。

學術用語說明*

二十世紀早期，標準的做法是將鄂圖曼帝國稱為「土耳其」。這忽略鄂圖曼帝國裡種族和宗教的多樣性，因該地的阿拉伯人、庫德族人、希臘人和亞美尼亞人都和土耳其人一樣有權宣稱自己屬於鄂圖曼帝國。但為避免整本書因重複「鄂圖曼」而顯得乏味，我交錯使用「鄂圖曼」與「土耳其」，特別指的是軍隊時。若想將某特定種族或宗教群體和大多數土耳其人區隔開來，我就會說「鄂圖曼的阿拉伯人」或「鄂圖曼的亞美尼亞人」。

在提到當地城市時，我傾向使用現今地名，而非二十世紀早期常用的歐洲古地名。因此，我用「伊斯坦堡」（Istanbul）而非「君士坦丁堡」（Constantinople），用「伊茲密爾」（Izmir）而非「士麥那」（Smyrna），用「特拉布宗」（Trabzon）而非「特拉比宗」（Trebizond），希望讀者能更容易在地圖上找到該城市。同理，我以標準的西方拼法寫出阿拉伯城市，我寫做貝魯特（Beirut）、大馬士革（Damascus）、麥加（Mecca）和麥地那（Medina），而不寫做 Bayrut、Dimashq、Makka 和 Madina。

---

*繁中版盡量還原土耳其與伊朗的發音，部分遷就現行慣用譯名，例如鄂圖曼（土耳其語發音為「歐斯曼」）。書中許多代表尊稱或血統之特殊名詞，如 Pasha、Shaykh 等，在文中均有注解說明意涵，在翻譯上則採音譯與意譯並行處理。目前國內關於鄂圖曼的研究與中文譯著不多，許多譯法尚未統一，歡迎各界討論指正。

前言

一九一五年六月二十八日，一等兵約翰・麥唐諾（John McDonald）死於加里波利半島（Gallipoli）。他是我舅公，雖然當年十九歲的他並不知道。

麥唐諾這輩子從沒打算要死在遙遠的異鄉。他生於蘇格蘭伯斯（Perth）附近的小村莊，就讀道勒學院（Dollar Academy），在學校認識了好友查爾斯・貝佛里吉（Charles Beveridge）。十四歲時，他倆一起離開學校去找工作。兩個好友搬到了格拉斯哥（Glasgow），在北不列顛鐵路公司（North British Locomotive Company）找到工作。一九一四年夏天歐洲爆發戰爭，貝佛里吉和麥唐諾受到徵召，一起加入蘇格蘭步槍團（Scottish Rifles）（亦稱為卡麥隆兵團〔Cameronians〕）。迫不及待想上戰場的蘇格蘭步槍團第八營新兵整個秋天都在受訓，他們對於已經前往法國作戰的其他軍團心生羨慕。直到一九一五年四月，第八之一蘇格蘭步槍營才被派往前線作戰，只不過他們並非要去法國，而是去鄂圖曼土耳其帝國。

麥唐諾和貝佛里吉在一九一五年五月十七日和親友最後一次道別，隨所屬部隊上戰場。他們先坐船到希臘的利姆諾斯島（Lemons），這裡是英軍和協約國（Allied Powers）部隊派軍至加里波利半島的中途站。五月二十九日，也就是協約國軍隊首次登陸加里波利半島的一個月後，他們乘坐的船駛進利姆諾斯島的穆德羅斯（Moudros）港，他們經過一大隊停靠在港邊的戰艦與運輸船艦。這些年輕的新兵看見當時最優秀的無畏艦（dreadnoughts）與超級無畏艦（super-dreadnoughts），必定感到相當震驚。許多船艦外表都有在達達尼爾（Dardanelles）海峽激戰的痕跡，它們的船身與煙囪被土耳其軍隊的火砲與地面砲台炸得千瘡百孔。

上戰場前，蘇格蘭軍隊有兩周的時間適應地中海東岸的夏季氣候。六月中，他們在停泊港邊戰艦甲板上的士兵及水手歡呼聲中，搭船離開穆德羅斯港。只有曾經去過加里波利半島、知道這些年紀輕輕的新兵不久即將面臨何種遭遇的那些人，沒有向他們歡呼。一名卡麥隆兵團的士兵回憶：「有些夥伴對著一整船生病和受傷的澳洲人大喊當時流行的口號：『我們灰心喪志了嗎？沒有！』某個多嘴的澳洲人吼回來：『喲，你們該死的很快就會啦！』我們的夥伴雖然很訝異，卻還是不願相信。」[1]

六月十四日，蘇格蘭步槍團第八營全營安全上岸。四天後，他們沿哥利河谷（Gully Ravine）抵達前線。在加里波利半島早已惡名昭彰的機關槍和火砲的猛烈攻擊下，卡麥隆兵團壕溝中已經出現第一批傷亡士兵。等到蘇格蘭步槍兵團接到攻擊土耳其陣地的命令時，他們早已喪失年輕男孩的意氣風發。正如一位軍官深思後表示：「無論那是一種預告，或只是出於接受新任務的壓力，總之，我無法感受到士兵們流露出輕鬆的成功氛圍。」[2]

英軍六月二十八日的攻擊行動，最先是以砲火從海上轟炸兩小時。目擊者對這次轟炸嗤之以鼻，認為它規模太小、毫無效果，無法將意志堅定的鄂圖曼士兵從陣地趕走。英軍在預定時間一千一百小時展開攻擊。這裡和西線作戰方式相同，士兵聽到尖銳的信號哨音就從壕溝裡爬出來。卡麥隆兵團往上爬到平地，立刻遭遇就戰鬥位置、火力全開的鄂圖曼士兵，他們無視於英軍船艦砲火攻擊。五分鐘之內，蘇格蘭步槍兵團第八之一營幾乎全軍覆沒。受傷的麥唐諾死於野戰醫院，並且被埋葬在蘭開斯特戰爭公墓（Lancaster Landing Cemetery）。貝佛里吉倒在抬擔架的人到不了的地方。他的遺骸一直到一九一八年休戰後才被找到，而他的骨頭已經和倒在他四周的人混在一起，無法分辨。他長眠在萬人塚裡，僅有名字刻在赫勒斯角（Cape Helles）紀念碑。

卡麥隆兵團士兵的命運令他們蘇格蘭的親友既震驚又悲傷。道勒學院在學校秋季季刊上刊登麥唐諾和貝佛里吉的訃文。季刊上描述這兩人是最要好的朋友：「他們一起工作，住在同一個房間，一起入伍，『到死前都沒有分開』。兩位都是相當優秀的年輕人。」訃文最後寫道：「他們無愧於軍人身分。」季刊上對兩個男孩的雙親深表同情。

事實上，我曾祖父母顯然難以承受喪子之痛。在唯一的兒子死後一年，麥唐諾家採取了非常的行動，舉家離開戰時的蘇格蘭，移民至美國。一九一六年七月，趁德國U型潛艇攻擊大西洋運輸航線的空檔，他們帶著兩個女兒搭上名稱令人心碎的「卡麥隆號」（SS *Cameronia*）往紐約市出發，再也沒有回去。這家人最後定居在奧瑞岡州（Oregon），之後我外婆就是在那裡結了婚，生下我母親和我舅舅。之所以有他們倆以及他們所有的後代，都要歸因約翰．麥唐諾的英年早逝。

我個人和第一次世界大戰的關係一點也不特別。民調公司優加夫（YouGov）在二〇一三年對英國所做的調查顯示，百分之四十六的英國人都有某位家族成員或社區裡的人曾經在大戰中服役。這種個人關係說明，為何包括我在內有這麼多人在第一次世界大戰爆發的一世紀之後，依然對它如此感興趣。被捲入大戰衝突的這些國家，其人員動員與被屠殺的規模之大，足以觸動許多家庭。[3]

二〇〇五年準備前往加里波利半島時，我聽說了我舅公的故事。我母親瑪格麗特（Margret）、我兒子理查（Richard）和我，代表他的家族三代，我們是在他過世九十多年之後首次造訪戰地向他致敬的家人。沿著加里波利半島蜿蜒的小路朝蘭開斯特戰爭公墓開去時，我們轉錯了彎，陰錯陽差地來到努里亞穆特紀念碑（Nuri Yamut Monument）。這墓碑紀念的土耳其人死於六月二十八日的戰役——也就是麥唐諾和貝佛里吉戰死的同一場戰役。

土耳其人稱這場戰役是澤恩溪（Zığındere）之役，也就是哥利河谷（Gully Ravine）之役。紀念這場土耳其戰役的紀念碑對我大有啟發。我舅公的部隊傷亡人數為一千四百人，是全部兵力的一半，英軍總共損失兵力達三千八百人，卻有高達一萬四千名鄂圖曼人死去或受傷，在哥利河谷倒下。努里亞穆特紀念碑是鄂圖曼士兵的萬人塚，這些士兵埋葬在一塊普通的大理石墓碑底下，上面只寫著「一九一五年殉難者（Şehidlik）」。我讀過的每一本卡麥隆兵團的書籍都探討了我舅公死去的那一天英軍死傷多麼慘重。沒有一本英文文獻提到有上萬名土耳其士兵死亡。喪失親人的土耳其人，數目遠超過哀悼的蘇格蘭人，這是個重大的發現。

從加里波利半島回來，我震驚於我們西方世界的人對於土耳其和阿拉伯大戰經驗知識少得可憐。許多以英文出版、描述不同中東前線的書籍，其中反映出的是英國或協約國的經歷。加里波利之役是「邱吉爾的大災難」，庫特（Kut al-Amara）是「被湯森（Townshend）拱手讓出」，阿拉伯革命是由「阿拉伯的勞倫斯（Lawrence）」所領導，「莫德（Maude）攻入」巴格達，以及「阿倫比（Allenby）征服」耶路撒冷。社會史學者亟欲與官方歷史綜合性的角度分道揚鑣，因此他們到倫敦的帝國戰爭博物館（Imperial War Museum）、坎培拉的澳洲戰爭紀念館（Australian War Memorial）

以及紐西蘭威靈頓的亞歷山大特恩布勒圖書館（Alexander Turnbull Library）收藏的私人文件檔案裡，閱讀日記與書信，想一窺一般士兵的戰爭經歷。經過一個世紀的研究，我們對於協約國這一邊的戰壕已經有了完整的概念。然而，我們才剛剛開始了解另一邊戰壕——也就是為抵抗強大入侵者而拚命求生存的鄂圖曼士兵的戰爭經驗。

從土耳其那一方戰壕的觀點處理鄂圖曼前線戰事，的確十分困難。土耳其與阿拉伯世界固然出版了許多日記與回憶錄，但西方歷史學家鮮少有閱讀這些史料的語言能力，而譯成西方語文出版的一手史料卻是鳳毛麟角。至於檔案資料就更難取得。位於安卡拉的土耳其軍事與戰略研究檔案館（Askeri Tarih ve Stratejic Etüt Başkanlığı Arşivi，縮寫為ATASE）中，收藏數量最多的第一次世界大戰中東戰場一手史料。然而，這些史料被嚴密控管，研究者必須經過數個月的身家調查，而且申請最後往往還是被拒絕。大部分收藏的檔案都不開放給研究者閱讀，影印資料時也有諸多限制。然而，有一些土耳其與西方學者獲准取得這些史料，因此開始針對鄂圖曼的一戰經驗發表重要研究。中東其他地區確實也有在戰後建立的完整國家檔案，但沒有特別以第一次世界大戰為主。[4]

阿拉伯社會大致可以反映出阿拉伯第一次世界大戰檔案缺乏的現象。在土耳其，加里波利戰場上的土耳其公墓以及每年舉辦的紀念活動都突顯出這場戰役的重要性，但在阿拉伯世界的城鎮裡卻沒有戰爭紀念碑。雖然幾乎每一個現代阿拉伯國家都以某種方式被捲入第一次世界大戰，它卻成為其他人記憶中的戰爭，這是一段由於鄂圖曼帝國衰亡與激進的土耳其青年團（Young Turks）領導者領導失敗、使阿拉伯人民飽受苦難的時光。在阿拉伯世界裡，大戰後只留下殉難者（尤其是當阿拉伯激進份子在貝魯特和大馬士革中央廣場被吊死之後，這兩個廣場因而改名為「殉教者的廣場」），沒有留下英雄。

現在該是重建鄂圖曼前線在一戰史以及現代中東史中正確歷史地位的時刻了。因為與其他歷史事件相較，鄂圖曼帝國的參戰更是將歐洲衝突演變為世界戰爭的重要因素。相對於遠東與東非較小規模的戰事，主要戰役都在中東展開，整整四年中戰事在此持續進行。更何況中東往往是一戰中有最多國家投入的戰場。澳洲人和紐西蘭人、南亞所有民族、北非人、塞內加爾人和蘇丹人，這些人和法國人、英格蘭人、威爾斯人、蘇格蘭人和愛爾蘭人軍隊聯手對抗鄂圖曼軍隊中的土耳其、庫德族（Kurd）、亞美尼亞和高加索（Caucasus）的切爾克斯（Circassian）的鬥士與其德、奧盟友。鄂圖曼前線稱得上是一座巴別塔*，各國軍隊在此展開前所未有的衝突。

協約國大多數策戰者，都將鄂圖曼帝國的戰役視為東西方前線主要戰爭舞台以外的串場表演，而不予以重視。重量級英國將領如霍雷蕭．赫伯特．基奇納（Horatio Herbert Kitchener）與邱吉爾遊說其他人向土耳其宣戰，只是出於一種誤解，那就是藉由土耳其戰事可以迅速取得對抗同盟國（Central Power）的勝利，進而加快終止戰爭的速度。低估對手的協約國發現他們深陷於高加索、達達尼爾海峽、美索不達米亞和巴勒斯坦等主要戰場，這些國家必須從西線調來數十萬軍隊，因而延長了大戰的時間。

協約國在鄂圖曼前線的失利，挑起了國內致命的政治危機。達達尼爾海峽戰役失敗，迫使英國自由黨首相阿斯達斯（Herbert Henry Asquith）在一九一五年五月和保守黨組成聯合政府，並於次年下台。英國在加里波利和美索不達米亞兩地戰敗，因此分別成立了兩個國會調查委員會，而兩份委員會的調查報告中，同樣譴責兩場戰役的政治與軍事決策者。

如果說鄂圖曼帝國戰事將歐洲衝突提升到世界大戰的等級，那麼一戰改變了現代中東情勢也同樣為真。該地區可說是沒有任何一塊地區逃過戰火的蹂躪。鄂圖曼帝國從境內所有土耳其與阿拉伯省分、協約國從其北非每一個殖民地徵召士兵。百姓也飽受戰爭所帶來的經濟困頓與傳染病蔓延之苦。在現今埃及、葉門、沙烏地阿拉伯、約旦、以色列和巴勒斯坦自治區、敘利亞、黎巴嫩、伊拉克、土耳其和伊朗等國都有戰事。鄂圖曼帝國在第一次世界大戰末期的衰亡，直接的結果就是上述大多數國家正式獨立。

鄂圖曼帝國的滅亡是代表新時代開始的歷史事件。過去六世紀以來，它是全世界最強盛的伊斯蘭帝國。十三世紀末由中亞部族所建立的蘇丹領地崛起成為帝國，在小亞細亞與巴爾幹半島與拜占庭帝國分庭抗禮。西元一四五三年，在梅赫美德二世†（Mehmed II）攻下拜占庭首都君士坦丁堡之後，鄂圖曼帝國成為地中海地區最強大的政治勢力。

攻下君士坦丁堡（隨後改名為伊斯坦堡）作為首都之後，鄂圖曼人迅速擴張其領土。一五一六年，塞里姆一世（Selim I）擊敗首都位於開羅的傭兵帝國（Mamluk Empire），將敘利亞、埃及與紅海省分漢志（Hijaz）納入鄂圖曼土耳其帝國領土。一五二九年，蘇丹王蘇雷曼大帝（Suleyman the

---

* 巴別塔（tower of Babel），巴別在希伯來語中有「變亂」之意。據《聖經．創世記》第十一章記載，當時人類聯合起來興建希望塔頂通天能傳揚己名的高塔。為了阻止人類的計畫，上帝讓人類說不同的語言，使人類相互之間不能溝通，計畫因此失敗，人類自此各散東西。

† Mehmed 是土耳其語發音的 Muhammad（穆罕默德）。

Magnificent）攻至維也納城下，歐洲各地瀰漫恐懼的氣氛。鄂圖曼人持續擴張領土，截至西元一六八三年最後一次試圖攻入維也納為止，帝國已橫跨歐、亞、非三洲，其版圖包括巴爾幹半島、小亞細亞（也就是土耳其人所稱的安那托利亞〔Anatolia〕）、黑海，以及從伊拉克到摩洛哥邊境的大部分阿拉伯領土。

在接下來的兩個世紀，鄂圖曼被活躍的歐洲國家迎頭趕上。從這時開始，它屢次被鄰國君主擊敗，包括俄羅斯帝國的凱薩琳大帝（Catherine the Great），以及首都維也納曾經受到它威脅的哈布斯堡王朝（Habsburg Empire）的諸位皇帝。從一六九九年開始，在外強侵略下，帝國的領土邊界一直後退。十九世紀初期，由於民族主義運動興起，鄂圖曼喪失許多在巴爾幹省分的領土。在反對伊斯坦堡統治（一八二一～一八二九）的八年戰爭之後，希臘是第一個企圖獨立的國家。一八七八年，羅馬尼亞、塞爾維亞（Serbia）與蒙特內哥羅（Montenegro）確立其獨立地位，而波士尼亞（Bosnia）、赫塞哥維納（Herzegovina）與保加利亞也在同時獲得自治。

強權國家持續奪取鄂圖曼帝國的領土。一八七八年至一八八二年間，英國取得賽普勒斯（Cyprus）和埃及，法國於一八八一年占領突尼西亞，俄國則在一八七八年吞併高加索地區的三個省分。在內外威脅、喪失領土的困境中，二十世紀初期的政治分析家預言鄂圖曼土耳其帝國的滅亡已近在眼前。一群自稱為土耳其青年團的年輕愛國軍官希望藉由憲政改革重建帝國。一九〇八年，他們起而反抗蘇丹阿布杜勒哈密德二世（Abdülhamid II，一八七六年至一九〇九年在位）的獨裁統治，孤注一擲企圖拯救國家。在土耳其青年團勢力的崛起之下，鄂圖曼帝國邁入空前混亂的時期，終將帝國捲入了最後一次、也是規模最大的戰爭。

第一章　一場革命與三場戰爭，一九〇八年～一九一三年

一九〇八年至一九一三年期間，鄂圖曼帝國面臨國內外種種嚴重威脅。從一九〇八年土耳其青年團革命開始，歷經數世紀之久的帝國政治體遭遇前所未有的壓力。國內改革人士意圖將帝國帶入二十世紀；歐洲帝國主義強權國家與新興巴爾幹半島各國為得到鄂圖曼帝國領土，紛紛向它宣戰。亞美尼亞與阿拉伯的激進份子也希望在日漸衰弱的帝國內尋求自治權。以上這些問題左右一九一四前幾年鄂圖曼政府的議程，埋下鄂圖曼帝國參加第一次世界大戰的種子。

年事漸高的蘇丹阿布杜勒哈密德二世於一九〇八年七月二十三日召開內閣危機處理會議。這位在位逾三十年的獨裁君主，現在面臨其任內最嚴重的國內危機。鄂圖曼帝國在馬其頓的軍隊起兵叛變（此地是巴爾幹半島上變動不斷的區域，後來分裂成現在的希臘、保加利亞和馬其頓等國），要求恢復一八七六年的憲法，回歸議會體制。但蘇丹比他的對手更了解憲法內容。一八七六年，他登上王位的頭幾項施政之一，就是在歷經四十年由政府領導的所謂坦志麥特改革*正處於顛峰期的時候，頒布憲法。在當時他被視為開明的改革者。然而，統治鄂圖曼帝國的經驗，使得阿布杜勒哈密德二世變得

冷酷無情，從改革者變為專制君主。

阿布杜勒哈密德專制主義的根源，可追溯到這位年輕蘇丹剛即位時面臨的一連串危機。他從前幾任蘇丹手中繼承的，是個混亂失序的帝國。一八七五年，鄂圖曼國庫宣告破產，歐洲債權人立刻對蘇丹政府採取經濟制裁。而在一八七六年，由於帝國對保加利亞分離主義者實行暴力鎮壓，西方媒體對此舉貼上「保加利亞恐怖屠殺」的標籤，歐洲輿論對帝國的敵意逐漸升高。英國自由黨領袖威廉·格萊斯頓（William Gladstone）帶頭譴責土耳其，而對俄國的戰事也在醞釀中。種種壓力對這位帝國統治者產生了負面影響。一群有力的改革軍官罷黜蘇丹阿布杜勒阿齊茲（Abdülaziz，一八六一年至一八七六年在位）。不到一週後，他被人發現死在自家公寓，手腕上有割傷，顯然是自殺。他的繼位者穆拉德五世（Murat V）在登上王位僅三個月之後就精神崩潰。在這不祥的背景下，三十三歲的阿布杜勒哈密德二世於一八七六年八月三十一日掌權。

強勢的內閣閣員逼迫新上任的蘇丹制訂自由憲法，並選出由穆斯林、基督教徒和猶太教徒組成的國會，藉此防止歐洲進一步插手帝國內政。阿布杜勒哈密德向政府內改革者要求讓步，主要是出於現實考量，較不是因為被改革者說服。一八七六年十二月二十三日，他頒布鄂圖曼憲法；接著，在一八七七年三月十九日，他召開選舉成立的國會第一次會期。然而，國會才一召開，帝國就被捲入與俄國的毀滅性戰爭。

俄羅斯帝國自認為是拜占庭帝國的繼位者與東正教的精神領袖，同時也以擴張勢力為目標。它垂涎鄂圖曼的首都伊斯坦堡，該城在一四五三年之前一直是東正教中心與拜占庭首都君士坦丁堡。俄國不只有宗教文化上的野心。一旦取得伊斯坦堡，俄國人就能控制一條地緣政治學上狹窄的海上通道，也就是連接俄國黑海港口與地中海之間的博斯普魯斯海峽與達達尼爾海峽。然而，整個十九世紀以來，俄國的歐洲鄰國一直設法保持鄂圖曼帝國領土完整性，藉此將俄國艦隊的活動範圍限制在黑海。於是渴望占領伊斯坦堡與海峽區卻又受挫的俄國人，利用巴爾幹半島民族主義者的獨立運動介入鄂圖曼帝國內政，在不時與鄂圖曼帝國作戰之際，邁向侵略其領土的目標。到了一八七六年末，塞爾維亞與保加利亞的叛亂讓俄國有機可乘，發動另一場擴張領土的戰爭。在確保奧匈帝國的中立，以及取得羅馬尼亞的准許讓軍隊經過其領土之後，俄國在一八七七年四月向鄂圖曼帝國宣戰。

沙皇軍隊迅速取得鄂圖曼帝國在巴爾幹半島的領土，穿越高加索，進入安那托利亞東部地區。他們雙面進攻，向前掃蕩，屠殺土耳其與穆斯林農民。俄國的攻擊行動在鄂圖曼國內激起群眾的憤怒。蘇丹阿布杜勒哈密德二世操弄他的伊斯蘭意識，以便在對抗俄國的戰爭中確實掌握民眾的支持。他高舉在十六世紀帝國占領阿拉伯地區時就已為鄂圖曼所有的穆罕默德先知旗幟，宣布對俄國展開jihad，也就是聖戰。鄂圖曼群眾和他們的蘇丹戰士團結一致，自願從軍，捐獻打仗所需經費——鄂圖曼軍決心阻止俄國繼續向鄂圖曼領土挺進。

阿布杜勒哈密德的戰爭行動獲得民眾支持，但土耳其國會成員對於政府處理國際衝突方式的批評聲浪卻不斷升高。蘇丹雖然發動聖戰，俄國仍然在一八七七年底再次發動攻勢，並且在一八七八年一月底到達伊斯坦堡城外。該年二月，蘇丹召開了一場會議，與國會議員商討戰事該如何進行。某位議

＊Tanzimat，土耳其語為「重組」。坦志麥特改革時間為一八三九年至一八七六年，改革重點是推動現代化與領土完整性，意圖根除境內民族主義運動。

員是烘焙師工會會長，他譴責蘇丹：「你現在才詢問我們的意見太遲了，還有可能避免災難之前你就該來找我們商量。在已經無計可施的情況下，國會議員拒絕擔負一切責任。」烘焙師工會會長的干預似乎讓蘇丹確信，國會對於國家欲達成的目標不但沒有幫助，反而是一種阻礙。就在第二天，阿布杜勒哈密德中止憲法、解散國會，軟禁大部分發表批評言論的議員。接著，阿布杜勒哈密德開始直接掌控國事。然而，至此戰爭局勢已無可挽回，一八七八年一月，俄軍已經來到首都的城門口，這位年輕蘇丹才接受休戰協議。1

一八七八年鄂圖曼帝國敗給俄國的結果，就是在柏林會議（一八七八年六月～七月）簽訂的和平條款中喪失大片領土。會議由德國主持，邀請歐洲強權（英國、法國、奧匈帝國和義大利）參加，會議要解決的問題不僅是俄土戰爭，還有巴爾幹半島的諸多衝突。根據柏林條約，鄂圖曼在巴爾幹半島與安那托利亞東部地區喪失了帝國五分之二的領土與五分之一的人口。帝國讓出的領土中有三個省位於安那托利亞東部的高加索區——卡爾斯（Kars）、阿爾達罕（Ardahan）與巴統（Batum），由於這三省為土耳其穆斯林的心臟地帶，他們不甘心喪失這塊領土，因而此處就成了鄂圖曼帝國的亞爾薩斯－洛林*。

除了在柏林條約中割讓的土地，鄂圖曼帝國之後又被歐洲強權奪去更多領土。一八七八年英國得到賽普勒斯作為殖民地，一八八一年法國占據突尼西亞，而在一八八二年干預埃及危機之後，英國將此鄂圖曼的自治省分納入英國殖民統治。失去這些領土，蘇丹阿布杜勒哈密德二世因而深信他必須以強有力的手段統治鄂圖曼帝國，藉以保護帝國不再被野心勃勃的歐洲強權瓜分。然而，此時帝國領土的完整性，卻是以公民的政治權為代價。

阿布杜勒哈密德的獨裁統治風格，終究引來一股日漸成形的反對運動。「土耳其青年團」成員是來自不同背景的各個團體，出於約束阿布杜勒哈密德獨裁統治、恢復憲政體制與回歸議會民主政治等共同目標而結合在一起。在土耳其青年團中最知名的團體就是團結進步委員會（Committee of Union and Progress，CUP），它是二十世紀初由平民與軍人成立的一個祕密結社。雖然CUP在鄂圖曼帝國各處包括阿拉伯地區、土耳其各省與巴爾幹半島等都有分部，他們的運動在土耳其與阿拉伯各省卻大都受到鎮壓。截至一九〇八年為止，CUP都設在鄂圖曼帝國巴爾幹僅存的領土上，也就是阿爾巴尼亞（Albania）、馬其頓（Macedonia）與色雷斯（Thrace）。[2]

一九〇八年，蘇丹的間諜在馬其頓的鄂圖曼第三軍中找到一個CUP的地下組織。這些即將被送上軍事法庭的軍人打算採取行動。一九〇八年七月三日，一個CUP地下組織的領導者阿赫梅德·尼亞茲（Ahmed Niyazi）少校副官帶領兩百名全副武裝士兵與支持他們的平民叛變，要求蘇丹恢復一八七六年制訂的憲法。這些人都準備好要在這次行動中赴死。然而，反叛者深得民心，他們的行動聲勢日益盛大，因為他們逐漸得到全體民眾的支持。馬其頓所有城市都起來叛變，宣布他們效忠憲法。有一位年輕的土耳其軍官伊斯瑪儀勒·恩瓦爾（Ismail Enver，也就是之後赫赫有名的「恩瓦爾」）少校在科普廖呂（Köprülü）和提克維什（Tikveş）這兩個馬其頓城市裡，對歡欣鼓舞的民眾宣布恢復帝國

＊亞爾薩斯－洛林（Alsace-Lorraine）是現今法國的亞爾薩斯省與洛林省，位於德、法邊境。該區最初屬於神聖羅馬帝國，十七世紀中成為法國領土，一八七一年普法戰爭後割讓給德意志帝國，二戰後又歸法國所有。

憲法。鄂圖曼第三軍揚言要進軍伊斯坦堡，強行在帝國首都施行憲法。

三週過去了，革命運動勢力愈漸龐大，蘇丹已經無法靠他的皇家軍隊控制馬其頓的叛變。在這緊急狀況下，蘇丹不得不在七月二十三日召開內閣會議。會議地點是坐落於山丘上的耶爾德茲宮（Yildiz Palace），可俯瞰伊斯坦堡歐洲這一側的博斯普魯斯海峽。由於畏懼六十五歲的蘇丹，各部部長都迴避恢復憲政的關鍵性問題。他們花上數小時刻意討論地方叛變的責任歸屬，而不提出解決危機之道。

花一整天聽這些部長搪塞與逃避問題的阿布杜勒哈密德，在會議最後下了結論：「我會順應民意，」他對內閣閣員宣布，「憲法一開始是在我的任內頒布。創立憲法的人是我。出於必要，我將憲法中止。現在我希望各部長準備一份恢復憲法的聲明。」鬆了一口氣的部長們立刻依照蘇丹指示，發電報給帝國境內所有省分，宣布第二憲政時期開始。由於成功逼迫蘇丹恢復憲法，發動革命的功勞也歸屬於土耳其青年團。[3]

這重大事件的消息過了一陣子才傳開來。報紙上的報導文字沒有大標題，也沒有評論：「在皇帝陛下的命令之下，國會依憲法條文規定重新召開。」或許這正反映出只有極少數人會想閱讀嚴格新聞檢查制度下的鄂圖曼報紙，因此經過整整二十四小時之後，民眾才對這條新聞有所反應。七月二十四日，人群聚集在伊斯坦堡與帝國各省城鎮中的公共場合，慶祝恢復憲法。恩瓦爾少校坐火車到土耳其青年團運動的大本營薩洛尼卡（Salonica，在現今希臘境內），歡欣鼓舞的民眾向他致意，稱他為「自由鬥士」（champion of freedom）。在月台上迎接恩瓦爾少校的是他兩位同事，鄂圖曼鐵路的軍方督察阿赫梅特·傑馬勒（Ahmet Cemal）少校，和郵局職員梅赫美德·塔拉特（Mehmed Talat）。

他們都是從CUP組織中崛起，而且這兩人也和恩瓦爾一樣，此後以中間名傑馬勒與塔拉特聞名於世。「恩瓦爾，」他們歡呼道，「現在你是拿破崙了！」4

在接下來的幾天裡，寫上革命口號「正義、平等與博愛」的紅白旗幟掛滿大街小巷。帝國各處的城鎮廣場上都張貼著尼亞茲、恩瓦爾和其他軍中「自由英雄」的照片。政治人士發表公開演說讚揚憲政體制的美好，將他們的希望和憧憬與一般民眾分享。

在這全國上下瀰漫著愛國主義的一刻，憲政改革燃起的希望將鄂圖曼境內背景互異的人口結合在一起。鄂圖曼社會由許多不同的種族構成，包括土耳其人、阿爾巴尼亞人、阿拉伯人和庫德族人，還有許多信仰不同的群體，包括占穆斯林大多數的順尼派（Sunni）和較少數的什葉派（Shiite）、一打以上不同的基督教派以及為數不少的猶太人。之前，中央政府試圖凝聚鄂圖曼國家認同的努力，都受阻於帝國境內種族與宗教的多樣性，直到憲政改革才有所改變。正如某位政治激進份子寫道，阿拉伯人「全心全意擁抱土耳其人，相信國內已不再有阿拉伯人、土耳其人或庫德人的分別，每個人都成為鄂圖曼人，擁有相同的權利與責任」。5

群眾欣喜地慶祝他們新發現的自由，某些人卻被懷疑參與阿布杜勒哈密德的鎮壓機構，因此遭受報復，歡欣的氣氛染上了汙點。在這位蘇丹統治下的鄂圖曼帝國，墮落為一個警察國家。政治激進份子被抓進牢裡或被放逐，報紙與雜誌都經過嚴密的審查，公民在說話之前必須小心謹慎，害怕替政府工作的間諜無所不在。一位生長在巴勒斯坦山城納布魯斯（Nablus）的本土居民穆罕默德．伊札特．達爾瓦札（Muhammad Izzat Darwaza）如此形容：「革命之初，人民對於他們所知道從事間諜工作、曾經貪汙腐敗或鎮壓百姓等各級政府官員，爆發了強烈的憎恨情緒。」6

然而，對大部分人而言，土耳其青年團革命激發出前所未有的希望與自由感，這種感覺無異於酒醉後的陶陶然。人民在詩句中傳達了這喜悅的時刻，全國各地的阿拉伯與土耳其詩人作詩慶祝土耳其青年團與其革命行動。

因為有了你們，今日我們歡慶自由
我們早晨出門，晚上回家，不會擔心受怕
在監獄中被貶抑的囚犯獲得釋放，成為自由之人
被流放的心愛人回到家園
我們不再害怕接觸報紙
夜裡我們不再做焦慮的夢
而早晨醒來時，我們毫不恐懼，毫不焦慮7

然而，燃起無窮希望的革命，最終卻走向幻滅。

當革命對鄂圖曼帝國的政府沒有造成顯著改變時，希望看見政治改革的人失望了。CUP決定讓阿布杜勒哈密德二世繼續留在王位上。他打算把恢復憲法的功勞攬在身上，並且因身兼蘇丹與哈里發（caliph，穆斯林世界精神領袖）二職受到鄂圖曼大眾的尊敬。在一九〇八年，土耳其青年團如果罷免阿布杜勒哈密德二世，帶來的問題可能會多於好處。再說，CUP的領導者其實是土耳其青年團，大多數年輕軍官和低階官僚都是二十八九歲和三十多歲，他們缺乏掌權的自信。相反地，他們將政府

的運作留給宰相（grand vizier，也就是總理）薩依德帕夏（Said Pasha）*及他的內閣成員，自己則是扮演監督內閣委員會的角色，確保蘇丹及其政府支持憲政體制。

如果鄂圖曼公民相信憲法能解決經濟問題，那他們很快就會大失所望。革命引起的政治不穩定，破壞人們對土耳其貨幣的信心。一九〇八年八月和九月，通貨膨脹率攀升至百分之二十，給勞工階級帶來巨大的壓力。鄂圖曼的工人組織示威活動，希望能因此得到更好的薪資與工作條件，但財政部卻無法達到工人合法的訴求。在革命後的前六個月，工運人士發動上百場罷工，導致政府嚴刑峻法，對工人進行施壓。8

殘酷的是，相信回歸議會民主制度，就能使得歐洲國家尊重與支持鄂圖曼帝國領土完整性的人，將會因此受辱。土耳其的歐洲鄰國趁著土耳其青年團革命所造成的動盪局勢，藉機又併吞更多領土。一九〇八年十月五日，前鄂圖曼省分保加利亞宣布獨立。第二天，奧匈帝國哈布斯堡王朝宣布併吞波士尼亞和赫塞哥維納這兩個鄂圖曼帝國的自治省分。同年十月六日，克里特島（Crete）也宣布它與希臘合併。土耳其的民主制度不僅沒有得到更多歐洲強權的支持，反而使得帝國更加脆弱。

土耳其青年團設法藉由國會重新掌控革命。只有兩個黨參與一九〇八年十一月底與十二月初的選舉，CUP是其中之一，而團結黨人（也就是CUP成員）贏得下議會多數席次，吸收許多無黨派人士進入CUP。十二月十七日，蘇丹召開國會第一次會期，在會議上他發表演說，誓言他對憲法的承諾。選舉產生的下議院成員和被指派產生的上議院議員都對蘇丹的演說做出回應，他們讚揚阿布杜勒

---

*帕夏，行政系統裡的高級官員，通常是總督、將軍及高官。帕夏是敬語，相當於英國的「勳爵」。

哈密德恢復憲政體制是明智之舉。兩造的態度造成蘇丹與CUP之間氣氛和諧的假象。然而，專制君主不會一夕之間改變；不甘於權力受憲法約束、或受到國會嚴密監督的阿布杜勒哈密德，一直在等待除掉土耳其青年團的機會。

一旦革命的激情退去，CUP就必須面對鄂圖曼政治圈內以及來自社會上有影響力人士的強烈反對。鄂圖曼帝國的國教是伊斯蘭教，宗教集團譴責土耳其青年團在他們眼中表現出的世俗文化。在軍隊中，軍官也有涇渭分明的兩個派別，一邊是傾向自由改革的軍校畢業生，一邊是誓言效忠蘇丹的一般士兵。在國會中，自由派系成員懷疑CUP有獨裁主義傾向，於是利用接近報社與歐洲官員（尤其是英國大使）的機會，暗中破壞CUP在下議院的地位。皇宮中的阿布杜勒哈密德暗地裡以各種方式刁難CUP。

一九〇九年四月十二日夜晚至十三日凌晨，CUP的對手發起反革命。效忠蘇丹阿布杜勒哈密德二世的第一軍士兵反抗部隊長官，並且與首都幾所神學院的宗教學者聯手。他們一起步入國會，大聲示威，一夜之間吸引愈來愈多伊斯蘭學者和反叛士兵。他們要求組成新內閣，開除了一些團結黨政治家，並恢復伊斯蘭法——即便帝國數十年來實施的其實是一套綜合法典。團結黨的代表生怕性命不保，紛紛逃離首都，內閣請辭。蘇丹趁機准許暴民的要求，再次宣布他掌握了鄂圖曼帝國的政治。

阿布杜勒哈密德恢復勢力的時間很短。馬其頓的鄂圖曼第三軍相信憲法對帝國未來的政治有存在必要，因此他們將伊斯坦堡的反革命視為對憲法的攻擊。在土耳其青年團革命英雄尼亞茲少校的命令下，馬其頓境內忠於土耳其青年團的人發起了一場名為「行動軍」（the Action Army）的戰役，進軍伊斯坦堡。這一支解放軍隊於四月十七日從薩洛尼卡出發前往帝國首都。四月二十四日清晨，行動軍占領伊斯坦堡，沒有遭到太多抵抗就鎮壓了叛變，並且頒布戒嚴令。國會兩院以國民大會（General National Assembly）之名重新召集，議會於四月二十七日投票罷免蘇丹阿布杜勒哈密德二世，並任命其弟雷夏德（Mehmed Reşad）為梅赫美德五世。CUP恢復勢力之後，反革命運動也就被徹底擊敗，這一切都發生在兩週內。

反革命運動暴露出鄂圖曼社會族群分裂的嚴重問題，其中最危險的莫過於土耳其與亞美尼亞的對立。行動軍重建CUP在伊斯坦堡的勢力之後，穆斯林立刻屠殺了東南方的阿達納（Adana）城中數千名亞美尼亞人（Armenian）。這場大屠殺的原因要追溯至一八七〇年代。在第一次世界大戰期間，穆斯林對亞美尼亞人的敵意將轉變為二十世紀第一次滅種行動。

一九〇九年，許多鄂圖曼土耳其人懷疑亞美尼亞人這個少數族群有民族主義意圖，計畫從帝國分裂出去。亞美尼亞人是由一群特定種族的人所組成，他們有屬於自己的語言，奉行基督教的聖餐禮，幾世紀以來，它一直是鄂圖曼帝國統治下一個獨特的米列特（*millet*）*，也就是信仰社群（faith community）。亞美尼亞人具備十九世紀民族主義運動的各項必要條件，只除了以下這點：他們並不集中居住在同一個地理區域。這個族群散布在俄國和鄂圖曼帝國之間，而在鄂圖曼帝國的領土裡，他

*米列特（*millet*），簡單來說就是一種宗教自治制度，人們依照其宗教信仰而非種族差異而受到不同的米列特所規範與統治。米列特的統治者是宗教領袖，擁有相當大的自治權力，包括制定法律、徵稅等，不受帝國干涉。

們橫跨了安那托利亞東部地區、地中海沿岸各地以及帝國內的主要貿易城市中。亞美尼亞人最集中的地區就是首都伊斯坦堡。由於並沒有數目足夠的人口居住在單獨一個地理位置，他們永遠不可能形成一個國家——當然，除非他們能設法讓強權國家支持這個目標。

亞美尼亞人在一八七八年的柏林會議上首次提出要求領土的主張。鄂圖曼被迫將三個住了相當多亞美尼亞人的省分割讓給俄國，作為俄土戰爭協議的一部分，這三省是卡爾斯、阿爾達罕和巴統。將數十萬亞美尼亞人轉移到俄國的統治的政治背景之下，使得鄂圖曼帝國境內的亞美尼亞人向政府要求獲得更大自治權。亞美尼亞代表團展現他們的企圖心，希望取得埃爾祖魯姆（Erzurum）、比特利斯（Bitlis）與凡城（Van）這三個鄂圖曼省分，聲稱它們是「亞美尼亞人居住的省分」。代表團想依循黎巴嫩山（Mount Lebanon）這個由人數持續變動的基督教與穆斯林群體組成省分的模式，建立一個在基督教總督統治下的自治區。歐洲強權對此的回應，就是在柏林條約中列出一項條款，令鄂圖曼帝國立刻執行「亞美尼亞人居住省分的當地民眾要求的改善與革新」，並且保證他們安全無虞，不受占多數的穆斯林攻擊。根據這項條款，伊斯坦堡要定期向歐洲強權報告它為了亞美尼亞公民所採取的措施。9

可以理解的是，歐洲國家在巴爾幹半島上對基督教民族主義運動的支持態度，使得鄂圖曼帝國憂心外國對其他有戰略重要性的領土意圖不軌。柏林條約賦予亞美尼亞在土耳其心臟地帶安那托利亞自治的新地位，對帝國造成明顯的威脅。才剛把卡爾斯、阿爾達罕和巴統三省拱手獻給俄國作為戰後補償的鄂圖曼，並不打算在安那托利亞東部地區割讓更多領土。結果，阿布杜勒哈密德二世的政府無所不用其極地壓制初萌芽的亞美尼亞民族主義運動，以及它與英國、俄國之間的聯繫。一八八〇年代晚期，亞美尼亞民族主義人士就已組成政治團體，追求建國目標，而鄂圖曼帝國對待他們的方式和面對其他國內的反叛團體相同，也就是採取全面性鎮壓手段，包括監控、逮捕、監禁與放逐。

十九世紀末出現了兩個獨特的亞美尼亞民族主義團體。一八八七年，一群瑞士和法國的亞美尼亞學生在日內瓦創立了杭恰克協會（杭恰克〔Hunchak〕是亞美尼亞文「鐘」的意思）。一八九〇年，一群俄國境內的民族主義份子成立了亞美尼亞革命聯盟，它更廣為人知的名稱是達許納克（Dashnak 也就是亞美尼亞文「聯邦」dashnaksutiun 的簡寫）。以上兩個團體的意識形態與手段互異，是兩種不同的民族主義運動。杭恰克的論點是思考社會主義與民族解放兩者的優劣，而達許納克倡議的是亞美尼亞社群在俄國以及鄂圖曼帝國境內必須自保。然而，兩者卻都信奉須以暴力達成亞美尼亞的政治目的。他們自認為是自由鬥士，但鄂圖曼人卻視之為恐怖份子。杭恰克和達許納克的活動加劇安那托利亞東部地區內穆斯林和基督教徒之間的緊張關係，亞美尼亞民族主義份子希望藉此引起歐洲介入，鄂圖曼帝國卻設法掃蕩他們眼中萌芽的民族主義運動。動盪不安的情勢無可避免導致流血衝突。[10]

一八九四年至一八九六年間，鄂圖曼帝國的亞美尼亞人成為一連串大屠殺的目標。暴力行動始於一八九四年夏天安那托利亞東南部地區的薩松（Sasun）地區，庫德游牧民族攻擊亞美尼亞村民，因為他們拒繳除支付給鄂圖曼官員的稅賦之外、依據慣例還須繳交給庫德族的保護費。亞美尼亞民族主義份子支持稅賦沉重的農民，鼓勵他們叛變。大屠殺當晚途經薩松地區的英國商人林區（H.G.B. Lynch）如此形容亞美尼亞的煽動者：「這些人的目的就是讓亞美尼亞種族主義運動延續下去，他們到處放火，大聲喊著：失火了！他們的喊聲被登上歐洲報紙；這時候如果有人跑去看，就一定會有些土耳其官員落入陷阱，犯下惡行。」土耳其政府派出第四軍，還加派庫德族騎兵隊增援，想要恢復秩序。數千名亞美尼亞人因而被屠殺，導致歐洲人呼籲介入處理，這正是杭恰克黨人求之不得、而鄂圖曼帝國亟欲避免的結果。11

一八九五年九月，杭恰克黨人在伊斯坦堡發起一場請願遊行，他們的訴求是希望政府對歐洲人愈來愈常以「土耳其的亞美尼亞」稱呼的安那托利亞東部各省進行改革。他們對鄂圖曼政府與所有外國大使館發出四十八小時預告，提出要求，包括指派一位基督教總督監督安那托利亞東部地區的改革事務，並保障亞美尼亞村民攜帶武器自衛的權益，以免遭受鄰近武裝庫德族人的攻擊。鄂圖曼警察圍在宰相與內閣閣員辦公的圍牆複合建築「高門」（Sublime Porte）外（「高門」這個詞也用來指鄂圖曼政府，如同「白廳」〔Whitehall〕指的就是英國政府），並且拉起一條封鎖線，將抗議民眾向後驅趕。有位警察在鬥毆中被殺，引起一場暴動，一群懷有敵意的穆斯林突然攻擊亞美尼亞人。最終有六十名抗議者在高門外被殺。歐洲強權國家針對和平示威群眾被殺的事件提出抗議。面對逐漸升高的國際壓力，蘇丹阿布杜勒哈密德於十月十七日頒布一道法令，承諾在安那托利亞東部地區有亞美尼亞人居住的以下六個省實施改革：埃爾祖魯姆、凡城、比特利斯、迪亞巴克爾（Diyarbakır）、哈爾普特（Harput）與錫瓦司（Sivas）。

蘇丹頒布的改革法令唯一效用就是讓這六個省境內穆斯林的恐懼心升高。他們將這項措施視為在安那托利亞東部地區的亞美尼亞人獨立的前奏。果真如此，將會迫使這些占人口大多數的穆斯林要麼生活在基督教當權者的統治下，要麼放棄他們的村莊和家園，移居信奉伊斯蘭教的地區。當鄂圖曼人將克里米亞（Crimea）、高加索和巴爾幹半島拱手讓給基督教統治者時，就已有許多穆斯林被迫遷居。鄂圖曼官方幾乎沒做什麼能驅散他們恐懼的處置，在蘇丹頒布法令的幾天之後，又有另一波更致命的大屠殺橫掃安那托利亞中部與東部地區的城鎮和村莊。截至一八九六年二月，亞美尼亞傳教士估計，至少有三萬七千名亞美尼亞人被殺，三十萬名亞美尼亞人無家可歸。其他人估計傷亡人數約為十萬人死亡、三十萬人受傷。由於該地對外隔絕，我們無法獲得關於一八九五年這場大屠殺的更精確傷亡人數。不過，這種對待亞美尼亞人的暴力程度在鄂圖曼歷史上確實是前所未有。12

在伊斯坦堡發生的一次恐怖攻擊行動，成為一八九四年至一八九六年間亞美尼亞暴行的第三幕也是最後一幕。一八九六年八月二十六日，二十六名裝扮成腳夫的達許納克黨人，把武器與炸藥藏在裝錢的袋子裡，進入伊斯坦堡的鄂圖曼銀行。他們殺了兩名警衛，以一百五十名銀行裡的顧客與員工當人質，威脅政府答應他們的要求，否則將炸毀銀行，炸死裡面的所有人。他們的要求是指派一位歐洲高階行政長官，強行改革安那托利亞東部地區，並特赦所有被流放的亞美尼亞政治犯。這家銀行雖然名為鄂圖曼銀行，其實卻是外商銀行，幾乎所有股權都掌握在英國與法國公司手中。逼迫歐洲強權介入鄂圖曼與亞美尼亞糾紛的行動因此達到反效果。恐怖份子的要求被拒，被迫放棄占領銀行，他們坐上一艘法國的船，逃離鄂圖曼領土。達許納克黨人的行動不只遭到歐洲強權譴責，攻擊銀行的舉動還使得伊斯坦堡發起對抗亞美尼亞人的計畫，乃至於多達八千名亞美尼亞人被殺。歐洲強權在處理亞美尼亞問題的政策上意見紛歧，沒有逼迫鄂圖曼帝國做出改變。因此，從一八九四年到一八九六年間的種種血腥事件，對亞美尼亞的獨立運動而言可說是一場大災難。

在接下來的幾年之間，亞美尼亞人改變策略，與自由主義黨派合作，謀求帝國的改革。達許納克黨人參加了一九〇七年在巴黎召開的鄂圖曼帝國第二次反對黨代表大會，團結進步委員會也在席上。他們是一九〇八年土耳其青年團革命的熱烈擁護者，而且趁著這場革命嶄露頭角，首次被承認是一個合法的團體。同一年不久，亞美尼亞派出幾位候選人角逐國會議員，有十四位被選為下議院議員。許多人希望，在承諾保障公民權利的土耳其憲法之下，亞美尼亞能實現其政治目標。然而，這個希望在一九〇九年的反革命運動中破滅；一九〇九年四月二十五日至二十八日之間，有兩萬多名亞美尼亞人在瘋狂的血腥事件中被殺。[13]

二十世紀初，一位知名的亞美尼亞文學家札貝兒．以薩楊（Zabel Essayan），在大屠殺後立刻到阿達納協助救災。她見到的是一個如廢墟般的城市，其中住著寡婦、孤兒與老年人，因目睹慘劇而心靈受創。「人無法在短時間內接受可憎的現實：它仍遠超乎人類想像力所及（One cannot

土耳其人從尖塔上對基督教徒開火。一九〇九年四月，穆斯林暴民摧毀阿達納基督教徒的房屋、商店和鄰近區域，殺掉兩萬多名亞美尼亞人。美國的一家攝影公司「班」新聞通訊社（Bain News Service）拍下阿達納大屠殺後基督教徒住處的斷垣殘壁。

take in the abominable reality in one sweep: it remains well beyond the limits of human imagination）。」她如此敘述那場可怕的災難，「就算經歷過這場屠殺的人，也無法描述其全貌。他們結巴、嘆息、哭泣，最後只能告訴你一個個單獨的事件。」類似以薩楊這樣有影響力的公眾人物，引來國際間對大屠殺的注意以及對鄂圖曼帝國的譴責。[14]

在暴力行動自行結束後，土耳其青年團迅速出動，他們派遣傑馬勒帕夏恢復阿達納的和平。團結黨人需要重獲達許納克的信任，避免他們找來歐洲人介入，達成亞美尼亞人的願望。達許納克黨人同意繼續與CUP合作，條件是政府逮捕並懲罰所有必須替阿達納大屠殺負責的人，以及恢復倖存的亞美尼亞人的財產，減輕賦稅，提撥經費給窮困者。傑馬勒在其傳記中，宣稱他在四個月內就重建了阿達納的每一棟房屋，並在阿達納處決「至少三十名穆斯林」，在附近的埃爾林（Erzine）處決了十七名，其中還包括「最古老和地位最高的家族」。這些數字一方面為了讓亞美尼亞人放心，一方面也是為了防止歐洲介入，並且暫時替土耳其青年團爭取了處理亞美尼亞問題的時間。[15]

正當鄂圖曼帝國千方百計想保存安那托利亞東部地區領土的完整性，他們在地中海又面臨新的危機。在法國占領阿爾及利亞（一八三〇年）和突尼西亞（一八八一年）以及英國在一八八二年占領埃及之後，現今利比亞的班加西（Benghazi）與的黎波里（Tripoli）的省分是鄂圖曼帝國在北非最後的領土。義大利是一個新的國家，一八七一年才完成統一，成為一個王國，它渴望在非洲建立帝國。國王維克多・艾曼紐三世（Victor Emmanuel III）的政府將目標轉向利比亞，以滿足建立帝國的野心。

鄂圖曼根本沒有做出任何挑釁義大利、引起一九一一年戰爭的舉動。然而，事前已確認英國與法國保持中立之後，羅馬方面知道無人會阻擋義大利以武力達到其在北非稱帝的野心。義大利藉口鄂圖曼將武器運送到利比亞的駐地時，對班加西與的黎波里的義大利公民造成威脅，在九月二十九日對帝國宣戰，對利比亞海岸各城市展開全面侵略。[16]

鄂圖曼根本無法防守利比亞。四千兩百多名駐守當地的士兵，遭到三萬四千多名義大利軍隊入侵，幾乎得不到任何海軍的支援。鄂圖曼國防部長對他自己的軍官坦承，他們守不住利比亞。一九一一年十月的前幾週，鄂圖曼班加西（利比亞西部）與的黎波里（利比亞東部）省分的沿海城市，就已落入勝利的義大利軍隊之手。[17]

在義大利入侵之時，鄂圖曼政府和土耳其青年團的立場南轅北轍。宰相與內閣閣員不相信他們救得了利比亞，因此傾向放棄位處邊陲的北非領土，不想讓軍隊捲入沒有勝算的一場仗。極端民族主義者的土耳其青年團無法接受不戰鬥就喪失領土。

一九一一年十月初，恩瓦爾少校前往薩洛尼卡，在CUP的中央委員會上發表演說。在長達五小時的會議中，他說服同僚發動一場游擊戰，對抗利比亞的義大利軍隊。在一封寫給他童年玩伴、也是他的養兄弟駐德國海軍的武官漢斯・休曼（Hans Humann）的信中，他扼要描述了他的作戰計畫：「我們會將武力集結在利比亞境內。由年輕鄂圖曼軍官所指揮的本國阿拉伯騎兵隊，將會步步跟蹤義大利人，從早到晚地騷擾他們。每個義大利士兵或支隊都會大吃一驚，而後被殲滅。如果敵人太強大，騎兵隊就會撤退到空曠的野外，繼續利用所有機會反覆侵擾敵人。」[18]

為確保CUP同意他的計畫，恩瓦爾前往伊斯坦堡，並匿名登上開往亞歷山卓（Alexandria）的船。許多愛國的年輕軍官追隨他的行動，以埃及當作對抗義大利的游擊戰跳板；一位名叫穆斯塔法‧凱末爾（Mustafa Kemal）的年輕少校副官，也就是未來的土耳其之父，也在其中。其他人經由突尼西亞進軍。土耳其官方不承認這些年輕的軍官，稱他們的行動是「違抗鄂圖曼政府意願的傭兵」（雖然實際上鄂圖曼的國庫每個月支付軍餉給在利比亞服役的指揮官）。他們稱自己為「保鏢」軍官（*fedaî* officers），意即願意為理想犧牲生命的鬥士。[19]

從十月底進入利比亞的那一刻起，恩瓦爾就在這場衝突中投入了熱情與承諾。他身穿阿拉伯長袍，騎在駱駝上，深入利比亞境內。他陶醉在沙漠生活的艱困中不為所苦。他不會說阿拉伯語，必須透過翻譯與貝都因人（Beduinen）溝通，但他十分欽佩他們的勇氣。而這些部落成員也相當尊敬恩瓦爾。恩瓦爾的未婚妻是蘇丹梅赫美德五世的姪女，愛蜜妮‧南西耶（Emine Naciye）公主。她當時只有十三歲（他們於一九一四年結婚，公主已十七歲），然而與皇室家族的這門親事大大提高了恩瓦爾在利比亞人中的地位。「我乃蘇丹王的女婿，是發號施令的哈里發的使者，」他寫道，「唯有這層與皇室的聯繫幫助了我。」[20]

恩瓦爾將活動範圍限制在班加西省西部地區。義大利軍隊集中在昔蘭尼加（Cyrenaica）的三個港口城市：班加西、德爾納（Derna）與托布魯克（Tobruk）。在利比亞部族戰士的頑強抵抗之下，義大利軍隊無法越過海岸平原，進入利比亞內陸。勘查過義大利軍隊的陣地之後，恩瓦爾將軍營駐紮在俯瞰德爾納港的高原上。住在德爾納的一萬名居民不願意接待約一萬五千名入侵的義大利步兵，這些軍隊成了恩瓦爾作戰的主要目標。他召集逃過義軍追捕、士氣低落的鄂圖曼士兵，徵募部落成員與薩努西兄弟會（Sanussi brotherhood，這是一個神祕的宗教團體，其集會所遍布利比亞的城市與鄉間），此外他還在位於艾那曼蘇爾（Aynal-Mansur）的大本營，接待其他土耳其青年團的保鏢軍官。

藉由在利比亞的種種努力，包括招募當地戰士投效鄂圖曼軍官、鼓動穆斯林對外國統治產生敵意進而推翻歐洲敵人，以及建立有效的情報網等等，恩瓦爾奠定了一個新的情治系統 Teskilât-I Mahsusa（特勤組織）的基礎，這個情治系統之後在一次世界大戰中替鄂圖曼帝國發揮極大的影響力。

從恩瓦爾的描述看來，許多利比亞部族團結一致，自願投效鄂圖曼帝國的部隊。他們很感激土耳其青年團為利比亞人民積極奮鬥，甘冒生命危險爭取這些部族的自由，讓他們免於受外國統治。雖然沒有共通的語言，伊斯蘭教卻將土耳其青年團與說阿拉伯語的利比亞部族緊密地結合在一起。恩瓦爾形容這些利比亞的阿拉伯鬥士是「狂熱的穆斯林，他們將死在敵人面前當作是一份上帝的禮物」。強大的薩努西蘇菲修會（Sanussi Sufi order）尤其如此，他們對鄂圖曼的蘇丹忠心耿耿，正是因為他同時也是伊斯蘭的哈里發。非宗教組織的土耳其青年團成員恩瓦爾，也不否認他自己對伊斯蘭教的虔誠信仰。他將宗教視為聯合穆斯林的強大動員力量，擁護身兼哈里發的蘇丹，擊敗他們的敵人——無論在鄂圖曼帝國境內或境外的穆斯林世界皆如此。思考伊斯蘭力量的恩瓦爾寫道：「國籍不存在於伊斯蘭教之中。只要看看伊斯蘭世界正在發生的一切便知。」在利比亞的這段期間，無論恩瓦爾有什麼其他收穫，臨行之際，他堅信鄂圖曼帝國有能力在伊斯蘭世界展開部署，對抗國內外的敵人。[21]

一九一一年十月到一九一二年十一月之間，土耳其青年團與阿拉伯部族在對義大利發動的游擊戰中大獲全勝。雖然有人數與現代武器上的優勢，義大利軍隊卻無法突破在海岸平原的守勢，占領利比亞內陸。阿拉伯部族造成義軍重大傷亡，該年間，義大利士兵死亡人數為三千四百人，受傷人數為四千人。這場戰爭也讓義大利國庫蒙受巨大損失，鄂圖曼帝國一個月卻只花區區兩萬五千土耳其鎊（土耳其鎊約等於零點九英鎊或四點四美金），就能支持恩瓦爾的德爾納圍城之役。一時之間，土耳其青年團在利比亞的賭注似乎有可能成功，義軍將會被趕回海上。22

無法在利比亞打勝仗的義軍，將衝突擴張到其他戰場。他們明白，只有鄂圖曼政府簽訂正式和平條約，將利比亞讓給義大利，才有可能結束戰事。為了施加壓力讓伊斯坦堡轉而求和，義大利海軍艦隊越過地中海東岸，攻擊鄂圖曼領土。一九一二年三月，義軍轟炸貝魯特的黎巴嫩港，該年五月占領十二群島（Dodecanese，羅德島〔Rhodes〕轄下的愛琴海群島〔Aegean Islands〕，是現今希臘的一部分）。七月，義大利海軍派遣魚雷艦開入達達尼爾海峽。最後，義大利打出巴爾幹這張王牌。希臘、塞爾維亞、蒙特內哥羅和保加利亞結為聯盟，共同對抗它們從前的宗主國鄂圖曼帝國。這些國家都各有野心，想占據鄂圖曼在巴爾幹半島剩餘的領土：阿爾巴尼亞、馬其頓與色雷斯。義大利皇室與蒙特內哥羅國王尼古拉一世（Nicholas I）結為姻親，於是一九一二年十月八日，義大利慫恿蒙特內哥羅對鄂圖曼帝國宣戰。巴爾幹其他各國起而效尤只是時間問題。

巴爾幹半島迫在眉睫的戰爭威脅，引發從伊斯坦堡蔓延到利比亞的危機感。為了防禦如的黎波里與班加西等偏遠省分，鄂圖曼政府任由巴爾幹心臟地帶處在毫無防備的情況下。理想主義迅速屈服，讓步給現實主義。在蒙特內哥羅宣戰的十天之後，鄂圖曼帝國與義大利簽訂條約，將利比亞各省割讓給義大利。「保鏢」軍官雖然恥於拋棄利比亞戰友，卻也只好留下繼續獨自打游擊戰的薩努西兄弟會，匆匆趕回伊斯坦堡，投入後來被稱為第一次巴爾幹戰爭（Balkan War）的國家存亡生死戰。

巴爾幹半島上的所有國家曾經屬於鄂圖曼帝國的領土。十九世紀時，民族主義在種族與宗教互異的東南歐各族群間萌芽茁壯。歐洲強權積極鼓動這些亟欲從鄂圖曼帝國分裂出來的民族主義運動，讓它們成為不穩定的附庸國。在經歷十年戰爭之後，希臘王國於一八三〇年成為第一個確保其完全獨立地位的國家。一八二九年，塞爾維亞獲得國際間的認可，成為鄂圖曼宗主國的一個大公國，並且在一八七八年柏林會議之後正式獨立。蒙特內哥羅同樣在柏林會議取得獨立地位，而保加利亞則是在鄂圖曼帝國統治下取得自治權，並在一九〇八年九月完全獨立。這些巴爾幹半島上的國家對於所擁有的領土仍感到不滿，每一國都渴望獲得依舊在鄂圖曼統治下的阿爾巴尼亞、馬其頓和色雷斯。至於鄂圖曼帝國，則是對於它們的前巴爾幹屬地人民的要求愈來愈輕視，低估這些人對鄂圖曼統治下在歐洲僅存省分所構成的危險。

當巴爾幹各國抓住義土戰爭帶來滿足其侵略野心的大好時機時，鄂圖曼自滿的態度為之動搖。一九一二年十月，蒙特內哥羅、塞爾維亞、希臘和保加利亞一個緊接著一個對鄂圖曼帝國宣戰。一開始，巴爾幹聯盟就對他們在人數和策略上勝過前統治者鄂圖曼感到得意。巴爾幹各國聯合起來的兵力總共有七十一萬五千人，反觀戰場上的鄂圖曼士兵，卻只有三十二萬人。[23]

希臘利用海上的優勢取勝於鄂圖曼。他們不只併吞克里特島，占據數個愛琴海島嶼，還以海軍防止鄂圖曼從海上增援。十一月八日，希臘軍隊拿下土耳其青年團革命發源地薩洛尼卡，還占領南阿爾巴尼亞大部分地區。塞爾維亞與蒙特內哥羅軍隊從北邊攻擊馬其頓與阿爾巴尼亞，完成所有領土征服行動。科索沃（Kosovo）在十月二十三日落入塞爾維亞之手。

保加利亞與土耳其的戰鬥最為激烈。他們打算在十月二十四日突破鄂圖曼在克爾克拉雷利（Kirklareli）的第一道防線，然後在十一月二日突破呂萊布爾加茲（Lüleburgaz）的第二道防線，接下來繼續挺進距伊斯坦堡四十英里的恰塔爾加（Çatalca）。鄂圖曼的防禦軍隊在埃迪爾內（Edirne，古稱阿德里安堡〔Adrianople〕，位於現今土耳其鄰近希臘與保加利亞處）遭到圍城，高門於一九一二年十二月初提出休戰協議。將利比亞交到義大利手中不到兩個月，鄂圖曼軍隊就徹底潰散，喪失位於歐洲的最後幾個省分已是預料中事。

鄂圖曼政府的領導者是自由黨總理卡彌勒帕夏（Kamil Pasha）。CUP和自由黨人長久以來就是死對頭，因此卡彌勒刻意將CUP排除在內閣名單之外。面對即將面臨的挫敗，自由黨和團結黨的看法南轅北轍。自由黨倡議和平，以免進一步喪失國土，並保護伊斯坦堡的安危。然而，團結黨卻呼籲再次激戰，收復鄂圖曼重要領土，首先就是要奪回埃迪爾內。正當團結黨人對作戰方式提出批評，卡彌勒卻下令取締CUP各分部，關閉他們的報社，逮捕若干團結黨領袖。

從利比亞與義軍交戰返國的恩瓦爾，被捲入當時緊張的政軍情勢中。「我發覺自己身處於充滿敵意的環境，」他於一九一二年底寫道，「全體內閣，包括國防部長在內，對我都非常友善，但我知道他們派了間諜跟蹤我。」他去了幾趟恰塔爾加前線，離開時深信鄂圖曼的情勢比保加利亞好得多。恩瓦爾自然強力主張繼續作戰，解救被圍的埃迪爾內。「如果內閣什麼也不做就獻出埃迪爾內，我將會離開軍隊，公開呼籲展開作戰。我實在不願這麼說，但我不知道自己接下來會採取什麼手段。」24

恩瓦爾深信卡彌勒正要簽訂和平協議，將埃迪爾內交給外國人統治，因此他採取激烈的手段。一九一三年一月二十三日，十名武裝陰謀份子在伊斯坦堡的卵石街道上騎馬奔馳，來到高門的辦公室。他們闖入內閣會議，恩瓦爾和他的手下與宰相的守衛發生槍戰。包括國防部長納澤姆帕夏（Nazım Pasha）在內的四人在槍戰中被殺，之後恩瓦爾拿手槍頂在卡彌勒頭上，要求他辭職。「整件事在二十五分鐘內結束。」事後恩瓦爾透露。接下來，他到皇宮中將這場行動告知蘇丹，請他提名新的宰相。蘇丹梅赫美德五世任命了一位退役將軍與政治家馬哈穆德・謝夫克特帕夏（Mahmud Şevket Pasha）組成臨時政府。在這起惡名昭彰的「突襲高門」事件的四小時內，政府就指派了一個新內閣，要他們穩住鄂圖曼帝國戰後搖搖欲墜的政局。[25]

雖然幾位CUP成員發動反對卡彌勒的政變，他們依舊沒有利用這個機會掌握政權。謝夫克特同情CUP，但他並不是團結黨人。在不久前的黨派分裂與軍事慘敗之後，政府敦促新宰相組成超黨派聯合內閣，以求國家的穩定統一局勢。只有三位團結黨人被指派為閣員，而且這三位都是溫和主義者。鄂圖曼帝國未來的三巨頭——塔拉特、恩瓦爾和傑馬勒——此時還沒有入主內閣。傑馬勒接受伊斯坦堡軍事總督一職，塔拉特繼續擔任CUP總書記，恩瓦爾則投入戰場。

重新開戰之後，戰局轉而不利於鄂圖曼帝國。一九一三年二月三日，在交戰國之間並未同意的情形下，休戰終止。帝國主要城市被圍攻，在沒有通訊交通線提供補給或救援的情形下，鄂圖曼無助地看著他們最後的歐洲領土一個個地落入野心勃勃的巴爾幹各國手中。三月六日，希臘奪取馬其頓城鎮嘉尼納（Janina）（現今希臘的約阿尼納〔Ioannina〕）。蒙特內哥羅牽制鄂圖曼軍在伊胥寇德拉（Işkodra，現今阿爾巴尼亞的斯庫德〔Shkodër〕）的防守。然而，最殘酷的災難發生在三月二十八日，保加利亞軍隊將埃迪爾內的鄂圖曼守軍餓死，帝國被迫達成投降協定。整體而言，這對鄂圖曼帝國是影響深遠的全國危機。

在埃迪爾內陷落之後，謝夫克特立刻提出休戰協定。五月底，鄂圖曼和巴爾幹各國在倫敦重新展開談判；一九一三年五月三十日，雙方在英國調停之下簽訂一份完整的和平條約，鄂圖曼政府簽字放棄六萬平方英里領土與將近四百萬人民，將歐洲擁有的一切拱手讓出，只除了以米迪－艾尼斯線

（Midye-Enez line）*為界、位於伊斯坦堡內地的東色雷斯一小部分地區。這場戰爭與義土戰爭結果相同，鄂圖曼慘敗。

與割讓阿爾巴尼亞、馬其頓與色雷斯相較，喪失利比亞無足輕重。自從五個世紀之前，鄂圖曼帝國將這些歐洲領土從拜占庭帝國手中征服之後，該處一直是鄂圖曼的經濟與行政心臟地帶，它們是帝國最繁榮、最蓬勃發展的省分。如今鄂圖曼國庫不但因此收入減少，第一次巴爾幹戰爭也花費龐大。有許多難民需要安置，疾病更橫掃難民營。在兩次戰敗導致人員與軍備損失之後，鄂圖曼政府也面臨重建軍力的巨大花費。

鄂圖曼眼前最大的困難，或許就是道德輿論。被如義大利這樣相當先進的歐洲強權打敗已經夠糟糕，但無論鄂圖曼軍隊或一般大眾，都無法接受敗於曾經是帝國領土的巴爾幹小國之手。「保加利亞、塞爾維亞和希臘——這些五個世紀以來臣服於我們的屬國、這些我們看不起的傢伙，打敗了我們，」一位土耳其青年團知識份子尤素夫．阿克屈拉（Yusuf Akçura）寫道，「這千真萬確的事實，就算是努力想像，也無法浮現在我們腦海中，然而它卻將使我們覺醒……如果我們還沒全面敗亡。」一整個十九世紀，悲觀的歐洲人為鄂圖曼帝國貼上「歐洲病夫」的標籤。而在第一次巴爾幹戰爭末了，就連最樂觀的土耳其青年團成員也無法否認這位病夫已經駕崩。[26]

戰敗導致伊斯坦堡政局分裂。之前，CUP將一九一三年一月推翻卡彌勒自由黨政府的政變，合

---

*米迪與艾尼斯分別是黑海與馬爾馬拉海沿岸的兩個城市，將這兩個城市連成一線，即為米迪—艾尼斯線。

理化為防止失去埃迪爾內的必要手段。現在埃迪爾內已經失陷，自由黨人決定找團結黨人算舊帳，把他們趕出內閣。團結黨的領導人物、伊斯坦堡軍事總督傑馬勒，部署了許多特務監視他懷疑有暗中反對（無黨派）政府的每一個人。無論多麼努力，傑馬勒還是無法保護宰相。六月十一日，就在簽訂倫敦條約、割讓埃迪爾內的幾天後，謝夫克特在高門外被人槍殺。

團結黨人將宰相被暗殺後的騷動轉變為政治優勢。傑馬勒發動清算，一舉破壞自由黨人勢力。他們逮捕了許多人，迅速審判十二位領導者，並在六月二十四日將他們處以死刑。他們同時也對一些在國外帶頭的反對人士進行缺席審判，判處死刑。更有許多人被流放。清除了自由黨敵人，團結黨人於是開始掌權。自一九〇八年的革命以來，土耳其青年團選擇不從政；一九一三年，他們終於決定統治土耳其。

一九一三年六月，蘇丹邀請一位出身埃及皇室的團結黨人薩依德．哈里姆帕夏（Said Halim Pasha）組閣。哈里姆的內閣中，最有影響力的土耳其青年團成員首次擔任國家領導者的職位。恩瓦爾、塔拉特與傑馬勒全都晉升為「帕夏」，也就是民政與軍政兩者的最高職等。其中，塔拉特以內政部長身分入閣。身為軍中最重要將軍之一的恩瓦爾，於一九一四年一月被任命為國防部長。傑馬勒仍舊擔任伊斯坦堡總督。他們於一九一三年得勢，成為鄂圖曼帝國的三巨頭，比蘇丹或宰相（總理）權力更大。

在團結黨人領導之下的政府於一九一三年七月收復埃迪爾內，此時CUP勢力無人能與之匹敵，事實上這是保加利亞的巴爾幹對手送的一份禮物。第一次巴爾幹戰爭之後，戰勝的各國的土地瓜分尚未完成，這時歐洲強權承認阿爾巴尼亞宣布獨立。其中最為支持的是奧地利和義大利，因為建國後的阿爾巴尼亞可作為緩衝國控制塞爾維亞，以免它成為亞得里亞海上的新興海洋勢力。歐洲強國逼迫塞爾維亞與蒙特內哥羅從他們在第一次巴爾幹戰爭中占領的阿爾巴尼亞領土撤出。不甘心失去阿爾巴尼亞土地的塞爾維亞，希望取得保加利亞與希臘所屬的馬其頓領土，作為補償。堅信在對抗土耳其人的戰爭中出力最多的保加利亞，不願割讓任何一塊土地給塞爾維亞，也拒絕俄國調停。一九一三年六月二十九日至三十日的深夜，保加利亞人攻擊塞爾維亞和希臘在馬其頓的軍事陣地，燃起第二次巴爾幹戰爭的戰火。

羅馬尼亞以及蒙特內哥羅與希臘和塞爾維亞結成同盟，對抗保加利亞，這時保加利亞發現自己與所有巴爾幹鄰國為敵。過度擴張的保加利亞被迫從鄂圖曼前線撤軍，以免敗給希臘與塞爾維亞。這正是恩瓦爾所希望的結果。然而，他還是遭到反對，因為薩依德·哈里姆害怕進一步的軍事行動將會導致帝國滅亡。「儘管有些人公開指控政府缺乏勇氣下令軍隊參戰，」恩瓦爾寫道，「就算沒有命令我也要進軍。」最後恩瓦爾終於接到命令，帶領一支由騎兵與步兵組成的特遣部隊，越過不久前才劃定的國界，朝埃迪爾內前進。27

逐漸接近埃迪爾內的鄂圖曼軍隊，在七月八日遭到保加利亞守軍攻擊。恩瓦爾先行撤軍，直到第二天確定保加利亞人已經從埃迪爾內完全撤離，才在沒有遭遇反抗的情況下進城。他派遣一隊騎兵追趕撤退的保加利亞軍，並在慘遭戰火摧殘的城市中，加強鞏固鄂圖曼的軍事陣地。鄂圖曼士兵解救埃迪爾內的喜悅，被眼前人道主義的災難沖淡了。恩瓦爾形容當時可怕的景象：「可憐的土耳其人蜷縮在他們被毀的房屋裡，長者身上帶著猙獰的傷疤，孤兒需要政府伸出援手，每走一步我都遇到無數慘遭暴行的人民。」28

正當保加利亞敗在其巴爾幹鄰國手中時，鄂圖曼軍隊在七月間重新占領大部分東色雷斯。八月十日，保加利亞求和，埃迪爾內和東色雷斯又安穩地落入鄂圖曼之手。恩瓦爾再次受到熱烈的讚揚；現在大家宣稱這位「自由英雄」就是「埃迪爾內的解放者」。帝國各處的群眾都歡欣鼓舞。在接二連三羞辱的敗仗之後，戰勝敵人的CUP贏得鄂圖曼民眾前所未有的支持。恩瓦爾發現這次的豐功偉業已經使得整個穆斯林世界對他景仰不已，他為此感到自豪。「我開心得像個孩子，」他對德國朋友漢斯·休曼傾訴，「因為只有我能在一夜之間衝進埃迪爾內。」[29]

在政治與戰事的騷動之下，土耳其青年團政權無法實踐一九〇八年革命的自由理念。面對國外威脅與國內挑戰，團結黨人的回應方式是牢牢抓緊那些仍舊毫無疑問在鄂圖曼帝國掌控之下的省分。政府採取許多政策，更有效率地實施中央集權，意圖對抗使帝國四分五裂的力量。帝國的法規，例如賦稅與徵兵等不受人民歡迎的措施，毫無例外都必須在境內所有省分一視同仁，嚴格執行。在與國家進行官方正式互動的場合，所有鄂圖曼人被迫使用土耳其語。

這些中央集權的做法針對阿拉伯各省而來，目的在於防止分離主義者的民族主義運動出現，導致阿拉伯人追隨巴爾幹的獨立腳步。在一九〇九年之後，在大敘利亞*與伊拉克境內各省的學校、法庭與政府部門內，土耳其語都取代了阿拉伯語，使得有經驗的阿拉伯行政官員只能轉而從事較低階的工作。可想而知，這些不受歡迎的措施，使得許多忠誠的阿拉伯臣民對土耳其青年團革命轉變為獨裁統治感到十分失望，因而組成公民團體，以對抗「土耳其化」。這些尚未成為民族主義者的戰前「阿拉伯份子」團體，呼籲在鄂圖曼帝國的政府體系之下，追求更大的阿拉伯文化與政治權力。然而，在大戰期間，卻逐漸有愈來愈多阿拉伯份子渴望徹底獨立。

阿拉伯主義者的組織在伊斯坦堡和阿拉伯各省成立。鄂圖曼國會中的阿拉伯內閣成員，在總部位於伊斯坦堡的阿拉伯－鄂圖曼兄弟協會與文學俱樂部（Arab-Ottoman Brotherhood Association and the Literary Club）的聚會中相當活躍，會中他們討論阿拉伯人共同關心的文化議題。貝魯特與伊拉克的巴斯拉（Basra）也成立了改革協會，在巴格達則創立了國家科學俱樂部（National Scientific Club）。這些團體公開聚會，他們深知鄂圖曼政府的權威，並受到祕密警察的嚴密審查。[30]

最有影響力的兩個阿拉伯團體，成立地點在鄂圖曼帝國的警察與審查制度無法觸及之處。阿拉伯青年協會（Young Arab Society），也被稱做法塔特（al-Fatat，這名稱來自其阿拉伯名 Jam'iyya al-'Arabiyya al-Fatat），是由一群在巴黎的敘利亞穆斯林於一九〇九年創立。阿拉伯青年協會尋求阿拉伯人在鄂圖曼帝國政府體制之下的平等地位，仿效奧匈帝國哈布斯堡王朝的模式，將帝國定位為兩國制的土耳其－阿拉伯國家（binational Turco-Arab）。如同該協會其中一位創立者陶飛克·阿爾那杜（Tawfiq al-Natur）回憶道：「我們阿拉伯人要的只是在帝國內和土耳其人享有同樣的權利與義務，讓帝國由土耳其和阿拉伯兩大國家組成。」[31]

在開羅，有一群志同道合的敘利亞流亡人士在一九一二年成立鄂圖曼地方分權黨（Ottoman Decentralization Party）。總部位於開羅的這群阿拉伯民族主義者直接反對土耳其青年團的中央集權政策，他們的論點是，民族、人種互異的鄂圖曼帝國只能由承認各省自治權的聯邦政府統治。他們以自

＊此時的大敘利亞（Greater Syria）指的是敘利亞、約旦、黎巴嫩和巴勒斯坦等地。

治行政區組成的瑞士地方分權政府為模範。只不過地方分權黨堅持將帝國團結在鄂圖曼的蘇丹王朝之下，提倡讓土耳其語和各省方言並存。

團結黨人愈來愈關切不斷增加的阿拉伯民族主義者的組織。在巴爾幹戰事最為激烈時，土耳其青年團沒有心情對地方分權或兩國制的要求做出妥協。一九一三年二月，當貝魯特改革協會（Beirut Reform Society）頒布一份提出地方分權要求的宣言時，鄂圖曼當局立刻加以箝制。一九一三年四月八日，警察關閉貝魯特改革協會的辦公室，令其解散。該協會的重要成員發動一場全市罷工，組成請願活動，向宰相抗議關門之事。幾位協會成員以煽動罪被逮捕。貝魯特進入持續了一週的極度政治危機，一直到犯人獲釋，罷工結束為止。但是，貝魯特改革協會一直沒有再次開啟大門，阿拉伯民族主義轉為地下活動，其成員被迫祕密集會。

面對政府逐漸增強的反對態度，阿拉伯份子訴諸國際社會的支持。巴黎的阿拉伯青年協會決定在法國首都召開會議，享受不須畏懼鄂圖曼壓迫的言論自由，並且提升國際間對他們訴求的支持度。他們對鄂圖曼帝國、埃及、歐洲和美洲各地的阿拉伯組織發出邀請。法國的鄂圖曼大使雖然盡全力阻止會議召開，還是有十一位穆斯林、十一位基督教徒和一位猶太教徒等共二十三位代表從帝國各地的阿拉伯省分抵達巴黎，前來參加第一次阿拉伯大會（First Arab Congress），該會於一九一三年六月十八日開幕，現場有一百五十位列席人員。

生長於巴格達的陶飛克・蘇威迪（Tawfiq al-Suwaydi），是唯一兩位與會伊拉克代表的其中之一（蘇威迪的朋友，猶太代表蘇萊曼・安巴爾〔Sulayman Anbar〕也來自巴格達）。其他前來參加的人都來自於大敘利亞。蘇威迪最近才開始轉而投入阿拉伯民族主義者的政治活動。「我知道我是個阿拉伯鄂圖曼穆斯林，」之後他思索道，「雖然我對於自己是個阿拉伯人的感覺極為模糊。」說著一口流利土耳其語的蘇威迪，一九一二年在伊斯坦堡取得法律學位，接著搬到巴黎，繼續研讀法律。在巴黎時，他結交了一群阿拉伯民族主義者，這些人對他的政治觀產生「深刻的影響」。蘇威迪加入阿拉伯青年協會，在組織阿拉伯大會時扮演了重要的角色。32

「結果，第一次阿拉伯大會，」蘇威迪回憶道，「變成三個特定派系爭吵不休的舞台。」第一個派系是「阿拉伯穆斯林青年」，他們的目標是「享受與帝國的土耳其臣民相同的權利」。第二個派系是由阿拉伯的基督教徒組成，「這些人對土耳其人深惡痛絕」。蘇威迪將第三個派系斥之為「騎牆派」，在他眼裡，這些人是機會主義者，無法決定「該選擇忠於土耳其人或忠於阿拉伯人」，最終他們將會向最能提升他們現實利益的一邊靠攏。

在六天會期中，大會在擬定代表提出的改革事項上，取得一致的意見。他們要求阿拉伯人的參政權，以及阿拉伯人必須藉由地方分權積極參與鄂圖曼帝國的行政事務。他們要求將阿拉伯語變成帝國的官方語言，阿拉伯代表可以獲准在國會以母語發言。他們希望能限制各省的兵役徵召，「除非在相當例外的情況下」。大會也通過一項決議，表示與會各代表「對鄂圖曼的亞美尼亞人以地方分權為基礎提出的要求深表同情」——該決議勢必將引發伊斯坦堡的關切。代表們決心要將這些決議告知高門以及對鄂圖曼帝國友善的各國政府。大會於七月二十三日晚間閉幕。

大會選了一個最艱難的時刻，和土耳其青年團執政者展開談判。鄂圖曼才剛簽訂倫敦條約（五月三十日），結束第一次巴爾幹戰爭，戰後失去了阿爾巴尼亞、馬其頓和色雷斯；而宰相謝夫克特在六月十一日被暗殺。阿拉伯大會在巴黎閉幕時，團結黨人正忙著肅清內閣中的自由黨政敵，首次掌權。

然而，這場在巴黎召開的大會造成的威脅太大，不容忽視。如果鄂圖曼人沒有回應，阿拉伯民族主義者幾乎勢必會尋求歐洲強權協助，而法國毫不掩飾對敘利亞和黎巴嫩的興趣。

土耳其青年團政府派遣總書記米德哈特．胥克呂（Midhat Şükrü），以進行損害管制的方式，和阿拉伯大會代表協議改革事項。陶飛克．蘇威迪對米德哈特．胥克呂此次任務感到懷疑，他聲稱自己和這一群騎牆派會面，「表達他與上述與會者接觸並拉攏他們，讓他們站在鄂圖曼政府這一邊的目的」。不過，一些鄂圖曼的調停者卻設法訂定一份改革協議，內容多少滿足了阿拉伯大會的決議。巴黎協議（Paris Agreement）提出擴大鄂圖曼政府各階層中阿拉伯人的參與，讓阿拉伯語更為普及，並准許士兵在「鄰近國家」當兵。[33]

高門邀請阿拉伯大會代表到伊斯坦堡慶祝巴黎協議簽訂。三位受邀代表在首都受到熱烈接待，和皇太子——蘇丹梅赫美德．雷夏德、宰相哈里姆帕夏以及政府的三巨頭恩瓦爾、塔拉特與傑馬勒會面。他們受到豪華晚宴的款待，並且和鄂圖曼政府中地位最高的人士熱烈討論土耳其與阿拉伯之間的兄弟情誼。

正式的晚宴與冠冕堂皇的言論，無法掩飾鄂圖曼政府在阿拉伯境內改革事項毫無進展的事實。正如陶飛克．蘇威迪斷言：「熟悉鄂圖曼帝國國內事務的人認為，這些現象無非就是一種拖延戰術，當時機成熟，它就是擊垮組織阿拉伯大會那些人的手段。」一九一三年九月，代表們兩手空空地回到貝魯特。阿拉伯民族主義者被這短暫運動激起的理想，以失望告終。此外，正如蘇威迪的後見之明暗示，組織阿拉伯大會的人早已被政府盯上。在阿拉伯大會召開後的三年內，好幾位成員因參與阿拉伯政治活動，被送上絞刑台。[34]

在五年之間，鄂圖曼帝國經歷了一場革命，三場對抗外國強權的大戰，以及從宗教派別間的大屠殺到分離主義者叛亂等等數次國內的騷動，每一場動亂都可能招來外國勢力介入。這段時期鄂圖曼帝國蒙受的巨大損失難以估算。帝國把北非和巴爾幹半島最後的領土以及其數百萬臣民都獻給了歐洲統治者。國家進入緊急狀態，逼得鄂圖曼改革人士在情急之下放棄自由主義，為使帝國免於徹底垮台。在接二連三的危機之下，一九〇八年挑戰蘇丹專制的憲政運動，到了一九一三年末，卻衍生出更獨裁的政府，其領導者為三位團結黨的理想主義者：恩瓦爾、塔拉特與傑馬勒。

埃迪爾內的光復，讓帝國對於更美好的未來又燃起希望。事實證明鄂圖曼軍隊有能力收復失土。「此刻我們擁有一支可以放心託付國家利益的軍隊，」恩瓦爾欣喜的說，「雖然吃了那麼多敗仗，和這場令人沮喪的戰爭初期相比，它達成任務的能力進步了千百倍。」在北非與巴爾幹喪失那麼多土地縱然可嘆，帝國卻還有橫跨土耳其與阿拉伯各省綿延不斷的大片土地。像這樣有合理性、有凝聚力的亞洲的穆斯林帝國，或許比舊時的鄂圖曼帝國更能抵擋內憂外患。35

團結黨人希望帝國命運能逐漸好轉，但他們卻眼見帝國遭受內部與邊境的種種威脅。他們擔心阿拉伯人可能會放任其民族主義運動，也認為亞美尼亞人的獨立野心是帝國不容忽視的威脅。有歐洲強權為其背書，一直是亞美尼亞要求改革的焦點安那托利亞東部各省，它相當於土耳其重要的心臟地帶。且俄土邊境亞美尼亞群體之間的互動，更加深亞美尼亞脫離鄂圖曼帝國的危險性。

土耳其青年團執政者把俄國視為帝國生存的唯一最強大的威脅。野心勃勃想奪取安那托利亞東部地區、海峽區與鄂圖曼首都的俄國，消滅鄂圖曼帝國之心昭然若揭。唯有與某個友好的歐洲強國結盟，才能遏止列強的野心，在邁入決定性的一九一四年，鄂圖曼帝國正要尋找這樣一個防守同盟。

第二章 大戰前的和平

一九一四年，春天替鄂圖曼帝國帶來一波新的樂觀浪潮。第二次巴爾幹戰爭獲得勝利，收復埃迪爾內和東色雷斯失土，成功建立了國家的信心。經過數年來戰時的財政緊縮，和平的第一個受惠對象就是鄂圖曼的經濟。復員的士兵回到工作崗位。農夫可望豐收。在土耳其與阿拉伯各省都傳來大興土木的消息。一旦海上航線上的戰艦離開、水雷被清除之後，貿易又重新活絡起來。隨著國際貿易的擴展，帝國出現了現代的新發明，幾年內這些發明將會從民用轉為軍用。

汽車的出現打破了伊斯坦堡街道的寧靜。一九〇八年之前，鄂圖曼帝國境內仍舊禁止行駛汽車。在土耳其青年團革命後禁令終於開放，鄂圖曼帝國駕駛汽車的先鋒人士卻遭遇重重困難。帝國大部分的街道未經鋪設。提供加油與修理等服務的加油站很少，且相距很遠。當時沒有交通規則，汽車駕駛會為了該開在路的哪一邊這類最基本的問題，爭吵不休。不令人訝異的是，一九〇八年禁令開放之後，鄂圖曼帝國境內賣出的車輛數目相當少。截至一九一三年底，美國已經有一百萬輛汽車上路，但據美國領事官員估計，鄂圖曼帝國境內的汽車一共不超過五百輛，其中兩百五十輛在伊斯坦堡。在巴格達這類偏遠的地方城鎮，車輛的數目用一隻手都數得出來。然而，到了一九一四年中，帝國首都首次開始遇到塞車的情形：「加長型禮車、遊覽車、卡車、汽油運貨車和救護車」全都在路上擠來擠去。1

土耳其青年團掌權的時期，飛機也首次出現在鄂圖曼帝國境內。航空業才剛起步：不過，在一九〇三年十二月，萊特兄弟駕駛著一架比空氣重的機械化飛機，首次成功飛上天空，六年後，航空界的先鋒路易·布萊里奧（Louis Blériot）就已準備到伊斯坦堡示範飛行的驚奇奧妙。不久前，也就是一九〇九年七月二十五日，布萊里奧才駕駛一架單翼飛機橫越英倫海峽，因而聲名大噪，大家非常期待他的伊斯坦堡之行。然而，在示範飛行時，一陣大風將布萊里奧的飛機吹到伊斯坦堡一間房屋的屋頂上，這位飛行員為了養傷，在當地醫院躺了三週。2

第一批土耳其飛行員在一九一二年被送往歐洲受訓。到了一九一四年，土耳其飛行員已經開始馳騁於鄂圖曼帝國上空。該年二月，費特西（Fethi Bey）*中尉在恩瓦爾的一位副官沙迪克（Sadik Bey）陪同下，嘗試從伊斯坦堡飛越安那托利亞與敘利亞，前往埃及。他們的飛機由布萊里奧所設計，取名為「穆阿凡涅－米力耶號」*Muavenet-I Milliye*（意思是「國家援助」），以每小時六十英里以上的速度，在二十分鐘內從塔爾蘇斯（Tarsus）飛到阿達納，飛行了一段二十五英里的航程。地面上的群眾在飛機越過頭頂時都為他們鼓掌。他們安全抵達大馬士革，但在飛往耶路撒冷途中，飛機引擎出了問題，墜毀在加利利海（Sea of Galilee）東邊，兩名飛行員都罹難了。費特西和沙迪克是鄂圖曼最先殉職的空軍軍官，他們被葬在大馬士革的烏瑪亞清真寺（Umayyad Mosque）中的薩拉丁（Saladdin）†墓旁。第二次飛行任務的結果也差不多。一九一四年五月，薩利姆（Salim Bey）和凱馬爾（Kemal Bey）這兩名飛行員終於成功地完成從伊斯坦堡到埃及這一趟旅程。3

一九一四年六月，美國飛行員約翰·古柏（John Cooper）在伊斯坦堡數千名觀眾面前展示柯提斯飛艇式水上飛機（Curtiss Flying Boat）‡。他從馬爾馬拉海（Sea of Marmara）起飛，以平均一千英尺高度飛行了十五英里，之後降落在伊斯坦堡亞洲與歐洲區之間的博斯普魯斯海峽。政府官員、內閣閣員與皇室成員都見證了這場示範飛行。接著，古柏又載著地位崇高的貴賓「在觀眾的歡呼與讚嘆聲中」示範了七次飛行，「對大多數人而言，這種航空表演可說是前所未聞。」一名現場觀眾這麼說。第二天，伊斯坦堡各大報紙都刊登了這個新聞，並附上照片。[4]

一九一四年春天，機械交通工具的普及，使得鄂圖曼帝國對前景更加樂觀。鄂圖曼在五月與法國協商，借得一億公債，因此政府才有辦法將這筆資金用在主要公共工程上，替帝國的每一個省分帶來電力、公共照明、都市電車、貫穿城市間的鐵路，以及現代化港口設施。向法國借款的消息宣布之後，全國上下立刻蔓延著一股對工商業蓬勃發展的期待。

這筆法國借款，是歐洲強權調解之下達成的和平談判高峰，目的是為了解決巴爾幹戰爭之後鄂圖曼帝國與其鄰國之間國力的巨大差異。法國資金挹注保證了經濟成長，也被當作是讓鄂圖曼接受喪失

---

* Bey原為中亞部落首領的稱謂，之後歷經各時代，其意涵多為軍政首長或貴族。十九世紀之後，鄂圖曼帝國的「貝伊」相當於軍職中的上校。通常是一種尊稱，有先生的意思，此處不將其譯出。

† 薩拉丁（Saladdin）是埃及與敘利亞的第一位蘇丹。

‡ 格蘭·柯提斯（Glenn Curtiss）於一九〇九年創立美國第一家飛機製造公司，柯提斯飛機與發動機公司（Curtiss Aeroplane & Motor Company, Ltd）是一戰期間最大的飛機製造商。

阿爾巴尼亞、馬其頓與色雷斯的龐大回報。然而，即使在簽訂和平協議、法國決定借款之後，伊斯坦堡和雅典之間仍存在懸而未決的重大問題。

根據一九一三年結束第一次巴爾幹戰爭的倫敦條約，希臘從土耳其手中奪走三個愛琴海島嶼。希俄斯島（Chios）和米蒂利尼島（Mytilene）主宰通往士麥那（Smyrna）（現今伊茲密爾）的入口，在土耳其陸地視線範圍內就可看見這兩個島。而擁有深水港穆德羅斯港（Moudros）的利姆諾斯島（Lemnos），距離達達尼爾海峽不到五十英里。高門從未接受帝國喪失這些島嶼的事實，也不願意讓希臘控制其附近海域。在鄂圖曼外交官尋求歐洲國家支持政府收回這些愛琴海島嶼的同時，鄂圖曼策戰者也打算改變地中海東岸海軍勢力的平衡狀態。

一九一一年八月，鄂圖曼政府向英國造船公司維克爾與阿姆斯壯（Vickers and Armstrong）訂做了兩艘最先進的無畏艦，預計在一九一四年七月送達。訂購這兩艘軍艦，是英國海軍幫助鄂圖曼船艦步向現代化任務的一部分。鄂圖曼政府將這兩艘令國庫大失血的無畏艦，取名為「蘇丹歐斯曼號」（*Sultan Osman*）與「雷夏迪耶號」（*Reşadiye*），前者是帝國名稱由來的建國蘇丹，後者是當時在位的蘇丹梅赫美德·雷夏德。為了訴諸鄂圖曼民眾的愛國心，政府訂購船艦的大部分資金，是透過大眾捐款募集而來。他們鼓勵學生捐出零用錢，並且在城市的各個廣場上設置捐款攤位。只要捐款五皮埃斯特（piaster）*以上，忠誠的市民就會受邀以鐵鎚把釘子釘在大木塊上。在利比亞與第一次巴爾幹戰爭打了敗仗之後，無畏艦成為鄂圖曼引以為傲的焦點，彌補鄂圖曼海軍戰力的不足；然而，眼見一九一四年春天軍艦即將完工，希臘和俄國也更加擔憂。巨大的戰艦將會賦予土耳其海軍壓倒性的優勢，勝過俄國的黑海艦隊，以及希臘的愛琴海海軍。

愛琴海島嶼的糾紛與即將送達的無畏艦，提高了一九一四年希臘與土耳其開戰的可能性。希臘官員號召發動一場先發制人的攻擊，在鄂圖曼帝國取得新艦隊之前就擊敗他們。鄂圖曼再次準備徵召公民參戰；一九一四年四月，政府將通知發給帝國各地的村長，警告人民即將動員的可能性，並呼籲人民忠於伊斯蘭教，大張旗鼓的宣傳程度助長了將與基督教國希臘開戰的謠言。5

希臘與土耳其重新開戰的可能性，使得聖彼得堡方面提高警覺。雖然俄國人對於海軍軍力平衡的關切程度不亞於希臘，但眼前他們更在意的是保持鄂圖曼海域通暢，以利俄國在黑海上的貨物運輸：俄國百分之五十的貨物輸出（其中包括百分之九十的穀物輸出）都必須經過土耳其的海峽。如果愛琴海重開戰端，將導致鄂圖曼封閉海峽，俄國貿易之路受阻，對於俄國的經濟將是一大災難。因此，俄國運用外交關係，不讓希臘與土耳其開戰，同時又對英國施壓，以延後船艦送達鄂圖曼海軍的時間。6

俄國的外交計畫心懷不軌。沙皇與其政府深信鄂圖曼亡國之日近在眼前，因此希望將來在歐洲強權瓜分鄂圖曼土地時，能占有對俄國有關鍵戰略價值的領土。俄國的優先考慮，包括為東正教收復近五世紀以來受土耳其穆斯林統治的君士坦丁堡，以及控制連接俄國黑海諸港與地中海的海峽區。因此，聖彼得堡決定防止任何可能使俄國垂涎的土地落入希臘或保加利亞之手的戰爭。俄國於一九一四年二月召開部長會議，考慮占領君士坦丁堡與鄂圖曼的海峽，並贊同最佳時機就是在一場歐洲大戰發

＊皮埃斯特（piaster）是當時鄂圖曼帝國的貨幣單位，為里拉（Türk Lirası）的百分之一。

生之時。沙皇尼古拉二世（Nicholas II）在一九一四年四月同意了內閣成員的提議案，並保證在機會來臨時盡早組織占領伊斯坦堡與海峽區所需的兵力。[7]

在計畫併吞鄂圖曼首都的同時，俄國也打算鞏固在鄂圖曼境內安那托利亞東部地區的陣地。鄂圖曼帝國東邊國界與俄國局勢不穩定的高加索各省接壤，此處是通往伊朗西北部的通道，是俄國與大英帝國爭奪的地盤。安那托利亞東部地區也就是歐洲強權所認定的亞美尼亞人居住的六個省分：埃爾祖魯姆、凡城、比特利斯、哈爾普特、迪亞巴克爾和錫瓦司。大約有一百二十五萬亞美尼亞人住在俄土國界的俄國境內，還有一百萬之多的亞美尼亞人住在安那托利亞東部的六個鄂圖曼省分，國際間將這些人視為土耳其亞美尼亞人。從一八七八年開始，沙皇政府就利用捍衛當地亞美尼亞人的權利為藉口，干預鄂圖曼內政。俄國侵占鄂圖曼領土的野心，使得鄂圖曼人與亞美尼亞人之間的關係更加緊張。[8]

在土耳其青年團革命之後的幾年中，亞美尼亞人與庫德族人之間再次出現嚴重的緊張情勢。在一八九〇年代的暴行後逃竄各地的亞美尼亞人，一九〇八年革命之後企圖要回他們的村莊和家園。有些庫德族人霸占被亞美尼亞人放棄的住宅與財物，他們拒絕承認這些前任擁有者的權利。到了一九〇九年，亞美尼亞人與庫德族人之間的土地爭執已經演變為暴力事件，庫德族人占了上風。逐水草而居的庫德族人的武力遠勝於定居在一處的亞美尼亞人，而鄂圖曼政府很少站在信奉基督教的亞美尼亞人這邊，對抗信奉伊斯蘭教的庫德族人。一九一二年，鄂圖曼軍隊從安那托利亞東部地區被調往利比亞和巴爾幹半島作戰，而亞美尼亞人被徵召到巴爾幹前線時，情況更加嚴重。在與庫德族人日益緊張的衝突中，亞美尼亞農夫只能靠自己的力量抵抗庫德族人。[9]

俄國在一九一三年六月趁機介入這權力真空狀態，提議讓安那托利亞東部地區的亞美尼亞人擁有更大自治權。俄國打算利用蘇丹阿布杜勒哈密德二世在一八九五年頒布的改革詔令，要求將鄂圖曼帝國東邊的六個省分合併為兩個半自治省，由強權國家指派的一位外國總督管理。這項提議中也要求由人數相同的穆斯林代表與亞美尼亞代表共同組成省議會。歐洲各國與鄂圖曼帝國外交官都對俄國的提議憂心忡忡，認為俄國宣告對東部省分的所有權，是瓜分安那托利亞的序幕。聖彼得堡為增強其外交勢力，提議調來一支軍隊，不只駐防在俄土邊境，還要進入鄂圖曼境內的埃爾祖魯姆，名義上是要保衛亞美尼亞人。為了搶先一步防止情勢演變為軍事衝突，高門同意與俄國政府修訂改革案，此案於一九一四年二月八日簽訂。

亞美尼亞改革案只是延遲與俄國的衝突，卻使土耳其青年團與亞美尼亞人之間的問題更加惡化。鄂圖曼政府將改革案視為亞美尼亞人建國的前奏，是一個具體的威脅。土耳其青年團執政者決心不計一切代價，阻撓這項改革計畫。執政三巨頭之一——內政部長塔拉特帕夏，開始擬定非常手段，將亞美尼亞人從這六個省分中撤除，直接省去改革的麻煩。[10]

土耳其青年團政府與俄國之間的談判，暴露出鄂圖曼在各國角力競技場上是多麼孤立無援。高門太清楚俄國對於帝國領土完整性將造成多大的危險。通常鄂圖曼會依賴英國或法國控制俄國的野心，此時這三個國家卻結為三國協約，無論是英國或法國都靠不住，不會支持鄂圖曼帝國。在危急時刻，鄂圖曼人需要一個強大的盟友。德國正是首選。

德國與鄂圖曼帝國之間的友誼相當深厚。一八九八年，德皇威廉二世（Wilhelm II）到鄂圖曼帝國展開國是訪問。他從伊斯坦堡出發，走訪土耳其與阿拉伯各省，參觀各主要城市與古蹟名勝。威廉二世在大馬士革發表了著名的演說，誓言德國與全世界穆斯林——特別是鄂圖曼帝國——堅定不移的友情：「在此謹向蘇丹及其散布在世界各地、尊他為哈里發的三億穆斯林臣民保證，我德國皇帝將永遠是他們的朋友。」11

威廉的和平宣言並非毫無私心。為了對抗歷史更久、更有規模的大英帝國，德皇看見與鄂圖曼帝國合夥、藉此延伸影響力的好時機。威廉相信，鄂圖曼蘇丹被尊奉為哈里發，也就是先知穆罕默德繼承人，被視為全球穆斯林團體的領袖，若與他友好，能讓全世界穆斯林對德國比對其他歐洲強國更表同情。在印度、波斯灣和埃及，有超過一億穆斯林受英國統治，德國發現穆斯林的潛力，如果有需要，可運用穆斯林作為對抗英國的武器。

不只如此，對德國而言土耳其還占據重要的地理位置。在德皇訪問時，英國和俄國正為了爭奪在中亞的優勢地位陷入激烈的競爭，也就是之後所稱的「大博弈」（Great Game）。土耳其的安那托利亞東部各省，是通往波斯和中亞的要道。德國可以成為參與「大博弈」的競爭者之一，藉由與鄂圖曼聯盟，對英國與俄國施壓。

鄂圖曼帝國南邊的國境延伸至波斯灣。德國希望進犯此處由英軍嚴密防守的一個湖。十九世紀以來，英國一直設法藉由一連串獨占性的條約，使得酋長國（Trucial States，今日的阿拉伯聯合大公國）、阿曼、卡達、巴林和科威特等國的統治者在英國王權的約束之下，阻止鄂圖曼帝國與歐洲其他強權國介入。在一八九八年德皇的國是訪問之後，德國便設法利用與土耳其新建立的搭檔關係，以建造連結柏林與巴格達鐵路作為手段，挑戰英國在波斯灣的獨占地位。

在德皇訪問鄂圖曼之後，德國在一八九九年十二月獲得特許權，在波斯灣建造一條橫越土耳其經由巴格達抵達巴斯拉的鐵路。這條鐵路於一九〇三年開始動工；到了一九一四年，它已經從伊斯坦堡連接安卡拉以及阿達納附近的地中海岸地區。然而，這項工程在開鑿奇里契亞*的兩座山脈時遭遇意料之外的困難，進度嚴重落後。雖然安那托利亞大部分鐵路皆已完成，在敘利亞和伊拉克境內卻還有一大段尚未施工。12

一九一四年六月一日，第一列火車默默地從巴格達出站，沒有大肆宣傳。這條路線往北延伸三十八點五英里，到達沙漠中一個名叫蘇瑪伊卡（Sumaykha）的不毛之地。一般大眾對這條沒有通往任何重要城市的鐵路興趣缺缺，但鐵路公司依然不放棄，他們印了時刻表發給政府機關、國外領事館、俱樂部和旅館。工程迅速進行，一九一四年十月，鐵路到達伊拉克的薩邁拉（Samarra）。從巴格達往北的火車每週一班，早上十點出站，四小時內行經七十四英里，平均時速只有不到二十英里。從薩邁拉開往巴格達的回程火車每週四早上十點出站。從巴格達直達柏林的鐵路之夢依舊遙不可及；然而，在歐洲情勢騷動不安的此時，這項計畫使得德國和鄂圖曼帝國的連結更緊密。13

柏林和伊斯坦堡的關係愈來愈密切。一九一三年底，鄂圖曼委派了一支德國軍事代表團來到帝國境內，因而引發一場歐洲危機。宰相哈里姆請求德皇威廉二世任命一位有經驗的將軍，帶領一隊中階德國軍官，在巴爾幹戰爭後協助改革並重組鄂圖曼軍隊。德皇指派普魯士的奧托．利曼．馮．桑德斯（Otto Liman von Sanders）將軍擔任這項任務。當時，利曼是德軍第二十二師的指揮官，駐紮在卡塞

---

*奇里契亞（Cilicia）為安那托利亞東南部地中海岸的一塊區域，在賽普勒斯北部。

爾（Kassel）。他已在參謀總部任職數年，派駐過許多地方，但不曾到過鄂圖曼帝國。利曼毫不猶豫地接下任務，於一九一三年十二月中坐火車前往伊斯坦堡。

抵達鄂圖曼之後，利曼與蘇丹梅赫美德．雷夏德、宰相薩依德．哈里姆以及土耳其青年團三巨頭會面。這位德國將軍對內政部長「迷人」與「充滿魅力的個性」印象深刻，還提到第一軍團指揮官傑馬勒「兼具睿智與無比堅決的態度」。然而，他幾乎立刻就與恩瓦爾翻臉。毫無疑問，在數月前就享有「埃迪爾內解放者」美名的恩瓦爾，非常厭惡將軍隊交給一名德國軍官負責訓練。利曼對於軍隊悲慘的狀況大表不滿，他發現鄂圖曼軍隊制服襤褸，營房破舊，士兵吃不飽、沒有領薪水，不過這一切他都不覺得是恩瓦爾的錯。倒不如說是這位德國軍官認為恩瓦爾的軍職超越了他的經驗與能力。一九一四年一月，團結進步委員會任命恩瓦爾為戰爭部長，這議題浮上檯面。在報紙上讀到這則新聞時，訝異的蘇丹梅赫美德．雷夏德似乎支持利曼的看法：「報紙上說恩瓦爾當上了戰爭部長；真不可思議，他太年輕了。」[14]

俄國政府一開始就反對鄂圖曼委派德國軍事代表團。當傑馬勒將鄂圖曼第一軍的指揮權交到利曼手上，讓他負責伊斯坦堡與海峽區的安全時，聖彼得堡的反對態度演變成軍事危機。對俄國人來說，這就等於是讓德國控制了聖彼得堡原本大感興趣的領土。沙皇政府威脅占領安那托利亞東部地區的埃爾祖魯姆，試圖糾正德土兩國造成的均勢改變。

英國與法國決心防止俄國進行報復，因為如此必然導致列強過早瓜分鄂圖曼帝國。然而，英國的立場很尷尬。畢竟自一九一二年以來，英國海軍上將亞瑟．林普斯（Arthur Limpus）已經帶領由七十二人組成的海軍軍事代表團來到鄂圖曼帝國，由他擔任鄂圖曼海軍統帥。因此，英國外交官沒有設法解散德國軍事代表團，而是建議利曼可以接管第二軍，放棄伊斯坦堡與海峽區的兵權。然而，不願與政治壓力妥協的利曼，拒絕轉調其他軍的所有提議。最後，德皇想出一個解決之道，那就是將利曼升職，以至於他的軍職過高，無法指揮任何一軍。利曼晉升為陸軍元帥，第一軍的指揮權移交給一名鄂圖曼軍官。德國與鄂圖曼帝國終於攜手度過這場危機，兩國的關係又更為牢固。15

一九一四年夏天為止，鄂圖曼帝國持續在經濟蓬勃發展的樂觀態度與國際關係危機之間瘋狂地擺盪。這種矛盾情形被一場災難解決——一九一四年六月二十八日，奧匈帝國王儲斐迪南大公（Archduke Franz Ferdinand）在波士尼亞的塞拉耶佛（Sarajevo）被暗殺。王儲被殺，啟動各國檯面上與檯面下的聯盟網絡，將歐洲分為兩大交戰團體。被排除於這詭譎的聯盟網絡之外，鄂圖曼高門感到很不自在。歐洲大戰逐漸逼近的可能性，更提高了俄國侵占伊斯坦堡、海峽區與安那托利亞東部地區的立即威脅，而協約國也終將瓜分鄂圖曼帝國。法國垂涎敘利亞，英國對美索不達米亞興致勃勃，而希臘則是希望將其勢力擴張到愛琴海。強敵環伺，孤單的鄂圖曼帝國根本毫無機會抵抗侵略。

厭倦戰爭，且需要時間重整軍隊、復甦經濟的鄂圖曼領導人，並不想加入一場全歐洲的衝突。相較之下，他們更想尋找一個能保護帝國的盟友，使得鄂圖曼脆弱的領土不會嘗到戰爭的惡果。鄂圖曼轉而求助於德國，並非預料中的必然結果。鄂圖曼帝國在上述七月危機的外交政策中最引人注意的一點，就是高門很樂意與任何一個歐洲強權結為防禦同盟。

三位土耳其青年團領導者對於可能結盟的對象有不同看法。眾所周知，恩瓦爾與塔拉特傾向與德國結盟，但傑馬勒則相信只有三國協約中的國家能約束俄國侵占鄂圖曼帝國的野心。他自己就是個親法份子，他很有理由期望能與法國結為防禦同盟。自從一九一四年五月向法國舉債一億之後，法國就是鄂圖曼的主要債權人。如果法國有異議，傑馬勒認為英國也是另一個不錯的選擇。在十九世紀時，英國多數時候都是保存鄂圖曼帝國領土完整性的忠實擁護者。直到不久之前，英國還派出林普斯的海軍軍事代表團，並且替鄂圖曼艦隊打造新船艦，協助鄂圖曼帝國重整海軍。自從擔任海軍部長以來，傑馬勒一直與英國海軍軍事代表團密切合作，他非常尊崇英國海軍的專業技術。因此，傑馬勒自然會指望英國或法國保護帝國的領土完整性。

一九一四年七月初，就在塞拉耶佛暗殺行動後不久，傑馬勒受邀前往法國參加法國的海軍演習。他趁訪問歐洲之便，會見了聯繫英國造船商的鄂圖曼軍官，造船商正在替鄂圖曼的無畏艦進行最後修飾。軍官們向傑馬勒報告：「這些英國人不曉得在打什麼主意。他們似乎老是在找新藉口延誤船艦完成和運送的時間。」傑馬勒指示這些軍官讓英國船艦盡快送達，最後的裝配可以在伊斯坦堡的造船廠完成。16

參加完土倫（Toulon）的法國船艦閱兵之後，傑馬勒回到巴黎，拜訪法國外交部。與政務主任會談時，傑馬勒開門見山地說：「你們必須讓我國加入三國協約，同時保護我們，協助我們對抗俄國險惡的威脅。」傑馬勒承諾土耳其將會成為忠實的盟友作為回報，協助法國與英國「打造一圈銅牆鐵壁，將同盟國團團圍住」。這位法國外交官的回答相當謹慎，他說必須在三國同盟的另兩個國家同意之下，法國政府才能答應與鄂圖曼結為盟友；然而，這一點看來「非常不確定」。傑馬勒把這樣的回答當作拒絕的意思。「我很了解法國深信我們無法逃離俄國的魔掌，因此無論如何他們都無法賜予協助。」七月十八日，傑馬勒離開巴黎，無功而返回到伊斯坦堡。

一九一四年七月二十八日，塞拉耶佛暗殺事件的一個月後，奧匈帝國向塞爾維亞宣戰。起於巴爾幹半島的衝突，迅速將歐洲最有力的幾個軍事強國捲入全面戰爭。與塞爾維亞有結盟關係的俄國做出回應，威脅與奧匈帝國開戰。德國與奧匈帝國並肩作戰，俄國的盟友英國和法國也加入戰局。八月四日，三國協約向德國與奧匈帝國宣戰。[17]

歐戰爆發，鄂圖曼帝國從高門的內閣各部會到地方的安那托利亞與阿拉伯省分的各鄉村城鎮，舉國驚慌。尋找防禦聯盟以確保鄂圖曼領土的完整性，成為此刻的關鍵。從傑馬勒的報告中，土耳其青年團明白與法國的聯盟已無指望。他對英國的信任同樣很快地便遭到背叛。

八月一日，也就是協約國對德宣戰的三天前，英國政府徵調鄂圖曼委託製作的兩艘無畏艦。這消息震驚了傑馬勒。身為海軍部長，他將這兩艘船艦視為鄂圖曼海軍改革的基礎。回想起在巴黎和鄂圖曼海軍軍官的談話內容，他發覺英國一再地延誤「都不過是託詞……此舉洩露英國的意圖，他們早就想把這些船艦據為己有」。由於船艦的款項已全數付清，而且其中大部分是民眾的捐款，英國徵調船艦的行為被視為土耳其的國恥，因此英國與鄂圖曼帝國之間已不可能有任何協議。就在第二天，一九一四年八月二日，鄂圖曼與德國簽訂祕密聯盟條約。[18]

奧匈帝國在一九一四年七月中首先提議將鄂圖曼帝國拉進三國同盟。維也納政府希望與伊斯坦堡簽訂協議，藉此孤立塞爾維亞，並讓保加利亞保持中立。起初德國拒絕此一提議。無論德國駐伊斯坦堡的大使漢斯・凡根海姆（Hans von Wangenheim）男爵或是德國軍事代表團首長利曼將軍都相信，鄂圖曼之後必然會成為他們的包袱，而非外交或軍事上的盟友。在七月十八日寫給柏林政府的信中，凡根海姆說道：「今日的土耳其絕對是個毫無價值的盟友。它只會成為同夥的負擔，卻不能提供它們些微好處。」[19]

從七月中到七月底，恩瓦爾、塔拉特和總理哈里姆一直在說服凡根海姆同意德國與鄂圖曼帝國的聯盟案。他們警告他，如果德國不接受，那麼鄂圖曼帝國將會被迫藉由與希臘聯盟，取得三國協約的支持。當凡根海姆把這情形回報給柏林時，德皇威廉二世表示贊同與鄂圖曼帝國簽訂條約。經營了二十年德鄂兩國的友誼之後，讓土耳其人投入法國人與俄國人懷抱的念頭，令德皇大為驚恐。七月二十四日，威廉指示伊斯坦堡的大使立刻聽從土耳其政府的要求。「如果拒絕或冷落鄂圖曼，將會使它投向俄國與法國聯盟的懷抱，」德皇呼籲，「這樣一來我們的影響力將會徹底失效！」[20]

到了七月二十七日，德國與鄂圖曼帝國已經擬定對抗俄國的祕密防禦條約。只要俄國對兩國任何一方動武，這份包含八個非常簡單明瞭條款的文件就會立即生效——德國在八月一日對俄國宣戰，因此在簽訂之時就已知道，這份文件可說是必然會生效。最重要的是，德國誓言保護鄂圖曼領土的完整性，對抗俄羅斯的野心侵略。該條約將德國軍事代表團置於鄂圖曼政府的權力管轄之下，德國軍事代表團將會「對全體軍隊指揮有顯著的影響」。該條約至一九一八年底有效，經雙方同意，即可更新條約。德國沒有白紙黑字列出的條件是，一旦投入大戰，鄂圖曼必須立刻採取軍事行動，對抗俄軍或埃及的英軍，以便挑起這兩個帝國內的穆斯林議題，讓境內的穆斯林叛變，對抗三國協約。[21]

在與德國簽訂這份條約的前夕，身為戰爭部長的恩瓦爾，號召動員全國的兵力。年齡在二十至四十五歲之間的男子，都必須登記入伍；所有後備軍人都要向所屬單位報到。這次動員就像一枚炸彈般擊中鄂圖曼大眾，不過此舉也向德國盟友證明，土耳其青年團打算堅守承諾。不過，迫不及待簽署防禦聯盟條約的鄂圖曼，並不急著參加世界大戰。

在一九一四年上半年的經濟榮景之後，帝國八月的經濟完全崩潰。年輕人都被徵召入伍，因此沒有人力可照顧農田，或在工廠工作。在確知所有鄂圖曼港口都因戰爭而封閉，貨運船隻無法進入之後，一度前景看好的貿易活動隨即瓦解。在全國動員的情況下，軍隊的軍需官開始徵召食物、牲口與物資，供軍隊之用。土耳其家庭開始做最壞的打算。在三場接踵而來的戰爭之後，他們很清楚這場未來的衝突將會如何嚴重打亂他們的生活。

一九一四年，生長於伊斯坦堡的伊爾凡．歐爾嘎（Irfan Orga）只有六歲。戰爭粉碎了他幼年以來熟悉的繁榮景象。歐洲爆發戰爭之後家人對此的激烈討論，是他最初記憶的一部分。他還記得那年夏天的某個晚上，他溜下床偷聽大人說話。「當時很安靜，我聽得見他們的每一句話。父親好像正說服我祖母賣了我們的房子。」「胡說八道！」他祖母反駁，「歐洲戰爭為何會對我們的日子造成任何影響？」

歐爾嘎的父親宣布他打算不只賣掉他家的房子，還要賣掉他們地毯出口的生意，他的家人聽了大為吃驚。「如果還想活下去，我們必須賣掉，」他解釋，「做生意困難重重，無論勞力、出口、海外代理事宜不易等等都是問題；現在戰爭讓我斷了對歐洲市場的念頭。如果土耳其參戰，而且在我看來是免不了的，那麼我非走不可。」他年紀輕輕的二十六歲父親明白，一旦開戰，他就必須面臨徵召入伍的命運。「趁現在把生意脫手，如果有一天我回來了，那麼以我們的商譽，要重新把生意做起來很簡單。」震驚的家人頓時鴉雀無聲。

「對於即將到來的改變，這些對話就是最初的蛛絲馬跡。」歐爾嘎回憶道。在適當時機，他父親賣掉了他們的家和生意，以換取他父親認為所需的食物和資本，好讓他們度過眼看即將發生在土耳其漫長而毀滅性的戰爭。即便這些防禦措施，後來都證明不足以讓歐爾嘎一家人躲過戰爭造成的極度貧窮。[22]

八月三日，鄂圖曼政府封鎖海峽，各國對帝國的貿易活動戛然而止。港務長通知所有外國政府，鄂圖曼海軍在黑海通往博斯普魯斯海峽的入口以及地中海通往達達尼爾海峽的入口，都鋪設了水雷，同時也熄滅所有導航燈，移走信號浮標。在八月四日和九月二十六日間，鄂圖曼人利用拖船運送船隻，使其安全穿越水雷區。九月二十七日，拖船停止服務，海峽全面禁止商業船隻進出。海峽關閉對鄂圖曼的貿易有立即而災難性的影響，不過俄國人也相當痛苦。黑海通往國際市場的海上通道被截斷，俄國有數百艘載滿穀物與其他補給品的船隻都被困在黑海。[23]

德國海軍首先企圖進入封閉的海峽。對法國宣戰不久，德國的地中海分遣艦隊即前往北非海岸，阻撓法國從阿爾及利亞將軍隊運送回國。八月四日，一艘名為「戈本號」（*Goeben*）的重型軍艦，以及一艘名為「布列斯勞號」（*Breslau*）的輕巡洋艦轟炸阿爾及利亞的海岸城市波內（Bône，在現今安那巴〔Annaba〕）與菲利普維爾（Philippeville，在現今斯奇克達〔Skikda〕）。這場攻擊行動造成法軍傷亡，引起北非沿海的恐慌。在同一天對德宣戰的英國，命令其地中海艦隊擊沉德國船隻，來勢洶洶的法國艦隊也出發前往地中海東岸，加入激烈追逐「戈本號」與「布列斯勞號」的行列。

德國艦隊司令已經下令海軍分遣艦隊指揮官威廉．蘇雄（Wilhelm Souchon，從他的法文姓氏可以看出他是法國胡格諾教派〔Huguenot〕的後代）少將進軍鄂圖曼水域。八月一日與德國大使及軍事代表團首長利曼在伊斯坦堡的會晤中，恩瓦爾帕夏特別要求在與德國簽訂防禦聯盟條約之前，德國必須先將軍艦調派至鄂圖曼海域，如此才能彌補當天稍早英軍徵調鄂圖曼無畏艦的損失，制衡俄國在黑海的海軍勢力。凡根海姆大使取得柏林方面同意，因為德國預計利用船艦將鄂圖曼捲入戰爭，開啟對俄的新戰線。

德國人顯然很想把船艦駛進鄂圖曼的海域。他們知道自己的軍艦不及英國和法國，而且「戈本號」的鍋爐有問題。如果任其在開放的海域航行，德國船艦必毀無疑。再者，德國總理特奧巴登・馮・貝特曼・霍爾維格（Theobold von Bethman Hollweg）斷言，德國軍艦如果出現在鄂圖曼海域，「將會使得鄂圖曼的中立地位站不住腳」。這無可避免的危機會迫使高門履行與德國的祕密聯盟條約；如此一來，鄂圖曼就必須立刻對抗東邊的俄軍，或者對抗埃及的英軍。無論是哪種狀況，德國軍艦將會駛入鄂圖曼海域，開啟對抗三國協約的新戰線，將均勢的天平移往對德國有利的一方。24

鄂圖曼人將德國海軍危機轉變為優勢。雖然恩瓦爾起初要求德國派出軍艦，他卻沒有得到政府的授權，而高門一開始拒絕逐漸接近的戰艦進入港口。八月六日，在一場黎明前與凡根海姆大使的會議中，鄂圖曼宰相哈里姆態度軟化，列出鄂圖曼政府讓「戈本號」與「布列斯勞號」駛入鄂圖曼海峽的條件。哈里姆堅持，在迅速擴大的歐洲衝突中，德國戰艦不能做任何危及鄂圖曼中立地位的舉動。他接著向德國提出六個要求，這些要求正是鄂圖曼針對第一次世界大戰所做的最初聲明。

哈里姆首先要求德國協助治外法權條約——這是一套古老的雙邊條約，其條文授予在鄂圖曼境內工作與生活的歐洲人擁有貿易特權與治外法權。鄂圖曼帝國在其勢力鼎盛時，將這些特權授與當時相對較弱的歐洲國家，以促進雙方貿易往來。治外條文最早在十四世紀時頒發給義大利城邦，這套規定之後在十六世紀延伸至英國與法國。到了二十世紀，鄂圖曼帝國國力已遠不及歐洲鄰國，治外法權條約已經演變為不平等條約，使得帝國在主權上做出許多重大的妥協。鄂圖曼希望能利用歐洲大戰的機會擺脫這些條約，他們要德國以其單方面行動支持帝國，因為他們知道這會激起歐洲各國的憤怒。

哈里姆的其中兩項要求，提到鄂圖曼不久前輸掉的巴爾幹戰爭。首先，開始與協約國開戰之前，鄂圖曼打算和羅馬尼亞與保加利亞簽訂協議，以確保這些巴爾幹鄰國不會威脅到伊斯坦堡與土耳其境內的色雷斯。鄂圖曼宰相希望德國能協助「與羅馬尼亞和保加利亞達成必要的了解」，並且為了公平分配「戰爭可能的戰利品」，德國必須「與保加利亞談妥平等協議」。第二，如果希臘加入協約國並戰敗，德國須確保希臘將愛琴海上的希俄斯、米蒂利尼與利姆諾斯三個島嶼歸回至土耳其主權之下。

鄂圖曼政府也企圖在俄國失利時取得其領土。如果戰勝協約國，高門希望德國「確保土耳其能稍加更正東邊的國界」，以便「讓土耳其直接接觸俄國穆斯林」。鄂圖曼想要回在一八七八年割讓給俄國的三個省。他們還要求，如果在戰時鄂圖曼領土被占領，那麼在外國軍隊全數撤離、領土回歸鄂圖曼主權之前，德國必須拒絕與戰敗的歐洲國家簽訂任何和平協議——基本上，這是重申德國-土耳其聯盟條約中最主要的領土歸屬保證。最後，哈里姆請德國大使確保土耳其的努力將會收到「一筆適當的戰爭補償金」。[25]

德國大使凡根海姆當場沒有太多選擇，只好同意鄂圖曼宰相的要求。當時是深夜，德國船艦正迅速接近，而大部分的條件只有在鄂圖曼協助德國打勝仗時才成立。不過，同意鄂圖曼要求的凡根海姆等於首開先例，讓較弱的鄂圖曼盟友強迫德國在重大事項上讓步，直到戰爭結束前都是如此。

八月十日下午，德國船艦出現在土耳其海岸。恩瓦爾發了一封電報給駐守在達達尼爾海峽要塞的指揮官，下令他讓「戈本號」與「布列斯勞號」進入海峽。第二天早上，鄂圖曼海軍派遣了一艘魚雷快艇，引導德國軍艦安全穿越不久前才部署的水雷區，讓軍艦安全地停靠在達達尼爾海峽內。德國軍艦一駛入達達尼爾海峽，英國與法國大使立刻向鄂圖曼宰相抗議，表示讓德國軍艦駛入鄂圖曼海域的決定將傷害鄂圖曼的中立立場。

八月十一日傍晚，土耳其青年團三巨頭在宰相家裡會面，共進晚餐。只有恩瓦爾知道才剛在達達尼爾海峽發生的戲劇性事件。「對我們來說，就像是生下了一個兒子！」他帶著奇特的微笑，對著他不明就裡的同僚呼喊著。在許多方面都極力公開倡議與德國聯盟的恩瓦爾，歡迎德國軍艦降臨的程度，就彷彿他喜獲麟兒一般。在向兩位同僚簡述「戈本號」與「布列斯勞號」到來的同時，他也列出帝國此刻必須面臨的政治問題。根據戰爭法，鄂圖曼政府有兩個保持中立的方式：他們可以要求德國船艦在二十四小時內離開鄂圖曼海域，或者可以在鄂圖曼港口內將德國軍艦拘留或解除武裝。26

鄂圖曼不可能將德國盟友的軍艦從土耳其海域驅逐，遭到等在外海的英法船艦發動必然的毀滅性攻擊。宰相與其閣員繼而向德國大使要求解除軍艦武裝，凡根海姆大使立刻拒絕。鄂圖曼人隨即提出一個妥協方案，那就是德國人以虛構的買賣手續將軍艦所有權移轉給土耳其人。在大使取得柏林政府的同意之前，傑馬勒在八月十一日對新聞界發了一份公報，宣布鄂圖曼政府以八千萬馬克「購買」「戈本號」與「布列斯勞號」——這數字看來完全是傑馬勒捏造的。德國船艦於是取代了被英國海軍徵用的兩艘無畏艦，「蘇丹歐斯曼號」與「雷夏迪耶號」。

宣布德國將軍艦賣給鄂圖曼海軍，對土耳其青年團與不明就裡的德國政府而言，都是很高明的公關策略。對於英國「偷竊」鄂圖曼政府委託製造並已付款的軍艦，土耳其的憤怒已經轉換為對德國提供鄂圖曼海軍所需戰艦的感激之情。不過，土耳其青年團也從這筆交易中得到好處。取得現代化軍艦的鄂圖曼人因此能征服俄國在黑海上的艦隊，將了英法一軍。如今「戈本號」與「布列斯勞號」已經改名為「塞里姆一世號」（*Yyavuz Sultan Selim*）與「梅帝里號」（*Medilli*），他們讓凡根海姆大使去傷腦筋，設法跟柏林政府解釋這既成事實。海軍上將蘇雄被指派為鄂圖曼海軍艦隊指揮官，德國水手也與鄂圖曼海軍整合。從鄂圖曼的角度看來，最大的優點是，德國軍艦加入使得海軍均勢轉移至對鄂圖曼有利，並且在不放棄伊斯坦堡政府在愈演愈烈的全球大戰裡保持中立角色的情況下，加深與德國的關係。

經歷一九一四年八月的種種危機之後，鄂圖曼占據了優勢。他們已經與一個歐洲強權國家結盟，保護其領土不受俄國侵略。他們動員軍隊，讓歐洲強權留心鄂圖曼的勢力。他們還取得現代軍艦，移轉愛琴海與黑海的海軍均勢，讓鄂圖曼占了上風。但自始至終，伊斯坦堡設法避免捲入日益擴張的戰事。理想狀況是，鄂圖曼希望能在歐戰期間從頭到尾保持中立，如此就能讓同盟國消耗協約國敵人的戰力，使得鄂圖曼在參加這場勞師動眾的戰爭之前，等待德奧可望獲得的勝利，因而以最小的風險與最低的人力物資消耗，達成戰爭的目的。

然而，德國卻要求鄂圖曼盟友能更積極投入戰場。從德國軍艦所有權移交給鄂圖曼的那一刻起，柏林方面便催促鄂圖曼人參戰。德國策戰者面臨唯一的問題，就是如何善加利用鄂圖曼夥伴，贏得更豐碩的戰果。有些德國人表示，鄂圖曼人應該開闢對俄國的新戰線，以削弱俄國對抗同盟國的勢力。此舉能使德國軍隊將更多兵力部署在西線，對付英軍與法軍。然而，與鄂圖曼關係最密切的一些人，深知伊斯坦堡為何遲遲不對俄國人展開攻擊。從一七一一年開始，鄂圖曼帝國與俄國開戰七次，但沒有打贏任何一場仗，而且不久前才剛敗給義大利和巴爾幹半島諸國的鄂圖曼，沒有信心能打敗這最危險的鄰國。如果一九一四年鄂圖曼攻打俄國並戰敗，他們知道帝國必將瓦解。

還有些人主張，讓鄂圖曼軍隊快速攻擊英國在埃及的軍事基地，就能發揮最大效用。如果鄂圖曼軍隊能控制蘇伊士運河，他們就能破壞英國與印度的往來，切斷不只從印度還有從澳洲與紐西蘭屬地來的人力與物力補給。德國的策戰者沒有錯估英軍在運河的防禦力，然而他們相信鄂圖曼可以部署以下這項祕密武器，破壞英國的軍事基地。

除了鄂圖曼帝國皇帝這個角色之外，蘇丹也身兼宗教職位哈里發，也就是全球穆斯林團體的領袖。德國人想操弄在埃及的一千兩百萬穆斯林，以及英國與法國在亞洲和非洲殖民地數百萬穆斯林的宗教熱誠，從這兩個國家內部削弱協約國的力量。攻擊埃及，再加上宣告聖戰開始，就能引發埃及內部原本蠢蠢欲動的那些人起而抗暴，使得英國的統治權鬆動——至少有些人的論調是如此。

約翰·布肯（John Buchan）*在出版於一九一六年的暢銷小說《綠披風》（*Greenmantle*）裡，傳神地描繪歐洲人如何著迷於伊斯蘭狂熱主義潛在的力量。「伊斯蘭教的信條是戰鬥，現在的神學家站在講道壇上時，依舊是一手拿著古蘭經，一手拿著出鞘的劍。」布肯小說中的情報頭子華特·布里凡德（Walter Bullivant）爵士如此斷言，「要是真有個類似約櫃†的東西，讓最冷靜的穆斯林農民夢

---

*約翰·布肯（John Buchan，一八七五～一九六〇），蘇格蘭小說家、歷史學家與政治家，曾任加拿大總督。

†約櫃（Ark of Covenant）為《聖經》記載中的以色列民族聖物，裡面放的是上帝在西奈山交給摩西的兩塊十誡法版。關於約櫃下落的說法不一，至今成謎。

想著天堂，想得發瘋呢？」這段布肯小說中設定在一九一五年底外交部辦公室的虛構對話，真實版本也發生在柏林政府的辦公室。他們稱之為「政治伊斯蘭」（Islampolitik），許多德國人相信，鄂圖曼帝國對戰爭最大的貢獻，將是透過所謂的「政治伊斯蘭」達成。27

德國「政治伊斯蘭」的先知是馬克斯・馮・奧本海姆（Max von Oppenheim）男爵。一八六〇年生於銀行世家的他，以個人財力資助自己對東方的強烈興趣。一八八三年他首次造訪中東，之後以學者與探險家的身分在該地區各處旅行。一八九二年他移居開羅，直到一九〇九年為止，這裡成為他遊歷中東各地的據點。他著作甚豐，所著的四卷有關阿拉伯部族的經典研究論文《貝都因人》（*Die Beduinen*）至今仍然是標準的參考書目。之後被世人稱頌為「阿拉伯勞倫斯」的勞倫斯（T. E. Lawrence），就是他的讀者之一。雖然被德國外交官譏諷為太過「入境隨俗」，德皇威廉二世卻很信任奧本海姆，於一九〇〇年授予這位特立獨行的東方研究者「首席法律顧問」的正式頭銜。每年夏天奧本海姆造訪德國時，德皇都會與他見面，聽他簡報穆斯林世界概況——自一八九八年從鄂圖曼帝國凱旋歸來，威廉對該地一直有著個人的興趣。

對大英帝國懷有強烈敵意的奧本海姆，是最先倡議德國與穆斯林世界友好、以此當作對抗英國武器的其中一人。早在一九〇六年，奧本海姆就預言：「將來伊斯蘭這塊土地會扮演一個更重要的角色……伊斯蘭世界驚人的勢力與龐大的人口，終有一天將會對歐洲國家意義深遠。」男爵希望能將這股力量為德國所用。一九一四年八月大戰爆發，奧本海姆在柏林成立了聖戰局，在法國統治的北非、俄國統治的中亞，以及英國皇冠上的珠寶——印度，從事泛伊斯蘭宣傳，煽動八千萬名穆斯林叛變。

奧本海姆向德國總理保證，即便叛變的計謀不成功，光是印度穆斯林的騷動就足以造成威脅，「迫使英國同意對我們有利的和平條件」。[28]

雖然往往將奧本海姆的做法駁斥為「德製聖戰」，許多公然世俗化的土耳其青年團成員也相信他們確實能利用宗教狂熱對付協約國。恩瓦爾在一九一一年的利比亞之戰中已經深知伊斯蘭教的力量。在啟程到利比亞之前，他就號召一場對抗義大利的游擊戰。一旦開戰，他就逐漸將這場戰爭視為聖戰。在信中，恩瓦爾形容利比亞志願軍是「將死於敵人之手視為上帝禮物的狂熱穆斯林」，他不時提到他們因為他是哈里發的女婿，對他誓死效忠。他的同僚傑馬勒認為伊斯蘭教是阿拉伯人與土耳其人之間的聯結，宗教戰爭將可能再加強這層關係。傑馬勒認為：「大多數阿拉伯人會毫不猶豫地在這場解放先知繼承人哈里發的聖戰中犧牲生命。」團結黨中具有影響力的領導人士因此深信，聖戰在早期伊斯蘭歷史中是一個強有力的武器，此刻它可以再次復活，成為即將與歐洲強權國家開戰的力量來源。[29]

無論土耳其青年團對聖戰懷抱著什麼希望，他們仍舊堅持不讓鄂圖曼帝國參戰，時間拖得愈久愈好。從一九一四年八月至九月間，土耳其政府找藉口搪塞愈來愈不耐煩的德國人。他們辯稱動員尚未完成。如果鄂圖曼在未達全盛兵力的狀態就去攻打俄國，他們就會冒著被打敗的風險，以至於鄂圖曼對同盟國來說就成了負擔，而非盟友。鄂圖曼人對德國說得很明白，俄國在他們眼裡還是會對帝國造成存在的威脅。然而，土耳其青年團沒有向他們的新盟友透露的是，就在拚命強調俄國人的威脅時，他們竟然也向俄國人提出祕密聯盟的建議——該建議必定導致他們與德國的關係破裂。

提倡土耳其與德國聯盟最為不遺餘力的恩瓦爾帕夏，最先提議與俄國訂定祕密條約。八月五日，僅僅在與德國人簽署祕密協議的三天後，恩瓦爾提議與俄國結為防禦聯盟，令俄國的駐外武官里昂提夫（M. N. Leontiev）將軍驚愕不已。宰相哈里姆和恩瓦爾的土耳其青年團同僚塔拉特帕夏都參與這次談判，並且把俄國大使吉爾斯（M. N. Giers）也請到高門加入會談。他們希望俄國人保證維持鄂圖曼領土完整性，歸還在巴爾幹戰爭中鄂圖曼帝國失去的三個愛琴海島嶼，和保加利亞占據的色雷斯西部地區。鄂圖曼將會在協約國的戰事上盡全力給予軍事上的支持，並遣散當時在鄂圖曼帝國工作的德國官員與技術人員，作為交換條件。恩瓦爾、塔拉特與宰相哈里姆以他們誠心的提議成功說服俄國大使和駐外武官，這兩名俄國官員於是全力支持土耳其提出的聯盟案。[30]

鄂圖曼駐聖彼得堡大使法賀爾丁（Fahreddin Bey）向俄國政府提出土耳其－俄國聯盟案。他向俄國外交部長謝爾吉．薩宗諾夫（Sergei Sazonov）解釋，鄂圖曼政府希望得到領土完整性的保障，以及俄國承諾不再支持安那托利亞東部地區的亞美尼亞民族主義者的獨立願望。然而，薩宗諾夫卻沒有被土耳其青年團和他派駐伊斯坦堡的大使說服。他拒絕放棄亞美尼亞改革計畫案，而且對恩瓦爾與德國翻臉的諾言也沒什麼信心。薩宗諾夫的最大讓步是，在俄國盟友英國與法國的支持下，協約國擔保鄂圖曼的領土完整性，但交換條件是鄂圖曼在戰爭中保持中立。這種保證無助於鄂圖曼收復愛琴海或色雷斯的失土，而且也無法抵擋戰後俄國的領土野心。

薩宗諾夫堅持亞美尼亞的改革案，只會讓鄂圖曼對於列強將來瓜分帝國領土的計畫更為恐懼。德國所提出的條件依舊是檯面上最好的交易，因此到了八月底，鄂圖曼又回到他們和同盟國的特殊關係。土耳其青年團人竟然設法找上俄國人，這證明他們不計一切代價，只為了在歐戰中置身事外。

從一九一四年八月到九月間的西線戰事看來，鄂圖曼很有理由對於參戰抱持謹慎的態度。之前，德國以運動戰席捲比利時、快速挺進巴黎，在決定性的馬恩河戰役（Battle of Marne）（九月五日至十二日）中這種作戰方式告一段落。交戰雙方開始挖掘壕溝，從此壕溝戰成為西線靜止戰事的特徵之一。截至九月為止，第一次世界大戰的另一項特色也已十分明顯，那就是史無前例的傷亡人數。光是西線戰事，法國死傷人數就超過三十八萬五千人，而德國死傷人數則是超過二十六萬人。八月底，德軍在坦能堡之役（Battle of Tannenberg）摧毀所有俄軍，造成五萬名俄國人傷亡，俘擄了九萬名戰俘。俄國攻打奧地利時表現好得多，奧地利有超過三十二萬人傷亡，十萬人在加利西亞（Galicia）戰役被俘擄（俄國在加利西亞同樣死傷慘重，傷亡人數超過二十萬人，四萬名士兵成了戰俘）。奧地利也在一九一四年八月對塞爾維亞展開攻擊，被擊敗的奧軍傷亡人數為兩萬四千人，這數字遠超過人口不到奧匈帝國十分之一的塞爾維亞。截至一九一四年十一月為止，英軍傷亡人數達到九萬人，超過原本英國遠征軍共七個師的總人數。在不到六個星期的戰事中，協約國和同盟國已經有足足超過一百萬人傷亡。為此，土耳其青年團執政者當然對戰爭裹足不前。31

一九一四年九月，對於鄂圖曼一再拖延，德國的耐心終於用完。德軍在西線的戰事受困，而奧軍遭到俄國與塞爾維亞攻擊，軍力嚴重受損，同盟國亟須鄂圖曼人與俄國人新闢戰場。土耳其青年團口口聲聲承諾，在得到所需的資金與軍需品後就會參戰。九月中，德國戰爭部長埃里希．馮．法肯漢（Erich von Falkenhayn）將軍拒絕繼續允諾任何「軍官、大砲與彈藥的要求……直到鄂圖曼帝國與德國的敵人開戰為止」。在柏林方面看來，將「戈本號」與「布列斯勞號」轉讓給鄂圖曼海軍，就已經是展開對俄作戰、取得黑海海軍優勢的最佳武器。對俄發動攻擊將會粉碎鄂圖曼的中立地位，把土耳其人拖入歐戰。就在此刻，蘇丹可以宣布聖戰開始，德國的策戰者正寄望能以這場聖戰，讓他們的穆斯林殖民地破壞協約國的勢力。[32]

對鄂圖曼來說，主要的障礙在於缺乏資金。他們需要大量金錢維持高度動員，才能展開軍事行動。十月中，戰爭部長恩瓦爾帕夏坐上談判桌，表示鄂圖曼願意立刻以海軍攻擊俄國，條件是他們需要金融援助。恩瓦爾也承諾在安那托利亞東部地區牽制俄國人，並且對埃及的英國陣地發動攻擊；此外，蘇丹還會宣布對協約國展開聖戰。德國人很快接受鄂圖曼人的提議，籌措相當於兩百萬土耳其鎊的黃金給伊斯坦堡，在鄂圖曼對俄國開戰時發放。德國答應，等鄂圖曼正式參戰後，在接下來的八個月他們還會再支付三百萬鎊。這筆錢提供鄂圖曼策戰者穩定的財務來源，讓他們得以執行自己野心勃勃的作戰計畫。

十月二十四日，海軍部長傑馬勒帕夏下達重大命令，授權海軍上將蘇雄在黑海進行軍事演習。恩瓦爾帕夏對蘇雄下達第二組命令，指示艦隊攻擊俄國海軍。蘇雄同意先將恩瓦爾的命令保持密封，等接到無線電指示時才拆開信封，執行命令。然而，十月二十七日，當換上鄂圖曼旗幟的德國軍艦駛進黑海時，出擊的先機已經從鄂圖曼人手中喪失。

蘇雄或許相當支持鄂圖曼海軍，但他對德皇還是百分之百的忠誠。十月二十九日，恩瓦爾沒有以無線電通知蘇雄，於是這位德國海軍上將主動出擊，對克里米亞的黑海艦隊開戰，擊沉一艘砲艇和一艘布雷艦。「戈本號」也砲轟克里米亞西南岸的俄國城市塞凡堡（Sevastopol）。第二天，鄂圖曼政府發布一則聲明，譴責俄國攻擊土耳其艦隊。俄國、英國與法國先後召回駐伊斯坦堡的大使，接著在十一月二日對鄂圖曼帝國宣戰。

鄂圖曼帝國參戰了，剩下的就只是要舉起聖戰的大旗。這不是第一次鄂圖曼人藉宗教之名出兵。就在不久前的一八七七年，蘇丹阿布杜勒哈密德二世就打著先知穆罕默德的旗幟宣布對俄國人展開聖戰。然而，一九一四年的局勢已大不相同。這一次，蘇丹必須使鄂圖曼境內與境外的所有穆斯林團結一致，對俄國人、英國人、法國人、塞爾維亞人和蒙特內哥羅人這些非穆斯林開戰，但敵人並不包括其他國家的非穆斯林，也就是帝國的盟友——德國與奧匈帝國。一群由二十九名伊斯蘭法學家組成的團體在伊斯坦堡會面，商議並草擬五條授權聖戰的法律意見書（也就是伊斯蘭教令，土耳其語fetvas）。這五條教令由蘇丹正式批准，並於十一月十一日在閉門會議中提交給政治、軍事與宗教等有關當權者。十一月十四日，政府才對以蘇丹名義聚集在梅赫美德二世清真寺前的大批群眾公開宣布聖戰開始，群眾以怒吼表示支持。[33]

鄂圖曼當局此時可能信心滿滿，認為帝國境內的阿拉伯人和土耳其人都會響應蘇丹的號召。他們必須等待，看看在全世界都投入戰爭時，聖戰是否會獲得更廣大的回響。

第三章　世界大戰揭開序幕

一九一四年八月的第一週，戰爭的消息經由電報快速傳送到全世界。鼓手和號手在五大洲的城鎮與鄉村燃起眾人的鬥志。歐洲各國受到祕密合約與共同防禦條款的約束，歐洲人自然而然會響應開戰的呼聲。有些人是在侵略主義的狂熱之下從軍，有些人卻對於要和他們毫無理由憎恨的敵人打仗，抱持相當保留的態度。

英國人與法國人自願從軍，與德國作戰時，倫敦與巴黎政府轉而尋求帝國殖民地的協助。雖然加拿大、澳洲與紐西蘭等地對同盟國開戰的理由更薄弱，但這些團結在英國王室之下的殖民地臣民和喬治五世（George V）的其他臣民一樣感到責無旁貸。畢竟住在「白人自治領」（white dominion）的移民，追溯其先祖來源都是大不列顛群島，英國皇室就是他們的國家元首。當國王召喚時，這些加拿大人、澳洲人和紐西蘭人感到有義務服務王室。

然而，對於亞洲人與非洲人來說，情況就不同了；大多數英國與法國在亞、非殖民地的臣民，痛恨這些外來的統治者。在英國向印度求援、法國號召非洲軍隊參戰的同時，兩國的策戰者卻很有理由質疑這些殖民地臣民的忠誠度。德國積極鼓吹殖民地背叛協約國，他們尤其鎖定穆斯林為對象。

一九一四年，全世界有兩億四千萬穆斯林，其中大多數穆斯林住在殖民地，這些穆斯林的殖民母國幾乎都是協約國成員：有一億人受英國統治，兩千萬人住在法國殖民地，此外還有兩千萬人住在俄羅斯帝國的殖民地。一九一四年十一月，鄂圖曼帝國投入戰場，與三國同盟並肩作戰，蘇丹號召穆斯林發起對英、法、俄的聖戰，穆斯林對協約國的忠誠度變得十分不確定。如果鄂圖曼成功呼籲全球穆斯林加入聖戰，他們就能扭轉局勢，讓同盟國占上風。[1]

事實上，為了面對帝國六世紀以來最嚴峻的威脅而動員疲於戰爭的社會時，鄂圖曼在國內遭

鄂圖曼軍在提比利亞（Tiberias）附近為「聖戰」招募軍隊。一九一四年八月一日，鄂圖曼帝國發布動員令。村長接受指示，以「敲鑼打鼓、展現喜悅與歡欣氣氛」激起從軍熱情。在這張攝於巴勒斯坦城市提比利亞的鄂圖曼官方照片中，招募軍隊的隊伍正拿著鼓與旗幟。

遇了重大的挑戰。自從利比亞與巴爾幹戰爭之後，達兵役年齡的男子從帝國四散逃竄，逃避徵兵。一九一三年，移民至北美與南美的人數比往年增加百分之七十。美國領事館官員宣稱，大多數移民都是為了逃避兵役的年輕男性。一九一四上半年的戰爭謠言，加速帝國各地的年輕穆斯林、基督教徒與猶太教徒男子遷徙；下達總動員令之後，鄂圖曼政府就禁止役齡男性出國。2

八月一日，戰爭部長將恩瓦爾帕夏號召人民參戰的消息，以電報發送到帝國各處。村長和城鎮各區官員將通知貼在廣場和清真寺的門上。「動員令已經發布！」海報向民眾如此大聲疾呼。「所有符合條件的男性都要參戰！」無論是不是穆斯林，年齡在二十一歲到四十五歲之間的所有男性，都有五天時間向最近的徵召處報到。政府指示當地官員要「敲鑼打鼓、展現喜悅與歡欣氣氛，不要灰心喪氣或精神散漫」。3

無論擊多少次鼓、官方表現出多麼喜悅的氣氛，都無法克服初次宣布動員令時阿拉伯村民產生的不祥預感。一名在黎巴嫩南部村莊納巴提雅（Nabatiyya）的什葉派神職人員，在一九一四年八月三日的日記中，描述大眾沮喪的情緒：

> 人們聽到（總動員令）這消息，既憂慮又激動。他們在公共場所三兩成群，驚訝而不知所措，彷彿那天就是最後審判日。有些人想逃離，可是他們能去哪裡？有些人想躲避，可是根本無處可躲。接著，我們聽說戰爭爆發，德國與奧匈帝國對抗三國協約。這消息只會讓群眾更為驚恐，因為吞食耕地與旱地的致命戰爭即將爆發。4

鄂圖曼各地都記錄了類似的反應。因應動員令，阿勒坡（Aleppo）的商店在八月三日關門大吉。正如某位居民提到：「巨大的不安蔓延了整座城市。」在黑海岸的特拉布宗（Trabzon），美國領事館記錄如下：「總動員令的頒布，如同一道從天而降的閃電。」雖然逃避兵役的人一律處死，許多年輕男人寧可碰碰運氣躲起來，而不願意從軍，因為他們相信和鄂圖曼軍隊一起作戰更是必死無疑。[5]

在帝國首都伊斯坦堡，號召加入戰爭的消息是由各個城區的公告員，也就是大家所熟知的「Bekçi Baba」，向民眾宣告。在白天，公告員送水給城市的街坊鄰里；夜晚，他的職責是夜間看守人，巡邏城區的街道。失火時，是公告員發出警報；召喚人們上戰場的，也是公告員。

伊爾凡．歐爾嘎還記得公告員徵召他父親入伍時的情形。一九一四年夏天就展開的動員令，在鄂圖曼參戰後開始加速，年紀更大的男人也被徵召。歐爾嘎和父親一起走到屋外，在十一月冷風中聆聽公告員宣布，他看著公告員轉過街角，停在街燈下「大聲喊出令人震驚的消息」：「一八八〇年到一八八五年間出生的男性，在四十八小時內必須向徵兵中心報到。沒有報到者將被起訴。」

某一家的男人喊道：「公告員，這是什麼意思啊？」

「戰爭！戰爭！難道你不知道我國參戰了嗎？」他大吼。[6]

首都徵兵中心裡擠滿已屆役齡的男子，一團混亂。深感困擾的官員吼叫著，對飢餓、絕望、麻木、如牛群般擠成一團的平民下達指令。可能要花上好幾天，這些徵召入伍的人才能完成所有入伍程序。等他們被指派到所屬部隊後，就可獲准回家收拾東西，和家人道別。在伊斯坦堡的每個城區，都有嘈雜的樂隊挨家挨戶帶走年輕男子，前往戰場。一名士兵會把鄂圖曼國旗交給出了家門的入伍者，而其他人則是隨著樂隊的音樂跳躍、喊叫，好蓋過女人的眼淚。然而，從軍的士兵們也有屬於自己的悲歌。「他們離開時，樂隊奏起了一首悲傷無比的歌曲。」歐爾嘎回憶著當時的情形。大家開始唱著：

> 噢，戰士們，我必須再次出征，成為孤獨的陌生人
> 我的嘆息與眼淚，多到連山脈與岩石都無法承受[7]

就這樣，隨著一家又一家男丁入伍，在一九一四年十一月的戰事開始之前，鄂圖曼將常備軍人數從二十萬人擴張到將近五十萬人。戰爭期間，大約共有兩百八十萬鄂圖曼男性從軍，這數字約占全國總人口兩千三百萬人的百分之十二，不過鄂圖曼軍隊在任何單一時間點，人數都沒有超過八十萬人以上。[8]

其他同盟國與協約國的軍隊人數把鄂圖曼比了下去。奧地利在一九一四年徵召三百五十萬人，不過該國長期以來兵力都未達到滿額。戰時的德國動員約一千三百二十萬人，也就是十七歲至五十歲男性人口的百分之八十五；俄國設法徵召到一千四百到一千五百五十萬人；法國徵召到八百四十萬人，其中有將近五十萬人來自法國殖民地；而大英帝國動員超過五百四十萬人加入陸軍與皇家海軍，軍隊人數是戰前男性勞動人口的三分之一。也難怪歐洲強權國家不把鄂圖曼兵力當一回事。[9]

軍隊快速擴張，使得鄂圖曼政府面臨龐大的財政壓力。軍事動員帶來的經濟崩潰，造成毀滅性的影響。從事農、工、商的男人被迫離開工作崗位加入軍隊，曾經付稅給政府的工作者，現在變成政府

必須支付其食宿的士兵，以至於原本有生產力的人力，反而榨乾政府資源。達達尼爾海峽封閉，以及戰爭對運輸造成的威脅，使港口活動完全停頓。數十萬士兵與戰事所需的補給品運送，阻塞了國內外貿易必經的公路與鐵路，造成食物與消費性物資短缺。通貨膨脹立刻開始，緊張的市民開始囤積糧食，因此鄂圖曼各城市籠罩著飢餓的威脅。

經濟瓦解導致生產力大幅下降，政府收入隨之銳減。根據現在的估計，鄂圖曼政府的收入從一九一三年下半年的六千三百二十萬元，降低為一九一四年下半年的五千零二十萬元，減少百分之二十。由於支出遠超過收入，領事官員預估鄂圖曼一九一四年將面臨超過一億元的財政赤字——基本上這就等於將一九一四年五月的那筆法國借款一次花光。10

在帝國進入戰爭狀態之前，國際間對鄂圖曼經濟已經信心低迷。鄂圖曼一宣布軍事動員，歐洲銀行就開始撤回對帝國各地金融機構的貸款。一九一四年八月的第一週，巴黎銀行家要求阿拉伯與土耳其各省的貿易城市立即以黃金償還未償還貸款。金塊迅速外流，導致帝國各地商界的恐慌。存款人匆忙到銀行試圖要回他們持有的資金。光是伊斯坦堡，銀行在八月間就給付存款人九百萬元。

為防止資金外流，中央政府在八月三日啟動一項銀行交易延期償付的措施，最初為一個月，之後延長為每季，直到戰爭結束為止都是如此。根據延期償付措施，借方只須償付債務的百分之二十五，而銀行只讓帳戶持有人每個月提領不超過百分之五的存款。這些措施減輕借方壓力，但銀行系統及整體經濟因而徹底癱瘓。銀行只能借錢給政府。根據美國領事官員在阿勒坡、貝魯特、哈爾普特、伊茲密爾和伊斯坦堡等商業城市的報告指出，延期償付的措施導致「幾乎所有商業與工業」停擺。11

鄂圖曼人轉而向盟友德國尋求戰事所需的財務協助。為回報土耳其參戰，德國已經保證用黃金支付兩百萬土耳其鎊，在鄂圖曼參戰後的接下來八個月，再分期支付另外三百萬土耳其鎊。這些款項有助於鄂圖曼重新儲存準備金，同時讓政府印紙鈔。德國還提供高達約兩千九百萬土耳其鎊的軍用物資與協助，包括戰時必需的武器與彈藥等。12

鄂圖曼財政部採取戰時非常措施，以提高政府收入，彌補戰爭開支。九月九日，鄂圖曼帝國單方面廢除特許權，宣布從此帝國經濟將獨立於歐洲強權國家——這原本就是高門開戰的目標之一。此舉引發歐洲資本家的譴責，但各地鄂圖曼群眾卻大肆慶祝，他們以旗幟與橫幅裝飾住家和商店，慶賀政府終於設法教訓了西方強權國。廢除特許權對土耳其而言是歐戰爆發第一個顯而易見的好處，政府因此宣布九月九日為國定假日。在埃迪爾內、伊斯坦堡與居塔西亞（Kütahya），群眾湧入公共廣場，進行愛國的示威遊行活動。

特許權一廢除，鄂圖曼就通過一項從十月一日開始生效的法令，不只向土耳其的外國居民與商人、也向在西方國家保護下有免稅身分的人收稅。這項措施據說替鄂圖曼財政部帶來「數百萬元」進帳。13

徵用令是臨時稅的另一種形式，鄂圖曼臣民與外國人同樣適用。這條法律要求政府對所有國家徵用的財產提出公平的補償，不過事實上政府給付的卻是固定價格並提供收據，而非支付現金。財物擁有者其實可以猜得出他們將失去被徵用的一切。鄂圖曼臣民被迫交出馬匹、家畜和田地，以提供軍隊食物和坐騎。

官員衝進商店，就地徵用他們認為打仗可用的食物和商品。徵用可以作為某種形式的敲詐；商店老闆受令繳交商店中沒有販賣的商品，因此這些商人必須以固定價格向政府的供應商購買。徵用令也使鄂圖曼境內的外國商人蒙受巨大損失。在敘利亞，某個當地總督強占「勝家牌」縫衣機（Single sewing machines），「捐助」該省軍團的制服工廠。在阿達納和巴格達，總督向「標準石油公司」（Standard Oil Company）徵用數百桶煤油。據領事官員估計，鄂圖曼政府在動員的前六個月透過徵用的方式籌措的金額超過五千萬美元。14

鄂圖曼公民依舊是新稅徵收的主要對象。符合徵兵條件但不被鄂圖曼穆斯林信任能夠當兵的基督教徒與猶太教徒，可選擇支付一筆昂貴的金額，也就是四十三土耳其鎊（一百八十九點二美元）以免除兵役。一九一五年四月，政府將金額提高到五十土耳其鎊（兩百二十美元）。在接下來九個月的動員中，這筆稅賦讓財政部賺進約一千兩百萬美元。政府也對常用但非必要的消費性商品進行課稅，如糖、咖啡、茶、香菸和酒精飲料，這些商品在戰時的稅額不時增加。政府也將農產品的什一稅從百分之十增加為百分之十二點五。為了打仗，不但原有的稅賦增加百分之七十，政府還以愛國與軍事援助組織為名，向個人和企業壓榨「志願捐」。15

這些臨時稅在短期內替鄂圖曼籌措了數千萬元戰爭經費，但就長遠來說卻對國家經濟造成無可挽回的傷害。然而，在一九一四年，鄂圖曼帝國只在乎眼前危機。如同所有面對戰爭的國家，在交戰之初他們期望能有快速而決定性的結果。如果戰勝，他們就有辦法整治經濟；如果戰敗，他們必將面臨被瓜分的命運，而占領鄂圖曼的國家就必須承受這塊土地的經濟困境。他們對於目前生死交關的奮鬥不抱任何幻想。為求勝利，他們不計任何代價。16

一九一四年八月初，鄂圖曼動員軍隊之際，英國和法國也號召殖民地臣民協助戰事。響應法國號召，塞內加爾、馬達加斯加和中南半島的士兵搭上船前往西線戰場，不過其中人數最多的一支部隊是非洲軍。北非殖民地軍隊首先被派至西線，之後將前往鄂圖曼前線；他們將會出現在交戰國兩邊的壕溝中。

北非軍隊由阿爾及利亞、突尼西亞和摩洛哥殖民地軍團組成。動員殖民地臣民要有相當技巧。法國必須說服北非人向他們並無感到任何不滿的德國開戰，只為了保衛在家鄉將他們視為次等公民的法國。再加上鄂圖曼宣布展開聖戰激發穆斯林的效忠，使得北非穆斯林轉而對抗法國，以及在德國的宣傳之下，法國的這項動員任務變得更加艱鉅。

北非的第一個殖民軍團成立於十九世紀初。制服色彩鮮豔的法國輕步兵朱阿夫（Zouave），名稱取自柏柏爾人*（Berber）的祖瓦瓦部族（Zuwawa），他們以時髦紅色燈籠褲、藍色束腰上衣和紅色圓筒型絨帽（chechias）組成的制服，引發全世界的想像力。在十九世紀中的歐洲與美國，西方精銳的朱阿夫軍團充滿異國風情的制服，就是以阿爾及利亞傳統服裝為範本。美國南北戰爭中的北軍與南軍也都曾招募這些外籍兵團朱阿夫士兵上戰場。十九世紀間，法國士兵逐漸取代朱阿夫軍團中的本地阿爾及利亞人，該部隊最後全為歐洲人。截至二十世紀，阿爾及利亞有五個朱阿夫軍團，突尼西亞有一個。北非軍其他歐洲部隊包括騎兵部隊「非洲獵人」（Chasseurs d’Afrique），和最有名的法國外籍兵團（French Foreign Legion）。

---

*柏柏爾人（Berber）為北非的一個部族，散居於地中海岸至尼日、大西洋岸至埃及這塊區域，大都集中在今日的摩洛哥與阿爾及利亞等地。

法國人將被排除在朱阿夫軍團之外的阿拉伯與柏柏爾士兵編入本土軍團，包括斯帕伊騎兵（Spahi cavalry），以及阿爾及利亞與突尼西亞的步槍兵 *tirailleurs*，也就是為人熟知的「圖爾科」（Turcos）。這些部隊裡幾乎全是本地人，他們的軍官卻幾乎全是法國人。阿爾及利亞人只能當到中尉，而且無論任何時候中尉數目都不能過半（事實上阿爾及利亞中尉人數從未能與法國中尉人數相比）。法國軍官比同軍階阿爾及利亞軍官受看重。[17]

被法國殖民的本地士兵在軍隊中處處受限，但值得注意的是阿拉伯人與柏柏爾人竟然還會從軍。從一名阿爾及利亞退伍軍人的經歷可看出，在這樣一個工作機會十分受限的經濟體系中，軍人被認為是一個穩定的職業。來自阿爾及利亞的奧倫（Oran）郊外、沒有受過教育的阿拉伯部落男子穆斯塔法．塔布提（Mustafa Tabti），於一八九二年報名加入阿爾及利亞步槍隊時年僅十六歲，從軍理由是出於好奇，以及希望能「玩火藥」。結束第一期兵役之後，他返回平民生活，做個小雜貨商。他以開店與務農為生，辛苦工作了十七年之後，三十七歲時再度入伍，在第二阿爾及利亞步槍隊擔任下士。一九一〇年代初，歐洲局勢日漸緊張，法國開始在北非積極招募士兵，提供阿拉伯人和柏柏爾人誘人的獎金與薪資條件。除了食宿和固定的薪水，從軍所賦予他的社會地位，是小雜貨商與佃農所遠遠不及的。[18]

截至一九一〇年代為止，非洲軍全數由歐洲人以及由阿爾及利亞、突尼西亞與摩洛哥招募而來的本地人組成志願軍。一九一二年，面對擴充軍隊的壓力，法國政府決定在北非實行徵兵制。許多在巴黎以及阿爾及爾（Algiers）的人提出反對，唯恐這項措施將導致阿爾及利亞當地人叛變，或更糟的是，這些殖民地土生土長的臣民將要求與法國人享有同樣的公民權，作為在徵召軍隊中服役的獎賞。

僅此一次，策戰者克服了殖民地遊說團體的反對聲浪，設立徵兵機構。在一九一二年二月三日頒布的法令中，徵兵人數僅限兩千四百人，以抽籤選出。為確實獲得穆斯林顯要人士的支持，法國人向他們保證可藉由一種替代權讓較有錢的阿爾及利亞人付一筆錢，他們的兒子就能免除兵役。這個替代權讓收入中等的阿爾及利亞人更反對徵兵令，因而群起抗議。「我們寧死也不願意孩子被帶走。」他們的家人如此抗議。雖然大眾抗議，從一九一二年開始，兵役的抽籤還是逐年實施。一九一四年大戰前夕，法軍中有兩萬九千名阿爾及利亞士兵，其中有三千九百人是應徵召入伍。[19]

德國對法國宣戰的消息在一九一四年八月三日傳到阿爾及利亞，法國的愛國人士大批湧上阿爾及爾街頭，展現愛國主義。他們高唱〈馬賽曲〉，以及法國大革命時期另一首軍歌〈出征曲〉（Le Chant Du Départ）的副歌：

共和國在召喚我們
我們若非征服敵人，就會滅亡
法國人必須為了她（共和國）而生
法國人也必須為了她而死

阿爾及利亞的法國人改編了歌詞最後一行，在這幅為國捐軀的畫面中暗指阿爾及利亞人：「法國人必須為她而死，阿拉伯人也必須為她而死」。特萊姆森（Tlemcen）當地人馬沙利．哈吉（Messali Hadj）也參與了這令人振奮的一刻，他提到：「就音樂來說，這些愛國曲調深深打動（阿爾及利亞的阿拉伯人）。」[20]

軍艦「布列斯勞號」與「戈本號」攻擊阿爾及利亞的兩個港口——菲利普維爾港與波內港（也就是獨立後阿爾及利亞的斯奇克達與安那巴），這是德國首次對法國開砲。八月四日破曉前，偽裝懸掛英軍旗幟的「布列斯勞號」對波內市中心進行一百四十回合轟炸，擊中港口設施、火車站、幾條主要街道以及港邊的一艘蒸汽船。一個名叫安德烈·加戈里昂（André Gaglione）的男子在砲火中死亡，這是第一次世界大戰中第一名法國傷亡者。一小時之後，偽裝懸掛俄國旗幟的「戈本號」出現在菲利普維爾港海岸邊，對準城內擊出二十發砲彈，擊中車站、營房和煤氣工廠，又有十六人死亡。接著，兩艘軍艦從北非海岸撤退，在英國和法國軍艦追趕下，駛入在鄂圖曼參戰中扮演重要角色的鄂圖曼海域。該次攻擊沒有任何理由，雖然所有人都認為德國人試圖擾亂從北非前進到法國的軍隊，並希望摧毀阿爾及利亞人對法國的信心。

德國的攻擊行動引起群眾普遍的憤怒，促使歐洲人與阿爾及利亞人自願從軍。戰爭爆發時正好是穆斯林曆的齋戒月，穆斯林從日出到日落都要禁食，因此法國人在將近八月底齋戒月即將結束，才開始如火如荼地徵召本地穆斯林。市集日時，徵召隊伍中的法國士兵與阿拉伯士兵穿梭在阿爾及利亞的城市與村莊。遊行隊伍在鼓手打鼓的節奏以及一種雙簧管樂器嘎伊塔（ghaita，嗩吶類）的尖銳吹奏聲中遊行至各公共場所。節奏分明的音樂和色彩鮮豔的制服往往吸引許多群眾，但負責招募士兵的士官把目標放在失業者和農民身上。「一旦達到他期望的效果，士官長就會停止奏樂，」哈吉回憶道，「一名阿拉伯中士開始發表演說，滔滔不絕地詳細說明志願從軍享有的好處。他的提議對於那些餓著肚子的人來說，最具有吸引力。」然而，想到即將在外國戰爭中失去兒子，他們的父母卻「十分愁苦」。

許多北非父母最大的恐懼，在數週內成真。幾乎在戰爭一開始，北非軍立刻傷亡慘重。一九一三年再次入伍的穆斯塔法．塔布提下士，也是被送到法國戰場的頭一批軍隊。他以詩作記錄當時的經歷，之後塔布提受傷在醫院療養時，這些詩作被阿爾及利亞軍隊翻譯員記錄下來。塔布提的詩寫於一九一四年九月的戰事過後不久，這些詩在西線的北非士兵間流傳甚廣。他稱得上是第一位一戰詩人。21

塔布提從阿爾及利亞西部港口奧倫橫越地中海，來到法國的賽特港（Sète），阿爾及利亞步槍隊在這裡登陸，坐上火車繼續他們的旅程，朝戰場前進。阿爾及利亞士兵以大無畏的士氣面對即將展開的戰鬥，塔布提讚頌不已：

「士兵們，」我們告訴自己，「不要害怕，拿出我們的勇氣，這是我們的榮幸。」
「我們阿拉伯人是由氣魄與火藥做成的！」

北非軍被派遣到比利時前線，八月二十一日，他們在沙勒羅瓦（Charleroi）首次看見戰場。這位北非詩人完全沒有預期自己接下來將會見到殘暴的戰役。

朋友，請聽聽我的故事：兄弟們，在沙勒羅瓦度過的這一天對我們而言是多麼凶殘啊！
從日偏西的晡禮（Asr）至日落時的昏禮（Maghrib），他們以槍林彈雨對我們進行猛烈攻擊。

接下來的幾天，戰事持續展開，雙方傷亡人數逐漸增加。「屍體堆成數不清的小山，」塔布提回憶道，「他們把穆斯林和異教徒並排放在一般的墳墓中。」

我主！從遠方發射的大砲燃燒了土地與石頭
刺刀與子彈從四面八方逼近，我們被大舉殲滅
我主！接連六天，他們跟在我們身後，讓我們毫無喘息機會
我主！他們急迫地一波又一波攻擊，在比利時他們不讓我們休息

法國與北非軍原打算在撤退前折損德國兵力。「我們擊垮了他們，」塔布提吹噓道，「無論往哪裡走，你都會遇到墓地，裡面全是他們（也就是德國人）。」然而，回憶起「來自奧倫、突尼斯、摩洛哥和撒哈拉」那些戰死的北非軍，卻令這位阿爾及利亞戰爭詩人感到沉痛無比。

許許多多年輕人被屠殺，我心碎了。我主！這些死去的英雄依舊躺在荒野的廢墟中。
我主！沒有任何人替他們唸誦祈禱文，他們就這樣逝去；他們的屍體暴露在野獸、老鷹與猛禽面前。
我主！為了記念他們，我唱著悲傷的歌曲；就算是鐵石心腸，你也會為他們流淚。

在沙勒羅瓦之役中，這些士兵枉死戰場，北非軍團以及和他們並肩作戰的法國正規軍被德軍大批

殲滅。共一千兩百名步兵的幾個步兵營，人數在一天的戰鬥下來剩下不到五百名——圖爾科部隊最初的傷亡率高達百分之六十。有作戰經驗的士兵倒下，他們只好以訓練不足的入伍新兵代替，在猛烈的砲火攻擊下這些新兵慌亂不已，因而導致更高的傷亡率。當法軍從沙勒羅瓦撤退，重新整隊保衛巴黎時，這些北非軍隊被調派到馬恩省（Marne），他們在此扮演了重要的角色，阻止德國進軍，只是他們再度傷亡慘重。光是一九一四年八月至十二月間，就有約六千五百名北非士兵死亡，受傷人數比死亡人數更多出數千人。22

不可避免地，西線戰場上大批兵力折損的消息漸漸傳回了北非。死傷如此慘重，因而法軍用北非士兵做砲灰躲避最猛烈砲火的謠言愈演愈烈。一九一四年九月和十月間，整個阿爾及利亞各地鄉村都爆發了自發性的反徵兵與募兵抗議活動。阿爾及利亞家庭拒絕送出受到徵召的兒子；群眾在空曠的鄉間攻擊招募團隊，讓在他們尚未到達軍營之前放走自願者。

這些叛亂提醒了法國人，鄂圖曼宣布展開聖戰可能造成宗教暴動。遭到阿爾及利亞全境抵抗的法國當局，必須從歐洲戰場調派一千六百名士兵到阿爾及利亞恢復秩序。叛亂份子捉走並殺掉幾名法國士兵，之後法軍才控制住局面，重新替西線徵召新兵。雖然遭到當地人反抗，徵召來的士兵看來還是發揮了功效。大戰期間，包括十八萬阿爾及利亞人、八萬突尼西亞人和四萬摩洛哥人在內，有超過三十萬北非軍在西線和鄂圖曼戰場替法軍服役。23

英國也號召殖民地臣民奉獻兵力投入戰場。一九一四年八月四日對德宣戰時，英國的三個自治領——澳洲、加拿大和紐西蘭，也在同一天跟著向德國宣戰。這些國家都各自動員軍隊，想像他們能在歐洲戰場上替英國抵禦外侮。絕大多數的加拿大人的確在西線戰場服役（只有少數加拿大士兵在美索不達米亞的戰役中，被派駐在內河船上，或在希臘薩洛尼卡的醫療單位服務）。然而，大多數澳洲與紐西蘭的志願軍一開始都被派往鄂圖曼前線。他們和土耳其人、阿拉伯人和北非人同時動員，全球士兵投入戰場，歐洲衝突因而演變為世界大戰。

歐戰爆發時，地球另一邊的澳洲人和紐西蘭人義無反顧為大英帝國投身戰場的精神不下於任何英國人。澳洲反對黨工黨領袖安德魯・費雪（Andrew Fisher）記錄了此刻澳洲人的精神；他擔保他的國家將支持英國，直到「最後一人與最後一先令」為止。早在一九一四年八月，澳大利亞聯邦就動員了澳洲帝國軍（Australian Imperial Force），而紐西蘭自治領也召集了遠征軍。兩軍合併即為澳洲與紐西蘭聯軍，也就是知名的紐澳軍團（Anzacs）。

澳洲與紐西蘭在南非波爾戰爭（Boer War，一八九九～一九〇二）時都已派遣軍隊支援英軍。然而，那一次海外作戰的經驗，完全無助於地球另一端的這些人面對激烈的第一次世界大戰。在送往南非的一萬六千名澳洲人中，只有兩百五十一人在戰場上被殺；更多士兵（共有兩百六十七人）死於疾病。紐西蘭的傷亡率也大同小異：在六千五百名士兵中，有七十人死於戰場，二十三人意外死亡，一百三十三人死於疾病。回憶起不久前的波爾戰爭，大批澳洲人和紐西蘭人為了探險和出國旅遊自願從軍，在他們的想像中，此次出征必定幾乎所有士兵都能凱旋歸來。[24]

澳洲和紐西蘭派遣軍由騎兵隊和步兵隊組成。大部分參加騎兵的志願者都來自鄉間，騎著自己的馬；牠們有些將會與另外一千六百多萬匹馬一同被捲入第一次世界大戰。騎兵志願者可以選擇帶著自己的坐騎入伍，如果馬匹通過點閱，則騎兵可以得到三十英鎊。之後馬匹歸部隊所有，並在馬蹄烙上數字與政府徽章。這些騎兵稱之為「候補軍馬」的馬匹必須符合嚴格的標準：牠必須是閹割過的公馬或者是匹母馬，年齡四到七歲，體格健壯，高度不超過十五點二手*，性情穩定，於砲火攻擊中能保持鎮靜。純種馬與馱馬混種的澳洲「新南威爾斯馬」完全符合以上要求。25

紐西蘭遠征軍裡的士兵來自全國各地，身分背景不一，包括農民與機械工人、牧羊人與居住在叢林裡的原住民、一般職員與教師，以及股票經紀人與銀行家。他們入伍是因為朋友們也都入伍。對某些人來說，戰爭代表著一場偉大探險的可能。還有些志願者是出於對英國與整個大英帝國的愛國主義。他們完全不知道要去哪裡作戰，不過在六個月的訓練之後，他們已準備上戰場。一名來自奧克蘭（Auckland）的年輕律師崔佛．荷姆丹（Trevor Holmden），還記得他和他的夥伴是如何從一樹丘（One Tree Hill）的訓練營行軍至港口的運輸船：

> 結果奧克蘭所有的人都來替我們送行。雖然大部分人都很高興能擺脫最後一撮地痞流氓（市民認為從軍的士兵中一定有這些人），我們還是一致認為自己是英雄，而且人人都一臉神氣。我個人行軍時感到愉快而驕傲，整個過程當然很戲劇性而充滿戰爭氣氛。在軍樂演奏聲和飄揚的旗幟下……從我們熟悉的世界向前穿越大鐵門。門關上了，皇后碼頭（Queen's wharf）在我們身後，接著我們坐上了船——天知道這艘船會將我們帶往何處。26

---

*馬的高度以手掌寬度為測量單位。

澳洲和紐西蘭人口很少，因此能貢獻的軍隊人數相當有限。一九一四年，澳洲人口為五百萬人，紐西蘭僅有一百萬人。只有十八歲到三十五歲的澳洲男人與二十一歲到四十歲的紐西蘭男人符合當兵資格，而且他們的身高必須高於五尺六寸（約一六八公分），身體健康。截至八月底，澳洲已經募集到一萬九千五百名士兵（包括一萬七千四百名步兵和兩千一百名騎兵），由將近九百名軍官指揮。除了派去占領德屬薩摩亞的一千四百名小型部隊外，其餘由將近八千六百名軍人與三千八百匹馬所組成的紐西蘭遠征軍主力部隊，在不到三週內就已集合完畢。27

根據情報，一支德國海軍分遣艦隊在南太平洋活動，部隊運輸船因而受到延誤。志願軍雖然在九月底就已完成訓練，十艘運輸船於十月十六日才在一艘日本軍艦*與兩艘英國船艦的護送下，從威靈頓啟航。法蘭克．荷姆丹（Frank Holmden）發現自己和一千五百個人和六百匹馬一起坐上「威瑪納號」（*Waimana*），「擠得像沙丁魚罐頭」。船開往澳洲，到了澳洲之後，他們加入澳洲帝國軍，於十一月一日從澳洲西南的霍巴特（Hobart）啟航，目的地依舊未知。紐澳軍團護航隊出動後，鄂圖曼帝國才在十一月二日參戰。澳洲與紐西蘭士兵沒有航向英國，而是在埃及登陸，前往中東前線。

英國和法國將殖民地臣民拖入歐戰時，他們不得不審查統治下的穆斯林臣民的忠誠度。阿爾及利亞早就不滿法國人不承認本地阿拉伯人和柏柏爾人的公民權。在英國治理下的印度穆斯林，數十年來自身影響力逐漸低落，因此抗拒英國統治，有愈來愈多人對身為全球穆斯林社群哈里發的鄂圖曼蘇丹宣示忠誠。被英國占領了三十年的埃及，醞釀出民族主義運動，但埃及人獨立建國的努力卻屢屢受挫。有些人害怕殖民政策已經讓印度與北非的穆斯林人心叛離，導致他們可能會站在與英法為敵的那一邊，希望藉由德國戰勝，取得獨立地位。他們的恐懼很有道理。28

埃及是大英帝國的十字路口，戰略地位頗為重要。蘇伊士運河是連接印度、澳洲和紐西蘭的交通要道。埃及軍事基地不但要作為大英帝國的訓練基地，同時也是前往中東戰場的中途站。如果埃及民族主義者趁歐戰之便，或虔誠的穆斯林回應聖戰號召，起而叛變，那麼英國對戰事投入的心血必定付之一炬。

一九一四年八月戰爭在歐洲爆發時，埃及政府已經停止夏季的會期運作。此時埃及的赫迪夫（Khedive，原意指君主，此為埃及總督）阿拔斯二世（Abbas II Hilmi）在伊斯坦堡度假，立法院休會。總理海珊・魯胥迪帕夏（Hussein Rushdi Pasha）在迅速被捲入危機、無法與國家元首商議的情況下，被迫做出決定。八月五日，英國脅迫魯胥迪簽訂一份文件，該文件促使埃及承諾對英王的敵人宣戰。這道命令最後並沒有讓埃及人民效忠英國戰事，消息傳來，倒是造成反效果。「埃及所有階級對占領國（亦即英國）根深柢固的不信任，擴大為激烈的恨意，即使這股恨意沒有表達出來，」一位當時在埃及服役的英國軍官回憶道，「非自願且厭惡與大英帝國聯盟的埃及人，被拖入泥淖般的戰爭；對埃及而言，戰爭的緣由含糊不清，戰爭目標也無人得知。」29

八月到十月間，英國的審查員阻擋前線傳來最糟的報告，不讓埃及大眾知道。伊斯坦堡的新聞也在英國審查制度的管控之下——直到一九一四年十一月二日鄂圖曼參戰為止。雖然從一八八二年開始，英軍就占領埃及，並進行實質上的管理，埃及自一五一七年至今於法而言依舊是鄂圖曼帝國的一

＊日本為取得德國在中國山東半島的利益，於一九一四年九月對德宣戰，加入協約國陣營。

部分。赫迪夫是鄂圖曼帝國的總督，由鄂圖曼蘇丹所指定，並且每年向鄂圖曼財政部納稅。與德國聯盟的鄂圖曼人現在成了英國王室的敵人。因此，埃及陷入兩難的境地，不知該當鄂圖曼帝國忠誠的屬國，或者是遵守八月五日的法令，在英國一聲令下與鄂圖曼開戰。英國的處境幾乎同樣複雜。鄂圖曼參戰，意味著英國占領敵方領土，一千三百萬埃及居民此時成為敵方的人民。

鄂圖曼參戰當天，英國在埃及發布戒嚴令。埃及大眾對此沒有反應，但英國當局依舊擔心埃及人的忠誠度。英國人不願意埃及士兵涉入一場宗教團結力幾乎絕對勝過對殖民地政府敬意的戰爭，因此決定所有埃及人都無須參戰。十一月六日，駐埃及指揮官，將軍約翰・麥斯威爾（John Maxwell）爵士做了以下的擔保：「我們深知蘇丹備受埃及穆罕默德信徒的崇敬，因此（大英帝國）會獨自承擔目前戰爭的重任，不會號召埃及人協助作戰。」[30]

前埃及政治家阿赫瑪德・沙菲克（Ahmad Shafiq）聲稱麥斯威爾的宣言「震驚埃及輿論」，在三十多年的占領之後，英國此番言論相當令人懷疑。雖然口口聲聲表示不讓埃及人民捲入戰爭，英國卻設下嚴格規定，阻撓埃及的軍事行動，並且限制埃及對鄂圖曼戰事提供援助。此外，英國人不久便發覺他們無法信守無須埃及協助、獨自挑起戰爭重任的承諾。埃及士兵將負責防禦蘇伊士運河，而在適當的時刻，英國將招募埃及工人組成勞動團隊，前往大戰中的西方與中東前線。[31]

雖然英國已經維持了埃及大眾的秩序，卻依舊必須解決英國在埃及地位造成合法性矛盾的問題。十二月十八日，英國單方面裁定埃及脫離鄂圖曼帝國，成為英國的受保護國，結束三百九十七年的土耳其統治。次日，英國罷免被視為過於同情鄂圖曼的赫迪夫，並且讓埃及統治家族中現存最年長的親王胡笙・卡彌勒（Husayn Kamil）取代他的位置。現在埃及已不再是鄂圖曼的屬國，英國賦予埃及統治者「蘇丹」稱號——將頭銜升級是對埃及新統治者的奉承，表示他和鄂圖曼蘇丹可平起平坐。這位新統治者多虧帝國勢力才能取得地位，因而態度百依百順，如此一來英國就能毫無顧忌地掌控埃及，尤其能控制蘇伊士運河，以免遭受鄂圖曼的攻擊。雖然許多埃及的英國士兵已經被送往西線作戰，但從澳洲、紐西蘭和印度的增援部隊很快就會抵達埃及。

自一八五八年以來就在英國皇室統治之下的印度，是大英帝國最重要的殖民地。英屬印度以英國總督為首，治理約一百七十五個奉英國皇室為宗主國、對其效忠的印度自治邦（princely state）。印度是大英帝國轄下的一個殖民地國家，擁有自己的公務員與軍隊。印度兩億五千五百萬居民中有四分之一是穆斯林，總數超過六千五百萬人。德國情報單位將心懷不滿的印度穆斯林視為大英帝國的「阿奇里斯之踵」＊，希望能藉由鄂圖曼號召聖戰引發暴動，顛覆英屬印度政權，更快速在西線擊敗英國。[32]

一九一四年大戰爆發之時，英國在南亞有兩個務必達成的任務：盡可能招募許多印度士兵協助作戰，以及抵擋鄂圖曼和德國的聖戰宣傳、維持印度穆斯林的忠誠度。為促成以上兩項目標，英國的

＊阿奇里斯之踵（Achilles' heel），阿奇里斯是希臘神話中的「第一勇士」，他的母親本身為女神，她把年幼的阿奇里斯浸到能讓人刀槍不入的河水中，使身為凡人之軀的兒子能夠免於任何肉體傷害。不幸的是，她是倒抓著兒子的腳跟將他浸泡下去，因此沒有浸泡到河水的腳跟部分，就成為其身上唯一的致命弱點了。

「國王－皇帝*」喬治五世於八月四日向「印度的王侯與人民」發布宣言。他解釋英國向德國宣戰的原因，號召印度支持帝國作戰。對於國王的呼籲，印度統治菁英的回應是熱烈地宣示忠誠，令英國政府大大鬆了口氣。「印度穆斯林對國王－皇帝的忠心耿耿，」阿汗三世（Aga Khan）†聲稱，「禁得起一切德國在中東或其他地方製造的惡劣泛伊斯蘭情緒、有利於德國鐵腕脅迫的外交手段。」印度各地的穆斯林王公都以公開聲明重複他的看法。[33]

鄂圖曼參戰以及蘇丹宣布展開聖戰，帶來英屬印度秩序瓦解的威脅。群眾忠誠的對象一分為二，一邊支持蘇丹－哈里發，另一邊支持國王－皇帝。為確保得到印度穆斯林的支持，英王喬治五世保證英國與其盟友勢必會保護阿拉伯聖城麥加和麥地那、紅海港口吉達（Jeddah）以及美索不達米亞各個聖城，不讓這些城市遭到攻擊。國王的保證對於印度穆斯林支援英國戰事有所幫助。然而，正如讓埃及人免於肩負戰爭重擔的承諾，英國人將會發現，他們雖發誓庇護境內有麥加和麥地那兩座聖城的漢志，這誓言將遭受極大的壓力。

在英王宣布保護穆斯林聖城之後，印度的穆斯林顯要人士表示熱烈支持英國作戰。印度的博帕樂（Bhopal）、藍普（Ranpur）、穆爾西德巴德（Murshidabad）和孟加拉的達卡（Dhaka）等地富豪，以及印度中部邦國海德拉巴（Hyderabad）的統治者，一致斷言蘇丹以其「錯誤的」聖戰號召誤導穆斯林，並且堅稱印度穆斯林有義務支持大英帝國。阿汗甚至還撤銷他對於鄂圖曼哈里發身分的認可：「既然土耳其如此悲慘地把自己當成德國人手中的一樣工具，她不僅毀了自己，也失去作為伊斯蘭教受託者的地位，邪惡終將吞沒她。」[34]

一九一四年十一月，全印度穆斯林聯盟委員會（The Council of the All India Muslim League）通過

一項決議，主張印度穆斯林對大英帝國的「忠誠與奉獻」不會因為「土耳其參與目前的戰爭」有任何影響。委員會充滿自信地斷定「在印度沒有一個穆斯林有任何可能背棄對君主的最高責任」，這位君主也就是國王－皇帝。印度各地大多數有名望的穆斯林也在一九一四年十一月舉行的眾多會議中，通過類似的決議。[35]

確認穆斯林的忠誠度之後，接下來英國開始動員印度軍隊參戰。為回應喬治五世的號召，印度為作戰派出的志願軍人數比英國所有其他殖民地和領地加起來都多。在一九一四年至一九一九年底之間，約有九十五萬印度人登記入伍，此外還有四十五萬人擔任非戰鬥人員，因此總共有一百四十萬人被派往國外，以軍人、工人、醫療人員和其他輔助人員等身分參加戰爭。每一個前線都有印度軍隊，光是西線就有十三萬人。然而，他們對英國戰事最大的貢獻卻是在中東戰場，幾乎有百分之八十印度士兵在中東服役，包括加里波利半島（九千四百人）、亞丁（Aden）與波斯灣（五萬人）、埃及（十一萬六千人）以及人數最多的美索不達米亞（將近五十九萬人）。[36]

英屬印度首開先例，他們的穆斯林統治者大聲疾呼，反對蘇丹宣告聖戰。接著，法國也效法英國，動員忠心的穆斯林顯要人士譴責鄂圖曼假借宗教名義參戰。首先，法國取得突尼斯的貝伊‡與摩

---

*國王－皇帝（King-Emperor）指的是同時身兼一個國家的國王與另一個國家的皇帝；皇后－女皇亦然。英國與奧匈帝國國王都是國王－皇帝。

†阿汗（Aga Khan）是伊斯蘭教什葉派支派伊斯瑪儀派領袖的稱號，該家族據稱是穆罕默德的直系後代。

‡貝伊（Bey）這裡指當地的統治者。

洛哥的蘇丹兩人的背書，他們規勸當地士兵勇敢地為法國作戰，號召人民歸順、服從殖民母國當權者。阿爾及利亞伊斯蘭教法的瑪立基法學派（Maliki）與哈那非法學派（Hanafi）的穆夫提（伊斯蘭教的法學家），直接參照印度、高加索與埃及穆斯林的立場，反對蘇丹的號召。其他宗教領袖如宗教兄弟會領導人、法官與其他德高望重人士，都宣布他們忠於協約國的理念，譴責德國與受其庇蔭的土耳其青年團同夥，拒斥蘇丹聲稱擁有哈里發的權力，以及他代表全體穆斯林宣布聖戰的權力。殖民當局以阿拉伯語發表了許多諸如此類的宣言，以及經由法國學者審慎校閱的譯文。英國、法國和德國的東方研究學者，為了支持鄂圖曼聖戰以及反對鄂圖曼聖戰而大打宣傳戰。[37]

德國費了一番功夫，成功地說服一些敵方穆斯林戰士加入聖戰，對抗英國與法國。他們徵召伊斯蘭激進份子如薩里．夏瑞夫謝赫（Shaykh Salih al-Sharif）*等人達成這項目的。薩里．夏瑞夫生於突尼斯，為逃離法國統治，成為阿爾及利亞流亡人士。他是一位伊斯蘭學者，也是先知穆罕默德的後代。一九〇〇年，他因抗議法國統治而離開家鄉。在一九一一年的利比亞戰爭中，薩里．夏瑞夫替恩瓦爾的部隊工作，這名突尼西亞激進份子受到土耳其青年團領導者的注意。據聞當時是他宣布對義大利展開聖戰，蓄意讓戰爭染上宗教色彩。早已被伊斯蘭教抵抗歐洲入侵的動員力量打動的恩瓦爾，招募夏瑞夫加入他的情報單位——特勤組織。[38]

一九一四年，薩里．夏瑞夫遷居柏林，加入德國外交部所屬的新宣傳單位——東方情報局（Nachrichtenstelle für den Orient）。他造訪西線，直接說服壕溝對面為英國與法國作戰的穆斯林士兵。他設計了一些阿拉伯文與柏柏爾文的宣傳冊子，連同蘇丹宣布聖戰的消息，一起丟到敵軍陣線中北非軍駐守的地區。一些北非士兵回應了這公然的伊斯蘭訴求，從法國陣線叛逃。[39]

德國開始接收西線的穆斯林戰俘；截至一九一四年底，這些戰俘約有八百名。德國人在柏林附近佐森市的溫斯多夫（Wünsdorf-Zossen）建造了一個特別的設施叫做Halbmondlager（新月營），營中的德國指揮官對戰俘說阿拉伯語。在這裡的食物完全配合穆斯林飲食要求。戰俘營裡甚至還有一個由威廉二世自掏腰包建造的華麗清真寺，滿足穆斯林戰俘靈性上的需要，同時也證明德皇對穆斯林世界的善意。

一名來自摩洛哥馬拉喀什的年長農夫阿赫梅德．賓．胡笙（Ahmed bin Hussein），是在比利時戰場上投降德軍的八個摩洛哥士兵之一。這些人一宣稱自己是穆斯林，負責逮捕的德國人立刻「對我們表示敬意……所有人都拍我們的肩膀，給我們食物與飲料」。他被送往特別的穆斯林戰俘營——當然是新月營。「他們還替我們著想，給我們一間廚房。他們沒有讓我們吃豬肉。他們給我們好的肉、香料飯、雞豆等等。他們給我們每個人三張毯子、內衣和一雙新鞋。他們每三天帶我們去一次澡堂洗澡，還幫我們剪頭髮。」在這戰俘營中的待遇，無論與法國軍中或是與前線相比，都大為提升。[40]

一群穆斯林激進份子的遊行隊伍行經佐森營，在營中對著一群陶醉的俘虜聽眾宣傳聖戰。突尼西亞激進份子薩里．夏瑞夫常常來訪，他編輯一份阿拉伯語報紙，戰俘替它取了個很合適的名稱：《聖戰》（*al-Jihad*）。一些北非激進份子和知名人士都曾造訪新月營，和戰俘見面，爭取他們的支持，

＊謝赫（shaykh，或其他類似英文拼音）是阿拉伯文中表示尊敬的稱謂，通常是指部族的酋長或宗教領袖。

為同盟國而戰。這些受邀演講的人對戰俘諄諄訓誡，說明為何與協約國並肩作戰是一種反抗伊斯蘭教信仰的行為，以及為何加入鄂圖曼聖戰對抗伊斯蘭教的敵人（亦即英國和法國）卻是穆斯林的義務。41

數百名戰俘自願加入鄂圖曼軍隊，摩洛哥農夫阿赫梅德・賓・胡笙也是其中之一。他在穆斯林士兵的特別戰俘營待了六個月之後，一名德國軍官在一位叫做希克梅特・阿凡提（Hikmet Efendi）的鄂圖曼軍官陪同，來到營內。「想去伊斯坦堡的人，」他們宣布，「請舉手。」一有十二名摩洛哥和阿爾及利亞士兵當場自願。「其他人很害

佐森市的戰俘。德國在柏林附近佐森市的溫斯多夫替穆斯林戰俘設立了一個特別的戰俘營，在此他們積極地招募替鄂圖曼作戰的志願軍。有許多戰俘之後都投效鄂圖曼軍隊，在中東前線作戰。圖中是德軍從法國前線逮捕的一群北非士兵，一位他們自己的軍官正在這個佐森戰俘營進行校閱。

怕。」阿赫梅德．賓．胡笙加了句。他們發給這些士兵平民的衣服和護照，把他們送去伊斯坦堡，加入鄂圖曼戰場。

很難說有多少穆斯林戰俘是出於信仰自願進入鄂圖曼軍隊，又有多少是為了離開戰俘營。無論動機為何，持續有印度與北非士兵從德國到伊斯坦堡，投入蘇丹的戰爭。這些士兵以穆斯林而非殖民地士兵身分二次動員，他們將再次投入世界大戰中的中東前線，這場戰爭正逐漸擴大。[42]

等到鄂圖曼人宣戰時，即將在中東作戰的士兵已經動員，他們正朝著鄂圖曼開闊前線的各個地點前進，準備上戰場。北非人已經投入戰爭，在西線有數千人死亡，其中有一部分在德國戰俘營的士兵將會投向敵方，加入鄂圖曼軍隊。紐澳軍團的騎兵和步兵正航行在印度洋上，往埃及前進。有些印度士兵正在波斯灣上，準備前往美索不達米亞；還有些士兵的船經過鄂圖曼的葉門（Yemen），要到埃及。鄂圖曼士兵聚集在安那托利亞東部地區和敘利亞，即將前往高加索的俄國陣地以及英國在埃及的戰線作戰。歐洲的戰爭已經來到中東。

第四章　最初的轟炸

巴斯拉、亞丁、埃及與地中海東岸

鄂圖曼帝國從戰爭中誕生，幾世紀以來的征服和衝突才劃出它的國界。然而，只有在一九一四年十一月參加第一次全球戰爭，鄂圖曼才同時在所有國界面臨戰爭威脅。鄂圖曼國界長度超過七千五百英里，其海岸線跨越黑海、波斯灣、紅海和地中海，因此它有許多容易遭受攻擊的地點暴露在敵人面前。

鄂圖曼一參戰，在龐大帝國內的幾個不同地方都遭受協約國攻擊。甚至在尚未正式宣戰前，協約國的軍艦就同時對鄂圖曼展開第一波轟炸行動。一九一四年十一月一日，紅海的英國船艦在阿卡巴灣（gulf of Aqaba）灣頭轟炸一座僅有百人的孤立堡壘。兩天後，部署在達達尼爾海峽外的英國和法國船艦，以一陣猛烈的轟炸擊潰海峽外圍的防禦。在僅僅二十分鐘的砲擊中，協約國船艦擊中一座彈藥庫，摧毀加里波利半島最南端的塞杜巴希爾（Seddübahir）堡壘，卸除其武器。鄂圖曼無法抵擋，此事立刻顯現出鄂圖曼海岸線防禦能力薄弱，以及協約國海軍的優勢。[1]

協約國相信，土耳其是同盟國中最弱、最容易被淘汰的一國。正當大戰在西線與德俄前線開始陷入僵局時，只有在鄂圖曼前線，協約國最有希望迅速取得勝利。協約國很有信心，認為土耳其人在英國、法國與俄國聯合進攻之下，必定會快速潰敗。在土耳其參戰初期，俄國與英國紛紛派遣軍隊前往鄂圖曼帝國防禦能力不足的周邊地帶，鎖定各自的立足點。

俄國是最先以地面部隊攻擊鄂圖曼的國家。在十月二十九日「戈本號」與「布列斯勞號」攻擊黑海港口與貨船之後，俄國人派了一支分遣隊越過高加索邊界，進入安那托利亞東部地區。俄國情報單位建議，只要將七萬至八萬名士兵派到埃爾祖魯姆地區即可，因為鄂圖曼的兵力不足以威脅高加索的俄國陣地。結果，俄國並未派出大軍到鄂圖曼境內，只沿著邊界固守一道緩衝區域，以便讓他們的指揮官派出更多軍隊與德奧作戰。

一九一四年十一月二日清晨，俄國將軍喬奇・伯格曼（Georgy Bergmann）帶領士兵進入鄂圖曼領土。在接下來的三天裡，俄國人繼續挺進，沒有遭遇任何重大抵抗。到了十一月五日，他們已經攻占了與俄國邊界平行、寬約十五英里的突出地帶。完成任務後，伯格曼命令軍隊沿著俯瞰帕辛河谷（Pasin Valley）的高地紮營，加強陣地防禦工事。帕辛河谷距鄂圖曼軍隊駐守的埃爾祖魯姆約五十英里。

或許因為俄國人如此輕易就占領了土耳其的領土，以致這位俄國指揮官因此沖昏了頭，他沒有徵詢總部的意見，就越權決定繼續帶軍深入埃爾祖魯姆省。他命令士兵向跨越阿拉斯河（Aras River）的戰略要地科普屢柯伊村（Köprüköy）前進，該村位於俄國邊界與埃爾祖魯姆的中間點。

伯格曼不知道土耳其指揮總部一直在追蹤俄軍的挺進路線，他們愈來愈關切俄國人的行動。十一月四日，鄂圖曼戰爭部長恩瓦爾帕夏送了一封電報給駐埃爾祖魯姆的指揮官哈珊・以塞特帕夏（Hasan Izzet Pasha），提議鄂圖曼向入侵的俄國人展開反擊。雖然擔心他的第三軍團兵力不足，以塞特很清楚自己不能質疑上級的判斷，因此他派出大批部隊迎戰俄國人。十一月六日傍晚，他們在阿拉斯河岸遭遇，這就是鄂圖曼在第一次世界大戰中的第一場戰役。[2]

下士艾里・禮札・艾提（Ali Riza Eti）是一名軍醫，他服役於被派往科普屢柯伊的其中一支部隊。艾提受過教育，他來自土耳其東部埃爾津詹（Erzincan）附近的一個村莊。被徵召入伍時，他二十七歲，已婚，有一個兒子。艾提眼前還有大好的人生，但他願意為抵抗俄國入侵犧牲生命。他的父親是一八七七年至一八七八年俄土戰爭的退役軍人，鄂圖曼戰敗在他心中留下深刻的創傷。一九一四年，艾提打算上戰場去找俄國算舊帳。[3]

十一月七日清晨，艾提的部隊被派上戰場。冰冷的秋雨使得路面變得十分泥濘，士兵們在泥巴路中緩緩前進。就在他們接近科普屢柯伊前線時，俄軍砲火攻擊愈來愈猛烈，砲彈如雨點般落在害怕的士兵身上。艾提在日記中試著描述子彈的聲音：civ、civ、civ（咻、咻、咻）。「這是我的第一天（戰鬥），我好怕死去。每一個『咻』聲都讓我從頭到腳嚇出一身冷汗。」鄂圖曼士兵前進到戰鬥位置時，他們再也無法忍受密集的砲火。戰事一直持續到夜晚。凌晨三點，艾提與他的戰友搭起「一半是補丁」的帳棚，設法在極度寒冷的夜裡小睡片刻。「我們一直到早晨都在發抖。」他寫道。

第二天兩軍再度開戰。俄軍以密集的榴霰彈控制了土耳其前線，尖銳的金屬碎片噴撒而下，被割傷的人與馬匹紛紛倒下。「寫下這些話的同時，一顆榴霰彈『ciiib!』（嘰——）的一聲，在我上方的山頂上炸開。死去的人像垂柳一般，散布在四周。」戰火太猛烈，軍醫們無法接近傷者，艾提抓了一枝毛瑟槍，衝上前線加入交戰。「禮札．阿凡提*，帶著彈藥，貼地趴下！」他的上尉對他大喊。帶著兩盒子彈和醫藥箱，艾提瞄準對面山頭的俄軍開火。槍法相當準確的他，聲稱發射了八十三輪子彈，殺死一名俄國中尉和三名士兵，還懊惱地加了句：「其他子彈都浪費了。」

土耳其士兵就戰鬥位置，準備抵抗試圖從側翼包圍他們的俄軍。為了激勵士兵，上尉一一發給他們新的彈藥。「他們的子彈射不到我們。」他大喊，但顯然他誇口的時機不對。就在這時，一顆子彈射中他的脖子，他跪倒在地，死在他氣餒的士兵面前。「來吧同志們，我們不是為了這名上尉而戰，而是為了上帝而戰。」另一名軍官大吼著，向俄國人開火。沮喪的土耳其士兵重新振作起來，為了生存而奮戰，他們開始將砲火瞄準俄國前線。一連串砲彈準確地射死或射傷許多俄國士兵，生還的士兵被迫撤退。「十點鐘的時候，」艾提記錄說，「各個前線的敵人都撤退了。大家欣喜若狂。」

戰事平息之後，艾提回到軍醫的工作崗位上，將戰場上的傷兵運送回後方。軍醫們在死傷的士兵中認出許多朋友，戰爭造成的第一次傷亡經驗令他們驚恐萬分。

在土耳其前線的工作結束後，艾提冒險前往之前的俄國陣地，想近距離看看被他殺死的人。那個俄國中尉躺在他被射的原地。艾提對他射殺的「這傢伙」一點也不同情（他一直以土耳其文「男人」〔herif〕這個帶有貶義的字稱呼他），他拿了這人的左輪手槍、書包、雙筒望遠鏡和劍。他在書包裡找到一束信件、一條有薰衣草香味的手帕、一隻手套、一個隨身酒瓶和一些俄國錢。「真是老天賞賜啊！」他心想。他把望遠鏡給了軍團的指揮官，把劍給了醫師，書包給了指揮官的副官。想到他的小隊在戰鬥第一天折損的人員，包括一名上尉、五名「烈士」以及三十六名傷者，艾提的結論是：「我們輸掉了今早內心存有的戰鬥之夢。」

土耳其騎兵隊堅決抵抗俄軍，因此成功地守住戰線。俄國人在十一月十一日發動最後攻擊，在這次行動中損失了百分之四十兵力。俄國人彈藥存量漸減，又面臨堅決的鄂圖曼部隊在兩翼攻擊，最後在砲火中被迫撤退。伯格曼的軍隊退回到原本在十一月五日取得的戰線，也就是進入鄂圖曼領土內的十五英里地區。伯格曼的冒進讓兩邊都付出巨大代價。根據土耳其軍的數字，在十一月俄國進犯中，鄂圖曼軍傷亡人數超過八千人（一千九百八十三人死亡，六千一百七十人受傷），此外還損失被俘擄的三千零七十名士兵，以及將近兩千八百名逃兵。俄國戰場上有一千人死亡，四千人受傷，還有一千人暴露在寒冷天候中而死。兩方都趕在第一場雪落在高加索高地上導致士兵幾乎無法前進之前，拚命地加強陣地防禦，並且推測雙方在春天來臨前都不會重新開戰。恩瓦爾帕夏認為這是「相對令人滿意的開始」，大受鼓舞，因此不久後他將會親自到高加索，與俄國重新開戰。然而此刻，鄂圖曼指揮總部把全副精神都放在英國入侵美索不達米亞的戰事上。[4]

戰略地位重要的巴斯拉城位於阿拉伯河岸。底格里斯河和幼發拉底河匯流而成阿拉伯河，而後流入波斯灣頭。巴斯拉是遠洋蒸汽船在阿拉伯河上最後一個能停泊的港口，而且是美索不達米亞和波斯灣之間的商業門戶。巴斯拉往南幾英里處，阿拉伯河也形成波斯和鄂圖曼帝國的國界（今天它也是伊朗和伊拉克的國界），國界就在兩邊河岸的中間。英國人對於波斯國境內的阿拉伯河特別感興趣，因

＊阿凡提（Efendi）是鄂圖曼帝國一種尊稱頭銜，用以稱呼學者或高階政府官員，意思類似「先生」或「閣下」。

為一九〇八年五月，「英波石油公司」（Anglo-Persian Oil Company）在該處開採到具商業規模的石油量。

一九〇一年五月，來自英格蘭德文郡（Devon）的百萬富翁威廉・納克斯・達西（William Knox D'Arcy）取得在波斯探勘石油的六十年特許經營權。他的公司享有英國財團的財力支持以及皇家海軍的政治後援，因為皇家海軍軍艦能源正要從煤炭轉換為石油，他們決心掌握可靠的石油來源。在波斯南部城市阿瓦士（Ahwaz）附近開採到石油之後，英波石油公司要找一個靠近海邊的地點設置煉油廠，以便輸出石油。他們選定位於阿拉伯河上的阿巴丹島（Abadan），此處距離油田南部一百四十英里。可直達海運航線的阿巴丹島，是建造煉油廠的最佳地點。而且該島的所有者，也就是附近城鎮穆哈馬拉（Muhammerah，現今伊朗城市霍拉姆沙赫爾〔Khorramshahr〕）的哈左酋長（Shaykh Khazaal），是英國被保護國的阿拉伯首領。

說阿拉伯語的哈左統領兩萬名騎兵，是當地勢力強大的領導者。一九〇二年，英國保證保護哈左酋長的迷你小國，以回報他信守將波斯灣大部分阿拉伯統治者結合在一起的英國條約體系。發現了石油的英國，更加重視與哈左酋長之間的友誼。波斯灣的英國監督官*波西・考克斯（Percy Cox）被派往穆哈馬拉，與哈左談判租約，以便在阿巴丹島租用建造煉油廠、儲油槽與碼頭所需的土地。一九〇九年七月，雙方簽訂一份合約，英國先支付六千五百英鎊現金，再加上一萬英鎊貸款。一九一二年，油管鋪設完成，煉油廠也蓋好了，石油開始從阿巴丹湧出。[5]

基於石油、貿易以及在波斯灣已逾一世紀優越地位等考量，英國自然而然會選擇美索不達米亞作為它在戰後瓜分鄂圖曼帝國的報酬。即便在公開與俄國和法國進行談判之前，英國就已經派出一支遠征軍，以便取得巴斯拉的所有權。

一九一四年九月和十月，倫敦和印度政府將英國入侵巴斯拉的計畫嚴格保密。由於印度穆斯林將鄂圖曼蘇丹奉為伊斯蘭教的哈里發，英國懼怕過早攻擊蘇丹領土可能會激起宗教暴動。英國的難處是他們必須趕在鄂圖曼宣戰前，先派軍進駐巴斯拉附近，但他們的部署卻又不能被視為針對依舊中立的鄂圖曼帝國所採取的作戰行動。這表示英國甚至對這場戰役中的指揮官與士兵都必須保守祕密。

十月十六日，華特・德拉曼（Walter Delamain）准將在孟買上船，準備和其他印度遠征軍（IEF）前往西線時，他收到上級密封的嚴格指令，命令他必須等待七十二小時之後才能閱讀並執行命令。航行三天後，德拉曼打開密令，發現他將要指揮印度軍團的第六浦那（Poona）師——也就是IEF D——的其中一個旅，前往波斯灣作戰。五千名士兵與其坐騎（一千四百匹馬與馱驢）被分成四組，坐上吃水淺的運輸船艦，它們可航行於波斯灣某些較淺水域。德拉曼立刻前往巴林，等待進一步的指示。

德拉曼和他率領的部隊在十月二十三日抵達巴林。與他會面的是考克斯爵士，他是前任駐波斯灣監督官，目前被指派為浦那師的政治主官†。到達巴林之後，德拉曼才得知他即將前往阿拉伯河，駐守英波石油公司在阿巴丹建造的煉油廠與儲油槽，保護油管，以免遭受土耳其人的攻擊。德拉曼將獲得英國在波斯灣頭的阿拉伯聯盟支持，這些人包括哈左酋長、科威特的統治者穆巴拉克・薩巴赫酋長

---

* 監督官（Resident）：指英法等國派駐其殖民地的外交官，其職務被視為某種形式的間接統治方式。

† 政治主官（chief political officer），其職務類似二戰後的政戰主任。

（Shaykh Mubarak al-Sabah）以及東阿拉伯的伊本．薩伍德（Ibn Saud）。只要鄂圖曼依舊保持中立，德拉曼就必須遵守命令，「在印度政府尚未下令時，避免對土耳進行任何軍事行動」。然而，一旦鄂圖曼人宣戰，德拉曼就可以逕行「採取此種軍事與政治行動」，加強他的軍事陣地，「此外，如果有可能，（逕行）占領巴斯拉」。下錨六天後，德拉曼接受命令，在十月二十九日開往阿拉伯河口——正是這一天，鄂圖曼船艦在黑海對俄國展開攻擊。開戰的消息迅速從巴林傳到巴斯拉，掀起一陣軍事與政治備戰的旋風。[6]

從英國軍隊運輸船抵達巴林的那一刻起，英軍將立刻展開攻擊的謠言就在巴斯拉流傳開來。原本遠在歐洲的戰爭現在來到了家門口，城裡的人不確定這些人想幹什麼。即將退休的英國領事瑞德爾．布拉德（Reader Bullard）在報告上說：十月底巴斯拉「瀰漫強烈的反俄與反英情緒」。然而，巴斯拉的經濟仰賴貿易活動，如果鄂圖曼與英國敵對，使得它孤立於波斯灣其他區域，巴斯拉的經濟將遭受重大打擊。[7]

巴斯拉對鄂圖曼的忠誠度充其量只能說是馬馬虎虎。許多城中的重要人士公開反對土耳其青年團的政策，認為這些政策對阿拉伯人的利益有害。一九一三年，巴斯拉一群志趣相投的領導者成立改革協會，這是伊拉克最具影響力的阿拉伯民族運動份子的組織。巴斯拉改革協會與法塔特以及地方分權黨一樣，都是倡議在鄂圖曼帝國分權制度下，爭取阿拉伯人的文化權與更大的自治權。改革協會的領導人是薩伊德塔利伯．那吉伯（Sayyid Talib al-Naqib）*。

薩伊德塔利伯是戰前巴斯拉最重要的人物，一九〇八年他首次當選鄂圖曼國會議員。最初他與團結進步委員會（CUP）合作，但他愈來愈傾向替阿拉伯文化與政治權利發聲。在擔任國會議員期間，他與CUP土耳其民族主義者交惡，樹立了許多危險的敵人。團結黨人相信薩伊德塔利伯有讓巴斯拉從帝國分離的野心，因此公開威脅當地領導者。雖然改革協會中的議員候選人在一九一四年國會大選替巴斯拉贏得許多席次，害怕被團結黨人暗殺的薩伊德塔利伯卻不敢前往伊斯坦堡就職。[8]

蘇萊曼．費迪（Sulayman Faydi）是改革協會中當選鄂圖曼國會議員的另外一位巴斯拉人，他還記得英國是如何試圖招攬薩伊德塔利伯和他們合作占領巴斯拉。藉由他們的夥伴哈左酋長居中斡旋，英國當局在浦那師抵達阿拉伯河之前這關鍵性的幾天，邀請薩伊德塔利伯前往穆哈馬拉參加一場祕密會議。英國人建議提名他為英國保護下的巴斯拉省總督，享有免稅特權，並得到英國的開發援助，作為他與英國合作的回報。薩伊德塔利伯回絕了英國人的條件，理由是他不願意拿一個主人去換另一個主人，也就是拿鄂圖曼去換英國。[9]

與其和他的鄰居們一起被納入英國的「酋長國」體系內，薩伊德塔利伯決定與鄂圖曼同進退。團結黨人發出以叛國罪名逮捕他的逮捕狀，使得他的決定更加複雜。孤注一擲地想證明自己的忠誠度、同時扭轉命運的薩伊德塔利伯，發了一封電報給恩瓦爾，誓言取得沙烏地統治者薩伍德的支持，請他協助捍衛巴斯拉，免於被英國入侵。對此主動的提議，團結黨人覺得沒什麼損失，因此建議如果辦成此事，他們會以巴斯拉的總督一職獎勵薩伊德塔利伯。

*薩伊德（Sayyid）是對穆斯林的尊稱，有領袖的意思，指涉穆罕默德孫子胡笙的後代。

早就擔憂阿拉伯人忠誠度的英國，已經先發制人，防止鄂圖曼召集波斯灣的所有謝赫*替他們效力，或聯合阿拉伯部族發動對抗協約國的聖戰。十月三十一日，波斯灣的監督官納克斯（S. G. Knox）發出一份公告，對「波斯灣的統治者與謝赫及其臣民」宣布鄂圖曼參戰的消息。「你們與大英帝國的關係將長久存在，」納克斯提醒英國的阿拉伯盟友，「我藉此機會向你們保證，在這場戰爭中，我們將會盡最大的努力保全你們的自由與宗教信仰。」為強調這一點，十一月三日英國簽訂一份正式的協議，承認科威特在英國保護下脫離鄂圖曼帝國獨立。科威特統治者穆巴拉克酋長誓言與哈左酋長、薩伍德與「其他可信賴的謝赫」合作，以便「解放巴斯拉，使其脫離土耳其的占領」。[10]

浦那師的政治主官考克斯爵士持續與英國的阿拉伯盟友接觸，他居中協調，以確保獲得當地人支持英國入侵南美索不達米亞。十一月五日，考克斯對波斯灣北邊的阿拉伯統治者發布一項公告，告知他們將有英國軍隊前來波斯灣，他聲稱這些派來阿拉伯河的軍隊是為了「保護（英國的）商業與友人，並驅趕帶有敵意的土耳其軍隊」。在薩伊德塔利伯想採取主動，爭取薩伍德支持鄂圖曼帝國之前，英國早就偷偷打點好波斯灣的一切了。[11]

薩伊德塔利伯．那吉伯一路騎著馬從巴斯拉到穆哈馬拉、科威特和內志（Najd），他卻發現波斯灣的每一位當地領袖都反對他支持鄂圖曼的行動。哈左酋長試圖說服他朋友薩伊德塔利伯重新考慮英國開出的條件。而科威特統治者穆巴拉克酋長則威脅要在英國指示下將薩伊德塔利伯與其同僚軟禁。「如果你試圖阻止我離開科威特，」怒氣沖沖的薩伊德塔利伯威脅穆巴拉克酋長，「我就會用我的左輪手槍射出兩發子彈，第一發對準你，第二發對準我自己！」雖然薩伊德塔利伯和一小群朋友設法溜出科威特，他們卻花了九天時間騎馬奔馳，才到達阿拉伯中北部卡西母省（Qasim）的省會布賴達

（al-Burayda），見到薩伍德。[12]

同情這一行人的沙烏地統治者熱情地接待客人。薩伍德沒有隱瞞他與英國配合的事實，他聲稱英國極力勸說他保持中立（一直到一九一五年，英國才與他簽訂正式條約）。薩伍德顯然兩邊為難。他不能被人看成出賣巴斯拉的阿拉伯穆斯林兄弟們，以換取非穆斯林國家英國的支持。然而，英國在波斯灣的勢力強大，薩伍德也不願與英國為敵。因此，他故意拖延，希望被迫在選邊站之前，這個問題會自動解決。

薩伍德等了九天，才動員五百名騎兵騎馬前往波斯灣頭。在緊急情況下，他可以夜以繼日地騎馬趕路，但這次他們和薩伊德塔利伯的代表團一起，一天卻只走四小時。十一月底，他們即將到達第一個驛站時，沙烏地軍隊獲知巴斯拉已經落入英國之手。這消息對巴斯拉人而言「猶如晴天霹靂」，蘇萊曼．費迪寫道：「對薩伊德塔利伯的打擊尤其大，他知道英國人有多麼恨他。」然而，薩伍德必定因為危機解除而鬆了口氣。他對巴斯拉人表達同情之意，接著就回頭解決他自己在阿拉伯中部必須優先處理的問題。[13]

巴斯拉陷落，薩伊德塔利伯只好流亡。他讓鄂圖曼人失望，同時也疏遠了英國。他騎馬回科威特，投降英國。戰爭期間他被送往印度，各方人士都以為他的流亡很快便會結束。然而，英國占領巴斯拉，卻開啟了一場遠比薩伊德塔利伯所以為時間更長的美索不達米亞戰役。

十一月五日，大英帝國對鄂圖曼帝國宣戰。第二天清晨，英國的印度遠征軍進入阿拉伯河的土

＊酋長。

耳其水域。結合蒸汽引擎與桅杆的混和動力單桅船艦皇家「奧丁號」（HMS *Odin*），在阿拉伯河口內就戰鬥位置，朝土耳其在法奧半島（Fao Peninsula）上的砲台開火。一小時內，守軍指揮官就被殺了，共約四百名鄂圖曼士兵棄守陣地。德拉曼派五百個人登陸，摧毀砲台，架設從法奧半島到印度的海底通訊電纜。這項工作並不容易。強烈的海潮阻撓登陸艇上岸，而沒有任何碼頭或防波堤的阿拉伯河口河岸泥濘，使得運送人員、馬匹和大砲上岸的任務更加困難。然而，這項行動快而果決，英軍沒有任何傷亡，替之後的英國戰役帶來好兆頭。14

德拉曼留下一群士兵保護法奧的電報站，自己帶著剩餘的軍隊到阿拉伯河上游去保護阿巴丹的油田設施。他的軍隊在煉油廠上游、土耳其河岸邊的聖尼亞（Saniyya）登陸。由於駁船不夠，他們花了兩天時間才將人員、馬匹和物資從運輸船運到岸上。運輸問題將是美索不達米亞戰役中的一大困擾。此處沒有鋪設完好的道路，一切都要以河流運送；然而，河流不但水位很淺，水裡全都是鄂圖曼人設置的障礙物，此外河岸十分泥濘，使得人和物資在上船和下船時都很麻煩。不過，浦那師士兵在聖尼亞紮營後，占據了良好的戰略位置，得以保護阿巴丹不受鄂圖曼的攻擊。

德拉曼決定等援軍到來，再前往上游的巴斯拉。十一月十一日，鄂圖曼對英印軍陣地發動攻擊，IEF D 尚未在砲火中撤退，就造成首次傷亡。英印軍隊必須在不利於大膽行動的陌生環境中抵抗攻擊。突如其來的傾盆大雨將阿拉伯河岸變成沼澤地，強勁的風颳起了沙暴，阻斷所有視線以及信號通訊。不過，最令軍隊困惑的自然現象就是海市蜃樓，以至於戰場的一切幾乎都無法辨認。正如一名藏身於 IEF D 擔任「官方目擊者」的新聞記者艾德蒙．肯得勒（Edmund Candler）回憶道：海市蜃樓「使得我們在戰場上很難分辨敵人是騎馬或是走路，也很難分辨他們的人數。軍中的每一個騎兵團都曾把羊看成步兵」。上級命令他們等待遠征軍的增援到來，才能往阿拉伯河上游前進。[15]

援軍於十一月十四日抵達。中將亞瑟．貝雷特（Arthur Barrett）帶領印度第六師其餘軍隊來到阿拉伯河，指揮 IEF D。有了足夠的部隊，既能保護阿巴丹，又可以挺進巴斯拉，貝雷特自信滿滿，認為他不必冒太大風險就可以重新開戰。英國皇家海軍將一些吃水淺的船艦派往阿拉伯河，因此他已經得到海軍有利的支援。皇家海軍既能運輸士兵，也能重砲轟擊鄂圖曼軍事陣地。鄂圖曼人在突然出現的入侵英軍攻擊之下必然搖搖欲墜，貝雷特希望能在鄂圖曼有機會重整軍隊迎戰入侵者之前，就將之擊潰。

在貝雷特到達的當天，英軍對鄂圖曼陣線展開攻擊，將防守的鄂圖曼部隊趕出他們的陣地，戰場上有一百六十名傷亡士兵。兩天後，也就是十一月十七日，先是下了場豪雨，而後又有沙暴，英軍在這樣的天候下在薩西（Sahil）迎戰鄂圖曼部隊。雙方都有死傷：英軍和印軍的傷亡人數是將近五百人，而鄂圖曼的傷亡人數約是一千五到兩千；雖然英印軍隊占領了鄂圖曼前線，迫使對方再次撤退。在他的調度之下，貝雷特宣稱這次的軍事行動「證明我們的部隊優於土耳其人」以及土耳其人「死傷慘重」，因此「士氣低落」。[16]

經過一連串措手不及的敗仗，鄂圖曼人決定他們已守不住巴斯拉的陣地，於是在十一月二十一日放棄該城。政府當局一撤離，暴民就橫掃該城，摧毀政府辦公室，掠奪商店。美國駐巴斯拉的代理領事約翰．凡．艾斯（John Van Ess）派出信差以河運送一封信給英國指揮官，懇請他「派遣一支足以保衛城市、抵擋劫掠暴民的軍隊」。巴斯拉已經毫無法律可言：「昨天一整天，阿拉伯人洗劫政府撤退後的地方，從早到晚槍聲不斷。」[17]

英國立刻派遣皇家海軍單桅帆船「艾斯皮耶格號」（*Espiègle*）與「奧丁號」先守住岸邊，第二天陸軍部隊才由陸路抵達。十一月二十三日，貝雷特舉行正式進入巴斯拉城的典禮，市中心升起英國國旗，代表該城市的統治權由鄂圖曼帝國轉移至英國。考克斯爵士草擬了一份激勵人心的宣言，以他那一口帶著英國腔的阿拉伯語，宣讀給在場聚集的市民聽：「現在英國政府已經占領巴斯拉，我們與土耳其政府的戰事仍在進行，然而英國對一般民眾並沒有敵意或惡意，我們希望能成為各位的好友與保護者。沒有任何土耳其的行政部門還留在此地。我們已經在各地懸掛英國國旗，在這些旗幟之下，各位將能享受在宗教與世俗事務上的自由以及正義。」無論是英國人或是巴斯拉人莫不對考克斯的宣言感到困惑。英國人不確定他們能對巴斯拉民眾的自由做出多少讓步，而巴斯拉民眾也不清楚英國人會統治多久。對許多人而言，幾世紀以來都在鄂圖曼帝國統治下，他們很難想像土耳其人最後不會重返此地。既然鄂圖曼還有一絲重掌政權的機會，當地人因為害怕以後遭到報復，就會與英國保持距離。[18]

一旦取得巴斯拉，英國就已有效地達到他們在美索不達米亞的幾項目標。他們已經將鄂圖曼從波斯灣頭趕走，保護了阿巴丹具戰略重要性的油田設施。考克斯爵士強調，英軍必須追趕撤退的鄂圖曼軍，以便奪取巴格達，但策戰者與印度政府卻否決了他的主張。英國批准軍隊有限度挺進，前往底格里斯河與幼發拉底河匯流的城市古爾納（Qurna），以便控制整個阿拉伯河區域。

古爾納之役於十二月三日開始。皇家海軍艦隊將士兵帶到古爾納南邊四英里的安全登陸地點。入侵的英印軍隊行軍至阿拉伯河左岸時，鄂圖曼軍的抵抗愈來愈激烈，後者打算在撤退到底格里斯河對岸之前，讓對方停止攻擊。鄂圖曼人顯然希望以河流阻隔ＩＥＦ軍隊，爭取時間重新整軍。不過，在入侵英印軍設法搭起浮橋橫渡底格里斯河時，鄂圖曼人知道他們的陣地已經不保。就在十二月六日將近午夜時，一艘燈火全亮、警笛大作的小內河蒸汽船載著三位土耳其指揮官，朝英國船艦開去，準備交涉投降事宜。十二月九日，巴斯拉省的總督蘇比（Subhi Bey）將古爾納移交給印度遠征軍的指揮官，與四十五名軍官以及九百八十九名士兵一起投降，成為戰俘。[19]

阿拉伯河的軍事行動過於容易，誤導了英軍。他們在死傷人數很低的情況下迅速贏得勝利。在法奧與古爾納之間進行的戰鬥中，不到一百名英國和印度士兵被殺，約六百七十五名士兵受傷。然而，鄂圖曼的傷亡人數卻是三千人，是英軍的四倍。相較之下如此容易的戰果，使得英軍誤判自己的實力，並低估對手鄂圖曼敵人。[20]

鞏固巴斯拉的軍事陣地之後，英國人開始管理該地區。英軍作為占領者，有義務遵守戰爭法，保留鄂圖曼帝國的行政機構。然而，當地居民不願意配合新的統治者，讓英軍的接收行動打了折扣。英國人一直認為居民的反抗原因是懼怕鄂圖曼統治者可能回到當地。然而，它或許也反映出當地人不喜歡外來占領者的事實；英國人在美索不達米亞的保安措施更加深了這股厭惡。

二等兵威廉·伯德（William Bird）服役於IEF D的多賽特營（Dorset Battalions）其中一營，他描述了一九一五年一月在巴斯拉附近一次典型的村莊搜索行動。當時，英印軍士兵在黎明時來到一個村莊，若在敲門後屋內無人回應，則一律破門而入，「俘擄屋內所有男性，然後四處搜索武器」。只要英國人懷疑村民可能反抗占領行動，英軍一律施以嚴刑峻法。「我軍包圍村莊，只要有人試圖逃跑，就會被抓。」伯德強調：「他們被當成戰鬥者對待，被送上斷頭台處死。當然，對我們開槍的村民要不是被射殺，就是被逮捕，然後送到市集廣場上吊死。」這種接收方式不可能受到巴斯拉省當地居民的擁戴。[21]

英國人也沒有為了贏得人心，對巴斯拉人編織更多政治自由的美夢。於一九一五年二月造訪巴斯拉和古爾納的印度總督哈丁勳爵（Lord Hardinge），把考克斯「自由與正義」的全面性承諾，改為比較委婉的說法，變成提供巴斯拉人民「更為仁慈的管理方式」以及恢復當地繁榮。占領巴斯拉的英國人似乎並沒有給予巴斯拉人民更大的自治或自主權，他們應允的是英國人的管理。薩伊德塔利伯沒有說錯：巴斯拉人民只是換了主人——從鄂圖曼人換成英國人。[22]

與前進波斯灣的德拉曼所率領的一旅告別之後，其餘印度遠征軍繼續踏上前往埃及的旅途。英國下令艦隊在進入紅海之前，先前往阿拉伯的港口亞丁。這個港口在一小塊殖民地（八十平方英里）中間，英國在一八三九年征服此地，並將其納入英屬印度的範圍內。皇家海軍原本以亞丁港當作對抗海盜的基地。一八六九年蘇伊士運河開通後，亞丁成為航行在英國與印度間的蒸汽船最理想的加煤站地點。亞丁正如香港，它被開發為不列顛海洋帝國的重要跳板之一，同時也是一個重要的商業城市。

十九世紀後半葉，英國與亞丁周圍地區的部族簽訂一系列條約，形成一個被稱做「亞丁保護領地」的特殊影響區域。這塊保護領地包括九個獨特的小國，各有其自治的統治者。阿拉伯最南端沿岸的英國保護領地面積加起來一共有九千平方英里。亞丁保護領地鄰接鄂圖曼的葉門省；從一九〇二年到一九〇五年間，由一個英國-土耳其邊界委員會訂出兩地之間的邊界。隨著一九一四年鄂圖曼帝國參戰，此處突然間演變為兩交戰國的邊界，也是英國與鄂圖曼帝國的第二交戰地點。

鄂圖曼帝國的葉門省與亞丁保護領地的交界處是紅海的門戶——曼德海峽（Bab al-Mandab）。

鄂圖曼帝國最南端的領土是謝赫・薩依德（Shaykh Said），土耳其人在此處山丘上建有一座座堡壘，以槍砲控制海上航道。英國則據守謝赫・薩依德對面的丕林島（Perim Island），該島是曼德海峽上一塊面積為五平方英里的岩石，位於亞丁西邊約一百英里處。

十一月初，據英國情治單位報告，土耳其大軍集結在謝赫・薩依德。軍事分析家推測，鄂圖曼軍隊意圖對英國在亞丁保護領地的軍事陣地開戰，甚至想占領丕林島。由於所有來自紐西蘭、澳洲和印度的軍隊船艦都必須穿越曼德海峽，才能抵達蘇伊士運河，基於紅海航道對戰時大英帝國的戰略地位重要性，印度的英國策戰者決定驅趕鄂圖曼部隊，摧毀他們在謝赫・薩依德的砲火。英方在十一月二日從印度增派新的部隊到達亞丁，堅守曼德海峽上這座英國的島嶼。

十一月十日早晨，在丕林島岸邊的英國船向謝赫・薩依德山頂上的鄂圖曼陣地開火。一名第六十九旁遮普步兵團（Punjabis）的信號員蓋爾（H. V. Gell）中尉焦急地等待轟炸結束，以便和登陸小隊的其他成員上岸進行「首次行動」。他們上了登陸艇，被一艘緩慢的拖船拖上岸，這時土耳其砲手從俯瞰海灘的高處發射，準度愈來愈高。正當他們離岸邊只剩最後一小段距離時，一枚砲彈落在距離蓋爾的船不到數碼的地方，殺死一名年輕的印度後備役士兵。其他人都安全登陸，重新整隊，等待上級下令對鄂圖曼陣地展開攻擊。在密集的砲火下尋找掩護的英印登陸小隊等了四小時，才開始朝土耳其軍事陣地前進。「那時砲火已經很小了，」蓋爾回憶道，「只是偶爾有一些零星的子彈。」[23]

等英印軍到達第一座山嶺時，他們發現鄂圖曼軍隊已經撤守。英軍從船上的轟炸行動，再加上登陸小隊朝山嶺挺進，使得防守的鄂圖曼軍隊相信他們的陣地已經不保。從他們遺留下來的衣物、武器與彈藥看來，鄂圖曼軍隊顯然倉皇撤退。「唯一可惜的是被他們給逃了，」蓋爾在日記裡提到，「他們人數大約是五百人。」蓋爾不知道鄂圖曼的傷亡人數（他沒看到有土耳其人死去），不過根據他的紀錄，在這次作戰行動中，有五位印度和英國士兵被殺，十一人受傷。英印軍在謝赫．薩依德過夜，然後摧毀所有鄂圖曼現存的砲台，接著才退回船上，在十一月十一日繼續往西，朝埃及前進。

在謝赫．薩依德的行動或許是一項軍事上的成功，但它卻引發政治難題，讓留在亞丁的英國人之後在大戰期間大感困擾。印度的上級軍官沒有諮詢亞丁英國當局的意見，就擬定作戰計畫，但後者為了孤立葉門的鄂圖曼人，已經展開巧妙的談判。大部分外交手腕都是針對伊瑪目．葉哈亞（Imam Yahya）*而來，他是沙那（Sanaa，今葉門首都）周圍北部高地的什葉派分支札伊迪派（Shiite Zaydi）的穆斯林首領。伊瑪目．葉哈亞在一九一一年與鄂圖曼簽訂停戰協議，並且在一九一三年同意與伊斯坦堡聯合統治葉門省。伊瑪目．葉哈亞雖然沒有立場與鄂圖曼人決裂，卻急於與英國建立合作關係。[24]

在謝赫．薩依德的轟炸行動改變了一切。「此舉激怒了伊瑪目（葉哈亞），而沙那的（鄂圖曼）總督發布宣言，描述大英帝國背後的動機，也就是它決心併吞該地。」亞丁的一位英國官員哈洛德．雅各（Harold Jacob）寫道，「我們的行動幫助了土耳其的宣傳者。」至於該伊瑪目這邊則聲稱：「謝赫．薩依德事件（已經）引起各地阿拉伯人的懷疑。」攻擊謝赫．薩依德沒有讓英國掌握在南葉門的陣地，反而讓亞丁更容易失守。從一個孤立的海岸防禦要塞趕走五百名士兵是件輕而易舉的事。然而，有一萬四千名鄂圖曼士兵駐守在葉門，而且有伊瑪目．葉哈亞的家臣加以援助，要防禦九千平方英里的亞丁保護領地將會困難得多。[25]

鄂圖曼在謝赫．薩依德的砲火，對英國的海上運輸其實並沒有造成威脅。曼德海峽最窄處的寬度為二十英里，因此英國船隻根本不需要在土耳其的砲彈射程內通過海峽。土耳其水雷與德國潛水艇對英國運輸的危險性更大，解決之道是靠海軍的力量，而非陸軍。皇家海軍派遣戰艦沿紅海海岸線對土耳其各個港口進行封鎖，讓海上運輸通行無阻。大量貨船以及物資與士兵從英國通過紅海運送到蘇伊士運河以及更遠的戰區，英軍在海上運輸的成功由此可見。

從一九一四年九月開始，埃及湧入無數來自英國和自治領的士兵。為接替被派往西線作戰的埃及職業軍隊，東蘭開夏步兵師（East Lancashire Territorial Division）於九月底到達，他們是來到埃及的第一批軍隊。來自孟買的印度遠征軍在十月底抵達埃及，士兵們駐紮在蘇伊士運河區的幾個城市裡。第一批三萬名紐澳軍團從紐西蘭與澳洲出發，在十二月初結束旅程，來到亞歷山卓。在接下來的數週和數月，又有大批增援部隊到達。亞歷山卓港和開羅之間的鐵路上擠滿載運軍隊的火車，運送軍人與馬匹到開羅周圍的軍營。澳洲步兵駐紮在開羅西邊金字塔群附近的梅納（Mena）；澳洲輕騎兵駐紮在開羅南邊綠蔭茂密的郊區馬迪（Maadi）；紐西蘭則駐紮在開羅北邊靠近赫利奧波利斯（Heliopolis）的賽東軍營（Zeitoun Camp）。

大英帝國軍隊大量湧入，使得埃及的緊張情勢得以穩定。自從戰爭爆發以來，一連串重大事件，包括鄂圖曼帝國宣戰與哈里發號召的聖戰、埃及切斷與鄂圖曼帝國數世紀以來的關係、阿拔斯二世被罷黜以及蘇丹胡笙・卡彌勒在英國保護下登基等，持續動搖埃及的政治根基。被英國占領將近三十二

＊伊瑪目（Imam）是率領伊斯蘭教信徒進行禮拜儀式的宗教領導者。對什葉派來說，早年伊斯蘭教興起時，伊瑪目是用來稱呼領袖哈里發。在順尼派中，偉大學者與學派奠基者都稱為伊瑪目。

年，埃及人民漸漸感到厭煩，因此把德國當作可能解救他們的對象。德國在西線戰勝英國，例如比利時的芒斯戰役（Battle of Mons，一九一四年八月二十三～二十四日），更加深了他們的希望。英國當局的恐懼包括德國或土耳其間諜的顛覆行動、埃及民族主義者的叛亂，以及情緒激動的群眾發生宗教暴動。26

大批外國士兵突然間抵達，令當地人民深信英國在埃及的軍事陣地過於強大，難以與其抗衡。紐澳軍團的訓練營駐紮在開羅周圍，數以萬計的騎兵與步兵操練以及演習，揚起沙漠的塵土。為了讓可能沒見過士兵在郊區軍營操練的開羅市民見識一下，英國當局下令讓剛抵達的部隊遊行穿越市中心。「幾天前，我們以盛大的軍容行經開羅蜿蜒的街道，」來自紐西蘭坎特伯里（Canterbury）的騎兵高登・哈波（Gordon Harper）在他的家書中寫道，「我們深入所有開羅古老的舊城區，穿過好幾英里小巷、貧民窟與發出各種惡臭的地方。」哈波深知這次遊行的政治重要性：「我們的目的是為了盡力讓聚集在此的本地人留下深刻的印象，因為他們依舊和土耳其人有著傳統上與心靈上的聯繫……遊行的效果十分有趣。路上擠滿了戴非斯帽*的男人和罩著面紗的女人，他們專注地看著我們，沒有面露笑容，也沒有發出歡呼聲，不過從各方面看來，英國人的秩序讓他們呆若木雞。」27

英國與帝國其他士兵在軍營休假時成了觀光客。他們騎在馬上和駱駝上，擺姿勢和獅身人面像合影，小販纏著他們兜售唯妙唯肖的法老古董贗品。他們被市場商店前寫著紐澳軍團玩笑話的標語所引誘而進入商店：「澳洲人，別跑到其他店裡被人騙了。快來這裡！」還有：「本店說英語和法語；澳洲人聽得懂。」埃及觀光業者總是能立刻配合改變的客戶，他們以澳洲和紐西蘭的各個城鎮，替旅館和餐廳重新命名，例如巴爾克魯沙酒吧（Balclutha Bar）和懷普克勞閱覽室（Waipukurau Reading

Rooms）†。[28]

艾茲拜奇亞花園（Ezbekiya Garden）周圍的歐洲區，替開羅的外國人提供了休閒活動。著名的飯店如雪菲爾德（Shepheards）、新飯店（New Hotel）和布理斯托（the Bristol）都圍繞著花園區，軍官們聚集在這些飯店的餐廳裡和露台上。一般士兵常常造訪花園北邊狹窄小路上的小餐館和酒吧，這一代被稱做「紅窗簾區」或「瓦澤」（Wozzer，來自阿拉伯街名Wasaa），也就是開羅的紅燈區。

紅窗簾區滿街的酒吧和妓院，裡面擠滿為了逃離單調的軍營生活與沙漠操練而前來尋求慰藉的士兵，這熱鬧的景象維持不了多久。厭倦了等待被送往戰場，受夠了廉價酒吧賣給他們的「邪惡調配的酒」，並且對於讓許多士兵感染性病的妓女心懷怨恨（當時性病無法根治），這些大英帝國的軍隊在開羅待得愈久，就對當地治安造成愈大的威脅。[29]

一九一五年，紐澳軍團在開羅市中心至少在兩起事件中暴動。一次是四月，就在軍團前往加里波利半島的前夕；之後在該年七月再度發生，酒醉的士兵攻擊紅窗簾區的妓院。這幾次暴力事件有幾個不同理由：士兵指控妓女搶劫，以及因為染上性病想報復妓女，甚至還聲稱妓院對毛利士兵進行種族主義的攻擊。在兩場事件中，士兵毀壞妓女的個人物品，把亞麻布和家具從窗戶往外扔到街上。太大的衣櫥和櫃子無法通過窗戶，士兵就把它們搬到五層樓建築物的頂樓，從屋頂上扔下去。聚集在街上

＊非斯帽（fezzed），土耳其語，一種直身圓筒或圓錐形、通常帶有吊穗作為裝飾的毯帽，被視為東方穆斯林的象徵。

†兩個名稱都是毛利語。

觀看的士兵把家具堆起來，然後點起火。火焰迅速延燒到狹窄巷弄旁的建築物。[30]

一九一五年四月，英國當局派遣騎馬的軍警來恢復秩序，他們遭遇一群酒醉而憤怒的暴動士兵，這些人拒絕服從命令。「他們拿各式各樣的東西丟向警察，」一名目擊者報告，「水壺、家具碎片等等。」警察先是朝暴動士兵頭上開槍警告，然後向他們發射。「四五名士兵倒地，但其他人就只是繼續面對著（距離約五碼之外的）警察，彷彿什麼事都沒有發生。」當局派出消防車控制火勢。當他們朝造反士兵噴水時，士兵攻擊消防水帶，破壞消防車。就在這時，當局召集英國士兵到現場，就射擊位置。「後排站立，第二排高跪，前排趴下。指揮官警告街上的暴動士兵，如果他們不驅散，英國警察就會開槍，結果他們立刻散去。」一名目擊者描述，「手無寸鐵時，你可不想面對三排警察排開的陣仗。」暴動在晚上八點左右結束，五名紐澳軍團士兵受傷，五十名士兵被逮捕。在英國的報告中，沒有提到四月暴動的埃及人傷亡人數，不過有幾棟房屋被燒毀。然而，在一九一五年七月的暴動，被燒毀的房屋數目更多。[31]

對開羅居民來說，這些危險的騷亂，使得他們對自治領軍隊，以及把軍隊帶來埃及的英國統治的敵意愈來愈高。對於袖手旁觀地看著同袍放火燒妓院而不干涉，以及紐澳軍團如此不在意妓院內女人的性命，埃及的退休政治家沙菲克為此感到十分沮喪。「要是這些事件發生在其他情況下而非戰時，必定會引發規模很大的叛變，」沙菲克斷言，「這些士兵，尤其是從自治領來的那些人，既瞧不起埃及人，對他們又粗魯無禮。」[32]

湧入埃及的帝國軍隊沒有起安定的作用，反而使得埃及緊張情勢惡化。然而，在接下來的數年內，埃及人還得繼續接待英國人和帝國軍隊。在埃及、加里波利半島和巴勒斯坦的戰役將會持續到一戰最後，對於在這些戰場上的士兵而言，埃及是重要的中途站、訓練場和醫療基地。英國與法國主張握有地中海東岸控制權，於是埃及北邊的港口亞歷山卓港和塞德港（Port Said），就成為這兩國海運的重要基地。

鄂圖曼於一九一四年十一月參戰後，英國和法國在愛琴海海岸線設置一道封鎖線，從色雷斯的德德阿奇港（Dedeağaç，現今希臘東北部的亞歷山卓波利斯〔Alexandroupoli〕）一直到土耳其士麥那港（現今伊茲密爾）南邊的薩摩斯島（Samos）。在封鎖線上的協約國聯合艦隊，也就是所謂的地中海東岸分遣艦隊，集結全艦隊武力，包括十八艘主力艦、四十艘驅逐艦、十五艘魚雷艇、十二艘潛水艇以及二十艘淺水重砲艦（一種吃水淺、備有大口徑砲彈的軍艦，相當不適合遠洋航行）。這支分遣艦隊的基地位於有領土爭議的利姆諾斯島上的穆德羅斯港，距離達達尼爾海峽僅五十英里。[33]

歐洲戰端初啟時，鄂圖曼在達達尼爾海峽的海軍防禦不足且軍備過時。在德國人與土耳其青年團執政者於八月二日締結為祕密盟友之後，德國船隻隨即開始運送人員和物資到達達尼爾海峽，加強海峽的防備。協約國在一九一四年十一月三日轟炸海峽，摧毀海峽入口塞杜巴希爾堡，德國防禦工事受挫，鄂圖曼人和德國人只好加倍努力。數百名德國士兵和軍方工程師在歐洲與亞洲沿海設計並建造新的砲台，在砲台上設置重砲，制止敵方船艦進入戰略地位重要的海域。建造於一八七六年、老舊但備有重型火砲的軍艦「美蘇迪亞號」（*Messoudieh*）停泊在海峽內，將砲口對準海上。從恰納克卡雷（Çanakkale）的達達尼爾海峽最狹窄處（Narrows）一路往南，以及黑海進入博斯普魯斯海峽入口處周圍，土耳其船艦精心設置上百個水雷。岬角上裝設強力探照燈，讓黑夜中的船艦無所遁形；此外他們還裝設一套馬可尼*無線電報系統，提供崗哨之間現代化的通訊方式。

鄂圖曼人將地中海艦隊集結在達達尼爾海峽上，防止首都伊斯坦堡遭協約國攻擊。他們還將一九一四年八月轉讓到鄂圖曼艦隊的兩艘德國戰艦「布列斯勞號」和「戈本號」部署在博斯普魯斯海峽，從北邊保護伊斯坦堡，同時可以攻擊俄國港口以及黑海上的航運。到十一月土耳其參戰時，博斯普魯斯海峽和達達尼爾海峽的海軍防禦力已經大為增進。然而，德國人和鄂圖曼人明白這兩個海峽並非堅不可摧。監督海峽防禦工事的德國海軍上將在一九一四年十二月的報告中指出，他相信一支強大的協約國艦隊依舊能突破達達尼爾海峽防線，只須損失四或五艘戰艦即可。34

步兵是鄂圖曼遏止協約國攻擊伊斯坦堡的最後武力。德國人和鄂圖曼人都認為，協約國必須讓軍隊上岸，才能占領伊斯坦堡，光靠海軍的力量無法達到這個目的。為了保全首都與其腹地，鄂圖曼人將大部分兵力集中在海峽區與色雷斯。被視為最有經驗的土耳其部隊之一的鄂圖曼第一軍團（十六萬人），加上鄂圖曼第二軍團（八萬人），土耳其人號稱有將近二十五萬士兵的兵力在協約國登陸時得以防衛首都；這些士兵中有一半直到一九一四年十一月才完成動員。35

土耳其的海軍局限在海峽區，愛琴海和黑海上的鄂圖曼沿海城鎮便暴露在協約國的攻擊之下。協約國戰艦在這兩個海域破壞經濟活動與聯絡線。一九一四年十一月十七日，俄國戰艦轟炸黑海港口特拉布宗，目擊攻擊事件的美國領事表示，當地恐慌氣氛蔓延，並造成「許多生命與財產損失」。一九一四年十一月到一九一五年三月間，俄國六次攻擊特拉布宗，擊沉船艦，損毀城市，居民被驅趕至周圍郊區避難。俄國人還砲轟土耳其的宗古爾達克（Zonguldak）煤礦場，阻撓土耳其和德國船艦不可或缺的能源來源。英國和法國在愛琴海上對伊茲密爾港開砲，一些商船被困在封鎖區中。為了報復，鄂圖曼逮捕三艘英國船隻作為戰利品，並在港口的入口處將它們擊沉，阻擋協約國戰艦入港。剩下另外六艘美國、希臘、保加利亞、荷蘭和德國的蒸汽船直到戰爭結束前都被困在此處。[36]

在奇里契亞海岸區，帝國擔心土耳其的安那托利亞與敘利亞交界處的鐵路線安全性。由於海上聯絡線全面封鎖，運送軍隊、物資和補給到高加索、美索不達米亞和敘利亞等前線時，鐵路扮演的角色尤其重要。梅爾辛港（Mersin）經由鄰近的阿達納連結巴格達鐵路，在戰爭初期此處沒有海上防禦工事。一九一四年十一月底，據報約有一萬六千名士兵以及大批彈藥補給已經通過梅爾辛－阿達納鐵路線。鄂圖曼無法對協約國船艦發動任何遏阻行動，只好屈辱地任由法國戰艦不損一兵一卒，就進入梅爾辛港，任意扣押並摧毀港內的船隻。[37]

梅爾辛正東方的亞歷山卓塔灣（Gulf of Alexandretta）是另一處鐵路交會點與海運樞紐。巴格達鐵路就是在這裡抵達地中海海岸，不過在一九一四年，這條鐵路在托羅斯山脈（Taurus Mountains）的隧道尚未完成，無法通往阿達納；而且在阿瑪諾斯山脈（Amanus Mountains）的工程還在進行，因此無法通往阿勒坡。這表示旅客和貨物必須從火車上下來，以其他交通工具繞過阻擋在眼前的山脈，接著從未完成的隧道另一邊，搭上火車繼續展開旅程。儘管如此不便，亞歷山卓塔依然是數萬名土耳其軍隊往來敘利亞、美索不達米亞和安那托利亞之間的轉運點。

一九一四年十二月，英國輕巡洋艦皇家「桃樂絲號」（HMS *Doris*）駛入亞歷山卓塔灣，從海上

---

*古列莫爾．馬可尼（Guglielmo Marconi），為研發無線電設備的義大利工程師，一九〇九年獲頒諾貝爾物理學獎，之後在倫敦成立馬可尼無線電報公司。

轟炸鐵路。十二月二十日週日早晨，戰艦在多提歐村（Dörtyol）附近開砲。「一發又一發的砲彈朝鐵路發射，」亞歷山卓塔的美國代理領事畢夏普（H. E. Bishop）在報告中說，「戰艦緩緩地沿著海岸線朝亞歷山卓塔前進。」一過中午，該戰艦升起白旗進入亞歷山卓塔港，並且派出一艘小船到岸上遞交最後通牒給當地官員。英軍在這份最後通牒中解釋，鄂圖曼利用鐵路運送軍隊到前線，而該前線的英軍備受威脅（特別是在美索不達米亞），英國指揮官要求鄂圖曼當局將所有鐵路運輸工具與戰爭物資交由英國登陸小隊，在岸上進行銷毀。如果鄂圖曼當局無法配合，那麼「桃樂絲號」將會以重砲轟炸所有行政機關、鐵路和港口設施。所造成任何平民死傷，都由鄂圖曼當局自行負責；英國已經根據一九○七年的海牙公約（Hague convention），在轟炸不設防的港口前誠實地給予警告，因此對鄂圖曼的損失沒有任何責任。[38]

CUP執政三巨頭之一的傑馬勒帕夏，這時剛接下戰時的新任務，擔任敘利亞總司令。當亞歷山卓塔區總督告知他英國最後通牒消息時，他衝動地反過來威脅英國。他立刻拒絕將鐵路運輸工具或戰爭物資交給「桃樂絲號」的艦長。他同意處於戰爭狀態的英國有權向土耳其政府建築物開砲。然而，他揚言下令立即摧毀英國敘利亞同樣數目的財產和公共建築物，以報復英軍摧毀的每一棟鄂圖曼政府建築物。傑馬勒以更激烈的態度知會英國指揮官，戰爭爆發以來，他已經扣留許多英國臣民。現在他威脅英國，在「桃樂絲號」對亞歷山卓塔市採取的軍事行動中，只要有一個鄂圖曼公民被殺，他就要射殺一個英國臣民。

傑馬勒挑釁的回應，將亞歷山卓塔事件升級為全面性的危機，但美國卻以外交手段巧妙地化解。在大戰中此時美國還是中立國（它直到一九一七年四月才參戰），並且樂於和鄂圖曼帝國保持相當友好的關係。美國也同意在鄂圖曼的領土上，代表協約國的利益發言。看來鄂圖曼和英國雙方都歡迎在美國的調停下，從最後通牒和威脅報復的僵局中解套。

美國代理領事畢夏普在亞歷山卓塔與土耳其和德國軍官討論，擬定了二十四小時寬限期，商談解決之道。既然傑馬勒帕夏不願意撤離亞歷山卓塔市民，當地總督希望不計一切代價避免英國轟炸。至於英國指揮官，則是強烈希望能避免屠殺英國臣民的報復行動。畢夏普向「桃樂絲號」艦長報告：「亞歷山卓塔裡沒有軍隊，而且根據……當地官員指出，所有軍需品都已被移往內陸。」（畢夏普祕密透露，他隨後發現「這裡在當時的確還有其他軍需品」）畢夏普暗示，鄂圖曼人或許能接受表面上是「亞歷山卓塔僅有戰時物資」的兩輛蒸汽火車頭被毀，而這也能夠讓「桃樂絲號」達成破壞鄂圖曼軍事聯絡線的任務。

「在英國船艦上的一名軍官、亞歷山卓塔市的總督以及文書官共同會商之後，」畢夏普稍後在報告中說，「決定把蒸汽火車頭開到一處空曠的地方，當著我以及船艦上的一位代表的面前炸掉。」「桃樂絲號」提供執行這項任務所需的高效能炸藥，於是包括一名鄂圖曼陸軍上尉、港務局長、「桃樂絲號」上的一名海軍准尉以及美國領事一行四人於晚間九點半出發，見證兩輛遭遺棄的蒸汽火車頭被炸毀的過程。炸藥引爆，「幸好無人受傷」，經過檢查後，他們宣告這兩輛蒸汽火車頭「損毀程度已不堪使用」。畢夏普領事以略帶諷刺的語氣替報告下了結論：「十點四十五分，我們再次抵達鐵路碼頭，英國登陸小隊的指揮官通知文書官，見證這場公平競爭的艦長已經以信號表達他的感謝，之後英國人踏上蒸汽船駛離港口，這次事件就此落幕。」

為了宣示他們掌控海權，英國對土耳其做出更致命的攻擊，他們派遣一艘潛水艇，擊沉停靠在達達尼爾海峽的「美蘇迪亞號」戰艦。在十二月一個異常晴朗而寧靜的週日早晨，一艘在水雷區航行四英里而沒有被偵測到的英國潛水艇，對這艘老舊的鄂圖曼巡洋艦船首發射魚雷。早上十一點五十五分，巨大的爆炸撼動了「美蘇迪亞號」，將戰艦籠罩在煙霧中。煙霧散去之後，「美蘇迪亞號」以重砲一次發射兩枚砲彈，盲目地試圖報復隱藏在暗處的攻擊者，直到傾斜得太厲害，無法繼續發射為止。這時戰艦突然一晃，傾倒在海面上。根據一位目擊者指出，這艘巡洋艦在不到七分鐘內就沉沒了。「美蘇迪亞號」停在靠近岸邊的淺水海床，因此大部分船體都暴露在水面上。許多水手抓住戰艦的砲門和船體屬具，軍隊也從岸上派出小船拯救生還者。救援行動一直持續到晚上，工程師必須在船體上鑿開逃生孔洞。據報有五十至一百人在這次攻擊中死亡。39

敵軍潛水艇成功逃過廣大的水雷區，再加上突然間失去一艘主要戰艦，令鄂圖曼當局震驚不已。達達尼爾海峽指揮官德國海軍中將約翰尼斯．莫頓（Johannes Morten）勉強承認：「這一招可真聰明。」然而，最重要的是，英軍對「美蘇迪亞號」的攻擊行動，再加上之前砲轟達達尼爾海峽的土耳其陣地，目的就在於警告鄂圖曼人，協約國已經準備迎接海峽上更大規模的戰役。40

開戰兩個月以來，協約國和同盟國都已很清楚鄂圖曼帝國的不堪一擊。事實證明土耳其無力抵擋來自所有邊境的攻擊，而鄂圖曼帝國國土如此廣大，期望他們能反擊也是不切實際。鄂圖曼軍在國界上的每一個據點，包括高加索、巴斯拉、葉門、愛琴海與奇里契亞等地，無一不被迫撤退。俄國已經掌控安那托利亞的領土，而英國奪走鄂圖曼的埃及自治省，將鄂圖曼人排除在波斯灣之外，並且擁有紅海和地中海（與法國共享）的海軍優勢。每個月都有上萬名來自澳洲、紐西蘭和印度的帝國士兵抵達埃及，愛琴海上的海軍也日益增加，面對鄂圖曼人，協約國已立於不敗之地。

在德國逐漸施壓之下，鄂圖曼人決定進攻。他們必須打勝仗，才能恢復民心士氣。而且他們還要看看蘇丹號召聖戰這一招是否可行。

第五章 發動聖戰

鄂圖曼帝國在高加索與西奈半島的戰役

參戰前幾週，鄂圖曼在廣大帝國領土邊緣打了一連串小規模的敗仗。然而，他們的軍隊依然很完整，土耳其手上還有一張出奇制勝的聖戰牌，要打出來給協約國。事實上，許多德國高級將領相信，鄂圖曼對戰事最大的貢獻不是來自土耳其軍隊，而是來自他們的軍事行動可能會在法國統治下的北非、英國統治下的埃及和印度，以及俄國統治下的高加索和中亞等殖民地的伊斯蘭人引發叛變。至少，這些內部叛亂可能會迫使協約國將軍隊調派至亞洲和非洲，維持其伊斯蘭地區的和平，使西線的德軍以及東線的德奧軍壓力得到紓解。

自一九一四年九月中以來，同盟國的壓力愈來愈大。法國與英國在馬恩河（九月五日至十二日）共同反擊，使德國的運動戰戛然而止，開始雙方的壕溝戰。歐洲西線戰事的僵局，使德國必須在兩個前線作戰。根據計畫，德國須在法國快速取得勝利，德軍才有餘裕支援奧地利，讓它全力對付俄國。奧地利人在東線需要德軍盡可能多的援助。一九一四年八月和九月，奧匈帝國在巴爾幹半島敗給塞爾維亞，在帝國東邊領土的加利西亞（Galicia）敗給俄國，兩者都是致命的敗仗。光是在加利西亞，奧國就損失高達三十五萬人。奧匈帝國搖搖欲墜，這時德國策戰者開始逼迫盟友鄂圖曼發動對英國和俄國的戰爭。1

德國對盟友鄂圖曼施壓，要它在對德國和奧國戰事最有利的地方，向俄國和英國進攻。德國對土耳其軍事任務代表團指揮官利曼・馮・桑德斯將軍，建議派出五支鄂圖曼軍（約十五萬人）度過黑海到奧德薩（Odessa），紓解奧地利在加利西亞陣地的戰事，並且對奧地利和土耳其之間的俄國軍隊施壓。柏林方面贊同派出遠征軍對抗英國在蘇伊士運河沿岸的軍事陣地，因為此舉既能切斷英國海上運輸，又能利用埃及人對英國占領當地的敵意。德皇和他的軍事將領希望能藉此重創協約國，鄂圖曼人或許能激起亞洲和非洲各地的穆斯林投入蘇丹－哈里發號召的聖戰。2

土耳其青年團執政者有自己的計畫，他們希望能利用戰爭收回埃及與安那托利亞東部地區的失土。英國掌控的埃及以及俄國在一八七八年奪去的「三省」（*Elviye-I Selâse*）都是鄂圖曼穆斯林居住的土地。土耳其青年團執政者很有信心，認為他們的士兵將會為收復失土而戰，也希望勝利能鼓勵當地穆斯林起來反抗俄國人和英國人。3

一九一四年十一月中，戰爭部長恩瓦爾邀請他的同僚海軍部長傑馬勒到家中密談。「我想在蘇伊士運河發動攻擊，把英國人困在埃及，」恩瓦爾解釋道，「如此一來，不只能牽制住他們正要送去西線的多個印度師，而且也能防止他們集結兵力，登陸達達尼爾海峽。」會談結束前，這位戰爭部長指派了一項任務給傑馬勒，要他在敘利亞募集一支部隊，並率領這支部隊攻擊英國在西奈半島（Sinai）的陣地。傑馬勒很快地接受這項任務，承諾在這週之內就出發。4

十一月二十一日，傑馬勒在伊斯坦堡的海達帕夏火車站（Haidar Pasha Railway Station）搭上火車，啟程前往敘利亞。車站擠滿內閣閣員、重要的政治家以及外交使團。美國大使亨利．摩根索（Henry Morgenthau）如此形容：「他們熱烈地歡送這位即將出發的部長。」一心主戰的愛國群眾預先讚揚傑馬勒為「埃及的救星」。就在火車即將出站前，傑馬勒對這群支持者發誓，「征服埃及前」他絕對不回來。摩根索並非土耳其青年團的擁護者，他覺得「這一齣戲……有點太誇張了」。[5]

恩瓦爾帕夏扛起帶軍攻打俄國的任務。他對於德國計畫在黑海北岸發動一場軍事攻擊的計畫不感興趣，該地與鄂圖曼國境毫無關係。他所感興趣的是失去的安那托利亞東部三省。恩瓦爾相信，在高加索為數眾多的穆斯林人口，必然熱烈回應鄂圖曼的進攻。此外，恩瓦爾也相信土耳其軍已經評估俄國的高加索軍。俄國人早已在高加索邊境對土耳其人發動戰爭。不久前鄂圖曼人成功擊退進犯埃爾祖魯姆省科普屢柯伊的俄軍，這場勝利激起恩瓦爾的鬥志。十二月六日，恩瓦爾拜訪利曼．馮．桑德斯，宣布當晚他將啟航前往黑海岸的特拉布宗港，領軍攻擊高加索邊界。之後利曼回憶：「恩瓦爾手上拿著地圖，簡述第三軍團的軍事行動計畫。他打算以一支部隊，也就是第十一軍，在主幹道上擋住前面的俄國人；這時其他兩支部隊，也就是第九軍和第十軍，從他們左側越過山脈，在薩勒卡默什（Sarıkamış）附近攻擊俄軍側翼和後方。隨後第三軍團再攻下卡爾斯（Kars）。」恩瓦爾的草案風險很大。該地地形多山，道路稀少，軍隊行動、補給線和通訊交通線都受到限制。當利曼提出這些疑慮時，恩瓦爾堅持這些問題「他已經考慮過了，而且也已經偵察所有道路」。[6]

與利曼的會談即將結束時，恩瓦爾拿柏林對鄂圖曼發動聖戰的深切期望當作話題。這位德國將軍寫道，恩瓦爾「言詞空泛，卻沒有明確的想法。他告訴我他盤算著經過阿富汗到印度。然後他就離開了」。利曼不覺得恩瓦爾的成功機會有多高，卻也沒有阻攔他。

土耳其青年團執政三巨頭的其中兩位都出發到前線，領導鄂圖曼對抗協約國的初次陸地戰役。或許，要是能把精力集中在單一戰役，他們還有機會成功。在準備不足的情況下匆促對抗兩個強權國，這兩場戰役注定要面臨災難性的失敗。

恩瓦爾帕夏從伊斯坦堡出發，在黑海上航行，於十二月八日在特拉布宗下船。同行的是兩位與他最親近的德國顧問——陸軍上校保羅・波薩特・馮・希倫多夫（Paul Bronsart von Schellendorf）和陸軍少校奧圖・馮・費爾德曼（Otto von Feldmann），他走陸路來到鄂圖曼第三軍團位於埃爾祖魯姆駐軍司令部。許多鄂圖曼高級將領抱怨德國人對他們的戰爭部長影響太大。恩瓦爾攻擊俄國高加索軍這大膽計畫的基本架構，的確是來自他的德國顧問。

一九一四年八月底，德軍在位於東普魯士的坦能堡（Tannenberg）對俄國發動了一場完美的側翼進攻。德軍在前線與俄軍交戰的同時，他們也從俄軍側翼周圍的公路和鐵路，派出步兵和火砲，切斷他們的補給與通訊交通線，包圍沙皇軍隊。等俄軍發覺身陷重圍，為時已晚。德國摧毀俄國第二軍，造成俄軍三萬人傷亡，俘擄九萬兩千名士兵。事後證明這是第一次世界大戰德軍最徹底的勝利。恩瓦爾希望能改編德國的戰術，帶領鄂圖曼軍隊在高加索打敗俄軍，以類似的手段贏得勝利。[7]

恩瓦爾是個急躁的人，大膽、高風險的積極行動造就了他的事業。他是一九〇八年革命的歷史性領導者，在利比亞一手促成一九一一年鄂圖曼發起的聖戰，一九一三年他帶頭突擊高門，逼迫宰相在槍口下辭職，同時他也是第二次巴爾幹戰爭中的「埃迪爾內解放者」。因此，恩瓦爾相信主動出擊的必要性，對自己的判斷和能力幾乎毫不懷疑。他顯然相信自己能帶領一支軍隊擊敗俄國、贏得勝利，而這場勝利將對鄂圖曼戰事帶來最大的利益。土耳其人不只能收復一八七八年落入俄國手中的失土，還能打擊俄國進一步奪取鄂圖曼，尤其是海峽區與伊斯坦堡這兩處領土的野心。此外，正如恩瓦爾對利曼・馮・桑德斯的暗示，一場光榮的勝利或許能在中亞觸動穆斯林的宗教熱情，進而影響阿富汗和印度的穆斯林。

戰場上的鄂圖曼指揮官，對於盛夏在坦能堡實施的作戰計畫是否能適用於氣候與地理環境截然不同的冬季高加索山脈，有所疑慮。德國人的軍事行動非常靠近軍備充足的基地，他們仰賴公路與鐵路將大批軍隊運送至陣地，完成坦能堡包圍俄軍的行動。冬天安那托利亞東部地區山巒起伏的高地中未經鋪設的道路和小徑上，交通工具幾乎無法通行。超過海拔三千公尺的高山上，冬天積雪達一點五公尺深，溫度會降至攝氏零下二十度，只有經過特殊訓練和擁有特別裝備的士兵才能存活，更別提在這嚴酷的條件下打一場勝仗。然而，即使抱持最高度懷疑的鄂圖曼軍官，都相信恩瓦爾運氣很好，或許能在重重困難中獲得勝利。8

一九一四年夏天，恩瓦爾已將安那托利亞東部高加索區的軍隊，整合到埃爾祖魯姆總部的第三軍團內。該年九月，駐紮在凡城的第十一軍被調往埃爾祖魯姆，加入第九軍。到了十月，他們又祕密地從埃爾津詹調來第十軍，增強第三軍團的陣容。因此，一九一四年十二月恩瓦爾到達埃爾祖魯姆時，第三軍團的兵力已達約十五萬人（包括非正規庫德族騎兵與其他後備軍）。如此一來，土耳其在戰場上將有約十萬名士兵可以抵抗俄國人，剩下的士兵則鎮守埃爾祖魯姆，以及從凡湖到黑海總長將近三百英里的高加索邊界。9

鄂圖曼第三軍團的指揮官哈珊・以塞特帕夏（Hasan Izzet Pasha）在審查過恩瓦爾的作戰計畫

後，有條件地支持這項攻擊俄國陣地的行動。他提出他的士兵需要適合冬季戰鬥的相關物品，包括禦寒的衣物、足夠的食物和大量軍備。對恩瓦爾來說，這些聽起來合理的考慮，只是這位過於謹慎的指揮官單方面的拖延戰術。因此，他轉而信任另一位充滿野心的軍官哈菲茲·哈克（Hafiz Hakki Bey）。哈菲茲·哈克寫了封密函給恩瓦爾，宣稱他已經偵察過山路和隘口，他深信步兵可以攜帶山砲（一種輕型大砲，可以用驢子拉）。「這裡的指揮官們不支持（冬季作戰）的想法，因為他們缺乏堅忍的耐力和勇氣。」他在寫給恩瓦爾的信上說，「不過如果能將我的軍職調整到適合的位階，我將擔起這份職務。」[10]

恩瓦爾抵達營區準備發動戰役時，哈珊·以塞特帕夏正式辭去第三軍團指揮官的職位。他就是不相信，如果不提供足夠的軍備糧食給士兵，鄂圖曼能打贏這場仗。由於哈珊·以塞特帕夏對附近地區瞭若指掌，因此失去他，對於鄂圖曼在高加索的戰事將是一項損失。然而，接受辭呈的恩瓦爾已經對這位將軍失去信賴；從十二月十九日開始，他親自指揮第三軍團。他也提拔了野心勃勃的哈菲茲·哈克，讓他帶領第十軍。恩瓦爾於十二月二十二日下令對薩勒卡默什的俄國軍需站展開致命攻擊時，各指揮軍官的正規戰役經驗很少，或完全沒有經驗，對於他們此刻所負責的危險地形也認識有限。

就在恩瓦爾來到安那托利亞東部地區的戰場上時，亞美尼亞人發現自己正處在兩軍作戰的前線，他們分成兩派，分別向俄國與鄂圖曼土耳其效忠。一八七八年，在卡爾斯、阿爾達罕和巴統這三省中，有為數眾多的亞美尼亞人轉而支持俄國人。雖然事實證明沙皇政府並不比土耳其人更能通融亞美尼亞分離主義的遠大目標，聖彼得堡方面卻以雙方共有的基督教認同為手段（儘管俄國人和亞美尼亞人信奉的東正教，在深層教義上有所分歧），企圖使亞美尼亞人對抗信奉伊斯蘭教的土耳其穆斯林。

俄國和土耳其在高加索的宗教政策有一定程度的對稱性，因為沙皇政府希望挑起基督教徒對土耳其人的暴動，正如同鄂圖曼人設法利用穆斯林的團結一致，引發高加索的穆斯林對抗俄國的聖戰。俄國境內的高加索，早在大戰尚未爆發前，亞美尼亞國家會議就已經與沙皇政府密切合作，招募四個志願軍，協助俄國政府侵略土耳其領土。俄國的領事官員和軍事情報單位都同意，亞美尼亞的志願部隊能鼓勵鄂圖曼帝國的基督教徒協助俄國人入侵，於是在一九一四年九月，俄國的外交部長薩宗諾夫簽字下令，趕在土耳其預備參戰時，將俄國武器走私給鄂圖曼境內的亞美尼亞人。一些身分顯赫的鄂圖曼亞美尼亞人越過邊境，加入俄國戰事，不過大部分人還是裹足不前，害怕他們加入這一類志願軍，將會危及在鄂圖曼帝國統治下的亞美尼亞平民的安全。11

一九一四年夏天的這幾個月裡，鄂圖曼官方密切注意安那托利亞東部地區的亞美尼亞人行動。七、八月也就是鄂圖曼戰爭動員如火如荼地進行時，凡城、特拉布宗和埃爾祖魯姆的亞美尼亞男人基於義務前來報到，而平民百姓據稱仍是忠於帝國。不過，根據俄國人的報告，在一九一四年八月至十月間，有超過五萬名從鄂圖曼軍隊中逃跑的逃兵，越過邊界來到俄國前線，其中大部分是亞美尼亞人。12

對於亞美尼亞人的忠誠度愈來愈擔心的土耳其青年團成員，十月在埃爾祖魯姆召開會議，會中他們提議與亞美尼亞民族主義組織達許納克與杭恰克結盟。鄂圖曼人保證，他們將組成亞美尼亞自治政府，該政府由安那托利亞東部數省以及所有從俄國亞美尼亞人手中征服的領土所組成，以回報俄國和土耳其境內的亞美尼亞人協助對抗俄國人。亞美尼亞民族主義者拒絕，他們主張，亞美尼亞人居住的地區橫跨俄國與土耳其邊境的兩側，因此他們應該繼續忠於這兩個政府。這個合理的回答只是讓鄂圖曼人更懷疑亞美尼亞人的忠誠度。[13]

亞美尼亞人和土耳其人之間的關係在戰爭爆發後迅速惡化。曾經於科普屢柯伊之役在醫療單位服役的下士艾里．禮札．艾提，對於在前線遇到的亞美尼亞人敵意愈來愈深。接近十一月底時，俄國人派遣他們的亞美尼亞志願部隊到安那托利亞東部地區。他們與凡城來的鄂圖曼軍隊交戰，而凡城沿著阿拉斯河一帶，是鄂圖曼亞美尼亞社群主要聚居地，難怪俄軍刻意要鼓勵亞美尼亞人叛逃，許多亞美尼亞人也確實如此。艾提下士聲稱，亞美尼亞人以四十個或五十個一組從鄂圖曼軍隊叛逃至俄國軍隊。「顯然他們會將我們的陣地位置告知敵人。」艾提回憶道。[14]

十一月，艾提的部隊行經幾個荒廢的村莊，那些亞美尼亞居民已經投奔俄國人，而穆斯林居民不是已經逃亡，就是被入侵者殺害。「當這一地區的亞美尼亞人站在俄軍那邊，」他在十一月十五日的日記中寫道，「他們對那些可憐的村民十分殘酷。」他描述被褻瀆的清真寺裡散布著牲畜屍體，古蘭經殘破的頁面被風颳到空蕩蕩的街道上。艾提字裡行間清楚地透露著憤怒。[15]

亞美尼亞人叛逃的消息流傳開來，土耳其士兵對軍隊中的亞美尼亞人愈來愈暴力。艾提不經意地提到，一個土耳其士兵的武器「射出子彈」，打中一個亞美尼亞同袍。艾提的敘述聽起來根本不像是一場意外。「我們埋了那傢伙。」他毫無感情地寫道。他沒有提到殺了軍中同袍的鄂圖曼士兵接受了懲戒。亞美尼亞人漸漸地不被視為鄂圖曼人的夥伴。[16]

在為土耳其進攻做準備的日子裡，恩瓦爾帕夏四處巡視，檢閱軍隊。他給士兵的訊息非常嚴肅。

「士兵們，我已經探視了你們所有人，」他宣布，「我看見你們腳上既沒有鞋子，身上也沒有外套。然而，眼前的敵人卻畏懼你們。我們很快就會進入高加索，發動攻擊。你們將會發現那裡一切都非常充足。整個穆斯林世界都在看著你們。」17

恩瓦爾對軍隊戰勝的機會如此樂觀，是出自於高加索前線一連串有利的條件。冬天很快就要來臨，俄國人不相信鄂圖曼人會試圖在春天前開戰。他們藉機重新部署，將多餘的軍隊從高加索調至局勢更急迫的前線，減少安那托利亞東部地區的兵力。然而，此刻土耳其卻打算在俄國人不知情時調來第十軍。這些部隊的移動在鄂圖曼人對抗俄國人時，擁有人數上的優勢。約十萬名土耳其士兵，面對的是人數不到八萬名的俄國士兵。18

俄國人去冬眠了，恩瓦爾希望一場突擊能在敵人毫無防備時捉住他們。為了讓俄軍措手不及，鄂圖曼軍隊必須迅速移動至俄國領土。恩瓦爾命令士兵留下沉重的背包，只帶著武器彈藥，和最低限度的糧食。在減輕士兵負擔的同時，恩瓦爾的命令也意味著他的軍隊沒有帶燃料、帳棚或鋪蓋，而且只有一半分量的配給。恩瓦爾希望能在去薩勒卡默什的路上，讓士兵在他們征服的俄國村莊裡解決吃住問題。「我們的補給站就在前方。」這是恩瓦爾的口頭禪。19

大多數俄軍都被驅趕到鄂圖曼境內，沿著十一月戰鬥中攻下的那塊地方駐紮軍隊。他們在薩勒卡默什的補給中心最沒有防備，只有少數邊境守衛、民兵和鐵路工人保護這條唯一的補給與通訊交通線，這也是他們經由河谷退回卡爾斯唯一的一條撤退路線。

恩瓦爾的夢想如下：派出大量兵力包圍俄軍右翼，不但切斷他們的鐵路，也攻下薩勒卡默什，圍攻俄國高加索軍；唯一撤退路線被截斷的俄軍將毫無選擇向土耳其人投降。一旦掌握了薩勒卡默什，摧毀俄國高加索軍，鄂圖曼人就能順利奪回在一八七八年戰役中失去的卡爾斯、阿爾達罕和巴統這三省。鄂圖曼這場光輝的勝利將能激勵中亞、阿富汗乃至於印度的穆斯林。攻占一個具有戰略重要性的軍需站，就能替鄂圖曼帝國和這位充滿野心的土耳其青年團大將軍開啟極大的可能性。

在十二月十九日發布的作戰計畫中，恩瓦爾分別指派同任務給三個軍，每個軍有三萬名到三萬五千名士兵。他命令第十一軍沿著一整條南面戰線攻打俄軍，分散其注意力，提供掩護，此時他再將第九軍和第十軍調往西邊和北邊，朝薩勒卡默什前進。第九軍走內圈路線，從西邊突襲薩勒卡默什，走外圈的第十軍派出一個師（約一萬人）往北朝阿爾達罕前進，另外兩個師切斷鐵路，從北邊突襲薩勒卡默什。這場戰役預計在十二月二十二日展開。[20]

在接連一段時間反常的好天氣之後，十二月十九日夜晚，冬雪開始落下。十二月二十二日早晨，正當鄂圖曼第三軍團準備出發時，颳起了一場暴風雪。鄂圖曼士兵只攜帶無酵餅當口糧，身上穿著輕便軍服，沒有足以禦寒的外套，腳上的鞋子也不適合行走在堅硬的地面，然而他們就這樣在最差的狀況下出發，去完成恩瓦爾分派給他們的超人任務。

鄂圖曼第十一軍在阿拉斯河南岸開戰，將俄軍從薩勒卡默什西邊引開，而鄂圖曼第九軍和第十軍則計畫從側翼包圍俄國的陣地。艾提下士從醫官帳棚裡看見俄國人開火反擊，造成重大傷亡，迫使土耳其人撤退。正當鄂圖曼軍往後退時，艾提愈來愈擔心前進的俄國人會逮捕他所屬的醫療部隊。

艾提聽過許多傷兵告訴他的故事，這些人千鈞一髮地從俄國人手裡逃出來。一次某個土耳其村莊落入俄國人手裡，有六十名土耳其士兵躲在乾草棚裡。三名俄國哈薩克軍的穆斯林士兵發現了他們，這三個人叫土耳其人給他們看行了割禮的陰莖以證明他們是穆斯林之後，就把他們留在乾草棚裡。

「兄弟們，別出聲，在這裡等著，」哈薩克士兵解釋道，「我們現在要離開了。」艾提非常贊同這種穆斯林士兵之間超越戰線的兄弟情誼。21

然而，亞美尼亞人和俄國人之間的基督教徒兄弟情誼，卻一直讓醫官下士艾提憤怒不已。開戰的第一天，他看見兩個鄂圖曼亞美尼亞士兵越界前去俄國邊境，第三個士兵試圖跟進時遭到槍殺。土耳其士兵責怪亞美尼亞人不但叛逃，而且還將鄂圖曼陣地位置和數目等軍情提供給俄國。「俄國會從每天叛逃的亞美尼亞人身上取得訊息，這是當然的啦！」他苦澀地想著，「我在想，不知道戰後亞美尼亞人是否會接受任何處置？」22

置身於鄂圖曼士兵之中，亞美尼亞士兵面臨難以忍受的處境。俄軍中的亞美尼亞士兵積極招募他們，因為他們知道，鄂圖曼亞美尼亞士兵和出於不信任而起殺意的土耳其士兵在一起愈久，這些人的性命就愈危險。根據艾提的敘述，在每個營裡，每天都有三至五個亞美尼亞人「意外」被射殺，他心想：「如果再這樣下去，一週後各軍營裡就連一個亞美尼亞人都不剩了。」23

第十一軍遭到俄軍激烈抵抗。前線太長，土耳其人在任何一點都只能發動一般性的攻擊，而在開戰的頭幾天，不只他們攻擊阿拉斯河北方俄國人的企圖失敗，而且還被趕回他們自己在科普厘柯伊的總部。雖然傷亡人數持續增加，第十一軍還是成功地引來俄軍的攻擊，提供第九軍和第十軍執行側翼行動所需的牽制策略。在戰役的頭幾天，這些鄂圖曼軍獲得了耀眼的勝利。

由哈菲茲．哈基所指揮的鄂圖曼第十軍，快速往北想從俄軍右翼奪得領土。他們想從俄軍陣地的突出處切入，走捷徑往北越過邊界，圍攻防守並不嚴密的俄軍駐紮地奧爾圖（Oltu）。鄂圖曼人在半路突擊了一個俄國陸軍上校，他與他所指揮的七百五十名士兵一起投降。然而，鄂圖曼人自己也遭遇了險惡的突擊。土耳其的一個團迷失在奧爾圖郊外的大霧中，將另一團軍隊當成俄軍，而後與本國的部隊打了四小時仗，在自己人的砲火攻擊下，造成一千多名鄂圖曼士兵傷亡。然而，到了當天晚上，鄂圖曼人已經成功地將防守的俄軍趕出奧爾圖。至少鄂圖曼士兵在這裡找到恩瓦爾承諾的食物和住處，於是他們開始洗劫這個被征服的城鎮。24

不出所料，固執的哈菲茲．哈克在奧爾圖的勝仗之後，接著便帶領全部軍隊追趕撤退的俄國人，而非向東與進攻薩勒卡默什的恩瓦爾帕夏和第九軍會合。山區通訊困難，這次未經深思熟慮的改變計畫，將鄂圖曼的整個作戰行動置於險境。

恩瓦爾帕夏和第九軍在艱險的道路上朝薩勒卡默什前進。這些充滿決心的士兵行經被雪堆覆蓋的狹窄山徑，雪在短短三天內就覆蓋了四十六英里地面。寒冷造成嚴重的後果，沒有帳棚的士兵被迫睡在戶外，在零下的氣溫中，他們只能四處尋找灌木當柴火。在晨光中，一群群士兵倒在顯然無法抵擋寒冷的餘燼旁，他們的屍體被凍得發黑。第九軍有三分之一以上的人，永遠到不了薩勒卡默什。

然而，恩瓦爾還是驅趕著他的士兵向前，來到薩勒卡默什外緣。十二月二十四日，他們在對這個俄軍要塞城鎮發動最後攻擊之前，停下來整軍會合。審問過俄國戰俘的土耳其人，知道除了幾個沒有火砲的殿後部隊之外，根本沒有任何俄軍在防衛薩勒卡默什。發現這個戰略城鎮的防禦工事是多麼不足時，恩瓦爾更加確信，他那被凍壞而疲憊的軍隊距離全面的勝利已經不遠。25

一直要到十二月二十六日，俄國人逮捕一名鄂圖曼軍官，取得恩瓦爾戰爭計畫的副本，他們才明白土耳其攻擊行動的一切經過。現在他們知道第十軍被調派到第三軍團，而且鄂圖曼人已經在軍隊人數上取得很大的優勢。他們發現奧爾圖已經陷落，鄂圖曼軍隊不只朝阿爾達罕推進，而且預計不久後就會抵達薩勒卡默什。在黑海港口巴統和阿爾達罕之間的穆斯林已經開始反叛，對抗俄國人——這正是鄂圖曼人所希望激發而俄國人最為懼怕的宗教熱情。根據研究這場戰役的歷史學家所說：「俄國將軍幾乎個個驚慌……他們深信薩勒卡默什將會失守，而龐大的高加索軍隊撤退到卡爾斯的路線將被切斷。」俄國將軍下令全面撤退，不計一切代價想拯救他們的軍隊，或者至少拯救部分軍隊，避免徹底大敗。26

幸運之神眷顧俄國人，土耳其的作戰計畫開始瓦解。在開頭的勝利之後，惡劣的天候和人為的錯誤開始影響鄂圖曼的遠征。暴風雪席捲高加索的高峰，這些行軍的士兵根本無法通過山上的小徑。山上的能見度是零，狂風颳起大雪，覆蓋了山路，許多人和自己的部隊走散，以至於軍隊人數減少。沒有好走的道路、極端的氣候以及險阻的高山，摧毀了鄂圖曼軍隊之間的通訊。更糟的是，恩瓦爾的將軍之一——哈菲茲．哈克，漠視恩瓦爾的命令，正追趕著一小撮俄軍，遠離了薩勒卡默什。

恩瓦爾向哈菲茲．哈克發布緊急命令，要他停止追趕俄軍，撤回軍隊，按照原訂計畫進行。哈菲茲．哈克將攻擊阿爾達罕的任務託付給他的一個團（和原本的作戰計畫一樣），他自己帶領第十軍的其中兩個團，加入恩瓦爾的薩勒卡默什攻擊行動。哈菲茲．哈克在十二月二十五日出發，他答應在第二天早上與恩瓦爾碰面。當時的他距離薩勒卡默什前線有三十英里遠，部隊必須越過阿拉胡克貝爾山（Allahüekber Mountains）高大的山丘，在冬天的暴風雪中攀登至海拔三千公尺以上的高度。接下來的十九小時幾乎可說是死亡行軍。軍中一位生還者描述當時士兵艱困的情形：「我們艱難地往上爬，但士兵們依然遵守著秩序與紀律。我們極度困倦疲憊。到達高原上時，一陣強烈的暴風雪向我們襲來，我們完全失去能見度。我們不可能幫助彼此，更不可能交談。軍隊已全無秩序。士兵們到處尋找遮蔽處，攻擊所有煙囪冒出煙的房屋。軍官拚命制止，但他們不能強迫士兵們服從命令。」如此超過人類所能忍受的寒冷，將一些士兵逼瘋了：「我清楚記得，我看到一個士兵坐在路邊的雪裡。他把雪抱在懷裡，用手抓一大把雪塞進口中，一邊顫抖尖叫。我想幫他，把他帶回路上，但他一直吼叫，把雪堆高，好像沒看到我似的。這可憐的人已經發瘋了。就像這樣，僅僅一天之內，我們把一萬人拋下，留在雪中。」[27]

十二月二十五日，恩瓦爾帕夏召開一場會議，和他的土耳其軍官以及德國顧問評估當時情勢。此時，俄國人開始沿著阿拉斯河從前線撤退到薩勒卡默什。他們由鐵路送來援軍，協助撤退，這些俄國人還認為他們不可能打贏。他們的指揮官依然亂成一團，這表示有為數眾多的俄國士兵正從北方和南方向薩勒卡默什湧來。如果鄂圖曼人不快點採取行動，他們可能會錯失在這個城鎮防禦力相當弱時的進攻良機。

在會議中，恩瓦爾與其德國顧問不停質問第九軍指揮官伊赫桑帕夏（Ihsan Pasha）以及參謀長謝里夫・伊爾登（Şerif Ilden）。他們想知道，鄂圖曼遠征軍是否已準備好攻下薩勒卡默什？伊赫桑帕夏將第三軍團目前情勢的殘酷真相，呈報給他的指揮官。他們已經與第十軍和哈菲茲・哈克完全失聯，此刻他的軍隊正越過阿拉胡克貝爾山，因此無法確實告訴恩瓦爾他們將何時就位，加入攻擊薩勒卡默什的行列。目前只有第九軍的一個師在這個城鎮附近，可供調遣。「我不知道這場戰役的需求為何，」伊赫桑總結道，「如果一個師的士兵就能完成您的命令，那麼第二十九師隨時準備好接受命令。」[28]

聽完土耳其軍官的報告之後，恩瓦爾詢問他的德國顧問們有什麼意見。他們與恩瓦爾一起承擔草擬原始作戰計畫的責任，而且也是他們挑起恩瓦爾的野心，想將德國在坦能堡的聖戰，複製到高加索前線。他們建議恩瓦爾等哈菲茲・哈克和他的部隊到達後再進行攻擊。然而，恩瓦爾可沒有耐心。他知道自己延誤得愈久，他的士兵就要面對愈多俄國軍隊。再者，一旦他的士兵攻下薩勒卡默什，他們頭上就有屋頂可遮蔽，就有食物可吃。他的軍隊都睡在戶外，由於沒有遮蔽，每晚都有幾百人死亡。恩瓦爾的軍官卻認為恩瓦爾是與哈菲茲不能明說的競爭而被迫行動，因為他怕第十軍指揮官哈菲茲可能在他之前到達並占領薩勒卡默什。總是一馬當先的恩瓦爾，為了自身的榮耀，把這特別的戰利品看得比什麼都重要。

最後，恩瓦爾帕夏駁斥了所有建議，下令軍隊在第二天也就是十二月二十六日展開攻擊。這致命的決定成為鄂圖曼戰役的轉折點。從這一刻開始，鄂圖曼每一次的攻擊行動，都缺乏戰勝俄軍或抵抗俄軍反擊、守住原本贏得土地所需的足夠兵力。

恩瓦爾能達成每一個不切實際的目標，都要歸功於鄂圖曼士兵的韌性，無論這成功是多麼短暫。在越過嚴峻的阿拉胡克貝爾山之後，哈菲茲的士兵抵達卡爾斯和薩勒卡默什之間的鐵路，切斷了這條重要的交通運輸線，但他們的人力卻不足以守住這條鐵路，抵擋俄軍從卡爾斯派來的援軍。鄂圖曼軍隊攻下了阿爾達罕，但同樣由於人力不足，無法守住該城，在一週內就失守。曾經取得勝利的土耳其第十軍士兵，發現自己被俄軍包圍，原本五千人部隊中的一千兩百名生還者，被迫投降俄軍。鄂圖曼軍隊甚至設法混入薩勒卡默什，不過他們以性命換來的代價，讓這短暫的成果蒙上陰影。

十二月二十六日，第九軍首次攻擊薩勒卡默什的俄國陣地，就被防守的俄國人擊退，死傷慘重。

當天晚上，哈菲茲．哈克帕夏和活著越過阿拉胡克貝爾山的疲憊士兵，終於抵達薩勒卡默什附近的土耳其陣地。考慮到第九軍已損失不少士兵，以及第十軍在被迫翻山越嶺之後士兵的悲慘狀況，恩瓦爾決定將行動延後三十六小時，整頓軍隊。29

這場決定性的戰役在十二月二十九日開戰。到了這時候，寒冷的天氣已經重挫鄂圖曼軍隊人數。從一開始的五萬人，減少到現在第九軍和第十軍加起來不超過一萬八千人，而這些生還者的狀況並不適合作戰。防守薩勒卡默什的俄軍人數已經增加到一萬三千名以上，而俄國人的大砲與機關槍數量比土耳其人的多，因此俄軍的防禦力很強。有了這些力量強大的武器，俄國人一天之內就把意志堅定的土耳其軍隊趕出城。

十二月二十九日，恩瓦爾發動夜襲，最後一次試圖攻下薩勒卡默什。這一次，他的軍隊衝進這座要塞城市，在黑暗中用刺刀徒手和俄國守軍作戰。大多數土耳其士兵被殺或被俘，卻有一支幾百人組成的堅強隊伍成功占據城中央的俄國軍營。就只有這一晚，恩瓦爾的一小部分軍隊可以宣稱他們占領了薩勒卡默什城的一小部分。到了早晨，俄國軍隊又包圍軍營，逼迫土耳其士兵投降。在攻擊行動中，鄂圖曼的一整個師全軍覆沒。

俄國人很快便發現這些鄂圖曼攻擊者有多麼不堪一擊，同時也從一開始的慌亂中恢復鎮靜，開始進攻。現在陷入被包圍以及被毀滅險境的，不是俄國高加索軍，而是鄂圖曼第三軍團。

一九一五年一月的前兩週，俄軍擊退鄂圖曼人，收復戰役最初的失土。在這過程中，他們一個部隊接著一個部隊，最後摧毀了整個第三軍團。一月四日，被俄國人包圍的第九軍被迫投降。參謀長伊爾登在紀錄中寫道，他投降俄國時，第九軍的總部裡有一百零六位軍官和八十位士兵和他在一起。哈菲茲・哈克帶領第十軍在砲火中撤退，勉強逃過全軍覆沒的命運，而在十六天後，三千名生還者回到安全的土耳其戰線。[30]

第九軍和第十軍被擊潰後，俄國反擊的矛頭就指向第十一軍。正當土耳其人從俄國領土撤退的半路上，有一支陌生的騎兵隊往俄軍左翼進攻，衝散了敵人。他們是一群切爾克斯村民，獲知蘇丹宣布展開聖戰，就立即騎馬趕來支援鄂圖曼軍隊。目睹切爾克斯人攻擊俄軍的醫官下士艾里・禮札・艾提，認為此事更加證明大戰中穆斯林的團結一致。第十一軍在一月中全部退回土耳其戰線，最初總共有三萬五千名士兵，此時只剩下一萬五千名。不過，鄂圖曼第三軍團已經被摧

阿爾達罕的鄂圖曼戰俘。在薩勒卡默什戰役中，鄂圖曼高加索軍的一支部隊成功地從俄軍手中奪下了阿爾達罕，但由於軍隊人數不足，無法守住該城，因此一九一五年一月初，鄂圖曼軍被迫投降。俄國號稱這是俄軍在高加索戰線的第一場勝利。

毀。將近十萬名士兵被送往戰場，卻只有一萬八千名士兵回來。[31]

恩瓦爾帕夏勉強逃脫，灰頭土臉地回到伊斯坦堡，不過無論是恩瓦爾或是哈菲茲．哈克，對於被某些軍官譴責為過失犯罪的行為，都無須接受懲戒聽證會的審問。事實上，在離開埃爾祖魯姆準備回首都之前，恩瓦爾還將魯莽的哈菲茲．哈克從陸軍上校晉升到少將，賦予他帕夏的頭銜，任命他指揮殘餘的第三軍團士兵（兩個月後哈菲茲死於斑疹傷寒）。對土耳其青年團執政者而言，這場仗敗得太慘，他們不願意承認，而且據利曼．馮．桑德斯說，德國和鄂圖曼帝國對第三軍團被殲滅的事絕口不提。「這件事被禁止談論，」他之後寫道，「違者將被逮捕並受罰。」[32]

戰爭的倖存者，將感受到薩勒卡默什之役的後果。鄂圖曼人在安那托利亞東部地區缺乏強有力的軍隊，因此無法抵禦俄國人的領土侵略。鄂圖曼疲弱的兵力，使得居住在俄國邊境地區的土耳其人、庫德族人和亞美尼亞人之間的關係愈來愈緊張。在薩勒卡默什戰役初期，俄國境內的穆斯林無論對聖戰表現得多麼熱中，鄂圖曼全面潰敗的事實，完全排除了之後穆斯林在俄國陣線叛變的可能性。

俄軍大敗鄂圖曼，俄國盟友大受鼓舞，他們計畫攻擊達達尼爾海峽，占領伊斯坦堡，一舉將土耳其人從大戰中除去。[33]

鄂圖曼在薩勒卡默什戰敗後的一個月，傑馬勒帕夏領軍攻擊蘇伊士運河的英軍。埃及的沙漠和高加索的暴風雪，兩者氣候再極端不過，但對軍隊而言，西奈半島乾燥的不毛之地，並沒有比薩勒卡默什四周的高山更適合作戰。

自從一九一四年十一月二十一日在伊斯坦堡中央火車站公開的宣言之後，沒有人能指責傑馬勒隱瞞他率領遠征軍攻打埃及的意圖。由於這樣的遠征軍一定會遭遇種種阻礙，對於傑馬勒要「征服」埃及的誓言，英國只當作是一場空談。他們不認為傑馬勒能在敘利亞募集到一支人數多到足以威脅埃及英軍的軍隊。即使他真能成軍，西奈半島上沒有建造良好的道路，水源很少，也幾乎沒有生產蔬菜。要越過這樣一大片不毛之地，提供食物、水與彈藥的後勤補給，將是相當嚴酷的考驗。即使他們能克服這種種困難，抵達運河，鄂圖曼軍還是會遇上數百公尺寬和十二公尺深，由戰艦、武裝火車與五萬人的部隊所防守的水域。英軍的陣地看來無懈可擊。

英國的算盤沒打錯。傑馬勒在敘利亞動員軍隊時面臨極大的限制。一九一四年十二月，鄂圖曼需要把所有可用的士兵派往安那托利亞，增援命運多舛的高加索前線，並保護伊斯坦堡和海峽區。傑馬勒必須依靠阿拉伯省分的正規軍，再加上貝都因人、德魯茲人*、切爾克斯人和其他移民族群。在他指揮的五萬名戰鬥人員中，傑馬勒只能調派不超過三萬名參加蘇伊士戰役，其餘則必須駐防阿拉伯各省。再者，傑馬勒必須保留五千到一萬名士兵，保衛或增援戰役之初的軍隊。這表示傑馬勒只能有兩萬到兩萬五千名鄂圖曼士兵，負責對抗至少兩倍多壕溝中的英軍——這項提議無異於自尋死路。[34]

傑馬勒打算藉由一連串不可能的事件完成目標。「我賭上一切突襲英國人。」之後傑馬勒這麼寫道。如果遭到突擊，他希望英國人可能會交出運河區的長條土地，鄂圖曼人就能派出「一萬兩千名士兵拿著步槍在遠離岸邊的壕溝中」加強防衛。以此處作為灘頭堡，傑馬勒計畫占領關鍵的伊斯梅利亞

* 德魯茲人（Druze）為阿拉伯人的其中一族，信奉的德魯茲教派是伊斯蘭教什葉派的分支。德魯茲人主要分布於現今敘利亞、黎巴嫩與以色列。

（Ismailia），將運河西岸的鄂圖曼軍人數增加到兩萬人。而他相信，鄂圖曼占領伊斯梅利亞之後，必會引發群眾起而反抗英國統治——這就是蘇丹所號召的聖戰。傑馬勒認為，如此一來，「只要運用少數兵力和技術資源，埃及就能在超乎預期的短時間內擺脫英國人的統治」。35

依舊對於鄂圖曼人帶頭發動聖戰一事懷抱著極大希望的德國人，全力支持傑馬勒魯莽的計畫。此外，德國人把切斷蘇伊士運河當作優先順序極高的作戰計畫。一九一四年八月一日到十二月三十一日之間，至少有三百七十六艘運輸船艦通過蘇伊士運河，替協約國戰事運來十六萬三千七百名士兵。雖然英國並沒有完全靠運河來運送軍隊（連接蘇伊士運河到開羅與地中海港口的鐵路系統也能達到同樣目的），運河的確是戰艦和商船從印度洋到地中海的重要運輸路線。在運河通行期間，英國就能從殖民地得到有利於戰事的支援。鄂圖曼在蘇伊士運河上發動的任何攻擊，只要能減緩帝國的交通運輸，或逼迫英國將本來有可能調派至西線的部隊集中到此防禦埃及，都直接有利於德國戰事。36

從十二月六日抵達大馬士革的那一刻起，傑馬勒就著手動員橫越西奈半島這項危險任務所需的人與物資。他的正規軍有大約三萬五千名士兵，主要是來自阿勒坡、貝魯特、大馬士革等阿拉伯省分以及黎巴嫩山與耶路撒冷自治區的年輕人。為了擴充軍隊人數，傑馬勒訴諸阿拉伯各地部族領袖的愛國主義，請他們一起加入攻擊英國的行動，從外國人手中解放埃及。

一九一四年，埃米爾·謝奇布·阿爾斯朗（Amir Shakib Arslan）擔任鄂圖曼國會議員。得知傑馬勒的計畫時，阿爾斯朗向伊斯坦堡方面申請解除國會職務，打算帶領一支參與西奈半島戰役的德魯茲志願軍。他和傑馬勒會面，並承諾募集五百個人參戰，雖然傑馬勒只要求他派出不超過一百人。結束會談後，阿爾斯朗深信傑馬勒「以為毫無組織的志願軍對戰事沒有太大作用」。然而，阿爾斯朗聲稱他的德魯茲志願軍將超出所有人預期，會表現得比大馬士革軍隊補給站的正規步槍兵和騎兵還要好。德魯茲志願軍並沒有像最初所預想的接受一個月軍事訓練，而是毫不延誤地坐上火車，被派往戰場參加戰役。[37]

一九一四年十二月和一九一五年一月，一支由各方人馬組成的軍隊，在大馬士革南方約兩百九十英里、建有防禦工事的城鎮曼恩（Maan，位於現今的約旦南方）會合。曼恩位於大馬士革到麥加的朝聖路線上，也是漢志鐵路的一個主要補給站。阿爾斯朗在曼恩找到「由麥地那人組成的一支志願軍，以及另一支來自羅馬尼亞的土耳其軍，還有敘利亞的貝都因人、阿爾巴尼亞人以及其他地方的人」，包括從大馬士革的薩拉西亞區（Salahiya district）來的庫德族騎兵。

第一次攻擊蘇伊士運河之前，在巴勒斯坦集合的鄂圖曼士兵。一九一五年一月，傑馬勒帕夏在敘利亞和巴勒斯坦，召集進攻蘇伊士運河的主力遠征部隊。由鄂圖曼正規軍和部族志願軍組成的大批軍隊集結在此，顯示他們企圖獲得大眾支持阿拉伯各省戰事的愛國心。

瓦西布帕夏（Wahib Pasha）是紅海漢志地區（伊斯蘭教誕生地麥加和麥地那都在此地）的行政總督與軍事指揮官，帶領曼恩最大的一支軍隊。阿爾斯朗聲稱，瓦西布帕夏從鄂圖曼的麥加駐防地帶來九千名士兵，但他所招募的軍隊卻缺少一名相當重要的人物。傑馬勒寫了一封信給聖城麥加的宗教領袖——謝里夫胡笙．伊本．阿里＊（Sharif Husayn ibn Ali），請他提供一支分遣隊，由他其中一個兒子指揮。傑馬勒希望這位謝里夫能利用他的宗教權威替蘇伊士遠征軍出力，並證明他對鄂圖曼帝國的忠誠。胡笙很有禮貌地回覆傑馬勒的要求，讓瓦西布從麥加出發時，派遣他的兒子阿里與他同行。然而，阿里只到麥地那就沒有繼續往前，他答應一等他的所有志願軍動員完畢，就趕上瓦西布帕夏。傑馬勒注意到胡笙的兒子一直沒有離開麥地那，因此十分關切。38

一九一五年一月，鄂圖曼遠征軍的主力部隊在鄂圖曼與埃及邊境的貝爾謝巴（Beersheba，今日的以色列南方）集合。鄂圖曼和德國策戰者在此準備遠征軍的後勤補給。鄂圖曼十三軍的參謀長，陸軍上校弗烈德里希．傅瑞海爾．克列斯．馮．克烈森史坦（Friedrich Freiherr Kress von Kressenstein）在蘇伊士運河總部所在地伊斯梅利亞與貝爾謝巴之間，每隔十五英里左右設置一個補給站。工程師在每個補給站築堤防蒐集冬天的雨水，提供足夠的供水設施。每個補給站裡也都有醫療設施和販賣食物的商店。軍方從敘利亞和阿拉伯徵調一萬多隻駱駝作為補給站之間的運輸工具，並且在各補給站間架設電報線，提供立即的通訊。

鄂圖曼遠征軍面臨的最大挑戰，是如何運送二十五個用來度過蘇伊士運河的浮船。浮船以鍍鋅的鐵製成，長度為五點五至七公尺，寬度為一點五公尺。鄂圖曼士兵靠駱駝幫忙將這些平底船拉上拖車，在柔軟的沙地上先鋪設木板，以免拖車的輪子在沙地上無法行走。鄂圖曼士兵練習將這些浮船從陸地拖到海邊，然後用船搭橋。

對於在敘利亞逐漸成形的鄂圖曼作戰部署，英國人似乎缺乏正確的評價。一名被鄂圖曼從耶路撒冷驅逐的法國牧師，首先將傑馬勒軍事準備的情報細節提供給英國。十二月三十日，英國人在運河區與該牧師面談。他多年來進行考古工作，對敘利亞沙漠相當熟悉，而且會說流利的阿拉伯語。他聲稱自己見到多達兩萬五千人在大馬士革和耶路撒冷集合，攜帶船、纜線和電報設備等大量物品，朝貝爾謝巴前進。他們準備了水，在大馬士革做了餅乾，儲存在西奈半島的補給站裡。一開始英國人不把他的話當一回事，但他說得愈詳細，他們就愈認真看待他的報告。[39]

在中東戰役中，英國和法國首次派出飛機，試圖從空中確認這位法國牧師的情報。鄂圖曼人運氣好，西奈半島中央的地面最堅硬，最適合行軍，而且離航空監測可達的地方最遠，使得鄂圖曼軍在蘇伊士戰役開戰前夕能做到相當驚人的保密程度。基地位於伊斯梅利亞的英國飛機航程太短，無法深入該地，而法國從塞德港和阿卡巴灣派出的水上飛機，只能勘查到西奈半島最北端和最南端，較小的土耳其分遣隊都集結在此。鄂圖曼人和德國人還尚未派遣飛機去支援他們的軍隊，此時只能讓協約國控制領空。

當鄂圖曼第一批軍隊於一九一五年一月十四口從貝爾謝巴出發，朝運河前進時，英國人還搞不清楚他們在哪裡，或要往哪裡去。鄂圖曼軍主要部隊行軍穿越西奈半島中央時，兩支較小的分遣隊兵分兩路，一支從阿里什（El Arish）沿地中海岸前進，另一支穿越沙漠中的卡拉特・阿爾・納克賀勒

＊謝里夫是對麥加與麥地那兩個聖城的領導者的敬稱。穆罕默德孫子哈珊的後裔往往稱為 Sharif。

（Qalaat al-Nakhl）。每個人都帶著重量不超過一公斤的輕量配給，包括蜜棗、餅乾和橄欖，水的配給也有嚴格限制。士兵發現冬天夜晚太冷，無法入睡，因此他們夜晚行軍，白天休息。他們花了十二天穿越沙漠，沿路沒有折損一個士兵或一隻動物——這都要歸功於蘇伊士戰役背後的詳盡計畫。

一月的最後十天裡，法國水上飛機陸續通報，在它們航程可及的區域內集結了土耳其軍隊，情況堪慮。低飛的飛機回到基地時，遭受地面部隊砲火攻擊的機翼殘破不堪。報告指出敵軍集中在西奈半島周圍的幾個地點，英軍只好重新評估運河的防守情況。40

蘇伊士運河從地中海的塞德港到紅海的蘇伊士，總長一百英里。運河連結兩個大的鹹水湖提馬薩湖（Lake Timsah）與大苦湖（Great Bitter Lake），總長二十九英里的沼澤湖岸相當不適合軍隊行動，因此英國工程師淹沒了運河西岸十英里的低窪湖岸，將必須防守的運河總距離減少至七十一英里。英國決定利用運河東北岸的窪地，淹沒二十英里長的運河陸地，進一步將防守區域減少至五十一英里。英國和法國船艦部署在運河沿岸的重要據點，也就是提馬薩湖北邊的坎塔拉（Qantara）與伊斯梅利亞之間，以及大苦湖北邊的圖森（Tussum）和賽拉佩姆（Serapeum）之間。英軍相信運河這兩段最有可能遭到攻擊。英國人以紐澳軍增援現有的印度軍隊，此外還配置一座埃及火砲。41

半信半疑的英軍，等著看鄂圖曼人接下來打算做什麼。曾經參與亞丁港外攻擊行動的年輕信號員蓋爾，被派駐到蘇伊士運河北邊坎塔拉附近的駐紮地。雖然迫不及待想「看到戰鬥場面」，蓋爾在他的日記裡寫得很明白，他或他的同袍們完全不知道鄂圖曼人到底在打什麼主意。他記錄了一九一五年一月最後幾天發生的小規模戰鬥和假警報。一月二十五日，在武裝火車上巡邏運河西岸時，他收到軍旅司令部的緊急訊息：「立刻回營。坎塔拉遭到真正的敵人攻擊，情況危急。」這原來是一則假警報。一月二十六日，當英軍陣地遭到土耳其砲火攻擊時，蓋爾被派駐到坎塔拉南邊數英里的一個營地。「據報有三千個敵人接近巴拉赫（Ballah）。」他提到。敵方士兵在西奈半島的報告，讓英軍愈來愈擔憂，他們不知道鄂圖曼人在哪裡，他們人數有多少，或者打算攻擊哪裡。至少在這程度上，傑馬勒已經成功達到某種效果的突擊。[42]

為了預防萬一，英軍將所有軍隊撤回蘇伊士運河西岸。他們在運河東岸每隔一段距離拴一隻狗，只要有人接近，狗就會吠叫。如果遇到夜襲，飛機無法發現敵軍的行動，這時就必須用上看門狗這種老方法。[43]

二月一日，鄂圖曼指揮官下達攻擊命令。為達到出其不意的目的，「軍官和士兵都必須絕對保持靜默。不能有咳嗽聲，下命令時也不能大聲。」士兵必須等到從運河東岸渡河到西岸之後才能卸下武器，應該是為了避免槍枝走火，驚動英軍。抽菸也被禁止；這對於極度緊張的士兵來說相當不容易。鄂圖曼軍的每個士兵都必須在上臂綁白布條作為識別，以免誤傷自己人。他們的攻擊口令是「神聖的旗幟」，作為聖戰的象徵。

鄂圖曼軍的攻擊命令如下：「感謝上帝慈悲，我們將在二月二日夜晚至三日凌晨對敵人展開攻擊，占領運河。」當主力部隊設法渡河靠近伊斯梅利亞時，牽制部隊必須在北方的坎塔拉附近和南方的蘇伊士附近進行攻擊。此外，鄂圖曼軍要將榴彈砲台設置在提馬薩湖附近的陣地，對敵方戰艦開砲。「如果有機會，（這座重砲）就要在運河入口處擊沉船艦。」攻下運河只是這場軍事行動的其中一項任務。擊沉船艦，阻塞運河，才是遠比占領在運河區防禦力堅強的英國陣地更實際的目標。[44]

攻擊行動當天，突然颳起一陣風，大規模的沙塵暴阻礙了所有視線。一位法國軍官事後聲稱：

「光是睜開眼睛都是一大考驗。」鄂圖曼和德國指揮官利用沙塵暴做掩護，在夜晚能見度恢復、大風停止前，將部隊往前移動到伊斯梅利亞南方的某個地點。氣候替這場攻擊行動提供了最佳條件。45

「我們在很晚的時候抵達運河，」一位曾經參與巴爾幹戰爭的大馬士革士兵法赫米．阿爾－塔加曼（Fahmi al-Tarjaman）回憶道，「我們不准抽菸也不准交談，就這樣安靜地移動。」

走在沙上，沒有人發出半點聲音。一個德國人來了。我們正把兩艘金屬船放在水上。那德國人帶走一艘到另一邊岸上，約一小時後回來。他帶走第二艘載滿士兵的船，也讓它渡河到另一邊去。每艘船上都載滿士兵後，他就把士兵載到運河對岸下船。他把載滿士兵的船開到對岸，再把空船送回來，用這種方法載了兩百五十名士兵到工事地點的周圍站崗，以防任何人干擾工作。46

渡河的時間比鄂圖曼指揮官預計的還久。到破曉時，他們還在運河對岸組裝浮橋。運河西岸鴉雀無聲，更使得土耳其軍確信他們度過的這一段運河無人防守。有一群來自利比亞的黎波里、自稱為伊斯蘭鬥士的聖戰志願軍打破沉寂，他們呼喊口號，替彼此打氣。遠方的狗兒開始吠叫，機關槍從運河西岸掃射過來。47

「四面八方都是子彈，落在水上炸開，運河的水如同一壺開水般攪動，」塔加曼敘述開戰的經過，「船被打中，開始往下沉，我方士兵大多數無法開槍反擊，不過還是有些士兵有辦法朝他們開槍。會游泳的人撿回一條命，但不會游泳的人就跟著船一起往下沉。」塔加曼和一群士兵逃離遭到攻擊的河岸，「我們這輩子從來沒跑那麼快。」他看見一支武裝船隊朝運河開來，船上的槍都指向鄂圖曼陣地。「頭頂上的飛機開始和運河上的船一起轟炸我們。」身為電報員，塔加曼在運河後方較能遮蔽的沙丘邊裝設起電報設備。「聯絡在我們後面的軍隊，把情況告訴他們，這時運河上的機關槍還是一直朝我們發射子彈。」48

攻擊鄂圖曼陣地最猛烈的砲火，一部分來自於埃及人設置在運河西岸高地上的火砲砲台，該陣地居高臨下，可以俯瞰鄂圖曼的浮橋。退休埃及政治家沙菲克敘述中尉阿赫瑪德・艾芬迪・希勒米（Ahmad Efendi Hilmi）是如何下令等到土耳其人越過運河後再開砲，卻在交叉火力下喪命。有三個埃及人在防禦運河過程中被殺，希勒米是其中一個，還有兩個埃及人受傷。埃及蘇丹福埃德（Fuad）隨後授勳給第五火砲砲台成員，獎勵他們英勇的行為。然而，沙菲克立刻提醒讀者：「埃及軍隊參與防禦埃及的戰役，這一點與英國（於一九一四年十一月六日）發表他們將自行承擔戰爭責任、無須埃及人協助的宣示有所牴觸。」無論埃及人多麼稱頌埃及士兵的英勇，他們依舊痛恨被英國人拖進一場與埃及毫無關係的戰爭。49

在二月三日的戰鬥中，英國砲艦摧毀所有鄂圖曼浮船。成功度過運河的土耳其士兵，不是被捕就是被殺。無法達成在運河區搶占灘頭堡的鄂圖曼人，此刻只好盡全力設法擊沉協約國船艦，阻塞水道。巨大的榴彈砲瞄準英國船艦皇家「哈丁號」（HMS *Hardinge*），正中兩支煙囪，損毀船舵和前方火砲，並破壞它的無線電通訊。在面臨沉沒危險之際，「哈丁號」放下錨，撤退到安全的提馬薩湖，這裡在鄂圖曼火砲的射程之外。

鄂圖曼的砲台接著轉向法國巡洋艦「鯊魚號」（*Requin*），以可怕的準度重擊這艘戰艦。一直到看見一縷煙，發現鄂圖曼火砲的位置，法國才能還擊，壓制榴彈砲的攻擊。同時，較輕型的火砲瞄準英國船艦「克里歐號」（*Clio*）開火，這艘戰艦首先設法找出鄂圖曼砲台的位置，之後加以摧毀。[50]

過了中午，鄂圖曼所有地面攻擊行動都被英軍擊敗，他們摧毀了大多數土耳其火砲砲台。傑馬勒帕夏在指揮部與土耳其以及德國軍官開會。土耳其第八軍指揮官馬赫西里．傑馬勒（Mersinli Cemal Bey）主張，依現在情勢看來，鄂圖曼軍已不適合繼續作戰。傑馬勒帕夏的德國參謀長同意他的看法，提議立刻停止作戰。只有馬赫西里．傑馬勒的德國參謀長馮．克烈森史坦上校堅持戰到最後一兵一卒。傑馬勒帕夏立刻駁回他的意見，認為保留第四軍團的實力用以防守敘利亞，並且天一黑就退兵，才是更合理的做法。[51]

預期雙方將在二月四日重新開戰的英軍，看見大批土耳其軍隊在一夜之間消失，感到十分驚訝。英軍巡邏運河東岸，突襲沒有被告知撤退的落單土耳其分遣隊。不過，英軍決定不追趕撤退的鄂圖曼軍，因為他們仍不知道土耳其在這次戰役中派出多少士兵，英軍害怕是否這整批遠征軍，到頭來只是將英軍引入西奈半島深處的某種埋伏戰略。至於鄂圖曼人看見英軍沒有追來，則是鬆了口氣，因此緩緩退回貝爾謝巴。

雙方的傷亡人數都很少。在這場運河戰役中，英軍有一百六十二人死亡，一百三十人受傷。鄂圖曼軍的傷亡人數較高。英國宣稱他們埋葬了兩百三十八個鄂圖曼死者，逮捕七百一十六個戰俘，不過一般認為有許多人死在運河裡。傑馬勒報告的鄂圖曼軍死亡人數為一百九十二人，受傷人數為三百八十一人，有七百二十七人失蹤。[52]

在高加索和蘇伊士運河戰敗之後，戰爭部裡的鄂圖曼指揮官們決定從英國人手中收復巴斯拉。英印聯軍征服南伊拉克的速度，快到讓土耳其青年團執政者大吃一驚，並顯露出土耳其在波斯灣地區的防守不堪一擊。他們的挑戰在於以人數盡可能少的鄂圖曼正規軍收復巴斯拉，把英國人從美索不達米亞趕出去。戰爭部長恩瓦爾將這項任務委託給他的情報單位「特勤組織」中最能幹的軍官之一，他名叫蘇雷曼・阿斯凱立（Suleyman Askeri）。

蘇雷曼・阿斯凱立生於一八八四年的普里茲倫（Prizren，位於現今科索沃境內），是鄂圖曼一位將軍之子。畢業於菁英匯集的土耳其軍事學校，蘇雷曼是一名完美的軍人。就連阿斯凱立這個姓，也是土耳其語和阿拉伯語中的「軍人」。他的革命經歷無懈可擊。年輕時的阿斯凱立服役於莫納斯提爾（Monastir，在現今馬其頓共和國的比托拉（Bitola）），一九〇八年參與土耳其青年團革命。之後他成為軍官，於一九一一年志願前往利比亞，對抗義大利。他在利比亞的德爾納擔任恩瓦爾軍隊中的聯絡官，並且在班加西擔任參謀官。在巴爾幹戰爭中他加入特勤組織，在其祕密的軍職中往上晉升，一九一四年他的軍階僅次於恩瓦爾之下。有人形容阿斯凱立草率而急躁，是一位和恩瓦爾如出一轍的指揮官。他設計複雜的戰爭計畫，夢想著戰勝帝國的敵人，贏得光榮勝利。53

一九〇九年至一九一一年，阿斯凱立在巴格達率領憲兵隊。這項經歷使得他成為鄂圖曼參戰後在土耳其青年團成員中的美索不達米亞的專家。在英印聯軍征服巴斯拉與古爾納之後，阿斯凱立迫切地想反擊，將入侵者趕回波斯灣。他滿心期盼在巴斯拉的一場勝仗，能燃起從阿拉伯到中亞各地穆斯林的熱情，替鄂圖曼的聖戰計畫注入新生命，給英屬印度和俄屬高加索施加壓力。恩瓦爾與同僚內政部長塔拉特帕夏深信阿斯凱立是達成這項任務的不二人選，因此在一九一五年一月三日，指派他為巴斯拉省的總督與軍事指揮官。這位充滿雄心壯志的軍官立刻走馬上任。

阿斯凱立明白自己面臨的挑戰，他必須在盡可能動用最少鄂圖曼正規軍的情況下，募集到驅逐英國人的兵力。他的解決方案是從巴斯拉和鄰近地區招募一支精實的部落軍隊。毫無疑問，阿斯凱立希望能重現利比亞戰爭中他在班加西所目睹精力充沛的部隊，這些部落軍隊與鄂圖曼軍攜手在蘇丹的旗幟之下，對抗歐洲帝國軍。他付錢給部族領袖，以加強對抗歐洲帝國敵人這場聖戰的宗教訴求。接著，阿斯凱立就帶著這批訓練時間很少或沒有時間訓練的各部族組成的新軍，與英軍交戰。

一九一五年一月二十日，抵達美索不達米亞幾天之後，在離古爾納北方十英里的底格里斯河畔，鄂圖曼軍與英軍發生一場小規模戰鬥，阿斯凱立身負重傷。他被帶到巴格達接受治療。然而，這位熱血的土耳其指揮官不願讓他的傷勢阻撓戰事。他的軍官繼續從部落招募士兵，替鄂圖曼軍作戰。阿斯凱立定期與他的指揮官會面，計畫如何解放巴斯拉。他們知道英國人大部分軍隊都在古爾納，這個城市位於底格里斯河、幼發拉底河與阿拉伯河匯流處，戰略地位重要。此時古爾納附近依舊河水氾濫，步兵幾乎無法通行，因此阿斯凱立和軍官們計畫繞過古爾納，攻擊巴斯拉司令部內規模較小的英國駐軍。

一九一五年四月，阿斯凱立傷勢尚未痊癒，就重返前線，指揮進攻巴斯拉。他帶領由四千名土耳其正規軍和大約一萬五千名阿拉伯部落非正規軍組成的軍隊。四月十一日，鄂圖曼軍經過古爾納英軍陣地西邊時被英國偵察部隊發現，偵察部隊隨後警告英國在巴斯拉的司令部。一支由四千六百名步兵和七百五十名騎兵組成的英印聯軍，在巴斯拉西邊的謝伊巴（Shaiba，阿拉伯語為Shuayba）占據陣地，挖掘壕溝，準備驅趕蘇雷曼·阿斯凱立的軍隊。

鄂圖曼軍在謝伊巴西南邊的樹林裡設立基地。四月十二日黎明，他們發動攻擊，正在調養身體的阿斯凱立從樹林中的司令部觀看戰事。他們以自走砲對英軍陣地開火，機槍手掃射英軍壕溝，一波又一波土耳其步兵嘗試突破英國陣線。天空露出曙光時，兩軍都發現他們在攻擊海市蜃樓，濕氣和強烈的陽光使得他們視線模糊。訓練有素的鄂圖曼正規士兵在嚴格的紀律下作戰，但一天下來，有愈來愈多部族非正規軍撤離戰場。54

蘇雷曼．阿斯凱立認為貝都因人是「神聖戰士」的希望破滅了。伊拉克部族無論對蘇丹本人或對他身為哈里發的尊貴身分的忠誠度都很低，英國人在他們眼裡也不特別構成威脅。許多位於波斯灣北邊的阿拉伯首領，如科威特、卡達和巴林的酋長們，都曾積極尋求英國的保護，對抗鄂圖曼統治。因此，當貝都因人和阿斯凱立的軍隊上戰場時，他們是抱持著投機的心態，如果英軍得利，他們會保留見風轉舵的權利。如果戰爭持續得愈久，沒有突破性進展，那麼鄂圖曼發動戰爭的好處，就愈不能說服這些部落士兵。

第二天，英國人繼續進攻。沒有可供調派的飛機，他們無從得知戰場在哪裡（謝伊巴之戰是最後幾個英國沒有事先從空中偵察就投入的戰場之一）。沙塵、熱氣和海市蜃樓使得英國指揮官無所適從。他們看不見撤退的阿拉伯非正規軍，還在背後的土耳其人依舊堅決奮戰。英國指揮官，查爾斯．約翰．麥立斯（Charles John Mellis）少將本來已經打算撤退，這時他收到他的部隊已經設法突破土耳其陣線的消息，「我絕對不想經歷當時的焦慮心情，」他在寫給妻子的信上說，「我收到英軍在四面八方死傷慘重的報告，對於繼續進軍的可能性我深感疑慮。我已經把所有人送上戰場——然而勝敗依然未明。」55

在七十二小時戰鬥之後，筋疲力竭的英印聯軍並沒有追趕撤退的鄂圖曼軍隊。雙方在三天戰鬥中都死傷慘重，謝伊巴之役，鄂圖曼報告的死傷人數為一千人，而英軍為一千兩百人。戰役結束，英國軍醫被留下來面對戰爭的代價。一位醫官回憶：「大批死去和受傷的土耳其人被送進來，他們全都混在一起。那景象十分恐怖，言語無法形容。」56

雖然英軍讓土耳其人平安撤退，疲於戰爭的土耳其人卻無法在撤退時獲得休息。他們往上游朝著位在卡密西亞（Khamisiya）的駐防地前進時，在這段九十英里長的路上，貝都因人沿路掠奪戰敗的土耳其人。土耳其軍官確信，許多這時候攻擊他們的部落成員，就是謝伊巴戰事最激烈時拋棄他們的同一批「志願軍」。對阿斯凱立來說，阿拉伯部族的背信忘義，混和了打敗仗的恥辱。他在卡密西亞召集土耳其軍官，宣洩他對這些貝都因人的憤怒，以及他們在鄂圖曼戰敗一事須扮演何種角色。利比亞戰爭中，土耳其青年團成員與阿拉伯部族並肩作戰、抵禦外侮的情景不會重演；此後也將不會有大規模的穆斯林，從波斯灣岸被解放的巴斯拉一直到印度，起義叛變。光榮的夢想破滅了，阿斯凱立在卡密西亞拿起手槍，結束性命。

謝伊巴戰役的意義重大。從此鄂圖曼人再也沒有試圖收復巴斯拉，而英國在大戰結束為止的這段期間，也確實掌握波斯境內阿拉伯河的油田利益。阿拉伯部族與城鎮揭竿而起，對抗占領巴斯拉省英印聯軍的威脅，此刻已不復存在。德國人和土耳其人希望藉由一場決定性的勝利促成對協約國的聖戰，這樣的希望也破滅了。英國方面也已不再恐懼。幾經考慮，英國指揮官宣布謝伊巴為「大戰中最具決定性的戰役之一」。57

軍隊死傷慘重，再加上指揮官自殺，對美索不達米亞的鄂圖曼軍隊士氣是相當沉重的打擊。阿斯凱立沒能將英國趕出巴斯拉，他的失敗使得美索不達米亞的鄂圖曼軍在面對之後的侵略行為時更無力抵擋。依然兵力充足的印度遠征軍在戰勝之後大受鼓舞，趁著土耳其人一陣混亂時深入伊拉克，征服更多領土。五月時，英印聯軍挺進底格里斯河岸的阿瑪拉（Amara）以及幼發拉底河岸的納西里耶（Nasiriyya）。鄂圖曼人必須倉促迎戰，保護巴格達；在謝伊巴之役被擊敗之後，鄂圖曼軍人力持續短缺，他們拚命地設法重整在高加索被擊潰的第三軍團，因此保衛巴格達的任務變得更加艱鉅。

在一九一四年十二月與一九一五年四月間，鄂圖曼人在三個前線發動攻擊，卻都無功而返。在薩勒卡默什之役，鄂圖曼第三軍團幾乎全軍覆沒，而傑馬勒帕夏第一次攻擊蘇伊士運河時設法撤退，他帶領的第四軍團幾乎都得以保全。蘇雷曼·阿斯凱立設法奪回巴斯拉，最後慘遭失敗。這些戰役暴露出鄂圖曼指揮官的期待不切實際，但一般鄂圖曼士兵卻是無比堅韌與紀律嚴明，就算在最嚴酷的條件下亦是如此。這些戰役也顯示出蘇丹號召聖戰的效果有限。鄂圖曼軍隊戰敗之處，當地的穆斯林就沒有信心再反抗協約國。而協約國相信，讓鄂圖曼人遭受決定性的失敗，他們就能因此永遠擺脫聖戰的威脅。

對於鄂圖曼兵力的局限性，協約國抱持錯誤的自滿心態，因此他們考慮發動一場大規模戰役，將土耳其人趕出世界大戰。他們這次鎖定鄂圖曼帝國首都伊斯坦堡，以及守衛通往這古老城市的海道所在的海峽——達達尼爾海峽。事實上，正是鄂圖曼在薩勒卡默什的進攻，首次讓英國策戰者考慮發動一場入侵海峽的戰役。

第六章 攻擊達達尼爾海峽

一九一五年一月二日，不列顛戰爭會議（British War Council）在倫敦召開，會議的目的是為了考慮是否答應俄軍總司令向英軍的緊急求援。該會議的召集人是英國首相赫伯特·阿斯逵斯（Herbert Henry Asquith），成員是幾位主要內閣大臣，召開的用意為主導英國戰時的人力物力與資源分配。雖然於法而言，戰爭會議只是英國內閣所屬的一個委員會，但它實際上已經演變成一個向內閣報告戰爭政策的獨立決策機構。委員會裡都是重量級人物，包括第一海軍大臣溫斯頓·邱吉爾、財政大臣勞合·喬治（David Lloyd George）與外交大臣愛德華·格雷（Edward Grey）爵士等。然而，在會議中發言最有分量的是位軍人——陸軍大臣霍雷蕭·赫伯特·基奇納（Horatio Herbert Kitchener）元帥。

基奇納勳爵是當時大英帝國最負盛名的軍人，一九一四年的英軍募兵海報上，他那兩撇八字鬍和向前指的動作成為家喻戶曉的圖像。一八九八年，他帶領英軍贏得歐度曼戰役*，再度征服蘇丹王

---

*歐度曼戰役（Battle of Omdurman）：為十九世紀英國殖民地戰爭「馬赫迪戰爭」中的一場戰役，英國與埃及聯手打敗蘇丹政權。

國。在第二次波爾戰爭（一八九九～一九〇二）*中他也曾指揮英軍作戰，而且直到一九〇九年為止都是駐印度的英軍總司令。他堪稱是成員中的戰士型人物。

在一月二日的會議中，討論的焦點在於俄國高加索地區變化多端的情勢。俄軍最高統帥尼古拉斯大公（Grand Duke Nicholas）已經在聖彼得堡與英國駐外軍官會面，告知他俄國的危險局勢。來自薩勒卡默什的消息正逐漸傳入英國，而根據十二月二十七日的最新報告看來，高加索的土耳其人即將包圍俄軍。尼古拉斯希望基奇納承諾對鄂圖曼帝國展開攻擊，緩解俄軍的壓力。

白廳的政治人物無從得知，就在他們討論土耳其人在高加索造成的威脅時，俄軍很快就要大獲全勝，擊敗恩瓦爾的部隊。戰爭會議成員不想拒絕協約國盟友的請求，因此同意派遣英軍攻擊土耳其人。會議一結束，基奇納就發了一封電報到聖彼得堡，向大公保證英軍將會「威嚇土耳其人」。在這項重大決定之後，英國開始著手計畫達達尼爾海峽戰役。[1]

一開始，基奇納主張以海戰對付土耳其人。他不認為英國還能從西線調來一兵一卒；不過，他們可以從地中海東岸調來一些英國和法國軍艦和土耳其作戰。棘手的是，他們必須找出地中海岸的某個地點當作目標，攻擊該地點足以對鄂圖曼帝國構成威脅，那麼伊斯坦堡就會重新部署，為了抵禦攻擊而從高加索調來一些部隊。英國皇家海軍已經準備在美索不達米亞、亞丁、阿卡巴灣和地中海東北角的亞歷山卓塔灣等土耳其軍事據點進行轟炸，但這些達達尼爾海峽外圍的要塞對土耳其軍隊的行動卻沒有顯著影響。基奇納相信，如果在達達尼爾海峽發動一場可能威脅帝國首都的新軍事攻擊，或許能達到他們的目的。「要阻止土耳其人往東增援，我們的威嚇能產生些效果的唯一地點，」基奇納在寫給邱吉爾的信中說道，「非達達尼爾海峽莫屬。」此處就是進入伊斯坦堡的門戶。2

基奇納指示第一海軍大臣邱吉爾諮詢海軍將領，在達達尼爾海峽進行海軍「威嚇行動」是否能奏效。在與地中海東岸的海軍指揮官溝通時，邱吉爾提高任務的難度，不只要他們評估一場海軍轟炸行動，也希望他們對於「僅以軍艦進攻海峽」並藉此威脅伊斯坦堡的可行性發表意見——換言之，也就是要以軍艦穿越戒備森嚴、布滿水雷的達達尼爾海峽，進入馬爾馬拉海，威脅伊斯坦堡。

達達尼爾海峽在地中海與馬爾馬拉海之間，長四十一英里。為防止伊斯坦堡遭敵軍從海上入侵，鄂圖曼人和德國人集中兵力守住地中海與海峽最狹窄處之間長十四英里的這段水道，此處歐洲海岸和亞洲海岸僅相距一千六百碼。他們在海峽這一段沿海加強設置砲台，並將其現代化。鄂圖曼軍與德國盟軍裝設探照燈，以防敵軍夜晚來襲。他們還在海底架設網子阻擋敵人的潛水艇，並設置幾百具水雷，讓敵軍無法通過海峽。

英國的地中海東岸的海軍上將薩克維爾・卡爾登（Sackville Carden）在一月五日回覆邱吉爾，他主張要突破鄂圖曼帝國的防禦並不容易，但英軍卻能以「大量船艦進行大規模的軍事行動」強行進入海峽。卡爾登上將接著草擬攻破海峽的四階段計畫。首先必須「減少海峽入口的鄂圖曼軍事要塞數目」，如此英國與法國船艦才能穿越海峽入口，掩護掃雷艦清出一條安全的道路。第二階段必須「摧毀海峽直到柯沛茲（Kephez）這一段的內部防禦」，柯沛茲是從海岸邊往內陸四英里的一個地點。一

＊第二次波爾戰爭（Second Boer War）：是一場英國與南非的川斯瓦共和國（亦即南非共和國）和奧蘭治自由邦之間的戰爭。

旦英國確實掌控海峽最寬處，接下來他們就能朝最窄處挺進——那裡的水雷最密集，岸上的砲台也最接近航線。在第四階段，也就是最後一項行動中，艦隊會清除布雷區剩餘的水雷，摧毀最窄處後方的防禦部署，然後朝達達尼爾海峽剩餘的二十七英里前進，進入馬爾馬拉海。卡爾登打算僅以海軍的兵力在幾週內達成這幾項雄心勃勃的目標。邱吉爾於是在一月十三日的戰爭會議中提出卡爾登上將的草案，請求會議成員批准。[3]

然而，到了戰爭會議召開，考慮卡爾登的計畫是否可行之時，俄國人已經擊敗恩瓦爾在高加索前線的部隊，因此不再需要英國人的幫助。不過，基奇納早已滿腦子想著要在達達尼爾海峽打一場海軍的大勝仗，並占領鄂圖曼帝國的首都。由於西方前線已完全陷入僵局，協約國強烈希望在東方有突破性的進展。一九一四年十一月到一九一五年一月之間，鄂圖曼帝國在美索不達米亞、亞丁、亞歷山卓塔灣和薩勒卡默什等地一連串的敗仗，使得白廳裡許多人深信鄂圖曼軍已瀕臨潰敗。要是協約國能強行穿越海峽，攻下伊斯坦堡，就能一舉將土耳其人逐出世界大戰戰場。

伊斯坦堡是個大獎賞，但連結地中海與黑海的海峽區，對於戰事而言更是個不得了的戰略資產。如果海峽區在協約國掌控之下，英國與法國就能從黑海調派士兵與物資，配合俄國盟友的攻擊，抵擋德國與奧國從東邊的攻擊。俄國穀物運輸不受海峽封閉的影響，就可以餵飽西線的英法軍隊。基奇納很清楚其中的風險，他向戰爭會議中抱持懷疑態度的同僚保證，萬一失敗，只須撤回船艦即可。一場不須出動陸軍的戰役，好處正是如此。

戰爭會議成員希望能突破僵局，盡快結束大戰，因此於一月十三日同意卡爾登上將的計畫。皇家海軍受命「準備在二月遠征，轟炸並攻下加里波利半島，目標為君士坦丁堡」。[4]

決定在中東開闢新戰線之後，英國立即向其協約國盟友簡報。邱吉爾聯絡法國海軍部長，告知他英國的達達尼爾海峽作戰計畫。法國政府表示全力支持，並保證派出一支海軍分遣隊，接受英國指揮，協同作戰。一月十九日，邱吉爾告知尼古拉大公，與其進行小規模的「威嚇行動」，英國將企圖進攻達達尼爾海峽，占領伊斯坦堡。邱吉爾請求俄國人在同時從黑海向博斯普魯斯海峽北邊發動攻擊，協助英法戰事。俄國人允諾，只要英國船艦一抵達馬爾馬拉海，俄國立刻將海軍派至博斯普魯斯海峽。

俄國人相當願意協助協約國盟友在海峽區發動的戰役。他們早就等著藉由一場歐洲大戰取得攻占伊斯坦堡和海峽區的機會。現在機會唾手可得，他們唯恐另一個勢力（尤其是希臘）會在他們達成目的之前，出兵伊斯坦堡。儘管承諾支持盟友聯手攻擊海峽區，俄國人為了取得伊斯坦堡所投注的精力，大都是透過外交手段，而非軍事手段。5

達達尼爾海峽戰役的計畫，因而有了預期之外的結果，與最初協約國之間瓜分鄂圖曼領土的戰時協議不同。在英法海軍攻擊達達尼爾海峽的背景下，沙皇政府正式尋求其盟友認同俄國對土耳其的領土訴求。一九一五年三月四日，俄國外交部長薩宗諾夫寫信給英國與法國大使，希望盟友能同意「在君士坦丁堡與海峽區的問題上」，與「俄國長久以來的期望」一致。薩宗諾夫詳細說明俄國希望索求的領土：伊斯坦堡；博斯普魯斯海峽的歐洲沿岸、馬爾馬拉海和達達尼爾海峽；鄂圖曼境內米迪－艾尼斯線以南的色雷斯地區（米迪－艾尼斯線是一九一二年第一次巴爾幹戰爭結束時，戰敗的鄂圖曼帝國被強行劃出的一條領土邊界線）。如此一來，就只有位於亞洲的海峽區、位於亞洲的半邊伊斯坦堡以及馬爾馬拉海的亞洲海岸還在鄂圖曼帝國的統治之下，但俄國卻得以控制連結黑海與地中海的關鍵水上航道。

既然在俄國厚顏無恥的要求中並沒有特別要英國與法國退讓其利益，倫敦與巴黎方面也順水推舟。三月十二日，英國將其所稱「整場戰爭中的最豐厚的獎賞」讓給俄國，不過英國也保留在適當時機宣告對鄂圖曼領土所有權的權利。法國已經知道它想要哪一塊鄂圖曼領土：它要求取得敘利亞（包括巴勒斯坦）、亞歷山卓塔灣以及奇里契亞（位於土耳其城市阿達納東南方周圍的海岸區），作為承認俄國索取君士坦丁堡和海峽區的報酬。這些要求以及英國的延緩出戰，都正式記錄在一九一五年三月四日與四月十日之間簽訂的一系列正式的各國往來文件中，也就是後來所知的君士坦丁堡協定。這是戰時數個瓜分鄂圖曼帝國計畫中的第一個，但事後卻證明這個帝國遠比敵人所預期的更堅忍不拔，難以擊敗。6

一月底與二月初，協約國將其戰艦聚集在海峽外。與希臘達成協議的英法兩國向希臘「商借」有爭議的利姆諾斯島上的穆德羅斯港作為軍事基地，此處距達達尼爾海峽約五十英里。英國也占據較小的因布洛斯島（Imbros）與坦內多斯島（Tenedos，現今熟知的是這些小島的土耳其名稱：哥克切達島〔Gökçeada〕和博斯加達島〔Bozcaada〕），從達達尼爾海峽口兩側的土耳其海岸線，可以看得到這兩座島。由於土耳其從未承認希臘宣稱擁有這些在第一次巴爾幹戰爭後取得的島嶼主權，協約國出現在達達尼爾海峽口，並沒有危害希臘的中立（希臘在一九一七年六月才參戰，加入協約國行列）。

協約國策戰者很快便明白他們需要調派一些地面部隊，作為達達尼爾海峽海軍軍事行動的一部分。英國情報單位的報告中宣稱加里波利半島上有四萬名土耳其部隊。即使這些鄂圖曼士兵在大規模海軍攻擊之下撤退，而且海峽如果依然安全無虞、協約國軍隊運輸船隻可通過海峽，英國與法國仍須占領達達尼爾海峽沿岸棄守的要塞。此外，他們也需要一支部隊，在伊斯坦堡被攻陷時占領該城。他們的難處在於說服基奇納勳爵將步兵從西線調往東線戰役。

達達尼爾海峽戰役對於整體戰況可能帶來的利益，令基奇納躍躍欲試，他也能接受動用步兵的需要。然而，他依然向邱吉爾極力主張海軍是攻擊海峽最優先也最重要的軍力。基奇納認為步兵是暫時借來在土耳其進行短期戰役，之後還要返回西線，基奇納認為西線才是最需要陸軍的戰場。因此，地面部隊必須先按兵不動，直到海軍攻占海峽為止。以此為準則的基奇納，在二月底命令英國在埃及的指揮官派遣三萬六千名紐澳軍團部隊，加入穆德羅斯港的一萬名皇家海軍師（Royal Naval Division）。法國也開始召集達達尼爾海峽戰役所需的陸軍。法國動員了東方遠征軍團（Corps Expéditionaire d'Orient），結合歐洲的部隊、殖民地士兵與法國外籍兵團，共有一萬八千人，這些軍隊在三月的第一週完成動員，被派往海峽區。

數萬名協約國士兵與水手聚集在達達尼爾海峽，這場「威嚇行動」已經逐漸演變為一場戰役——而且是一場協約國輸不起的戰役。基奇納認為英國可以在攻擊失敗時喊停而又不失聲譽，但此刻這種說法似乎已不合理。在一九一五年二月開始砲轟達達尼爾外圍要塞之後，如此大張旗鼓的英國已經沒有回頭路，如果收手必定有失顏面。

在穆德羅斯港深處，集結了規模龐大的協約國艦隊，它們將工業時代的戰爭技術帶來中東前線。英國派遣他們的第一艘航空母艦來到達達尼爾海峽。「皇家方舟號」（*Ark Royal*）由商船改裝，船艦上裝設兩座起重機，可從艦身中的機庫內將水上飛機吊至海面上，讓飛機起飛，或將降落的飛機吊回艦上。在利姆諾斯島與坦內多斯島上供航程較遠的重型飛機使用的飛航跑道建造完成之前，「皇家方舟號」上的六架水上飛機可以負責達達尼爾海峽行動中的空中偵察任務。在英國的十四架戰艦與法國的四架戰艦中，最引人注目的就是最大也最現代化的戰艦——巨大的「伊莉莎白女王號」（*Queen Elizabeth*），這艘「超無畏艦」就在該年啟用。它的八座十五英寸艦砲是地中海東岸最強大的火砲，可以將重達一噸的砲彈發射至十八英里遠。其他較小的無畏艦和較舊的戰艦號稱有十二英寸艦砲，射程較短，但還是火力強大。此外，港口還停滿了另外七十艘船，包括巡洋艦、驅逐艦、潛水艇、掃雷艦與魚雷艇。英法戰艦總共有兩百七十四座中型與重型火砲。

海上軍事行動於一九一五年二月十九日開始。協約國船艦的第一個目標就是摧毀達達尼爾海峽外圍要塞與其十九座老舊的火砲，這些要塞位於鄂圖曼歐洲領土的塞杜巴希爾附近，以及亞洲海岸城市庫姆凱萊（Kum Kale）。現代的英國無畏艦比土耳其火砲的射程遠得多。他們毫不留情地向距離海岸五至八英里的要塞開火。英國判斷已有若干砲彈直接擊中鄂圖曼陣地後，隨即將船艦駛向岸邊，檢查要塞損毀狀況。只有在此時土耳其砲手才會開砲反擊，逼迫英國戰艦退回安全距離，思考新的戰術。

雖然協約國的海峽轟炸行動沒有成功，這消息還是造成伊斯坦堡的恐慌。鄂圖曼政府與皇宮準備放棄首都，遷都至安那托利亞的埃斯基謝希爾（Eskişehir），此城位於伊斯坦堡與安卡拉中間。財政部已經開始將儲備黃金搬運至安那托利亞以便安全保管。土耳其的反應讓倫敦方面燃起希望，認為若能成功進犯海峽區，必能引發伊斯坦堡的政治危機，進而讓土耳其青年團政府垮台，促使鄂圖曼帝國立刻簽訂特許權。基奇納獨排眾議，他一直相信成功的攻擊行動能激起如此的一場革命。[7]

強浪與惡劣天候讓再次展開的攻擊行動延遲了五天。二月二十五日，海軍上將卡爾登從更近的距離重新對土耳其陣地展開轟炸。如此一來，他的戰艦也暴露在敵人的砲火下。無畏艦「阿迦門農號」（*Agamemnon*）被土耳其的砲彈嚴重摧毀。然而，在當天的轟炸之下，其他船艦設法壓制達達尼爾海峽亞洲與歐洲兩側外圍要塞裡的土耳其火砲攻擊。在協約國聯軍砲火的猛烈攻擊之下，土耳其守軍放棄陣地。為了摧毀剩餘的火砲，皇家海軍部隊在加里波利半島最南端登陸，他們前進到無人抵抗的要塞，摧毀剩餘砲座，安全無虞之後才回到船上。8

現在協約國船艦進入達達尼爾海峽入口時，無須害怕被外圍要塞的砲火轟炸。如此一來，卡爾登上將可以開始進行戰役的第二階段：掃除水雷，並摧毀來自海峽入口到柯沛茲角的內部防禦。只要英軍移動得夠快，就能發現防禦達達尼爾海峽的地面部隊相對而言其實很少。然而，不實的情報與惡劣的天候延緩英軍前進，也給予土耳其人加強陣地防備的寶貴時間。

二月底至三月中，強風巨浪使得英國與法國船艦連續幾天都無法進行精細的掃雷工作。當天氣轉好，可以掃雷時，英法戰艦便進入海峽保護掃雷艦，使其不受岸上火砲攻擊。協約國試圖摧毀在達達尼爾海峽內海岸邊成列的固定火砲，卻遭到挫敗。火砲架設的地點很好，從海面上幾乎看不到——也轟炸不到。協約國戰艦的沉重砲彈墜入土耳其砲座周圍的土裡，砲座被掩埋，但沒有被毀。戰艦一離開，鄂圖曼人和德國人就挖出砲座，讓這些砲正常運作。9

無論處理這些岸上的固定砲火讓英國與法國感到多麼受挫，德國人在達達尼爾海峽引進的最新型自走榴彈砲卻構成協約國船艦最大的威脅。「這些可恨的火砲不會產生煙霧，又小又方便移動，我無法建議我方該如何找到它們的位置。」一位法國軍官抱怨道。這些活動的自走砲從海峽兩側的山丘後方開火，砲彈碎片落在協約國船艦沒有遮蔽的甲板上，造成重大傷亡。一發砲彈直接命中掃雷行動中的巡洋艦「紫水晶號」（*Améthyst*），奪去二十名法國水手的性命。只有偵察機能找出自走砲的位置，但在飛行員向下方船艦報告這些自走榴彈砲的位置時，砲手早已將砲移動到另一地點，安然無恙地重新對準入侵船艦發射致命的砲彈。[10]

掃雷艦定位水雷的行動，並不比戰艦尋找自走砲更順利。據英國情報單位報告，土耳其人的水雷鋪設在達達尼爾海峽入口到最狹處之間。事實上，他們非常明智，選擇將有限的資源集中在更北的達達尼爾海峽最狹處，使敵人船艦無法通過柯沛茲角與最狹處之間的水域。這表示協約國

加里波利半島上的土耳其砲台。土耳其砲手將自走砲部署在俯瞰達達尼爾海峽的山丘後方，以便摧毀協約國船艦。正如某位法國海軍軍官提到：「這些可恨的火砲不會產生煙霧，又小又方便移動，我無法建議我方該如何找到它們的位置。」

浪費了好幾週在海峽最寬處掃雷，但該處根本沒有水雷。一名法國海軍軍官懷疑德國人故意誤導協約國：「雖然我們對於水雷位置、數量和密度的情報非常精確（這或許是Boche這個字的詞源＊），**目前為止我們連一個水雷都沒找到**。」他在日記裡憤怒地表示。「從二月二十五日到現在，我們到底都在幹嘛？」[11]

在一整個月的軍事行動中，協約國船艦攻打鄂圖曼砲台的進展不大，掃雷行動也無功而返。在倫敦的邱吉爾愈來愈失去耐性。「如果必須折損船艦或人員才能獲得成功，那麼這成功的重要性足以合理化這些損失。」他在三月十一日致電卡爾登上將。「所有為了被迫做出決定而採取精心策劃的行動，即使該行動必須承擔令人遺憾的損失，我們都將全力支持。」為回應邱吉爾的施壓，三月十五日卡爾登上將發布命令攻擊海峽內的要塞，挺進最狹處。然而，這壓力卻使卡爾登付出代價，他在三月十六日倒下，必須被送往馬爾他（Malta）接受治療。海軍中將德羅貝克（J. M. de Robeck）繼任其職位，於三月十八日早晨下令發動攻擊。[12]

在天氣晴朗、風平浪靜的三月十八日早晨，英法戰艦進入海峽發動攻擊，某位德國軍官形容該次戰役為「史上最大規模海上裝甲艦與陸地砲台間的交戰」。早上十一點，超無畏艦「伊莉莎白女王號」帶領海峽口內由六艘最大英國船艦組成的隊伍，向鄂圖曼要塞開火，據一位目擊者說：「砲轟的速度相當快。」英國戰艦持續猛烈砲轟土耳其陣地。「雖然……從要塞內部與周圍的情況看來，幾乎

＊boche是一戰期間法國士兵對德國士兵的蔑稱，意思是頑固、愚蠢。

不可能有人存活，這些要塞依然很有尊嚴地反擊。在恰納克卡雷與基里提巴希（Kilitbahr）這兩個城鎮裡荒廢的木屋著了火，燒了一整天。兩軍對彼此砲轟了九十分鐘，沒有一方獲得決定性的優勢。」13

十二點三十分，四艘法國戰艦迫切加入戰場，帶頭朝柯沛茲角前進。就在往海峽駛入時，法國戰艦遭到來自最狹處的要塞、固定砲台與自走砲的猛烈交叉火力攻擊。之後的幾小時，「蘇福航號」（*Suffren*）與「布維特號」（*Bouvet*）被命中數次，但依舊堅持對敵軍開砲。土耳其對敵軍猛烈砲轟一小時之後，攻勢開始減緩，法國艦隊接到撤退的命令，換成另一批英國戰艦上場。

就在這時候，協約國的情勢開始大為不妙。當「布維特號」準備駛離海峽時，一股強大的洋流將它帶往下游，在達達尼爾海峽亞洲海岸外的艾倫柯伊灣（Erenköy Bay）撞上一顆水雷。水雷將船身炸出一個大洞，這艘戰艦立刻往右舷傾斜。它的桅杆變為水平，灌入煙囪的海水沸騰起來。「布維特號」在兩分鐘內翻覆，三個推進器還離開水面在空氣中運轉。船艦突然沉入海底，船上的七百二十四名船員幾乎全數被困在翻覆的船身內。「似乎沒有人能阻止這艘船注定沉沒的命運，連上帝也無能為力。」一名法國軍官在日記中如此記錄，「就算活到一百歲，我也永遠忘不了目睹『布維特號』沉沒的慘狀。」這整個過程不到短短幾分鐘，只有六十二人活了下來。14

艾倫柯伊灣的水雷完全在協約國的意料之外。數週以來持續觀察英法船艦在艾倫柯伊灣的行動之後，三月七日夜晚至八日凌晨，鄂圖曼人橫越海灣口鋪設了新的一排二十個水雷。這些水雷完全躲過協約國掃雷艦以及飛機的偵察。由於不清楚「布維特號」沉沒的原因——是火砲、漂浮水雷或從岸邊發射的魚雷，因此接著又有幾艘英國戰艦也在艾倫柯伊灣遇難。下午四點左右，英國戰艦「剛毅號」（*Inflexible*）撞上一顆水雷，緊接著「無敵號」（*Irresistible*）也撞上另一顆，船舵被毀，戰艦失去控制，在海上漂流。英國派出「海洋號」（*Ocean*）協助「無敵號」，卻引爆了另一顆水雷。這一排二十顆水雷一連摧毀四艘戰艦。

看到協約國一艘戰艦沉沒，而其他三艘岌岌可危，土耳其砲手發覺勝利在望，於是加倍火力，對受困的船艦開砲。一枚砲彈準確地擊中法國戰艦「蘇福航號」的彈藥庫，引發大規模爆炸，十二名水手死亡；彈藥庫可能因為淹水，免於再次爆炸，但「蘇福航號」幾乎被擊沉。「高盧人號」（*Gaulois*）也被砲彈嚴重損毀，開始進水。「伊莉莎白女王號」被五發砲彈命中。一等被擊中的「剛毅號」退出海峽，以及海軍將生還的「海洋號」與「無敵號」船員從被毀的船艦上

「無敵號」沉沒。一九一五年三月十八日，在這場災難性的海軍遭遇戰中，橫跨艾倫柯伊灣鋪設的一排二十顆水雷，摧毀沿線四艘協約國戰艦，皇家「無敵號」是其中一艘。在土耳其砲手終於擊沉被毀的船艦之前，皇家海軍成功救起大部分「無敵號」上的船員。

救起之後，德羅貝克上將就升起全面撤退的信號旗。

英法船艦遇難，有一個土耳其砲兵連感到特別痛快。一九一四年十二月，命運悲慘的「美蘇迪亞號」被英軍潛水艇的魚雷擊中。鄂圖曼軍將火砲從海床上撈起，安裝在以這艘沉船命名的一座臨時要塞上。該船倖存的砲手團聚在美蘇迪亞砲台前，對敵軍猛烈開火，直到彈藥幾乎用完為止。「美蘇迪亞號」上的火砲軍官沙菲克艦長（Şefik Kaptan）回憶起目睹被擊敗的協約國船艦撤退時的狂喜。「我們贏得了這場戰役，」他喜不自勝地表示，「我們報了失去『美蘇迪亞號』的一箭之仇。」土耳其砲手持續朝在海上漂浮的「海洋號」與「無敵號」開火，直到兩艘船艦繼「布維特號」（以及「美蘇迪亞號」）之後，也雙雙沉入海床為止。[15]

當最後一艘協約國船艦歪歪倒倒地駛離達達尼爾海峽時，土耳其人簡直無法理解他們成功的規模與重要性之大。事實上，這是土耳其人在大戰中的第一場勝利。海峽內歡欣鼓舞的砲手們跳上砲台的胸牆，呼喊著傳統鄂圖曼口號：「Padişahım Çok Yaşa!」「吾王蘇丹萬歲！」然而，伊斯坦堡與鄂圖曼帝國其他城市卻毫無反應。伊斯坦堡的美國大使提到，警察必須挨家挨戶敦促人們懸掛旗幟慶祝勝利。沒有人自動發起示威或勝利遊行。

正在咖啡廳裡寫信給朋友的鄂圖曼軍的年輕中尉哈克．蘇納塔（Hakki Sunata）聽說了這場海軍勝仗。他在之後提到：「當天我們對那場戰役所知甚少」，而且「不曉得敵軍傷亡如何。我猜想，一開始連政府都不明白它的意義，因此沒有把它當成一場重大的勝利來宣傳」。作戰當天總司令部確實發給伊斯坦堡新聞界一連串報告，指出協約國的攻擊是如何猛烈，而土耳其軍隊又是如何英勇地對抗全世界最大規模的海軍艦隊，保衛祖國。然而，鄂圖曼人不大相信戰役已經結束，他們全都預期協約國船艦第二天會回頭再次發動戰役。16

至於英國與法國，對於他們的慘敗十分震驚。三艘戰艦被擊沉，另外三艘嚴重受損，其實已經無法使用；死亡人數超過一千人，還有數百人受傷。光是這一天的軍事行動就使協約國船艦的數目減少三分之一，而鄂圖曼陣地卻沒有遭到重大損害。雖然英法兩國並不知情，鄂圖曼人在此役中幾乎沒有太大損失。他們在海峽內的砲台大致上完好如初，在柯沛茲角與最狹處的布雷區也沒有被觸動，而且鄂圖曼軍死傷人數少於一百五十人。三月十八日的敗仗使得達達尼爾海峽上的海軍戰役告一段落，協約國開始進行陸地作戰計畫。17

三月十九日，戰爭會議於倫敦召開，評斷眼前非常不利的戰況。達達尼爾之役慘敗之後，由步兵組成的地中海遠征軍的總司令伊恩．漢彌頓（Ian Hamilton）爵士說服基奇納勳爵，光靠海軍無法占領海峽。他們需要一支龐大的地面部隊才能攻占加里波利半島，壓制火砲，好讓戰艦進入海峽，進軍伊斯坦堡。在這場慘敗之後，英國絕無可能從海峽的這場戰爭中抽身，皇家海軍也禁不起再一次的失敗。雖然基奇納一直以來反對將軍隊調至西線以外的另一個主戰場，但他別無選擇。「你知道我的看法，」他回覆漢彌頓，「我們必須攻占達達尼爾海峽這條通道，如果必須在加里波利半島進行大規模軍事行動，打開海上通道，我們就必須出兵，完成此一任務。」基奇納撥出七萬五千名步兵執行這個戰役。18

就在此刻，俄國退出協約國對鄂圖曼首都的攻擊行動。既然英國與法國船艦無法到達馬爾馬拉海，沙皇軍隊就沒有義務出兵博斯普魯斯海峽北部。除了黑海岸的小規模威嚇行動之外，俄國人對於達達尼爾海峽戰役幾乎沒有什麼幫助。英國官方歷史在加里波利戰役的記載中，很大方地提到「由於懼怕俄國人登陸，因此土耳其在博斯普魯斯海峽保留了三個師，一直到六月底才撤離」，否則這些軍隊會被派去防禦達達尼爾海峽。[19]

協約國給自己一個月的時間準備入侵加里波利半島。規劃協調這場即將成為目前為止最大的海上登陸行動，一個月的時間根本不夠。然而，協約國策戰者明白，他們花的時間愈久，鄂圖曼人與其德國盟友就愈能充分準備，擊退協約國的入侵。由於協約國海上軍事行動造成的延誤，土耳其人已經早了一個月的起步時間，加強他們在半島的軍事陣地。英國策戰者面臨的挑戰，是在四週內盡可能設計出最好的防禦計畫，戰勝鄂圖曼人與德國人在同樣時間內能擬定的作戰計畫。

這些入侵者將面臨更大的挑戰。結合海上與路上的一場軍事行動所牽涉到的運籌帷幄極端的複雜。他們必須組成運輸船隊，將運送軍隊、自走砲、彈藥、役用動物、食物、水與補給品運送到前線。在海灘登陸則需要數量龐大的登陸艇與駁船。英國軍官在地中海港口搜尋每一艘可用的小船，以現金買下（這些負責軍需品軍官買船的行動，當然讓土耳其和德國情報單位警覺到協約國將立刻進行登陸作戰）。他們必須建造碼頭與浮橋，運送至登陸海灘，接著軍事工程師必須在艱難的環境下，組裝這些碼頭設施。他們還必須準備接納傷患的醫療人員與設施，以及準備好醫療船，以便運送傷勢嚴重的病患到馬爾他與亞歷山卓的醫療中心。這些瑣碎事務的清單似乎沒完沒了，但每一項又都十分重要。

入侵軍隊的多樣性，使得戰爭規劃更加複雜。在這場大戰中，沒有一個戰場比加里波利半島戰場更全球化。地中海遠征軍的軍事人員來自世界各地，人數約為七萬五千人。其中除了英國人（威爾斯人、愛爾蘭人、蘇格蘭人與英格蘭人），還有澳洲人與紐西蘭人（包括非毛利人的歐洲後裔與毛利人部隊）、廓爾喀人與錫克族人、法國人、來自世界各地的法國外籍軍團，以及來自非洲各地的殖民地軍團，包括塞內加爾、幾內亞、蘇丹與馬格里布等地。這些必須在戰場上互相仰賴的士兵，幾乎無法與對方溝通。沒有明確的作戰計畫指導每一個軍隊的行動，這支遠征軍將有成為巴別塔之虞。[20]

防守的鄂圖曼軍任務雖然比入侵的協約國軍隊簡單，他們的風險卻是前所未有地高。他們很有理由將加里波利之役當作帝國生死存亡之役。率領第三軍團的恩瓦爾帕夏在高加索徹底潰敗，回到伊斯坦堡後，他明白自己無法承擔再戰敗一次的後果。然而，鄂圖曼軍必須要有相當完善的組織工作，遍布海峽兩側寬廣的亞洲與歐洲海岸地區的軍隊之間也必須有清楚的聯絡線，才能贏得勝利。一九一五年三月的最後一週，恩瓦爾決定將達達尼爾海峽幾個不同的師組織成一支統一的軍隊——第五軍團。恩瓦爾拋開過去與利曼・馮・桑德斯之間的歧見，拉下了臉，指派他指揮新成立的第五軍團，將防守達達尼爾海峽的任務交付給他。利曼立刻出發前往加里波利市成立司令部。「英國在大規模登陸之前，給了我整整四週的時間準備。」後來利曼在他的回憶錄中寫道，「這段時間剛好足夠完成最必要的安排。」[21]

鄂圖曼第五軍團人數約五萬人，只有敵軍的三分之二。但假如駐守的位置正確，防守灘頭堡所需的兵力應該少於入侵所需的兵力。利曼的挑戰是預測英軍計畫，以便將鄂圖曼軍集中在敵軍最可能登陸的地方。他派遣兩個師（每個師約一萬人）防守達達尼爾海峽亞洲這一側，將另外三個師集中在加里波利半島。然而，半島有六十英里長，鄂圖曼策戰者必須防守許多容易被攻破的地點。

在一番深思熟慮之後，利曼與他的土耳其指揮官們找出加里波利半島上三個容易受到協約國攻擊的地區：赫勒斯角、蜂岬（Ariburnu）與布萊爾（Bulair）。半島最南端的赫勒斯角周圍適合登陸，因為協約國戰艦可以同時從三面向陸地開砲。蜂岬北邊海灘（這裡不久將成為後人熟知的紐澳軍團灣）的某一點離達達尼爾海峽只有五英里，是個很容易登陸的地點。如果協約國控制海峽從蜂岬到梅朵斯（Maidos，現今的艾傑阿巴德〔Eceabat〕）這條路線，他們就能有效地將半島南方截斷，困住防守的鄂圖曼軍。然而，利曼深信，遠在北方的布萊爾位於半島最窄的兩英里處，這裡是最容易被攻打的地方。如果在布萊爾登陸成功，協約國就能切斷整個半島，取得一個掌控馬爾馬拉海的據點，因而切斷至關重要的補給與聯絡線，把鄂圖曼第五軍團困在海峽內。對戰事威脅進行分析之後，利曼決定在上述每個易受攻擊的地點——赫勒斯角、蜂岬與布萊爾，各派駐一個師。

鄂圖曼軍官派人挖掘防禦壕溝，沿著主要的海灘鋪設鐵絲網，阻撓登陸。英國飛機定時在加里波利半島上方巡邏，指示海軍轟炸所有進行防禦工事的地點或土耳其軍隊集結處，迫使鄂圖曼人必須在夜晚才能進行大部分防禦工事。到了四月中，鄂圖曼軍已經挖掘了數英里壕溝，壕溝中隱藏機關槍砲座與火砲砲台，擊退來自海上的登陸行動。這些工作一直進行到敵軍入侵前夕為止——從穆德羅斯港的大批船艦與士兵判斷，鄂圖曼人明白敵人將隨時展開行動。

在無聊的埃及軍營生活之後，大部分紐澳軍團的士兵都很高興能搭船前往加里波利。唯一感到懊惱的是被迫留下馬兒的騎兵。加里波利地形的多山，不可能進行騎兵衝鋒，因此他們的馬兒就被留在埃及。

寫信回家的士兵，信中充滿贏得光榮勝利的期盼。紐西蘭坎特伯里軍團的摩斯廷・普萊希・瓊斯

（Mostyn Pryce Jones）下士在寫給母親的信中，驚嘆他的船艦在四月十六日駛入穆德羅斯港時的景象——大批運輸船載運「英國人、法國人、澳洲人與紐澳軍團，這些軍隊全都迫不及待想上戰場」，以及「數百艘巡洋艦、無畏艦、超無畏艦、潛水艇、魚雷驅逐艦和魚雷艇，這些船艦構成一幅美麗的圖畫」。對於眼前的盛大景象，他感到驕傲又安慰。「這景象讓人了解到**我們的**帝國是多麼強盛，當你明白自己是這些數目龐大、傑出的弟兄們之一時，你甚至能感覺心頭湧上一股驕傲之情。」瓊斯和他的同伴們相信他們正要展開畢生難得的冒險經歷。22

地中海遠征軍的指揮官們積極地將這場即將來臨的戰爭推銷為一場探險之旅。登陸的前一晚，步兵團司令漢彌頓爵士對「法國與其國王的士兵」發表宣言，他將眼前的這場戰鬥形容為「現代戰爭中一場前所未有的探險」。就某種程度而言，這番作秀般的演說是為了提升士氣。然而，它同時也反映出將領們的幻想；這些將領其實和他們所領導的士兵一樣，對於「現代戰爭」往往毫無經驗。

對土耳其人而言，加里波利之役可不是一場探險，而是生死交關之戰。派駐在蜂岬的鄂圖曼陸軍上校穆斯塔法．凱末爾，在他著名的戰前演說中增強軍官們的決心：「我不命令你們攻擊，我命令你們赴死。我們死後，其他士兵與軍官將會接替我們的位置。」對上萬名土耳其士兵來說，這位未來土耳其國父竟一語成讖。23

四月二十五日星期天清晨，月亮落下時，協約國戰艦逐漸接近陣地，準備展開登陸行動。在全面燈火管制以免驚動土耳其人的情況下，船艦四周是一片靜默。實際的登陸地點依舊是協約國指揮官們之間嚴格保守的祕密。他們希望能以騙術與奇襲戰勝守軍，取得灘頭堡，讓其餘入侵軍隊得以在相對安全的情況之下登陸。

為了騙過鄂圖曼人，英國與法國準備佯裝進攻戰區的最北端與最南端。法國派出幾艘船艦開往達達尼爾海峽南邊位於亞洲海岸的貝西卡灣（Besika Bay），他們在這裡假裝進行大規模登陸，試圖將鄂圖曼軍隊滯留在遠離實際登陸海灘的地方，英國人則是不知情地碰巧利用利曼的恐懼，在加里波利半島最北端布萊爾的海灘佯裝登陸。利曼在此派駐了一個師保衛布萊爾陣線，並親自觀察英軍的作戰行動。要不是這些欺敵的軍隊牽制住鄂圖曼的兩個師，他們將會被派駐到實際的登陸地點。

地中海遠征軍分為三支登陸部隊。英國被指派前往加里波利半島南端的赫勒斯角周圍登陸，這裡是主要的登陸點。英軍必須在赫勒斯角周圍的五個海灘同時登陸。法國則必須占領位於達達尼爾海峽亞洲海岸的庫姆凱萊四周，以免鄂圖曼人朝海峽對岸的英軍開砲。一旦英軍攻占海灘，法軍就要從庫姆凱萊再次登船，前去支援赫勒斯角的英軍。紐澳軍團被派往蜂岬周圍地區，阻止所有土耳其增援部隊，並威嚇赫勒斯角的鄂圖曼後方部隊。協約國希望藉由同時攻擊這麼多陣地來擾亂土耳其人，因此土耳其人無從得知必須把兵力集中在哪裡才能驅退入侵者。協約國還希望能在最短的時間內把最多士兵送上岸，以擊敗土耳其人的防禦。

在黎明前的幾小時之內，第一批入侵軍隊從戰艦高處的甲板上爬下繩梯，來到在下方等著帶他們上岸的划艇上。小蒸汽船將四艘划艇以繩索從船艦邊拖到岸邊，水手們最後要划幾百碼才能到海灘上。這些擠在指定登陸艇上的士兵，全部暴露在砲火與榴霰彈之下。為了保護軍隊不受岸上砲火的攻擊，清晨四點三十分，英國和法國戰艦在海灘上施放「大量砲火與煙霧」。「發出的聲音非常可怕，空氣中充滿火藥粉。」事後一名英國海軍軍官寫道。戰艦不停施放砲彈，直到登陸艇離岸上不到半英里為止。[24]

對於早就預期敵軍入侵的鄂圖曼軍而言，船艦的砲彈就是宣布開戰。土耳其軍官吹哨下令人員就防禦位置。同時從二三個方向而來的船艦砲火集中在少數幾個小海灘上，對土耳其陣地造成嚴重損害。「海岸線籠罩著染上些許藍色與綠色的濃濃黑煙，」馬哈穆德・薩布利（Mahmud Sabri）少校回憶，「能見度是零。」他形容海軍砲火如何摧毀機槍陣地，填平交通壕，還將原本用來保護士兵性命的「狐狸洞」變為「墳墓」。「大如雞蛋的」榴彈砲擊中在壕溝中等待的土耳其士兵，造成重大傷亡。然而，猛烈的砲火並沒有讓土耳其軍驚慌失措，反而更堅定他們趕走入侵者的決心。「雖然身首異處的同袍就在身旁，我方士兵並不擔心敵眾我寡，或敵軍砲火如何猛烈，他們就只是等待拿起武器的最佳時機。」就在戰艦停止開火，讓登陸艇靠近海灘時，倖存的鄂圖曼士兵耐心地等待，瞄準目標。[25]

英國人主要登陸點在塞杜巴希爾舊碉堡與赫勒斯角燈塔廢墟之間的V海灘。二月二十五日，在海軍轟炸外圍碉堡之後，皇家海軍陸戰隊已經順利登陸該地，摧毀剩餘的火砲。二月至今，鄂圖曼人盡全力加強此處陣地的防禦力，這塊地方可以俯瞰海灣，形狀像天然圓形劇場。英國策戰者的挑戰，就是讓足夠軍隊登陸，以應付他們預期中即將遭遇到的強悍反抗。四艘划艇只能一次運送一百二十到一百三十人，而英國只能設法拖運六批划艇，人數最多八百人。入侵者必須設法讓更多士兵登陸V海灘。

受過古典文學訓練的英國軍官，在荷馬史詩中找到了解決之道。根據傳說與考古學，特洛伊戰爭的地點在達達尼爾海峽的亞洲海岸。皇家海軍艦長愛德華・昂溫（Edward Unwin）建議「可以學特洛伊木馬的手段，派出一艘看起來沒有攻擊性的煤船，裡面盡可能載滿士兵」，駛向岸邊。全速駛向海灘的蒸汽船不僅會分散鄂圖曼守軍的注意力，而且一艘改裝煤船至少能載運兩千一百人。一旦登陸，這艘船就能成為掩護士兵的登陸平台，也可以當成之後作戰的突堤碼頭。這提議立刻被軍方接受，而煤船「克萊德河號」（*River Clyde*）也配合作戰計畫改裝。它的船體被強化，船頭裝設重砲，可掩護登陸的軍隊；船體也切出暗門，以便裝載的士兵能快速登陸。26

四月二十五日早晨，「克萊德河號」朝V海灘前進，由艦長昂溫掌舵。他看著眼前輕型蒸汽船啟航，迎著海峽的強浪奮力前進，將划艇拖往登陸地點。依舊籠罩在海軍轟炸煙霧中的海灘，寂靜無聲。和昂溫一起站在艦橋的是參謀總部的陸軍中校威廉斯，他有一本以分鐘為單位的航海日誌。六點二十二分，「克萊德河號」在航海圖上準確的登陸位置靠岸。「沒有敵軍。」威廉中校樂觀地記錄。「我們將順利登陸。」他說得太快了。三分鐘之後，當蒸汽船到達岸邊，訓練有素的土耳其守軍開火了。「他們上方是槍林彈雨。」威廉在六點二十五分記錄道。他驚恐萬分地看著其中一艘登陸艇從「克萊德河號」旁漂流而去，船上每一個士兵和水手都死了。在最初登陸的八百人當中，只有少數人沒有受傷，他們上了岸，利用第一排沙丘做掩護。27

馬哈穆德．薩布利少校從土耳其壕溝中描述了同樣的場面：

敵人乘坐救生艇靠近岸邊。當他們進入射程時，我們就開火。多年來，這裡的海洋顏色一成不變，但現在它卻被敵人的血染成紅色。只要發現我們步槍的閃光，敵人就以火砲和機關槍重創該區。此舉並沒有降低我方猛烈的砲火攻擊。

有些希望能保住性命的敵人從救生艇中跳進海裡。他們的指揮官以旗號下令救生艇在海角後方尋找掩蔽，但這些人無處可逃。儘管敵方發射砲彈和機關槍，我方還是持續命中目標，死者滾入海中。（V海灘的）海岸線布滿像蠶豆般排列著的敵人屍體。28

本以為是特洛伊木馬的「克萊德河號」，現在淪為活靶。這艘船靠岸的海水深度太深，無法讓船身中焦急等待的兩千一百個人上岸。船員已經拖來一些駁船和小蒸汽船匆匆搭建浮橋，讓登陸部隊從船上走到岸上。船員費盡千辛萬苦才在達達尼爾海峽的強大洋流之中把船就定位。「克萊德河號」上的一名見習軍官卓瑞（G. L. Drewry）不顧槍林彈雨跳進水裡，建造可用的浮橋。從岸上發射的砲火太密集，以至於當他試圖從水裡抬起一個受傷士兵時，這名士兵卻在卓瑞的臂彎裡被射得千瘡百孔。令人難以置信的是，卓瑞成功地搭好浮橋，沒有被射中。土耳其守軍從頭到尾將砲火瞄準靠岸的煤船。兩顆砲彈劃破第四船艙，殺死了幾個人。土耳其射手對船的槍眼開砲，殺了那些拚命想看一眼戰爭場面的人。

「克萊德河號」上的屠殺固然慘烈，浮橋上的死亡人數卻是到達高峰。土耳其人將槍砲瞄準狹窄的浮橋堤道，在曼司特與都柏林燧發槍步兵團（Manster and Dublin Fusiliers）還沒設法上岸之前就掃射他們。「我留在駁船上，試圖讓士兵上岸，但這舉動無異於謀殺；很快地第一艘駁船上就擠滿了死傷的士兵。」卓瑞敘述。他的說法和馬哈穆德．薩布利所描述的相同，看見被士兵鮮血染紅的海水，十分驚駭。「上岸的士兵情形也沒多好，許多人在來得及挖壕溝躲避之前就已經被殺了。」

在指揮官下令終止這次自殺登陸之前，已經有一千人試圖走上浮橋。少數活著上岸的人在沙丘後方躲避，等待夜幕降臨。之後海潮將不牢固的浮橋移位，橋與陸地分開。剩餘的士兵躲在煤船加強的船體內，等到傍晚砲火逐漸減弱時才將橋修復，繼續登陸行動。他們只有把傷患從小船運回煤船上時，才冒著被砲火擊中的危險到外面去。29

英軍在W海灘的登陸行動一樣傷亡慘重。將近一千名士兵不安地坐在登陸艇的板凳上，這時登陸艇逐漸接近赫勒斯燈塔廢墟下方的海灘，這裡依舊瀰漫著海軍猛烈轟炸後的煙霧。他們遭遇一群壕溝中的土耳其守軍，人數大約有一百五十人。蘭開夏燧發槍步兵團（Lancashire Fusiliers）的哈沃斯少校（Major Haworth）回憶，當登陸艇離岸邊只有五十碼時，從「俯瞰海灣的懸崖上，突然有步槍與馬克沁機槍（maxim gun）子彈朝岸上一陣掃射」。他提到「勇敢的水手們」是如何「在雙方士兵都被擊中時」繼續將登陸艇划向岸邊。登陸艇接近海灘時，哈沃斯少校下令軍隊離船上岸，躲避砲火。他們發現此處水深及胸。之後有許多被土耳其砲火擊中而受傷的士兵，由於背包太重而沉入水底溺死（每個士兵攜帶兩百輪彈藥與三天份的糧食）。30

在W海灘上岸後（之後這裡被重新命名為蘭開夏登陸點），哈沃斯的部隊受困於致命的交叉火力。其中一位陪同他上岸的艦長受了重傷。哈沃斯追蹤砲火來源，發現那是在一座山丘頂端，他下令同行士兵猛攻該陣地。他們往陡峭的山坡前進時，這名英國軍官看著他左右兩邊的人一一倒下，非死即傷。一名土耳其守軍在近距離朝他開槍，把他右耳上方打掉，他差點被殺。哈沃斯以左輪手槍射殺了那人，繼續朝山頂的陣地前進。「我一到達壕溝，就有一場大爆炸——壕溝被炸毀，我和我附近的人趕緊再跑回山崖底下。」暈眩的哈沃斯集合他那四十個倖存的夥伴，在山丘下躲避，在那天接下來的時間，他們被狙擊手攻擊。他手下有六人傷亡，之後哈沃斯自己背部中彈。受傷動彈不得的哈沃斯被困在死傷的同伴身邊，直到夜晚來臨，醫療船才靠近海灘。31

英國在赫勒斯角其他幾個海灘的登陸行動較為容易。在莫羅托灣（Morto Bay）的登陸小隊只遇到少數土耳其守軍，他們很輕易就建立陣地。土耳其沒有預料到X海灘也有登陸行動，因此只留下一個排的士兵駐守該地。入侵的英軍以相當低的傷亡人數就攻下這個海灘。

Y海灘的登陸部隊發現他們的陣地完全無人防守。在十五分鐘內，兩千人就已肅清海灘，攀登陡峭的山崖，來到高原上。然而，當他們準備往南移動，鞏固英軍在赫勒斯角的陣地時，他們發現陡峭的澤恩溪（Zigindere）河岸，也就是哥利河谷。英國策戰者所用的地圖並不準確，地圖上沒有提到這裡有無法通過的地形障礙。登陸部隊不只無法解救南邊受困的英軍，他們還發現當天下午鄂圖曼部隊發動猛烈反擊時，河谷擋在他們背後。受困於高原無路可退，整晚遭受土耳其軍堅定的持續攻擊，英方傷亡人數超過七百人；第二天早上，他們才有辦法肅清Y海灘。

一天下來，一波波英軍增援部隊登陸。入侵的英軍開始把鄂圖曼守軍從赫勒斯角海岸線趕回陸地去，緩解英軍蒙受重大傷亡的V與W海灘的壓力。夜晚來臨，新的英國部隊也在這些致命的海灘登陸。「克萊德河號」的船員重新組裝突堤碼頭。晚上八點到十一點半之間，剩餘的軍隊下了船，經過傷者和死者身邊。土耳其守軍在登陸海灘上「以砲彈、榴霰彈和其他可恨的武器」繼續開火。不過，砲火沒有昨天密集，而且根據見習軍官卓瑞在「克萊德河號」上的觀察，敵軍的砲火「沒有造成什麼傷害」。

激戰了一天之後，土耳其守軍看見一波波新到來的英國士兵登陸，他們愈來愈擔心。在V海灘的其中一位守軍寫信給他的上級軍官，不斷迫切地要求增派援軍或准許撤退。「請叫醫師來帶走我的傷患。唉呀！唉呀，指揮官，看在上帝的份上，請派出部隊支援我，因為有數百名士兵正在登陸。」當天晚上，土耳其軍在W海灘兩次持刺刀進攻英國陣地，隨後才退回後方戰線。[32]

截至四月二十六日星期一黎明為止，英軍攻占了五個登陸地點中的四個；之後在當天早晨他們肅清Y海灘，將倖存的軍隊調派至其他陣地。在加里波利半島之役第一天結束後，英國人設法攻占了一個灘頭堡，但他們付出的代價十分慘烈。鄂圖曼的強烈抵擋出乎他們意料之外，使得英軍放棄攻至往內地五英里的高地阿奇巴巴（Achi Baba，也就是艾爾奇丘〔Elçı Tepe〕）的壯志。儘管從此刻直到一九一五年底的這段期間，英軍持續有人員與物資部署在加里波利半島，他們卻一直沒有到達阿奇巴巴。

一開始登陸庫姆凱萊海灘時，法軍沒有遭遇太大抵抗。早晨五點十五分，法國船艦沿著海岸對鄂圖曼陣地開火。他們砲轟的時間比原本預計的長，因為洋流遠比預期中強大，延誤登陸小隊的時間（和英軍在赫勒斯角遇到的情形一樣）。法國將延誤的兩小時當作進攻優勢，徹底摧毀庫姆凱萊的土耳其軍，並且將守軍趕回曼德列斯河（Menderes River）東岸。等到塞內加爾部隊在早上十點襲擊海灘時，只有一架機關槍還在騷擾法軍，而且它很快地就被海軍砲火消滅。十一點十五分，法軍占領了庫姆凱萊，確保在赫勒斯角登陸的英軍不會在陣地遭到攻擊。[33]

當天，庫姆凱萊的登陸行動持續進行。截至下午五點三十分，所有人員與火砲都已上岸。法軍鞏固在庫姆凱萊的陣地，準備面對大批集結在附近城鎮耶尼謝希爾（Yeni Şehir）的土耳其軍。夜幕降臨，土耳其人對法國陣地展開四次攻擊中的第一次。激烈混亂的徒手搏鬥取代了刺刀衝鋒。雙方傷亡人數持續增加。雖然法國守得住庫姆凱萊，他們卻開始質疑試圖攻占耶尼謝希爾是否為明智之舉。占領亞洲海岸原本是暫時的，每當有一名士兵在庫姆凱萊傷亡，就代表增援加里波利半島英軍的人又少了一個，而那裡才是他們最需要兵力的地方。

四月二十六日早晨，八十名沒有攜帶武器的一群希臘與亞美尼亞鄂圖曼士兵舉起投降的白旗往法國前線前進。法軍將他們當作戰俘逮捕。過了不久，數百名土耳其士兵公然朝法國前線走去，不過這些人有武器，他們拿著裝好的刺刀。法國人相信他們也是來投降的，因此就讓這些人上前，並說服他們放下武器。一位名叫侯凱樂（Rockel）的法國陸軍上尉上前溝通，他消失在那群人中，之後再也沒有人看見他。土耳其士兵利用這場混亂潛入法國陣線中，在被占領的庫姆凱萊村內攻占陣地。其他人與法國士兵推擠，搶奪了兩座機關槍。當這種情形傳到法國指揮官阿勒貝赫・達瑪德（Albert d'Amade）將軍耳裡時，他下令軍隊開火。法軍發現他們遭到自己戰線後方的房屋發射出的子彈攻擊，於是他們對著一群法國與土耳其士兵開火，場面混亂不堪。法軍持續作戰，為收復庫姆凱萊一直作戰到午後，並且轟炸被土耳其部隊占領的房屋。為了報復侯凱樂上尉在舉談判白旗時（據揣測）被殺，法國人立刻處決一名土耳其軍官和八名士兵。藉由散播混亂與騷動，土耳其人把法國人困在庫姆凱萊，造成入侵法軍的嚴重傷亡。[34]

法國傷亡人數逐漸增加，而英國在赫勒斯角的增援需求愈來愈迫切，因此四月二十六日，協約國指揮官決定從庫姆凱萊撤軍。在夜色掩護下，所有法國軍隊與物資再次登船，還帶著四百五十名土耳其戰俘。四月二十七日早晨，他們越過海峽，從連接到「克萊德河號」、此刻已安全無虞的登陸突堤碼頭，在V海灘上岸。加里波利的法軍駐紮在協約國戰線右邊，也就是東邊，俯瞰達達尼爾海峽；英軍則是集中在戰線西邊，俯瞰愛琴海。他們共同鞏固一條戰線，迎戰入侵軍隊以及掌控加里波利南端的戰略高地阿奇巴巴之間強大的鄂圖曼防禦陣地。35

第一批澳洲部隊在四月二十五日黎明出發前往蜂岬海岸。他們預計登陸的地點是一條往北延伸的岬角，也就是著名的迦巴丘（Gaba Tepe，也就是凱巴提貝〔Kabatepe〕）。然而，策戰者又再一次錯估加里波利海岸外的洶湧海流，因此拖著四艘登陸艇的蒸汽船漂離原本的目的地，在距離登陸地點以北一英里多的一個小海灣上岸，之後此處就以這些入侵軍隊的名稱命名為紐澳軍團灣。在晨光中的陌生海岸邊，引導登陸艇的水手難以辨認位置。這表示船隻登陸時，軍隊面臨的是和計畫中完全不同的地景，他們必須多攀登一座山脊才能

一九一五年四月二十五日早晨，澳洲軍隊在紐澳軍團灣登陸。這些「像沙丁魚般擠在小船上」的士兵，暴露在鄂圖曼守軍的機關槍子彈與火砲之下。拍攝這張照片的上等兵喬伊納（A. R. H. Joyner）在加里波利之役活了下來，卻在一九一六年十二月死於西線。

到達高原。登陸地點錯誤所造成的混亂，在這一天接下來的時間裡將會釀成紐澳軍團的災難。

鄂圖曼軍的哨兵發現了接近岸邊的小艇。以官方歷史學家身分跟隨紐澳軍團的新聞記者賓（C. E. W. Bean）在日記裡記錄了早上四點三十八分這個時間，這時他首次聽見從岸上傳來步槍開火的聲音——「一開始只有幾發，接著槍聲愈來愈大且持續著。」登陸部隊接近岸邊時，感覺到他們毫無遮蔽。「像沙丁魚般擠在船上，這時土耳其人從圍繞在岸邊的一座大山丘頂上，歡欣地向我們開砲。」第一批紐澳軍團中的一名澳洲士兵回憶。看著身邊同袍隨機地被殺死或負傷，這些士兵們匆匆離開登陸艇。[36]

一上岸，他們精心設計的作戰計畫開始瓦解。被洋流沖離目標地的登陸艇不但登陸在錯誤的地方，而且還亂了次序。士兵們與各自的指揮軍官分散，各單位也混在一起。在雙方砲火互攻之下，澳洲士兵只好聽從距離最近的軍官指揮，他們裝上刺刀，衝上山丘的第一個山脊，將鄂圖曼守軍往回趕。正如一名澳洲步兵在家書中寫道：「這些年輕的士兵一路上不停歡呼，我真的相信這麼做讓土耳其人聞風喪膽，因為當我們接近山頂時，他們從壕溝裡跳起來狂奔而去，跑到半英里多之外的第二條壕溝去了。」快而奏效的刺刀衝鋒使得澳洲人產生錯覺，過於自信，因為鄂圖曼人已經開始準備擊退入侵者。[37]

凱末爾將指揮部設在離紐澳軍團灣幾英里處。一開始聽說紐澳軍團登陸時，這位鄂圖曼指揮官派出一支騎兵隊前去觀察並回報軍情給他。早上六點三十分，凱末爾的上級軍官命令他派遣一個營（約一千人）的士兵抵抗入侵敵軍。根據他自己的情報來源，凱末爾知道他需要調派一整個師（約一萬人）才能擊退規模如此龐大的敵軍。他下令鄂圖曼第一步兵團與一個砲兵連準備應戰，接著他出發到前線，親自評估戰況。38

早上八點，已經有八千名澳洲士兵在紐澳軍團灣登陸。十點四十五分，第一批紐澳軍團的部隊抵達岸上。這些入侵軍隊在登陸地點的最北與最南邊遭到激烈抵抗，以壕溝掩蔽的鄂圖曼砲手部署了殺傷力強大的榴霰彈與機關槍。北邊的登陸部隊被機關槍掃射，一百四十人中只有十八人毫髮無傷地上岸。登陸地點最靠近迦巴丘的士兵遭遇高地上鄂圖曼砲台猛烈的榴霰彈攻擊。然而，早晨過了一半，紐澳軍團的主要部隊已經占領海灘中央地帶，將鄂圖曼守軍驅離俯瞰紐澳軍團灣的第一與第二山脊。正前往前線的凱末爾遇到一群彈藥用完的撤退士兵。他命令他們在沒有子彈的步槍上裝好刺槍，守住陣地。

這位鄂圖曼指揮官對於紐澳軍團陣地的弱點做出正確的評估。雖然成功地讓數量龐大的士兵登陸，但這些澳洲人與紐西蘭人的「前線範圍非常大且不利於作戰……前線被數個山谷分割，阻礙軍隊前進」。正因如此，敵軍的每一個前線幾乎都很弱。更何況凱末爾對於手下士兵的戰鬥力相當有信心。就在組織部隊進行反擊時，他思考著：「這不是一般的攻擊行

凱末爾於加里波利。這位未來的土耳其國父是一戰中最傑出的鄂圖曼將領之一，曾在加里波利、埃迪爾內、高加索、巴勒斯坦與敘利亞等地作戰。之後他成為土耳其共和國的首位總統。

動。在這場攻擊行動中的每一個人都渴望成功，或抱著必死的決心前進。」

土耳其還擊的強大力量讓紐澳軍團大為驚訝。接近正午，「（鄂圖曼人）兵力大為增強，開始拚命地反擊，在火砲與機關槍的支援下，他們以極高的準度開砲，讓我們吃足苦頭」，一名澳洲士兵事後寫道。當新一批紐西蘭士兵前來增援紐澳軍團時，他們挖掘壕溝，準備「迎接一整夜不停止的瘋狂相互射擊」。鄂圖曼軍擁有以自走砲、大量落下的榴霰彈以及機關槍射擊對方的優勢，紐澳軍團開始蒙受大量傷亡。39

來自紐西蘭的摩斯廷・普萊希・瓊斯下士，在第一天的戰鬥中，已經將戰爭冒險的幻想拋在腦後。他的部隊在十點左右登陸，接著在一場宛如冰雹般的榴霰彈中，從陡峭的山谷往上爬。「我們的人員一個接著一個往下墜落，但依然堅持到底，最後終於取得射擊位置。」死傷人數增加，令瓊斯感到灰心喪志。「看著不久前才與你有說有笑的好友與同袍遍體鱗傷地往下掉，旁人根本無法想像這幅情景多麼恐怖。」當天晚上點名時，兩百五十六名和瓊斯在一起的士兵，只剩下八十六名，其餘的人不是死了、受傷、失蹤，就是在紐澳軍團灣的混戰中和其他人走失。40

一天下來，有愈來愈多落單的士兵放棄前線射擊位置，回到岸邊。他們為了攀登俯瞰登陸地點的陡峭山坡，把沉重的背包留在海灘上，在經過一天激烈的戰鬥之後，士兵又餓又渴，彈藥存量也不足。這些疲憊而士氣低落的士兵設法走下大山谷，來到下方的海灘。他們現在不過是些殘兵敗將。

土耳其守軍充分利用紐澳軍團的困惑與混亂。在一場可說是當天最大膽的行動中，一群鄂圖曼士兵潛入澳洲人前線，假裝成大英帝國軍隊的其中一支印度部隊。由於澳洲人正等待一支印度增援軍，土耳其人的伎倆比他們自己預期得還要成功。有消息傳到前線，說是一群印度人抵達此地，要求與澳洲軍官會談。一位名叫艾爾斯頓（Elston）的中尉在翻譯官的陪同下去見這些「印度人」。他們要求會見位階更高的軍官，「討論一些事情」。因此，紐澳軍團派出一位副官名叫麥唐諾的上尉加入他們的會談。「不久他們又有訊息傳來，他們想見上校。」當紐澳軍團的指揮官波普上校（Colonel Pope）抵達時，他發現艾爾斯頓和麥唐諾「正與六個士兵會談，他們手上都拿著裝上刺刀的步槍」時，他開始懷疑這是個陷阱。就在上校接近這群人時，土耳其士兵包圍了這些澳洲人。波普設法逃離了子彈攻擊，但艾爾斯頓、麥唐諾和一名下士全都被土耳其人俘擄，伊斯坦堡的報紙第二天就報導了這條妙計。這則新聞讓澳洲記者賓大開眼界。他提到：「任何一個東方人穿上印度服裝，都很容易假扮成印度人來到海灘上；我們軍團裡沒有一個人認得出他是哪裡人。」41

在第一天登陸行動中，約有一萬五千名紐澳軍團部隊在蜂岬附近登陸。他們的死傷率是百分之二十，有五百人死亡，兩千五百人受傷。紐澳軍團派出所有人員投入戰場，沒有保留任何士兵。在一場激烈的戰鬥中，紐澳軍團攻下了灘頭堡，但遭遇鄂圖曼人堅強的防守，他們連一半目標都無法達成。山谷裡和海灘上到處都是蹣跚的士兵，紐澳軍團指揮官們認為他們鎮守前線的士兵人數不夠，因此愈來愈難守住陣地。這些指揮官擔心的是，如果鄂圖曼人在第二天發動大規模反擊，他們防止一場災難的機會就微乎其微了。在權衡種種選擇之後，指揮官們決定請求船隻將所有士兵從蜂岬撤出。42

遠征軍總指揮官漢彌頓爵士在四月二十五晚間至二十六日凌晨與他的軍官開會討論他們有何種選擇。雖然設法完成登陸行動，協約國士兵已經傷亡慘重。雖然沒有一組登陸小隊達成他們第一天所設定的目標，漢彌頓相信，在協約國士兵都已上岸後，最壞的情況已經過去。從所有軍情報告看來，鄂圖曼人也同樣死傷慘重，而且他們被迫將兵力分散，同時在好幾個地點與協約國作戰。為了守住陣地，協約國希望能重挫鄂圖曼人的耐力與士氣。任何讓紐澳軍團回到船上的嘗試（這是一項為時兩天的行動）將會造成反效果，激勵土耳其人，讓撤退的士兵容易遭受攻擊。

漢彌頓決定拒絕指揮官們撤離士兵的要求。「此戰別無他法，只能挖好壕溝，並且堅持到底，」漢彌頓解釋道，「請對你們的士兵動之以情……呼籲他們盡最大力量堅守陣地。」為了強調他的重點，漢彌頓附注說明：「你們已經度過最艱難的時刻。現在你們只要不停地往下挖、挖、挖，直到安全為止。」由於沒有野戰火砲，漢彌頓下令戰艦對紐澳軍團壕溝後方的土耳其陣地開火，讓這些士兵有時間鞏固陣地。四月二十六日，當太陽升起時，漢彌頓所擔心的土耳其軍反擊砲火並沒有出現。看來在重返戰場之前，雙方都需要時間重新整軍。[43]

從加里波利半島陸地戰的第一天看來，鄂圖曼人與入侵部隊的表現顯然旗鼓相當。在這場對幾乎所有士兵而言都是初次經歷的戰役中，雙方展現了無比韌性與勇氣。然而，在四月二十五日揭開序幕的這些事件之後，接下來數個月恐怖的激戰中需要的是更大的韌性與勇氣。雙方指揮官將面臨困難的抉擇，在海峽區與其他迫切需要部隊的前線之間找出平衡點。對協約國而言，西線的需求永遠是第一優先。對鄂圖曼人而言，第一優先的戰區則是達達尼爾海峽，因為它是帝國存亡的關鍵。

然而，鄂圖曼的策戰者無法奢侈地將心力集中在海峽的防禦。土耳其青年團執政者在數個前線同時面臨急迫的軍事資源需求，尤其在高加索，此處俄國人與亞美尼亞人聯手威脅防禦力特別弱的鄂圖曼地區。為了處理此一威脅，土耳其青年團執政者將訴諸某種手段。一直到今天，這種手段依舊被控為一項泯滅人性的罪行。

第七章　亞美尼亞滅種大屠殺

截至一九一五年春天為止，鄂圖曼人在三個戰線遭到敵軍入侵。自從一九一四年最後幾個月征服了伊拉克南方的巴斯拉地區之後，英印聯軍就已對鄂圖曼帝國南方門戶造成致命的威脅。在東方，在那場一九一四年十二月至一九一五年一月之間恩瓦爾帕夏發動思慮不周的薩勒卡默什對俄戰役之後，鄂圖曼第三軍團徹底瓦解。在西方，英法戰艦持續攻擊達達尼爾海峽，協約國步兵已經在海峽兩側成功地鞏固了數個灘頭堡。一九一五年三月，帝國首都陷入一片恐慌的情形不難理解。看來鄂圖曼帝國毀滅在即。

嚴冬形成的天然防禦讓士兵得以喘息，但隨著春天來臨，這情形已接近尾聲。高加索山深深的積雪開始融化。加里波利半島上，颳著冬季強風的愛琴海此時已風平浪靜。鄂圖曼的敵人再一次展開行動，到了一九一五年四月，帝國遭遇到歷史上最嚴峻的各種挑戰。

面對這些同時來襲的威脅，土耳其青年團執政者能使用的手段非常有限。他們拚命設法重建第三軍團，以抵禦高加索的俄軍攻擊，同時集中所有可用的部隊防禦達達尼爾海峽，於是用來擊退美索不達米亞英軍的正規軍幾乎所剩無幾。為了向敵人全面開戰，鄂圖曼帝國動員所有人口，擴大增兵，調派警察與憲兵單位增援正規步兵（憲兵就是騎馬的鄉村警察）。恩瓦爾的祕密武力「特勤組織」動員對象包括庫德族人和貝都因人，此外還釋放囚犯，充當非正規軍。一九一五年春天，土耳其青年團執政者宣布所有鄂圖曼境內的亞美尼亞人為危險的第五縱隊*時，團結黨人甚至動員一般老百姓協助他們進行滅種屠殺。

第三軍團在薩勒卡默什被俄國擊敗之後，某個隱形的敵人將其倖存士兵徹底摧毀，這敵人就是疾病。一九一四年十月至一九一五年五月間，土耳其東北方有多達十五萬名士兵和平民因罹患傳染病而死，數目遠超過死在薩勒卡默什戰場上的六萬名土耳其士兵。1

士兵罹患許多傳染性疾病。暴露在惡劣天候中，數週之後，他們的免疫力大為降低，於是經由搜刮而來、被汙染的食物和水，感染傷寒與痢疾。帶有斑疹傷寒的虱子與跳蚤，寄生在沒有洗澡的士兵身上。當這些士兵住在安那托利亞東部城鎮與村莊的民宅中時，他們又傳染給老百姓。這些致命的疾病從士兵身上傳到老百姓身上，然後又往回傳染給士兵，不斷散播，在一九一五年的前幾個月已經達到流行病的規模。

治療傷患已經感到焦頭爛額的埃爾祖魯姆的鄂圖曼醫療當局，現在完全被這些傳染病擊敗。由於軍醫院中只有九百張病床，醫療當局被迫強行徵用埃爾祖魯姆的每一間學校、清真寺與政府建築物，容納受傷與生病的患者。每天都有高達一千個新病患獲准入院；在這場傳染病危機到達高峰時，埃爾祖魯姆的病患總數曾多達一萬五千人。食物和醫療補給品迅速消耗殆盡，使得病患的處境更加悲慘。病患有時兩三天沒有食物可吃。在埃爾祖魯姆，士兵其實是餓死在醫院裡。在嚴冬中，政府也沒有足夠的柴火讓這些臨時的醫療場所暖和起來。種種不良的條件使得受傷與生病的患者處境更加困難，死亡率同時也高得嚇人。[2]

埃爾祖魯姆的美國教會學校被改為有四百張床位的醫院，醫療傳教士愛德華・凱斯（Edward Case）醫師卻認為如此更加速疾病散播，而非治療疾病。病人擠在地上鋪著禾稈床墊的房間裡，感染者根本不可能被隔離。沒有消毒或其他戰勝疾病的衛生手段，醫院本身很快就成為傳播疾病的中心。根據凱斯醫師的報告，埃爾祖魯姆在一九一四年十二月到一九一五年一月之間有多達六萬人死亡（百姓和士兵人數的總和）——這個城鎮戰前的人口也只有六萬人。埃爾祖魯姆不是特例。駐特拉布宗的美國領事估計，一九一四年與一九一五年之間的冬天，這個黑海港口市鎮有五千到六千名士兵與百姓死於斑疹傷寒，當地醫師宣稱在傳染病流行的高峰，斑疹傷寒死亡率到達百分之八十。[3]

這些惡劣的狀況使得醫護人員和他們照顧的病人處在同樣的危險中。根據凱斯醫師的描述，在某段時間內，有三十至四十位醫師被困在埃爾祖魯姆這間「有傳染性的醫院裡，他們全都感染斑疹傷寒，而且幾乎半數，或超過半數，都死於該疾病」。在這些不利於健康的病房裡待了兩個月之後，凱斯自己也感染傷寒，不過他康復了。凱斯比許多人都幸運：美國駐特拉布宗領事聲稱，在一九一四年十月至一九一五年五月間，有超過三百位醫師與醫護人員死於土耳其東北部地區。隨著愈來愈多醫護人員生病和去世，能夠治療生病與受傷患者的人就愈來愈少，因此他們的病痛程度與死亡人數也隨之增加。

一九一五年冬天，死者在生者的心頭造成沉重的負擔。凱斯醫師描述他在埃爾祖魯姆目睹的慘

＊第五縱隊，意指躲藏在內部進行顛覆破壞的敵方間諜。

狀：「死亡人數太多，他們不准在白天埋屍體。夜晚他們將赤裸的屍體以馬車載運到壕溝裡，死者的衣服已經被人從背後脫掉。我看見一個壕溝，應該說是一個大洞裡，堆了一半死人，這些什麼姿勢都有的屍體被人像垃圾一樣丟掉，身體有一半沒有被掩蓋，他們的頭、手臂、腿或甚至身體某部位的殘骸都暴露在外。隨後有其他屍體被扔在這些原有的屍體上，然後全部埋在一起。那真是一幅可怕的景象。」凱斯甚至還看見垂死的人被放在這集體墳墓裡，任由他們在自己即將被埋葬的地點斷氣。面對數量龐大的死者與垂死者，活人已經失去同情心。4

曾服役於薩勒卡默什的醫官艾提下士，在傳染病高峰期被派駐到埃爾祖魯姆的軍醫院。他的前任醫官感染斑疹傷寒之後，他被指派為隔離區的醫務人員主管。艾提發現這是一項令人筋疲力竭的工作，而且暴露在數百名染病的患者中，非常危險。他再三想請調換工作，但都沒有成功，因為有愈來愈多生病和受傷的人湧入醫院，填滿剛死去的人留下來的空床位。在前線服役過的艾提了解並同情這些人。他對於一般士兵受的苦感到愈來愈憤怒，於是漸漸地把憤怒發洩在亞美尼亞人身上，把他們當成代罪羔羊，認為土耳其人戰時的痛苦都是因亞美尼亞人而起。

早在薩勒卡默什前線，艾提就已經對亞美尼亞人產生強烈的敵意。他經常指控他們越過前線投奔俄國人，不忠於鄂圖曼帝國，還把鄂圖曼陣地的情報提供給敵人。他也曾報告他的鄂圖曼同袍「意外地」殺死亞美尼亞士兵，而且一副趁心如意的樣子。但只有在醫院工作時，艾提能藉機表現他深深的仇恨。

來自艾提家鄉的一名士兵之死，成為他對亞美尼亞人表達爆怒的導火線。這受傷的男人告訴艾提，他奉命從前線撤退，但運輸軍團中的一個亞美尼亞醫護人員卻將他遺棄，留他在一個廢棄的壕溝裡。兩天後，由於氣候極為寒冷，這土耳其人雙手雙腳都受到凍傷。埃爾祖魯姆的軍醫將他截肢，試圖挽救他的性命，但第二天他還是死了。「那個亞美尼亞士兵有多卑鄙！」竟然把受傷的土耳其人遺棄在壕溝裡，艾提憤怒地想著。「在這場戰爭之後，我們還能成為兄弟，同為鄂圖曼公民嗎？就我而言，絕不！要報復很簡單，我只要讓醫院裡的三四個亞美尼亞人喝下毒藥就行了。」5

在這場獨自對付亞美尼亞人的戰役中，艾提下士沒有謀殺他們，而是殘酷地對待這些人。他濫用醫療職權，將亞美尼亞醫護人員開除。「我送走三個亞美尼亞人。一個是凡城人，一個是迪亞巴克爾人，我讓他們（被鄉村的強盜扒）衣服扒光，搶劫他們（強盜通常會殺了受害者）。你可以將這叫做土耳其式的報復。」他幸災樂禍地說。他開除四個亞美尼亞婦女，換成土耳其婦女。「我還將最危險的任務指派給亞美尼亞的醫護人員。」他以令人髮指的得意態度寫道。6

雖然艾提從未聲稱自己親手殺了亞美尼亞人，他顯然希望這些亞美尼亞人死去。並非只有他這麼希望。在薩勒卡默什戰敗，以及傳染病的毀滅性衝擊之下，鄂圖曼人的東線前所未有的脆弱。某些亞美尼亞人的不忠，已經讓許多土耳其人眼中的每一個亞美尼亞人染上汙名。土耳其青年團執政者開始思考解決「亞美尼亞問題」的永久方案。

在短暫的當權期間，土耳其青年團執政者已經監管過大量人口遷移。在巴爾幹戰爭中的領土喪失，導致一波波窮困的穆斯林難民進入鄂圖曼的領土尋求庇護。土耳其政府沒有處理這人道危機的資源，因此他們將鄂圖曼境內的數千名基督教徒驅趕至希臘，好把空間讓給巴爾幹的難民。接著，由一個政府委員會監管這些被趕走的鄂圖曼基督教徒的房屋、田地和工作坊，安置巴爾幹的穆斯林難民。

高門與巴爾幹各國之間簽訂正式協議，將這些「人口交換」的行為正常化——這是由國際間正式批准的種族淨化行動。7

把希臘人趕出鄂圖曼帝國可以達到幾個目的。驅逐行動不只能空出房屋和工作坊，給遷居的巴爾幹穆斯林難民，也能讓鄂圖曼人逐出數千名忠誠度有問題的公民。在一九一四年前半年，預示希臘與鄂圖曼帝國重啟戰端的愛琴海諸島緊張情勢，使得鄂圖曼的希臘人身處險境。自從巴爾幹戰爭之後開始的人口交換，對於鄂圖曼帝國的「希臘問題」提供了國際間認同的解決方案。

一開始在交戰國雙方掌控下的邊境人口交換，演變為有系統地將希臘人從鄂圖曼領土趕走的行動。雖然無法正確計算出有多少希臘人被驅逐出境，至少有數萬名信奉東正教的希臘人在第一次世界大戰之前與之間被迫遷離家園。愈是深入鄂圖曼領土內部的驅離行動，鄂圖曼政府就愈需要仰賴暴力與恐嚇行為才能達到目的。信奉東正教的安那托利亞西部地區村民，距離爭端所在的巴爾幹半島十分遙遠，這些人抗拒政府想將他們連根拔起的企圖。憲兵包圍村民，毆打男人，並威脅綁架女人，甚至屠殺拒絕搬遷的鄂圖曼希臘人。外國領事對於這種針對基督教徒平民的暴力行為十分驚駭，根據他們的報告，在某些村莊裡，有許多個村民被殺。然而，驅離鄂圖曼希臘人的行動，至少可以在殺戮人數相對低的情況下完成，因為有希臘這個國家可以作為他們遣送的目的地。

至於鄂圖曼的亞美尼亞人就不是如此了。在鄂圖曼帝國裡的每一個省分，亞美尼亞人都是少數民族，他們集中在第一次世界大戰期間三個特別敏感的地區。首先是協約國入侵迫在眉睫的伊斯坦堡，這裡是亞美尼亞人最大的聚居地。其次是俯瞰亞歷山卓塔灣的奇里契亞，鄂圖曼人懷疑亞美尼亞人勾結協約國船艦。在高加索，有一小撮亞美尼亞激進份子聯合俄國人對付鄂圖曼帝國，連累整個亞美尼亞族群。土耳其青年團執政者相信亞美尼亞人對於鄂圖曼帝國的威脅比希臘人還大，因為某些亞美尼亞人希望能在協約國的支援之下，在鄂圖曼領土內創造獨立的家園。

鄂圖曼政府加入第一次世界大戰後，最初幾項行動之一，就是撤銷一九一四年二月與俄國簽訂的亞美尼亞改革協議。這項協議的訴求是，將六個鄂圖曼最東端與俄國相鄰的省分，重組成兩個由外國總督統治的行政單位，讓亞美尼亞人擁有自治的領地。鄂圖曼人已經反對這項改革方案，他們將其視為瓜分安那托利亞這個土耳其心臟地帶的前奏——它將會在一個以穆斯林為多數人口的土地上，創造出一個俄國人保護下的亞美尼亞國。鄂圖曼人在一九一四年二月被迫簽訂的協議，同年十二月十六日被他們廢除。8

在薩勒卡默什戰敗之後，土耳其青年團執政者又開始考慮以極端的手法，處理他們認為亞美尼亞人建國意圖對鄂圖曼領土造成的威脅。一九一五年二月，特勤組織的核心人物、也是CUP中央委員會成員之一的巴海汀．沙奇爾（Bahaeddin Şakir）醫師從高加索前線返回伊斯坦堡。他帶著從戰場上蒐集的報告和文件，與大權在握的內政部長塔拉特帕夏以及另一位中央委員會成員梅赫美德．納澤姆（Mehmed Nazım）醫師會面。沙奇爾醫師談到處理「內部敵人」的必要性，因為「亞美尼亞人已經對土耳其人採取反抗態度，並對俄軍提供協助」。雖然這次會談沒有會議紀錄（那些還在醞釀中的暴行很少留下文字紀錄），鄂圖曼文件與當代回憶錄都暗示這三位土耳其青年團官員，在一九一五年二月至三月間，做出展開殲滅土耳其亞美尼亞族群的關鍵決定。9

這些伊斯坦堡不幸的亞美尼亞人，竟公開支持協約國對抗鄂圖曼人及德國人的戰役，無疑正中敵人下懷。

亞美尼亞教士格雷戈里・巴拉奇昂（Grigoris Balakian）一九一四年正在柏林研讀神學。戰爭在歐洲爆發時，巴拉奇昂想立刻回到伊斯坦堡。柏林的亞美尼亞人試著勸阻巴拉奇昂。「許多人建議我到高加索加入亞美尼亞志願軍，然後越過邊界」，隨著入侵的俄國軍隊「進入土耳其境內的亞美尼亞聚居地」，他回憶道。巴拉奇昂不想和俄國的亞美尼亞部隊扯上關係，他認為這些部隊對於東邊的亞美尼亞人來說並非一股支持的力量，反而是一種威脅，但他在柏林的朋友叫他不要擔心。「這些人陷入民族主義的情緒，極不願意錯過這特別的機會，矯正土耳其人對亞美尼亞人所犯下的錯誤。」巴拉奇昂回憶道。10

抵達伊斯坦堡後，巴拉奇昂特別向鄂圖曼移民官員強調，他剛從柏林回國，並且表達了自己對於德國戰事以及德土兩國關係的支持。巴拉奇昂表現出的忠誠態度打動了一名海關官員，他勸告這名亞美尼亞教士：「閣下，請向您在君士坦丁堡那些與您意見相左的夥伴們提出一些忠告，如此他們才會放棄對俄國的愛慕。他們與俄國人、法國人和英國人實在走得太近了，以至於在俄國人戰勝的那一天，亞美尼亞人會微笑……而在俄國人戰敗時，他們會悲傷。如此真情流露之後將會給他們帶來很大的麻煩。」回國後沒幾天，巴拉奇昂看見伊斯坦堡的亞美尼亞人公開對協約國的勝利表示支持，他發現那位海關官員的觀察相當正確，因此十分憂心。

協約國在達達尼爾海峽發動攻擊之初，認為即刻就能從土耳其統治下解放的亞美尼亞人，絲毫不想隱藏他們的大肆慶祝活動。「畢竟，強大的英國與法國戰艦不是已經在達達尼爾海峽上了嗎？」巴拉奇昂以誇大的口吻這麼說道，「畢竟，君士坦丁堡不是在數天內即將潰敗？」他驚慌地看著亞美尼亞人每天聚集在一起，期待目睹「雄偉的英國戰艦駛向博斯普魯斯海峽，當然，它的任務是拯救亞美尼亞人」。巴拉奇昂聲稱他的同胞「相信歷史性的一刻已經到來，多年來建國的夢想與希望即將實現」，當鄂圖曼的土耳其人面臨生死存亡關頭時，鄂圖曼的亞美尼亞人卻「前所未見地歡欣鼓舞」。這就是釀成暴行的原因。[11]

格雷戈里・巴拉奇昂，一九一三年。他是一名亞美尼亞教士，一九一五年四月二十四日晚上，兩百四十位亞美尼亞的領導人物在伊斯坦堡被捕，他是其中之一。他在這場死亡行軍中活了下來，見證他稱之為「亞美尼亞髑髏地（Armenian Golgotha）」的一場種族滅絕行動。

塔拉特帕夏與他的同僚已經在奇里契亞展開對付亞美尼亞族群的第一步驟。亞歷山卓塔周圍地區難以抵擋海上攻擊；一九一四年十二月，皇家「桃樂絲號」在多提歐與亞歷山卓塔砲轟鐵路和其他運輸工具，就足以證明這一點。協約國戰艦持續封鎖與轟炸奇里契亞海岸線，並派遣間諜上岸。土耳其政府懷疑亞美尼亞激進份子協助這些外國間諜，提供該地鄂圖曼軍隊損耗的人數。戰爭部長恩瓦爾愈來愈擔心事態的發展。「我唯一的希望是敵人還沒發現我們在奇里契亞的弱點。」恩瓦爾向陸軍元帥保羅・馮・興登堡（Paul von Hindenburg）透露。恩瓦爾與塔拉特無法增加該區鄂圖曼軍隊人數，因此選擇逼迫有嫌疑的亞美尼亞族群遷離。[12]

一九一五年二月，鄂圖曼人開始將亞美尼亞人從多提歐與亞歷山卓塔（在現今土耳其的伊斯肯德倫（Iskenderun））驅逐到阿達納附近。如同交換希臘人的模式，穆斯林難民於是在被迫撤離的亞美尼亞人的土地上定居。驅逐行動解除了土耳其人對亞歷山卓塔灣安全性的擔憂。然而，他們沒有提供糧食給福利被剝奪的亞美尼亞人，這些被驅離的難民只能依靠在阿達納的亞美尼亞人才能活下來。國家的無情又勾起他們過去被屠殺的回憶，恐懼橫掃安那托利亞東部地區的亞美尼亞人。13

在多提歐東北方約六十五英里的捷屯村（Zeytun），亞美尼亞激進份子對於第一次驅逐行動的反應，就是密謀一場對抗鄂圖曼人的叛變。二月中，一群亞美尼亞反叛者從捷屯村來到提比里斯（Tiflis，在現今喬治亞的塔比力西〔Tbilisi〕），尋求俄國人武力與其他方面的支持。他們宣稱有多達一萬五千個人準備反抗鄂圖曼人。許多人依舊抱持一種錯誤的信念，那就是一場時機成熟的叛變可能促使協約國為了亞美尼亞人出兵干涉鄂圖曼內政。然而，俄國人沒有立場運送武器給亞美尼亞人，更不用說出兵到離俄國邊境那麼遙遠的奇里契亞去幫他們打仗。14

二月底，捷屯村一群地位顯要的亞美尼亞人不安地警告鄂圖曼政府，激進份子將密謀叛變。這些基督教領袖想對政府輸誠，藉此保護他們的族群不受攻擊；然而，他們洩露這個消息，卻換來亞美尼亞人最恐懼的報復行動。鄂圖曼士兵被派往捷屯村，大規模逮捕亞美尼亞人。許多年輕人逃出家園來到鄉間，他們加入數量愈來愈多的亞美尼亞反叛者與逃兵，準備對抗政府。

三月九日，一群武裝亞美尼亞人在捷屯村突襲鄂圖曼憲兵，殺死一些士兵（不同報告中的死亡人數從六人到十五人不等），拿走他們的武器和錢。這次攻擊成為將捷屯村的亞美尼亞人全數驅離的藉口。士兵封鎖整個村子，逮捕村裡的重要人士。從四月到七月間，捷屯村的每一個亞美尼亞人都被驅離到安那托利亞中部的城鎮孔亞（Konya），而穆斯林移民被安置在他們的村莊。這些人的財產被剝奪，一路上很少甚至完全沒有提供食物或保護；超過七千名亞美尼亞人在孔亞無家可歸。那年夏天，約有一千五百名捷屯村的亞美尼亞人死於飢餓或疾病，而其餘的人又再一次被驅逐到敘利亞。[15]

一九一五年四月，協約國在達達尼爾海峽登陸前夕，塔拉特帕夏與他的同僚將注意力從奇里契亞轉移到伊斯坦堡。他們的目的是瓦解亞美尼亞人的政治與文化領袖的力量，在協約國可能入侵首都之前，防止他們勾結入侵者。在四月二十四日夜晚的掃蕩行動中，警察逮捕了兩百四十位顯要人士，其中包括政治家、新聞記者、亞美尼亞民族主義團體成員、專業人士與宗教界權威等。他們在一些與政府合作的亞美尼亞人協助下編輯了一份黑名單，從中找到這些人，並且在半夜去敲門。許多人被逮捕時還穿著睡衣，就這樣送到監獄。

亞美尼亞神父格雷戈里．巴拉奇昂也是四月二十四日半夜被逮捕的人之一。他和其他人一樣非常吃驚。警察押解他上了一輛等在街邊的「血紅色巴士」。這位被逮捕的教士和其他八位友人被送上渡輪，他們從伊斯坦堡的亞洲區來到歐洲區。「那個夜晚有死亡的氣味；海上波濤洶湧，我們心中充滿恐懼。」他回憶道。巴拉奇昂和夥伴們被關進中央監獄，他們在這裡遇到其他被拘留的亞美尼亞人。「這些人都是熟面孔——革命與政治領袖、公眾人物、無黨派人士，甚至還有反政黨的知識份子。」整個晚上，一輛又一輛公車載了新來的人，加入他們。這些亞美尼亞人「心情飽受煎熬，懼怕未知的命運，渴望獲得安慰」。第二天，這群囚犯聽見遠方協約國支援加里波利半島登陸的砲火聲，他們不知道這不祥的轟隆聲到底意味著他們的厄運或是解放。[16]

對亞美尼亞人而言，四月二十四日政府逮捕伊斯坦堡的政治與知識領袖，正是有系統地摧毀安那托利亞亞美尼亞人族群的序曲。此後國際間公認這一天是亞美尼亞滅種紀念日。然而，對鄂圖曼人而言，對付亞美尼亞人的戰爭早了四天開始，因為那一天，亞美尼亞人在安那托利亞東部地區的凡城發動叛變。17

凡城是一個重要的市集城鎮，分為亞美尼亞街區與穆斯林街區。古老的凡城坐落於凡湖邊，包圍城市的城牆有四個城門，這座城倚傍著一個突出於地表兩百公尺高的巨大岩石而建。一座由蘇雷曼大帝建造的碉堡聳立在石岬上，俯瞰整座城市。狹窄蜿蜒的街道兩旁是成排的兩層樓房屋，再往前是市場、清真寺和教堂。城市東南邊有一些政府建築物，以及一棟警察局兼憲兵隊。

十九世紀期間，凡城擴張到舊城城牆外東邊的肥沃土地。果樹與高大的泥磚牆圍繞著花園區（Garden District）的房子。英國、法國、伊朗、義大利和俄國等外國使館以及天主教與基督新教的布道團，都建在花園區裡。對於一個鄉間城鎮而言，凡城算是相當國際化。據某位法國人口學家估計，該城在一八九〇年代僅有三萬居民，其中一萬六千人是穆斯林，一萬三千五百人是亞美尼亞人，還有五百個猶太人。城裡的人都有著強烈的市民尊嚴。一位當地人古爾根·馬哈里（Gurgen Mahari）在他所寫的經典小說《燃燒的果園》（*Burning Orchards*）中形容凡城是「童話故事中一位神奇的綠髮女巫」。18

住在凡城與鄰近村落的亞美尼亞人數量很大，而且政治態度積極。此處緊鄰波斯與俄國邊界，戰略地位重要，因此凡城無可避免地成為鄂圖曼帝國與其亞美尼亞公民之間的衝突引爆點。

凡城總督傑夫戴特帕夏（Cevdet Pasha）是一位忠誠的團結黨員，也是恩瓦爾的妹婿。一九一五年三月，傑夫戴特命令憲兵搜索亞美尼亞村莊，找出藏匿的武器，並逮捕任何擁有武器、對抗帝國的嫌疑犯。搜索行動導致凡城周圍村莊中的亞美尼亞人遭到集體屠殺。為消滅亞美尼亞族群的領導者，據說傑夫戴特下令將凡城中三名達許納克黨的亞美尼亞民族主義領袖處死。其中兩位領袖被殺，一位是尼古哈尤斯・米埃立安（Nikoghayos Milaelian），他為人熟知的名字是伊斯克罕（Ishkhan，亞美尼亞文的「王子」）；另一位是國會議員阿爾薩克・福拉米安（Arshak Vramian）。第三位領袖阿爾瑪・馬努齊揚（Arma Manukian）不信任傑夫戴特，因此當政府派人到他的辦公室邀請他時，他選擇不回應。當發現兩位同志失蹤，有可能被殺時，馬努齊揚轉而參與地下活動，替亞美尼亞人準備抵抗隨之而來的凡城大屠殺。[19]

拉斐爾・德・諾加利斯（Rafael de Nogales）是一名委內瑞拉傭兵，他志願加入鄂圖曼軍隊，與其說是出於某種信念，不如說是出於冒險精神。薩勒卡默什失利後不久，恩瓦爾帕夏在伊斯坦堡見到德・諾加利斯，他提供這位士兵在人數銳減的第三軍團中擔任軍職的機會。德・諾加利斯在三月來到埃爾祖魯姆第三軍團指揮部，這裡的軍官擔心的是如何對抗斑疹傷寒，而非俄國人。想上戰場的德・諾加利斯自願加入凡城憲兵隊，當時這是唯一一個在俄國前線作戰的部隊。從埃爾祖魯姆到凡城的一路上，德・諾加利斯經過鄂圖曼與亞美尼亞人激烈衝突的地區。就在他到達的那一天，凡城的亞美尼亞人開始叛變，對抗鄂圖曼的統治。

四月二十日，德・諾加利斯和他的護衛來到凡湖西北角的一條路上，那裡「遍地都是亞美尼亞人的殘肢」。他們看見凡湖南岸的村莊裡冒出柱狀煙。「於是我明白了。」之後他這麼寫道，彷彿他早已預料到這次事件。「木已成舟。亞美尼亞人的『革命』已經展開。」[20]

第二天早晨，德・諾加利斯在凡湖北岸的亞美尼亞村莊阿迪爾杰瓦茲（Adilcevaz），目睹了一場殘暴的屠殺。鄂圖曼官員在庫德族與「鄰近地區的暴民」協助下，闖入亞美尼亞人的家與商店，有組織地搶劫並殺掉所有男人。當穿著鄂圖曼軍官制服的德・諾加利斯走到一名官員身旁，命令他停止殺人時，這人的回答令他大吃一驚。「他說他只不過完全依照該省總督（也就是傑夫戴特帕夏）的命令執行任務……殺光所有十二歲以上的亞美尼亞男性。」既然無權撤銷文官的命令，德・諾加利斯只好走開，而那場屠殺又持續了九十分鐘。21

德・諾加利斯從阿迪爾杰瓦茲坐汽艇度過凡湖，在入夜後來到凡城市郊的村莊埃德雷米特（Edremit）。「燃燒的村莊將天空染成猩紅色」，火光照亮湖岸。埃德雷米特是戰區，村中的房子與教堂都著火了，空氣中充滿燃燒屍體的味道，密集的槍聲不時打斷燒殺中的吼叫聲。德・諾加利斯在埃德雷米特過夜，並目睹庫德族與土耳其非正規軍，以及人數無法與他們相比的亞美尼亞人之間的持續槍戰。

德・諾加利斯在中午從埃德雷米特出發，被護送至凡城。「馬路兩旁都有成群黑色禿鷹在天空盤旋尖叫，和狗爭奪遍地的亞美尼亞人腐屍。」他回憶道。他抵達凡城時，叛亂活動已經進行了兩天之久，舊城目前在亞美尼亞叛亂份子手中。俯瞰舊城的碉堡依舊由鄂圖曼人控制，從這些高點，土耳其軍就能掌握亞美尼亞人的陣地，不分晝夜以火砲攻擊。因此，這項任務就落到了身為火砲官的德・諾加利斯身上。他在碉堡的清真寺裡設置指揮部，爬上清真寺尖塔，觀察火砲發射的準確度。

整整二十一天，德・諾加利斯參與鄂圖曼與凡城亞美尼亞人的戰爭。「我很少見過像圍攻凡城這樣猛烈的戰鬥。」他回憶道，「雙方都毫不留情地攻擊，沒有人請對方手下留情。」隨著戰爭繼續下去，他目睹亞美尼亞人與鄂圖曼人對付彼此的殘暴行徑。在圍攻凡城的回憶錄中，德．諾加利斯擺盪於對雙方的同情與厭惡的情緒中。

俄國軍隊緩緩從波斯邊境前來，將鄂圖曼人趕走，試圖解救凡城的亞美尼亞抵抗軍。對俄國人來說，這場叛變有利於他們占領戰略地位重要的鄂圖曼領土。俄軍逼近，迫使傑夫戴特帕夏下令所有穆斯林於五月十二日從凡城撤離。最後一批鄂圖曼士兵在五月二十七日從碉堡撤退。花園區的亞美尼亞人終於能夠和舊城的夥伴攜手抗敵。他們聯合起來，在第一批俄國軍隊於五月十九日抵達之前，對鄰近的穆斯林區和所有政府建築物開火。22

俄國指派達許納克領導者阿爾瑪．馬努齊揚為凡城總督。馬努齊揚在城中成立擁有民兵和警力的亞美尼亞人的行政中心。以一位亞美尼亞歷史學家的說法，這些措施「激起亞美尼亞人的政治自覺，使得期望見到在俄國人保護下出現自由、自治的那些亞美尼亞人，信仰更堅定」，這一切都是鄂圖曼人最害怕的。23

土耳其人並不願意喪失凡城，因此猛烈攻擊俄國人與亞美尼亞人的陣地。擴張太快的俄國人被迫撤退。七月三十一日，俄國建議亞美尼亞人準備收拾財物，放棄家園。約有十萬名亞美尼亞人，在這場知名的「大撤退」（the Great Retreat）中與俄國人一起離開。不過，俄國人和鄂圖曼人還在搶奪凡城，該城在一九一五年夏天三度易手，最後俄軍在一九一五年秋天占領並保住凡城。此時凡城已經幾乎全毀，安那托利亞東部地區裡還活著的亞美尼亞人也所剩無幾。

藉由讓俄國順利占領凡城，作為讓亞美尼亞人取得凡城地區統治權的報酬，亞美尼亞人已經證實土耳其青年團執政者對於他們在內部顛覆政府、威脅鄂圖曼帝國領土完整性的懷疑。再者，這場叛亂和協約國登陸加里波利半島的時間太接近，土耳其青年團執政者深信亞美尼亞人與協約國聯合起來發動攻擊。如同傑馬勒帕夏在他的回憶錄中寫道：「以我之見，不可否認的事實是，就在達達尼爾海峽戰役的緊要關頭，法國與英國在地中海東岸部隊的統帥命令亞美尼亞人叛變。」雖然沒有證據能證實傑馬勒的主張，團結黨人堅信亞美尼亞人與協約國站在同一邊。凡城陷落，鄂圖曼人開始實施一連串策略，不只要將亞美尼亞人從安那托利亞東部的六個省連根拔起，還要讓他們從整個土耳其的亞洲地區徹底消失。24

將亞美尼亞人驅逐出境的行動由政府公開下令執行。土耳其青年團執政者設法讓鄂圖曼土耳其國會在一九一五年三月一日提早休會，因此內政部長塔拉特和他的同僚就能不經國會討論，逕行制訂法令。一九一五年五月二十六日，在俄國人進入凡城一週之後，塔拉特就將一份法案提交給內閣。政府立刻通過塔拉特的「驅逐法令」，准許將安那托利亞東部六個省的亞美尼亞人大批遷移至遠離俄國邊境的不公開地點。

五月底，內政部向安那托利亞東部各省與各行政區的長官發布由塔拉特簽名的命令，要他們立刻將所有亞美尼亞人驅離。安那托利亞東部各地城鎮與鄉村的大街上都貼著這份通告，通告上給亞美尼亞人三至五天的時間，進行這次被解釋為戰爭時期暫時性的遷移。政府讓亞美尼亞人將帶不走的財物儲存在政府機構裡，由政府代為保管。25

除了公開宣布的強迫驅離的措施，土耳其青年團執政者也發布命令，大量屠殺被驅逐的亞美尼亞人。這些滅種的命令並非以書面形式發布，而是由擬定命令的CUP中央委員會成員沙奇爾醫師或其他CUP官員，以口頭敘述的方式傳遞給各省總督。任何要求該命令的書面證明或反對屠殺手無寸鐵百姓的總督，都面臨被解雇甚至被暗殺的命運。迪亞巴克爾省某區的行政長官要求在屠殺該區亞美尼亞人之前先取得書面通知，政府卻將他免職，並傳喚他至迪亞巴克爾，然後在路上殺了他。26

多數服從官員所面臨的任務，就是招募武裝團體屠殺這些被驅離者。協助執行任務的是恩瓦爾的祕密特勤組織，他們動員從監獄中釋放的暴力罪犯、長久以來就與亞美尼亞人敵對的庫德族人以及不久前從巴爾幹半島與俄國高加索來的穆斯林移民，協助這場大屠殺。據報甚至連一般土耳其村民都協助屠殺被驅離的亞美尼亞人；有些人動手是為了搶走他們的衣服、金錢以及為維持流放生活而購買的珠寶；其他人則是因為政府說服他們，屠殺亞美尼亞人就等於在鄂圖曼對抗協約國的聖戰中有所貢獻。亞美尼亞教士格雷戈里．巴拉奇昂敘述與一位土耳其陸軍上尉的對話，此人宣稱「政府官員」已經派出憲兵前往「周圍的所有土耳其村莊，以聖戰之名邀請穆斯林人民參與這場（屠殺亞美尼亞人的）神聖的宗教義務」。27

這種頒布公開驅離法令與祕密下達滅種命令的「雙管齊下手段」的種種證據，在戰後政府官員的證詞中曝光。一位鄂圖曼內閣成員在一九一八年作證：

梅赫美德．塔拉特帕夏，一九一五年。塔拉特是一九一三年之後統治鄂圖曼政府的土耳其青年團三巨頭之一，他首先擔任內政部長，隨後成為宰相。他所批准的驅離手段導致亞美尼亞人種族滅絕。

「我獲悉一些祕密，並且發現引人注意之事。驅離命令由內政部長（亦即塔拉特）透過官方管道送達各省。在這命令之後，（CUP的）中央委員會對所有相關團體散播它的不祥命令，讓幫派惡徒執行卑鄙的任務。因此，這些惡徒才會在曠野中準備大開殺戒。」[28]

安那托利亞各地的大屠殺，都按照以下標準模式進行。在驅離命令公告張貼的固定數天之後，亞美尼亞人被手拿刺刀的憲兵趕出家園。憲兵將十二歲以上男性與其女性親屬隔離並殺害。在較小的村莊裡，男人在他們恐懼萬分的女性親屬可看見或聽見的範圍內被殺，但在大城市裡，他們被迫走到沒有目擊者、尤其是沒有外國人的地方，才被殺害。在與亞美尼亞男人隔離之後，女人和小孩被武裝護衛押送至城鎮之外。根據生還者的敘述，他們其中一些人的篷車隊遭到搶劫或全數屠殺；其他人則是被迫從一個城鎮走到下一個城鎮，如果有病人、體弱的人或長者脫隊，就會被殺。生還者的最終目的地是敘利亞和伊拉克的沙漠城鎮代爾祖爾（Dayr al-Zur，土耳其文為 Der Zor）與摩蘇爾（Mosul），亞美尼亞人必須冒險橫越寬闊的沙漠，長途跋涉才能到達這兩個地方。

一手促成亞美尼亞種族滅絕行動的塔拉特和他的顧問梅赫美德．納澤姆醫師與沙奇爾醫師，目標就是確保所有亞美尼亞人都被趕出東邊的六個省分，並且在帝國的任何一處，其人口都不超過總人口的百分之十。如此一來，亞美尼亞人口數就無法達到在鄂圖曼境內獨立建國所需的關鍵性多數。然而，要達到降低人口統計數字的目標，必須消滅大多數鄂圖曼境內的亞美尼亞人。其方法就是結合由武裝團體所執行的血腥屠殺，以及橫越沙漠的死亡行軍所造成的高度人口損耗率。[29]

埃爾祖魯姆和埃爾津詹的亞美尼亞人，在一九一五年五月最先被驅離。經過兩個月的步行，倖存的人抵達一百二十五英里外的城鎮哈爾普特。美國領事在鄂圖曼政府提供他們短期居留的營地裡，與被驅逐的亞美尼亞人見面。「這群人裡幾乎沒有男人，因為男人都在路上被殺了。」美國領事萊斯立·戴維斯（Leslie Davis）指出，「他們所遵循的一套方法，似乎是讓庫德族人等在路上，殺掉男人。」而女人「可說是無一例外，都是衣著破爛、身體汙穢、飢餓抱病。這並不令人驚訝，因為他們已經在路上走了兩個月，幾乎沒有替換的衣服，沒有辦法梳洗，沒有地方可住，吃的也很少」。飢餓的女人圍攻拿東西給他們吃的警衛，卻被警衛以棍棒反擊，「力道之大足以殺死她們」。絕望的母親將孩子交給美國領事，希望他能讓孩子們不要再遭受恐怖之事。「如果以這種方式繼續驅離這些人，土耳其政府有可能在相對很短的時間內，解決掉所有亞美尼亞人。」戴維斯譴責道，「這個滅種運動顯然是該國有史以來組織最周全、最有效率的一場大屠殺。」[30]

到了六月，塔拉特將這場驅離政策延伸到安那托利亞東部各省，「所有亞美尼亞人無一例外」。埃爾津詹、錫瓦司、開塞利（Kayseri）、阿達納、迪亞巴克爾和阿勒坡等地都成為接待一波波亞美尼亞人的集中地，他們最終目的地為代爾祖爾、摩蘇爾與烏爾法（Urfa）。對於被驅離的亞美尼亞人而言，這段旅程所走的每一步，都有著難以言喻的殘暴印記。「我們的每一天都在前所未聞的恐怖中度過，這樣的恐怖無法令人理解，」格雷戈里·巴拉奇昂神父回憶道，「還活著的人，羨慕那些在血腥虐行下無可避免付出代價的死者。因此，倖存的我們成為活著的殉道者，每一天我們都死了一點，然後又再次活過來。」[31]

格雷戈里·巴拉奇昂下定決心要在亞美尼亞滅種行動中活下來，以便為後世見證同胞所受的苦難。在加里波利半島登陸的那晚，巴拉奇昂從伊斯坦堡舒適的家中被帶走，和另外一百五十位亞美尼亞要人一起被遣送到安那托利亞中部安卡拉東北方的城市蒼克勒（Çankiri）。當塔拉特在七月二十一日下令將所有亞美尼亞人驅逐出境時，巴拉奇昂以一千五百塊碎黃金的高價賄賂當地官員，讓一小群蒼克勒的亞美尼亞人不用被遣送出境。這筆錢替巴拉奇昂和他的同伴換來七個月暫緩驅離的時間，他們因此逃過大屠殺最糟的幾個月。不過，當他終於在一九一六年二月被驅逐到代爾祖爾時，巴拉奇昂和他的夥伴遇到的成群惡徒與村民，看待屠殺亞美尼亞人一事，態度已變得很鎮靜。

走在數千名亞美尼亞人赴死的路上，巴拉奇昂和押送篷車的官員們交談。這些鄂圖曼憲兵願意回答任何問題，因為他們不認為自己「護送」的這些亞美尼亞人還有多久可活。其中最配合的就是舒克里上尉（Captain Shukri），他自己就承認曾經負責監督殺掉四萬兩千名亞美尼亞人。

「先生，路上的這些人骨是從哪兒來的？」裝作不知情的巴拉奇昂問這名上尉。

「這是八月和九月間被殺的亞美尼亞人的骨頭。命令是君士坦丁堡來的。即便內政部長（也就是塔拉特）叫人挖了很大的壕溝掩埋屍體，冬天氾濫的洪水卻把土沖走，以至於現在如你所見，到處都是骨頭。」舒克里上尉回答。

「命令是誰下的？」巴拉奇昂試探性地問道。

「是君士坦丁堡的 Ittihad（也就是團結黨）中央委員會和內政部長下的命令。」舒克里上尉解釋，「最嚴格執行該命令的就是約茲加特（Yozgat）的副總督……凱瑪爾。他是凡城人，當他聽說亞美尼亞人在凡城叛亂時殺掉他全家人時，他心存報復，把女人和小孩跟男人一起殺掉。」32

巴拉奇昂的問題並沒有讓舒克里上尉不悅。他似乎很喜歡和這位亞美尼亞教士閒聊，打發在路上漫長的時間。習於此一惡行的他描述：成千名男人被砍死，六千四百名亞美尼亞女人依序被搶走財物，然後和她們的孩子一起被殺，他一律將這些行動稱之為「肅清」（土耳其文 paklamak）。這殺人無數的鄂圖曼軍官似乎對巴拉奇昂產生情誼，他提出條件，如果這位亞美尼亞神父願意改信伊斯蘭教，他就會保護他，讓他毫髮無傷。

在與鄂圖曼官員的交談中，巴拉奇昂從政府的角度了解到造成亞美尼亞人悲劇的種種細節。在他與路上遇到的生還者交換訊息時，這位教士也加深了他對亞美尼亞人滅種經歷的認識。他將兩方的觀點交織在一起，寫成一本驚人的回憶錄。一九二二年這本書首次在亞美尼亞出版，因此在這場他稱之為「亞美尼亞髑髏地」大屠殺中，巴拉奇昂已經盡了見證人的義務。

訴說如何在滅種行動中存活，要比實際經歷來得容易。巴拉奇昂與俘擄他的人保持熱絡關係，以及用他的話來說——信任上帝，就這樣過一天算一天，每天都有突然死去的危險。在他們被迫前進的這段期間，這位教士和他的同伴，遭遇到降臨在鄂圖曼亞美尼亞人身上極大的恐怖景況：死者的屍體、飢餓生還者的苦苦哀求，和一些人為求活命改信伊斯蘭教的恥辱感。在篷車越過安那托利亞到奇里契亞、朝敘利亞沙漠前進的路上，他將這些細節一一記錄在日記中。其他亞美尼亞滅種行動中生還者的敘述，也證實了他的紀錄。

對於可能毫無預警橫死路邊的恐懼，混和了殘酷、疲憊和被剝奪一切等種種感受，導致許多亞美尼亞人寧可選擇結束自己的性命，也不願遭到陌生人毒手。即便是發誓要活下來的巴拉奇昂，也曾不得不考慮自殺。當他們被武裝的一夥人押送至紅河（Halys River）附近時，巴拉奇昂和夥伴們一致認為，一旦發生「無可避免的災難」，他們將和之前許多同胞一樣，躍入波濤洶湧的河流。「這埋葬上萬名亞美尼亞人的深邃墳墓，當然不會拒絕也把我們捲入它的激流之中……從這些土耳其罪犯的手中拯救我們，讓我們免於折磨人的殘酷死亡。」他回憶道。然而，巴拉奇昂卻冷靜沉著地與篷車遇到的歹徒談判，讓所有人免於一死。33

看著母親從橋上縱身躍入洶湧的幼發拉底河時，自稱為「M. K.」的曼努埃爾・科奇亞薛利恩（Manuel Kerkyasharian）年僅九歲。M. K. 一家人來自阿達納，他們被驅逐到美索不達米亞的居留地艾因角（Ras al-Ayn，在現今敘利亞境內）。家中獨子 M. K. 看見他的家人被一群武裝歹徒搶劫，並且被押送他們的憲兵毆打。他母親的腳因長途跋涉而腫脹疼痛，但她卻掙扎著跟上篷車，因為她明白落後的命運將會如何。34

一天晚上，M. K. 的母親知道她再也走不動，因此向她父親提出一個可怕的請求：「帶我到河邊。我要投河。如果我留下來，那些阿拉伯人會把我虐殺而死。」他先生拒絕了她，但某個鄰居明白她的恐懼，因此把她背到湍急的幼發拉底河岸邊。他年幼的兒子和一名教士隨他們到河邊，但母親跳入激流時，他移開目光。當他移回目光時，他只看到母親一眼，激流就將她帶走了。

在 M. K. 的母親死後兩天，他父親也在睡夢中死了。這小男孩現在成了孤兒，沒人能照顧他。這光腳的小男孩雙腳腫脹，已不能走路。他看見士兵殺掉一些落後篷車的女人，還有跟他一樣的孩子。他身上的衣服都被搶走，只剩下內褲。他被獨自丟在路邊，又餓又渴，驚恐不已。

亞美尼亞教士巴拉奇昂一路上遇到許多這樣的孤兒。就在 M. K. 成為孤兒後，在附近的伊斯拉希耶（Islahiye），他遇到一個八歲小男孩，和他十一歲的姊姊一起乞討，兩人衣不蔽體，即將餓死。姊姊「以亞美尼亞女學生得體的口氣」，解釋他們家族裡的十四個人都死了，留下只能靠自己的這兩個孩子。「真希望我也死了。」她啜泣道。35

儘管在這些無法掌控的外力打擊之下，小曼努埃爾・科奇亞薛利恩還是活下來了。他發現自己身邊是阿拉伯人和庫德族人，他聽不懂這些人的語言，也不明白他們的所作所為。有些人給他食物和衣服，有些人則用石頭打他、搶劫他。他目睹可極為殘暴的行為，橫越滿地亞美尼亞人屍體的曠野。四個庫德族女人發現他在大路上遊蕩，她們救了他，把他帶回村莊裡，當作家裡的僕人。在大戰期間，他輾轉在土耳其和敘利亞邊境的庫德族村莊之間生活，依靠陌生人的善心生活，同時也躲開殘酷的陌生人。

一天傍晚，M. K. 看見遠處山頂上的村莊冒出火焰。收容他的庫德族人解釋，那是亞述人的村莊阿薩克（Azak），是幾個被劫掠的基督教村莊之一。「喂，異教徒的孩子。你看到了嗎？」庫德族人得意洋洋地說，「土耳其的所有亞美尼亞人和異教徒都被清算。起火的村莊是個不信神（gavur）的村莊，村裡的人都被活生生燒死。」為了嚇嚇 M. K.，這個庫德族人又加了句，土耳其境內已經沒有基督教徒。「還有我，」M. K. 回憶當時的心情，「我信。」[36]

鄂圖曼帝國的亞述基督教徒和亞美尼亞人相同，都被國家指控在大戰開始時與俄國連成一氣。亞述人是信仰基督教的少數民族，他們的方言源自於古老的閃族語言阿拉姆語（Aramaic）。好幾世紀以來他們一直和庫德族人一起居住在現今土耳其、敘利亞、伊朗和伊拉克等國邊境。聶斯托利派（Nestorians）、迦勒底教派（Chaldeans）與敘利亞東正教（Syrian Orthodox Christians）是亞述人信仰的主要基督教派別。

包括一八九五年、一八九六年的幾起屠殺事件以及和一九〇九年的阿達納屠殺在內，鄂圖曼帝國境內的亞述族群也和亞美尼亞人一樣，定期遭到屠殺。為尋求強權國家保護，亞述人也信賴俄國人。

在鄂圖曼參戰之後，亞述人被控與協約國合作，因而被土耳其青年團政權鎖定為殲滅目標。亞述基督教徒戰前人口為六十二萬人，在一次大戰期間大約有二十五萬人被殺。對當時還是個孩子的 M. K. 而言，他相信政府可能將鄂圖曼領土中的亞述人和亞美尼亞人全數殺光，這是某個大計畫中的一部分。[37]

在往來於安那托利亞東南部地區的幾個村莊時，M. K. 遇見一些亞美尼亞孩童與年輕女人，他們和他一樣，都在庫德族人的庇護下。他們被帶離死亡之旅，到庫德族村人的家中和農場工作。M. K. 遇到幾個亞美尼亞年輕女性，她們嫁入保護自己的庫德族家庭。賀芮努絲．嘉達里安（Heranuş Gadarian）就是這樣在滅種屠殺中活下來。

賀芮努絲出生於安那托利亞東部地區哈拔布（Habab）村莊中一個受人尊敬的家庭。這個村莊裡有兩百多戶人，村裡有兩座教堂和一座修道院，是個很大的亞美尼亞人聚居地。他的父親和兩個叔叔在一九一三年移民到美國，那一年賀芮努絲才開始上學。一學會寫字，她就寫了一封信給父親，他到死前都把這封信放在皮夾裡隨身攜帶。「我們一直懷抱希望，祈禱你們一切都好。」她代表所有兄弟姊妹寫道，「我們每天上學，很努力當個好孩子。」在巴拉奇昂神父看來，這整封信可說是一個學齡女孩該有的得體亞美尼亞文。[38]

賀芮努絲上學的第三年，憲兵劫掠了她的村子。他們在驚恐的村民面前殺掉亞美尼亞村長，接著再逮捕所有男人。她的祖父和三個叔叔都被帶走，從此再也沒有他們的消息。然後憲兵把村裡的女人帶到附近的市集市鎮帕盧（Palu），關進一間教堂裡。女人聽到教堂圍牆外傳來可怕的尖叫聲。一個女孩爬上高高的窗戶往外觀看。賀芮努絲永遠忘不了那女孩的描述：「他們割斷男人的喉嚨，把他們丟進河裡。」

哈拔布的女人和小孩從帕盧出發，加入其他亞美尼亞群眾橫越安那托利亞、朝敘利亞沙漠前進的死亡之旅。「在長途跋涉的旅途中，」之後賀芮努絲回憶道，「我母親很焦慮，盡量避免走在隊伍最後，所以她走得很快。我們跟不上她，她就牽著我們用手拉著我們往前走。我們聽見隊伍後面傳來人們哭喊和懇求的聲音。」上路的第一天晚上，賀芮努絲懷孕的阿姨身體不舒服，落在隊伍後面。憲兵當場用刺刀殺了她，就這樣讓她倒在路邊。「年長的、虛弱的、走不動的——一路上他們用刺刀殺掉這些人，任由他們躺在原地。」

當他們朝迪亞巴克爾前進時，篷車在馬登（Maden）越過一條河。賀芮努絲看見她祖母把她兩個走不動的、已經成為孤兒的孫子丟進河中，把他們的頭壓到水面下，接著自己跳進洶湧的河裡，「它是埋葬數萬名亞美尼亞人的墳墓」，巴拉奇昂這麼說道。

他們到達切爾米克．哈瑪姆巴希鎮（Çermik Hamambaşı）時，當地居民圍在這些不幸的生還者身邊，尋找健康的孩子到家裡幫忙。一個馬背上的憲兵開口要賀芮努絲，另一個鄰村的男人要她弟弟賀倫（Horen Gadarian），但她母親立刻拒絕。「沒人可以把他們從我身邊帶走。我絕對不會放棄他們。」賀芮努絲的母親尖叫。

賀芮努絲的外祖母試著說服她母親，為了孩子的安全，應該把他們送走。「女兒，」她懇求賀芮努絲的母親，「孩子們正一個個死去，沒人能活著離開死亡之旅。如果你把你的孩子給這些男人，你就能救他們一命。」當她家族裡的女人正在討論這可怕的事情時，那些男人直接抓走孩子；馬背上的憲兵帶走賀芮努絲，另一個男人抓住賀倫。她母親拚命抵擋馬背上的男人，可是當她一放手，她就永遠失去了她的女兒。

賀芮努絲被憲兵帶到切爾米克鎮外的農場，她在這裡發現有八個來自她家鄉哈拔布村的亞美尼亞女孩，每一個都是被人從死亡之旅中搶來的。女孩們被留在果園裡，村民給他們食物，對他們很好。那天晚上，騎馬的憲兵回來找賀芮努絲，把她帶回他位於切爾米克附近的家裡。他和他太太沒有小孩，這憲兵把她當成自己的女兒。然而，他太太嫉妒先生對這個亞美尼亞小女孩產生的感情，因此時常羞辱她，提醒她記得自己不過是個女僕。他們給了她一個土耳其名字——瑟哈希（Seher），並且教她土耳其文。

雖然失去了自由和身分認同，賀芮努絲畢竟以新的土耳其名字活了下來。雖然她許多家人在驅離行動中死亡，活下來的人數竟也不少。和賀芮努絲同一天被帶走

亞美尼亞寡婦，一九一五年九月，土耳其。有系統地屠殺亞美尼亞人的消息從土耳其走漏；一九一五年秋天，歐洲與美國報紙上已經出現這些新聞。

的弟弟賀倫後來在鄰近村莊工作，他在那裡叫做牧羊人阿哈麥德。一個騎馬的庫德族人劫走並且娶了她母親最美的一個姊妹；賀芮努絲的這個阿姨不只活了下來，也設法找到賀芮努絲的新家。最令人訝異的是，她母親活著走到阿勒坡，一直待到戰爭結束，並且和為了找尋遭逢巨變的家人而從美國回來的先生團圓了。然而，嘉達里安夫婦卻再也沒有見過他們的女兒賀芮努絲。[39]

十六歲時嫁給憲兵某個姪子的賀芮努絲，已經完全土耳其化。在結婚證書上她是憲兵胡賽因（Hüseyin）和他妻子伊斯瑪（Esma）的女兒瑟哈希。在這之後，瑟哈希以土耳其人家庭主婦的身分度過一生，將孩子養育為行為良好的穆斯林。

巴拉奇昂遇到幾個為了躲過大屠殺而改信伊斯蘭教的亞美尼亞人。成年人很難接受這種改變，不過孩子適應得比較好。有數百或成千亞美尼亞孩童融入土耳其社會，他們的身分幾乎被遺忘——但只是幾乎。戰後多年，土耳其人依舊把這些皈依伊斯蘭教的亞美尼亞人稱為「劍下倖存者」。[40]

在橫越致命的沙漠前往代爾祖爾之前，巴拉奇昂決定中止這場死亡之旅。他遇見兩名在鄂圖曼運輸軍團服役的亞美尼亞馬車夫。剛從代爾祖爾過來的他們，很驚訝能遇到一位活著亞美尼亞教士，因此費盡唇舌勸巴拉奇昂不要試圖橫越沙漠。「要怎麼說你才會懂？」他們絕望地問道，「人類的語言無法描述到代爾祖爾的經歷。」然而，這兩位馬車夫還是試著形容那可怕的情形：

> 數千個家庭從阿勒坡上路，被送往代爾祖爾；其中能活著抵達目的地的人連百分之五都不到。因為沙漠中有盜匪……他們成群結隊騎在馬上，拿著長矛，攻擊無力抵抗的人；

他們殺人、拐人、強暴、搶劫，將求他們饒命的人帶走，用可怕的方式虐待抵抗的人好讓這些人屈服，然後才收拾離開。因為活下來的人被禁止往回走，而且實際上也辦不到，這些人毫無選擇，只好向前走，然後又遭到另一次攻擊劫掠。抵達代爾祖爾的人不到百分之五。41

馬車夫描述這些可怕暴行的細節之後，這位亞美尼亞教士終於被說服，因而相信他唯一活命的機會，就是仔細計畫如何從鄂圖曼憲兵手中逃亡。將計畫洩露給最親近的同伴後，一九一六年四月初，神父巴拉奇昂在某個走私菸草的亞美尼亞人陪伴下，躲藏在阿瑪諾斯山脈裡。

德國鐵路公司還在努力修建鐵路，設法完成穿過阿瑪諾斯山的隧道。托羅斯山脈和阿瑪諾斯山脈顯然是完成柏林到巴格達鐵路的最後障礙。這條鐵路對於鄂圖曼在美索不達米亞以及巴勒斯坦的戰事至關重要，因此身為戰爭部長，恩瓦爾給予德國鐵路公司特權，讓他們任意徵用所需勞工，以便建造通過險阻山脈的冗長隧道。數千名逃過死亡行軍的亞美尼亞人，都在阿瑪諾斯山脈的隧道工程中找到庇護。巴拉奇昂聲稱，一九一六年初，有多達一萬一千五百名亞美尼亞人在建造這條鐵路。他們的工作粗重，工資僅能餬口，但建造鐵路總比死亡行軍好多了。巴拉奇昂在這裡脫下教士袍，刮掉代表崇高地位的鬍子，展開逃出滅種屠殺的旅程。

說得一口流利德文的巴拉奇昂，很快便在建造鐵路的奧地利和德國工程師保護下得到一份測量員的工作。然而，這裡並不安全。一九一六年六月，德國鐵路工程師雖然辯稱完成鐵路非得靠亞美尼亞工人不可，但土耳其官員還是不顧他們的抗議，圍捕了幾乎所有亞美尼亞鐵路工人，將他們立即驅逐。在這最後一趟死亡之旅中，巴拉奇昂是逃過一劫的一百三十五位「專家」之一。這少數幾位免於被驅逐出境的亞美尼亞人受到愈來愈大的壓力，他們被要求改信伊斯蘭教。對巴拉奇昂而言，改信伊斯蘭教是不可能的。在德國同僚的協助下，他偽裝成德國人逃到鐵路線上的另一個施工地點（巴拉奇昂以熱烈的語氣描寫德國與奧地利平民的人道主義協助，但他發現德國軍人對亞美尼亞人的敵意並不亞於土耳其青年團執政者）。直到戰爭結束前的這段日子，巴拉奇昂祕密地搬遷，或以假身分行動，以免被驅離。就這樣，這位流亡教士在這場大屠殺中活了下來。據他估計，截至一九一五年底為止，在大屠殺中共有四分之三鄂圖曼帝國的亞美尼亞人被消滅。

對於大戰期間鄂圖曼到底有多少基督教徒被屠殺，各方的數字不一。雖然與希臘交換人口的過程中，被殺的亞美尼亞人數目相對很少，還是有數十萬名亞美尼亞人和亞述人在一九一五年展開的驅逐行動中死亡。一九一五年至一九一八年對亞美尼亞人進行的大規模屠殺，到底是非蓄意的戰爭結果，或者是蓄意的滅種政策，這樣的討論一直持續到二十一世紀。但即便否認亞美尼亞滅種行動的人，也承認有六十萬至八十五萬亞美尼亞百姓的死，是戰時的政策所造成的結果。不過，亞美尼亞歷史學家主張，國家蓄意施行的政策導致一百萬至一百五十萬亞美尼亞人死亡——這是現代的第一次滅種行動。[42]

亞美尼亞人和亞述人與鄂圖曼戰時的敵人攜手合作，這一點毫無疑問。一九一五年春天，帝國同時在三個戰線面臨敵國入侵：達達尼爾海峽、高加索邊境與美索不達米亞。這一點雖然可以解釋土耳其青年團執政者為何展開這場空前絕後的暴力行動對付他們信奉基督教的臣民，他們所犯下不人道的罪行卻無論如何不能被合理化。

最諷刺的是，消滅亞美尼亞和其他基督教徒族群，根本無法確保鄂圖曼帝國的安全。協約國從未攻擊奇里契亞海岸以證明驅離開地亞美尼亞人的正當性。逼迫建造柏林到巴格達鐵路的亞美尼亞人踏上死亡之旅的驅離手段，反而不利於鄂圖曼在美索不達米亞的戰事。將安那托利亞東部地區的亞美尼亞人趕盡殺絕，根本無法讓高加索免於俄國人入侵。一九一六年二月，沙皇軍隊在征服要塞埃爾祖魯姆時，幾乎沒有遭到多大反抗。同年不久之後，俄軍橫掃黑海港口特拉布宗和市集城鎮埃爾津詹——這些敗仗都不能怪在已經被集體驅逐出境的亞美尼亞人身上。

達達尼爾海峽之役，原本不被看好的鄂圖曼人成功捍衛國土，抵擋法國、英國和英國的自治領組成的聯合軍隊，他們依靠的是士兵的勇氣和決心，而非對少數民族進行的滅種行動。

第八章 加里波利半島的鄂圖曼凱旋之役

加里波利之役從運動戰演變為靜態的壕溝戰。扣掉死傷人數，協約國已有五萬名強壯的士兵登陸。然而，他們無法達成策戰者原先設計的遠大任務。英軍本來應該擊退鄂圖曼守軍，攻下距離海岸五英里的阿奇巴巴高地；從這個居高臨下的地點就能控制達達尼爾海峽的土耳其陣地。紐澳軍團不只應該奪取俯瞰蜂岬周圍海灘的山脊，也要橫越半島占領高原，來到達達尼爾海峽上的梅朵斯，切斷鄂圖曼軍所有聯絡線與大規模補給線。如果當初能達成這幾項任務，協約國就能壓制達達尼爾海峽岸邊砲台的攻擊，替英國和法國戰艦打開通道，挺進海峽，占領伊斯坦堡。然而，協約國軍隊卻遭遇守軍的頑強抵抗，後者在紐澳軍團灣和赫勒斯角周圍建立防禦戰線，堅決不讓入侵敵軍通過。

英國和法國三次嘗試突破土耳其在加里波利半島尖端的防線，企圖攻占具戰略地位的克立奇亞（Krithia）和阿奇巴巴高地。然而，他們三次都失敗了。在四月二十八日的第一次克立奇亞之役，英國和法國死傷人數達三千人之多（死傷率為百分之二十），卻只征服少許領土，甚至一無所獲。僅僅九天之後（五月六日）協約國第二次嘗試發動攻擊，三天後他們折損六千五百人（幾乎是所有派出兵力的百分之三十），換來六百碼領土。在六月四日的第三次也就是最後一次克立奇亞之役，結果是英國有四千五百名士兵傷亡，法國有兩千名，卻只有在一英里長的前線上征服兩百五十至五百碼領土。前往克立奇亞之路，協約國征服每一英里的代價是兩萬名死傷士兵。這樣大的代價他們無法承受。1

為防衛加里波利，土耳其軍隊同樣付出慘痛的代價。鄂圖曼在三次克立奇亞之役的士兵傷亡人數與協約國不相上下，但在他們對英國和法國戰線發動的攻擊中，傷亡卻更慘重。恩瓦爾下令將入侵敵軍趕回海上，於是鄂圖曼軍對協約國戰線發動猛烈攻擊。五月一日夜晚到二日凌晨，鄂圖曼軍在對赫勒斯的英軍陣地發動的第一次攻擊中有六千人傷亡；五月三日夜晚到四日凌晨在同樣地區發動的第二次攻擊，土耳其又損失四千名士兵——僅僅在十小時內就損失百分之四十兵力。

五月十八日晚間，鄂圖曼人再次發動一場大規模攻擊，動員五萬名步兵，希望能趕走占據蜂岬灘頭堡的紐澳軍團。英國偵察機報告了土耳其軍隊集結的消息，紐澳軍團士兵已準備迎戰。在七小時的戰鬥中，主動出擊的鄂圖曼人徹底失敗，超過一萬名死傷士兵遍布在雙方戰線間的土地上。加里波利的士兵此時學到了他們的西線戰友早已從痛苦經驗得到的教訓：遇上防守堅強的壕溝中以機關槍防守的敵軍，攻擊的這一方毫無勝算。2

激烈的戰役在加里波利半島持續一個月之後陷入了僵局。雙方都挖好壕溝，以便守住上萬名傷亡慘重的士兵所攻下的領土。澳洲人和紐西蘭人堅守紐澳軍團灣小小的灘頭堡，而英國人和法國人在距離赫勒斯角不到三英里處，橫越半島尖端建立了一條陣線。土耳其人雖然無法將入侵敵軍趕回海上，他們卻成功地阻止協約國抵達高地。協約國被局限在狹小的鄂圖曼領土上，不時遭受躲藏在暗處的狙擊手以火砲、榴霰彈與機關槍攻擊，同時英國和法國戰艦也以重砲轟炸土耳其陣地。西線士兵都很清楚伴隨壕溝戰而來的種種恐怖情形。

檢視加里波利戰情的英國政府，對戰局發展愈來愈擔心。這場戰役沒有按照計畫進行。在三月十八日強行進攻海峽遭到慘敗後，英軍放棄邱吉爾所倡議的大膽海軍攻擊。而在基奇納動爵許可下發動的有限度陸地戰役，也被鄂圖曼人堅強的防守瓦解。士兵的傷亡率一直很高，陸地上強壯的士兵人數不夠，無法取得勝利，同時協約國也守不住亞歷山卓港和利姆諾斯島（這座島是協約國的達達尼爾海峽戰役指揮部）之間的海路。

五月十三日，在鄂圖曼人突擊「歌利亞號」（*Goliath*）的行動中，首次暴露出英國戰艦是如何脆弱。在土耳其魚雷艇「穆阿凡涅－米力耶號」掉頭朝協約國戰艦的錨地前進時，這艘老舊的英國戰艦正停泊在莫羅托灣（在達達尼爾海峽內，靠近加里波利半島南端）替法軍掩護。當它從船尾開始緩緩移動時，監視的軍官將鄂圖曼魚雷艇看成是英國船艦，直到土耳其人朝「歌利亞號」的船體發射了三枚魚雷，他們才大夢初醒。這艘英國戰艦在兩分鐘內帶著七百名船員中的五百七十名一起沉入海底，土耳其魚雷艇卻安然無恙地溜走了。

五月底，德國U型潛艇抵達海峽，改變海軍勢力的均衡。協約國實在沒什麼好埋怨。自從一九一四年十二月英國擊沉鄂圖曼戰艦「美蘇迪亞號」，英國、法國、甚至連澳洲的潛水艇都被調派至達達尼爾海峽。一九一五年四月二十五日，一艘澳洲潛水艇 AE2 設法清除水底的障礙物，抵達馬爾馬拉海。兩艘英國潛水艇 E11 和 E14 也航行於險惡的海峽區，並且花了數週時間在馬爾馬拉海巡邏，擊沉鄂圖曼軍將增援部隊與食物送至加里波利半島的運輸補給船艦。然而，由於海峽區水底危機四伏，被封閉在馬爾馬拉海的協約國，也損失了許多艘潛水艇。澳洲潛水艇 AE2 才抵達馬爾馬拉海幾天，就被土耳其魚雷艦擊沉。截至五月為止，德國與鄂圖曼布下的反潛網與水雷，已使法國損失「沙飛賀號」（*Saphir*）和「朱勒號」（*Joule*）兩艘潛水艇。3

在開闊的愛琴海上，德國U型潛艇解決英國船艦要輕鬆得多了。五月二十五日，正當英國戰艦「凱旋號」（*Triumph*）朝紐澳軍團灣附近的鄂圖曼陣地開火時，德國潛水艇U-21發射魚雷，將它擊沉。中午一過，這艘戰艦就被打中，當時的情景交戰雙方都看得一清二楚——土耳其人充滿勝利的喜悅，岸上澳洲人和紐西蘭人的士氣則遭到莫大的打擊。「凱旋號」在二十分鐘內沉沒，大部分船員都被救起，不過有七十五名水手和三名軍官死於船難。二天後，同一艘德國潛水艇擊沉赫勒斯角的皇家「宏偉號」（HMS *Majestic*），折損四十九人。這艘戰艦的桅杆抵在岩壁上支撐住傾倒船體，它提醒協約國海軍在達達尼爾海峽戰役是如何慘敗。短時間內接連有三艘戰艦沉沒，皇家海軍被迫將所有重型戰艦從達達尼爾

火砲登陸加里波利。加里波利之役在後勤支援方面，遭遇前所未有的挑戰，協約國必須在鄂圖曼守軍持續的砲火攻擊下，由海路運送人員與物資。

海峽撤走。此後支援陸地作戰的戰艦換成裝甲艦（專為轟炸岸上而建造的淺水船艦）和較不容易遭受潛水艇攻擊、體型較小的船艦。然而，潛水艇攻擊的危機，依然困擾著在亞歷山卓港與穆德羅斯港之間航行、載運軍隊與補給品的英法船隻，使得這場戰役更加複雜。[4]

加里波利半島上的一連串失利，在英國引發一場政治危機。一九一五年五月，自由黨領袖阿斯逵斯被迫與保守黨結為戰時聯盟。新內閣反映出成員政治機運的改變。保守黨員亞瑟・貝爾福（Arthur James Balfour）取代邱吉爾的位置，成為新的海軍大臣。在達達尼爾海峽戰役中海軍失利，身為海軍大臣的邱吉爾為此受到譴責，被貶為蘭開斯特公爵領地事務大臣，成為有名無實的部長。英國成立一個監控加里波利戰役的新組織——達達尼爾委員會，取代原本的戰爭會議。達達尼爾委員會於一九一五年六月七日召開第一次會議，決定這場戰役未來的走向。

基奇納勳爵依舊擔任陸軍大臣，他的意見在會議中也還是最具影響力（諷刺的是，直到今日，邱吉爾一直背負加里波利之役失敗的責任，但該戰役最重要的決策者卻顯然是基奇納）。他向委員會成員提出三個選項。英國與其盟國可以完全放棄加里波利之役。他們也可以派出一支大軍征服加里波利半島。或者他們可以繼續派兵支援漢彌頓爵士那批人數不多的遠征軍，希望能藉此緩慢但穩定地朝征服加里波利半島的目標前進。

委員會成員排除了撤軍的選項。他們害怕一旦承認戰役失敗，將會使猶疑不定的巴爾幹諸國轉而對抗協約國，此外根據研究加里波利戰役的英國官方史學家的說法，「撤軍幾乎必定導致穆斯林世界全面反叛」，這句話也反映出鄂圖曼號召聖戰的舉動，在協約國策戰者心中是如何揮之不去的陰影。

然而，委員會成員卻難以決定該派出大批兵力，或者是維持現狀；主要原因是他們不知道需要多少兵力才能戰勝加里波利的土耳其軍，或者派出這樣一支大軍要花多少時間。他們只要多延誤一天，就等於給予鄂圖曼人與其德國盟友更多寶貴的時間進一步打造防禦工事，如此一來加里波利半島就更難攻破。5

最後，基奇納選擇派遣一支龐大的增援部隊，在達達尼爾海峽展開一場激烈的大戰。地中海遠征軍總指揮官漢彌頓爵士請求英國陸軍加派幾個師（一戰時英國陸軍的一個師約有一萬到一萬五千人）好讓協約國軍隊突破紐澳軍團灣，征服加里波利半島。在六月七日的會議中，達達尼爾委員會同意派遣三個師，而在七月底，基奇納決定再加派兩個師——總共五個師，如此漢彌頓就有足夠兵力，贏得加里波利之役。第一批部隊將在八月初抵達前線。

一九一五年整個夏天，英國和法國士兵將加里波利的鄉村景致變成複雜的格子狀壕溝。在法軍所屬的區域，士兵們沿著一條寬闊的聯絡壕溝走向前線，他們將這條壕溝樂觀地命名為「君士坦丁堡大道」；而另一條從前線回來的平行壕溝則是「巴黎大道」。英國人也突發奇想，替壕溝命名。「攝政街」從前線往南延伸，經過「皮卡迪利圓環」（Piccadilly Circus），進入「牛津街」；還有一個特別複雜的壕溝交會點以倫敦最大的鐵路平交道「克萊芬」（Clapham Junction）命名。許多較小的壕溝以軍團名稱命名，紀念曾經戰死於此處的士兵，如「蘭開夏街」、「芒斯特街」、「艾塞克斯丘」和「伍斯特平地」等。他們把最諷刺的名稱留給前線壕溝：「海德公園角」、「主街」和最令人感到淒涼的「希望街」。6

如此諷刺的名稱也無法掩蓋壕溝激戰的事實。曾經待過西線與加里波利兩個戰場的人，發現目前為止土耳其前線更為殘酷。「在目睹過兩邊前線的人看來，這裡的戰況比法國慘烈得多。」法國下士尚．立莫內希（Jean Leymonnerie）於一九一五年六月在家書中寫道。英國人也有同樣看法。「在法國，除了全面性攻擊之外，步兵可能在好幾個月內都不用開一次槍，或絲毫沒有被步槍射中的風險。」赫伯特（A. P. Herbert）聲稱。「但在加里波利山坡上的壕溝中，土耳其人與異教徒在白天以步槍與砲彈彼此轟炸，到了晚上又溜出去，在黑暗中以刺刀攻擊對方。士兵必須從早到晚注意看、注意聽，擔心受怕，每分每秒都處於壓力中，不得休息。」7

壕溝中的生活打擊每個士兵的感官——包括視覺、聽覺、味覺、嗅覺和觸覺。壕溝戰摧殘那些沒有被殺或受傷士兵的身心健康。赫伯特所描述英軍經歷的加里波利壕溝生活，同樣適用於土耳其人。入侵軍隊與防禦軍隊都置身於壕溝戰的汙穢與恐怖中。

抵達加里波利的那一刻開始，士兵就置身於火砲聲中。然而，協約國士兵的情況最糟。自從德國潛水艇將英國戰艦從達達尼爾海峽入口驅離，海峽亞洲沿岸的鄂圖曼砲手一直對法國戰線開砲，攻勢猛烈，但這些砲手安然無恙。在加里波利半島上，土耳其人占據俯瞰赫勒斯角和紐澳軍團灣的高地，持續以榴霰彈與火砲轟炸敵軍。「既然我們占據艾爾其提貝（Alçıtepe，也就是阿奇巴巴）的最高點，我們就能朝任何想打的地方開砲。」一位鄂圖曼火砲軍官聲稱，「我們可以打一場替我軍量身訂做的戰爭。」英國與法國設法找出鄂圖曼火砲砲座的位置，卻屢屢挫敗。土耳其人運用偽裝物，引誘大砲發射煙霧彈，引來協約國的砲火，同時他們的自走榴彈砲使得協約國無法壓制其砲火攻擊。鄂圖曼人與其德國盟友恣意地朝著赫勒斯角與紐澳軍團灣的入侵敵軍開火。砲火時而猛烈時而減緩，距離忽近忽遠，日夜不停地騷擾士兵，不可預料的威脅，造成交戰雙方的死傷人數持續往上攀升。8

戰役期間，土耳其人教會了入侵敵軍狙擊的技術。一開始協約國軍隊非常懼怕這些隱形殺手。蒙面的鄂圖曼人把臉塗成綠色，偽裝起來，躲在比敵軍更熟悉的當地地形中，潛行至赫勒斯角與紐澳軍團灣的敵人陣線內，「他們甘願就那樣躺在那裡，伺機一個個幹掉那些異教徒，直到他們也死去為止。」赫伯特寫道，「他們非常勇敢。」狙擊手大大地打擊入侵敵軍的士氣。「他們（協約國士兵）沒有受過足以應付狙擊的任何訓練，」赫伯特繼續寫道，「他們痛恨狙擊手帶來這種無所適從的盲目感；士兵必須總想著頭是否夠低，總想著要彎腰走路；一直小心翼翼令士兵疲憊、士氣低落；雖然就算放鬆一時半刻也好，鬆懈卻是非常危險的

加里波利半島上的土耳其士兵。壕溝戰雙方的戰士，都過著類似的餐風露宿生活，這些人染病的機率，和被砲彈碎片與子彈打中的可能性一樣高。

事。」正如一名士兵在以下詩句中所反映出的心情：

狙擊手從早到晚地狙擊，
子彈從早到晚地發射，
士兵一個又一個地倒下。9

漸漸地，這些入侵敵軍從最初震驚的情緒中回過神來，他們自己也逐漸成為熟練的狙擊手。威靈頓槍騎軍團（Wellington Mounted Rifles）中士克魯尼（G. T. Clunie）在一九一五年五月中抵達加里波利的幾天後，就和一個土耳其狙擊手發生槍戰。「今天早晨我和一個土耳其人決鬥，很有意思。」他在五月十六日的日記中提到，「我抬起頭，差點就被射中，因此我換了個姿勢仔細看，立刻就看見他躲在兩百碼外土耳其壕溝後方的樹叢裡。我馬上開槍，他也是。我們一定各開了十槍，最後我打中他，他死了；可是老天，他也差點殺了我。」克魯尼並不想掩飾他殺掉敵方狙擊手時有多開心。漸漸地土耳其人也開始正視協約國槍手的能力。「敵人神準的槍法令人訝異，」易卜拉欣．阿勒坎（Ibrahim Arikan）在日記裡回憶道，「雖然我們獵殺敵人，敵人也獵殺我們。」然而，入侵的士兵一直活在擔心隱形殺手隨時可能開槍的恐懼中。10

最令人訝異的是，英軍和紐澳軍團聲稱鄂圖曼的女人也以狙擊手身分出現在戰場上。第一次世界大戰中並沒有女人服役於鄂圖曼軍隊的紀錄，而從鄂圖曼社會性別隔離的習俗看來，這種說法極為矛盾。然而，從英軍和紐澳軍團聲稱被殺、受傷以及被捕的女性狙擊手人數看來，很難將它當成士兵虛構的故事。一名英國醫官在日記中提到，有個土耳其女性狙擊手獲准被送到赫勒斯角的醫院，「她的手臂中彈」。不過，他沒有宣稱親眼見到那名女性。某個紐西蘭二等兵以目擊者身分陳述：「我們這裡有個女性狙擊手，但我們對她開槍是在知道她是女人之前。女性狙擊手很多。她們槍法很好。」威爾特軍團（Wiltshire Regiment）二等兵約翰・法蘭克・蓋瑞（John Frank Gray）在紐澳軍團灣附近的巧克力丘（Chocolate Hill）進行軍事活動，他宣稱發現這些女性狙擊手，是他部隊裡「最詭異的事情」。他寫到這些女性狙擊手帶著武器躲藏在樹林裡，和男性同袍並肩作戰。「有些女人和男人一樣穿褲子，有些穿著灰色長裙。她們瘦得不得了，看起來好像幾個月沒吃東西。」根據這些敘述，無法斷定鄂圖曼女人是否確實參與作戰，或者只是協約國士兵為了將攻擊土耳其女性合理化，而硬說她們是狙擊手。11

除了以危險的火砲和狙擊手進行持續攻擊，協約國和土耳其人還經常在彼此的壕溝底下挖坑道，從下方殺死敵人。立莫內希下士半夜醒來，他的耳朵貼在他防空洞堅硬的地板上；他被底下有人挖掘的聲音吵醒。他仔細聆聽，聽見熟悉的十字鎬挖掘聲。「一定是土耳其人，」他下了結論，「他們打算挖個坑，炸掉我們的要塞。」他很快找了個比較安全的地方睡覺。「我怕的就是被炸到壕溝上方的天上去，就這麼死掉。」立莫內希一直沒能在壕溝的那一區安穩地休息，他害怕土耳其人可能會隨時在他下方引爆炸彈。12

比起被炸到天上，梅赫美德・法希（Mehmed Fasih）中尉更怕被地底下的爆炸活埋。這名生性謹慎的年輕軍官在日記裡提到，敵人炸掉了一個地道，爆炸力道之強，以至於他覺得腳下的地面正在震動。「前幾天我在那爆炸現場聽到挖掘聲，」他寫道，「有七個人失蹤。」那天下午稍晚，其中一個失蹤的人設法從碎石堆裡鑽出來，讓這位鄂圖曼軍官鬆了口氣。「沒有比這更糟的死法了，」法希譴責說，「在意識完全清醒的情況下緩慢地面對死亡！……天啊，請讓所有人免於遭受這樣的命運。」[13]

在壕溝中的這幾週，士兵們在等待中度過，其中穿插著幾次大規模攻擊。鄂圖曼人和協約國部隊輪流出擊，雙方壕溝中的士兵處於永無休止的緊張狀態。「我們害怕被攻擊，」在法國前線服役一段時間後，尚・立莫內希寫道，「但我承認我們更害怕必須主動發動攻擊。」壕溝戰事最大的風險，在於拚了命地跑過交戰雙方壕溝之間的無人區，不過聽見敵人朝自己的前線蜂擁而至，依舊令人十分恐懼。[14]

五月一日土耳其士兵發動攻擊的那一晚，皇家芒斯特燧發槍兵團（Royal Munster Fusiliers）的莫里亞提中士（Sergeant Moriarty）活了下來。「他們躡手躡腳地朝我們壕溝爬過來（有好幾千人），整個可怕的夜晚，他們一直喊叫，吼著阿拉、阿拉。」鄂圖曼士兵攻向芒斯特兵團的陣營，士兵拚命抵抗。「當土耳其人愈來愈靠近時，那些惡魔丟出手榴彈；我們只能用我方士兵的兵籍牌辨認死者身分。」兵籍牌就是英國士兵掛在脖子上的圓形身分確認牌，俗稱「狗牌」。整晚奮戰的莫里亞提，黎明時分看到一幅恐怖的景象：數百名土耳其人陳屍在英國壕溝前方的地面上。「只要還活著一天，我很肯定自己絕對不會忘記那一晚。」他回憶道。[15]

鄂圖曼人大喊「阿拉」的聲音，在澳洲戰爭詩人哈利・馬修（Harley Matthews）的腦海中縈繞不去，這異國語言的聲音戳刺所有協約國士兵的神經：

我們聽見他們再次聚集在山丘上，
他們呼喊和吹口哨，號角響起。
「阿拉！」他們大喊。接著，響起轟隆隆的腳步聲。
「阿拉！」左方的砲火愈來愈密集，
突然間砲火朝我們發射過來。「撐下去！他們來了！開火！」
我們再一次朝喊叫聲和人影開火——突然間……他們走了，
現在他們走了，一切消逝，恢復原狀。16

對所有士兵而言，「跳出壕溝」等同於沐浴在砲火中，這樣的經歷是生還者永生難忘的創傷。「要不是有刺刀衝鋒的可怕經驗，」立莫內希下士以諷刺的口吻回憶，「壕溝中的生活還滿愉快的。」這些甚至還沒有起身越過胸牆的士兵，就被許多機關槍和神準的土耳其射手大批掃射而死。17 羅伯特·艾爾德利（Robert Eardley）是曼徹斯特的地方自衛隊士兵，他在六月抵達加里波利半島。七月十二日，他首次攻擊土耳其戰線，他還清楚記得上級下達那致命的命令之前，他所度過每一秒鐘的感受：

「在懸而未決的那段時間——彷彿過了好幾小時——軍官的眼睛一動不動地盯著他手錶上（代表死亡）的指針緩慢地、非常緩慢但確實往毀滅之路移動——或許只剩下一秒鐘可活——這是犧牲性命的聲音——就在這一刻，所有人的心情悲傷而沉重——你聽到些許喃喃的禱告聲——你注意到身邊有些可憐的夥伴們懼怕這逐漸逼近的時刻，他們知道『死亡』緩慢但必然『從那裡』悄悄地過來了。」

焦慮的士兵努力以空洞的話語鼓舞彼此的鬥志，但當時沉重的氣氛實在令他們語無倫次。

「高興點，老兄！」

「握個手，好夥伴，祝你好運，要樂觀。」在最後一次用盡全身力氣彼此握手之後，攻擊命令下來了。

「去吧小伙子，祝你們好運。」

艾爾德利爬出較為安全的壕溝，進入火線。他拿著刺槍跑過無人區，很訝異自己還活著（他只有腿上受了點皮肉傷，鼻子被一支壞掉的刺槍擦破皮），然而他的軍中夥伴或死或傷，在他身邊倒下。聽著受傷士兵求救的聲音，「最後握住垂死夥伴的手；只要活著一天，我絕對不會忘記我初次戰場經歷——在地獄度過的這些時刻。」[18]

每次攻擊行動之後，戰場上布滿成千上百具屍體。在炎熱的暑氣中，未被埋葬的屍體散布在雙方陣線之間，漸漸腐爛，濃烈的死亡惡臭瀰漫在加里波利半島上。戰役進行的前幾週，鄂圖曼和協約國

紐澳軍團在加里波利的刺槍衝鋒。在壕溝戰中，發動攻擊的軍隊傷亡人數較高。

同意局部停火三或四小時，以便尋回並埋葬屍體。在一場鄂圖曼大規模攻擊之後，戰場上留下數千名死亡士兵，因此五月二十四日，在紐澳軍團前線的英國人和鄂圖曼人遵守一次九小時休戰協定。雙方同意停火有其必要，卻懷疑另一方會利用這大好時機，趁機觀測對方壕溝，在重新開戰之前將人員和物資移動到較好的位置。自從五月二十四日的停火協議之後，雙方再也沒有停止攻擊，死者因而對活人的士氣以及健康，形成愈來愈大的威脅。

「壕溝骯髒不堪，死了好幾天的士兵被埋葬在胸牆某幾段，他們的雙腳伸出胸牆外，而在牆的另一邊，未被埋葬的死者躺在蒸騰的暑氣中，」波德步兵團（Border Regiment）中的年輕軍官巴爾托·布萊蕭（Bartle Bradshaw）在家書中寫道，「我們設法用檸檬蓋住他們，那味道實在太可怕了；你發覺你睡覺的地方離死人只有半碼距離，而你卻在同一個地方吃飯，如果你拿著食物的手停止揮動，過了一會兒……」布萊蕭沒寫完這句話，因為他不想寫的是，如果士兵停止揮動拿著食物的手，蒼蠅很快就爬滿食物——牠們也就是覆蓋在死人身上的那批蒼蠅。19

赫伯特在一九一五年寫於加里波利的詩〈蒼蠅〉中，描寫在壕溝中獨特的恐怖情景。

那些蒼蠅！噢，上帝，那些蒼蠅
玷汙了神聖的死者。
看見牠們聚集在死者的眼球上
與士兵共享麵包。
我想我不會忘記

戰爭的骯髒與惡臭，
胸牆上的屍體
以及地板上的蛆。[20]

成群蒼蠅從死者身上將疾病帶給活人。戰線雙方士兵都染上各種空氣與飲水帶來的疾病。戰場沒有公共廁所，因此害怕變成狙擊手目標的士兵，只好在和他們打仗、睡覺以及吃飯的同一個壕溝裡上廁所。痢疾成為流行病。法國火砲軍官赫蒙・威勒（Raymond Weil）提到他愈來愈擔心他的部隊中傳染病蔓延的問題。接受天花疫苗接種的法國士兵不會得霍亂和傷寒，卻躲不過發燒和胃病。「近來生病的人太多，連健康的軍官都所剩無幾。」威勒在日記中提到。雖然請病假有嚴格的限制，還是有成千個士兵被撤離前線；他們脫水、虛弱得無法走路，更不用說打仗。盛夏時，每天有數百名病人從加里波利被撤離。他們被送往穆德羅斯的醫院，直到身體狀況恢復到能重返戰場為止。[21]

在狹窄的壕溝裡戰鬥與生活，使得士兵精神狀況失常。在西線的士兵還有機會離開壕溝，到遠離戰鬥現場的村鎮去，然而在加里波利的士兵卻無法得到喘息。即使到海裡游泳，這些協約國士兵都暴露在不定時來襲的砲擊之下，渴望暫時逃離戰鬥的人因此受傷或被殺。睡覺時他們也不能放鬆。持續傳來的尖銳砲火聲，衝擊力引起的震動，以及前線的種種要求，讓士兵連睡覺都不得安寧。士兵常在日記中指出他們睡得很少。「我的士兵非常疲倦，」立莫內希寫道，「我也一樣，雖然我想辦法撐住。」他晚上只能想辦法在二點半到四點半之間睡兩小時，和鄂圖曼軍那裡的睡覺時間一樣。「我整夜只能睡二到三小時，而且還做可怕的噩夢。」梅赫美德・法希指出。[22]

幾週下來，在日復一日焦慮與睡眠不足影響之下，有愈來愈多人精神崩潰或罹患砲彈休克症。六月十四日，戰役開始後七週，一名英國野戰醫療部隊的中士首次目睹一個「精神崩潰」的案例。亨利・科布里奇（Henry Corbridge）被這個「心理案例」嚇壞了：「他們眼神空洞，目光呆滯，身體一部分麻痺，有人滿口胡說八道，總之看起來非常可憐」，其中有個高大的男人「他身上沒有一絲傷痕，只是失去理智」，在將他撤離到醫療船上時，需要八個人才能控制住他。一整個夏天，科布里奇看見更多起砲彈休克症的案例。截至八月中為止，在他的紀錄中，罹患精神疾病的人比受傷的人還多五倍。23

鄂圖曼士兵也深受砲彈休克症所苦。出身於鄂圖曼憲兵的志願軍人易卜拉欣・阿勒坎驚訝地發現他身經百戰的指揮官坐在避彈坑裡顫抖。「易卜拉欣，我的孩子，你要去哪裡？」他的上尉問他。平常咒罵士兵的上尉，現在稱呼他為「我的孩子」，阿勒坎知道他一定出了問題。這位上尉一臉迷惑，他請求阿勒坎陪伴他。「他失去了理智與意志力，」阿勒坎回憶道，「他的手抖得太厲害，連步槍都握不住。」在加里波利無情的砲火攻擊下，就連最堅忍不拔的人都會崩潰。24

數個月的戰鬥，使入侵者與守軍在對方眼裡逐漸產生某種形象。戰爭開始的前幾個月，媒體與政府的宣傳激起英國、法國與紐澳軍團士兵對德國人的怨恨，但先前這些士兵對於鄂圖曼人卻沒有什麼敵意。協約國士兵還給土耳其人取綽號。英國人稱鄂圖曼人為「阿巴杜」（Abdul）或「土耳其強尼」（Johnny Turk）；法國人稱他們為「土耳其先生」（Monsieur Turc）。即便是鄂圖曼人都替自己的士兵取綽號——小梅赫美德（Little Mehmed），也就是阿兵哥（Mehmedçik）的意思。不過，對那些入侵士兵他們可沒這麼好的稱呼，他們直接叫這些人「英國佬」、「法國佬」或就叫他們「duşman」，意思是「敵人」。

在某些地點，交戰雙方的壕溝十分接近，他們聽得見彼此說話的聲音。住得這麼近，士兵也因而變得仁慈起來，在不開火的時候，他們會丟小點心到敵人的壕溝裡。某個土耳其士兵還記得他把香菸、葡萄乾、榛果和杏仁丟到紐澳軍團的戰線裡。為了感謝他們，入侵敵軍也丟出水果罐頭和果醬，作為回報。艾敏・丘爾（Emin Çöl）發現，沒人會把泥土和禮物混在一起，或者在丟了小點心之後跟著丟一枚手榴彈，這點很值得一提。他們交換東西是真心出於善意。[25]

這並不表示協約國和鄂圖曼軍之間有任何降低全面性戰爭的做法。雙方的攻勢都十分凶殘，但在敵方陣線內偶爾也會出現惻隱之心的行為。醫療部隊的科布里奇中士回憶起他治療過一個曾拯救英國士兵的鄂圖曼戰俘。這名艾塞克斯軍團（Essex Regiment）的中士陪伴這受傷的土耳其人到急救站，以確保他接受妥善的治療。這名土耳其士兵在幫助某個被雙方戰線交叉火力困住的英國中士時，手臂和腿部中彈。科布里奇和他的護理員在醫院中「看見我方醫護人員盡可能讓那個土耳其人感到舒適。」[26]

蘭開夏燧發槍兵團的二等兵羅伯特・艾爾德利，曾經在打仗時有過拯救一名鄂圖曼士兵、又被同一名士兵拯救的特殊經驗。八月初，蘭開夏燧發槍兵團攻擊加里波利最南端、橫跨克立奇亞路兩側的土耳其戰線。二等兵艾爾德利在刺槍衝鋒的攻擊行動中跑向土耳其前線。就在所有人衝過無人區時，他再度驚訝地發現兩邊的同僚倒在地上，非死即傷，而自己卻活了下來。到達鄂圖曼壕溝時，艾爾德利來到一名英國士兵和一個倒在地上、毫無防備的受傷土耳其人身邊。

「你讓開！他殺了我同伴，我要把他刺死。」這名英國人咆哮道。

艾爾德利勸他的同袍，他主張殺一個毫無抵抗能力的人是懦夫的行為。

「站在他的角度想想，好夥伴——誰知道哪一天就輪到你？振作點吧老兄……別這麼做，這樣才對嘛。」他半哄半騙地說。

艾爾德利成功地阻止憤怒的蘭開夏人殺了這名土耳其士兵。這時他和受傷的土耳其人獨自在壕溝裡。這兩個男人無法以言語溝通，但土耳其人明白向艾爾德利表示他非常痛。「可憐的傢伙。」艾爾德利喃喃說著，一邊幫這男人包紮頭上裂開的傷口。

加里波利半島。一名皇家愛爾蘭燧發槍兵用步槍舉起頭盔，伸出壕溝外，開土耳其狙擊手的玩笑。

他把這名受傷的士兵安置在離開火線的安全地點，拿一件外套放在他頭底下當枕頭，在他身旁坐了一會兒。「我們比手畫腳，交換眼神。」當部隊叫艾爾德利去站崗時，他給這男人喝水，還給他一根香菸。「我可以從他眼裡看出他很感激我的仁慈，正如俗諺所說：『好心有好報。』」

蘭開夏燧發槍兵團守住土耳其壕溝的時間並不長。鄂圖曼人一次大規模反擊，就把英國部隊趕回他們原本的陣線。部隊將艾爾德利留在一個被占領的土耳其壕溝裡，掩護同袍撤退。他看著周遭躍出上百名拿著刺刀衝刺的鄂圖曼士兵。「我非常激動，前額冒出豆大汗珠；敵人在一次大舉進攻時，徹底掃蕩我方軍隊。」這時一名土耳其士兵高舉刺刀跳進胸牆準備突擊他。「我感到一陣銳利的刺痛——我左肩後方有一股燒灼感。我知道我被刺刀刺中了……我清楚感覺刺刀刺進我身體又被拔出來。」艾爾德利面朝前倒在壕溝底部，身旁是其他死傷士兵。由於驚嚇與失血，他失去知覺。

幾小時後，艾爾德利感覺有人把土劏到他背上，因此他醒過來。他頭暈腦脹，掙扎地想站起來，卻發現有一群敵方的士兵拿著刺刀指向他胸口。他很確定他們想殺他。但在這些人還沒機會動手時，一個頭上纏著繃帶的土耳其士兵跳進壕溝，用自己的身體保護艾爾德利。這英國人立刻認出他的救命恩人是誰。這名受傷的土耳其人自己也很虛弱，他應該是在土耳其人剛才那場反擊中，被同袍救起來；然而，他用盡全身力氣緊緊抱住艾爾德利，並且大聲對一名中士喊叫。

這名鄂圖曼中士終於來了，受傷的土耳其人告訴他事情經過。「他們嘰哩咕嚕地說著。」艾爾德利回憶道，保護著他的土耳其人所說的話他一個字都聽不懂，但從那位中士的表情看來，自己活命的機會大幅增加。最後，中士轉過頭來，用不流利的英語對他說話：「『起來吧英國人，沒人會傷害你，要不是這名士兵，你可能早就死了。你給他水，你給他香菸，你止血（替他傷口止血）——你是很好的英國人。』然後他在我背上拍一拍。」被帶走之前，艾爾德利向他的土耳其朋友告別。「我和這個土耳其人握手（我願意不計一切代價再見這人一面）。當我們雙手緊握時，我看得出他能了解我的心意，他望向天空，喊了一聲『阿拉』，然後親吻我的面頰（甚至此刻我還能在臉頰上感覺得到這個親吻，彷彿它烙印在那裡，又好像它是我血液的一部分）。」他們沒有再見到彼此。跌跌撞撞地擠在一群充滿敵意的土耳其士兵之間，艾爾德利被帶到一個聯絡壕溝接受審問＊。走了一陣子，一名敵方士兵朝他下巴打了一拳，把他打昏。醒來時他和其他受傷的英國俘虜在一起。對方用這種粗魯的方式提醒艾爾德利，對大多數土耳其士兵而言，他的英國制服標明他是入侵的敵軍，是 duşman。不過，艾爾德利的戰場生涯結束了。接下來的三年裡，他成為鄂圖曼戰俘，時而被關，時而從事粗重的勞力工作。27

壕溝戰使得入侵軍隊付出慘痛的代價。英國和法國士兵持續被敵方砲火所殺或被鄂圖曼人俘擄，還有數量更多的士兵由於受傷、生病和罹患砲彈休克症，從加里波利半島被撤離，接受治療。穆德羅斯島、馬爾他和亞歷山卓港的醫療機構人滿為患，有愈來愈多客船被指派為海上醫院，以便接納生病和受傷的士兵。許多還在壕溝中的士兵患有痢疾，無法打仗，但協約國軍隊人數已經太少，不能再將他們撤離。同時，恩瓦爾持續從安那托利亞和阿拉伯各省調派新的鄂圖曼軍隊，增援加里波利前線。要不是基奇納增派五個師到加里波利半島，協約國可能早已守不住陣地。八月三日，基奇納的第一批「新軍」†抵達紐澳軍團灣，幫助協約國展開新攻勢，他們打算畢其功於一役，一舉攻下加里波利半島。

地中海遠征軍的總指揮官漢彌頓爵士花了好幾週，琢磨八月的進攻計畫。他認為協約國在赫勒斯角與紐澳軍團灣都處於不利的情勢。土耳其人居高臨下，俯瞰這兩處協約國陣地，但協約國卻無法攻破這些鄂圖曼人的壕溝，抵達後方的高地。英國人必須從四月二十五日登陸後占領的陣地中突圍而出，而漢彌頓選擇將兵力集中在加里波利半島北邊的紐澳軍團灣和蘇弗拉灣（Suvla Bay）。

八月的進攻計畫非常複雜。戰役開始時，英軍將發動牽制性的攻擊引開鄂圖曼軍，使他們遠離主戰場。赫勒斯角的協約國軍隊要佯攻克立奇亞南邊的鄂圖曼陣地，防止指揮鄂圖曼軍的德國將軍利曼將半島最南端的士兵調派到紐澳軍團灣。英軍必須在沒有任何援軍的幫助之下，利用已經駐守在陣地、疲於戰爭的軍隊，完成這場赫勒斯角的攻擊行動。漢彌頓將基奇納提供的三個新調派的師集中在加里波利北部前線。他下令讓其中兩個師到紐澳軍團灣北邊防禦力不足的蘇弗拉灣的海灘上。只要把這些「新軍」派至鄂圖曼人最難以預料的地方，就可以盡可能讓人數最多的士兵安全上岸。他希望如此一來，就能在加里波利之役重新發動運動戰，讓沒有被困在壕溝中新一批的健康士兵迅速地越過開闊的土地，從側翼攻擊在高地俯瞰紐澳軍團灣的鄂圖曼陣地，也就是土耳其人所稱的阿納法爾塔（Anafarta）這個區域。

英國把一個新的師派至紐澳軍團灣前線，在薩里巴伊山脊（Sari Bair Ridge）發動多重前線攻擊。這個山脊上有三座山峰，分別是主力艦丘（Battleship Hill，土耳其語的 Düz Tepe）、瓊克巴葉勒

---

* 聯絡壕溝（communication trench），是串連前線與後方的壕溝，以利運送人員、物資、傷兵等。

† 這一批新軍也被稱為「基奇納軍團」，是基奇納在一戰爆發後招募的部隊，全為志願軍。

（Chunuk Bair，土耳其語的 Conkbayırı）與九七一丘（或土耳其語的 Kocaçimen Tepe）。這三座山峰俯瞰周圍的地景，協約國指揮官將它們視為通往達達尼爾海峽的要道。紐西蘭的弗雷德・韋特（Fred Waite）少校總結策戰者的想法如下：「贏得山脊，就等於贏得海峽最狹處。」後者就是鄂圖曼軍在達達尼爾海峽重兵防守的地區。「替海軍突破最狹處，君士坦丁堡就是我們的囊中物！」如果把鄂圖曼人從這幾座山頭趕走，他們的陣地就將不保；一旦蘇弗拉灣的部隊與紐澳軍團灣的部隊會師，整個鄂圖曼第五軍團就會被截斷，被迫投降。「這個優秀的計畫完全是伊恩・漢彌頓爵士的構想。」澳洲的奧利佛・霍格（Oliver Hogue）中尉在寫給妻子琴（Jean）的信中說道：「參謀作業也規劃得非常出色，連最微小的細節都考慮到了。現在剩下的，就是要看看我們的戰術是否能和策略一樣好。」[28]

八月六日，英軍在赫勒斯角發動第一波牽制性攻擊。艾爾德利就是在這一次交戰中被俘擄。鄂圖曼槍手大批屠殺成排英軍，因此他在蘭開夏燧發槍兵團衝鋒時目睹大規模殺戮的情景，重複在前線各地發生。在這場軍事行動的第一天，派到戰場上的三千名英國人，死傷人數為兩千人；在八月七日又有一千五百名傷亡士兵，然而一英寸土地都沒有攻下。鄂圖曼人的死傷更為慘重；八月六日到十三日之間，在赫勒斯角交戰中有七千五百名鄂圖曼士兵受傷、死亡或失蹤。然而，這次的牽制作戰並沒有達到協約國原本想將鄂圖曼軍從主戰場引開的目標。利曼正確地將赫勒斯攻擊行動解釋為一場偽攻，他從南邊戰線調來增援部隊，迎戰更北邊的攻擊。[29]

計畫在紐澳軍團灣東南方的孤松（Lone Pine）進行的第二次牽制性攻擊，雙方人員損失並不少於第一次。澳洲人發動了一次成功的刺槍衝鋒攻擊，將鄂圖曼人從前線的壕溝中逐出，這個陣地土耳其人稱之為坎利希特（Kanlısırt，血腥山脊）。八月六日到十日之間，土耳其和澳洲士兵進行徒手搏鬥；就鄂圖曼人記憶所及，這是加里波利戰役中最慘烈的一次戰鬥。澳洲人對孤松之役同樣印象深刻。「我軍在紐澳軍團灣進行的所有戰鬥中，幾乎沒有比這次在孤松的戰鬥更激烈、更血腥。」騎兵威廉・貝爾布利基（William Baylebridge）寫道。根據土耳其人的紀錄顯示，在這次交戰中死亡、受傷或失蹤的士兵將近有七千五百名。澳洲人報告的傷亡人數是一千七百名。進攻一方獲得的土地根本和損失人員不成比例，不過至少澳洲人成功地將為數不少的鄂圖曼軍牽制住，以利於在更北方的薩里巴伊山脊和蘇弗拉灣發動的主要攻擊。30

在另外三次的偽攻中，澳洲人更是死傷慘重。他們砲火不足，無法趕走鄂圖曼人的機關槍攻擊。在半夜進攻一個被稱做「德國軍官壕溝」*的鄂圖曼陣地時，兩列攻擊者被掃蕩到幾乎只剩一個人。下了馬的澳洲輕騎兵設法奪下亡者山脊（Dead Man's Ridge）的三個壕溝，但之後又被鄂圖曼的一場反攻驅離，死傷慘重。然而，澳洲人在山峽（Nek）的攻擊行動，才真正是士兵在加里波利平白犧牲性命的象徵性戰役。看著第一波一百五十名士兵在離壕溝不過幾碼之內的距離被土耳其砲火掃蕩之後，澳洲軍官依然盲目地服從命令，再派出兩批士兵到山頭送死。四百五十名試圖襲擊山峽的士兵之中，至少有四百三十五人死亡或受傷，土耳其人卻毫髮無傷。為了將鄂圖曼人從薩里巴伊的主要攻擊地區引開，他們付出的代價太高。31

八月六日，在夜色掩護下，紐澳軍團的主力部隊在薩里巴伊山脊的三座山峰發動攻擊。四個縱隊

---

*士兵不但替自己的壕溝命名，也會為敵人的壕溝命名，其中一種命名方式就是觀察到什麼事物就替該壕溝取什麼名稱；紐澳軍團士兵可能在這個壕溝中看見德國軍官。

在晚間從九七一丘和瓊克巴葉勒周圍陡峭的山谷往上爬。兩天激戰下來，由紐西蘭人、澳洲人、廓爾喀人和英國人組成的一支軍隊無法將土耳其人從九七一丘趕走，不過他們成功占領了山脊中間的那座山峰——瓊克巴葉勒。這是他們最大的一次勝利，然而協約國卻守不住勝利的成果。八月十日早晨，鄂圖曼人從俯瞰瓊克巴葉勒的九七一丘峰頂上，以猛烈的砲火攻擊這些入侵軍隊，直到他們以堅決的反攻行動重新奪得該座山峰為止。四天戰鬥下來，紐澳軍團顯然絲毫無法依靠在蘇弗拉登陸、預計與他們會師的這兩個師前來救援。

根據各方說法，蘇弗拉灣登陸行動中，英軍浪費了大好機會。他們在此處成功地讓兩萬人以上的兩個師，在鄂圖曼守軍不超過一千五百人的海灘上登陸，而且死傷人數相當少。然而，組織不良再加上行動延誤，將一次成功的登陸轉變為失敗的攻擊。

八月六日晚上，英國戰艦將基奇納新軍的兩個師，運送到蘇弗拉灣周圍的陣地，距離紐澳軍團灣往北約五英里。這些在海灣南端登陸的部隊航程非常順暢；他們乘坐的是現代化登陸艇，從登陸艇上放下的滑道讓部隊踏上岸時不必弄濕腳。然而，被指派前往蘇弗拉灣內部中央海岸線的部隊，卻在沒有月光的漆黑夜晚面臨未知的危險。在黑暗中，許多登陸艇失去方向感，它們航行到指定登陸地點的南邊，進入險惡的礁石區。當登陸艇擱淺在沙洲和暗礁上時，有些部隊發現它們下船的地方水深及頸；還有些部隊的船重新進行登陸，以至於延誤數小時。沒有人在正確地點登陸。不但如此，守軍還發射照明彈，暴露三艘正在釋放數千名登陸士兵的英國驅逐艦停泊位置，使得英軍面臨更大困難。鄂圖曼指揮部提高警戒，因此英軍尚未登陸，它們的行動就已經失去突襲的意義。

日出時，入侵軍隊把登陸後寶貴的頭幾個小時用來重整隊伍，而不是向俯瞰蘇弗拉平原的高地上防守薄弱的鄂圖曼守軍挺進。經過整晚的登陸行動，幾個營當中已經有人員傷亡，不過大多數隊伍依然兵力充足。然而，由於士兵登陸時間有所延誤，表示海軍砲火和糧食登陸同樣遭到延誤。由於飲水與砲彈不足，英國軍官決定將目標鎖定在攻占離登陸地點最接近的山丘，把漢彌頓精心設計的計畫拋在腦後。更糟的是。英軍未經指揮部許可延誤登陸，等於讓土耳其軍官有時間派遣援軍。利曼從赫勒斯角和布萊爾調派軍隊，抵禦蘇弗拉的敵軍。他指派精力旺盛的陸軍上校凱末爾，擔任掌控蘇弗拉與紐澳軍團灣兩處的阿納法爾塔前線指揮官。

上岸二十四小時後，英國指揮官們決定讓士兵休息一天。經過一夜無眠的登陸行動與一整天戰鬥，缺乏經驗的新軍疲憊不堪。他們已經損失一百名軍官和一千六百名士兵，這些人非死即傷。在炎熱的夏天，他們缺乏食物與飲水。此外，他們的火砲尚未全部從船上卸下。在許多士兵死於沒有充分火砲掩護下的魯莽攻擊行動之後，英國軍官拒絕離開安全的海灘陣地，直到人員恢復體力，足以應付他們誤認為嚴密防守的土耳其陣地為止。因此，英國人在八月八日那天沒有作戰，反而在游泳或休息。諷刺的是，如果英國軍官下令立刻攻擊，他們明顯疲憊的部隊將不會面臨重大的反抗。正如利曼在回憶錄中指出，英軍的延誤給了他足夠時間，讓他派遣部隊抵抗這次入侵行動。英軍將要為這一天的休息付出昂貴代價。[32]

八月九日重新開戰時，土耳其軍隊人數已和入侵英軍不相上下。鄂圖曼人已經占領高地，取得戰略上的優勢。而且鄂圖曼軍隊是身經百戰、在自己的地盤上作戰的老兵；與他們交手的新兵不但毫無經驗，而且手上還拿著不可靠的地圖。「總指揮（伊恩．漢彌頓爵士）計畫的蘇弗拉作戰方案注定失敗。」記錄該戰役的英國官方史學家下了這樣的結論。[33]

八月九日和十日一整天，英國人和鄂圖曼人擺開陣勢對戰，雙方都死傷慘重。八月九日，砲火一度十分猛烈，以至於灌木叢著火；在颳起的陣陣強風之下火勢延燒，受傷的英國和土耳其士兵被活活燒死，同伴無法進入火場拯救傷者。雖然英國人八月十日死傷人數較少，他們卻沒能從土耳其人手中攻占土地，也完全無法替正在攻打薩里巴伊山脊、卻被圍攻的紐澳軍團解圍。在瓊克巴葉勒山峰周圍奮戰四天之後，英軍又撤退到原本在紐澳軍團灣的陣線。他們失去一萬兩千個人，也沒有更多儲備物資繼續戰鬥下去。漢彌頓在赫勒斯角、紐澳軍團灣和蘇弗拉灣這三個前線發動所謂的「突破性進攻」，光是短短四天內，協約國死傷人數就高達兩萬五千人。竭盡所能抵抗的鄂圖曼軍也已到達極限，他們傷亡人數雖不下於協約國，但仍舊設法守住陣地。

雖然到了八月十日，蘇弗拉灣－紐澳軍團灣的聯合攻擊行動已告失敗，協約國依然持續進攻。八月十二日，來自諾福克軍團（Norfolk Regiment）且全數由桑德林漢姆皇家莊園*的十五名軍官和兩百五十名士兵組成的一支部隊，消失得無影無蹤；眾人相信他們落後了，留在敵人陣線內被殺得一個也不剩。八月十五日，協約國的攻擊行動終於陷入泥淖，鄂圖曼人因此鞏固可俯瞰三個加里波利前線的高地；協約國的防禦前線變得更長，並且已經找不到地方突破鄂圖曼堅強的防守。[34]

蘇弗拉灣和紐澳軍團灣的攻擊行動徹底失敗，協約國在加里波利的陣地前所未有的薄弱。漢彌頓聲稱他們自八月六日以來損失四萬生病、受傷和死亡的人，剩下的兵力一共只有六萬八千人，但要防禦的前線更長。多了蘇弗拉灣，協約國前線延伸至兩萬三千碼長。八月十七日，漢彌頓要求基奇納調來四萬五千名援軍，將他折損的部隊補足，另外再加上五萬名新派遣的士兵。然而，基奇納認為以不久前才派往加里波利的五個師，贏得勝利已經綽綽有餘，因此不肯接受漢彌頓的要求。他在八月二十日回信給漢彌頓，信中解釋他計畫在西線進行「大規模挺進」，他警告漢彌頓「他不會從法國主戰場調開重要的增援部隊」。漢彌頓回答，沒有援軍，他就必須從紐澳軍團灣或蘇弗拉灣其中一個戰場撤軍。[35]

協約國在加里波利失利，又無法攻占達達尼爾海峽，這些挫敗開始影響巴爾幹半島動盪不安的政治局勢——這樣的影響對同盟國有利。經過一年立場搖擺不定之後，保加利亞於一九一五年九月打破中立，與德國和奧地利簽訂戰爭合約。德國進犯俄國，以及德國與土耳其成功防禦海峽區，使得保加利亞政府深信同盟國將在大戰中勝出。十月十五日，保加利亞加入德奧對抗塞爾維亞的戰役，從此正式參戰。

保加利亞參戰對協約國的達達尼爾海峽戰事無異是一場大災難。塞爾維亞和希臘請求協約國派出十五萬名士兵，抵抗同盟國攻擊。一支由英國和法國組成的部隊必須一接到通知就在最短的時間內動員，被派往希臘東北部的薩洛尼卡，其中有許多部隊必須從加里波利調派。漢彌頓不但沒有得到他所要求守住陣地的大批增援部隊，反而必須接受減少駐防部隊的命令，分出好幾個師前往巴爾幹前線。

同盟國大舉進攻塞爾維亞，土耳其軍在加里波利的情勢因而有所轉變。十一月五日征服塞爾維亞的尼司（Nis）之後，德國和奧地利就能建造從貝爾格勒直達伊斯坦堡的鐵路（不過鐵路損毀造成延

＊桑德林漢姆莊園（Estate of Sandringham）位於英格蘭諾福克郡，是英國皇室的私人莊園，建於十八世紀下半期。

誤，直到一九一六年一月才恢復正常行駛）。鄂圖曼帝國的歐洲盟友終於能任意調派大砲與彈藥，直接送達土耳其，加里波利半島的均勢因而產生巨大的轉變。英國和法國對這新的局勢發展愈來愈恐懼。他們厭戰且人員耗盡的部隊，如今將遭受更頻繁且更強大的砲火攻擊。

因此到了一九一五年十月，英國政府在達達尼爾海峽面臨決定性的一刻。八月戰事失利，嚴重危及協約國在加里波利半島的陣地。西線人員折損，再加上必須派出另一支軍隊前往薩洛尼卡，協約國已經沒有多餘士兵可支援加里波利戰役。土耳其的砲轟與狙擊行動持續造成協約國人員傷亡，疾病的蔓延也削弱駐守壕溝士兵的戰力。在此同時，土耳其人卻從安那托利亞調來力量強大的新火砲，並派遣全新部隊，他們的陣地只有更加鞏固。在數個月慘痛的人員損失之後，英國與法國面臨全面慘敗的可能性相當高。他們最好以一場成功的撤退行動中止人員傷亡，以免為了試圖守住難以防禦的陣地而失去一切。

在十月十一日寫給漢彌頓爵士的一封電報中，基奇納勳爵首次提出撤軍的想法。「要是我們決定撤軍，而且是以最謹慎的方式執行，據你估計，你的部隊大概將會損失多少人？」漢彌頓驚恐萬分。「如果這麼做，他們將會把達達尼爾海峽之役變成全世界最大的一場悲劇。」他對他的軍官們透露。漢彌頓害怕的是，第一批分遣隊撤離時或許能不被敵人發覺，但要躲過土耳其偵察員，將部隊全數撤離，畢竟是不可能的，而且岸上所剩無幾的士兵勢必無所適從，會被鄂圖曼人殲滅。在給基奇納的回信中，漢彌頓提出他個人的估計，也就是協約國將遭受百分之三十五到四十五的人員損失，此外他的參謀總部估計，約有百分之五十的傷亡率。[36]

儘管漢彌頓的評估如此悲觀，達達尼爾委員會（英國內閣中監督加里波利戰役執行的小組委員會）漸漸地將撤軍視為不可避免之舉。不過，在加里波利戰役一次又一次的失敗之後，他們已經不信任漢彌頓爵士有能力監督撤軍行動。這位地中海遠征軍總指揮於十月十六日被免職，將軍查理・門羅（Charles Munro）爵士被指派取代他的職務。有些人依舊主張繼續加里波利戰事，尤其是基奇納；這些人認為西線戰事愈來愈吃緊，加里波利半島依然是最有機會打敗同盟國、贏得勝利的戰場。要是無法占領海峽，俄國就有可能陷入孤立無援的風險，必定戰敗。然而，就算是那些極力主張加里波利半島戰略地位重要的人也承認，軍隊必須等到冬天的暴風雪過後才能展開新的攻勢。協約國也不一定能夠在整個冬天抵抗鄂圖曼人堅定的攻擊，守住陣地。他們必須投注大規模人員和物資才能守住半島上的陣地——然而，其他前線也迫切需要這些資源。指揮官們必須做出決定，而且要盡快。

當查理・門羅爵士在十月底抵達加里波利時，眼前三個被包圍的協約國陣地使他大為震驚。「這簡直就是愛麗斯夢遊仙境，」他對他的參謀說，「這真是愈來愈奇怪了！」*他在赫勒斯角、紐澳軍團灣和蘇弗拉灣都分別詢問當地的指揮官，他們是否相信自己的士兵能守住陣地，對抗土耳其以德國重砲增援的攻擊。這幾個師的指揮官最多也只能承諾他，他們的士兵會盡力而為。這一切足以讓門羅相信撤軍是唯一解決方式，但他必須說服基奇納。當門羅將他的發現報告白廳時，達達尼爾委員會決定派基奇納到前線，讓他自己去評估狀況。37

從法國搭船前往加里波利半島的基奇納，決心不計一切代價防止撤軍。他後悔之前沒有派出更多

*原文 curiouser and curiouser 出自《愛麗絲夢遊仙境》第二章〈眼淚池〉，愛麗絲發現自己變大時發出的驚呼。

軍隊支援戰役，並依舊深信東線戰事有突破性進展的可能性比在西線來得大。然而，當他抵達在穆德羅斯的地中海遠征軍指揮部時，基奇納發現自己被一群主張撤軍的人包圍。只要讓這位戰爭部長到加里波利半島前線陣地走一趟，就能說服他相信撤軍行動將不可避免。

這位達達尼爾戰役的推手，終於在十一月十三日來到他將無數英國、法國和殖民地軍隊送上戰場的前線。就算這些士兵憎惡基奇納，他們也沒有表現出來；他所到之處，士兵都熱烈地歡呼。他短暫地造訪赫勒斯的指揮部，也在塞杜巴希爾和法國軍隊見了面。他在紐澳軍團灣附近四處察看，爬上通往盧塞爾山頭（Russell's Top）的陡坡，造訪山峽前線的壕溝，許多澳洲輕騎兵就枉死在此。從蘇弗拉灣的某個山頂上，基奇納隔著鹽湖（Salt Lake）向薩里巴伊山脊望去——九一七丘和瓊克巴葉勒朦朧難辨，就在這裡，紐西蘭人贏得了在許多人眼中雖然短暫、卻是整個加里波利戰役中最大的勝仗。親眼看見加里波利半島的基奇納明白了：「這個國家比我想像中的更難征服，」之後他在寫給達達尼爾委員會的信中說道，「而土耳其的陣地……都是天然的堡壘，我們若非在一開始發動奇襲，這些陣地將禁得起更大批軍隊的猛烈攻擊。」英國無法派出更多軍隊征服加里波利的鄂圖曼人，因此他們非離開不可。38

撤軍一事說得容易，做起來很難。晚秋的風已經對協約國的陣地造成災害。許多架設在赫勒斯角、紐澳軍團灣和蘇弗拉灣的登陸碼頭原已不穩固，陣陣強風一來，它們就被吹走。英國一艘驅逐艦皇家「路易斯號」（HMS *Louis*）被颳上岸，撞毀在蘇弗拉灣裡。隨後十一月的雨水淹滿壕溝，戰場兩邊的士兵境況都很悲慘。除非天氣暫時好轉，否則不可能把人、動物和槍砲運上船。

協約國指揮官最感到焦慮不安的，莫過於必須對立即撤軍的計畫保密。要是鄂圖曼人或其德國盟友發現這場撤退行動，他們恐怕就會對撤退的軍隊發動毀滅性攻擊。在倫敦英國國會中的激烈辯論，也危及這項任務的機密性。內閣閣員要求政府做出清楚的聲明：他們到底要不要從加里波利半島撤軍？這些被英國報紙報導的辯論出現在鄂圖曼報紙上。「敵人要逃跑了！」十一月十九日，一名年輕中尉對法希大聲喊道，「他們要放棄加里波利戰役了。」一開始梅赫美德．法希還心存懷疑，但他漸漸相信鄂圖曼報紙上報導的，英國國會中的辯論預言了「英軍終將從恰納克卡雷撤退」。然而，他的鄂圖曼與德國長官並不完全相信英國的報導，他們認為那是英國故意以大眾傳播的方式誤導軍情，以遮掩達達尼爾海峽一場新的攻擊行動。不過，這些針對最高機密軍事行動的公開討論，依然讓英國指揮官們更擔憂撤退的危險性。39

雖然戰役結束在即，兩軍依舊轟炸對方壕溝，持續造成士兵傷亡。景況悲慘，雙方士氣低落。十一月底，戰場的惡劣情況到達谷底。長達三天的暴風雨使得壕溝內雨水氾濫，接著豪雨又轉為暴風雪和嚴霜，暴露在惡劣天候下的士兵因此遭到凍傷；土耳其人和英國人竟溺死在蘇弗拉灣瞬間氾濫壕溝的大水之中。不過，奧地利和德國持續送來重型武器和砲彈，讓土耳其人感到安心。十一月九日，法希中尉在日記中提到一個「好消息」，就是裝載榴彈砲與彈藥的「三百節火車貨車箱」已經從德國抵達鄂圖曼境內。「我們原本只能砲轟敵人二十二小時，現在可以增加為七十小時。」他寫道。雙方火力差距愈來愈大，也促使協約國加快腳步，從節節敗退的戰場上撤軍。40

在十一月底猛烈的豪雨和暴風雪肆虐後，加里波利度過連續三週無風無雨的天氣。十二月七日，英國內閣做出盡快從蘇弗拉灣和紐澳軍團灣灘頭堡撤軍的最後決定，但還是暫時守住協約國在赫勒斯角的陣地。他們幾乎立刻啟程。十二月九日，在蘇弗拉灣和紐澳軍團灣有七萬七千名英國和其他大英帝國的士兵。在十一天內，駐守在這兩個北邊灘頭堡的英軍將全數撤離。

協約國指揮官採用幾種方法隱瞞撤退行動，不讓土耳其人發現。所有士兵和火砲都在天黑後上船。十二月漫長的夜晚，給予他們將近十二小時的掩護。白天，皇家海軍航空隊（Royal Naval Air Service）持續在蘇弗拉灣和紐澳軍團灣上空巡邏，不讓敵軍飛機靠近。法希在十二月中曾看到四架協約國飛機攔截一架德國飛機，防止它飛過紐澳軍團灣上空。協約國藉此成功地在軍隊撤退之前，將大量珍貴的戰爭物資從加里波利半島清空。[41]

英國想盡辦法，讓軍隊表面上看起來一切如常，繼續在海灘上的例行活動。此外，他們控制在岸邊往來的船艦數量，並且變化從壕溝中發射的砲火密集度，在猛烈轟炸之後，故

火砲與人員撤出蘇弗拉灣，一九一五年十二月。從加里波利半島撤退時的英軍，就和一開始登陸時一樣，容易遭受攻擊。

意延長幾乎一彈不發的時間，好讓鄂圖曼人摸不著頭緒。這策略奏效了。「前線寂靜無聲。」十一月二十四日清晨，法希在日記中提到。夜幕降臨時，他實在非常困惑。「前線很安靜。偶爾會傳來步兵的槍聲。幾乎沒聽到手榴彈的聲音。」到了第二天，不明白協約國為何一直不發動攻擊的土耳其軍官和士兵開始緊張起來。「我方非常擔心，尤其是那些老經驗的士兵。」十一月二十五日，法希寫道，「這些人刻意冒險從陣地發射砲彈，挑釁敵軍，但對方沒有反應。」焦急的鄂圖曼人派出巡邏兵暗中監視英國人，並持續對敵人壕溝開火，希望刺激英軍做出回應。在靜默了四天之後，十一月二十八日，英軍突然對鄂圖曼陣地展開密集砲轟。「突如其來的攻擊行動對我方產生很不好的影響，」法希寫道，「以為已經平息的砲火又出現在眼前，這可不是我們樂見的！」由法希記載詳細的日記看來，協約國意料之外的行為讓困惑的土耳其人沒有懷疑敵軍正在撤退。就算懷疑，他們也只會以為英國人正要展開另一波攻擊行動。[42]

從紐澳軍團灣和蘇弗拉灣的最後一次撤軍進行了兩個夜晚，在十二月二十日凌晨完成。雖然協約國已經估計最多將有兩萬五千名傷亡士兵，然而最後他們卻將所有士兵撤出，沒有一人死亡。撤退行動規劃得十分仔細，有士兵自願留守前線壕溝，不時對鄂圖曼前線射擊，維持正常作戰的假象。逃離路線以麵粉標記在加里波利黑色的土壤上，確保讓最後一批士兵都能在黑暗中找到前往海邊的路。就在最後一名士兵安全上船之後，協約國船艦對準必須留在半島上的槍砲彈藥開火，引發大規模爆炸。土耳其人因而對空無一人的壕溝與海灘開火，對撤退英軍而言可說是痛快中夾雜著苦澀。

從紐澳軍團灣和蘇弗拉灣成功撤軍之後，協約國終於決定放棄赫勒斯角。十二月二十四日，總部下令從加里波利最南端撤軍。在之前成功的撤軍行動之後，這項任務尤其困難。鄂圖曼人已經對撤軍行動的蛛絲馬跡有所警覺，利曼下令，如果協約國從赫勒斯角撤軍，就要發動全面攻擊。然而，英法兩軍攜手合作，在兩個晚上完成撤軍行動。一九一六年一月九日凌晨三點四十五分，協約國成功地把最後一名士兵從赫勒斯角撤出。

在這兩次撤退後的破曉時分，訝異的土耳其巡邏兵發現敵人已經完全從陣地撤離。離去的紐澳軍團留下一些邪惡的驚喜。「在最後一個人離開壕溝的數小時之後，我們用蠟燭和裝水錫罐臨時做成的裝置，燃燒老舊損壞的步槍。」一名紐西蘭機槍手在家書中寫道，「我們把從彈簧上彈出後就爆炸的炸彈，放在各式各樣奇怪的地方。這將對第一批抵達的土耳其人造成一些傷亡。」確實如此。阿勒坎手下的士兵在收復淨空的海灘時，觸動一些隱藏的炸彈。「我們有許多人傷亡。」他悲嘆道。[43]

離去的入侵軍隊留下大量補給品，飢寒交迫的鄂圖曼士兵得以任意使用這些敵方物資。扒光死者以便獲得暖和衣物的士兵，訝異地在海灘上發現上千件堆積如山的軍用上衣、褲子和外套。阿勒坎行經廢棄的英軍帳棚，他很驚訝這些入侵軍留下了許多補給品。某一個帳棚裡「就像個市場一樣，擺滿了磚瓦、鋅、盤子、腳踏車、摩托車、叉子、湯匙等等」。他在岸上看見「食物和衣服堆得像公寓那樣高。這些補給品足以供應一個軍一整年的需求。」哈克．蘇納塔和他的士兵接收了其中一個廢棄帳棚，用英國人的橘子果醬、乳酪、油和牛奶飽餐一頓。[44]

英軍離去後的早晨，艾敏．丘爾的士兵興高采烈。一名幽默的士兵拿一頂英國人的帽子揮打同袍，假裝審問對方。

「強尼，你為什麼留下來？」

這個入戲的「英國佬」請另一名士兵當他的「翻譯」。

「我睡著了。」這人故意搞笑地說。

「我們用新的重型火砲開始對你們開火時，你們要怎麼辦？」這個「土耳其人」問。「英國佬」默默地把臉埋在兩膝之間。接著，他抬起頭，神祕兮兮地回答：「要是砲火持續轟炸一兩天，逃出去的就不是我們了。」

「那麼逃出去的會是誰呢？」土耳其人繼續逼問。

「是我們的靈魂！」周圍所有士兵發出一陣哄堂大笑，笑倒在地，他們難以相信自己在殺戮戰場中活下來，還打了勝仗。45

一月九日早晨八點四十五分，利曼欣喜若狂地寫了一封信給戰爭部長恩瓦爾帕夏，通知他：「感謝上帝，整個加里波利半島上，敵人走得一個也不剩了。」加里波利戰役到此終於結束。

從一九一五年四月二十五日的登陸行動開始，到一九一六年一月赫勒斯角的最後撤軍為止，加里波利的陸地戰役一共持續了兩百五十九天。基奇納動爵原本希望將入侵半島的軍隊人數控制在七萬五千名，然而在戰役末期這數字卻膨脹到將近五十萬人，其中有四十一萬名英國人和七萬九千名法國人。加里波利半島的土耳其軍人數最多時達到三十一萬人（其中有許多人受傷一次以上，之後又回到戰場）。

約有八十萬人在加里波利半島作戰，其中超過五十萬人在戰爭時受傷、被俘擄或被殺。在這場為時八個半月爭奪達達尼爾海峽控制權的奮戰中，守軍與入侵敵軍的傷亡數字分配得相當平均：英國和自治領的死傷人數是二十萬五千人，法國與其殖民地是四萬七千人，而鄂圖曼人的死傷人數在二十五萬至二十九萬之間。有多達十四萬人死在加里波利戰場上：其中有八萬六千五百名土耳其人，四萬兩千名英國與其自治領部隊，以及一萬四千名法國人與其殖民地士兵。46

人員死傷慘重，令英國人心情沉重，對他們而言加里波利之役是一場徹頭徹尾的慘敗。世界大戰的主戰場在法國前線進行，然而這場戰役卻耗盡協約國的人員與物資。他們將無法征服伊斯坦堡，無法拆散德國與鄂圖曼帝國的聯盟，也無法以黑海連結俄國與其協約國盟友。加里波利戰役沒有加快大戰結束的腳步，反而大幅延長戰爭。土德聯盟前所未有地強大。直線鐵路促進兩國人員、金錢與武器的交流。在鄂圖曼的光榮勝利之後，協約國策戰者更加懼怕其殖民地穆斯林發動聖戰。英國人必須動員更多軍隊，才能打敗鄂圖曼這個敵人——這場交戰將即刻在美索不達米亞展開。

至於對土耳其人而言，這次歷史性的勝利彌補了在加里波利所遭受的人員損失。抵禦協約國侵略、防衛海峽的鄂圖曼軍隊，走出了一九一二年至一九一三年的巴爾幹戰爭，以及標示土耳其參戰的巴斯拉、薩勒卡默什與蘇伊士運河等地一連串敗仗的陰霾。加里波利的勝利，證明土耳其人有能力在這場現代戰爭中對抗並打贏當今最強大的幾個強權國家。此外，有一批新生代作戰指揮官從加里波利戰役崛起，他們將帶領鄂圖曼人在對抗英國人的戰役中贏得全新的勝利。

從壕溝中撤退時，英國與紐澳軍團士兵留了話給鄂圖曼人，誓言他們將再次相會。一位澳洲戰爭詩人在以下詩句中，傳達出他的同胞對擊退他們的土耳其人抱持著不情願的敬意：

我猜想土耳其人敬重我們，正如我們敬重土耳其人；
阿巴杜是一正直的好戰士，我們曾與他作戰，因此我們知道。

我們留了一封信，告訴他我們對他的看法。
正確來說，我們不該說一路順風（Goodbye），而是後會有期（Au revoir）！
戰爭結束之前，我們將會在某處再次相遇！
但我希望那是個更寬闊的地方，它在地圖上看起來更廣大，
到時飛過戰場上空的飛行員，將會只看到一點碎屑！[47]

他們說到做到。大戰結束前，許多在加里波利半島交戰的同一批英國士兵和鄂圖曼士兵，在巴勒斯坦又碰面了。

第九章 入侵美索不達米亞

加里波利之役的勝利，讓許多鄂圖曼士兵離開該戰場，前往其他更重要的前線服役。既然保住了首都，恩瓦爾帕夏終於能滿足戰地軍官們增援的迫切需求。高加索的鄂圖曼殘兵接收到七個步兵師，得以抵禦俄國人的威脅。傑馬勒帕夏在敘利亞和巴勒斯坦的兵力已經被達達尼爾的戰役耗盡；四個師被調至黎凡特*地中海東岸，補足第四軍團的兵力。在美索不達米亞，鄂圖曼人原本以訓練不足、缺乏補給的軍隊迎戰英印大軍。鄂圖曼從加里波利將作戰經驗豐富且訓練精良的兩個師調派至巴格達，希望能就此改變美索不達米亞的均勢，讓鄂圖曼人占上風。1

自從一九一五年四月蘇雷曼．阿斯凱立在謝伊巴被擊敗之後，鄂圖曼在美索不達米亞的陣地岌岌可危。軍中招募的伊拉克士兵高逃亡率，使得因傷亡慘重造成兵力嚴重不足的問題更加惡化。美索不達米亞的鄂圖曼指揮官別無選擇，只能在各個城鎮圍捕逃兵，威脅要懲罰他們，殺雞儆猴。就算在最好的情況下，土耳其軍官還是認為這些阿拉伯士兵不可信賴，他們對於這些被迫再次徵召而來的逃兵

*黎凡特（Levant），即地中海東岸地區之泛稱。

有多少軍事價值，不抱太多幻想。然而，他們會驚訝地發現，這些伊拉克逃兵將強烈抵抗再次召喚他們替鄂圖曼帝國作戰的徵兵隊伍。2

從一九一五年五月中開始，幼發拉底河中游的城鎮與鄉村陸續叛變，在鄂圖曼帝國統治南伊拉克的最後兩年中，這些叛變行動持續進行。第一場叛變在納賈夫（Najaf）爆發，這裡是什葉派穆斯林的朝聖地，也是數百名伊拉克逃兵在這座聖城圍牆內尋求庇護的避難所。伊拉克什葉派信徒對於他們信奉順尼派的鄂圖曼統治者逐漸心生不滿，這些人對於被捲入一場愈來愈擾亂他們生活的全球戰爭感到無比憤怒。軍隊追捕逃兵，使得伊拉克人的忍耐到達極限，因此當巴格達的鄂圖曼總督派遣由一位名叫伊傑特（Ezzet Bey）的伊拉克軍官帶領一支大軍，到納賈夫圍捕藏匿在這座古城中裝病的逃兵時，伊拉克人憤怒的情緒為之沸騰，引發一場叛變。

這名鄂圖曼軍官針對所有自動歸營的士兵發布為期三天的大赦。由於逃兵必須被處死，伊傑特當然有理由希望伊拉克人會利用這次大赦的機會，自願回到軍隊中。然而，大部分逃兵在伊傑特抵達之前就已逃出納賈夫，只有相當少數人留在城裡準備自首。

三天後，伊傑特決定派軍隊挨家挨戶搜索。鄂圖曼士兵掀開納賈夫婦女的面紗，檢查她們是否穿著女人的衣服躲避追捕，此舉嚴重侮辱了保守的婦女。城中居民抗議士兵的暴行有辱納賈夫婦女的名譽，並等待適當時機進行報復。3

一九一五年五月二十二日晚間，一群逃兵突襲納賈夫，他們拿槍到處掃射，包圍政府機關與軍營。城中居民與反叛者裡應外合，來自周圍鄉村的逃兵也聚集在納賈夫，共同反對鄂圖曼人以及他們強迫非自願伊拉克人參加的世界大戰。激烈的衝突延續三天，反叛者逐一摧毀政府辦公室與文件紀錄。納賈夫和其他行政中心的通訊完全斷絕，因為周圍鄉村的部落成員已經剪斷電線、推倒電線桿。還活著的鄂圖曼士兵和官員被包圍在幾棟政府建築中，各街區的領導者派出傳令員到納賈夫的大街小巷，呼籲商人開店，恢復正常營業。

叛變驚動巴格達總督，他派遣代表團與納賈夫居民開會。與城中領導者開會時，鄂圖曼代表提醒納賈夫居民，鄂圖曼帝國正面臨對抗異教徒入侵者的「生死存亡之戰」，協助打這場仗是每個穆斯林的宗教義務。至於納賈夫居民，則是將現狀的責任全部推給鄂圖曼人，頑強拒絕代表團的所有要求。最後，鄂圖曼人的談判內容只有讓被包圍的士兵和官員從納賈夫城安全撤退，並且指派一位主要管理者留在這座聖城裡，維持鄂圖曼帝國統治的假象。然而，納賈夫居民卻接管實際的政府運作，這座城市獲得鄂圖曼帝國統治下的高度獨立。

一九一五年夏天，在納賈夫反叛成功的例子鼓舞之下，另外幾個幼發拉底河中游區域的重要城鎮也發動叛變反抗鄂圖曼人。對另一個什葉派聖城卡爾巴拉（Karbala）的居民而言，叛變成為一種市民的驕傲。「難道納賈夫的人比我們更傑出、更勇敢或更有男子氣概嗎？」他們以強烈的語氣自問。六月二十七日，又有一群逃兵發動叛變，燒毀卡爾巴拉的市政廳和學校，甚至還有一間新的醫院。他們在城裡其中一個新街區放火燒毀兩百間房屋，大多數波斯居民只好逃到較舊的街區裡避難。造反者和來自附近部族的貝都因人由於分贓不均而打了起來，卡爾巴拉陷入一團混亂。鄂圖曼人再次被迫進行協議，將部分統治權交給當地人。[4]

鄂圖曼人在希拉（al-Hilla）展開殊死戰，卻發現一波波貝都因人和逃兵來襲，人數比他們還多。一九一五年八月，薩瑪沃（al-Samawa）當地的重要人士聽說英國部隊逐漸接近時，違背他們向古蘭經發下過的誓言，不再效忠地區總督。居民與貝都因人攻擊城中的土耳其士兵，當地由九十名士兵組成的一支部隊集體逃亡。由一百八十人組成的騎兵分遣隊的武器、馬匹和衣服全都被奪走，所有人全身赤裸地被趕出城。在庫法（al-Kufa）、沙米亞（al-Shamiyya）和土瓦力（Tuwayrij）都發生類似事件。最後，逼迫逃兵返回軍隊的徒勞無功之舉，讓鄂圖曼人以失去幼發拉底河盆地作為代價。

就在鄂圖曼人面臨內部叛變時，美索不達米亞的英國人繼續毫不留情地向前挺進。在一九一五年四月謝伊巴的勝利之役後，印度遠征軍又獲得一批新的部隊和一位新的將軍——約翰・尼克森（John Nixon）爵士。奉命攻占鄂圖曼巴斯拉省的尼克森，準備朝底格里斯河前進，進攻戰略地位重要的河港阿瑪拉。[5]

人口約為一萬人的阿瑪拉，位於巴斯拉以北將近九十英里處。經過幾週的準備與計畫，尼克森下令第六師在查爾斯・湯森（Charles Townshend）少將的指揮之下展開行動。為突破古爾納北方的土耳其陣線，湯森部署數百艘當地的小艇當作臨時的部隊運輸工具，由設有火砲與機關槍的武裝蒸汽船護送。這不被看好的艦隊被冠上「湯森帆船大賽」的封號，於五月三日破曉啟航，朝阿瑪拉前進。在重型船艦的火砲轟炸與當地小艇上士兵的子彈攻擊之下，英國人成功突破古爾納北方的鄂圖曼陣地，朝上游前進，沒有遭到撤退的鄂圖曼守軍抵抗。前進的英軍發現當地人對他們很友善。底格里斯河沿岸的阿拉伯村莊揮舞著白旗，以表明他們對新征服者的善意；撤退的鄂圖曼人則士氣低落，四散奔逃。

六月三日，湯森船隊的前哨來到阿瑪拉市郊，他們發現約有三千名土耳其士兵試圖在英印軍抵達前撤退。一艘僅備有八名船員與一座十二磅火砲的英國蒸汽船航行至阿瑪拉，完全沒有遭到土耳其人抵抗。飄揚著英國旗幟的船隻突然出現，令土耳其人聞風喪膽，十一名土耳其軍官與兩百五十名士兵當場投降，另外還有兩千名鄂圖曼部隊往上游撤退。下午稍晚，湯森將軍乘坐蒸汽船抵達，在海關升起英國國旗。在一萬五千名主要部隊尚未進城之前，他就宣布阿瑪拉之役勝利。數百名土耳其與阿拉伯士兵向他們原本能輕易擊敗的前哨部隊投降，正反映出鄂圖曼部隊的士氣低落。6

占領阿瑪拉之後，尼克森計畫朝幼發拉底河挺進，占領納西里耶，完成英國征服巴斯拉省的任務。納西里耶是建於一八七〇年代的新市鎮，作為勢力強大的蒙塔菲克部落聯盟（Muntafik tribe confederation）*的市集中心；它和阿瑪拉一樣，人口約有一萬人。尼克森希望藉由打敗土耳其人，爭取幼發拉底河流域強大貝都因部族的支持。他認為只要鄂圖曼人駐紮在納西里耶，他們對古爾納和巴斯拉的英軍構成明確而立即的危險。六月二十七日，在喬治・哥林（George Gorringe）將軍的帶領下，尼克森的軍隊開始朝納西里耶前進。

幼發拉底河下游遠比底格里斯河更難以航行。夏季時河流水位通常會降低；六月時水深五英尺，七月中降為三英尺，到了八月就無法渡河。為確保船隻吃水夠淺，英國只好重新啟用幾艘原已廢棄的明輪蒸汽船，以便載運部隊往上游的納西里耶前進。其中一艘英國蒸汽船「書珊號」（*Shushan*）是在一八八五年喀土木（Khartoum）圍城戰†中解救蘇丹總督高登將軍（General Gordon）時首次服

---

* 蒙塔菲克（Muntafik tribe confederation）是伊拉克中部與南部規模龐大的阿拉伯部族聯盟。

† 喀土木圍城戰，為馬赫迪（Mahdist）與英埃聯軍為爭奪蘇丹共和國首都喀土木進行的一場戰役。最後，蘇丹軍隊攻陷高登將軍率領埃及士兵守衛的喀土木城，高登、士兵與城中居民皆被殺害。

役。這些老舊的英國蒸汽船在標誌不清、且一週比一週水位更低的水道中，吃力地穿越重重沼澤地。

雖然納賈夫和卡爾巴拉爆發叛亂，鄂圖曼人還是在幼發拉底河下游積極防禦英軍。鎮守在納西里耶城外嚴陣以待的軍隊中，包括大約四千兩百名土耳其部隊，再加上前來協助的貝都因部族，因此一開始鄂圖曼帝國在人數上勝過入侵英軍。哥林不願與人數較多的敵軍作戰，因此他要求總部派出援軍。他一直守住陣地，直到七月的第三週，他的兵力補足至四千六百名步兵為止。河流水位日漸降低，部分河道在七月底封閉，禁止航行，延誤調派更多部隊前來的時間。眼看援軍無法繼續靠河流運送，哥林只好運用手邊現有的兵力。

英軍已經在七月初對納西里耶外的鄂圖曼陣地發動初步攻擊。生長於伊拉克北部摩蘇爾城的阿里．喬達特（Ali Jawdat），是抵擋英軍的鄂圖曼部隊其中一名軍人。喬達特是職業軍人，他畢業於巴格達的軍事高中以及伊斯坦堡菁英匯集的哈爾比耶軍校（Harbiye military academy），隨後便任職於鄂圖曼軍隊。喬達特雖受過軍事訓練，他的忠誠度卻不單純。他對土耳其青年團主政的政府愈來愈失望，也和其他阿拉伯省分教育程度高的菁英份子相同，渴望阿拉伯人在鄂圖曼帝國中獲得更大的自治權。他是一九一三年阿拉伯國會在巴黎召開後成立的祕密組織「盟約協會」（al-Ahd）的創辦人之一。該協會在伊拉克特別活躍，它相當於青年阿拉伯協會（al-Fatat），只不過它是個軍事組織。盟約協會吸引許多資質聰穎的阿拉伯年輕軍官。盟約協會和青年阿拉伯協會以及地方分權黨的訴求相同，都是在改革的鄂圖曼國內尋求阿拉伯的自治，而非完全獨立，因為他們懼怕成為歐洲強國的殖民地。

大戰爆發後，喬達特與土耳其同胞一起忠誠而堅定地投入鄂圖曼帝國對抗協約國的防禦戰中。一九一五年的謝伊巴之役中，喬達特在蘇雷曼．阿斯凱立的部隊中作戰。他和阿斯凱立一起撤退到納西里耶，在他的指揮官自殺後，他被指派率領一支小隊到這個城鎮附近。勢力強大的貝都因領袖艾傑瑪・薩當（Ajaymi al-Sadun）協助鄂圖曼人作戰，他手下的部族男子補足了抵抗英軍時人數不足的鄂圖曼軍隊。這些貝都因人要求鄂圖曼人提供軍火，而喬達特的任務就是給予他們防禦納西里耶所需的物品。

當哥林的軍隊攻擊幼發拉底河岸的土耳其陣線時，喬達特眼睜睜看著貝都因非正規軍見風轉舵，反過來對抗鄂圖曼人。他看見貝都因人攻擊鄂圖曼士兵，偷竊他們的步槍和彈藥，他的士兵在英軍猛烈砲火中受傷或死亡，倒地不起。「鄂圖曼士兵遭到兩面夾攻，」之後喬達特寫道，「貝都因人和英國人同時攻擊他們。」與鄂圖曼主要前線隔離的喬達特，自己也遭到貝都因人埋伏，他們搶走他的武器與物品，之後他在納西里耶附近的村莊蘇格・舒尤克（Suq al-Shuyukh）被英國人逮捕。7

從喬達特的遭遇判斷，在敵軍持續的攻擊之下，鄂圖曼人無法守住底格里斯河下游。鄂圖曼正規軍人數不夠，難以抵抗英軍，而貝都因人只會支持強大的一方。土耳其軍官常常批評阿拉伯與貝都因士兵靠不住，然而從有強烈阿拉伯民族主義傾向的伊拉克人喬達特的經驗看來，這樣的批評顯得更可信。喬達特被遣送至巴斯拉，以戰俘身分被扣押至戰爭末期為止，此時阿拉伯民族主義者對英國人而言有更多利用價值。

七月二十四日，英國人從蒸汽船上大規模發射砲彈，正式對納西里耶城展開攻擊。英國和印度部隊以一波波刺槍衝鋒猛攻土耳其守軍的壕溝。鄂圖曼人堅守陣地，迫使入侵敵軍必須為每一碼土地奮戰。激烈的打鬥持續到夜晚。共有兩千人傷亡、九百五十人被俘的土耳其軍隊趁夜色的掩護撤退。第二天破曉，一群市民代表划船到英國人的船上投降，獻出納西里耶。同樣傷亡慘重的英軍第二天不用再戰，因而鬆了口氣。[8]

占領納西里耶後，英國人已掌握整個巴斯拉省。然而，尼克森將軍想進一步攻占戰略要城庫特。庫特位於底格里斯河的河灣邊，是連接底格里斯河與納西里耶正南方的幼發拉底河的海伊河（Shatt al-Hay）河道終點。根據英國情報單位的報告，從納西里耶撤退的兩千名鄂圖曼部隊已經退至庫特，與駐守在當地的五千名駐軍會合，這些人將可能對阿瑪拉與納西里耶的英國陣地造成威脅。尼克森主張，只要鄂圖曼人守住庫特，英國人無法鞏固對巴斯拉省的占領。

倫敦與印度兩地的英國官員對中東戰爭政策逐漸產生分歧的意見。雖然印度也是大英帝國的一份子，但它有自己的政府與軍隊，領導者為總督

納西里耶的英國人搭在底格里斯河上的浮橋，由印度士兵看守。一九一五年七月二十四日，在一天的激戰之後，鄂圖曼人放棄納西里耶，重新調派軍隊前往底格里斯河，保衛巴格達。

哈丁勳爵。印度軍隊對大英帝國忠心耿耿，不但派軍至西線和加里波利半島，也主導美索不達米亞戰役。然而，印度政府必須保留一批駐軍，以確保印度國內的安全。由於德國特務不斷在波斯以及阿富汗活動，揚言要煽動印度西北省分的穆斯林發動聖戰，因此對於在本國保留可靠軍隊一事，總督十分在意。基於印度對大英帝國的重要性，倫敦方面完全同意總督的憂心。

然而，印度政府在派軍問題上與倫敦的英國政府意見相左。就倫敦方面而言，西線戰事依然是第一優先，其次才是加里波利，伊拉克可說是最後的考慮。相較於倫敦方面，美索不達米亞戰事對印度政府而言來得更重要。征服伊拉克的領土，將能延伸英屬印度在波斯灣的影響範圍。許多美索不達米亞印度軍隊的隨行官員，都想像伊拉克終有一天會在印度政府的控制之下。因此，不願派遣大批增援部隊、害怕危及印度本土安全的印度總督，希望印度軍團從西線返回，前來增援，並協助擴張英屬印度在美索不達米亞的領土。然而，倫敦官員滿足於伊拉克現狀，他們的主張，套句印度事務大臣克魯勳爵（Lord Crewe）的話來說，就是英國希望「在美索不達米亞打安全牌」。[9]

在占領納西里耶之後，印度政府催促倫敦方面批准將攻占庫特視為「戰略上的必要性」。總督繼續要求派遣一支印度軍隊，也就是當時正駐守在南葉門亞丁的第二十八旅，以便在英軍攻擊庫特之前增援尼克森的部隊。這是個合理的請求，但此時英國在南葉門的陣地並不穩固，此刻倫敦方面無法退讓。[10]

當時的真實狀況是，英軍迫切需要第二十八旅在葉門防止戰略港口亞丁落入土耳其人之手。英軍在一九一四年十一月對謝赫·薩依德發動的攻擊，到頭來只是削弱葉門的英國陣地。印度與倫敦當局已經決定摧毀設於俯瞰紅海入口處的土耳其火砲，他們不打算和亞丁的英國監督官商量。葉門的殖民地官員覺得這次攻擊行動有欠考慮，因為沙那的葉門統治者伊瑪目・葉哈亞認為英軍攻擊的是他的領土，因而與英國疏遠。雖然伊瑪目・葉哈亞在名義上是鄂圖曼帝國的盟友，英國卻一直希望能與他維持友好的關係。然而，這位伊瑪目卻在一九一五年二月寫信給亞丁的第一助理監督官哈洛德・雅各上校，再次聲言他忠於鄂圖曼帝國，也因此暗示他對英國懷有敵意，英國的希望於是破滅。[11]

一九一五年二月，在伊瑪目・葉哈亞的支持下，土耳其軍隊越界進入英國保護地亞丁。一開始，英國官員不認為土耳其軍隊將會對亞丁的英國陣地造成多大威脅。然而，隨著鄂圖曼軍在葉門人數增加，土耳其人吸收愈來愈多部落領導者，英國也愈來愈憂心。到了六月，英國情報單位報告鄂圖曼兵力達六個營之多（鄂圖曼軍的一個營有三百五十至五百人），人數勝過英軍。七月一日，鄂圖曼人攻擊位於拉赫季（Lahij）的英國重要盟友之一，此處離亞丁不到三十英里。[12]

拉赫季的蘇丹阿里・阿布達利（Ali al-Abdali）爵士是亞丁保護地其中一個迷你小國的半獨立統治者。雖然他在位不到一年，英國仍將他視為在南葉門的主要盟友之一。當拉赫季遭到鄂圖曼入侵威脅時，亞丁的英國監督官動員他人數少且經驗不足的駐軍驅趕土耳其軍隊。一支由兩百五十人組成的印度先遣部隊攜帶機關槍和十磅火砲，在七月三日連夜趕往拉赫季，第二天一早就抵達該地。威爾斯和印度主要部隊也在數小時後出發，他們發現自己在盛夏葉門的酷暑中行軍。有兩名威爾斯士兵在行軍時死於「熱中暑」，連印度士兵也因為暴露在酷熱中而倒下。疲乏的軍隊在七月四日日落前步履蹣跚地進入拉赫季時，發現城中已經完全失控。

拉赫季夜幕低垂，效忠蘇丹的阿拉伯部族朝空中開火。就在此時，一支土耳其縱隊進入市鎮中心的廣場，卻渾然不覺英國人出現在他們當中。英國人逮捕鄂圖曼指揮官拉烏夫（Rauf Bey）少校，也在鄂圖曼人來不及反應時沒收了一些土耳其的機關槍。然而，一旦土耳其人掌握狀況，就開始進攻，對英軍發動刺槍攻擊。在混戰中，一名印度士兵把拉赫季的蘇丹誤認為土耳其人，於是他殺了這位英國人想保護的盟友。

拉赫季的四百名英軍人數遠少於鄂圖曼人和前來支援的阿拉伯部族成員，他們遭到挫敗，落荒而逃。由於勉強走到拉赫季，又經過整夜激戰，因此在戰鬥中損失五十人、又因中暑損失三十人的英軍，帶著四十名土耳其戰俘，只能夠走到亞丁。此外，英國留下他們全部的機關槍、兩座自走砲、四分之三彈藥和所有裝備。於是土耳其人徹底占領離亞丁相當近的拉赫季。

通往亞丁的道路在鄂圖曼軍隊面前暢通無阻。他們從拉赫季進軍到亞丁港對面的小鎮謝赫．烏斯曼（Shaykh Uthman）。正如第二十八旅的指揮官，少將喬治．楊賀斯本（George Younghusband）爵士提到，在謝赫．烏斯曼的鄂圖曼人「已經在火砲可輕易擊中港口的建築物、船隻、住宅區、高爾夫球場和官邸的範圍內」。更糟的是，供應所有亞丁飲用水的水井和自來水廠都在謝赫．烏斯曼。除非英國人把鄂圖曼人趕出這個鄰近的小鎮，英軍將守不住亞丁。無論從英國的海運安全性和在阿拉伯世界的立足點的角度看來，失去亞丁的後果都將不堪設想。13

印度政府迫切請求英國從埃及派出救兵，援助在亞丁的英國陣地。英國政府迅速照辦，一九一五年七月十三日，楊賀斯本將軍接到命令率領第二十八旅直接前往救援亞丁。部隊五天後到達亞丁，在夜晚登陸，躲避土耳其人。七月二十一日，英軍越過亞丁和謝赫．烏斯曼之間的堤道，在一場突擊行動中將鄂圖曼軍隊趕回拉赫季。英軍傷亡不大，鄂圖曼軍則有約五十人被殺，數百人被俘。

楊賀斯本增強英軍在謝赫·烏斯曼的防禦工事，決定堅守陣地。既然已經奪回亞丁的水源補給，他拒絕擴張戰線或發動讓士兵置身險境的攻擊。「一來天氣太熱，二來在這情況下，離開堅固的堡壘跑到沙漠裡去冒險，實非明智之舉。」他在寫給埃及英國總指揮官的信中說道。七月底哈丁勳爵請求將二十八旅派至美索不達米亞前線，協助征服庫特時，情勢正是如此。不用說，倫敦的戰時內閣當然拒絕印度總督的要求。在拉赫季的鄂圖曼部隊約有四千人，亞丁的一千四百名駐軍數目已經不足，如果沒有援軍，根本守不住這個戰略港口——直到戰爭結束前，此處英軍一直必須忍受這令人憂心的處境。14

讓葉門情勢更糟的是，加里波利的土耳其人已經牢牢地掌控前線。英國實力太弱，無法捍衛亞丁保護地的統治者與領土。倫敦、開羅和印度西姆拉（Simla）官員更在意的是英國在阿拉伯和穆斯林世界失去顏面，這比起失去領土更糟。亞丁的代理監督官雅各的推斷，英國「無法在亞丁港前方擊敗土耳其人，是我們在鄂圖曼帝國信譽掃地的最主要原因」。始終意識到德國和鄂圖曼聖戰宣傳的英國人，覺得他們在亞丁失敗是敵人的又一次勝利，而這次失敗也在更大程度上損害協約國在穆斯林世界的地位。15

就算美索不達米亞沒有援軍相助，尼克森將軍已經說服總督，印度軍能夠以現有的實力攻下庫特。尼克森主張，伊拉克的土耳其軍隊在一連串敗仗之後已經陷入混亂。英印軍經過幾次勝利之後，已經很有經驗並且信心充足。只要花些時間等中暑的士兵康復（就連湯森將軍也在征服阿瑪拉之後病倒，必須回到印度靜養），尼克森有信心他的軍隊看來可以再次勢不可擋地朝底格里斯河挺進。他建議等到一九一五年九月再向庫特發動攻擊，哈丁勳爵於是同意他進行美索不達米亞的下一階段戰役。

征服庫特之役將由不費吹灰之力以「帆船大賽的船隊」攻占阿瑪拉的湯森將軍帶領。然而，湯森對於延伸英國戰線的態度極為保守。「我們該在美索不達米亞的何處停止進軍呢？」他憂心忡忡。他的擔憂有其道理。在美索不達米亞待了將近一年，印度軍隊需要援軍，而湯森擔心一旦英軍更深入該區，他的補給線會有問題。每一次征服土地，都會延長完全依靠河流運輸的聯絡線。然而，印度軍擁有的內河船卻不適合運輸。在沒有足夠運輸工具的情況下從巴斯拉將補給線的長度加倍，將會置所有印度遠征軍於險境。在印度休養時，湯森與印度軍總指揮包尚普・達夫（Beauchamp Duff）會面，後者再三叮囑湯森：「除非我補足你的兵力，你一步都不要越過庫特。」了解這一點之後，湯森接受尼克森的命令，於九月一日開始領導軍隊向庫特挺進，往上游走去。[16]

湯森當時沒發覺，他還有更多擔心進軍的理由。鄂圖曼人指派了一位精力充沛的新指揮官領導美索不達米亞的軍隊。努瑞汀（Nuretin Bey）是一位好戰的將軍，他曾服役於一八九七年的鄂希戰爭，在大戰爆發前曾經鎮壓馬其頓和葉門的暴動。正如一位軍事史家下的結論，會多種語言（他會說阿拉伯語、法語、德語和俄語）的努瑞汀「聰明絕頂」。接到抵禦印度軍、保護巴格達的命令後，努瑞汀就開始不眠不休地重建人員損耗的幾個師，設法調派新的部隊到美索不達米亞。一些危險的新動態正使得美索不達米亞的英軍轉為劣勢：鄂圖曼軍人數擴張，同時英軍人數卻持續耗損。[17]

英國與澳洲飛行員飛到底格里斯河上空，偵查庫特附近的土耳其陣地。航空偵察對湯森和他的軍官無比重要，他們可以藉此規劃攻擊行動。他們能看見土耳其軍在哪裡挖壕溝，也能策劃火砲砲座地點，其準確度比之前在美索不達米亞任何攻擊行動更高。然而，空中偵察是一種非常危險的行動。在高溫和布滿沙塵的夏季，飛機很容易故障；土耳其神準的機槍手也對設法靠近察看他們陣地的飛機射擊，造成重大損害。九月十六日，一架英國飛機被迫降落在鄂圖曼陣線內，飛機上的澳洲飛行員和他的英國偵察員都被俘擄。[18]

根據空中偵察結果顯示，土耳其人在從庫特往下游七英里的一個叫辛（al-Sinn）的地方，建立堅強的陣地。他們的壕溝在底格里斯河兩岸無法通行的沼澤地之間，延伸數英里，英軍只能被迫冒險越過開闊的地面從正面攻擊，或者在沼澤周圍行軍數英里，從側翼攻擊鄂圖曼陣線。一道障礙物橫越底格里斯河，阻止甲板上裝有火砲的英國船隻通過。努瑞汀向他的部隊保證，他們的陣地堅不可摧，英國人無法通過。

英軍估計，鄂圖曼在辛的兵力約有六千名步兵，其中四分之一是土耳其人，四分之三是阿拉伯人。湯森的軍隊有一萬一千人，再加上火砲和機關槍，他很有信心地認為以這個人數攻破鄂圖曼的防禦綽綽有餘。然而，他的幾名低階軍官可沒那麼樂觀。「我們看過敵人的陣地，」雷諾・萊基（Reynolds Lecky）上尉在他的日記中寫道，「他們的壕溝非常大、建造得非常堅固，還有完備的無線電通訊設備，看來我們有些人有更多苦差事要做了。」[19]

英軍連夜移動到攻擊位置，在九月二十八日清晨發動多重前線攻擊。這次計畫需要精準的調度，一些部隊必須從正面吸引鄂圖曼軍的注意，而另一些部隊要繞到鄂圖曼軍側翼的陣地。然而，在破曉前的黑暗中，幾個英國縱隊迷失方向，在沼澤地裡延誤了時間。被迫在大白天進攻的英軍，不但喪失奇襲的關鍵，也發現他們暴露在火砲和機關槍的猛烈攻擊之下。「可恨的一天，」萊基上尉在日記中記錄道，「失去了好多人。土耳其人在一個地方用榴霰彈完全把我們困住。他們的瞄準範圍顯然涵蓋每一英尺，不斷朝我們頭頂發射……離我大約五碼的一座機關槍被擊中，底座被炸個粉碎。整晚都在挖壕溝，到黎明我們都累斃了。」正如萊基所說，鄂圖曼軍築起堅強的防守陣線，對毫無掩蔽的英軍造成重大傷亡。兩軍從黎明到日落持續猛烈攻擊對方。當英軍設法在當晚守住攻占的土地時，鄂圖曼人卻悄悄地從庫特撤軍。萊基上尉語帶敬意地提到：「土耳其人在夜晚撤軍，他們動作乾淨俐落，什麼都沒留下。」

英國人花了幾天時間，從鄂圖曼人放棄的陣線辛挺進到庫特。鄂圖曼人在河中設置的障礙物早就被破壞，但它還是阻礙航運，而河水水位過低，更不利於航行。傷兵也超過英國策戰者所能容許的數目，在為了掌控庫特而與土耳其人重新開戰之前，英軍必須把傷兵送至下游位於阿瑪拉和巴斯拉的醫療機構。20

最後，土耳其人沒有迫使英國人進一步為庫特而戰。九月二十九日，英國偵察機報告，鄂圖曼人已經放棄該城，朝巴格達井然有序地撤離。一方面來說，這是個好消息，因為英國人可以在沒有抵抗的情況下就占領庫特。然而，湯森沒有打勝仗：鄂圖曼人從他的網裡溜走，走時帶著火砲，而且兵力幾乎沒有損失。每一次英軍無法包圍並摧毀美索不達米亞的鄂圖曼軍，就等於給土耳其人重新整軍的機會，同時繼續把印度軍拖入伊拉克內部，進一步延伸其補給線與聯絡線。隨著每一場在伊拉克打贏的仗，印度遠征軍的力量愈來愈薄弱。

一九一五年十月，英軍在庫特贏得勝利的同時，倫敦方面也逐漸明白達達尼爾海峽戰役已經失敗。許多政治人物擔心英軍在加里波利戰事失敗，將不利於英國在穆斯林世界的地位。英國內閣相信，達達尼爾海峽的失敗，會給他們的敵人宣傳聖戰政治信念的大好機會。有些政治人物將占領巴格達視為彌補加里波利撤軍所遭受的信譽風險。

然而，戰場上的指揮官們意見分歧。尼克森將軍相信，他的軍隊不只能攻下巴格達，而且唯有攻下巴格達，英軍才能守住美索不達米亞的陣地。然而，帶領第六浦那師在阿瑪拉和庫特贏得勝利的湯森將軍，卻主張英國應該鞏固他們已經征服的大片土地。他的士兵很可能從土耳其人手中奪下巴格達，但他們需要為數不少的援軍，才能守住這座城市，並要確保沿著航道不穩定的底格里斯河從巴格達到巴斯拉這條延伸數百英里的聯絡線暢通無阻。湯森斷言，這項軍事行動至少需要兩個新增派的師前來增援。

十月二十一日，負責執行英國政府中東戰事的戰爭委員會——達達尼爾委員會，討論如何抉擇美索不達米亞的作戰方向。寇松勳爵（Lord Curzon）和湯森站在同一陣線，認為英國應該盡可能鞏固從巴斯拉到庫特的領土。而具有影響力的三位內閣大臣，包括外交大臣格雷勳爵、第一海軍大臣亞瑟・貝爾福以及邱吉爾（他在加里波利戰役失敗後被降級為蘭開斯特公爵領地事務大臣，這是個次要的內閣職位；然而，他在政府中的發言依然很有分量），都和尼克森將軍意見一致，認為應該全面占領巴格達。軍人身分的基奇納勳爵則主張在巴格達和巴斯拉這兩個陣地之間要有一個中間陣線；他認為必須對巴格達的鄂圖曼軍發動突襲，接著進行戰略性撤退，退到防禦力較強的英軍陣地。「如果巴格達被英軍占領，鄂圖曼軍隊將從加里波利完全撤出，」基奇納主張，「他們可能會派出多達六萬至七萬名土耳其軍」收復巴格達，那麼湯森就需要幾個師的軍隊守住該城，抵擋這支大軍。或許因為在達達尼爾幾次作戰失敗之後，基奇納在內閣的影響力大不如前，沒有太多人支持他。正如官方史學家對這場戰役所做的結論，政治人物把占領巴格達視為「一次重大的成功機會，我們在任何一區都尚未獲得如此成功，其中隨之而來的整個東方政治（甚至是軍事）利益，不能輕易被高估」。[21]

到頭來，達達尼爾委員會還是無法做出決定。然而，委員會沒有明白禁止英軍進攻巴格達，如此一來它默許軍方可能採取最堅決的軍事行動。而最堅決的尼克森將軍、總督哈丁勳爵與他們在內閣的支持者葛蕾、貝爾福與邱吉爾，都主張攻占巴格達。印度事務大臣奧斯汀·張伯倫（Austen Chamberlain）做出讓步，在內閣的同意之下，於十月二十三日發電報給哈丁勳爵，批准尼克森將軍占領巴格達，並承諾盡快從法國派出印度軍的兩個師到美索不達米亞。[22]

自從戰爭爆發以來，這是美索不達米亞的鄂圖曼軍第一次有足以抵抗英印敵軍的指揮官和部隊。一九一五年九月，他們將美索不達米亞和波斯的鄂圖曼部隊重組為第六軍團，備受景仰的普魯士陸軍元帥科爾瑪·馮·德·戈爾茨（Colmar Freiherr von der Goltz）被指派為總指揮官。這位七十二歲的戈爾茨帕夏和他的德國參謀軍官於一九一五年十二月抵達巴格達，受到英雄般的歡迎。

比起前任而言，這位普魯士的指揮官在伊拉克擁有更重要的優勢。在他手下的土耳其將軍已經累積許多對抗英軍的寶貴經驗，再加上有兩個新的師抵達美索不達米亞，第六軍團的人數已與英軍不相上下。身經百戰的鄂圖曼第五十一師全數由安那托利亞的土耳其人組成，比起他們目前為止在伊拉克遭遇的印度軍更加訓練有素。

這批一九一五年春天的新部隊令巴格達人民印象深刻，某個居民回憶道：「鎮上的公告員穿梭在卡西米亞（al-Kazimiyya，巴格達的一區）的各個市場，請大家到河岸邊集合，歡迎即將到達的土耳其軍隊。人們到了河岸邊，發現河裡停滿數量驚人的小艇，每一艘上面都載滿士兵。軍隊從小艇上登岸，在樂聲中列隊前進。大家高聲歡呼，女人尖聲喊叫歡迎士兵。」美索不達米亞的均勢逐漸移轉，鄂圖曼軍無論在數量上或質量上，都比疲於作戰的印度軍更占優勢。[23]

湯森的任務是帶領他所指揮的軍隊攻下巴格達，這些軍隊人數約有一萬四千人。另外還有七千五百名英軍分布在巴斯拉到底格里斯河岸的庫特以及幼發拉底河岸的納西里耶沿路的駐防地。政府承諾的印度增援軍預計在一九一六年一月才會抵達巴斯拉。一連串勝利自然讓英印軍充滿信心，但數個月的行軍與戰鬥，再加上伊拉克夏季的炎熱天候以及疾病流行，都折損了軍隊人數。湯森所指揮的許多英軍分隊人數都嚴重不足，此外他也開始擔心手下印度穆斯林士兵的忠誠度。

鄂圖曼的政治宣傳員在伊斯蘭忠誠度上大做文章，設法分化英軍。巴格達的政府報紙印製北印度語文（Hindi）和烏爾都語文（Urdu）傳單，呼籲印度穆斯林放棄「異教徒的軍隊」，加入鄂圖曼軍隊，與信仰相同的兄弟們在一起。他們提醒穆斯林士兵，土耳其在薩勒曼·帕克（Salman Pak）挖掘壕溝，防禦巴格達，此地是先知穆罕默德最忠誠的夥伴之一薩勒曼的埋葬地，備受穆斯林崇敬（pak的波斯語和土耳其語意思是「純潔」，因此該地就是「純潔的薩勒曼」）。[24]

傳單發揮了一些作用。英國的將領們查出穆斯林印度兵對於進軍攻打「聖地」薩勒曼·帕克愈來愈持保留態度。軍中已經分別傳來幾起叛變的報告。一九一五年十月，根據萊基上尉報告，在土耳其陣線附近站哨的四名穆斯林士兵，切斷指揮官的喉嚨，對英軍陣地開槍，然後越過鄂圖曼軍的陣線。在這次事件發生之後，英軍以士兵「擅離職守」為由，將第二十旁遮普步兵團調派至亞丁。英國害怕鄂圖曼對先知夥伴陵墓的政治宣傳將會進一步引發士兵叛變。為了減低該地的宗教重要性，英國有計畫地在提到薩勒曼．帕克時，以傳統的薩珊王朝*名稱泰西封（Ctesiphon）來稱呼這個城市。[25]

泰西封拱門坐落於鄂圖曼防禦工事的中心地帶。這座建於西元六世紀的巨大遺跡，直到今日還是世界上最大的磚造圓拱。幾個月以來，土耳其人都在這座大拱門周圍布置他們的陣地。他們的前線延伸六英里長，沿線有十五座設有火砲與機關槍的泥土碉堡或堡壘。複雜的交通壕網絡讓人員與補給品得以藉此從前線往來運送，每隔一段距離裝設的大型水壺也使得守軍不用擔心口渴。前線後方約兩英里處有另一組建造完善的壕溝，這裡是土耳其的第二道防線，頂尖的五十一師在第二壕溝中備戰。自一九一五年十月鄂圖曼軍從庫特撤退，到下個月英國進攻的這段時間，努瑞汀和他的軍官盡可能將這些防禦工事建造得堅不可摧。

英國指揮官們得不到有關防守巴格達的鄂圖曼軍的可靠消息。在攻擊薩勒曼．帕克的預備階段，土耳其軍預估有一萬一千人到一萬三千人。十一月初，尼克森和湯森開始接到互相矛盾的報告，說是鄂圖曼從敘利亞或高加索增派援軍至巴格達，但他不大相信這些報告。十一月十三日，英軍在敵人砲火下再次喪失一架寶貴的飛機，尼克森下令暫停空中偵察，因此他們對敵軍軍情更加不確定。尼克森和湯森推測，他們的人數要不是與鄂圖曼軍不相上下，就是鄂圖曼軍人數略多於英軍。然而，根據過

*薩珊王朝（Sassanid）：亦稱第二波斯帝國，由薩珊家族所建。西元二二四年，首位君主阿爾達希爾一世在泰西封加冕。西元六三七年哈里發哈立德．本．瓦利德攻下泰西封，奈哈萬德之役（Battle of Nahāvand）大敗於阿拉伯人，決定薩珊王朝的滅亡。

往經驗，土耳其軍會在壓力下潰敗，因此英國指揮官們有信心他們能打敗鄂圖曼軍，即使對方人數略多於他們。26

一九一五年十一月戰役前夕，湯森命令兩架飛機最後一次以遠距離俯瞰敵人陣地。第一位飛行員安全返回，他說鄂圖曼前線沒有變化。第二位飛行員飛到泰西封東邊，地面上明顯的改變以及援軍人數可觀的跡象令他擔憂。他繞回來想看個清楚，鄂圖曼軍隊卻在他引擎上打了個洞，他迫降在敵人陣線內，被敵軍俘擄。雖然這位飛行員拒絕回答敵人的問題，他們卻拿走他標示著第五十一師陣地的地圖——這是第一份關於鄂圖曼援軍的可靠情報。正如一名土耳其軍官的記載：「這份擁有寶貴資訊的地圖沒有落入敵軍指揮官之手，……而是掌握在土耳其指揮官手裡。」27

英軍飛機墜落，不只讓湯森無法得知他的軍隊人數遠不及超過兩萬人的鄂圖曼軍，也大大地提升了土耳其軍的士氣。「我方將這微不足道的事件看做是一個令人開心的預兆，也就是敵人的運氣要開始轉壞了。」這名土耳其軍官提到。事實也確實如此。

十一月二十二日清晨，英軍向鄂圖曼前線移動。四個縱隊向前挺進，他們還誤以為依舊能成功突擊。就在英軍進入射程範圍時，鄂圖曼守軍立刻以機關槍與火砲攻擊，英軍的幻想立刻粉碎。「我們幾乎是直接置身於砲火中，」萊基上尉在日記中記錄了當時的情形，以及在這第一場大屠殺中被殺的同袍名字，「步槍不停發射，一直到下午四點才結束。戰況十分激烈。」

英國人和鄂圖曼人進行了數小時刺槍衝鋒戰鬥與徒手戰鬥，最後英軍終於攻下鄂圖曼前線的壕溝。然而，英國人占領前線沒多久，鄂圖曼人就發動猛烈的反攻，其中有些軍隊是來自最有經驗的第五十一師。他們一直激戰到夜晚，雙方傷亡人數都在增加中。「可怕的一天，」萊基下了結論，「到處都是受傷和死亡的人，我們沒辦法把他們弄進來。」第一天戰鬥下來，英軍人員損失高達百分之四十，鄂圖曼人員損失將近百分之五十，雙方指揮官都十分沮喪。[28]

第二天也就是十一月二十三日，戰鬥繼續進行，傷兵眾多的兩軍情況愈來愈危險。「整天不斷有傷兵，」萊基上尉記錄道，「數百人依然沒有接受治療，我們沒有擔架，沒有嗎啡，也沒有鴉片，什麼都不能給他們。」然而，兩軍的近距離戰鬥依然持續到深夜。「大約在十點鐘，」萊基記錄道，「我們沿著多賽特壕溝悄悄前進時遭到猛烈攻擊。受傷的人很慘，他們還躺在壕溝後方的空地上。我們拿槍以近距離發射，大家聽得見（土耳其）軍官催促敵方士兵前進的聲

美索不達米亞的土耳其步兵發動反攻。鄂圖曼人調派身經百戰的前線部隊來防禦巴格達，這些士兵突擊入侵英軍，激烈反攻。這場一九一五年十一月在薩勒曼·帕克的決定性戰役，雙方傷亡人數高達百分之四十至五十。

音。真是個魔鬼般的夜晚。」

整整三天，鄂圖曼人讓英印軍陷於絕境。英國設法保住鄂圖曼前線，但他們無法征服第二防線壕溝中的土耳其軍。無法接受治療的傷兵，對英國來說尤其是個愈來愈嚴重的問題（鄂圖曼人則可以將傷患撤離至不遠的巴格達）。英國人沒有預料到如此嚴重的傷亡，因此可悲的是他們也沒有準備好治療數千名傷重的士兵。萊基上尉描述：「雙腿血肉模糊、甚至失去雙腿的人，用大外套包住，從戰場上被送回來。他們的痛苦難以形容。」永無止境的戰鬥、傷患可憐的呻吟和土耳其有增援部隊的謠言，這些都是造成湯森軍隊士氣低迷的原因。

到了十一月二十五日，湯森和他的指揮官們終於認清英軍已無法守住陣地。印度軍人數遠遠少於鄂圖曼軍，而且已經過度疲乏。他們上戰場的人數是固定的，沒有儲備的援軍。最早的一批援軍也要到一月才能抵達美索不達米亞。他們必須盡可能多保留一些強壯的士兵，防禦巴斯拉和庫特之間的英軍陣地，此外也急需將傷兵撤離。湯森需要以所有可供調派的內河船，將數千名傷患送往下游，留下強壯但在三天猛烈戰鬥之後已筋疲力竭的士兵，負責執行所有士兵視為噩夢的任務：在敵人砲火中撤退。

英軍撤出薩勒曼．帕克，這次撤退是美索不達米亞戰役的決定性轉捩點。鄂圖曼人立刻在戰場上以及在政治宣傳中採取攻勢。

鄂圖曼人與其伊拉克公民間的關係，在一九一五年九月與十月英軍挺進底格里斯河時，到達最低點。巴格達的居民開始公開嘲笑身兼哈里發的梅赫美德．雷夏德以及他的軍隊，他們如此吟唱道：

雷夏德，你這貓頭鷹（代表不幸的鳥）之子，你的軍隊打敗仗了
雷夏德，你這無用的傢伙，你的軍隊要開溜了。29

隨著幼發拉底河中部城鎮的反叛行動愈來愈肆無忌憚，巴格達居民也變本加厲違抗政府時，鄂圖曼人決定再次發動聖戰宣傳，這一次他們的目標是有反叛意圖的伊拉克什葉派教徒。鄂圖曼政府向他們展示「阿里的高貴旗幟」，藉由利用普遍的宗教熱誠，想讓伊拉克什葉派教徒支持這場不得人心的戰事。30

阿里．伊本．阿比．塔利卜（Ali ibn Abi Talib）是先知穆罕默德的堂弟與女婿，也是伊斯蘭教的第四任哈里發。從伊斯蘭第一世紀開始，什葉派的穆斯林就已尊奉哈里發阿里與其後代為穆斯林世界唯一合法的領導者（事實上什葉派Shiite這個字源自於「阿里支持者」的阿拉伯文 Shiat Ali，也就是「阿里一派」的意思）。也因此對於以哈里發亦即全球穆斯林領袖自居的順尼派鄂圖曼蘇丹所頒布的命令，什葉派教徒興趣缺缺。

鄂圖曼人希望藉由對哈里發阿里的崇敬，動員伊拉克什葉派教徒對英國人作戰。為了達到此一目的，他們公然行騙，拿著一面作為聖物的威嚴旗幟遊行示眾，這面旗幟被賦予與哈里發（什葉派專用語是「伊瑪目」）阿里相關的特殊力量。政府特派員穿梭在伊拉克什葉派教徒各聖城的大街小巷，將這面旗幟形容為某種祕密武器；它已使信仰堅定的穆斯林將軍在伊瑪目阿里的軍旗之下，打贏對抗異教徒的每一場戰役。

一九一五年秋天，政府將「阿里的高貴旗幟」交給高級官員託管，這些人在步兵隊的陪同下，帶

著旗幟從伊斯坦堡到伊拉克。有謠言盛傳這群代表團一路上發送黃金給物質主義至上的貝都因部族領導人，以爭取他們的支持。這群代表團首先來到伊拉克什葉教派的政治中心納賈夫城，這裡也是伊瑪目阿里的陵墓所在地。反抗政府的叛變行動於一九一五年五月最先在納賈夫爆發。鄂圖曼官員計畫在埋葬伊瑪目阿里的清真寺中展示這面旗幟，展示的時間是穆哈蘭姆月（Muharram）——對什葉派而言這是伊斯蘭曆中最神聖的月份。

這面旗幟在穆哈蘭姆月的第十一天，也就是西曆十一月九日，呈現在踴躍前來的納賈夫群眾面前。什葉派重要人士大聲疾呼，要求再次展開對抗英國異教徒，或稱「十字架崇拜者」的聖戰——這裡所指的不僅止於英國士兵的基督教信仰，也包括當初基督教徒在地中海東岸與穆斯林作戰的中世紀十字軍東征。

戰爭的好運落在這面虛構的旗幟上。在旗幟從納賈夫被送到巴格達的這十天內，鄂圖曼軍贏得對抗英軍的第一場勝利。巴格達的副總督在對歡迎這面神祕旗幟的市民發表演說時，立刻提出兩者之間的關聯性。「這面高貴旗幟一離開納賈夫，敵人就裹足不前，並且在大規模攻擊薩勒曼．帕克的行動中失敗了。」沙菲克（Shafiq Bey）讚嘆道，群眾大聲呼喊表示同意。鄂圖曼軍將英軍從他們的城市中趕走，焦慮的巴格達市民大感安慰，並且勇於懷抱勝利的希望——即使這勝利需要神性的介入。

就在鄂圖曼當局在伊拉克舉起阿里的高貴旗幟時，一群鄂圖曼官員也在利比亞沙漠重新展開他們的聖戰。一九一五年五月，義大利參戰，與協約國結盟，土耳其青年團執政者緊抓住這個機會，試圖推翻義大利在利比亞不穩固的地位，奪回鄂圖曼人在一九一二年讓出的土地。鄂圖曼人與其德國盟友在利比亞和埃及邊界推銷宗教極端主義，希望從英國和義大利的北非殖民地下手進行破壞。他們的聖戰夥伴是薩努西兄弟會首領，薩伊德阿哈麥德・謝里夫・薩努西（Sayyid Ahmad al-Sharif al-Sanussi）。[31]

薩伊德阿哈麥德曾經在一九一一年的義土戰爭中領導薩努西軍作戰。薩努西是勢力龐大的蘇非（Sufi，亦即伊斯蘭神祕主義）兄弟會，以利比亞為根據地。其集會所網絡遍布北非，會員也延伸至阿拉伯世界各地。自從一九〇二年以來就擔任薩努西兄弟會首領的薩伊德阿哈麥德，即便一九一二年鄂圖曼將利比亞讓與羅馬當局統治之後，依然持續與義大利人戰鬥。薩伊德阿哈麥德的跨國穆斯林神祕主義教派首領身分，以及與外國入侵者奮戰的名譽，都使他成為鄂圖曼聖戰中的堅強夥伴。

一九一五年一月，兩位深具影響力的鄂圖曼官員踏上了從伊斯坦堡到利比亞的危險旅程。這次任務的負責人是努里（Nuri Bey），他是戰爭部長恩瓦爾帕夏的弟弟。陪同他的是生長於北伊拉克城市摩蘇爾的賈法爾・阿斯卡里（Jafar al-Askari）。阿斯卡里畢業於鄂圖曼軍事學校，並且在柏林完成軍事訓練，他也是阿拉伯民族主義者祕密組織盟約協會摩蘇里分會的創辦成員。他和其他許多阿拉伯民族主義者的軍官一樣，在英國與法國征服並瓜分鄂圖曼與阿拉伯土地時，堅決抵抗。他防衛鄂圖曼領土，抵抗歐洲列強入侵，但同時他也會捍衛阿拉伯的權利，反對土耳其人的支配。賈法爾・阿斯卡里樂於執行這項協助薩努西兄弟會的任務。

努里和賈法爾先到雅典買了一艘小型蒸汽船和帶到利比亞的大量武器。為躲避敵人在地中海東岸的戰艦，他們把船開往克里特島，等待趕往利比亞海岸的最佳時機。努里和賈法爾指示船長將他們送到利比亞的托布魯克和埃及邊界薩盧姆（Sallum）之間一條孤立的狹長海灘上。一九一五年二月，他們在距離埃及邊界約二十英里的利比亞海岸登陸後，立刻與薩伊德阿哈麥德接觸。[32]

鄂圖曼軍官們發現這位薩努西首領一心一意想維持困難的平衡局勢。一方面他需要與埃及的英國人維持良好關係，如此才能被西邊的義大利人與南邊查德的法國人包圍的同時，保持唯一一條補給路線的通暢。英國公開討好薩伊德阿哈麥德，以維繫埃及西部邊界的和平。然而，這兩位鄂圖曼人卻在此提醒他的義務何在：身為一位有影響力的穆斯林領導者，他應該宣傳聖戰，對抗外來侵略者。「毫無疑問，他在內心深處是偏袒鄂圖曼人的，」賈法爾·阿斯卡里宣稱，「但阿拉伯領導者的性情一般而言是陰鬱、多疑而又容易擔憂，我們無法擺脫這樣的印象。」

薩努西部族成員組成了一支非正規軍，組成份子來自四面八方。有些從部落徵調而來，還有些人來自神學院，包括擔任薩伊德阿哈麥德保鏢的四百名由宗教學者組成的菁英穆哈菲茲雅（Muhafiziya）軍團。「在執行保鏢任務時，他們常常大聲而低沉地背誦古蘭經，形成一幅令人敬畏的虔誠景象，深深打動面前的每個人。」賈法爾·阿斯卡里回憶道。他與二十幾名阿拉伯與土耳其軍官必須決定，在把這些非正規軍送到埃及西部對抗英國人之前，是否要將他們組成正規軍。從他們在戰場上的表現看來，就連英軍也在事後承認，阿斯卡里「很擅長訓練人」。[33]

在利比亞東部待了幾個月之後，鄂圖曼指揮官已經等不及要讓薩努西兄弟會的成員發動攻擊。由於薩伊德阿哈麥德猶豫不決，受挫的努里提拔了他的幾個副手領導一支突襲隊伍，在一九一五年十一月底對英國陣地發動攻擊。手下軍官沒有他的命令就採取行動，令薩伊德阿哈麥德非常憤怒，但鄂圖曼人卻很高興地看見十一月二十二日薩努西軍在攻擊行動中成功地驅趕英軍，後者撤退了。英國人放棄在薩盧姆的前線陣地，退到往東一百二十英里的馬特魯港（Marsa Matruh）。

在奧萊德・阿里（Awlad Ali）的貝都因部落加入攻擊英國陣地的行動之後，薩努西成員更是氣勢如虹。一支埃及駱駝兵團越過戰線加入聲勢日漸浩大的阿拉伯對抗英軍的行動。十四名埃及海岸巡邏隊的本土軍官與隊上的一百二十人，帶著武器、裝備，騎著駱駝逃離英軍，投靠薩努西成員。遭到背叛的英軍把忠誠度「令人懷疑」的埃及火砲部隊撤離馬特魯港，以防再有人叛變。這些事件的發展，使得鄂圖曼人盼望在埃及引發更大規模對抗英國的起義，藉此提升薩努西士兵的鬥志。

英軍迅速採取行動，控制薩努西造成的聖戰威脅。約有一千四百名英國人、澳洲人、紐西蘭人和印度人組成的軍隊被派遣到馬特魯港，服役於新成立的西方邊境軍（Western Frontier Force），並以火砲、武裝車輛與飛機加強其戰力。他們的任務就是重新建立英軍對利比亞邊境的控制權，防止薩伊德阿哈麥德在危險的一九一五年十二月，在埃及與阿拉伯世界煽動一場更大規模的叛亂，因為此時英國覺得他們在加里波利和美索不達米亞的軍力都相當脆弱。

十二月十一日，西方邊境軍的部隊從馬特魯港出發，攻擊在十六英里以西紮營的阿拉伯軍隊。就在英國步兵逐漸靠近薩努西成員的射程範圍內時，他們開火牽制這些步兵，直到薩努西的火砲和騎兵前來解救為止。雙方持續戰鬥兩天，阿拉伯人以嚴整的紀律發動攻擊。然而，精準的火砲炸得這些部族戰士四散奔逃，他們最後終於在十二月十三日被澳洲輕騎兵擊退。雙方首次交戰，傷亡人數相當少，不過西方邊境軍的英國情報首領被殺了。[34]

一九一五年聖誕節破曉時分，英軍對薩努西陣地發動第二次突襲。突然出現的敵軍使得阿拉伯部族十分驚慌。等賈法爾・阿斯卡里來到前線時，以他的話來形容，他發現他的士兵「撤退的方式就像一群烏合之眾，而不是井然有序的撤軍」。設法重建軍中紀律的阿斯卡里，在日出時評估當時狀況，他覺得非常不妙：「我看見我們的陣地被敵軍西面包圍。」他辨認出有兩個步兵營從西邊接近，一支龐大的騎兵隊伍在他的右翼，還有一支龐大的縱隊從馬特魯港一路朝他行軍而來，同時還有一艘停泊在海灣的英國戰艦愈來愈準確地朝阿拉伯陣地開砲。「那真是極端駭人的景象，」阿斯卡里承認，「我很難把士兵留在陣地。」

激戰了一天，英軍把阿拉伯軍從山頂的陣地趕走，迫使他們撤退。賈法爾．阿斯卡里差點被捕，不過紐西蘭人奪下他的帳棚和他所有文件。「日落時我們倉皇撤退，」阿斯卡里記載，「我們筋疲力竭，失去所有食物和武器，因此我們遺棄死者與傷者，將他們留給慈悲的敵人。」被打敗的阿拉伯戰士士氣大受影響，這位鄂圖曼軍官記錄道：「阿拉伯人一個個逐漸逃離軍隊。」

英軍贏得勝利，但他們終究必須摧毀人數已增加到五千人的薩努西軍。薩伊德阿哈麥德的阿拉伯部族控制從薩盧姆到英國駐守的馬特魯港之間的海岸線，因此他擁有一些重大的優勢。德國潛水艇大批聚集在利比亞和埃及的海岸，提供槍枝、彈藥和現金給指導利比亞戰役的鄂圖曼軍官。此外，英軍從加里波利撤退與美索不達米亞戰事逆轉的消息，讓許多指望薩努西成員叛變的埃及人，期待因此從可恨的英國殖民地統治中被解放。

比起少數薩努西狂熱份子在埃及境內的利比亞沙漠挑釁，英國策戰者更擔憂的是他們在美索不達米亞戰事逆轉。所向無敵的浦那第六師在薩勒曼．帕克被往回趕，在砲火中撤退了。美索不達米亞的英國指揮官也沒有多餘兵力保護被打敗的湯森軍隊。在上級承諾的援軍抵達巴斯拉之前，英國的軍隊人數幾乎不足以守住他們在戰役第一年中占領的城鎮。

在砲火之下連續行軍一週之後，疲倦的印度與英國士兵在十二月二日列隊走上庫特熟悉的街道。庫特是坐落於底格里斯河一個馬蹄河灣邊的繁榮城市，它是當地穀物交易中心，以甘草根國際交易聞名。城裡的房屋是泥磚蓋的四合院，有幾層樓高，外表有複雜的木雕裝飾。最大的公共建築包括市政廳、兩座清真寺（其中一座有尖塔）以及一個有頂篷的市場，英國人將它徵用為軍醫院。一座泥磚碉堡俯瞰位於城市東北方的河流，它是英國防禦線的基礎，這條防禦線橫跨底格里斯河左岸的半島。

湯森的幾名軍官質疑撤退至庫特是否為明智之舉。從位置上看來，這座城市必定會被鄂圖曼人團團圍住。此舉不僅置印度軍於險境，庫特的市民也有生命危險。這些市民沒有抵抗便投降英軍，但長時間圍城之下他們也未必能持續合作。英軍有兩種選擇：一是把市民趕出城，隨之而來的是讓七千個市民無家可歸的人道主義危機；另一種是強迫居民共同承受艱苦的圍城。湯森和他的指揮官們在兩害相權取其輕的考慮下，決定把庫特的居民留在家中。然而，結果證明他們做出了錯誤的決定。

湯森接受不可避免的圍城，他相信時間不會太長。薩勒曼．帕克之役生還的士兵加上庫特原本的駐軍，湯森手下共有一萬一千六百名戰鬥者和三千三百五十名非戰鬥者，糧食有六十天份的配給量。在上級承諾的援軍於一月抵達美索不達米亞救援他的陣地，使他重回伊拉克戰場之前，他有信心他的軍隊承受得了幾週的圍城。

土耳其前哨兵在十二月五日到達庫特。努瑞汀帕夏的軍隊開始在城的周圍占據陣地。到了十二月八日，庫特被團團圍住。過去一年中在美索不達米亞節節敗退的鄂圖曼人，此刻開始扭轉戰局。有了飄揚在底格里斯河邊的「阿里的高貴旗幟」，鄂圖曼軍感覺勝利在望。

第十章　庫特圍城

從土耳其青年團執政者參加世界大戰的那一刻起，英國就已把鄂圖曼視為同盟國指揮鍵中最弱的那一環。白廳的策戰者希望能迅速擊敗鄂圖曼帝國，藉此替協約國取得西線戰事無法達成的突破性進展。參戰前六個月，鄂圖曼軍的表現幾乎無法反駁這些觀點。協約國船艦在鄂圖曼海岸線肆無忌憚地發動攻擊，英國人不費吹灰之力就控制了巴斯拉省，而鄂圖曼人選擇在高加索和西奈半島發動的戰役又以悲慘的失敗收場。

然而，達達尼爾海峽之役卻成為重要的轉捩點。土耳其人在協約國持續施壓之下依然堅守陣地，入侵敵軍被迫羞辱地撤退。突然間，英軍採取守勢，被迫將領土讓給堅定的鄂圖曼人。土耳其軍入侵南葉門的英國保護地，對重要的港口亞丁構成威脅。鄂圖曼軍官所指揮的利比亞部族流竄於埃及西部邊境，迫使英國讓出一百二十英里長的海岸線。此外，在美索不達米亞，努瑞汀已經把英軍一整個師逼進了庫特城中。

這些鄂圖曼攻擊行動的本身並沒有對協約國戰事造成顯著的威脅。英國人有信心他們最終還是能戰勝葉門和埃及境內利比亞沙漠的阿拉伯部族戰士。他們把庫特圍城看成勢必征服巴格達的過程中一次不幸的延誤。英國人更關切的是，加里波利的失利與葉門、利比亞以及美索不達米亞戰事的受挫，將會對整個穆斯林世界的輿論造成何種影響。他們相信德國的政治宣傳者會充分利用每一次鄂圖曼人的勝利，把這些消息傳遍中東與南亞。他們害怕既要在前線面對宗教狂熱份子，又必須在殖民地內遭遇穆斯林叛變。正因如此，英國人和德國人對於哈里發聖戰號召的反應，比那些鄂圖曼臣民與中東、北非以及南亞各地的穆斯林更為強烈。1

為了平息聖戰的危機，英國人相信他們必須再次取得對鄂圖曼人的控制權，方法是奪回失土、解救庫特的英軍，並且重新征服鄂圖曼人的土地。英國必須不計一切代價阻止土耳其人繼續戰勝。

然而，英軍在西線的人員折損不斷增加，英國人能調派至鄂圖曼前線的軍隊實在非常有限。一九一六年二月，德國人在凡爾登（Verdun）對法國陣地發動一次全新的大規模進攻。總參謀長埃里希·馮·法肯漢將軍發動他所謂的「消耗戰」，目的並不完全在於攻占凡爾登，主要還是為了讓防衛陣地的法軍血流成河。在某些防禦地區，法軍承受的猛烈砲轟到達每分鐘四十顆砲彈，法軍在德軍攻擊之下就這樣抵擋了十個月。等到德國在一九一六年十二月放棄攻擊時，他們的傷亡人數（三十三萬七千人）幾乎和法軍（三十七萬七千人）一樣多。英國必須在西線保留軍隊，才能支援法國盟友，以免德國人取得關鍵性的突破，贏得戰爭。

巴黎和倫敦策戰者面臨的兩難，是如何權衡軍隊調派，以防止鄂圖曼人贏得一場可能替聖戰宣傳注入活力的勝仗，但同時又不能從攸關存亡的西線調派軍隊。在解救庫特的行動上，他們取得錯誤的平衡點。

在庫特遭到圍城的英軍，立刻明顯感受到生命威脅，這些人一定覺得敵人此刻正有如甕中捉鱉。「土耳其人開始對這地方撒下如雨點般的砲彈，」一名牛津郡及白金漢郡輕步兵團的低階軍官希伍德（G. L. Heawood）回憶道，「接近庫特時，他們用機關槍掃射所有平地；從這天開始，河岸的狙擊手也更猖獗了。」正當英軍拚命把壕溝挖得更深，以抵擋持續的砲火時，鄂圖曼人也把坑道挖得更靠近英軍戰線。「前幾週土耳其人沒有真正發動攻擊，但他們積極準備，我們度過許多焦慮的夜晚。」在土耳其軍來到距離英軍陣地不到一百碼時，希伍德如此坦承。2

鄂圖曼第六軍團的德國指揮官、陸軍元帥戈爾茨造訪庫特前線，與努瑞汀見面商討作戰策略。兩位指揮官的見解有根本上的差異。向來好戰的努瑞汀希望能對庫特發動猛攻，徹底殲滅英軍。然而，戈爾茨卻決心不讓他的軍隊受到無謂的損失，他主張嚴密包圍庫特，讓英軍因飢餓而投降。兩人無法化解歧見，因此努瑞汀一直等到戈爾茨前往探查波斯前線，才派出軍隊開始作戰。3

這名鄂圖曼指揮官在聖誕夜當天發動攻擊。火砲在要塞的泥磚牆上轟出大洞，英印軍拚命設法擊退一波波土耳其步兵衝向壕溝的猛攻。希伍德的部隊首當其衝：「黃昏之後，他們整晚持續攻擊與轟炸……他們攻下其中一個碉堡突出處當作據點，還用乾草堆建造臨時的防禦工事，儲存罐頭、麵粉袋以及任何方便取得的物品。敵人在這乾草堆的一邊，我們在另一邊，幾乎一整晚雙方都在轟炸這個乾草堆，聖誕節的大量死者與傷者也都在這裡。」雙方都傷亡慘重，但如同大戰中每每發生的狀況，攻擊的一方損失的人員較多。聖誕節那天的破曉時分，庫特成堆的土耳其死者與傷者從英軍壕溝一路往回延伸到鄂圖曼陣線。許多英軍生還者寫到，他們試圖協助在敵人陣線之間受困於砲火的土耳其傷患。最後，他們把麵包和水瓶丟給不遠處的傷兵，這些人的呻吟聲折磨著他們，直到死亡逐漸讓可怕的戰場安靜了下來。幾週後，許多鄂圖曼死者依舊躺在他們在聖誕夜倒下的原處。

在十二月二十四日的戰鬥之後，努瑞汀不再對英國陣地發動進一步猛攻。他和戈爾茨的做法一致，下令將庫特城嚴密包圍，切斷所有補給線，加強防禦工事，使其禁得起火砲、機關槍和狙擊手的砲火攻擊。然而，當戈爾茨從波斯前線回來，聖誕夜攻擊行動所遭受的鄂圖曼人員損失令他大為震驚，因而將努瑞汀調往高加索前線。一月初，他的職位被關係良好的哈里勒（Halil Bey）所取代，他是戰爭部長恩瓦爾帕夏的表兄弟。

在聖誕夜的攻擊行動中，英軍也有傷亡，庫特的指揮官查爾斯．湯森將軍質疑自己還能承受圍城多久。根據前幾週的經驗，這位英國指揮官計算，如果每天傷亡或生病的人數超過七十五人，那麼他的兵力就會從一月一日算起的七千八百人到六千六百人，減少至一月十五日的五千四百人。持續用無線電報與總部聯絡的湯森說服上級，援軍必須在他的軍隊還夠強壯、能一起應敵之前，盡快派兵前來解救他們。[4]

英國援軍已經集結在美索不達米亞。第一批抵達的是喬治．楊賀斯本將軍率領的第二十八旅。楊賀斯本離開安全無虞、不會受到鄂圖曼軍進一步攻擊的亞丁，前往更需要緊急處理危機的美索不達米亞。十二月二日他們在巴斯拉下船。這批援軍的新任指揮官，中將芬頓．艾爾莫（Fenton Aylmer）爵士在同一週抵達。美索不達米亞遠征軍指揮官約翰．尼克森將軍，十二月八日對艾爾莫下達命令：擊敗底格里斯河岸的鄂圖曼人，解救困在庫特的湯森。無須再顧慮征服巴格達。

印度軍的兩個師已經在法國到美索不達米亞的路上，艾爾莫自信在一九一六年二月他就有足夠人力達成目標，但被圍困的湯森卻還沒有信心自己能撐到二月的救援。時間一週週過去，他眼看自己兵力減少，而鄂圖曼人卻援軍不斷。關鍵在於時間，他們不得不在庫特的印度軍被占優勢的鄂圖曼軍消滅之前發動攻擊。

英國司令部心繫於加里波利戰敗之後馬上又在美索不達米亞被擊敗的政治後果，因此和湯森一樣恐懼。手上僅有三個旅、共約一萬兩千人可供調派的艾爾莫，下令楊賀斯本將軍在一九一六年一月三日向鄂圖曼人在底格里斯河的陣地挺進。援軍兵力尚未補足之前就必須迎戰鄂圖曼人，沮喪的楊賀斯本後來在回憶錄中宣稱艾爾莫的命令「是個嚴重的錯誤」。這次過早挺進的行動，導致接下來四個月之中的每一場悲劇。5

鄂圖曼軍已經在艾爾莫的救援縱隊與湯森在庫特的軍隊之間建立了數個防線。鄂圖曼派了兩個師增援巴格達駐軍。到了一九一六年一月，第六軍團人數已經勝過底格里斯河畔的英軍。據英軍估計，土耳其人在戰場上約有兩萬七千名士兵，然而艾爾莫的救援縱隊加上湯森被圍的部隊只有不超過兩萬三千人。如果英國人有信心打贏，只是因為他們一直低估敵人實力。

一月七日，艾莫爾的救援部隊在庫特下游約二十五英里的村莊謝赫・薩阿德（Shaykh Saad）首次遭遇鄂圖曼軍。土耳其人壕溝從河的兩岸往外延伸數英里，迫使英軍必須在步槍、機關槍和火砲密集而準確的砲火下，在平地上從正面進攻。在四大的激戰之後，英軍死傷人數多達四千人，才攻下土耳其壕溝。雖然損失不少人，英軍還是宣布戰勝，在謝赫・薩阿德紮營。艾爾莫發電報給圍城期間以電報與外界溝通的湯森將軍，宣告救援縱隊已經挺進底格里斯河兩岸。隨軍牧師哈洛德・史普納（Harold Spooner）在日記中提到，在三十五天的圍城之後，被困在庫特的士兵們欣喜若狂。6

四天後，艾爾莫的軍隊在底格里斯河一條叫做瓦地（al-Wadi）的支流邊，與鄂圖曼人交戰。在狂風豪雨中戰鬥的英軍，第二度將鄂圖曼人擊退。英軍死傷人數超過一千六百人，艾爾莫的縱隊現在只剩下九百人。然而，他們還是奮力前進，迎戰鄂圖曼軍最難攻的鄂圖曼陣地哈納（Hanna），這是一條狹長的地區，位於難以通行的沼澤地與底格里斯河之間。

一月二十一日，艾爾莫下令部隊越過開闊的空地，正面攻擊完善的鄂圖曼壕溝。英軍在數日豪雨過後的濕滑泥巴裡跌跌撞撞，在土耳其人槍林彈雨攻擊下，英軍連一叢可供掩護的灌木都沒有。這是美索不達米亞的英軍死傷人數第一次超過他們所能負荷的一場戰役。兩天的戰鬥之後，他們毫無選擇，只能放棄，從楊賀斯本將軍形容的「充滿醜惡回憶的哈納陣地」撤軍。第一次試圖救援庫特失敗後，艾爾莫將軍只好等待其他援軍，補充損耗的部隊，才能嘗試第二次救援。[7]

「我擔心的是，看來我軍的救援部隊不夠強大，無法突圍，因此他們挖壕溝防禦……等待援軍。」一月二十三日，庫特城內的史普納牧師在日記中提到。原本希望援軍立刻來到的庫特軍隊，不得不再忍受幾週圍城。「情況很糟，幾週之後，土耳其人必定會大量增援，」史普納預期，「但我們會灰心喪志嗎？不！」他以最好的英國傳統精神下結論。

阻擋艾爾莫救援部隊行動的烏雲背後，出現了一絲陽光。傾盆大雨讓底格里斯河河水暴漲，土耳其軍和英軍在庫特前線的壕溝都淹在水中，雙方必須各自撤退到被寬達兩千碼的河水分隔的陣地。潮濕的環境使得到處都是一片慘狀，不過卻也排除土耳其人在水位再次下降之前發動攻擊或突擊的所有可能性。湯森的挑戰是在河水退去與援軍抵達之前保持戰力。

湯森的第一要務就是減少軍隊糧食的消耗。一月二十二日，他下令將所有糧食配給量減半。他的軍隊必須遵守這項限制措施，城內六千名居民也一樣，因為所有人吃的都是同一批有限的糧食。接著，他命令英軍挨家挨戶搜索可供徵用的存糧。士兵找出九百噸大麥、一百噸小麥和十九噸烹調奶油，也就是酥油。搜索行動激怒了庫特居民，但這些徵用的食物再加上英軍的存糧，將分量減半後提供給士兵以及居民，就能將食物補給量從二十二天延長到八十四天。8

糧食減半不過是庫特居民最近的一項嚴酷遭遇。他們在頂棚市場裡的商店被強占，當作收容傷病士兵的醫院。他們的家不斷被闖入，因為英軍常在他們牆上敲出洞來，作為躲避子彈的安全通道，也藉此拆卸屋內的木頭當作柴火。居民和士兵一樣，暴露在致命的砲火中，必須冒著生命危險處理日常家務。史普納牧師曾目睹傷心欲絕的居民哀悼一名到河邊取水時被射死的女人。這可憐的女人只是圍城期間將近九百名死傷居民之一。

庫特居民夾在英國人和土耳其人之間，前者懷疑他們傳遞情報給鄂圖曼人，而後者把他們當作在城裡藏匿英軍的通敵者。圍城的土耳其人對所有想逃出庫特的居民開槍。他們眼中這些人只有一個用處：加速消耗英軍有限的糧食。

配給命令造成庫特的英國士兵與印度士兵不同的痛苦。出於宗教與口味的理由，信奉印度教的士兵吃素，他們拒吃由於麵包和蔬菜供給逐漸減少而成為替代品的肉類配給。英國人的牛肉與羊肉補給耗盡、開始宰殺搬運用的馬與驢子給軍隊吃時，印度穆斯林士兵也拒吃這些肉。一開始湯森把較多麵粉與蔬菜配給留給印度士兵，同時徵求印度的印度教與伊斯蘭宗教權威人士的特許，允許他的士兵吃肉類配給。不過，配給量減少帶來不良影響。日常飲食中的熱量減少，暴露在濕冷環境下的印度士兵，比起吃肉的英國士兵，生病和死亡的人數都更多。

鄂圖曼人繼續在湯森的軍隊中操弄種族分化。英國士兵搜索淹水而被土耳其人放棄的前線壕溝時，找到數千張傳單，結果發現這些傳單是由鄂圖曼政府在巴格達印行，有北印度語文和烏爾都語文兩種文字。根據史普納牧師的說法，對方把這些傳單綁在石頭上丟到英軍前線，是為了勸說「當地軍隊殺掉他們的（英國）軍官，叛逃到土耳其人那裡，受到阿拉真主保護。傳單上說他們將受到更好的待遇，薪水也更高」。

一小部分印度士兵接受了土耳其人的邀請。早在十二月底，湯森將軍在報告中就說，他的印度軍隊中「有些令人不滿的事件」。其他士兵們說得更直接。「圍城期間有幾次我聽說印度人（穆斯林）離開我們的壕溝，投奔土耳其人。」英國砲兵「砲手李」（W. D. "Gunner" Lee）敘述，「但有些試圖從我們陣線逃走的人，在鄂圖曼人的部隊面前被射殺。」這證據顯示只有一小部分印度軍真的越界到鄂圖曼陣線；圍城結束時，被列為「失蹤」者大約不超過七十二人。不過，顯然並非所有印度人都願意為大英帝國而死。9

就在英軍拚命想解救在庫特被圍的部隊時，埃及當局在西邊與利比亞交界之處的邊境依舊面臨危機。一九一六年一月，埃及的英國指揮官約翰．麥斯威爾（John Maxwell）爵士催促倫敦的陸軍部批准發動一場戰役，以奪回兩個月前敗給薩努西軍時失去的土地。他主張，再次確認英國對利比亞沙漠的控制權，雖不是出於軍事上的必要性，卻是個明智的政治考量。大英帝國軍隊撤出加里波利，再加上薩努西軍奪得利比亞沙漠，都促使埃及激進份子對英國的勢力與決心產生質疑。

取得倫敦方面的許可後，麥斯威爾組成西方邊境軍，以便重新控制埃及直到利比亞邊境為止的領土。加里波利撤退之後，可供麥斯威爾調度的帝國軍隊人數漸增，他利用這個優勢，以英國人、印度人、紐澳軍團、甚至包括南非步兵等各個不同的族群組成一支大軍。西方邊境軍利用空中偵察機與坦克車等現代科技，加上較適合在沙漠中行走的馬匹與駱駝騎兵，將傳統與現代的戰爭手段結合在一起。

由戰爭部長恩瓦爾帕夏的弟弟努里和伊拉克人賈法爾・阿斯卡里所指揮的鄂圖曼軍官，訓練並帶領和薩伊德阿哈麥德並肩作戰的阿拉伯部族戰士。鄂圖曼最高指揮部已經對努里與賈法爾下了明確的命令，派遣他們「深入埃及領土，散布疑慮不安的氣氛，在這過程中盡可能牽制愈多英國士兵愈好」。在鄂圖曼人與其德國盟友的眼中，擁有宗教權威的薩伊德阿哈麥德不僅是薩努西神祕教派的領導者，同時也是聖戰宣傳中的一張王牌。他們在一九一五年底的勝利，已經讓英國人驚慌失措，並且燃起埃及民族主義者的熱情。10

一九一六年一月，薩努西軍在馬特魯港英國駐軍西南邊約二十英里的伯爾杜尼斯（Bir Tunis）紮營。賈法爾・阿斯卡里看見一架英國飛機飛過陣地上方，他知道對方將立刻發動攻擊。他在薩努西軍營周圍設置崗哨，指示他們提高警覺。一月二十二日晚間的一場傾盆大雨之後，阿斯卡里的一名土耳其軍官在黎明時將他叫醒，警告他「由步兵、騎兵、火砲和坦克車組成的一長列敵方縱隊」正朝薩努西陣地挺進。土耳其人整夜咒罵的這場雨，結果成為上天的恩賜：坦克車陷入泥淖，因此替阿拉伯部族爭取了一點準備的時間。

一月二十三日，雙方從早到晚在伯爾杜尼斯進行猛烈的戰鬥。鄂圖曼人領導的非正規軍在砲火下紀律嚴明，令英國人大吃一驚。努里率領一隊騎在駱駝上的機槍手攻擊英軍右翼，同時賈法爾・阿斯卡里率軍攻擊英國騎兵。薩努西軍領導者薩伊德阿哈麥德將他大部分護衛隊撤退到南邊二十英里外一個安全的陣地。薩努西軍前線一天下來延伸了五英里以上，兵力愈來愈單薄，英軍得以突破阿拉伯軍中央防線，占領被阿拉伯人放棄的軍營。他們放火燒了帳棚與裡面所有東西，但薩伊德阿哈麥德的軍隊再一次逃脫，軍隊幾乎沒有傷亡。[11]

麥斯威爾將軍手中有足夠兵力可以應付薩努西軍構成的威脅。然而，對於土耳其－阿拉伯聯軍而言，戰役持續愈久，軍隊人數就愈少。「我們遭遇嚴峻的挑戰，作戰人力一直減少，」賈法爾・阿斯卡里回憶，「作戰人員的加入或消失，與可獲得的食物與彈藥數目成比例。這些神聖戰士沒有永久不變的信念；如果他們要走，也沒有任何事能留住他們。」就和往常一樣，阿拉伯部族成員並非忠心的士兵。

從伯爾杜尼斯撤退之後，薩伊德阿哈麥德和他的薩努西追隨者與努里和賈法爾分道揚鑣。薩努西戰士往南走，前去占領利比亞沙漠中的幾個綠洲城鎮，此處從利比亞邊境附近的西瓦（Siwa）延伸至費拉弗拉（Farafra）和巴哈利亞（Bahariya），尼羅河谷近在咫尺，英軍卻無法到達。賈法爾和努里繼續在地中海岸的濱海平原一帶不斷襲擊英軍。然而，他們只有不到一千兩百人、一座連發砲和三座機關槍可用，對人數漸增的英軍而言，鄂圖曼人帶領的軍隊對他們構成的威脅愈來愈小。

英國追趕撤退的阿拉伯部隊，來到位於海岸村莊西迪拜拉尼（Sidi Barrani）東南十五英里的阿卡喀爾（Aqaqir）。二月二十六日，賈法爾・阿斯卡里在此地意外地最後一次與英軍對戰。就在敵軍包圍他們的陣地時，努里將他的正規隊伍撤離，以免被英軍逮捕——他沒有和賈法爾商量，就丟下他獨自與他的一小支部隊面對英軍攻擊。一名信差傳信息給賈法爾，通知他努里撤軍的消息，沒多久難以相信被拋棄的賈法爾，就發現自己被英軍包圍。

接下來一場混亂的近距離作戰，彷彿出自克里米亞戰爭的場景：軍官們騎著馬衝鋒陷陣，軍刀出鞘。賈法爾心愛的坐騎被人從後方射中，他只好徒步戰鬥，一道很深的刀傷使他右臂殘廢。在賈法爾的馬被射殺之後，英國指揮官休．蘇特（Hugh Souter）上校接著向賈法爾的雙腳揮刀砍去。「在我能移動之前，」賈法爾寫道，「敵方騎兵已經把我團團圍住，我因失血過多倒地不起。」賈法爾．阿斯卡里被俘擄，並且受到高階軍官應有的一切禮遇。

阿卡咯爾之戰，代表土耳其－薩努西軍對於英國在利比亞沙漠統治構成的威脅告一段落。西方邊境軍向前挺進，沒有遭到抵抗，就收復了薩盧姆港，重新建立與利比亞之間的邊界。「這在埃及發揮極大的影響力，」英國官方史學家們指出，「而且亞歷山卓港地區（也就是薩努西支持者發動示威的地區）的騷動大幅減少。」在北部濱海地區恢復聲望的英國人，因而能集中心力鞏固西部沙漠。在一九一六年三月至一九一七年二月間，英國人成功地將薩伊德阿哈麥德與他的軍隊從沙漠中逐一趕走。[12]

賈法爾．阿斯卡里被帶到開羅，他在瑪地（Maddi）某個軍事基地附屬的戰俘營內養傷。埃及蘇丹胡笙．卡彌勒與英國指揮官約翰．麥斯威爾爵士都接見了他。他最訝異的就是見到許多朋友與同袍，也就是在美索不達米亞和西奈半島戰役中被俘擄的鄂圖曼軍中的阿拉伯軍官。他見到的這許多人當中，都和他有同樣的阿拉伯民族主義政治傾向，例如他的舊友與同事——在巴斯拉被英國逮捕的努里．薩依德（Nuri al-Said）。英國情報單位相信，利用這些人的民族主義的熱誠，就能達成英國的戰爭目的。

在平息了薩努西軍在埃及領導聖戰的威脅之後，英國策戰者就能再次集中精力解救湯森將軍在庫特的軍隊。

圍城繼續進行，雙方偶爾會減緩戰事。在一場傾盆大雨之後，凍壞了的英國士兵離開淹水的壕溝，以一場足球賽讓身體暖和起來，忘卻土耳其無所不在的砲彈威脅。史普納牧師聲稱：「土耳其狙擊手看球賽看得津津有味，以至於停止了狙擊」，直到英國人踢完球為止。另一則史普納提供的趣事，是敘述雙方如何在壕溝中展現幽默感的罕見例子。一名辛苦挖掘壕溝的土耳其士兵，不時朝英國陣線揮動鏟子，彷彿對他們說：「哈囉，你們這些英國人！」看著這名土耳其人揮了幾鏟之後，一名英國士兵拿起步槍，用子彈射穿了那把帶有嘲弄意味的鏟子。「好一陣子壕溝裡都沒動靜，」史普納詳述說，「接著慢慢地、拿鏟子的人似乎很疲憊地再次舉起了它，上面竟然綁著繃帶！」[13]

這一類停戰的插曲，是鄂圖曼人無情地嚴密包圍庫特的例外情形。一九一六年二月中的一個早上，一架低飛的福克（Fokker）單翼戰鬥機在天空盤旋，庫特無聊的士兵與居民看得入迷。「大家都很感興趣，因為它實在是飛得很快。」亞歷克斯．安德森（Alex Anderson）少校回憶道，「飛機在城南附近轉了一圈，就在它再次回頭往西北飛時，有人看見這架飛機投下某樣東西，它在陽光下閃了一會兒——事實上人們看到飛機投下四個這樣的東西，大家愈來愈感興趣。」在這之前，飛機只被軍中當作偵察工具。庫特軍民第一次目睹一場飛機轟炸。

當這些高爆彈掉到地面上時，士兵驚訝得無法反應。第一次襲擊時，一顆砲彈炸得粉碎，哨兵們被埋在壕溝裡。村中的一間房屋被擊中，但令人訝異的是屋內沒有人死亡。從那天開始，單翼飛機

（英國人稱之為「福立茲」〔Fritz〕，亦即德國佬，因為他們推測開飛機的飛行員是德國人）就定期轟炸庫特，投下重量高達一百磅的高爆彈。其中一架福立茲投下的炸彈打中英國人在棚頂市場裡的軍醫院，造成十八人死亡，三十人受傷。空中轟炸行動更加重庫特圍城的緊張情勢。[14]

在好幾週無情砲火攻擊之後，二月十八日當天，不自然的寂靜籠罩庫特城。英國人一開始不明就裡，害怕停火只是預告另一次的攻擊。一直到第二天，他們才發現戰事忽然停止，是因為鄂圖曼人發現埃爾祖魯姆陷落，因此過於震驚。

高加索的俄國參謀長尼古拉．尤登尼奇（Nikolai Yudenich）將軍預計協約國從高加索退兵後，必然會有一番部隊調動。他預測恩瓦爾將把握這次機會重建鄂圖曼第三軍團。守衛鄂圖曼高加索邊界的十一個師，每個師都兵力不足，然而這些士兵卻要守衛綿延數百英里長的山脈地帶。尤登尼奇打算在鄂圖曼軍依舊疲弱、恩瓦爾有機會增兵之前，摧毀第三軍團。

尤登尼奇將軍開始在嚴格保密的情形下策劃戰役。他只把必須知道的有限細節告訴手下軍官，士兵完全被蒙在鼓裡。為轉移俄國士兵與鄂圖曼人的注意力，他答應盛大慶祝俄國的聖誕節與新年；依照東正教曆法，這段假期的時間是一九一六年一月七日至十四日。他也散布俄國計畫入侵波斯的謠言，進一步擾亂鄂圖曼情報單位。這場情報戰奏效了：鄂圖曼人安心過冬，很有信心地認為俄國人在春天前不會試圖發動攻擊，他們預計在春天時會把兵力補足。土耳其指揮官們毫無疑問相信，經歷一九一四年十二月在薩勒卡默什的那次戰役之後，俄國人和他們一樣痛恨在冬日中一片死寂的高加索山脈打仗。[15]

從恩瓦爾計畫不周詳的薩勒卡默什戰役之中，俄國人當然學到了教訓。尤登尼奇替他的步兵定做制服，作為戰爭準備的一部分。所有士兵發給毛皮外套、有襯裡的長褲、毛氈靴、厚襯衫、溫暖的手套和帽子。他甚至還訂製木柴，每一個士兵都領到兩截短圓木作為禦寒用，以免像許許多多鄂圖曼士兵一樣，在光禿禿的高加索山上被凍死。最關鍵的是，根據尤登尼奇的觀察，在沉寂的冬天，要突襲沒有疑心的敵人有多麼容易。恩瓦爾曾經在薩勒卡默什襲擊毫無準備的俄國人，以至於在接下來的慌亂中俄軍幾乎被迫投降。尤登尼奇希望藉由細心準備與徹底保密，把鄂圖曼人的失敗轉變為俄國人的成功。

一九一六年一月十日，俄國人展開入侵行動，戰爭第三次降臨科普屢柯伊。一九一四年十一月，戰爭開始的最初幾天，鄂圖曼人曾經在此地擊退俄軍；一九一五年一月在薩勒卡默什之役失敗後，被擊潰的第三軍團也在此地重組。科普屢柯伊位於阿拉斯河邊，是重要戰略城鎮，防守通往埃爾祖魯姆的東邊入口。由於鄂圖曼軍集結在科普屢柯伊周圍，一月十日尤登尼奇以一支牽制軍隊在該城鎮北邊展開戰役；接下來在一月十二日，他又在阿拉斯河沿岸發動第二次牽制性攻擊。鄂圖曼人奮力反擊，派出科普屢柯伊周圍九個師之中的五個擊退俄軍。他們在科普屢柯伊的兵力因此只剩下四個師，此時尤登尼奇在一月十四日派出主力部隊攻擊該城鎮。土耳其人堅決防禦，卻被俄軍團團圍住。一月十六日晚間，鄂圖曼駐軍從科普屢柯伊撤出。第二天，俄軍占領科普屢柯伊。

在科普屢柯伊戰敗，對鄂圖曼第三軍團產生重大影響。原本在高加索邊界的六萬五千兵力，只剩下四萬人全數撤退到埃爾祖魯姆。儘管如此，他們退後到的是鄂圖曼人認為堅不可摧的陣地。有兩個環形防禦工事包圍埃爾祖魯姆，其中大約共有十五座現代碉堡和砲台，保護城鎮東邊。此外，截至一月中為止，恩瓦爾已經從達達尼爾派出七個師增援第三軍團，第一批預計在三月初抵達埃爾祖魯姆。鄂圖曼人自認能在春天擊退高加索軍。而俄國人則是在第三軍團得到增援之前，下定決心非占領埃爾祖魯姆不可。[16]

尤登尼奇沒有倉促魯莽地進攻強大的鄂圖曼陣地，而是小心翼翼地準備。他下令拓寬從科普廈柯伊到埃爾祖魯姆的道路，好讓汽車將火砲運送到前線。他將俄國鐵路從薩勒卡默什延伸到戰前土耳其邊境上的卡拉烏爾干（Karaurgan）。他派遣西伯利亞航空中隊（Siberian Air Squadron）首次在高加索前線進行空中偵察。進行這種種準備時，尤登尼奇和他的軍官終於完成他們的攻擊計畫。

鄂圖曼守軍已經為保護埃爾祖魯姆備戰，抵抗從科普廈柯伊方向來的攻擊。與其試圖正面攻擊並慘遭重大傷亡，尤登尼奇和軍官們決定將兵力集中在埃爾祖魯姆北邊多山地帶，此處鄂圖曼人依賴險惡地形的屏障，因此防禦工事較少。

二月十一日，俄國以一陣密集的火砲展開攻擊行動，接著在夜晚又攻打保衛埃爾祖魯姆周圍的最北端兩座碉堡。一名亞美尼亞軍官皮魯米揚上校（Colonel Pirumyan）指揮攻擊達朗高茲（Dalangöz）碉堡的行動，在數小時激烈的近身肉搏戰之後攻下這個碉堡。第二天俄國人繼續攻擊，一個個攻下外圍的鄂圖曼碉堡。守軍開始放棄陣地，退回城裡。到了二月十五日，俄國空中偵察機報告，埃爾祖魯姆城內有大批軍隊移動，搬運行李的馬車出發向西前進。顯而易見，在俄國的震撼攻擊之下，埃爾祖魯姆周圍的守軍已經潰敗，鄂圖曼人正全面撤退。

二月十六日早晨，一支哥薩克（Cossack）騎兵隊騎馬奔馳，進入埃爾祖魯姆。在十八個月靜態的壕溝戰以及西線與東線兩邊大規模人數傷亡之後，這一刻引起俄國人與其盟友極大的想像。光榮的時刻終於來臨，馬背上的這些人將敵人驅趕至倉皇撤退。俄軍湧入曾經讓鄂圖曼人引以為傲的堡壘城市，俘擄了五千名鄂圖曼士兵。在接下來的兩天裡，俄國人繼續追趕鄂圖曼人，又俘擄了五千人。再加上一萬名死傷的鄂圖曼人以及大約有一萬名逃兵，第三軍團實際可作戰的兵力只剩下兩萬五千人。尤登尼奇大獲全勝。他摧毀第三軍團，早在鄂圖曼援軍抵達高加索前線之前，就已深入並征服土耳其領土。

俄國高加索軍團利用鄂圖曼軍潰散的機會繼續挺進，在二月十六日到三月三日之間征服了凡湖附近的穆許（Muş）和比特利斯。黑海港口里澤（Rize）在三月八日被攻破，特拉布宗也在四月十八日陷落。當土耳其援軍終於抵達安那托利亞東部地區時，他們發現鄂圖曼陣地已經一團混亂。

難怪埃爾祖魯姆淪陷的消息傳來，美索不達米亞的鄂圖曼軍會過於震驚，陷入一整天的沉寂。面對參戰以來遭受最嚴重的領土喪失，冷靜下來的鄂圖曼人加倍振作，希望在庫特贏得勝利。土耳其人每次讓英國援軍吃敗仗，他們就貼出一張看板，上面用法文大大寫著：「庫特消失了。該回家了。」英國人不甘示弱，也回敬他們自己做的標語：「埃爾祖魯姆的代價是什麼？小心你們的背後。」[17]

整個二月，一波波援軍從法國被送往巴斯拉，加入美索不達米亞遠征軍。他們分批陸續抵達，但由於匆忙上路，人員往往沒有和他們的火砲或馬匹在一起。混亂的場面阻塞了巴斯拉碼頭，部隊必須停留好幾週，挑選整理好士兵的槍枝和馬匹，才能出發到前線。河運不足以應付軍隊運輸，這表示大多數軍隊必須從巴斯拉行軍兩百英里，才能到達庫特附近的前線。就這樣，美索不達米亞的英國援軍指揮官艾爾莫將軍接收到上級承諾的兩個師作為增援部隊，補充他耗竭的兵源。但這些部隊來得太慢、太分散，無法在人數上勝過土耳其軍。

艾爾莫面臨一個困難的抉擇。理想上來說，他應該等待所有增援部隊到達時再攻打鄂圖曼人。然而，一週週過去，鄂圖曼援軍也持續加入第六軍團，而食物與醫藥缺乏的湯森與其部隊，在庫特愈來愈虛弱疲病。艾爾莫的困境是他必須挑選最理想的時刻出擊，但對於雙方勢力的評估，他所根據的卻是不完整的資訊。他選擇在圍城進入第三個月的一九一六年三月初再次開戰。艾爾莫沒有選擇當初軍隊離開底格里斯河的地點重啟戰端，而是提出一個大膽的突擊計畫，走陸路朝海伊河河道前進，來到庫特南邊。他的目標是抵達庫特之前鄂圖曼軍最後一個主要防禦點——高地上的杜哈伊拉（Dujaila）要塞。

為保持最關鍵的突擊元素，艾爾莫決定讓軍隊整夜行軍，在破曉時襲擊杜哈伊拉。他希望能從這個有利位置，替湯森的部隊從庫特南邊打開一條安全的通道，越過底格里斯河連接救援部隊。如果艾爾莫的部隊能按計畫進行，或許他們能成功救援，因為在三月七日晚上底格里斯軍（Tigris Corps）出發作戰時，土耳其人就幾乎放棄了杜哈伊拉的陣線。

然而，搞不清方向的英國部隊，在黑暗中行經陌生而起伏的地域時延誤了時間。三月八日，當太陽升起時，這些攻擊者離杜哈伊拉要塞還有四千碼。英國指揮官們以為鄂圖曼人在曙光中會越過平坦的地面看見他們的部隊到來。艾爾莫相信他的軍隊已經錯失突擊的契機，害怕他的士兵會暴露在鄂圖曼陣線的猛烈砲火下。他並不知道杜哈伊拉的土耳其壕溝已經空無一人，完全沒有準備要驅敵。

痛苦的經驗讓艾爾莫明白，從平地上強攻在完善壕溝陣線中的鄂圖曼軍，要冒著傷亡慘重的風險。他下令軍官讓部隊停止前進，先以一陣猛烈的砲火轟炸阻止土耳其軍的步槍攻擊，然後才下令士兵進攻。英國砲手在早晨七點開砲，猛烈轟炸了三小時。此舉不但沒有使他的士兵躲過敵方砲火，反而提醒鄂圖曼指揮官立刻發動攻擊，鄂圖曼軍因此湧入杜哈伊拉。等到艾爾莫下令英軍開戰時，杜哈伊拉之前空蕩蕩的壕溝已經滿是土耳其士兵。

阿里·伊赫桑（Ali Ihsan Bey）是駐守庫特南部的鄂圖曼軍指揮官，一九一五年二月，他從高加索抵達庫特。在美索不達米亞的第一個月，他都在訓練士兵如何在陌生的新環境作戰。三月七日上床睡覺前，他沒有收到敵軍狀況有異的報告。第二天一早，他的一名營指揮官通知他在杜哈伊拉的那場持續的砲彈轟炸，這是他第一次被告知英軍展開攻擊。

一明白情況的嚴重性，伊赫桑就與隨行的山砲與機關槍指揮官開會商討對策。他在地圖上將英軍的地點指給他們看。「我告訴他們回應敵方砲火，向所有朝土耳其陣線前進的敵軍開火。」然後他下命令給鄂圖曼第三十五師指揮官，這支部隊是由伊拉克徵召而來的士兵組成，然而他懷疑這些人的「紀律、秩序與訓練」。他指示他們，為了防禦杜哈伊拉北邊山丘，要戰到最後一兵一卒。「我告訴他們，如果有任何人試圖逃亡，我會處死他，每個人都知道我在高加索前線的信譽如何，他們都相信我說到做到。」他讓他最信任的安那托利亞士兵守住要塞中心，他有信心他們會堅守陣線。[18]

就在英軍持續以密集炮火轟炸時，伊赫桑把他指揮的每一個部隊都派到杜哈伊拉。「敵人以砲火攻擊時，沒有派出步兵上前。」這位鄂圖曼指揮官注意到。「這項失誤有利於我們，」在英軍發動步兵攻擊之前，「我方部隊都順利抵達要塞。」英國將軍們給他三小時讓他的士兵進入陣地，他非常感謝。

曾打過加里波利戰役的阿比丁·艾吉（Abidin Ege），隨軍隊被調往美索不達米亞，英軍步兵開始衝鋒時他正在前線。他看著數以千計英國和印度士兵越過平地，心想著他該如何以區區一個營的兵力阻止這麼多敵軍。「我們和敵人之間只相隔八百公尺。雙方開火，戰鬥開始。敵人千方百計想抵達我們的陣線，但他們的軍隊在我們火力全開的攻擊下瓦解了。」土耳其死傷人數也持續增加，根據艾吉報告，「殉教者」在他身邊一一倒下。然而，在當天下午援軍抵達之前，他們成功地守住陣線。到了傍晚，英軍已無法承受土耳其軍的攻擊而撤退。「我們打了漂亮的一仗。」艾吉光榮地說，「然而我們失去了半個營的兵力。」[19]

杜哈伊拉的攻擊行動，也就是土耳其人稱之為薩比斯丘（Sabis Hill）之役，是鄂圖曼人關鍵性的勝利。英軍死傷數目是鄂圖曼軍的將近三倍。鄂圖曼軍的重大勝利使土耳其人軍心大振，卻使英國人陷入絕望，不知何時才能拯救庫特的湯森及其日漸衰弱的軍隊。絕望感最深的，莫過於庫特城內的英軍。「聽著重砲連續三天三夜的轟炸聲，聽著砲彈落點愈來愈接近突圍必須通過的那座橋梁（城裡的軍隊都準備好要衝出城）……」史普納牧師在日記中吐露，「而後得知援軍再次失敗，令我們十分痛心。」[20]

鄂圖曼指揮官哈里勒試圖利用英軍已瓦解的士氣。三月十日，哈里勒派遣信差會見湯森將軍，請他投降。「你已經英勇地履行你身為軍人的職責，」哈里勒用法文寫道，「今後，你絕無被救援的可能。根據你逃兵的說法，我相信你已經沒有食物，而且部隊中疾病肆虐。你可以繼續死守庫特，或者向日益壯大的我軍投降。」湯森拒絕了哈里勒的提議，卻也因而開始思考。在給倫敦方面的報告中，這位庫特的英國指揮官請求上級，如果對於他的陣地是否能在四月十七日前解圍有一絲疑慮，那麼請准許他與土耳其人談判——因為到那時他的存糧應該已經幾乎耗盡。[21]

愁雲慘霧的氣氛從美索不達米亞蔓延到白廳。從加里波利半島差辱地撤退後，才短短三個月，英國又在伊拉克遭遇慘痛的失敗。戰爭委員會不只關心湯森與其士兵的福祉，他們更在意的是英國在整個穆斯林世界的地位。英國政府懼怕鄂圖曼人的勝利將有可能引發在印度與阿拉伯地區所有穆斯林的反叛。為預先防範災難發生，英國內閣甚至願意考慮最不切實際的計畫。

基奇納動爵提出兩個解救湯森部隊的計畫，一個比另一個更不可能實現。或許是幼發拉底河中游（什葉派聖城納賈夫、卡爾巴拉與這兩個城市附近）群眾反對鄂圖曼統治的浪潮讓基奇納靈機一動，他建議派出情報員挑撥離間，刺激群眾發起革命，對抗鄂圖曼人，在土耳其陣線後方製造紛爭。如果暴動的規模夠大，哈里勒或許會被迫將軍隊調離庫特，前往鎮壓內部叛變，他的陣線兵力就會減弱到足以讓救援部隊攻破入城。

基奇納的第二個計畫更粗糙。他深信土耳其官僚生性貪汙腐敗，因此建議拿出一大筆錢賄賂一位高階鄂圖曼指揮官，要他對湯森帶著全部軍隊從庫特撤退一事視而不見。基奇納要開羅軍情局針對引發群眾叛變與賄賂鄂圖曼指揮官這兩項提案，提供執行任務的最佳人選。然而，沒有一位高層官員願意為了如此計畫不周的任務，拿自己的信譽做賭注，因此這任務落到了一名低階情報員勞倫斯（T. E. Lawrence）上尉的身上。勞倫斯會說阿拉伯語，曾經在埃及的戰俘營中與鄂圖曼軍的阿拉伯軍官頻繁接觸，其中包括賈法爾．阿斯卡里和努里．薩依德。他很有信心，相信自己能完成這項不可能的任務。[22]

三月二十二日，勞倫斯從埃及啟航，四月五日抵達巴斯拉。由新任指揮官哥林將軍帶領的救援部隊，即將發動另一次突破鄂圖曼陣線的行動，然而這次行動將不會比之前的嘗試更成功。勞倫斯明白，如果想要對救援庫特的行動發揮影響力，他能發動阿拉伯叛變的時間所剩無幾。在與伊拉克英國軍情局的波西・考克斯爵士和葛楚德・貝爾（Gertrude Bell）兩人進行簡報之後，勞倫斯安排與巴斯拉具有影響力的阿拉伯民族主義者會面。他第一個會見的就是蘇萊曼・費迪。

蘇萊曼・費迪是一位知名的阿拉伯民族主義者，也是巴斯拉的前鄂圖曼國會議員，他曾經與巴斯拉政界要人薩伊德塔利伯・那吉伯密切合作，也曾在一九一四年十月與十一月爭取伊本・薩伍德支持鄂圖曼戰事但宣告失敗的任務中，與薩伊德塔利伯共患難。伴隨薩伊德塔利伯到科威特、在當地投降英國，接著又被放逐到印度之後，費迪回到巴斯拉，生活在英國占領下的地區。他與鄂圖曼圈子以及之前阿拉伯民族主義的友人與同僚斷絕往來，做了個小生意，不過問政治。[23]

動身前往伊拉克之前，勞倫斯已經和努里・薩依德與開羅其他已知有阿拉伯民族主義政治傾向的鄂圖曼戰俘會面。當勞倫斯詢問這些祕密阿拉伯民族主義組織盟約協會的成員，他在伊拉克可以找誰商量時，所有人都極力推薦費迪。勞倫斯記下了這個人。因此會面時，勞倫斯早已經清楚掌握狀況。

勞倫斯安排費迪在巴斯拉的英國軍情局與他會面。這個英國人相貌堂堂、說著一口帶有濃重開羅口音的流利阿拉伯語，令費迪印象深刻。然而，勞倫斯說的每一句話都讓費迪不自在。對心如止水的費迪而言，勞倫斯對於他這個伊拉克的阿拉伯民族主義者太過瞭若指掌。[24]

「原諒我這麼問，」費迪大膽提問，「我們之前見過面嗎？如果見過，我想不起來是在哪個場合。」

「不，我們從來沒見過面，但我對於你和你參加的活動一清二楚。」勞倫斯回答。

「你是怎麼知道我的，還有你指的是什麼活動？」費迪不知所措地支吾其詞。不過，當勞倫斯提到他在開羅戰俘營中聯繫的那些阿拉伯民族主義者時，費迪這才明白這名英國人是如何知道他過去的種種。

勞倫斯終於說到重點。他主張，阿拉伯人希望脫離土耳其的統治，獨立建國。而正與鄂圖曼帝國作戰的英國人想要幫助阿拉伯人獨立，以便達成他們自己戰勝鄂圖曼人的目標。英國政府願意提供武器與黃金，促成伊拉克對抗鄂圖曼人的群眾革命。「此外，基於我對你能力的信任，」勞倫斯下了結論，「我希望由你來組織這次革命。」

費迪嚇壞了。「先生，您請我擔負這項重責大任真是錯得離譜。我在巴斯拉沒有影響力，也沒有部族的支持。沒有人會追隨像我這樣的一個人。」費迪提議，流亡在外的薩伊德塔利伯比他更適合這份工作。然而，勞倫斯知道英國政府絕對不肯同意釋放薩伊德塔利伯，他們認為他是危險的民族主義人士，因此不考慮費迪的建議。再者，勞倫斯手上的考慮名單中，可能在伊拉克發動一場阿拉伯叛變的領袖人選只有寥寥數人。他決心說服費迪達成他的目的。

在一番冗長而坦誠的意見交換之後，費迪依然沒有被勞倫斯的提議說服。費迪唯一的讓步，就是同意先和勞倫斯的其他三位阿拉伯民族主義份子見面，也就是在巴斯拉戰俘營裡的前鄂圖曼軍官。在針對勞倫斯的提議做出決定前，他要先試探這三個人的看法。其中之一是阿里．喬達特，一九一五年七月他在幼發拉底河被英軍逮捕。

這幾名伊拉克的阿拉伯民族主義份子共度了四小時，仔細考慮勞倫斯這個特殊提議——在英國支持下發動一場對抗鄂圖曼統治者的部族叛變。他們沒有理由信任英國人，因為大英帝國在埃及與印度的殖民帝國角色，讓他們對於勞倫斯聲稱英國在伊拉克保持公正無私政策的說法沒什麼信心。他們更沒有理由信任他們的阿拉伯夥伴，尤其是貝都因部族成員。喬達特自己在幼發拉底河的戰役中被貝都因人背叛的經驗，使得他最不願意與任何和阿拉伯部族有關的計畫扯上關係。會議結束時，這三名軍官極力主張費迪應該清楚嚴正地拒絕勞倫斯的提議。

最後費迪回到英國軍情局，拒絕了勞倫斯。兩人在友好的氣氛中告別。在後續報告中，勞倫斯形容「蘇萊曼·費迪」為「太過緊張，不能指望他」領導計畫中的叛變。勞倫斯在書面報告中沒有提到這一點，不過費迪的拒絕，就等於基奇納第一個不可能的任務，也就是在鄂圖曼陣線後方發動一場阿拉伯叛變，以便解除庫特圍城的壓力，宣告失敗。第二天勞倫斯就搭乘蒸汽船出發到前線，並思考賄賂鄂圖曼指揮官的最佳方式。[25]

艾爾莫在杜哈伊拉打了敗仗之後，一九一六年四月五日，英國援軍在喬治·哥林將軍的指揮下再次攻擊鄂圖曼陣地。這次他們把土耳其人從哈納狹窄的小路擊退，這裡就是艾爾莫的部隊在一月慘敗的地方；然而，英軍在往上游八英里的桑納亞特（Sannaiyat）被鄂圖曼軍阻擋，死傷慘重。英國人必須再等八天才能重新開戰，此時他們的信心大減。

庫特的情況愈來愈危急。被圍士兵開始出現極度營養不良的症狀。幾週以來他們的每日麵包配給已經減為六盎司，並以每日一磅馬肉作為補充糧食，然而只有英軍願意吃。「雖然英國士兵看起來營養不良而瘦弱，」史普納牧師在四月九日的日記中提到，「但印度軍看起來更慘。」援軍在桑納亞特受挫之後，湯森再把糧食配給降低為五盎司麵包與肉。到了四月十二日，印度教徒和穆斯林的宗教權威人士給予飢餓的印度士兵正式特赦，因此他們開始吃馬肉。湯森將軍告知援軍指揮官，他的存糧將會在四月二十三日耗盡，但四月二十九日為止他還有足夠的馬肉可用。在那之後，他們就完全沒有食物可吃了。

為爭取進一步軍事行動的時間，英國發明運送食物到庫特的新方法。目睹空中轟炸機出現的庫特守軍，是最先以空投接受食物援助的軍隊。然而，他們的嘗試卻因惡劣天候、食物重量超過早期飛機所能負載以及飛行員準度不夠，而宣告失敗。「整天都有飛機來這裡空投補給品，」史普納在四月十六日寫道，「也有水上飛機，但他們技術很差，這些包裹往往不是掉到底格里斯河裡，就是掉進土耳其人的壕溝！」四月十六日，從土耳其陣線望去的阿比丁·艾吉，注意到每一架飛機載運三包糧食，從早到晚飛機一直在空投這些包裹。「有兩袋麵粉掉進我們的壕溝裡，」他所說的證實史普納的觀察，這些飛行員「技術很差」。這些飛機當天成功空投了十四袋食物，但丟下的共兩千五百磅食物分給一萬三千名士兵和六千名居民，每個人只能分到不到五盎司。空投糧食不足以解救被圍的庫特城。[26]

援軍動員最後一波救援行動。四月十七日，英軍攻擊貝特伊薩（Bait Isa）的鄂圖曼陣地，但遭到鄂圖曼軍壓倒性的反擊。阿比丁·艾吉形容英軍在土耳其

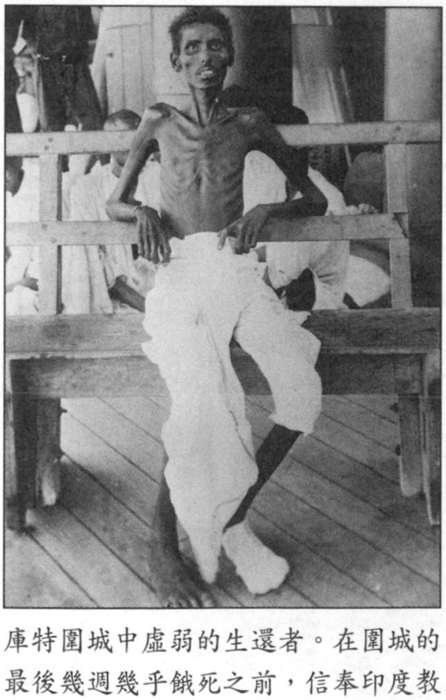

庫特圍城中虛弱的生還者。在圍城的最後幾週幾乎餓死之前，信奉印度教和伊斯蘭教的印度士兵基於宗教理由拒絕吃馬肉。這名被釋放的瘦弱印度士兵的照片，拍攝於英國與鄂圖曼交換俘虜之後。

人猛攻之下如何潰敗。「敵人撤退，我們追趕。我們向前挺進，直到抵達敵人主要的壕溝。」在貝特伊薩被阻擋的援軍，四月二十二日發動最後一次攻擊，對距離庫特約十五英里的桑納亞特的鄂圖曼陣線進行血淋淋的攻擊，鄂圖曼人堅決抵抗。當天將近傍晚時，雙方協議停戰，以便帶回傷患。搬運傷患的行動一直到日落為止，土耳其和英國的擔架兵將同袍運回自己的陣線。在那樣的氣氛下，彷彿雙方都承認此刻戰爭已經到了尾聲。

為解救庫特的一萬三千名軍隊，援軍在四個月戰鬥中已有兩萬三千名士兵傷亡。四月二十二日，哥林將軍和他的軍官下令停止軍事行動。疲憊而士氣低落的軍隊再也無法承受。

絕望的英國援軍最後一次試圖爭取時間，他們派出鋼板蒸汽船「朱納號」（*Julnar*），嘗試穿過鄂圖曼封鎖，運送糧食與醫藥到庫特。船體本身的重量再加上裝載足夠庫特駐軍吃三週的兩百四十噸食物，逆流而上、負載沉重的「朱納號」每小時只能走五海里。這艘船員由自願者組成的救援船艦在四月二十四日晚間出發。援軍通知庫特守軍這艘船艦將執行的任務，並指示他們以火砲攻擊「朱納號」即將經過的岸邊土耳其壕溝，作為掩護。然而，這艘船艦根本到不了庫特守軍以砲火轟炸的地方。鄂圖曼人拉了一條纜線越過底格里斯河，速度緩慢的「朱納號」像被網子捕到的魚兒一樣，在距離目的地不到五英里處被捕。

希伍德少校和庫特的火砲手一起等待蒸汽船抵達。「我們聽見步槍和火砲開火護航的聲音，視線跟隨著往上游航行的船艦，當它在東方約四英里外突然間停下來時，我們立刻猜到最壞的情況發生了。」鄂圖曼人奪走船艦與所有珍貴的存糧，將船長處死，俘擄船員，庫特的命運就此決定。

四月二十六日，上級授權湯森將軍與哈里勒談判，協議投降條件。

抵抗鄂圖曼軍圍城的這幾個月對湯森將軍的影響很大，他的狀況已無法與土耳其人談判投降事宜。「我已身心俱疲，」他寫信給他的指揮官波西・雷克（Percy Lake）將軍，「我已經盡了份內的責任，我想應該由您進行投降的談判。」事實上，沒有一位英國高級軍官願意涉入這場勢必成為英軍前所未有恥辱的談判。不肯為投降談判髒了他的手，雷克指示湯森與哈里勒開啟會談，並且請開羅軍情局的勞倫斯上尉和向來行動大膽的傑出語言學家、也是情報局官員奧伯利・赫伯特（Aubrey Herbert）上尉，協助湯森執行任務。[27]

四月二十七日第一次與哈里勒會面時，湯森試圖以金錢和戰利品收買英軍的自由。如果哈里勒讓英印軍宣布撤退（亦即保證不對鄂圖曼人動武），他將交出四十座大砲，並支付一百萬英鎊。哈里勒說關於付錢的提議他必須請示恩瓦爾，不過他清楚表明，他自己希望英軍無條件投降。湯森挫折地回到庫特，他知道恩瓦爾和他的德國顧問渴望得到的是全面勝利，而非現金。「這場談判就在城門下軍民的饑饉中進行。」他寫信給雷克，希望說服他的長官接手談判。然而，這位美索不達米亞遠征軍總司令拒絕親自涉入，他再次提議由勞倫斯與赫伯特上尉出馬。

這兩名年輕的情報局官員在四月二十九日清晨啟程，去會見哈里勒。他們舉著白旗接近土耳其壕溝，在那裡等了好幾小時，一邊親切地和敵軍士兵閒聊。「那些土耳其人展示他們的勳章，我們很懊惱比不上他們。」赫伯特抱怨。最後，勞倫斯、赫伯特與他們的長官愛德華・畢區（Edward Beach）上校被蒙起眼睛帶往土耳其前線哈里勒的指揮部裡。畢區和赫伯特騎在馬上，但膝蓋受傷的勞倫斯無法騎馬，因此分別前往。等他到達時，赫伯特與那位鄂圖曼指揮官已經開始會談。[28]

法語流利的赫伯特代表英軍發言。在戰前他和哈里勒已經在伊斯坦堡的英國大使館舞會上見過面。「以他擔任的職位而言，他還相當年輕，我猜他大約三十五歲，相貌很英俊，長著一對彷彿能馴服獅子的雙眼、方下巴，雙唇緊閉。」赫伯特提到。英國方面開啟談判，懇求對方仁慈對待庫特的阿拉伯民眾。「我說，和湯森在一起的阿拉伯人所作所為，都是弱者必然會做出的事情……因為他們害怕湯森，只好替他辦事。」然而，哈里勒明白表示，庫特的本地百姓是鄂圖曼帝國的臣民，他們的生死與英國無關。彷彿不祥的預兆，哈里勒拒絕保證「不會吊死或處死庫特民眾」。

等勞倫斯到了，赫伯特才開始討論湯森投降的條件。這些英國人想買通這位鄂圖曼指揮官，讓湯森的部隊離開庫特，然而哈里勒卻使他們的希望破滅。為能順利提出賄賂的敏感話題，畢區指示赫伯特：「就說我們願意付錢保全庫特的百姓與阿拉伯人。」然而，哈里勒顯然並不在乎庫特居民生死，在他眼裡他們全都是與英軍合作的通敵犯。哈里勒「完全漠視這（不可能實現的）提議」。

哈里勒對英國提出一個要求。他叫他們提供船隻將湯森和他的士兵運往巴格達。「否則他們就要走去，」哈里勒勸告說，「這樣他們可辛苦了。」一旦戰俘被送往巴格達，哈里勒答應退還這些內河船給英國。用英語與赫伯特及勞倫斯交談的畢區上校解釋，英國沒有足夠船隻運送這些士兵，因此不可能答應，他叫赫伯特簡單回答說他們會請示雷克將軍。以哈里勒或他其中一名隨員的英語能力，當然聽得懂畢區話中的大意。如果英國如此不在意如何安全運送他們生病、受苦的士兵，他們也不能期待鄂圖曼人做些什麼了。

談判過程中，這位鄂圖曼的指揮官只有一次大發脾氣。有人告訴他，當天稍早湯森下令將他的火砲全部銷毀。「哈里勒毫不掩飾他的憤怒，」赫伯特在紀錄中提到，「他說他非常敬佩湯森，但他顯然很失望沒有拿到火砲。」他們料想湯森不想讓火砲落入敵人之手，拿來攻擊英軍。然而，摧毀火砲之舉，等於湯森拒絕給哈里勒戰利品，也讓這位鄂圖曼指揮官立場更堅決。

這兩名英國低階軍官沒有立場和那位勝利的鄂圖曼指揮官討價還價。一旦基奇納的金錢利誘被拒絕，赫伯特和勞倫斯也沒有其他籌碼了。他們不知道，早在兩天前試圖賄賂哈里勒但無功而返的湯森，當天早上就已經和對方達成無條件投降的協議。庫特已落入鄂圖曼之手，湯森和他的軍隊已經成為戰俘。這些重要的事哈里勒一件也沒告訴他的英國客人。看出勞倫斯上尉和赫伯特上尉沒有特殊的權力，檯面上也拿不出新籌碼時，哈里勒打了個哈欠，結束會談。「他向我們道歉，說他還有很多事情要忙。」赫伯特在日記中如此記錄道。對哈里勒而言，這是個意義重大的一天。

四月二十九日中午，飢餓消瘦的庫特士兵在中午集合，準備面對逮捕他們的敵軍。「長時間的戰鬥、等待與希望、掛心與焦慮，以及挨餓，現在這一切都結束了。」亞歷克斯·安德森少校寫道，「發生了這些不可能、無法想像的事，令人震驚。」然而，震驚之餘，他們心中也混雜了一些輕鬆的感覺。一百四十五天以來的圍城，在無情砲火的轟炸與愈來愈強烈的飢餓感中，英國與印度士兵很高興他們的試煉已經結束。他們想像中戰俘的情況應該不會比之前所承受的一切更糟。

英國人這邊的沮喪心情，與土耳其陣線的興高采烈成對比。「每個人都歡喜地微笑著。」曾參與加里波利戰役的阿比丁·艾吉，在四月二十九日的日記中寫道，「他們宣布今天是『Kut Bayram』（字面意思是『庫特紀念日』），今後這一天將會成為國家的紀念日。」他對於鄂圖曼帝國的全面勝利大感驚訝：英方的五名將軍、四百名軍官以及一萬三千名士兵被俘擄。「英國人從未在任何地方面臨如此挫敗。」艾吉這番話相當正確。這一場仗英印軍共失去一萬三千三百零九個人，庫特圍城之役是英軍有史以來最不堪的投降，其中有兩百七十七名英國軍官，兩百零四名印度軍官，兩千五百九十二名英國士兵以及六千九百八十八名印度士兵，還有三千兩百四十八名印度支援人員。29

到了四月二十九日中午，英國和印度士兵已經迫不及待等著鄂圖曼部隊到來。約在下午一點，有人大叫一聲：「他們來了！」大家都擠上前去觀看。在砲座上望向這一幕的砲手李，看見「鄂圖曼軍成縱隊」從庫特殘破的堡壘靠近。「烏壓壓的一片軍隊看起來好像在跑步。他們離我們還有一段距離……我很訝異，他們等不及想逮捕我們，」李寫道，「他們的軍官嚴厲地下令，那些士兵才沒有一團混亂地跑進庫特。」

土耳其士兵很快就和這些對戰了許久的英國人稱兄道弟起來。他們拿香菸給這些虛弱得沒辦法抽的英國士兵。砲手李片段地用上了他會的每一種語言——「法語、土耳其語和帶著點倫敦佬用語的阿拉伯語」，試著和他們溝通。他發現他遇到的許多鄂圖曼人都打過加里波利戰役，他們在這裡尋找當時的澳洲人。或許回應紐澳軍團撤退前在他們壕溝留下的那封信，土耳其士兵「他們似乎帶著開啟另一場『小型戰爭』的念頭，急於想和紐澳軍團的士兵敘敘舊。」英國軍官也和土耳其軍官促膝長談。英國皇家飛行隊（Royal Flying Corps）軍官威爾士（T. R. Wells）和兩名土耳其軍官從晚上七點半一直聊到半夜，訴說「最近發生的事件中許多有趣的細節」。30

然而，圍城結束，只給庫特居民帶來恐怖的結局。正如赫伯特上尉害怕的，鄂圖曼人將他們草草處決。根據史普納牧師的報告，鄂圖曼人將許多被懷疑和英國人合作的居民吊在三腳絞刑台上，「讓他們緩緩地被勒死。這些人是替我們翻譯的猶太人或阿拉伯人，或土耳其人認為以各種方式協助我們的人。庫特的謝赫和他的兒子們也在其中。」鄂圖曼軍進入庫特後的那幾天，「阿拉伯女人和孩子們哭泣哀嚎的聲音」讓砲手李相當驚駭。四天後當英國部隊走出城外時，一名軍官聲稱，城裡半數居民都被槍殺或吊死，「樹上掛著晃來晃去的屍體」。[31]

英國和鄂圖曼指揮官同意交換傷病的戰俘。約有一千一百名生病和受傷的英國士兵和數量相當的土耳其人交換。其他戰俘被告知收拾東西準備前往巴格達。一般士兵准許攜帶兩條毯子和一套衣服，軍官可以帶多達兩百磅衣物和帳棚。軍官和剩下沒有交換的傷兵被送上蒸汽船；許多人搭的是那艘倒楣的「朱納號」。由於船隻不夠，英國方面又不願意提供交通工具，許多一般士兵被迫從庫特走一百英里到巴格達被囚禁。

土耳其指揮官草擬了一份命令，讓英國軍官對士兵宣讀。他們要準備行走幾百英里路穿越沙漠地帶，盡量少帶衣物。走散的人沒有交通工具可搭，也不會受到保護。落在隊伍後面的人將面臨慘死在貝都因阿拉伯人手上。砲手李回憶道：「聽到命令的每個人，明白在這漫長的旅途中即將面臨的命運。」接著他們就將軍官與手下的士兵分開。對一般士兵而言，這是最糟的一刻。「有些年紀較大的士兵經過我們時哭泣了起來。」貝爾・賽爾（L. S. Bell Syer）上校在日記中寫道，「尤其是那些印度拉吉普特人（Rajputana），他們說離開了英國軍官，就等於失去被保護的所有希望。」[32]

第一批英國戰俘到巴格達時，他們發現這城市處在一片歡欣鼓舞的氣氛中。塔力卜・穆斯塔克（Talib Mushtaq）當時是個高中生。生於伊拉克的他，是個狂熱的鄂圖曼愛國主義者，渴望從軍，保家衛國抵禦外侮。他和群眾一起觀看英國戰俘抵達。「整個伊拉克都在慶祝，」他回憶道，「巴格達到處張燈結彩，掛滿旗子和棕櫚樹葉。」他看見載著戰犯的一艘艘蒸汽船繫在岸邊。「我輕易地爬上其中一艘船，親眼看見那些不幸的戰俘，他們對於和自己作戰的人沒有敵意。」他走向一名在甲板上看到的英國中士。「他一臉倦容，在庫特被圍幾個月，飢餓使得他身體瘦弱。」雖然穆斯塔克不會講英語，他發現這位中士會說幾句阿拉伯語。

「你好嗎？」穆斯塔克問。

「好，好。」英國人用阿拉伯語回答。

「你覺得土耳其軍如何？」穆斯塔克繼續問。

「英國人砰！……砰得很用力，可是沒有麵包。」這人用支離破碎的阿拉伯語說。

「我知道他想說什麼，」穆斯塔克加了句。「他的意思是英國人有很強的武器和大砲，可是食物吃完了，所以他們只好投降。」33

鄂圖曼人以軍階和種族區隔這些在巴格達的戰俘。恩瓦爾帕夏前來檢閱並向他們做出承諾，這承諾立刻變得惡名昭彰。「親愛的各位，你們的煩惱已經結束，」他向這些飢餓虛弱的戰俘保證，「我們會將各位當成蘇丹的貴賓，好好招待。」沒多久，蘇丹顯然就對他的客人做出差別待遇。34

印度穆斯林軍官的待遇最好。他們和英國人與印度教徒同僚分開，住在最舒服的地方，有香菸和好吃的食物，還被帶到城裡的清真寺禱告。「土耳其人似乎想收買他們。」貝爾．賽爾上校合理地懷疑。每一個被徵召到鄂圖曼軍隊服役的英軍印度軍官，都被當作是蘇丹聖戰宣傳上的勝利。35

另一個相關的聖戰行動是將阿爾及利亞某一營軍隊派往巴格達，加強蘇丹對殖民地穆斯林的聖戰訴求。這些北非士兵之前被法軍徵召，前往西線作戰。在柏林附近佐森市的溫斯多夫只收容穆斯林的戰俘營（也就是 Halbmondlager，新月營）內，這些在比利時和法國被德軍俘擄的阿爾及利亞人，享受特殊待遇。約有三千名北非人在柏林被土耳其軍官招募，他們發現自己被送往巴格達，在英國戰俘附近紮營。大戰中少有士兵的經驗可以和這些北非人相比，他們在非洲、歐洲和亞洲境內，都曾替協約國與同盟國兩邊打仗。[36]

然而，一到了巴格達，許多北非士兵就開始質疑他們投效敵方的決定。一些阿爾及利亞人求助於巴格達的美國領事。「有些人說他們來這裡是由於蘇丹承諾他們將會受到絕佳待遇，同時他們會與『異教徒』作戰，」美國領事查爾斯・布理索（Charles Brissel）在報告中說，「然而其他人說他們是被德國人送來這裡。不過，他們都異口同聲表示他們被欺騙了。」除了給他們一點錢之外，這位美國領事不能替這些身穿土耳其制服的志願兵做些什麼。之後許多人被派往波斯前線，與俄國人作戰。[37]

印度穆斯林軍官的待遇比一般北非步兵要好得多，而他們也確實對鄂圖曼聖戰有所貢獻。一九一六年八月，伊拉克當地報紙提到，蘇丹接收一批在庫特被俘擄的七十名印度穆斯林軍官。蘇丹宣稱這些軍官都是被迫參加「與帝國哈里發為敵的戰役」，並送還他們的劍，代表個人對這些戰士的敬意。「皇帝的善意使他們大為感動，」報紙如此報導，「他們都表示願為帝國效力。」如果這篇報導屬實，表示鄂圖曼人成功地招募幾乎所有在庫特俘擄的印度穆斯林軍官（在該處被俘擄的印度教徒和穆斯林軍官加起來只有兩百零四人）。[38]

兩百七十七名英國軍官都被妥善照顧，依據軍階享有特權。每位軍官都拿到鄂圖曼政府給付的最低工資，還派一名僕人負責購物和煮飯。他們住的地方很簡單，但至少可以遮風避雨，勉強算得上舒服。從巴格達被送往位於安那托利亞的最終拘留地時，這些軍官的交通工具是火車、蒸汽船和馬匹。這些軍官以名譽保證不會試圖逃脫（這種誓言就是軍事用語中的 parole 一字，指戰俘不再參加作戰的承諾）作為交換條件，因而享有許多自由，可以在拘留城市中活動。他們甚至還獲准收家鄉寄來的信和包裹。39

一名被拘禁在安那托利亞中部城鎮約茲加特的年輕中尉瓊斯（E. H. Jones），詳細敘述英國軍官在被囚禁時都做些什麼事。「我們最主要的問題就是如何打發時間，」他寫道，「我們玩四人制曲棍球（只要土耳其人許可），還去散步、野餐、玩雪橇和滑雪。至於室內娛樂，我們會寫劇本，有開心的也有嚴肅的，有音樂劇、笑劇也有啞劇。我們有管弦樂隊，以戰俘製作的樂器演奏，還有由戰俘訓練的男子合唱團，還有音樂家替他們作曲。」40

英國軍官受到的待遇，和加諸在一般士兵身上的殘忍境遇有著天壤之別。他們的故事較少被完整地記錄下來，因為從死亡行軍之旅活了下來講述他們故事的士兵實在太少。生還的人對於他們目睹的恐怖遭遇隻字不提。「關於行軍旅途中吃的苦和殘忍的境遇，以及穿越遇襲的亞美尼亞城鎮目睹的慘狀，我在此略過不提。」砲手李在圍城回憶錄的結尾如此寫道。澳洲飛行隊（Australian Flying Corps）的空軍中士史羅斯（J. McK. Sloss）說得更直接：「看著我們的男孩們被步槍槍托和鞭子趕著向前走，實在慘不忍睹。有些人被鞭打得倒在地上為止。一名海軍士兵再也沒有爬起來。但如果你在旁邊說任何一個字，你也會被打。」走在這條「死亡之路」上時，傑瑞・隆恩（Jerry Long）中士向一名同情他的鄂圖曼軍官坦承他的恐懼：「我告訴他我們人數比出發時少了一半……我開始認為土耳其政府的政策是要讓我們走到全部死去為止。」41

庫特戰俘受到的待遇，常被拿來與亞美尼亞人的死亡之旅相比；生還者尤其這麼認為。他們行經同樣險惡的地域，鄂圖曼衛兵絲毫不關心他們的福祉，他們沒有任何藉以存活的基本物資：水、食物和遮蔽烈陽的衣服，或者走在粗糙地面所需的鞋子。他們動不動就遭受村民與部落人士的攻擊，這些人專找落在隊伍後面的人下手，任由他們死在空曠的路邊。

然而，庫特士兵和亞美尼亞人的死亡之旅並不相同。鄂圖曼人是為了滅種政策而驅趕亞美尼亞人橫越敘利亞沙漠。然而，庫特的戰俘並不在鄂圖曼人的屠殺名單上，後者只是沒有努力保全他們的性命。大多數時候，鄂圖曼衛兵似乎不大在乎戰俘的死活。這種冷漠的態度很容易解釋。對鄂圖曼軍而言，這些來自庫特的數千名生病、飢餓的英國人和印度人會耗竭他們的資源。鄂圖曼人養不起這一大群貧窮的戰俘。他們自己的士兵都沒有足夠醫藥和食物，當然也不覺得必須對敵軍戰士的福祉負責，更何況這些人不久之前入侵了他們的國家。那些身體狀況變差、因而無法替鄂圖曼人服役的士兵只好任其死去——這些人占大多數。鄂圖曼人從庫特俘擄的兩千五百九十二名英國一般士兵當中，有超過一千七百名以上死於被囚禁時或死亡行軍，這數字將近百分之七十。印度士兵死亡人數較不精確，但九千三百名印度士兵和支援的人員中，被鄂圖曼人俘擄後死亡人數不下兩千五百人。42

鄂圖曼軍把庫特圍城的生還者送去建造安那托利亞和巴格達之間的鐵路。印度士兵集中在鐵軌最前端所在的艾因角，而英軍被送往托羅斯山和阿瑪諾斯山建築隧道。自從亞美尼亞人被集中遣送到敘利亞沙漠上的殺戮荒野之後，隧道工事幾乎停止。一九一六年仲夏，亞美尼亞教士格雷戈里・巴拉奇昂在阿瑪諾斯山的巴賀切（Bahçe）車站，遇見一隊來自庫特的英國與印度士兵。

第一批兩百名英國與印度的士兵在入夜後抵達巴賀切，在黑暗中行走的這些人「像一群活生生的鬼魂……彎腰駝背、衣衫襤褸、滿身塵埃，瘦得皮包骨」，巴拉奇昂回憶道。他們來到工地時，叫住巴拉奇昂和其他遇見的人。「這裡有沒有亞美尼亞人？」他們問。「給我們一塊麵包。我們好幾天沒吃東西了。」巴拉奇昂和他的夥伴注意到這不協調的場面。「他們說英語時我們目瞪口呆……他們是英國人……是和我們命運相同的遠方友人，他們向我們要麵包……多麼諷刺啊！」43

來隧道做粗活的這些人身體狀況不佳，因此他們有一週時間休息，恢復體力。在這段期間，巴拉奇昂和一小群倖存的亞美尼亞人，與這些英國戰俘見面交談；從各種意義而言，他們彼此都同樣是天涯淪落人。「當這些英國人說完他們在沙漠令人心碎的遭遇之後，他們相當同情地告訴我們，他們在代爾祖爾目睹（亞美尼亞大屠殺）的駭人景象。」最後巴拉奇昂總結說，鄂圖曼人「對待英國戰犯和對待許多被驅逐出境的亞美尼亞人如出一轍——他們不怕任何隨之而來的責任」。

庫特英軍投降的消息一傳到英國媒體，內閣就感到沉重的責任落在肩頭。庫特陷落緊緊尾隨在加里波利戰敗之後，倍感壓力的自由黨首相阿斯逵斯被迫召開兩個而不只是一個調查委員會——一個針對達達尼爾戰役，另一個針對美索不達米亞戰役。委員會在一九一六年八月二十一日展開一連串議程。在接下來的十個月，它召開了六十次會議，之後才提出報告。由於出爐的文件強烈譴責英國內閣與印度政府，政治家們延後了兩個月才發布。「我必須很遺憾地說，」深具影響力的前印度總督與戰時內閣閣員寇松勳爵下結論道，「總而言之，依我之見，這份報告令人震驚地暴露出政府愚蠢而無能的作為——至少是從克里米亞戰爭之後而言。」44

美索不達米亞委員會的報告發布於一九一七年六月二十七日，接下來的一週，在國會引起熱烈的討論，結果是印度大臣奧斯丁·張伯倫為此提出辭呈。諷刺的是，到了一九一七年夏天，巴格達已經落入英國之手。然而，這遲來的勝利，換不回直到庫特陷落為止在處置失當的美索不達米亞戰役中四萬條人命。和加里波利之役的傷亡士兵相同，這些人的犧牲反而延長而非縮短大戰的時間。

無論英國國會必須面臨何種後果，策戰者怕的是整個穆斯林世界對鄂圖曼的這兩場大勝利引起的回響。在開羅，英國情報單位阿拉伯辦事處（Arab Office）正猛烈地對抗鄂圖曼蘇丹－哈里發的宗教權威，方法是與鄂圖曼境內以及整個伊斯蘭世界地位次高的宗教權威進行策略聯盟，這權威也就是麥加的謝里夫——先知穆罕默德後裔哈希姆家族的胡笙．伊本．阿里。

第十一章　阿拉伯革命*

在數個月愈來愈焦慮不安的談判之後，英國與麥加的謝里夫達成協議，成為戰時盟友，彼此都是出於戰時的恐懼。胡笙有理由相信土耳其青年團執政者企圖推翻他，還可能謀殺他。再者，為實現脫離鄂圖曼統治、創建獨立阿拉伯王國的遠大目標，他需要強權國家的協助。英國則是害怕他們最近一連串敗仗將會促使殖民地的穆斯林反抗協約國。開羅和白廳策戰者希望的是，在開戰以來英軍信用達到最低點的這一刻，藉由與伊斯蘭教最神聖城市的治理者結為盟友，使鄂圖曼蘇丹－哈里發的聖戰訴求發揮不了作用。

麥加由酋長管理，這是阿拉伯與伊斯蘭世界中一種獨特的政治形態。這個有數世紀歷史的官職，唯有穆罕默德先知的阿拉伯裔後代（他們擁有「謝里夫」這個特殊稱謂）能夠擔任。歷代管理麥加的酋長埃米爾（amirs）由鄂圖曼統治者指派，其宗教權威僅次於身兼哈里發的蘇丹，有權掌管這伊斯

---

*常見翻譯為「阿拉伯起義」，如果以鄂圖曼帝國的角度來看，也可說是叛變，本書採用較中性的「革命」。

蘭教最為神聖的城市，以及主持每年穆斯林的朝聖活動。雖然該職位顯然帶有宗教性質，麥加的埃米爾依然是個政治色彩濃厚的人物。鄂圖曼人操弄治理麥加的哈希姆王朝（Hashemite dynasty）敵對旁系的野心，以防止現任埃米爾太過獨立於伊斯坦堡。因為擁有宗教正統性又有領袖魅力的阿拉伯統治者，對於鄂圖曼在阿拉伯地區的統治可能會造成極大威脅。[1]

謝里夫胡笙對鄂圖曼的陰謀並不陌生。一八五三年他生於伊斯坦堡，父親被蘇丹任意拘留在那裡。一八六一年父親死後，他搬到伊斯蘭教最神聖的城市麥加和麥地那所在的阿拉伯省分漢志，和貝都因人住在一起，長大成人，這是麥加謝里夫的慣例。一八九三年，謝里夫胡笙獨自流亡到伊斯坦堡，他的住處可以俯瞰博斯普魯斯海峽，在那裡他養大了四個兒子——阿里（Ali）、阿卜杜拉（Abdullah）、費瑟勒（Faysal）和札伊德（Zayd）。一九〇八年土耳其青年團革命之後，蘇丹阿布杜勒哈密德二世為了否決發動革命的CUP原本對這個職位提出的第一人選，任命胡笙擔任埃米爾。雖然只是個妥協之下的候選人，胡笙還是設法在一九〇九年阿布杜勒哈密德二世被罷黜時度過危機，確立他在麥加的地位。

隨著一九一三年伊斯瑪儀勒・恩瓦爾、阿赫梅特・傑馬勒和梅赫美德・塔拉特這三巨頭勢力崛起，胡笙和團結黨人的關係開始瓦解。在麥加辦公室中的謝里夫，極力抗拒土耳其青年團在漢志實施鄂圖曼帝國的中央集權措施。他阻撓帝國盡全力對省施行的新行政改革法令，並且針對將漢志鐵路從麥地那延伸到酋長職位所在地麥加的計畫，進行抗爭。帝國的這些措施將會破壞麥加埃米爾的自治權，就建造鐵路這件事來說，它會削減趕駱駝的人往來麥地那和麥加之間載送穆斯林朝聖者所收取的費用，因而對當地經濟造成傷害。謝里夫胡笙自知，反對土耳其青年團的種種措施將會惹禍上身。與其當個在伊斯坦堡主政者壓力下低頭的謝里夫，他開始考慮叛變。謝里夫胡笙知道一八九九年科威特統治者試圖脫離鄂圖曼帝國獨立時，大英帝國曾經給予支持，因此他派遣他的兒子阿卜杜拉到開羅，與當地英國官員針對脫離鄂圖曼帝國一事，陸續展開談判。

一九一四年二月與四月，謝里夫阿卜杜拉先後與基奇納勳爵、埃及的總領事以及他的東方事務祕書（Oriental secretary）羅納德·史托爾斯（Ronald Storrs）會面。阿卜杜拉利用這個機會，試探英國對於伊斯坦堡與麥加之間日益緊張的關係採取何種態度。「當我請他告訴我，萬一兩方關係破裂，謝里夫是否能依靠大英帝國提供任何協助時，」阿卜杜拉回憶道，「基奇納的回答是否定的，他的藉口是英國與土耳其關係友好，而且無論如何，兩方爭執都是鄂圖曼的內政問題，外國勢力介入並不恰當。」阿卜杜拉馬上提醒他，為何這樣的友好關係無法阻止英國在一八九九年介入科威特與高門之間的國內事務。阿卜杜拉的機智反應引來基奇納一陣哈哈大笑，但他沒有改變政策，隨後總領事起身帶他離開。然而，基奇納和史托爾斯對阿卜杜拉留下深刻的印象，在大戰爆發、英國與土耳其關係不再友好的數個月之後，他們將再度想起他的造訪。2

一九一四年九月，英國人預計鄂圖曼將隨時與德國人聯手，加入大戰。有了可敬的穆斯林盟友，將會是英國對抗鄂圖曼人的一大資產。史托爾斯建議上級「如果即時諮詢麥加方面的意見，不只能使其保持中立，萬一鄂圖曼人發動戰事時，英國還能與阿拉伯人結盟」。他寫信給被召回倫敦指派為戰爭部長的基奇納，提議再次與麥加的謝里夫接觸。基奇納欣然同意，指示史托爾斯派一名可靠的使者去見阿卜杜拉，與他確認，如果鄂圖曼宣戰，「他與他的父親以及漢志的阿拉伯人，是否要與英國站在同一陣線，或者是與英國為敵」。3

鄂圖曼帝國參戰之後，土耳其人與英國人都積極誘使麥加的埃米爾對其效忠。謝里夫胡笙既然身為阿拉伯世界位階最高的穆斯林領袖，鄂圖曼人當然要他替蘇丹的聖戰背書。為了拖延時間，他保證他個人支持蘇丹，但因懼怕引來敵人報復，因此卻拒絕公開宣示。他辯稱英國皇家海軍封鎖紅海各港口，將會切斷漢志重要的食物供給路線，導致饑荒和部族叛亂。無論藉口多麼高明，胡笙的拒絕造成了土耳其青年團的危機感。他們在鄂圖曼報紙上捏造了毫無根據的報導，一口咬定謝里夫胡笙「在漢志各地表態支持聖戰」，以及「各部族皆響應號召」。他們密謀推翻胡笙。4

就在土耳其青年團逼迫胡笙支持鄂圖曼聖戰時，套一句早期阿拉伯民族主義者的話，英國人藉由與胡笙達成協議，決心「搶走聖戰號召中最有力的聲音」。一九一四年，史托爾斯以基奇納的名義寫信給謝里夫胡笙的兒子阿卜杜拉，取得雙方默認的聯盟關係：如果謝里夫和阿拉伯人能支持英國戰事，基奇納就擔保英國會支持阿拉伯獨立，並保護阿拉伯不受外界侵略。謝里夫胡笙指示兒子回覆他，說哈希姆家族不會採取任何不利於大英帝國的政策，但此刻不與鄂圖曼帝國決裂的立場，使得他有所顧忌。5

哈希姆家族對鄂圖曼人不做出承諾，對英國人也一樣。要是反抗鄂圖曼人失敗，謝里夫胡笙必死無疑。他需要集結足夠的兵力，確保叛變成功。這位埃米爾也必須定義這場運動追求的目標何在。他是否只想取得漢志的自治權，或者他渴望領導更廣大的阿拉伯世界？在與英國進行更細節的溝通前，他必須回答這些問題。

巴克里家族（Bakri）是大馬士革備受敬重的望族，也是哈希姆家族謝里夫的老友。當他們的兒子法烏齊（Fawzi）被徵召入伍時，他們利用家族影響力設法讓他被指派為胡笙的護衛。雖然他將遠離家鄉，但和愈來愈多阿拉伯士兵被派去的高加索、美索不達米亞和達達尼爾海峽等災難性前線相比，已經近得多了。

一九一五年一月，就在法烏齊前往漢志的前夕，他的弟弟納西布（Nasib）吸收他加入阿拉伯民族主義者的祕密組織法塔特。一九〇九年成立於巴黎的法塔特，在組織一九一三年第一次阿拉伯大會時扮演重要角色。從那時開始，法塔特被遷回敘利亞，不過在鄂圖曼人的鎮壓下，它被迫轉入地下活動。由於該組織相當保密，做哥哥的法烏齊對於弟弟的政治活動竟渾然不覺。這位年輕的敘利亞民族主義者委託法烏齊帶個口信給胡笙；這訊息太過危險，因此不能寫在紙上。[6]

一月的最後一週，法烏齊．巴克里抵達麥加。他一直等到和謝里夫胡笙獨處時才在他耳邊說出口信：敘利亞和伊拉克的民族主義領導者計畫發起革命，對抗鄂圖曼人，取得阿拉伯的獨立地位。其中有許多人都是鄂圖曼軍隊中的高階軍官。胡笙是否同意領導他們革命？如果同意，他是否能在麥加接待一個代表團，以便協調相關事務？這位麥加的埃米爾凝視窗外，沒有回答，彷彿他沒聽見這個問題。這位機敏的信差告退離開，好讓這位年長政治家私下斟酌這件事。

在法烏齊．巴克里把訊息傳出去沒多久，謝里夫胡笙以無法抵賴的證據與土耳其青年團執政者對質，證明對方對付他的陰謀。謝里夫的家臣們搜出一個大皮箱，裡面裝有漢志的鄂圖曼總督維希普帕夏（Vehip Pasha）的信件，其中發現推翻並謀殺謝里夫胡笙計畫草案的政府文件。這項發現逼迫這位六十一歲的麥加統治者重新考慮他戰時的中立態度。他必須在完全忠於鄂圖曼人或是與英國結盟、起而反抗鄂圖曼人之間做出決定，然而在做決定前他希望獲得更多資訊。

謝里夫胡笙派遣他的兒子費瑟勒前往大馬士革和伊斯坦堡，肩負蒐集資訊的任務。外交手腕高明的費瑟勒是該任務的不二人選。費瑟勒是一位忠誠但又具有批判性的鄂圖曼主義者，曾代表漢志任職於國會，因此他是出了名的帝國支持者。表面上費瑟勒是去和蘇丹以及宰相會面，表達他父親對維希普帕夏以及土耳其青年團執政者計畫推翻謝里夫胡笙的不滿。精明的費瑟勒將會從他們的反應得知他父親在鄂圖曼統治下是否有將來可言。然而，經由大馬士革前往帝國首都的這兩段旅程，對費瑟勒來說都是同等重要。他將要與祕密阿拉伯民族主義組織碰頭，確認法烏齊．巴克里的口信，並且評估他們為革命所做的準備。[7]

麥加的謝里夫胡笙（約一八五四～一九三一）。在與埃及英國官員大量書信往返之後，胡笙於一九一六年七月五日宣布阿拉伯革命。

一九一五年三月底，在前往伊斯坦堡途中，費瑟勒先抵達大馬士革。敘利亞總督、同時也是第四軍團指揮官傑馬勒帕夏，邀請這位埃米爾的兒子留宿在他的宅邸中。費瑟勒向他致歉，表示自己已經接受了巴克里家族的招待。他白天和鄂圖曼官員在一起討論戰事——傑馬勒不久前才在第一次試圖攻下蘇伊士運河時打了敗仗回來，他希望能獲得哈希姆家族的支持，發動第二次攻擊；到了晚上，費瑟勒和阿拉伯民族主義組織的成員在相當安全的巴克里家中會面。

阿拉伯民族主義者深信這位麥加王子贊同他們的目標，因此與他分享他們的革命熱情。他們想與鄂圖曼帝國分道揚鑣，但又害怕歐洲人意圖謀奪他們的領土。尤其是法國人，他們染指敘利亞的野心昭然若揭。他們希望能在反叛鄂圖曼人之前，確保阿拉伯的獨立地位。為回報阿拉伯民族主義者的信任，費瑟勒告訴他們哈希姆家族與英國祕密談判的主要內容，以及基奇納的提議——英國擔保讓阿拉伯獨立，以作為阿拉伯人與英國攜手對抗鄂圖曼人的回報。等到重新啟程前往伊斯坦堡時，費瑟勒已經被祕密軍方組織盟約協會以及民間的法塔特政治運動所吸收。他離開這些阿拉伯民族主義者，仔細思索英國支持阿拉伯反抗鄂圖曼帝國一事所隱含的意義。

在伊斯坦堡，費瑟勒與蘇丹、宰相以及土耳其青年團執政者會面。一九一五年五月初的帝國首都籠罩在緊張的氣氛下。協約國已攻占赫勒斯角與紐澳軍團灣兩個灘頭堡，而政府也展開對付鄂圖曼境內亞美尼亞人的第一波行動。土耳其青年團執政者對於阿拉伯人忠誠度抱持的信心，比起對亞美尼亞人好不了太多。在這背景之下，費瑟勒提出他父親對漢志鄂圖曼總督的抱怨。

鄂圖曼幾位領導者對於維希普帕夏信件造成的「誤會」表示遺憾，但沒有完全放棄威脅謝里夫胡笙的統治權。塔拉特和恩瓦爾催促哈希姆家族全力支持鄂圖曼戰事。如果麥加的埃米爾替蘇丹聖戰號召背書，派遣部族支持者協助進行一場新的西奈半島戰役，就能確保他在麥加的財產與生命安全無虞。恩瓦爾和塔拉特草擬了一封信，信中重申這些重點，讓費瑟勒帶回去給他父親。這位年輕的王子在一九一五年五月中離開伊斯坦堡，這時他已經相當了解鄂圖曼政府的立場：謝里夫胡笙必須完全效忠政府，否則將面臨被消滅的命運。

回到大馬士革時，費瑟勒發現阿拉伯民族主義者在他離開的期間已經開始活動。這些祕密組織的成員相信，基奇納勳爵的誓言或許提供了阿拉伯獨立所需的保證，如此阿拉伯人才有理由揭竿起義。

但這些人希望英國人能承諾一塊特定區域的領土，其邊界必須清楚界定。他們在一份文件中擬定條件，這份文件也就是所謂的大馬士革協定。

大馬士革協定以天然邊界作為阿拉伯的國界。北方邊界從奇里契亞海岸的梅爾辛，沿著安那托利亞高原底下的平原（其範圍由今日土耳其南部城市阿達納、比雷吉克〔Birecik〕、烏爾法和馬爾丁〔Mardin〕等所界定）一直到波斯邊界。東方邊界沿著波斯－鄂圖曼邊境延伸至波斯灣。阿拉伯海與印度洋構成南方邊界，而紅海和地中海為西方邊界。阿拉伯民族主義者已經要求擁有大敘利亞、美索不達米亞和阿拉伯，他們願意讓亞丁港繼續由英國殖民統治。大馬士革協定也要求和英國建立一個由聯合防禦條約和「經濟優惠權」所定義的特殊關係。8

阿拉伯民族主義領導者委託謝里夫胡笙與大英帝國依據大馬士革協定的內容，與英國談判阿拉伯獨立事宜。如果能讓英國接受他們的領土要求，阿拉伯民族主義者發誓響應謝里夫胡笙號召的革命；如果革命成功，他們將正式承認這位麥加的埃米爾為「阿拉伯的王」。費瑟勒把這份大馬士革協定和從恩瓦爾及塔拉特處拿到的信件放在一起，帶回給麥加的父親。費瑟勒完成任務，他已取得一切資訊，讓父親決定要協助鄂圖曼戰事，或投入阿拉伯獨立運動。

一九一五年六月二十日，費瑟勒一回到麥加，謝里夫胡笙立刻召喚兒子們舉行一場戰爭會議。他們在一週的時間裡權衡在大戰中選擇支持哪一方所分別承擔的風險。他們打算在鄂圖曼聖戰與阿拉伯革命之間做出關鍵性決定之前，先把大馬士革協定的條文交給開羅的英國當局。

謝里夫胡笙的兒子阿卜杜拉草擬了一封信給他在開羅的熟人——東方事務祕書羅納德．史托爾斯。此刻他聲稱代表「整個阿拉伯國家」發言，尋求英國支持阿拉伯人獨立，脫離鄂圖曼統治。然而，阿卜杜拉要求英國保證會接受某些「基本提議」，作為協商戰時聯盟的談判基礎。在這封一九一五年七月十四日的信中，阿卜杜拉逐字抄下大馬士革協定的內容，要求「大英帝國政府在為期三十天內以肯定或否定作為回覆」。就這樣雙方開始交換意見，這些往來的提案也就是後來的胡笙－麥克馬宏書信（Husayn-McMahon Correspondence），它將成為英國戰時最全面也是最具爭議性的後鄂圖曼帝國中東協議。9

戰爭的急迫性影響胡笙－麥克馬宏書信的條約內容與時間掌握。當阿卜杜拉的信在一九一五年七月送到羅納德·史托爾斯手上時，英國還很有自信能擊敗加里波利的鄂圖曼人，並攻下其首都。而且英國人認為謝里夫的領土要求太過分。「他自以為是的要求無論如何都太誇張了。」英國駐埃及的高級專員*亨利·麥克馬宏（Henry McMahon）爵士在寫給倫敦當局的信中如此說道。不過，當八月鄂圖曼人抵擋協約國在蘇弗拉灣的登陸行動，英國在加里波利進攻失利之後，英國人被迫重新考慮他們的東方戰略。英方極為渴望替謝里夫胡笙和他的兒子們鋪路，引發一場預期中的大規模內部叛亂。10

麥克馬宏直接寫信給麥加的埃米爾，回覆阿卜杜拉信中的內容。「我們很榮幸感謝您毫不掩飾地表達您對英國誠懇的感情。」他在八月三十日信中的開頭如此寫道。他再次確認之前基奇納誓言支持「阿拉伯與其百姓獨立，以及在應當稱頌阿拉伯的哈里發時，我們將給予認可」。然而，他拒絕陷入國界的討論，他認為「在戰事方酣之時，把時間花在這樣的細節上為時過早」。

九月九日謝里夫胡笙匆促回信，語氣中透露出他的立場毫不動搖。他抗議對方的「模稜兩可」與

＊高級專員，原文 high commissioner，為英國駐大英國協國家的最高外交使節，亦即大使。

「冷淡遲疑的口吻」，因為英國高級專員拒絕承諾阿拉伯邊界。他否認對此事有個人的野心，宣稱自己是代表所有阿拉伯人民發言。「我確信閣下您不會懷疑，這些只有將我們的種族（也就是阿拉伯人）納入國界的要求並非只出於我個人，同時這也是所有人民的提議。」謝里夫胡笙措詞迂迴地說。

謝里夫宣稱自己代表更廣大的阿拉伯人共同目標發言，這件事英國從一個不大可能的來源得到證實。一名鄂圖曼軍中的阿拉伯中尉在一九一五年八月的加里波利戰役中叛逃到英軍陣營。穆罕默德．謝里夫．費拉奇（Muhammad Sharif al-Faruqi）來自北伊拉克的摩蘇爾，也是盟約協會的成員，他知道大馬士革協定的細節，以及麥加的埃米爾正與埃及的英國高級專員討論此事。他證實，一些屬於祕密組織成員的阿拉伯軍官，已經聲明放棄對鄂圖曼蘇丹的忠誠，並發誓與領導他們革命、達成阿拉伯獨立目標的謝里夫胡笙結盟。到了十月，英方已經將費拉奇從達達尼爾戰俘營移到開羅，接受情報局審問。他說的每一句話都讓英國深信，謝里夫胡笙實際上就是廣泛的阿拉伯民族運動的領導者，準備為了反抗鄂圖曼帝國揭竿而起。11

隨著協約國愈來愈守不住在達達尼爾海峽的陣地，開羅的英國官員出於新的急迫感，又重啟與哈希姆家族的談判。英軍從加里波利撤退，土耳其人將贏得一場大勝利，而且鄂圖曼的幾個師也能脫離該戰場，轉戰其他前線。在這情形之下，與哈希姆家族的協議更形重要。亨利．麥克馬宏爵士認清，為了與謝里夫達成協議，他必須回應對方的領土要求。在一九一五年十月二十四日的信中，麥克馬宏試圖以大馬士革協議中的領土野心，讓英法兩國均分在中東的利益。

英國政府最關切的就是維持與波斯灣所有阿拉伯謝赫的特殊關係。阿曼、酋長國、卡達、巴林和科威特的統治者，還有在阿拉伯中部與東部的伊本．薩伍德，都是英國的被保護國，早在十九世紀初就與英國簽訂條約。亨利・麥克馬宏爵士因此請求他的政府支持謝里夫胡笙提出的國界，「但避免損害與阿拉伯首領們現存的條約」。

隨著美索不達米亞戰役的進行，英國將鄂圖曼的巴斯拉省和巴格達省納入他們波斯灣的利益範圍內。雖然沒有將伊拉克清楚劃定為英國殖民地，亨利・麥克馬宏爵士堅持「大英帝國既有的地位與利益」需要「特殊行政安排」以保護巴格達省和巴斯拉省「不受外國入侵，並促進當地民眾福祉，捍衛我們共同的經濟利益」。追根究柢，就是將美索不達米亞併入波斯灣的英國酋長國體系中。

最後，亨利爵士必須確保他對阿拉伯人所做的承諾沒有與先前的英法協議相牴觸。一九一五年三月，法國政府已經聲稱它併吞敘利亞，連同亞歷山卓塔灣附近區域以及直到托羅斯山脈的奇里契亞，作為戰後和議的一部分，它的英國與俄國盟友皆正式承認。麥克馬宏知道充分滿足法國的要求將會讓所有與謝里夫胡笙的協議泡湯，而任何削減法國要求土地的舉動又將激怒巴黎政府。[12]

把話說得太明白會有反作用，因此亨利・麥克馬宏爵士選擇語焉不詳。他表示英國拒絕承認以下阿拉伯人要求的領土：「梅爾辛和亞歷山卓塔港兩區，以及位在大馬士革、霍姆斯（Homs）、哈馬（Hama）與阿勒坡等地西邊的敘利亞地區」，他偽造的理由是，這些領土上不是「只有阿拉伯人」。他顯然試圖將英國承諾給謝里夫、但在未來將會傷害英國、法國與阿拉伯世界三者關係的領土，與阿拉伯的領土劃分開來——尤其不清楚的是，此方案是否將巴勒斯坦納入獨立後的阿拉伯版圖。然而，上述就是這位英國高級專員對謝里夫胡笙所做的承諾。「根據以上的修訂，」亨利爵士聲明，「大英帝國準備承認並支持在麥加謝里夫要求的邊界內所有地區中的阿拉伯人獨立。」

在一九一五年十一月五日與一九一六年三月十日之間雙方後續的通信中，亨利・麥克馬宏爵士與麥加的謝里夫胡笙締結戰時聯盟。在他們書信往返的數週內，英國在達達尼爾海峽和美索不達米亞都打了敗仗。在麥克馬宏十二月十四日的去信之後，英國內閣決定從加里波利的蘇弗拉灣與紐澳軍團灣陣地撤退（十二月七日），庫特的圍城也就此開始（十二月八日）。在一九一六年一月二十五日麥克馬宏去信之前不久，就是加里波利英軍最後一場撤退（一月九日）。並不意外的是，麥克馬宏的最後一封信上的日期是三月十日，他提到英國人在埃及打敗薩努西部族，俄國人在埃爾祖魯姆也打了勝仗，卻沒有提到庫特英軍即將投降。英軍的一連串敗仗，必定讓他感到無從下筆。

謝里夫胡笙知道自己正與坐困愁城的英國人談判，因此向英國人討價還價。這位埃米爾沒有要求英國承認阿拉伯獨立，倒是在信中愈來愈常提到「阿拉伯王國」，以及他自己就是被選中的王國領導者。不過，他也同意在領土方面做出重大的妥協。他主張「鄂圖曼帝國的伊拉克『省』（vilayet）是未來阿拉伯王國不可分割的部分」，但也同意「在短時間內」讓英國管理「目前被英軍占領的地區」，以報答英國「在這段占領期間支付給阿拉伯王國的一筆適當補償費用」。

法國主張擁有敘利亞，這一點謝里夫胡笙比較難接受。他堅持敘利亞各省「只住著阿拉伯人」，無法被排除在阿拉伯王國之外。不過，在他們通信期間，他承認自己希望能「避免做出可能傷害大英帝國與法國的聯盟關係，以及雙方在目前戰爭與災禍中所做的協議」。然而，他也警告麥克馬宏：「這場戰爭結束後，一有機會……我們將會索取現在讓給法國的貝魯特與其海岸地區。」信中其餘內容主要是革命所需物資如黃金、穀物和槍枝，以供阿拉伯人持續對抗土耳其人。

亨利．麥克馬宏爵士已經表現得不能再好了。他成功地與麥加的謝里夫達成協議，將法國要求的敘利亞地區以及英國希望取得的伊拉克省分排除在外。在胡笙－麥克馬宏書信中模糊的領土界線，事實上有利於戰時的英阿關係。然而，就戰後阿拉伯領土劃分而言，還是需要更精確的協議。

英國政府對謝里夫胡笙所做的這些承諾，必須經過法國同意。外交大臣愛德華・格雷（Edward Grey）爵士事先已承認法國在敘利亞的特殊利益。一九一五年十月，在批准麥克馬宏對謝里夫胡笙做出的領土讓步之後，外交部要求法國政府派出談判人員到倫敦，以便清楚界定法國要求的敘利亞土地邊界。法國外交部長指派前任貝魯特總領事查理・法蘭索瓦・喬治－皮科（Charles François Georges-Picot）與基奇納勳爵的中東顧問馬可・賽克斯（Mark Sykes）爵士擬定一份雙方都能接受的戰後阿拉伯領土劃分方案。[13]

英國和法國私下劃分謝里夫胡笙主張的未來阿拉伯王國領土，許多歷史學家因而譴責這份賽克斯－皮科協定是帝國主義騙術的無恥範例——其中巴勒斯坦歷史學家喬治・安東尼爾斯（George Antonius）語氣最為強烈：「賽克斯－皮科協定是一份令人震驚的文件。它不只是最貪婪的產物，確切來說，就是這兩個互相猜忌的貪婪盟友協議的結果，並導致他們愚蠢的行為；它也暴露出他們令人震驚的奸詐交易。」然而，對英國和法國來說，他們過去的帝國主義競爭幾乎導致戰爭，這份賽克斯－皮科協定是一項必要的手段，讓法國精確地定義他所要求在奇里契亞和敘利亞的領土，以及讓英國將美索不達米亞劃為己有——也就是亨利・麥克馬宏爵士試圖從他對謝里夫胡笙承諾的領土中排除的那些地區。[14]

一般人對於賽克斯－皮科協定有許多誤解。一世紀之後，很多人依然相信這份協議訂定出現代中東各國國界，其實不然。事實上，這份賽克斯和皮科所繪製的地圖和今日中東毫無相似之處。它界定的是敘利亞和美索不達米亞的殖民統治區，也就法國和英國可自由地「依其所好建立直接或間接管理或控制權的地區」。15

在「藍色區域」，法國人要求取得地中海東岸海岸線，也就是從梅爾辛到阿達納，沿著亞歷山卓塔灣周圍往南，經過現今敘利亞與黎巴嫩海岸，一直到古老的港口城市泰爾（Tyre）。法國還要求北至錫瓦司北部、東至迪亞巴克爾和馬爾丁的安那托利亞東部大片領土，這些城鎮都在目前的土耳其共和國內。在「紅色區域」，法國承認英國宣稱擁有的伊拉克省內的巴斯拉和巴格達。

藍色與紅色之間的廣大土地被分為幾個區塊，英法兩國將在此行使非正式的影響力。A區包括敘利亞主要內陸城市：阿勒坡、霍姆斯、哈馬和大馬士革，還有伊拉克北邊的摩蘇爾，這些地區都間接在法國控制之下。英國非正式要求B區控制權，也就是一塊橫越阿拉伯北邊沙漠的地帶，從伊拉克延伸至埃及西奈半島邊境。這兩個區域將是「在一位阿拉伯首領的宗主權之下……獨立的阿拉伯國家或阿拉伯各州組成的聯盟」的一部分。該方案並未達到亨利．麥克馬宏爵士對謝里夫胡笙所做的承諾。

英法兩國唯一無法達成協議的地區是巴勒斯坦。他們不能解決彼此對該地區主權的要求，並預期俄國的野心會進一步使雙方的談判更複雜。賽克斯和皮科決定把地圖上的巴勒斯坦塗成棕色，和紅色與藍色有所區隔，並且提議將這塊地方交付「國際行政單位」管理，它最終的國界只能與「協約國另一成員」俄國以及「麥加謝里夫的代表們」協商之後才能決定——這是賽克斯－皮科協定中唯一明白提到謝里夫胡笙的地方。

一九一六年三月，賽克斯與皮科前往俄國，希望與他們的協約國盟友針對劃分計畫取得協議。除了稍早在一九一五年君士坦丁堡協定中確認的海峽區與君士坦丁堡之外，沙皇公使還要英國與法國承認俄軍最近征服的土耳其領土——埃爾祖魯姆、黑海海岸的港口特拉布宗、已成斷垣殘壁的凡城，以及比特利斯等——作為俄國默認賽克斯－皮科協定條款的代價。一九一六年五月，在英法兩國取得俄國支持之後，協約國對於戰後如何瓜分鄂圖曼帝國已有了一致的協議。他們打算暫時對他們的阿拉伯盟友謝里夫胡笙和他的兒子們隱瞞這整件事。

一九一六年的前幾個月，正當協約國完成祕密的戰後劃分中東計畫時，謝里夫胡笙和他的兒子們感受到愈來愈大的壓力。敘利亞的鄂圖曼軍指揮官傑馬勒帕夏計畫對埃及英軍陣地發動新一波的攻擊行動，他要求哈希姆家族提供徵召而來的部族士兵，以證明他們忠於土耳其戰事。這位鄂圖曼第四軍團的指揮官開始懷疑哈希姆家族的意圖，以及所有阿拉伯人的忠誠度。在全面戰爭的壓力之下，傑馬勒在敘利亞地區的威權主義演變為恐怖統治，進一步破壞鄂圖曼人在阿拉伯省分的治理狀況。

任職之初，傑馬勒帕夏是敘利亞各省的戰時總督，阿拉伯人不忠於鄂圖曼帝國的鐵證擺在他眼前。參戰後，鄂圖曼當局下令扣押英法兩國領事館的檔案，以取得其中可能藏有的情報。在貝魯特與大馬士革，鄂圖曼官員大有斬獲。法國領事館文件中有數量龐大的書信是來自祕密組織的人士，其中包括許多曾參與一九一三年在巴黎舉行的第一次阿拉伯大會的成員。他們尋求法國協助阿拉伯人達成理想，其內容從更大的自治權、到幫助阿拉伯人在法國保護下直接獨立等不一。文件中穆斯林與基督教重要人物都牽連在內。這些名單就像是一份敘利亞知識菁英份子的名人錄，國會議員、新聞記者、宗教人士與軍官都包括在內。

對於暗示這些敘利亞知名人士有罪的文件，一開始，傑馬勒帕夏不打算採取行動。他來敘利亞的遠大目的是為了激勵鄂圖曼軍，領導他們攻擊蘇伊士運河，藉此引發埃及反對英國統治的叛變行動。

他相信阿拉伯民族主義只是一個微不足道的政治運動，鄂圖曼在戰場上贏得勝利，就能將這運動一筆勾銷。審判政治犯只會瓦解大眾士氣，此時傑馬勒希望能促進各方團結，前往被英國占領的埃及作戰。16

一九一五年二月，鄂圖曼攻擊蘇伊士運河戰事失利，導致傑馬勒對阿拉伯民族主義者的態度轉為強硬。許多答應加入戰事的阿拉伯非正規軍，依然以旁觀者之姿看著傑馬勒羞辱地從西奈半島撤退。尤其是哈希姆家族在這一役中缺席，沒有將漢志的部族集結在蘇丹旗幟之下。

再者，鄂圖曼軍的失敗，讓大眾懷疑帝國是否有未來可言。伊赫桑・土爾加曼（Ihsan Turjamn）是出身於耶路撒冷中產階級家庭的一名阿拉伯士兵，他在日記中記錄一段與三名友人的對話，其中兩名友人是任職於鄂圖曼軍隊的軍官。一九一五年三月底，蘇伊士運河戰役失敗後，他們四人討論「這場悲慘戰役」的過程，以及「國家（鄂圖曼帝國）的命運。我們多少同意，這個國家來日無多，它的分崩離析近在眼前」。就在阿拉伯百姓預期鄂圖曼帝國滅亡時，民族主義祕密組織的威脅也愈來愈明顯。傑馬勒帕夏決定消滅阿拉伯人帶來的威脅。17

一名年輕傑出的伊斯坦堡新聞記者法利・魯夫克（Falih Rıfkı），親眼目睹傑馬勒帕夏鎮壓阿拉伯人。魯夫克發跡於宰相的辦公室，他在伊斯坦堡最大的日報《塔寧報》（*Tanin*）上發表每週專欄，引起土耳其青年團執政者注意。他採訪巴爾幹戰爭時遇到恩瓦爾。塔拉特帕夏當上內政部長後，指派魯夫克擔任他的私人祕書。當傑馬勒離開伊斯坦堡，成為敘利亞總督以及第四軍團指揮官時，他特別要求魯夫克暫時調往他的參謀部，擔任情報局長。他在一九一五年抵達耶路撒冷。

一九一五年時，傑馬勒的指揮部位於橄欖山上一個俯瞰耶路撒冷古城的德國賓館。這位指揮官背對著魯夫克，後者正和一群神情緊張的群眾一起聚集在傑馬勒帕夏的辦公室門口。傑馬勒怒氣沖沖地讀著信件、在文件上簽名，並對手下的人咆哮著下命令。「告訴我的副官把來自納布魯斯的那些重要人物叫進來。」傑馬勒下令。

二十個驚恐的男人在傑馬勒辦公室門前遲疑了一下，進門前快速地禱告。他們在俯瞰耶路撒冷和周圍鄉間景色的大片窗戶前站定。傑馬勒看到他們時不發一語，繼續在桌前工作。魯夫克不知道這些男人被控什麼罪行，但從他們不安的表情看來，他們唯恐自己性命不保。這段等待時間對這些人來說一定彷彿永無止境，最後傑馬勒把手中的文件甩在書桌上，轉身面對他們。

「你們是否明白自己犯下反抗國家的嚴重罪行？」他以專橫的語氣問道。

「以上帝之名，請原諒我們。」那些男人絕望地喃喃自語。傑馬勒以眼神打斷他們。

「你們知道這種罪行的罰責是什麼？」傑馬勒繼續問，「你們應該被吊死。」魯夫克看見這些焦慮的男人們瞬間面無血色。「沒錯，吊死——但是感謝慈悲寬大的高門。此刻把你們和你們的家人放逐到安那托利亞，我就滿意了。」

不用上絞刑台的這些耶路撒冷名流鬆了口氣，拜倒在地上祈禱，感謝他們被釋放。「你們可以退下了。」傑馬勒帕夏說著，結束了會面。這些人三三兩兩逃出房間。

等辦公室空無一人之後，傑馬勒轉向魯夫克，他掛著大大的微笑歡迎魯夫克就任新職。他一定看得出，在目睹這場自己與納布魯斯名流的會面，以及對他們未指名的罪行進行獨斷審判之後，這名新聞記者有多麼不自在。「你還能指望什麼！」傑馬勒帕夏聳聳肩，「這種時候，我也只能這麼做了！」[18]

鄂圖曼當局從一九一五年開始放逐大批忠誠度有問題的阿拉伯公民。傑馬勒帕夏要為該政策負很大的責任。「到處都有被我流放的人。」有一次他微笑著向法利・魯夫克吹噓。他主要的目標就是那些有阿拉伯民族主義傾向的嫌疑人士，及其教堂受到俄國與法國等強權國家保護的阿拉伯基督教徒。

與驅逐亞美尼亞人不同的是，在阿拉伯省分流放這些人，並非屠殺他們或讓他們踏上死亡之旅的前奏。它只是將一個人與他「有危險性的」友人與相關人士切斷關係、讓這人無法對國家造成威脅的一種手段。流放者被迫遠離個人所擁有的資源，並且當這些資源耗盡時，他就只能完全仰賴鄂圖曼政府。他的朋友和家人竭盡心力對政府輸誠，希望能幫助他們所愛的流放親友早日回家。截至戰爭結束為止，鄂圖曼當局總共流放約五萬人。[19]

因徵兵而減少的鄉村人口，在新的流放政策實施後更持續減少。這對貿易和農業造成毀滅性的衝擊，因為商店關門大吉，而農場中由筋疲力竭的婦女、孩童與長者耕種的農地，也日漸荒廢。當黑壓壓的大群蝗蟲向大敘利亞襲來時，天災又加劇了戰爭造成的人禍。「蝗蟲在各處肆虐鄉村，」土爾加曼在一九一五年三月的日記中提到，「七天前蝗蟲開始大舉入侵，遮天蔽日。今天蝗蟲花了兩小時飛越耶路撒冷城。願上帝保佑我們度過三場橫掃這個國家的災禍：戰爭、蝗害與疾病。」他祈禱著。

敘利亞這片土地在過去就曾遭蝗蟲肆虐，但一九一五年這次蝗害在密度上與涵蓋範圍的廣度上都是前所未有。在情急之下試圖中止蟲害的鄂圖曼政府，命令所有十五歲到六十歲的平民每人每週必須蒐集二十公斤（四十磅）蝗蟲蛋，送到政府倉庫銷毀，否則將有嚴厲的罰款。耶路撒冷人民認真地蒐集蝗蟲蛋。在蝗蟲出現的六週之後，土爾加曼發現耶路撒冷的商店都沒有營業，「因為大多數人都出門去撿蝗蟲蛋了。」

政府的政策完全不足以控制蝗害。從夏天到深秋，大批蝗蟲持續洗劫農場和果園。田園荒蕪，據報敘利亞地區的農作物損失高達百分之七十五至九十。逃過蝗害的食物被拿去餵養軍隊，或被幸運的少數人囤積。其結果當然是食物極度短缺。飢餓開始橫掃巴勒斯坦、敘利亞與黎巴嫩的城市與村莊。

一九一五年十二月，耶路撒冷的市場上已經看不到麵粉。「我這輩子從未見過如此黑暗的日子，」伊赫桑．土爾加曼在日記中記錄道，「基本上麵粉和麵包從上週六就消失了。現在許多人已經好幾天沒吃麵包。」他目睹成群男女和孩童在大馬士革門的附近推擠著要拿麵粉，他們的人數愈來愈多之後，就打了起來。「目前為止我們已經忍受了沒有米、糖和煤油的日子。但是，沒有麵包我們怎麼活得下去？」

一九一六年，飢餓演變為饑荒。從一九一六年到戰爭結束的這段期間，蝗害、戰爭徵用物資以及囤積錢財貨物，再加上無法運送與分配食物，導致敘利亞和黎巴嫩共約三十萬到五十萬人的性命被饑荒奪走。在敘利亞地區，饑荒與戰時困厄的景況成為戰爭的同義詞；人們稱它們為 Seferberlik，也就是土耳其語的「總動員」。世界大戰就是 Seferberlik，這一連串的不幸就從總動員開始，無情地導致平民面臨前所未有的作物歉收、通貨膨脹、疾病、饑荒與死亡。[20]

一名替法國進行祕密任務的敘利亞流亡份子在一九一六年四月行經敘利亞和黎巴嫩，他親眼目睹這場苦難，遇見逃離瀕臨毀滅的村莊出來找尋食物的生還者。他發現有不計其數的饑荒受難者骸骨，就在這些人生前倒地不起的路邊，無人埋葬。他在大馬士革與一名理想幻滅的阿拉伯軍官的對話中，對方控訴鄂圖曼人刻意引發饑荒，作為淨化帝國、除去「不忠」基督教徒的手段。「他們把劍架在亞美尼亞人的脖子上，正如同他們意圖以饑荒徹底消滅（信仰基督教的）利比亞人，好讓這些基督教徒再也不會造成土耳其統治者的麻煩。」[21]

恩瓦爾帕夏一口咬定，在開戰前幾個月，「協約國進行的海上封鎖必須為這場饑荒負責」。英國和法國船艦不准許任何船隻進入利比亞港口——連攜帶人道救援的救濟品船隻都不行。據傳聞恩瓦爾在一九一六年曾找梵諦岡的教皇商量，提議在敘利亞和黎巴嫩發送食物。恩瓦爾在伊斯坦堡與教皇派來的使者談話，他承認鄂圖曼人沒有足夠的物資餵飽敘利亞的軍隊和百姓。他促請梵諦岡方面說服英法兩國，至少每個月能讓一艘船運送食物，由教皇指派的任一代理者執行這項任務，由他確認協約國的食物沒有送到土耳其士兵的手上。然而，恩瓦爾對教皇提出的請求沒有結果。和許多鄂圖曼人一樣，恩瓦爾相信協約國刻意讓敘利亞人遭受饑荒，以便削弱對入侵敵軍的抵抗，或藉此鼓勵人民發動對抗鄂圖曼帝國的叛變。[22]

恩瓦爾有理由害怕敘利亞各省發動叛變。鄂圖曼軍戰敗再加上戰時生活困苦，讓許多阿拉伯公民反對蘇丹政府。身為敘利亞總督，傑馬勒帕夏開始壓制阿拉伯人造成的威脅。他希望藉由懲戒的審判，中斷所有可能與帝國的敵人聯手的阿拉伯民族運動。他也希望能嚇阻敘利亞菁英份子，使這些人不再從事分離主義的政治活動。如同土耳其新聞記者魯夫克所推測：「團結進步委員會是所有少數族群的民族主義者與獨立運動的大敵，不管對阿爾巴尼亞人、亞美尼亞人、希臘人或阿拉伯人而言都是如此。」[23]

一九一五年六月，傑馬勒帕夏下令進行第一波逮捕阿拉伯政治激進份子的行動。他成立軍事法庭，審判這些激進份子。一九一五年八月，法庭完成調查。傑馬勒帕夏命令法官，將任何被判參與阿拉伯民族主義者祕密組織，或與法國密謀反抗鄂圖曼帝國的嫌疑犯處死。共有十三人被判處死刑（不過其中兩人之後受到減刑，改判終身監禁）。

首次絞刑於一九一五年八月二十一日在貝魯特執行。鄂圖曼士兵封鎖高塔廣場（Burj Square）中央，不讓百姓進入。廣場上站滿士兵和警察，被判刑的人在黑夜中被帶往絞刑台。執行絞刑的消息立刻傳遍阿拉伯各省。八月底，消息已經傳到耶路撒冷。「我不認識其中任何一位烈士，」土爾加曼在九月一日的日記中寫道，「但這消息讓我大為震撼。」土爾加曼感覺自己與被土耳其人處死的阿拉伯人有一種民族情感上的聯繫。「再會吧！勇敢的同胞，」他向這些人致敬，「希望在各位高貴的目標實現之際，我們彼此的靈魂能夠相遇。」[24]

事實證明，第一次絞刑只是恐怖統治的開始。一九一五年，傑馬勒帕夏下令逮捕十多名從法國領事館搜出的文件中涉案的人。他們被帶往黎巴嫩山區中位於貝魯特至大馬士革公路上的村莊阿列伊（Aley）。在軍事法庭審判開庭期間，這些嫌疑犯被嚴刑拷打，要求說出其他成員姓名以及他們組織的目標。尚未被捕的人轉往地下活動或試圖逃亡。鎮壓行動奏效了。幾週後，曾經在一九一五年大馬士革協定中（該協定是胡笙－麥克馬宏書信中謝里夫胡笙宣示領土主權的基礎）信心滿滿地劃定阿拉伯獨立國界的阿拉伯民族主義運動就此瓦解，成員四散奔逃。

當謝里夫胡笙的兒子費瑟勒在一九一六年一月回到大馬士革，希望能與擬定大馬士革協定的祕密組織成員合作發動革命時，這城市已十分危險。費瑟勒已經採取預防措施。他與五十人組成的武裝家臣同行，他把他們介紹給起疑的鄂圖曼官方，說他父親保證參與下一次鄂圖曼出兵蘇伊士運河，而這些武裝家臣就是漢志將派出的志願軍先鋒部隊。傑馬勒帕夏歡迎費瑟勒和他的家臣，竭盡所能地在總部招待這些哈希姆家族訪客。

拜訪巴克里家時，他們的兒子納西布正在躲避傑馬勒天羅地網的追捕，費瑟勒這才獲悉大馬士革阿拉伯民族主義運動的命運——阿拉伯軍團被調派到遠離家鄉省分的加里波利和美索不達米亞進行激戰；阿拉伯百姓與其家人被流放到安那托利亞，以及許多被控叛國的重要人士在阿列伊接受軍法審判。面對政治情勢的轉變，費瑟勒把所有革命計畫擱在一邊，下功夫在爭取傑馬勒帕夏的信任，並設法讓被囚禁的阿拉伯民族主義者獲釋。然而，他父親與土耳其青年團執政者彼此愈來愈深的敵意，卻破壞費瑟勒的努力。

一九一六年二月，在耶路撒冷的恩瓦爾帕夏（中）和傑馬勒帕夏（在恩瓦爾左邊）。這兩位土耳其青年團領導者在一九一六年初走訪敘利亞、巴勒斯坦和漢志等地，評估阿拉伯各省備戰狀況。

土耳其青年團執政者對謝里夫胡笙施壓，要他提供部族志願軍，參加下一次對蘇伊士運河的攻擊。一九一六年二月，恩瓦爾和傑馬勒搭火車到麥地那視察哈希姆家族的部隊，並催促他從伊斯蘭的聖地派遣Mujahidin（聖戰士）。謝里夫胡笙在三月寫信回覆恩瓦爾帕夏，在信中提出替蘇丹聖戰背書的先決條件。謝里夫胡笙信中的口氣，聽起來像是出自阿拉伯民族主義者，而不是蘇丹的僕人。他要求大赦所有目前受審的阿拉伯政治犯，還要求在大敘利亞實行去中心化管理，擁有不受伊斯坦堡政府管轄的行政自主權。而且他還希望他的家族能世襲麥加的埃米爾職位，並擁有該職位傳統上的一切特權。

恩瓦爾的回答非常直截了當。「這些事你無權置喙，而且持續提出如此要求對你沒有任何好處。」他警告對方。恩瓦爾提醒這位埃米爾，他對國家的職責是為戰事提供由他兒子費瑟勒指揮的士兵，「直到戰爭結束之前，他都是第四軍團的賓客」。謝里夫胡笙不屈服於恩瓦爾拿費瑟勒當人質的威脅，他將兒子的安危交給土耳其青年團執政者，但他提出的條件並未改變。目前為止他還不知道，土耳其青年團執政者將會多麼殘酷地對付他們懷疑有阿拉伯分離主義意圖的人。[25]

一九一六年四月，阿列伊的鄂圖曼軍事法庭做出審議。許多人被控「參與叛國行動，其目的是將敘利亞、巴勒斯坦和伊拉克從鄂圖曼的蘇丹領地中分離出去，獨立建國」。每個人都知道叛國者會被判死刑，然而這些被判刑的人來自身分顯赫的家族，並擔任國會議員或任職於鄂圖曼參議院。因此，政府會像對待那些普通罪犯一樣吊死如此顯要人士，似乎令人無法想像。[26]

哈希姆家族替這些阿列伊的囚犯仗義執言。謝里夫胡笙發電報給蘇丹、傑馬勒帕夏和塔拉特帕夏，懇求他們施恩，並警告他們自己反對死刑是因為此舉將導致「血債血還」。回到大馬士革後，費瑟勒在與傑馬勒的例會中促請他仁慈對待阿列伊的囚犯。然而，傑馬勒對於他們的理由充耳不聞，決心殺一儆百，以圖一勞永逸地威嚇阿拉伯分離主義者。

一九一六年五月六日破曉前，二十一個人毫無預警地在貝魯特與大馬士革的中央廣場被處以絞刑。就連在貝魯特目睹這場絞刑的土耳其新聞記者魯夫克，也十分同情與景仰這些被判死刑的人。「在貝魯特被處絞刑的人大都是年輕的阿拉伯民族主義者，」他回憶道，「他們從牢房走到絞刑架，昂首闊步，唱著阿拉伯讚美詩。」當天稍晚，魯夫克來到大馬士革，有七個人在日出前被絞死。在阿拉伯民族主義者上絞刑架的十五小時之後，他很訝異地看見大馬士革的重要人士以向傑馬勒帕夏致敬的名義舉辦宴席。「大馬士革沒有人為他們哀悼，」魯夫克回憶道，「詩人、專業諂媚者和演講者——所有人都表達了國家對傑馬勒這位偉大人物的感謝，因為他把阿拉伯這地方從它任性的孩子們手中救了出來。」[27]

然而，對阿拉伯民族主義者而言，傑馬勒帕夏可不是英雄。在絞刑之後，他們給了傑馬勒一個al-Saffah的封號，意思是「濺血者」。對哈希姆家族而言，傑馬勒是個不折不扣的殺人犯。費瑟勒當時正和巴克里家的人在一起，有個人上氣不接下氣地跑來告訴他們執行絞刑的消息。政府早已印了一份官方報紙的特刊，上面列出每一個被處刑的人的名字與其罪行。費瑟勒打破震驚之下的沉默，把頭飾摔在地上用腳踐踏，大喊出復仇的誓言：「噢，阿拉伯人！讓我們慷慨赴死吧！」[28]

費瑟勒已經沒有任何理由留在大馬士革。在傑馬勒的鎮壓之下，敘利亞各省不可能進行政治活動。只有在阿拉伯部族人數多於鄂圖曼孤軍的漢志，才能策劃革命。然而，在回到漢志之前，費瑟勒必須得到傑馬勒帕夏的准許，才能離開大馬士革。雖然幾乎沒有被懷疑不忠於政府，費瑟勒還是害怕他和手下的人將會和他們的烈士友人們同樣面臨上絞刑台的命運。[29]

費瑟勒用了一個策略讓傑馬勒帕夏准許他回漢志。這位哈希姆家族的王子聲稱收到父親的訊息，確認他們已募齊漢志自願軍，準備與敘利亞的傑馬勒軍隊會合。土耳其青年團執政者無疑認為謝里夫胡笙已經在貝魯特與大馬士革的公開絞刑威嚇之下順服政府。費瑟勒獲准回到麥地那，以親自帶領漢志的聖戰士進入大馬士革。

傑馬勒帕夏並不完全相信費瑟勒的說法。費瑟勒花太多力氣替被判刑的阿拉伯民族主義者請命。駐守麥地那的鄂圖曼指揮官曾指控謝里夫阿里和漢志分遣隊干預軍務；再說謝里夫胡笙與恩瓦爾及傑馬勒的通信內容已接近叛國邊緣。然而麥加的謝里夫替鄂圖曼聖戰背書，這好處大過准許作為人質的費瑟勒回到漢志的風險。

謝里夫費瑟勒在五月十六日離開大馬士革，離開前傑馬勒帕夏送給他一份禮物。戰勝的鄂圖曼士兵沒收了一枝恩菲爾德步槍（Lee Enfield），這枝槍原是第一艾塞克斯步槍兵團在加里波利之役發給一名士兵的武器。槍管上還以金色的鄂圖曼土耳其文刻著「達達尼爾海峽之役的戰利品」字樣。把這個戰爭紀念品當禮物，無疑是想要讓哈希姆家族更相信鄂圖曼會打贏這場仗。然而，費瑟勒立刻就用這份禮物拿來對付鄂圖曼帝國。[30]

為預防哈希姆家族耍詐，傑馬勒決定派遣他一位最信任的將軍法赫里帕夏（Fahri Pasha）擔任麥地那駐軍的指揮官。法赫里的「可靠與愛國眾所周知」，傑馬勒宣稱。然而，也有人指控他對付亞美尼亞人的手段十分殘暴。只要一出問題，法赫里就會逮捕謝里夫和他的兒子們，將麥加的民政交由麥地那的鄂圖曼總督掌管。[31]

阿拉伯革命前夕，英國－哈希姆聯盟能達到的效果，遠比雙方在談判初期時所認為的還少。比起一九一五年初首次出發準備征服君士坦丁堡，此刻的英國人看來力量並非所向披靡。德國人在西線重創英國，造成英軍極大傷亡，連鄂圖曼人都讓他們備受戰敗恥辱。謝里夫胡笙和他的兒子們很有理由質疑他們所選擇的盟友。

然而，哈希姆家族沒有討價還價的立場。在與埃及的英國高級專員的書信中，謝里夫胡笙和他兒子從頭到尾都稱他們自己是泛阿拉伯民族運動的領導者。然而，到了一九一六年五月，他們顯然沒有在敘利亞和伊拉克進行大規模革命。謝里夫充其量只能挑戰漢志的鄂圖曼統治權，而且革命成功與否，必須取決於是否能動員惡名昭彰、缺乏紀律的貝都因人幫助他們達到目的。

哈希姆家族與英國的聯盟關係能繼續存在，應該可說是因為雙方在一九一六年夏天比其他時刻更需要彼此。謝里夫胡笙與土耳其青年團執政者的緊繃關係已經到達臨界點；他知道他們只要一有機會，必定會罷免他和他兒子的職務，甚至殺了他們。英國人則是需要謝里夫的宗教權威，以便破壞開羅和白廳的英國官員擔心被鄂圖曼幾場勝仗所強化的聖戰理想。無論哈希姆家族領導的革命結果如何，這次叛變至少能削弱鄂圖曼戰事，逼迫土耳其人調派軍隊和資源到漢志，或許也必須到其他阿拉伯省分，以圖恢復秩序。基於各自理由，英國和哈希姆家族都急忙想發動革命。一旦費瑟勒回到漢志，革命就近在眼前了。

六月五日，費瑟勒與哥哥阿里在麥地那城外會合，開始對抗漢志規模最大的鄂圖曼駐軍。法赫里帕夏已經抵達漢志，指揮人數超過一萬一千名的鄂圖曼軍。阿里可調派的士兵只有為西奈戰役動員的一千五百名部族志願軍，因此哈希姆家族無法攻占鐵路前端。不過，他們阻擋法赫里帕夏的軍隊，讓他們無法離開麥地那，因此位於他們南方約兩百一十英里麥加的父兄相對地安全。

經過四天在麥地那城周圍的小規模戰鬥，哈希姆家族已經明白顯露其意圖。謝里夫胡笙的長子阿里在六月九日送出最後通牒給傑馬勒帕夏，列出一連串要求他父親繼續效忠的交換條件，然而他對土耳其青年團執政者提出緊迫的最後期限卻破壞了他的誠意。「接到這封信的二十四小時後，兩國（土耳其與阿拉伯）將會進入戰爭狀態。」他如此警告。

從聖城麥加的宮殿中鳴放阿拉伯革命的第一槍，是謝里夫胡笙的責任。一九一六年六月十日，這位麥加的埃米爾拿起步槍——很有可能就是傑馬勒送給費瑟勒的那把加里波利戰利品步槍——朝鄂圖曼軍營開了一槍，發動革命。哈希姆家族以阿拉伯人民的名義就此向土耳其人宣戰，阿拉伯世界會如何回應猶待觀察。[33]

哈希姆家族的軍隊在三天內控制了麥加大部分地區。總督加利卜帕夏（Ghalib Pasha）撤退到麥加以東六十英里位於塔伊夫（Taif）高地的夏宮，他帶走麥加大部分駐軍，只留下一千四百名士兵防守聖城。鄂圖曼軍堅守在一座山頂的要塞抵抗哈希姆家族長達四週，朝麥加開砲驅退阿拉伯人。幾枚砲彈擊中大清真寺，伊斯蘭最神聖的聖壇卡巴天房（Kaaba）上方的篷頂因而著火。還有一顆砲彈的碎片打中建築物正面上的第三位哈里發的名字——奧特曼・伊本・阿凡（Uthman ibn Affan）。由於鄂圖曼王朝的創建者就叫奧特曼（土耳其文為歐斯曼〔Osman〕），謝里夫胡笙的兒子阿卜杜拉宣稱麥加人民把這件事當作是「Osmanli（也就是鄂圖曼）勢力旋即殞落的預兆。」最後，在山頂被圍的鄂圖曼砲手沒有了食物和彈藥，因此被迫在七月九日投降，麥加落入哈希姆家族手中。[34]

謝里夫胡笙六月十日的發射的第一槍後不久，四千名騎馬的哈布族（Harb）貝都因人在謝里夫穆赫辛酋長（Sharif Muhsin）的領導下，突然襲擊紅海海港城市吉達。一千五百名鄂圖曼士兵一開始以機關槍與火砲擊退貝都因人，後者士氣大傷。兩艘英國皇家海軍戰艦協助阿拉伯人攻擊，以連續砲轟控制吉達的鄂圖曼陣地。英軍飛機對土耳其陣地進行低空掃射。遭受陸、海、空攻擊的土耳其守軍，在六月十六日投降。

謝里夫胡笙發動革命後，他的二兒子阿卜杜拉立刻和七十人組成的一小隊騎著駱駝的家臣移動到塔伊夫外緣。總督加利卜帕夏邀請阿卜杜拉到他的宮殿，討論即將發生叛變的謠言從何而來。「你看，塔伊夫的人民帶著孩子以及他們帶得走的東西離開家園。」總督如此說道。他從書架上拿了本古蘭經，催促阿卜杜拉告訴他「關於叛變謠言的真相」。阿卜杜拉虛張聲勢，試圖脫困。「要不謠言是假的，或者這是一場衝著你和謝里夫兩方的叛變，又或者是謝里夫和他的人民反對你。如果是最後一種，難道我現在會來找你，把我自己交到你手上嗎？」

阿卜杜拉離開總督夏宮之後，他下令手下切斷無線電線路，也不讓任何信差離開塔伊夫上路送信。六月十日午夜，他下令他的部隊與從附近鄉村前來增援的部族成員，對鄂圖曼陣地展開攻擊。「我們的攻勢十分猛烈。」他回憶道。貝都因人迅速突破土耳其人的前線，帶回「一些戰俘和戰利品」。然而，天亮時土耳其人開始以火砲攻擊阿拉伯人的陣地，後者喪失軍紀。許多部族士兵紛紛「亂成一團，逃回家園」。阿卜杜拉唯恐再次發動攻擊時他的部隊四散奔逃，他重新整軍，將塔伊夫包圍。

鄂圖曼正規軍擁有野戰火砲和機關槍，拿步槍的貝都因非正規軍不是他們的對手。戰事僵持了五週，英軍將埃及的火砲運送到塔伊夫，增強阿卜杜拉的戰力（然而，此舉更進一步違背一九一四年將軍約翰·麥斯威爾爵士不把埃及人捲入英國戰事的承諾）。七月中，埃及砲手開始持續以火砲攻擊，讓鄂圖曼守軍無法招架。土耳其人堅持抵抗到九月二十一日，加利卜帕夏終於被迫無條件投降。「第二天，鄂圖曼的旗幟正式從要塞降下，阿拉伯旗幟升起。」阿卜杜拉記錄道，「那真是令人感動的景象。」被圍城與戰敗的鄂圖曼總督震驚不已，他對這段歷史的感受和哈希姆家族截然不同。「這真是一場大災難，」加利卜帕夏悲嘆，「我們曾經是兄弟，現在卻成了敵人。」[36]

九月底，謝里夫胡笙和他的兒子們已經占領麥加與塔伊夫，還有紅海港口吉達、拉比格（Rabigh）和揚布（Yanbu）。他們俘擄了超過六千名鄂圖曼士兵，雙方傷亡人數並不多。十月，謝里夫胡笙單方面宣布自己是「阿拉伯的國王」，他的兒子們獲得尊貴的「埃米爾」的頭銜（然而，這項宣布讓英國人很不自在，他們只願意承認胡笙是漢志國王）。

革命的消息傳遍阿拉伯，對鄂圖曼在戰爭中的表現失望透頂的人們情緒逐漸高昂。幾週以來，耶路撒冷的鄂圖曼當局刻意隱瞞叛變的消息，土爾加曼在七月十日的日記中寫下這樁好事。「謝里夫胡笙帕夏宣布反叛政府，」他難以置信地寫道，「這會是個開始嗎？」土爾加曼無法隱藏他的興奮之情。「每一個聽到這消息的阿拉伯人都該高興。這國家殺了這麼多國內最優秀的年輕人，我們怎能繼續支持它？這些年輕人和一般罪犯與歹徒一樣，在廣場上被公開處以絞刑。願上帝保佑漢志的謝里夫，讓他的力量更強大。願他們的戰役擴大至阿拉伯土地的每一個角落，直到我們消滅這被詛咒的國家為止。」[37]

穆罕默德·阿里·阿吉盧尼（Muhammad Ali al-Ajluni）是一名敘利亞步兵團中的年輕軍官，被派駐在安那托利亞。根據阿吉盧尼的經驗，戰爭使得鄂圖曼人彼此對立。在清真寺和軍官食堂中，土耳其士兵都拒絕與阿拉伯同袍在一起，他們還以種族歧視的言語批評阿拉伯人的膚色，稱他們為「黑人」。政府讓無辜百姓遭受的苦難，使阿吉盧尼毛骨悚然。他在奇里契亞海岸邊的塔爾蘇斯駐紮地，看見一列列火車上的敘利亞人在傑馬勒帕夏的命令下被流放。「我們看見每一個人臉上深深刻畫著痛苦與悲傷。」他回憶當時的狀況。然而，更糟的是往反方向走的成排亞美尼亞人，他們朝敘利亞沙漠前進——這些女人、孩童和老人被「毫無憐憫之心的」守衛驅趕向前。戰時對鄂圖曼帝國幻滅的阿吉盧尼，聽到謝里夫胡笙革命的消息感到興高采烈。「這消息讓我們重拾動搖的信心，帶來希望與力量。這對阿拉伯而言無疑是一線曙光。」他立刻發誓要排除萬難，設法到漢志參加革命。38

哈希姆家族革命的消息，引起鄂圖曼軍隊中的阿拉伯軍官熱烈討論。其中阿吉盧尼一個最要好的友人試著勸他不要叛逃。他主張，如果與大英帝國聯手，並以徹底脫離鄂圖曼帝國獨立建國為訴求，謝里夫的革命運動將會使得阿拉伯世界暴露在歐洲帝國主義的控制之下。許多阿拉伯軍官更希望能留在改革後給予阿拉伯省分更大自治權的鄂圖曼帝國中；他們想效法奧匈帝國的模式，建立一個土耳其-阿拉伯雙君主國。阿吉盧尼雖然仔細思考朋友的論點，他還是執著於謝里夫的理想。不過，這兩人的討論足以證明，鄂圖曼的阿拉伯人受到阿拉伯革命吸引的程度不盡相同。

哈希姆家族的革命在廣大穆斯林世界造成輿論的分歧。印度穆斯林報紙譴責謝里夫領導阿拉伯人背叛哈里發。動盪的印度西北邊界各省清真寺也回應伊瑪目們對謝里夫胡笙與他兒子的詛咒。六月二十七日，全印度穆斯林聯盟通過一項決議，以最嚴厲的措詞譴責哈希姆家族革命，暗指謝里夫胡笙的行動賦予聖戰真正的理由。印度的英國官員一直反對埃及的英國高級專員亨利·麥克馬宏爵士與謝里夫胡笙談判，現在他們主張革命已經造成反效果，結果印度穆斯林顯然更傾向於支持鄂圖曼人。39

愈靠近家鄉，哈希姆家族面臨的問題愈大。一開始打了勝仗的胡笙國王與他的兒子們雖然占據麥加附近與紅海海岸線上的城鎮，卻沒有兵力守住這些地方。而他們的貝都因志願軍最初振奮的心情也很快地煙消雲散。他們衝著麥加謝里夫的權威以及掠奪鄂圖曼政府財物的機會參與革命，對於阿拉伯獨立運動卻缺乏意識形態上的承諾。等到贏得第一波戰役，攻下幾個城鎮，這些貝都因人帶著戰利品回家了。胡笙國王和兒子們不得已只好利用所有人脈與助力，招募新的部族士兵，答應提供他們槍枝和薪資——這些東西只能靠英國人幫忙。

在麥地那，法赫里帕夏正考慮是否該發動反攻。他的軍隊兵力充足，與大馬士革的聯繫也很順暢。反抗軍沒有炸藥，無法切斷持續運送糧食給法赫里駐軍的漢志鐵路。八月一日，一位新的麥加埃米爾代表國家光榮地從火車上走下來。土耳其青年團領導者任命哈希姆王朝敵對支系的首領謝里夫阿里・海達爾（Sharif Ali Haydar）取代在七月二日叛變的胡笙。法赫里帕夏打算在十月初朝聖季節時讓他在麥加就職。

從麥地那到麥加有兩條路可走。內陸的那條路比較直，但經過的地區沒有水源、崎嶇難行，軍隊不容易通行。經過紅海海港揚布和拉比格的海岸路線雖然路途遠得多，但每隔一段距離就有水穴可供行軍部隊飲用。為保護麥加，哈希姆家族必須控制揚布和拉比格。八月初鄂圖曼軍從麥地那出發時，費瑟勒就已占據陣地，阻擋通往揚布的道路，他的哥哥阿里據守拉比格。他們的戰略地點正確，但缺少正規士兵，只有靠部族志願軍抵抗鄂圖曼人。除非迅速得到增援，哈希姆家族不久就會面臨戰敗的命運；無論對阿拉伯人或對英國人的利益而言，這都是災難性的結果。

倫敦、開羅與西姆拉（Simla，英屬印度的夏都）的英國策戰者權衡派出英軍增援哈希姆家族的利弊得失。印度政府主張，將英軍派到漢志會引發印度穆斯林的激烈反應，他們認為與忠於哈里發的軍隊作戰的英國「異教徒」士兵「褻瀆」了漢志聖土。英國駐阿拉伯情報局相信，謝里夫的軍隊即將瓦解，鄂圖曼如果在麥加取得勝利，將會大大地敗壞英國在穆斯林殖民地的名聲。無論如何，英軍出現在漢志將有引發聖戰的危機。妥協之道就是以穆斯林志願軍增援謝里夫的軍隊。

招募穆斯林士兵最理所當然的地方，就是英國在印度與埃及的戰俘營。在偵訊鄂圖曼軍的阿拉伯戰俘時，英國人遇到許多阿拉伯民族主義者。如同之前所提到的，穆罕默德．謝里夫．費拉奇提出的有力證詞，確認謝里夫胡笙聲明自己代表更廣大的阿拉伯民族運動發言。此外，還有其他軍官，包括在美索不達米亞戰役中被捕的伊拉克軍官努里．薩依德和阿里．喬達特，以及薩努西戰役中在利比亞邊境被俘的賈法爾．阿斯卡里。謝里夫的阿拉伯獨立聲明足以說服許多軍官放棄效忠蘇丹，加入哈希姆家族的革命。一九一六年八月一日，努里．薩依德帶領第一批分遣隊從埃及出發到漢志。在巴斯拉獲釋的阿里．喬達特被英軍招募後派往印度，說服其他美索不達米亞戰役被捕的戰俘加入謝里夫的軍隊。喬達特成功說服三十五名軍官和三百五十名士兵，自願參與阿拉伯革命。這些人在九月初離開孟買，抵達拉比格時由努里．薩依德迎接他們。40

然而，不是所有阿拉伯戰俘都願意獻身於阿拉伯民族主義的理想。在第一批懷抱理想的部隊出發後，英國人把埃及與印度的戰俘全數送上船，讓這些可能接受招募的阿拉伯人前往漢志戰場，但招募結果卻不盡如人意。兩艘載著九十名軍官和兩千一百名士兵的船在十一月底從孟買出發。當船抵達拉比格時，謝里夫的招募人員失望地發現，只有六名軍官和二十七名士兵同意加入阿拉伯軍隊。其餘的人要不是沒有意願與同為穆斯林的夥伴為敵，就是害怕如果戰敗被捕，土耳其人會因為他們叛國而採取報復行動。已經在謝里夫部隊中的阿拉伯志願軍努力勸說了十天之後，兩艘運送戰俘的船隻繼續沿紅海而上，將不願意被招募的戰俘留置在埃及的戰俘營。

為支持謝里夫的建國目標而背離鄂圖曼部隊的阿拉伯軍官和士兵，對革命的貢獻已超越他們有限人數所能達成的範圍。在訓練與指揮貝都因人時，他們的軍事技能與流利的阿拉伯語發揮了很大的功用。然而，這些人由於人數不多，無法解除持續朝揚布和拉比格挺進的法赫里帕夏部隊所造成的威脅。穆斯林朝聖季節即將到來，白廳開始重新考慮派遣英軍增援哈希姆家族的陣地。法國主動提議派遣殖民地穆斯林軍協助漢志戰役，英國受到激勵，也打算採取行動。

法國把握朝聖季節，指派一支武裝護衛隊護送北非的朝聖者到麥加。這次護衛行動演變為一個前往漢志、規模盛大的軍事代表團，表示法國對謝里夫軍隊提供的協助。法國的軍事代表團讓英國殖民地軍官大為緊張。開羅的英國高級專員麥克馬宏爵士發電報到倫敦，表達他「反對」法國提供軍隊，「因為此舉將剝奪謝里夫勝利為我們帶來的極大政治利益」。事實上，法國對於取得阿拉伯利益的興趣並不大，他們在意的是確認謝里夫的獨立目標不會危及法國在敘利亞的利益。他們派軍官到阿拉伯去監視英國，並保護在賽克斯－皮科協定中承諾法國的所有土地。[41]

負責指揮這次法國軍事任務的是艾度阿德．布賀蒙（Edouard Brémond）上校，他曾在摩洛哥表現優異，而且阿拉伯語十分流利。九月二十一日，他率領由軍隊與平民組成的代表團以及兩百名北非朝聖者，抵達吉達。不甘示弱的開羅高級專員派遣史托爾斯，護衛隆重的埃及朝聖代表團。史托爾斯趁此機會與布賀蒙上校以及戰場上的哈希姆家族指揮官討論軍事策略。他們都深信謝里夫的軍隊依然太弱，無法抵擋法赫里帕夏與他手下的鄂圖曼正規軍。

如果無法從英國戰俘營裡募到足夠的阿拉伯士兵，接下來最好的選擇就是調派殖民地的穆斯林士兵參與阿拉伯革命。英國人徵召埃及砲手加入漢志戰役——如此一來，被迫進行全面戰爭的英國又背棄他們對埃及人的誓言。他們將第一批一百五十人的分遣隊經由蘇丹送出。截至十二月為止，派出的埃及分遣隊共有九百六十人以上。[42]

雖然法軍中有許多北非（穆斯林）士兵，法國軍事代表團人數一直沒有英軍的數量多。英國陸軍要求法國提供一個穆斯林砲兵連隊以及盡可能多的軍事專家，如機槍手、工兵、信號員（尤其是阿拉伯語流利者）和醫師等，然而法國很尷尬地承認他們的穆斯林士兵中沒有這些專家。直到一九一六年底為止，阿拉伯的法國軍事代表團中，軍官人數不超過十二人（幾乎全為法國人）而步兵不超過一百人（幾乎全為穆斯林）。法軍人數最多時共有四十二名軍官與九百八十三名士兵，但其中有許多人一直在塞德港（Port Said），從未踏進阿拉伯一步。[43]

這些殖民地士兵對阿拉伯民族運動貢獻良多，抵銷鄂圖曼軍在火砲與機關槍上的優勢，然而他們的數量太有限，無法應付從麥地那出發的鄂圖曼軍一步步逼近的威脅。一九一六年整個秋天，鄂圖曼軍毫不留情地朝哈希姆位於海岸線的陣地持續前進。

十一月初，鄂圖曼人的威脅愈來愈嚴重，土耳其軍把費瑟勒和他的軍隊從位於紅海港口拉比格後方丘陵地上的哈姆拉（Hamra）的兵營中趕走。沒有足夠的穆斯林士兵，開羅與倫敦的官員重新考慮派遣英國正規軍增援謝里夫軍隊的利弊。持反對意見的英軍聲稱，他們無法分出人數足以守住紅海海岸、對抗法赫里帕夏的軍隊。倫敦的帝國參謀總長威廉・羅伯森（William Robertson）爵士提出，光是為了守住拉比格，就必須派出約一萬五千名英軍。埃及的軍事指揮官中將阿奇柏德・莫瑞

（Archibald Murray）爵士不認為他能夠在不危及蘇伊士運河防禦的情況之下再分出這一萬五千人。他決定尋求一名英國低階軍官的建議，這名軍官曾經見過費瑟勒，並且掌握了拉比格和揚布的第一手情報。

曾試圖解救庫特圍城中的湯森少將但無功而返的勞倫斯上尉，回到開羅後，在一九一六年十月首次造訪漢志。任職於阿拉伯情報局的情報員勞倫斯，曾經主動加入東方事務祕書羅納德・史托爾斯前往吉達的一次任務，並藉機從拉比格往內陸前進，與謝里夫胡笙的兒子們會面，並勘查他們的陣地。英國指揮官們並沒有對勞倫斯的軍事策略知識做出評價，但他們推崇他對阿拉伯地區的了解，並且在他從拉比格旅行至哈姆拉的費瑟勒營地之後，他們相信他能提供關鍵的情報，幫助指揮官做出是否該派遣英軍到漢志的困難決定。

在這段經典的阿拉伯革命的歷史中，勞倫斯對於一九一六年秋天情勢危急的哈希姆陣地，提出獨特的目擊者敘述。他在拉比格與謝里夫胡笙的兒子阿里和幾位前鄂圖曼軍中的阿拉伯軍官會面，包括伊拉克的努里・薩依德、埃及的阿齊茲・阿里・米斯里（Aziz Ali al-Misri）和敘利亞的法耶茲・古笙（Faiz al-Ghusayn），這些人負責訓練謝里夫的正規部隊。騎了幾天的駱駝之後，勞倫斯抵達哈姆拉的費瑟勒營地。他發現費瑟勒心灰意冷，他的軍隊士氣低落。他們亟需武器、彈藥和現金。目前為止，費瑟勒的部隊唯一得到的就是埃及的砲兵連隊，這些人表示「他們痛恨被送來如此遙遠的沙漠中，只為了打一場白費力氣的仗」。勞倫斯的結論是，無論是穆斯林士兵或歐洲士兵，這些外國來的軍隊同樣不適合打漢志的這場仗。[44]

被開羅軍官問及出兵的意見時，勞倫斯提出警告，反對英國出兵漢志。派出任何一支遠征軍，都只會讓人懷疑英國人對阿拉伯有帝國主義的野心。「不管是否經過謝里夫同意，只要英國派軍從拉比格登陸，而這支軍隊大到足以占領當地的小樹林，在那裡建立陣地，」他下結論道，「那麼我深信阿拉伯人會說：『我們被背叛了！』然後奔逃回帳棚裡。」勞倫斯建議英國提供阿里和費瑟勒留住貝都因士兵所需的黃金（「只有黃金，能奇蹟似地把部族軍隊連續留在戰場上五個月。」勞倫斯聲稱），英軍的協助只限於空中支援與技術顧問。英國指揮官覺得勞倫斯提出的看法相當便利，也就是應該由阿拉伯人來打這場阿拉伯革命之戰，於是同意限制英國人涉入戰爭的程度。45

當勞倫斯在十二月初回到阿拉伯時，情勢已經惡化至他一定曾質疑自己的建議是否妥當。土耳其人趁阿拉伯軍不注意時發動一場突擊，勞倫斯形容這些貝都因戰士「變成一群不受控制、四處逃竄的烏合之眾，在夜色中倉促逃向揚布」。土耳其軍通往揚布的路已經暢通無阻，費瑟勒只好帶著五千名軍隊填補貝都因人留下的空缺。他拖延土耳其軍向前挺進的攻勢，但已無法守住陣地。土耳其人成功地將費瑟勒和他哥哥阿里在南方拉比格的軍隊隔離開來。分隔兩地的部隊無法抵擋鄂圖曼軍。一旦土耳其人收復紅海海岸，他們將長驅直入，從謝里夫胡笙手中再次取得麥加。46

勞倫斯和費瑟勒一起騎著駱駝，費瑟勒下令部隊撤退到從揚布騎駱駝只須六小時路程的納克勒·穆巴拉克（Nakhl Mubarak）的椰棗樹叢間。行軍時費瑟勒首次建議勞倫斯穿上阿拉伯人的衣服，如此一來阿拉伯戰士就會把他當作是「真正的領導者」，他才能在營地來去自如，而不是穿著皺巴巴的英國軍官制服，在部族戰士之間「造成轟動」。費瑟勒叫勞倫斯穿上某個阿姨給他的華麗婚禮服飾——這身衣服當然表示對勞倫斯的偏愛，但不可能讓這名英國人在貝都因人之間走動時比較不顯眼。費瑟勒還給了勞倫斯一枝步槍，就是幾個月前傑馬勒在大馬士革給他的加里波利戰利品。勞倫斯立刻在這枝恩菲爾德步槍的槍托烙上他的名字首字母和日期：「T.E.L., 4-12-16.」。之後他離開費瑟勒，回到揚布對英軍提出警告。

到了港口，勞倫斯發電報給紅海的皇家海軍指揮官，警告他揚布「受到嚴重威脅」。海軍上校威廉·波伊爾（William Boyle）答應在二十四小時內從港口派出英國船隻。波伊爾信守承諾，他以五艘戰艦組成一支聲勢浩大的艦隊防守揚布。它們實在算不上是像樣的戰艦；波伊爾形容他自己的那艘「福克斯號」（*Fox*）「幾乎是一位海軍艦長指揮過最慢也最舊的一艘戰艦」，不過他們的槍砲比土耳其軍擁有的任何野戰火砲更強大。

正當英國海軍艦隊集結在揚布外海時，土耳其人再一次對費瑟勒的軍隊發動一場成功的突擊。三個鄂圖曼步兵營在野戰火砲的支援下攻擊納克勒·穆巴拉克，貝都因人潰

黎明時分的謝里夫費瑟勒營地，位於揚布附近的納克勒·穆巴拉克。勞倫斯拍攝這張營地照片不久後，費瑟勒就撤退到揚布，此時是一九一六年十二月，阿拉伯革命正苦苦支撐。

敗，變成無秩序的烏合之眾。埃及火砲手持續以英國人支援哈希姆家族戰事的瑕疵火砲，奮力攻擊土耳其軍。「沒想到狂野的阿拉伯人竟然還用得上這老舊的廢物。」勞倫斯如此評價。這些沒有準星、測距儀或高爆彈的阿拉伯火砲，最主要的威懾力就是砲彈發出的巨響。鄂圖曼人因此暫停攻擊，讓撤退的阿拉伯人鼓足勇氣，費瑟勒的軍隊才能順利從納克勒．穆巴拉克撤離，沒有太大傷亡。他退到揚布，阿拉伯人就此投降，把高地讓給鄂圖曼軍。「我們的戰爭看來已經進入最後一幕。」勞倫斯回憶道。

揚布街道上擠滿數千名阿拉伯戰士，他們在挖掘壕溝，準備做最後一次抵抗。守軍築起土牆，減慢鄂圖曼人挺進的速度，不過沒多少人希望如此就能禁得起敵軍堅決的進攻。對於占領揚布的鄂圖曼人而言，唯一真正的威脅就是英國皇家海軍。戰艦的船身巨大無比，每一座砲的砲口都對準岸邊，黑暗中令人毛骨悚然的探照燈光束在地面上交錯舞動，警告敵人無論白天或黑夜都不能越雷池一步。

十二月十一日抵達揚布外圍時，鄂圖曼人已經筋疲力盡。雖然他們一連打了幾場勝仗，擊敗費瑟勒的軍隊，數週以來在荒涼的阿拉伯高地作戰，對他們產生了很大的影響。疾病耗損了軍隊人數；由於過度工作與餵食不足，軍中的運輸動物體力衰弱。鄂圖曼士兵在敵人的地盤上打仗，貝都因人攻擊他們後方，切斷他們的補給線。他們原本可以繼續追趕阿拉伯人，但無法承受海軍的攻擊。離麥地那基地數百英里、孤立無援的鄂圖曼營如果在揚布傷亡慘重，將得不到援軍，被迫投降。「因此他們回頭了，」勞倫斯記錄道，「我相信，當天晚上，土耳其人輸了這一仗。」[47]

鄂圖曼人不久就從揚布被逐出。英國飛機持續對納克勒．穆巴拉克的土耳其營地進行空中轟炸。

為避免進一步損耗兵力，他們開始撤退到麥地那周圍的陣地。謝里夫胡笙的兒子阿卜杜拉牽制了鄂圖曼人；他的軍隊數量少得不足以包圍麥地那，但又多得讓土耳其軍無法部署在城外。戰爭期間，法赫里帕夏將一直駐守在此。

與其冒險讓軍隊直接攻擊防守麥地那的鄂圖曼守軍，哈希姆家族選擇採取移動戰。與英國和法國顧問協商之後，謝里夫的指揮官們計畫往紅海海岸北邊移動，攻下港口沃季赫（Wajh）。有英國皇家海軍在紅海上的支援，阿拉伯軍也更能輕易攻擊漢志鐵路，切斷麥地那脆弱的補給線。不能以傳統作戰方式攻下的地方，最好用游擊戰征服敵人。

看到鄂圖曼人撤退，讓哈希姆家族取得他們在漢志攻占的土地時，英國策戰者鬆了口氣。土耳其人已經輸了重要的一仗，這場仗原本能讓鄂圖曼奪回麥加與漢志其他主要城市的控制權，並藉此加強號召聖戰。如今漢志局勢穩定，無須英國出兵，對英國人而言是一項附加的利益。他們不只能平息印度穆斯林的不安，其實一九一六年底英軍也實在無法撥出多餘的兵力。七月一日，英國對德國的索姆河（Somme）陣地展開一場大規模戰役，在一天之內創下最高紀錄的傷亡人數——五萬八千人。和凡爾登之役相同，索姆河之役在數月間不斷耗損兵力，卻沒有決定性的戰果。截至一九一六年十一月中，英軍傷亡人數有四十二萬人，而法軍有十九萬四千人。德國在索姆河的傷亡人數估計約為四十六萬五千人至六十五萬人。在西線面對如此慘重的傷亡，英國人當然非常不願意再把軍隊從歐洲調往中東戰場。

無須出兵漢志支援謝里夫胡笙的英國人，十分樂意給予他們的阿拉伯盟友物資上的協助。截至一九一六年底為止，英國政府已提供將近一百萬英鎊黃金贊助謝里夫胡笙革命。此外，他們還提供一隊由英國飛行員駕駛的飛機，監視德國提供給鄂圖曼的飛機，不讓它們靠近極度恐懼空中攻擊的貝都因人。英國人與法國人盡可能提供許多穆斯林正規軍，以及少數作為顧問的歐洲軍官，提供如何拆卸鐵路等技術。

一旦解除哈希姆家族戰敗的憂慮，英國和法國策戰者隨即將阿拉伯革命視為大戰的寶貴資產。早在一九一六年七月，戰爭委員會就已經根據哈希姆家族初期在漢志獲得的勢力，替埃及軍隊規劃新的戰略目標。委員會指示埃及的總指揮莫瑞將軍建立一條由英國掌控的路線，從地中海岸的阿里什跨越西奈半島北部，延伸到紅海最北端以東的小海港阿卡巴。英國策戰者堅稱如此便能「對敘利亞與漢志之間的聯絡線構成威脅，促使敘利亞的阿拉伯人」支持阿拉伯革命。哈希姆家族在阿拉伯的革命與巴勒斯坦的英國戰役之間的致命連結就此開始。在這兩者的作用之下，終究釀成鄂圖曼帝國的敗亡。48

第十二章 節節敗退

巴格達、西奈半島與耶路撒冷陷落

漢志爆發阿拉伯革命，大戰雙方的策戰者於是把焦點放在敘利亞這塊土地上。協約國打算將敘利亞納入更廣泛的阿拉伯革命中（當時的敘利亞指的是現今敘利亞、黎巴嫩、以色列、巴勒斯坦和約旦等國境內的領土），增強哈希姆家族的氣勢，逼迫鄂圖曼人在敵方的領土作戰。另一方面，同盟國對於他們在敘利亞的陣地信心十足。除了一九一五年二月針對蘇伊士運河發動的第一次攻擊以外，兵力充足的第四軍團還未見任何行動。鄂圖曼人相信他們在敘利亞的軍隊足以對付哈希姆家族的漢志革命，以及對英國的蘇伊士運河沿線的聯絡線構成威脅——在面臨對土耳其經由西奈半島而來的攻擊時，這條路線依然十分脆弱。

雖然傑馬勒帕夏首次攻擊蘇伊士運河的行動以失敗告終，鄂圖曼軍依舊控制幾乎整個西奈半島。西奈半島固然是英屬埃及不可或缺的一部分，但在可能面臨土耳其人攻擊時，戰時內閣卻不願意調派必要的軍隊收復並保護大批無人居住的西奈沙漠。英國的優先考慮是保持尼羅河谷的穩定，維繫人員與物資經由西奈半島送達路線的暢通。運河的西岸成為英國防禦埃及的前線，西奈半島其餘地區的鄂圖曼人則不受攻擊。

截至一九一六年初為止，鄂圖曼人已將西奈半島轉變為抵禦蘇伊士運河沿岸英軍攻擊的跳板。第四軍團指揮官傑馬勒帕夏與他的德國顧問密切合作，加強鄂圖曼陣地。他將鐵路從加薩東南方的內陸市集小鎮貝爾謝巴，往南延伸至埃及邊境的奧加（al-Auja），並深入西奈半島。鄂圖曼軍得以藉由這條鐵路將人員與物資運送到西奈的心臟地帶。傑馬勒在此建造有水井的基地網絡，提供人與動物的飲用水。鄂圖曼基地之間有道路相連，還有由德國指揮官率領的精銳沙漠部隊巡邏西奈半島。

傑馬勒不再夢想把所有英國人從埃及趕走。他打算向前挺進，直到他們的火砲到達攻擊蘇伊士運河的射程範圍為止。如此鄂圖曼人就能從距離蘇伊士運河河岸五英里遠的陣地攻擊貨船，封閉這條水道命脈，破壞英國的聯絡線，但鄂圖曼士兵又不須暴露在壕溝中的英國守軍砲火下。一九一六年二月，恩瓦爾帕夏視察巴勒斯坦前線時，他准許了傑馬勒的策略，承諾派兵支援。

戰爭部長恩瓦爾說到做到。回到鄂圖曼首都後，恩瓦爾將身經百戰的第三步兵師從加里波利調派到巴勒斯坦。他也獲得同盟國的物資支援。一九一六年四月，德國人指派一隊飛機給貝爾謝巴的鄂圖曼指揮部。這些性能強大的宏普勒（Rumpler）與福克單翼飛機十分先進，已經讓西線的對手吃足苦頭，它們賦予土耳其人在西奈半島的空中優勢。不久後，同樣在四月，奧地利人派遣兩支野戰砲兵連到西奈前線。這些口徑十五公分的榴彈砲也讓鄂圖曼軍在戰場上有足夠火力對抗英軍。在最先進軍事科技的支援下，傑馬勒開始認真計畫第二次攻擊蘇伊士運河地帶。[1]

就在此刻，英國人也愈來愈擔心土耳其人對運河區造成的威脅。一九一六年二月，埃及遠征軍（EEF）指揮官，中將阿奇柏德・莫瑞爵士提出以西奈半島北部的戰略性綠洲要塞與十字路口為據點，進行「積極防禦」。莫瑞的計畫中，英軍必須占領運河東邊約三十英里的卡提亞綠洲（Qatiya oasis）。卡提亞綠洲是半鹹水水穴網絡區的一部分，在大部分地區都缺水的西奈半島荒地上，它具有相當的戰略重要性。一旦占領卡提亞之後，莫瑞建議沿地中海岸前進到阿里什港，占據從阿里什到貝爾謝巴南部的卡薩伊瑪（al-Kussaima）這條內陸的路線。莫瑞滔滔不絕地表示，如此一來，英軍無須掌控整個長達九十英里的蘇伊士運河地帶，只要在阿里什和卡薩伊瑪之間的這四十五英里制伏土耳其人便可。[2]

帝國參謀總長羅伯森將軍明白，不讓土耳其人取得西奈半島綠洲是明智之舉。然而，英軍在西線遭遇到重大挫敗，還要設法援救不幸的庫特軍隊，他不願承擔在西奈半島或巴勒斯坦發動更大範圍戰役的責任。一九一六年二月二十七日，羅伯森批准占領卡提亞和附近綠洲，但將進軍阿里什的決定延後。

一九一六年三月，英國人開始將標準尺寸的鐵路從運河邊的城鎮坎塔拉，往東朝卡提亞延伸。他們在鐵路沿線鋪設水管，提供可靠的新鮮水源。一萬三千名埃及勞動公司（Egyptian Labour Coprs）的短期約聘工，在酷熱的沙漠中肩負起建造鐵路與水管的繁重工作。這條鐵路跟隨篷車路線的軌跡建造，以每週四英里的速度向前延伸，在四月底抵達卡提亞外圍。

鄂圖曼軍迅速採取行動，阻撓英軍前進。土耳其沙漠部隊（Turkish Desert Force）德國指揮官馮・克烈森史坦上校率領三千五百名士兵突襲保護鐵路前端的英國部隊。四月二十三日凌晨，鄂圖曼人掃蕩卡提亞周圍綠洲中的英軍陣地。在清晨濃霧中發動攻擊的鄂圖曼人讓英軍措手不及，在幾小時激戰後，幾乎整個英國騎兵團都向鄂圖曼軍投降。根據英國官方的描述，只有一名軍官和八十名士兵成功逃離（一個騎兵團人數通常大約有二十五名軍官和五百二十五名士兵）。馮・克烈森史坦的部隊安然無恙地從卡提亞撤出。這次攻擊行動並沒有讓鐵路建造的進度中斷太久，但土耳其人成功地驚動了英國人，如同傑馬勒帕夏記錄道：「此役大幅提高我軍信心。」[3]

在鄂圖曼軍攻擊卡提亞之後，英軍越過西奈半島北部的軍事行動由紐澳騎兵師作前鋒。紐澳騎兵師由紐西蘭騎兵旅（New Zealand Mounted Brigade）與澳洲輕騎兵隊所組成，結合曾經在加里波利作戰經驗豐富的士兵與新募集的士兵。在汽車無法進入的沙漠地區，騎兵不可或缺。事實上，英國還不得不加入一些駱駝分隊，才能追趕在大片沙坑中作戰的鄂圖曼軍。這場西奈戰役在二十世紀的空中武力、十九世紀的騎兵戰術與貝都因人的駱駝戰形式三者之間，呈現出一

鄂圖曼騎兵向前衝鋒。土耳其騎兵部隊在西奈戰役中扮演重要角色，包括一九一六年四月在卡提亞打敗英軍的一役。

種獨特的對比性。[4]

一九一六年，英國人在夏日酷暑中繼續建造鐵路和水管。工人、部隊和馬匹不但要忍受時常超過攝氏五十度的高溫，他們也缺乏可攜帶的飲水，此外無論人畜都躲不掉成群蒼蠅肆虐。英軍只能安慰自己，鄂圖曼人不可能在盛夏冒險發動另一場攻擊。然而，騎兵依然高度戒備，在沙漠深處巡邏，確保在卡提亞被襲的恥辱不會再次發生。

在預期已久的第二次攻擊蘇伊士運河戰事一再延誤之後，鄂圖曼人與其德國盟友已等不及要採取行動。傑馬勒延遲第二次西奈半島戰役，希望謝里夫胡笙能從漢志貢獻一批志願軍。一九一六年六月的阿拉伯革命使得這個希望破滅，還在阿拉伯省分產生新的陣線。傑馬勒相信，如果打敗西奈半島的英軍，就能破壞哈希姆家族在阿拉伯各省革命的吸引力，因此就在英軍最意想不到的炎夏中，他下令馮・克烈森史坦上校發動延遲已久的第二次運河區攻擊行動。

八月三日清晨，土耳其人攻擊英軍在卡提亞附近的羅馬尼（Romani）陣地。馮・克烈森史坦上校只率領一萬六千人，人數比英軍預期中少得多。這些士兵展現驚人的耐力，運送火砲穿越沙漠中的沙丘，以重砲彌補人數上的不足。為了出其不意，馮・克烈森史坦刻意和其中一支澳洲輕騎兵巡邏隊回基地的同一時間出擊，他可以說是尾隨在紐澳軍團騎兵身後，跟著他們進家門。這些澳洲人最後還是發現他們，但鄂圖曼軍徹底攻破紐澳軍團駐紮地，逼迫他們撤退，在天亮前攻占這個戰略地位重要的高地。

驚覺遇襲的英軍帶著增援部隊湧入羅馬尼，阻止土耳其人的攻勢。一天下來，土耳其士兵的水和彈藥用盡，數百人被迫投降。值得注意的是，馮・克烈森史坦成功地把大部分軍隊和重砲從打敗仗的戰場上撤離，在紐澳軍團緊追在後的同時催促他疲憊的士兵們迅速撤退。決心逮捕並摧毀馮・克烈森史坦遠征部隊的英國指揮官們派出飛機引導這批紐澳軍團追兵。然而，鄂圖曼人在比爾阿卜德井（Bir al-Abd）發動最後一次反攻，之後才安全撤退到依舊由他們占領的阿里什。

鄂圖曼人在羅馬尼之役大敗。他們約有一千五百名士兵受傷和死亡，四千名士兵被俘，英軍只有超過兩百名士兵死亡，九百名士兵受傷。然而，英國人不把羅馬尼一役看做是一場徹底的勝仗。英國將軍們認為，馮・克烈森史坦遭遇到如此大有可能全軍覆沒的敗仗之後，還能帶著大部分部隊與火砲完好如初地撤退，可說是英軍關鍵性的失敗。羅馬尼之役雖然算是鄂圖曼人最後一場對埃及英國陣地發動的攻擊，土耳其人依然保有防禦巴勒斯坦邊境的兵力與火砲。[5]

一九一六年夏天，英軍挺進西奈半島與漢志的阿拉伯革命同時發生。我們可以回想一下，阿拉伯革命的前兩個月極為成功，哈希姆家族的軍隊在麥加、塔伊夫、吉達、拉比格和揚布都擊敗鄂圖曼人。倫敦的戰爭委員會開始考慮協同阿拉伯革命與西奈戰役的可能性，讓鄂圖曼人無法堅守敘利亞南部和巴勒斯坦的陣地。有鑑於一九一六年二月，大英帝國參謀總長指示對卡提亞僅進行有限度的軍事行動以防禦蘇伊士運河；一九一六年七月，戰爭委員會命令莫瑞的軍隊占領西奈半島從阿里什到紅海的阿卡巴港之間，「因為在這些地方部署軍隊能直接威脅敘利亞和漢志之間的土耳其聯絡線，並促使敘利亞的阿拉伯人」反叛鄂圖曼人。[6]

按部就班的莫瑞將軍讓軍隊前進的速度與建造鐵路和水管的速度一致。到了一九一六年十二月，鐵路前端已經到達馬札（Mazar）水井區，距離阿里什只有四十英里。在鐵路前端擁有所有必要補給物資，還有足夠駱駝可運送食物、飲水和彈藥給在貧瘠沙漠中作戰的部隊，此時的英國人已準備對鄂圖曼駐地發動攻擊。

在阿里什評估情勢的鄂圖曼指揮官們愈來愈擔憂。他們的空中偵察機早已追隨英國人建造鐵路的進度以及軍隊和補給品的集中處。此外，他們還知道，英國戰艦在西奈半島海岸邊巡邏，土耳其駐軍就在戰艦砲火輕易可擊中的射程範圍內。面對海軍砲火和四個以上英國步兵師的兵力，這一千六百名鄂圖曼守軍毫無守住陣地的希望。就在英軍發動攻擊的前夕，鄂圖曼人已從阿里什撤退到巴勒斯坦邊境上更佳的防禦陣地。英國皇家飛行隊回報，土耳其陣線已被棄守，於是在十二月二十一日，第一批英國部隊沒有遭到抵抗就占領這個戰略城市。

然而，英國的處境一點也不安穩。空中偵察機在阿里什谷地中的村莊馬格達巴（Magdhaba）發現許多防守嚴密的鄂圖曼陣地。只要土耳其人還在馬格達巴，就會對英軍後方構成威脅。十二月二十三日，英軍派遣紐澳軍團騎兵和帝國駱駝騎兵旅（Imperial Camel Brigade）將土耳其人趕出馬格達巴。由於阿里什和馬格達巴之間沒有水源，騎兵必須在日落前攻下該村莊，否則乾渴的士兵和他們的坐騎只好為了喝水撤退到阿里什。當天過了中午，焦慮的澳洲指揮官，將軍哈利．蕭維爾（Harry Chauvel）爵士正要取消攻擊行動時，一群騎兵與駱駝騎兵突破了鄂圖曼防線。[7]

「我們吃了一驚，」一名駱駝騎兵回憶道，「有幾個土耳其人從壕溝裡跳出來跟我們握手。」之前曾在達達尼爾之役見過面的士兵對彼此稱兄道弟，這真是奇妙的一刻。「把紀念章放在那兒吧，老兄，」一個澳洲二等兵對一個戴著加里波利戰役紀念章的土耳其戰俘說，「我也曾經在那裡，那真是個該死的地方，我同情你。」這澳洲人接著把土耳其紀念章別在他自己胸前，抽起土耳其戰俘的香菸，然後才前進到下一個鄂圖曼陣地。英軍攻占整個阿里什谷地，投降的鄂圖曼士兵將近有一千三百人。[8]

一九一七年一月九日，英國重新征服西奈半島，同時攻占鄂圖曼與埃及邊境的城鎮拉法（Rafah）。在一天的激戰之後，紐澳騎兵師成功地包圍鄂圖曼壕溝，迫使他們投降。從拉法撤退之後，鄂圖曼人放棄在埃及的軍事目標，轉而保護巴勒斯坦的陣地。[9]

埃及遠征軍的最終目標為何，依然是個問號。一九一六年十二月，針對戰事該如何執行因而引發了一場內閣危機之後，新首相勞合．喬治入閣。他與前任首相阿斯逵斯同為自由黨，此時和保守黨共同組成聯合政府。他希望能贏得一場快速而決定性的勝仗，好讓英國政府與民眾都團結在他的領導之下。他主張在巴勒斯坦和鄂圖曼人展開激烈的戰役，並深信在死傷慘重的西線凡爾登與索姆河戰役之後，征服耶路撒冷必能讓輿論大為讚揚，這正是他們所需要的。然而，勞合．喬治的將軍們極不願意把更多軍隊調離他們清楚知道戰爭輸贏的西線。將軍們辯稱，埃及遠征軍最主要的任務，就是防禦埃及。軍人在這場辯論中獲勝，埃及遠征軍在拉法戰勝的兩天後，戰時內閣下令莫瑞將軍把巴勒斯坦大規模軍事行動延至一九一七年秋天，並派遣他部隊的一個師到法國去。

從西奈半島被逐出的鄂圖曼人，建立了一條從海岸邊的加薩到綠洲城市貝爾謝巴的內陸防禦線。一九一七年一月至三月間，援軍被派到這條長二十英里的前線，保護巴勒斯坦南部。鄂圖曼軍從高加索調來一支騎兵隊，並從色雷斯調來一個步兵師，加入傑馬勒的部隊，他們決心保衛巴勒斯坦，抵禦英軍來襲。[10]

一九一七年初，就在埃及遠征軍停在巴勒斯坦邊境時，美索不達米亞遠征軍在底格里斯河重新發動攻擊。他們謹慎前進，本意是為了削弱鄂圖曼第六軍團，最後這場仗卻成為英軍在中東第一次大勝利——占領巴格達。

為解救庫特圍城，英軍一再發動攻擊，等到一九一六年查爾斯・湯森少將投降時，英軍和鄂圖曼軍雙方的兵力都已耗盡。無法達成目的的英國人，既沒有足夠兵力也沒有動機在底格里斯河再次攻擊鄂圖曼陣線，土耳其人自己也太過疲憊，無法攻擊衰弱的英軍。因此，雙方都鞏固陣地，照料傷病士兵，陷入較為沉寂的狀態；然而，各自的指揮官卻專注地思考如何在其他戰線造成敵人更重大的威脅。

在庫特圍城的勝利之後，鄂圖曼人幾乎立即面臨俄國人攻擊巴格達的威脅。一九一六年五月初，波斯的俄軍總指揮官尼卡萊・巴拉妥夫（Nikolai Baratoff）將軍占領邊界城市席林堡（Qasr-i Shirin），對隔著邊界的土耳其陣地卡尼金（Khaniqin）構成威脅——此處離巴格達不過一百英里。在庫特戰勝英軍因此獲得獎勵的哈里勒帕夏，指揮鄂圖曼第六軍團從底格里斯河前線將部隊調往卡尼金防備俄軍，庫特周圍的兵力剩下一萬兩千人。

英國人把哈里勒的任務變得簡單了些。大英帝國參謀總長羅伯森爵士在庫特陷落之後，確認英軍在美索不達米亞的任務為「防禦」，並且通知美索不達米亞遠征軍指揮官：「我們不把占有庫特或占領巴格達視為要務。」他建議英軍應持續「盡量以安全的戰術，逐一攻破鄂圖曼陣地」，將庫特陷落對英國名譽造成傷害的效應降到最低，迫使鄂圖曼人把原本預計派至巴格達抵禦入侵俄軍的部隊，留在底格里斯河岸。然而，羅伯森並不打算下令攻擊底格里斯河流域的鄂圖曼陣地。[11]

英國採取消極作戰方針，哈里勒於是把所有兵力投入對俄作戰，在卡尼金阻止巴拉妥夫的攻勢；一九一六年六月一日，他將俄軍擊退，占領波斯的克爾曼沙赫（Kermanshah，七月一日）和哈姆丹（Hamdan，八月十日）。既擔心俄軍又擔心英軍的鄂圖曼人衝進波斯，卻將防禦巴格達的哈里勒帕夏置於兵力不足的險境。他們一直沒有補足兵力，以至於哈里勒帕夏必須拚命抵擋英軍造成的威脅，因為來自印度與埃及的英國援軍開始抵達美索不達米亞。

八月，英國指派一位新的指揮官領導美索不達米亞遠征軍。少將史丹利·莫德（Stanley Maude）爵士曾經在法國受傷，而且是加里波利之役結束時的蘇弗拉灣撤退行動中最後一個從海灘離開的人。莫德是個行事激進的指揮官，他決心在底格里斯戰線採取攻勢。一九一六年夏天至秋天，他試圖在美索不達米亞打造一支強悍的軍隊。他得到兩個新的步兵師，將美索不達米亞遠征軍的戰力提升至十六萬人以上，其中有五萬人以上被派遣到底格里斯河前線（剩下的人被分派到巴斯拉的英軍陣地以及幼發拉底河沿岸）。就在莫德擴張軍隊的同時，哈里勒的軍隊規模卻縮小了。士兵生病、逃亡，以及土耳其與英國陣線定期朝對方開火導致士兵傷亡等等，都造成第六軍團兵力損耗，但最重要的就是他們沒有援軍。根據莫德的情報指出，部署在庫特周圍的鄂圖曼軍不超過兩萬人，但事實上他們的人數比兩萬人少得多；或許只有一萬零五百人。[12]

英軍在底格里斯河的前進基地位於謝赫·薩阿德；一九一六年秋天，這是個活動頻繁的地方。新型內河船一天載貨容量擴充至每天七百公噸以上，此時也來到底格里斯河源頭。為加速運送補給品到庫特附近的前線，英國建造一條從謝赫·薩阿德到海伊河的輕便鐵路（海伊河是在庫特連結底格里斯河、在納西里耶連結幼發拉底河的一條水道）。這條在鄂圖曼火砲射程之外的鐵路於一九一六年九月開始通車，一九一七年初鐵路已抵達海伊河岸。為加速從鐵路前端運送補給品和彈藥到前線，莫德下令派出數百輛福特軍用貨車，結果發現這做法相當有效，即使在雨後一片泥濘的地面，貨車也來去自如。

雖然有以上優勢，倫敦的戰爭委員會依舊非常謹慎。帝國參謀總長羅伯森將軍相信，由於到波斯灣的補給與通訊交通線太長，因此巴格達不但難攻，更加難守。再者，他不考慮攻打巴格達，因為「對大戰沒有可估計的效用」。遲至一九一六年九月，羅伯森對莫德下達的命令都不包括進攻。然而，莫德將戰爭計畫密而不宣。十一月，他獲准對海伊河地區的鄂圖曼陣地發動攻擊。他拒絕指定作戰日期，甚至對自己的幕僚與軍官都保守祕密。不過，後來發現他們不用多久就知道了。

十二月十日，莫德將軍發電報給印度與倫敦，告知上級他已準備完成，將立刻在海伊河展開軍事行動。如此臨時的通知令戰爭委員會訝異，但要是知道莫德如此倉促的原因，他們必定更是驚訝萬分。迷信的莫德相信十三是他的幸運號碼，因此決定在十二月十三日發動攻擊，並且以第十三師作為先鋒。[13]

被戰火蹂躪的庫特城中，第三次也是最後一次戰役，於十二月十三日在英軍砲火下展開。這場戰役在二十英里長的前線拖延了兩個月。莫德的軍隊正面攻擊土耳其嚴密防守的壕溝陣地，死傷慘重，不過較精良的英國火砲削減了鄂圖曼士兵人數。然而，土耳其人繼續堅守陣線，並且以驚人的韌性進行反擊。一九一七年二月中，他們在薩奈亞特（Sannaiyat）的壕溝擊退英軍的正面攻擊，遭受嚴重傷亡的英軍不得不撤退。

二月二十三日，英軍攻下底格里斯河對岸的一個灘頭堡，庫特之戰達到最高潮。為了引開守軍，莫德下令攻擊薩奈亞特壕溝，逼近庫特。試圖驅趕英軍的鄂圖曼軍大批聚集在這兩個地點，而莫德以先鋒部隊突襲庫特上游五英里的土耳其人，在舒穆朗灣（Shumran Bend）占領灘頭堡。該處的少數土耳其守軍堅決抵抗，但很快就被英軍砲火從相當近的距離擊敗。等到鄂圖曼指揮官發現危險時，他們已經無法派出足夠的士兵抵擋從浮橋上蜂擁而至的敵方部隊。

英國的騎兵、步兵和砲兵部隊迅速過河，鄂圖曼指揮官明白他們情勢危急。在被敵軍包圍與逮捕的險境中，哈里勒帕夏下令他的部隊立刻從底格里斯河左岸全長二十英里的所有陣地撤退。鄂圖曼人撤退成功大都要歸因於部隊徹底執行撤退指令。鄂圖曼主要部隊攜帶著槍枝與盡可能多的補給品，殿後部隊守住撤退路線等待主要部隊通過，接著尾隨在後保護撤退的部隊。英屬印度的政治主官亞諾·威爾森（Arnold Wilson）估計撤退的鄂圖曼縱隊不到六千兩百人，追趕他們的英國步兵和騎兵卻共超過四萬六千名。[14]

就在英印軍占領底格里斯河左岸時，皇家海軍上校能恩（W. Nunn）率領砲艦抵達庫特，二月二十四日晚間下錨。第二天早上他派遣一支小隊上岸。他們發現該城已被鄂圖曼軍棄守，因此升起英國國旗。這座被毀的城市對於美索不達米亞戰役而言，戰略價值並沒有比其他河灣更重要，但對莫德與他的部隊而言，這裡卻有極大的象徵意義。重新升起英國國旗，對於十個月前導致湯森投降的軍事失敗多少有些補償作用。但是，對於飽受圍城之苦，以及湯森投降後遭到鄂圖曼軍嚴厲報復的庫特居民而言，每一次改換國旗就招致毀滅性災難。看見英國人回來，他們感到未來堪慮。

撤退的鄂圖曼軍成功躲過英國步兵和騎兵，但隨後卻被皇家海軍砲轟。能恩上校率領由五艘砲艦組成的艦隊，從數百英里外的海面迅速沿河而上，追趕哈里勒的第十三軍。他們遇上在底格里斯河某個U型河灣築壕溝的鄂圖曼殿後部隊。英國砲艦連續數英里遭到直射射程範圍內的猛烈火砲與機關槍攻擊。五艘砲艦全都被直接命中，人員死傷慘重，但英軍仍然設法通過土耳其殿後部隊，追趕撤退的主要部隊。

能恩的艦隊在與鄂圖曼軍撤退路線平行的河岸邊，追上哈里勒的主要部隊，對疲憊而士氣低落的土耳其士兵造成慘重的災害。一名在該地區上空的協約國飛行員形容了當時的景象：「相當驚人、恐怖。路上散落著死屍和死驢、被拋棄的槍枝、篷車和物資，許多篷車已經升起白旗，筋疲力竭且飢餓的人與動物倒臥在地上。沒幾個人逃得過阿拉伯部族的注意，這些人就像在小徑上遊蕩的狼群一樣。這景象令我作嘔，我趕緊回家。」15

日落時，英國海軍艦隊已經趕上撤退的土耳其內河船，逮捕或摧毀所有船隻，包括英軍在之前的戰役中投降時交出的幾艘蒸汽船。土耳其醫療船「巴斯拉號」舉起白旗，將傷重的數百名土耳其戰俘和幾名英國人交給英軍處理。當天戰事結束，能恩停船讓他的人員處理傷亡士兵，並修補離最近的英國士兵前方幾英里處已千瘡百孔的砲艦。16

在兩個半月的戰事中，莫德將軍已經摧毀哈里勒的防禦。他突破目前為止堅不可摧的土耳其陣線，俘擄約七千五百名士兵，將底格里斯河前線鄂圖曼軍的四個師人數減少為五千人以下，但他自己的軍隊卻幾乎保留全部兵力。他的船艦控制底格里斯河，飛機駕馭領空。莫德知道鄂圖曼人沒有足夠兵力防禦巴格達，抵抗英國的占領行動。然而，倫敦方面禁止他挺進巴格達，他還是需要取得上級命令才能前進。這位美索不達米亞遠征軍的指揮官只能向倫敦報告，請求倫敦政府給予新的命令。

倫敦的指揮官們欣然接受從伊拉克傳來的好消息，但對於如何善加利用莫德的這場勝仗，他們有不同的意見。英國征服美索不達米亞的野心，依然被籠罩在庫特投降的陰影中，而帝國參謀總長最討厭冒險。他同意莫德的軍隊占領巴格達，但質疑他們是否有能力守住這座城市，他擔心鄂圖曼人將帶著強大的援軍回來，威脅勢孤力單的英軍，造成第二次圍城。羅伯森將軍明白英軍無法從任何一個前線調派任何一支軍隊前來增援，同時也擔心如果英國人又一次遭到蘇丹－哈里發的「聖戰士」羞辱，將影響穆斯林輿論的觀感，因此他不肯批准莫德做出不僅止於「在巴格達vilayet（省）建立英國影響力」的舉動。他指示莫德「逼迫敵人往巴格達方向前進」，如果時機得當，甚至可以派騎兵「突襲該城」，但羅伯森在二月二十八日的命令中警告莫德不可「在之後被迫以任何理由後退」，因為任何撤軍都可能造成「令人不快的政治效應」。[17]

在接下來的電報往返中，印度的英軍總司令查爾斯・門羅將軍積極主張趁土耳其軍一團混亂時發動突襲，占領巴格達。此舉將能避免土耳其人取得足以威脅英國人在巴斯拉省與波斯利益的戰略樞紐，並且在信奉伊斯蘭教的東方，大大提升英國的聲譽。莫德也說服羅伯森，扼要敘述占領巴格達後英軍在伊拉克可取得的軍事地位優勢。戰爭委員會成員心中還有另一事擔憂。春天時俄國人將要在美索不達米亞進行一場攻擊行動，攻打摩蘇爾、薩邁拉和巴格達。如果俄國人先攻入巴格達，一名軍官如此推論：「那麼賽克斯－皮科協定就無效了。」[18]

這些論點很有分量，促使羅伯森將軍修改對莫德的命令。在三月三日發給莫德的電報中，他承認「立即占領巴格達的可能性」比他之前所認為的「或許更大」。羅伯森將軍其實沒有下令莫德進軍巴格達，他同意讓莫德自行判斷後再做出最後決定，不過他推翻之前所有的恐懼：「簡而言之，我們的目的應該是從你最近的勝利中獲取可能的最大成果，同時又要避免做得太過頭，以至於重複之前聯絡通訊的問題，或者避免在確定占領巴格達之後，又被迫撤退。」

停下來把進軍命令理出一番頭緒之後，莫德率領他的軍隊朝上游的巴格達前進。三月六日，他們沒有遭到抵抗，就抵達薩勒曼・帕克，一九一五年底湯森曾在此被迫撤退。古老的泰西封拱門令他們讚嘆不已，它是數英里以內最明顯的地標。此外，他們還檢視為防禦巴格達所建但之後被棄而不用的複雜鄂圖曼壕溝網。土耳其指揮官們決定把防守的軍隊集中在迪亞拉河（Diyala River），這條河是底格里斯河的支流之一，在巴格達下游。英國人很驚訝土耳其人在此地頑強抵抗，莫德的部隊被牽制了三天，雙方死傷慘重。然而，在迪亞拉河的土耳其人只是暫時抵擋英軍。哈里勒明白巴格達難以抵抗莫德在人數上與砲火上的優勢。

在巴格達城內，鄂圖曼官員和軍官努力維持秩序，並準備進行撤離。曾經和來自庫特的英國戰俘聊天的學生塔力卜・穆斯塔克，難以相信土耳其人會讓外國人占領巴格達。撤離前夕，穆斯塔克和他弟弟被叫到副總督辦公室，這位副總督是他們家人的舊識。他臉上「刻畫著痛苦的情緒」，派警察保護這兩個男孩，將他們送往附近的城鎮巴古拜（Baquba）和家人團圓，他父親任職於當地公家機關。「我們現在要淨空巴格達，」這位副總督解釋，「各前線的土耳其軍隊都在撤退。英軍可能明天或後天就會進入巴格達。」穆斯塔克難以置信。「我們怎能撤出巴格達？」這名愛國的青少年問，「我們怎能讓英國的馬蹄褻瀆神聖家鄉的土地？」然而，副總督態度堅決，因此這兩個男孩被帶離學校，護送至巴古拜心急如焚的父母身邊。[19]

一切如常的幻覺，在三月十一日午夜後不久就粉碎了。鄂圖曼人與其德國盟友開始摧毀巴格達的軍事設施，德國工程師切斷固定無線電桿的鋼纜，桿子摔毀在地上。巴格達鐵路公司的起重機、吊車和水塔被炸毀，巨大的爆炸聲撼動整座城。主要政府建築也一一被炸壞，底格里斯河上的浮橋付之一炬。美國駐巴格達的領事奧斯卡・海瑟（Oscar Heizer）從他的屋頂上看著鄂圖曼人有系統地摧毀它統治下的巴格達。鄂圖曼帝國撤離後，巴格達陷入失序狀態。「庫德族和阿拉伯下層人民立刻開始掠奪市場和雜貨店。」他在領事日誌中提到。[20]

到了早晨，掠奪的情形已經太過嚴重，海瑟領事必須在武裝護衛的陪同下騎馬出城尋找英軍前哨。九點三十分，他遇到由一位英國少校帶領的一隊印度長矛輕騎兵，於是他陪同他們進入市中心。街道上擠滿人群，海瑟寫道：「許多人才剛在街上搶劫，現在看起來卻一副天真善良的模樣，朝軍隊歡呼。」長矛輕騎兵進入主要的幾個市場，發現男人、女人和孩子正

巴格達陷落。一九一七年三月十一日英軍進入巴格達時，在新街（New Street）上的一支印度運輸小隊。

從商店貨架上搶奪最後剩下的物品。這些人也拆除許多房屋的窗戶、門與木作部分。英國少校拿出左輪手槍朝天空開了幾槍，掠奪的人群四散奔逃，經過這些巴格達的新主人時，還被長矛輕騎兵毆打。

莫德將軍一直等到軍隊確實掌控巴格達，才在當天下午傍晚低調地入城。當天早上興奮的士兵已經在城堡內升起英國國旗，莫德進城後國旗又被降下來，在土耳其營房的鐘樓上再次升起。然而，這位巴格達的征服者沒有政府的准許不能發表任何官方聲明。倫敦的內閣成員把這項任務交付給基奇納勳爵的中東顧問、也是賽克斯－皮科協定的擬定者之一——馬可·賽克斯爵士，請他以莫德的名義草擬一份正式宣言。正如亞諾·威爾森所言，這份文件「字裡行間處處透露著激昂的（賽克斯的）東方主義」。21

這篇宣言以相當華麗的詞藻作為開場，向巴格達人民保證：「我們的軍隊並非以征服者或敵人身分，而是以解放者的身分，來到你們的城市。」

> 自從（十三世紀蒙古征服者）旭烈兀的時代以來，你們的城市和土地一直臣服於暴君與外地人腳下，你們的宮殿傾倒，成為廢墟，你們的花園日漸荒蕪，而你們的祖先和你們自己被人奴役，痛苦呻吟。你們的兒子被帶往你遍尋不到的遠方作戰，你們的財富被不義之人剝奪，在遠方被揮霍殆盡。22

英軍在巴格達大量散發以英文和阿拉伯文印製成傳單的莫德宣言，但這份宣言無法說服巴格達人民，在先前那一長串迫使他們的國家臣服於專制政權之下的外地人之中，英國人和之前的土耳其人有何不同。正如塔利卜·穆斯塔克的回憶：「進入巴格達後，莫德將軍宣布他不是以征服者身分而來，他是拯救者和解放者。這真是個無恥的謊言與騙局，因為巴格達和整個伊拉克的人民都親眼見到英國人如何把伊拉克人當成奴隸或俘虜對待。那麼自由在何處？拯救又在何處？」[23]

對英國戰爭委員會而言，這些都是微不足道的顧慮。在鄂圖曼前線的一連串慘痛失敗之後，英國終於贏得一場重大勝利。就整體戰事來看，巴格達或許只有極少或毫無戰略價值，但任何勝利都值得高興，再說巴格達這座《一千零一夜》故事中的城市，可說是一個充滿異國風情的獎賞。對鄂圖曼人而言，巴格達陷落的結果正好相反。這個哈里發帝國阿拔斯王朝（Abbasid caliphate，西元七五〇～一二五八年）的古都，不但是柏林－巴格達鐵路預計的終點，同時也是鄂圖曼帝國戰後在波斯灣實現其領土野心的跳板。失去巴格達，加上被俄國攻占的安那托利亞東部駐地埃爾祖魯姆和黑海港口特拉布宗，以及落入漢志哈希姆家族之手的麥加與吉達，和不久前在西奈半島遭到的挫敗——鄂圖曼人又一次在所有邊境被敵人擊退。

英國在巴格達的勝利促使戰時內閣重新評估英軍的埃及戰略。一九一七年一月攻下西奈半島邊境的拉法之後，埃及遠征軍奉命將進一步的軍事行動延至秋天。然而，協約國策戰者正重新整體考慮他們的作戰方式。一九一七年二月二十六日，英國和法國將軍在瀕臨英吉利海峽的法國港市加萊（Calais）進行會談，審視全球戰略。為採取主動權，協約國決定在春天的協同攻擊中，同時在西線、馬其頓和美索不達米亞等數個前線進攻同盟國。莫德已在三月十一日占領巴格達，這正是埃及遠征軍表現的最好時機。

一九一七年四月二日，美國加入協約國行列，宣布對德作戰，協約國進一步受到鼓舞。他們煞費苦心，才扭轉美國的孤立主義。畢竟總統伍德羅・威爾遜（Woodrow Wilson）在一九一六年競選連任成功時，競選口號是「他讓我們遠離戰爭」。然而，德國U型潛艇對大西洋航運進行無限制攻擊（一九一五年五月七日，英國皇家客輪「盧西塔尼亞號」（SS *Lusitania*）在愛爾蘭沿海岸邊被擊沉，造成一千兩百零一名旅客喪生，其中有一百二十八名美國人），再加上有消息傳出如果美國參戰，德國將回過頭來與墨西哥達成同盟協議；以上原因足以拉攏美國，與協約國並肩作戰。雖然一九一七年的美國根本稱不上是軍事強權國家（美國和平時期軍隊人數在十萬人以下），該國強大的工業基礎與大量人口，保證能翻轉協約國在西線的命運，以上各點促使英國策戰者在中東展開新一波攻勢。24

埃及遠征軍蓄勢待發。一九一七年的前幾個月，鐵路工程持續快速地進行，在三月的第三週已經抵達加薩南方十五英里的漢尤尼斯（Khan Yunis）。水管工程也到達後方不遠處。英軍已將大量彈藥和補給品等儲備物資集中在前線附近，以便讓軍官在三月底之前準備好發動一場攻擊。英軍比守軍在人數上占優勢，共有一萬一千名騎兵和一萬兩千名步兵，以及一整個師共八千人作為後備兵力。鄂圖曼的加薩駐軍只有四千人，不過還有一萬五千名土耳其前線部隊駐紮在後方幾英里。

莫瑞將軍和手下的軍官根據先前和鄂圖曼軍在西奈半島的交戰經驗，草擬了一份作戰計畫。他下令紐澳騎兵師從北邊、東邊和東南邊包圍加薩，用意在切斷土耳其的撤退路線，並阻礙增援部隊進入。步兵在南邊陣地備戰，直接攻擊。與西奈半島戰役相同，加薩的攻擊行動是在和時間賽跑。除非他們可以在日落前占領加薩，到時乾渴的英軍就必須撤退幾英里到鐵路前端，補充飲用水。

三月二十六日清晨，騎兵開始包圍加薩。到了十點半，加薩已經被英軍團團圍住。然而，步兵的行動卻因濃霧延後，一直到中午攻擊命令才下達。英軍火砲開火，損毀這座有四萬人的海岸城市。由於土耳其陣線的狙擊手與機關槍砲火持續攻擊，再加上崎嶇的地面被濃密的仙人掌樹叢分隔，阻撓步兵前進。然而，當鄂圖曼人全神貫注抵禦南邊的步兵時，紐澳軍團騎兵部隊卻從北邊與東邊逼近加薩。傍晚六點三十分，鄂圖曼軍的防禦瓦解，投降在即。然而，土耳其人福星高照，此時英軍發生通訊故障，這表示英國指揮官不知道他們的軍隊到底是否已勝利在望。

到了傍晚，在加薩附近與鄂圖曼軍激戰數回合之後，傷亡慘重的英軍下令全面撤退。他們估計，在戰役開始時，出現超乎預期的延誤後，他們的人員沒有足夠時間在日落之前達成所有目標，因此害怕英軍會被正往加薩前進的鄂圖曼援軍牽制。如果無法取得乾淨的水和新彈藥，無論是士兵或坐騎第二天都無法繼續戰鬥。與其冒著被打敗的危險，英國將軍們寧願犧牲當天辛苦得來的戰果，以保存部隊戰力。

英國突然撤軍，放棄攻擊加薩，雙方士兵都同樣驚訝。撤退行動使得英軍暴露在鄂圖曼的反攻危險中，撤退會造成大量傷亡，再說士兵對於必須放棄激戰贏得的土地也感到忿忿不平。對鄂圖曼人而言，英軍撤退簡直就是個奇蹟，他們的指揮官馬上利用這個機會收復戰略位置重要的高地。在三月二十七日的戰役結束時，英軍傷亡人數超過了鄂圖曼人。25

加里波利之役的陰影籠罩著加薩。「所以你怎麼說？」一名土耳其新聞記者在戰役之後問一名傷兵，「你認為他們會回來嗎？」「他們不會回來，閣下，」這名土耳其士兵嚴肅地說，「他們已經見識到我們是什麼樣的軍隊。」他的意思是英國人知道他的部隊已經在加里波利半島擊敗英軍，他們不會再回來吃敗仗。26

在傳回倫敦的第一次攻打加薩報告中，莫瑞將軍簡化了壞消息，並且誇大他攻占的土地。在報告中莫瑞聲稱他的部隊挺進十五英里，指出他們「造成敵軍重大傷亡」，敵軍傷亡人數「約有六千至七千人」，然而土耳其的傷亡人數只有不到兩千五百人。渴望得到好消息的倫敦報紙沒有提出疑問，直接刊出莫瑞提供的數字。然而，戰場上的士兵很清楚並非如此。來自奧克蘭槍騎兵團（Auckland Mounted Rifles）的布里斯柯．莫爾（Briscoe Moore）中尉撿到一張在戰役結束後不久被敵方飛機丟下的紙條，上面把事實說得很清楚：「你們在報紙上的聲明打敗了我們，但我們在加薩打敗了你們。」[27]

英國戰時內閣終於還是揭穿了莫瑞誇大的報告。大英帝國參謀總長羅伯森將軍告知莫瑞，根據莫德最近占領巴格達以及莫瑞自己在加薩的「勝利」情勢，他正在修改對埃及遠征軍的指令。莫瑞眼前的目標就是要擊敗耶路撒冷南邊的土耳其軍隊，接下來就是占領這座聖城。在一九一七年四月二日發給莫瑞的電報中，羅伯森強調征服耶路撒冷對疲於戰事的英國大眾具有重要的象徵意義。「戰時內閣十分焦慮，因此你應該全力以赴。」羅伯森承諾提供所有莫瑞戰勝所需的戰爭物資。

從莫瑞將軍與倫敦方面通信時謹慎的口吻與諸多保留的意見看來，他沒什麼信心自己能打敗巴勒斯坦的鄂圖曼人並攻占耶路撒冷。在巴勒斯坦南部乾旱的土地上，他的全部戰略，就是讓軍隊與鐵路以及水管工程同時逐步前進。在第一次加薩戰役之後鄂圖曼派出增援部隊，通過加薩變得更加困難；即使能通過加薩，他還是極為擔心他的補給線因而快速延長，數萬人與動物該如何取得飲水。然而，他收到的命令再清楚不過，莫瑞於是開始準備第二次攻打加薩的鄂圖曼陣線。

鄂圖曼人現在知道英軍集結在哪裡準備攻擊，因此他們盡全力阻擋從加薩到貝爾謝巴的路。正如傑馬勒帕夏回憶道：「我決定守住那個前線，在那裡集結所有土耳其軍隊，不計任何代價防止英軍突破陣線。」在第一次攻擊加薩之後的接下來三週之中，傑馬勒把增援部隊部署在加薩與貝爾謝巴之間的這條陣線，鄂圖曼軍以泥土築起一系列防禦工事和壕溝，抵禦所有朝加薩而來的機關槍與大砲的砲火攻擊。28

過去的經驗讓英國指揮官明白，在壕溝戰中守軍較為有利。為使軍隊更有機會突破土耳其人的陣線，莫瑞將軍調來英國軍械庫中最可怕的武器之一。他儲備了四千回合毒氣彈，準備一開始就以毒氣彈轟炸鄂圖曼陣地。雖然在一九一五年四月的第二次伊普爾戰役（Battle of Ypres）之後，西線的交戰雙方就已經大量使用毒氣，但協約國從未用毒氣對付鄂圖曼人。發動攻擊之前，英軍發給士兵防毒面具；鄂圖曼士兵當然沒有面具。八輛坦克車被祕密送到西奈半島前線，協助步兵進攻已堅守在壕溝內的土耳其陣線。「我們聽過許多這種恐怖戰車的傳聞，」一名駱駝騎兵旅中的澳洲人寫道，「它送來時我們欣喜若狂，相信一啟動這些坦克車，它就能令敵人膽寒。」29

一九一七年四月十七日，加薩的第二場戰役在猛烈轟炸之中展開序幕。毒氣彈集中朝壕溝的某一區開火，但發現沒有效果。離岸邊不遠的戰艦以一陣槍林彈雨砲轟加薩，但鄂圖曼守軍卻文風不動。最後，挺進土耳其陣線的英國士兵遭到機關槍和火砲的連續攻擊。

一九一七年三月第一次加薩戰役後，鄂圖曼軍對打勝仗的士兵展示軍旗。

一名帝國駱駝騎兵旅中的澳洲士兵法蘭克·瑞德（Frank Reid）從坐騎上下來，進入「步槍與機關槍砲火猛烈」的戰場上。瑞德眼看炸彈在頭頂上爆炸，他的同袍在他身旁倒下。突然間他聽到左邊的人在歡呼，這時他看見八輛英國坦克正朝土耳其壕溝前進。他衷心期待「坦克一抵達壕溝出現在土耳其人面前，他們就會投降」。不過，鄂圖曼士兵反而用手邊各種武器瞄準坦克。「巨大的砲彈撞上坦克的鐵皮後散落各處。但坦克還是繼續前進。」

這些駱駝騎兵尾隨在坦克後面，抵達第一條土耳其壕溝，他們遇到一些傷重無法撤退的鄂圖曼士兵。瑞德還記得澳洲人與土耳其人面對面時的一幕，因為在這一刻，出現了兩種互相衝突的矛盾直覺。兩名英國駱駝騎兵來到一個受

西奈半島的大英帝國駱駝騎兵團。照片中由左到右騎在駱駝上的士兵分別是澳洲人、英格蘭人、紐西蘭人和印度人，他們為了拍這張照片擺出拿槍的姿勢，照片充分表現出駱駝騎兵隊的「大英帝國」本質。

傷的土耳其士兵面前，他的手臂交疊在胸前。

「刺死這可恨的傢伙！」第一個騎兵大叫。

「不，給這可憐的惡棍一個機會。」第二個喊道。

瑞德看著另一個駱駝騎兵奪走一名受傷土耳其人的步槍，然後停了下來。這澳洲人沒有殺掉流血的土耳其人，反而彎下腰給他喝水。「可憐的傢伙！他和我們所有人一樣想活下去。」

接著他拿出自己的

第二次加薩戰役中被毀的英國坦克車。英國只有一次調派坦克車到中東戰場上，而悲慘的第二次加薩戰役證明了坦克車的價值在中東戰場上很有限。調往加薩的八輛坦克車，至少被鄂圖曼砲手摧毀了三輛。

急救包，幫土耳其人包紮頭上的傷口。這時一個受傷的土耳其軍官蹣跚地走來感謝這個澳洲人，然而接下來發生的事讓他的善行打了折扣。

「很好。」土耳其軍官用不流利的英語說，一邊還拍拍澳洲人的肩膀。

「好你個頭啦！」澳洲駱駝騎兵大叫，「滾去做你的事，我很忙。」

瑞德繼續跟著坦克車前進。駕駛坦克車的士兵似乎已經迷失方向，開始歪歪扭扭地向前開。被幾枚敵人砲火擊中的坦克車突然間爆炸起火。跟在坦克車後面的澳洲駱駝騎兵和英國步兵，發現他們暴露在土耳其壕溝發射出的猛烈砲火中，四面八方都有死傷士兵倒地。他們設法突擊鄂圖曼堡壘，但很快就被土耳其人的反攻牽制。澳洲駱駝騎兵、英國步兵和澳洲輕騎兵都被擊退。30

在三天的交戰中，鄂圖曼守住陣線，擊退英軍，造成對方慘重傷亡。英國的「祕密武器」沒有一樣能嚇倒土耳其人，他們沒注意到毒氣，而且成功摧毀了三輛坦克車。土耳其新聞記者魯夫克以抒情的筆調寫道：「死亡坦克車」的屍骸被遺棄在加薩戰場上，它們「巨大的軀體扭曲而空洞。」當英國將軍們估算傷亡人數時，他們不得不停止戰事，接受第二次戰敗，而且慘烈情況更甚於第一次。四月十九日黃昏為止，英軍傷亡人數為六千四百四十四人——人數比因死亡、受傷和失蹤而失去兩千零十三人的鄂圖曼軍多出三倍。31

巴勒斯坦戰役至此陷入僵局。莫瑞在加薩的失敗讓他丟了工作。一九一七年七月，首相勞合・喬治派遣將軍艾德蒙・阿倫比（Edmund Allenby）爵士取代莫瑞的職位，執行在聖誕節前征服耶路撒冷這項看來似乎不可能的任務。傑馬勒帕夏的陣地穩固多了。他的軍隊占據巴勒斯坦最佳的水源地，將英軍困在西奈半島的沙漠中。再者，鄂圖曼人已經防止英國人與阿拉伯革命的軍隊接觸。只要隔離埃及遠征軍和阿拉伯軍隊，鄂圖曼人就大有機會保住敘利亞和巴勒斯坦的地位。

就在鄂圖曼人牽制住英國的埃及遠征軍時，他們卻在漢志面臨阿拉伯軍隊再一次的威脅。鄂圖曼軍隊被困在麥地那，因此哈希姆家族就能將控制權延伸至漢志其他地區，向北朝敘利亞挺進。阿拉伯軍隊的指揮官——謝里夫胡笙的兒子費瑟勒，將眼光放在紅海港口沃季赫。他的英國顧問相當贊同。從蘇伊士到沃季赫的補給線，比到揚布短兩百英里，而且阿拉伯軍隊可以從沃季赫進攻兩百五十英里長的一段漢志鐵路。切斷鐵路，就能截斷被圍困在麥地那的鄂圖曼軍隊的補給線與聯絡線，加速他們投降。

對費瑟勒來說，行軍至沃季赫是招募軍隊的好機會。他需要擴大部族戰士的參與，以免革命垮台。費瑟勒騎在一萬一千名往北的壯盛軍隊最前方，他知道這幅景象一定會讓當地貝都因人印象深刻，吸引部族新血的效忠。他也希望能以這支龐大的隊伍讓沃季赫的八百名土耳其守軍臣服，不用打仗就能讓他們投降。

英國皇家海軍與阿拉伯軍隊密切合作。為確保貝都因軍隊有足夠飲水補給，皇家「哈丁號」把二十噸飲用水裝在儲水槽中，存放在沃季赫南邊一個雙方同意的地點。這艘船也載著四百名部族先鋒部隊，在沃季赫正北方登陸。費瑟勒的軍隊從南方抵達，因此這支先鋒部隊可以防止鄂圖曼軍試圖增援沃季赫或從沃季赫撤退。費瑟勒和英軍同意於一九一七年一月二十三日黎明在沃季赫相會。

這一小支貝都因部隊在沃季赫北方下船，此外還有由兩百名英國海軍陸戰隊和水手組成的登陸小隊，也在預定時間抵達。他們看不見費瑟勒和他軍隊的蹤影。然而，約有一百名部族戰士並未因此卻步，他們靠近沃季赫，與土耳其守軍開戰。由於大部分駐軍已經撤退到往內陸六英里左右的一個舊碉堡，因此這些攻擊者迅速突破土耳其防線，在其他阿拉伯部隊抵達前掠奪沃季赫。最後一批土耳其守軍在沃季赫的清真寺內躲避，他們堅決抵抗，但最後清真寺被英國海軍砲火擊中。英國船艦將砲火瞄準舊碉堡，土耳其士兵倉皇撤退。一月二十五日，費瑟勒抵達沃季赫，比預計開戰日期晚了兩天，這時沃季赫已經落入阿拉伯人手裡。他們展現的力量已有成效，北漢志各地部族領袖都找上費瑟勒，準備效忠哈希姆家族的建國理想。32

在沃季赫建立陣地之後，費瑟勒和他的英國顧問接下來就要破壞漢志鐵路。二月二十日，第一支突擊隊成功引爆一輛鄂圖曼火車底下的炸藥，炸毀一輛火車頭。這次攻擊行動立刻影響大馬士革和麥地那鄂圖曼軍的士氣。傑馬勒帕夏下令麥地那的鄂圖曼指揮官法赫里帕夏進行疏散。英國人攔截到傑馬勒的命令，因此指示漢志軍官加強攻擊漢志鐵路，阻止鄂圖曼人撤退。只要法赫里的一萬一千名駐軍依舊被困在麥地那，他們就不會對其他地方的阿拉伯軍或英軍構成威脅。此時莫瑞的埃及遠征軍正準備對加薩展開第一次攻擊，英國人不計一切代價，防止傑馬勒以麥地那駐軍增援他在巴勒斯坦的陣地。

整個三月，英國工兵和阿拉伯嚮導在漢志鐵路沿線的戰略點鋪設地雷。三月底，連擔任開羅的英國指揮官與費瑟勒之間聯絡人的勞倫斯，都嘗試親自炸毀一座孤立的車站。攜帶山砲、機關槍和炸藥的勞倫斯和他的小隊成功地破壞鐵路，讓鐵路交通中斷了三天。由於鐵路遭到攻擊，無法通行，再加上法赫里堅決防衛這座聖城，鄂圖曼軍最後並未撤出麥地那。然而，阿拉伯人與英軍無法阻撓大馬士革到麥地那這段鐵路的聯絡與補給線。鄂圖曼人十分機警，他們在地雷爆炸前就發現了，並且很有效率地修復英軍造成的損壞部分。顯然光靠破壞鐵路無法贏得漢志的戰爭。[33]

英國軍官加強鐵路爆破技術的同時，費瑟勒則開始組織一支正規軍隊，把紀律帶入阿拉伯軍隊中。他招募在埃及西奈半島戰役中被英國人俘擄的鄂圖曼軍官阿斯卡里。費瑟勒的說法是，他這麼做是為了「創造一支能夠以適當的方式貫徹軍事任務的正規軍」。阿斯卡里和一些伊拉克夥伴重逢，有許多人都是軍人偏好參加的阿拉伯祕密組織盟約協會的成員。他們成為費瑟勒最忠誠的追隨者，在意識形態上忠於阿拉伯獨立的理想。[34]

英國的武器和補給品開始被大量送往謝里夫在沃季赫的司令部。一批裝載三萬枝步槍與一千五百萬回合砲彈的貨櫃抵達紅海港口。由勞斯萊斯製造的裝甲車從船上卸下，開始在沙漠中巡邏，提供阿拉伯軍可移動的火力。英國皇家飛行隊建造出多條起降跑道，以便飛機轟炸漢志鐵路。船運也帶來大量黃金和穀物，餵飽並支薪給人數愈來愈多的阿拉伯軍隊。有了這許多援助，費瑟勒開始考慮將戰線從漢志往外延伸，抵達敘利亞南邊。

為了替往北挺進的大膽行動做好準備，費瑟勒派遣三名他最信任的中尉出外偵察：謝里夫納西爾．伊本．阿里（Sharif Nasir ibn Ali）是麥地那的知名人士，也是費瑟勒的莫逆之交；奧達．阿布．塔伊（Auda Abu Tayi）是勢力強大的霍威塔特族（Huwaytat）領導者；而納西布．巴克里就是向費瑟勒引介大馬士革阿拉伯民族主義運動的巴克里家族之子。這三人在五月十九日前往希爾罕河谷（Wadi Sirhan），這個河谷幾世紀以來都是阿拉伯中部和敘利亞沙漠之間的主要篷車隊道路。他們每個人都有各自的任務。謝里夫納西爾以費瑟勒私人代表的身分，前往爭取敘利亞部族對費瑟勒效忠。奧達負責與霍威塔特部族夥伴聯繫，替阿拉伯軍隊在敘利亞南部即將展開的軍事活動取得運輸與食物所需的駱駝與羊。而巴克里則是到大馬士革城內與附近的阿拉伯民族主義者碰頭，取得他們對廣大革命的支持。[35]

勞倫斯請求與這一支小型遠征隊同行。出發前三天，勞倫斯與馬可・賽克斯爵士見了面；後者已到過漢志與哈希姆家族說明賽克斯－皮科協定的條款。如果（而且看來似乎很有可能）賽克斯也利用這次碰面機會向勞倫斯說明這件事，英國政府的兩面手法可能會令這位充滿理想的年輕英國軍官大為驚駭。從勞倫斯的行動與文字中，明顯表示他決心協助阿拉伯人搶在法國之前掌控敘利亞。謝里夫納西爾這趟遠行讓他有機會為了他的信仰採取行動。[36]

費盡千辛萬苦越過沙漠之後，謝里夫納西爾的遠征隊抵達希爾罕河谷，在與霍威塔特族人相處三天之後，一行人分道揚鑣，執行各自的任務。納西布・巴克里到大馬士革與當地的阿拉伯民族主義者碰頭。勞倫斯偵察大馬士革鄰近地區，號召部落人士支持革命，此外還設法炸斷貝魯特與大馬士革之間的一座鐵路橋。謝里夫納西爾和奧達・阿布・塔伊積極招募部族人士加入。六月十八日，納西爾、奧達與勞倫斯在希爾罕河谷入口集合（巴克里選擇留在大馬士革）。在奧達與納西爾的努力下，約有五百六十名霍威塔特族人加入阿拉伯革命軍隊。這些人數不足以攻擊一支主要的鄂圖曼駐軍，例如曼恩火車站（Maan，在現今約旦境內）。因此六月底，這一小隊人馬朝紅海海港阿卡巴前進。

阿卡巴灣位於隔開西奈半島與漢志的紅海東邊分岔，阿卡巴港在阿卡巴灣頂端。這片死水有相當大的戰略價值。英軍如果能占領阿卡巴，就能在埃及與西奈半島的英軍和阿拉伯軍隊之間建立直接的聯絡線，還能將麥地那以外漢志所有地區納入哈希姆家族的掌控。如此謝里夫的軍隊就能控制通往敘利亞的南邊入口。自從開戰數天以來，英國肆無忌憚地轟炸阿卡巴，而鄂圖曼人築起堅強的海上防禦線，保護這個小港口。然而，他們從未預期敵軍會從陸地發動攻擊。由謝里夫納西爾率領的騎兵小隊正設法利用這個弱點。

繞過曼恩的駐軍之後，六百名貝都因戰士劫掠了曼恩南邊的加赫迪・哈吉（Ghadir al-Hajj）車站，並在這裡穿越漢志鐵路。勞倫斯盡可能毀壞鐵路，減緩鄂圖曼從曼恩來的援軍速度。他聲稱在炸藥用完之前已經「摧毀十座橋與許多段鐵軌」。37

七月二日，謝里夫納西爾的小隊，包圍了被派往阿布・里桑（Abu al-Lisan）守衛通往阿卡巴灣通道的一個土耳其營。在狙擊土耳其士兵數小時之後，奧達帶頭率領他的部族戰士往前衝。眼見他們騎馬奔馳而來，鄂圖曼士兵先是害怕地動彈不得，繼而四散奔逃。根據勞倫斯的說法，阿拉伯人把三百名已死或即將死亡的土耳其人留在戰場上，只有一百六十名生還者被俘擄。而部族戰士只有兩人被殺。阿拉伯軍戰勝鄂圖曼人，鼓舞更多部族人士加入哈希姆家族的反抗運動，這支小隊因此愈來愈壯大。

阿拉伯軍隊徵召一名土耳其戰俘，草擬了三封信給阿布・里桑和阿卡巴之間三個孤立崗哨的指揮官。信中承諾善待投降者，但只要有人抵抗，阿拉伯軍隊勢必毫不容情。第一個崗哨沒有應戰就投降了。第二個崗哨反抗阿拉伯軍但被制伏，且沒有造成任何一個阿拉伯戰士傷亡。第三個土耳其部隊先是談判，接著抵抗；之後發現崗哨被團團圍住、遭到四面八方砲火攻擊後，終於投降。突破了最後一個屏障，謝里夫納西爾的小隊「在猛烈的沙塵暴中奔馳，七月六日抵達四英里外的阿卡巴，跳進大海裡」。勞倫斯難掩喜悅：「距離我們從沃季赫出發至今，只有兩個月的時間。」

阿卡巴的勝利，是阿拉伯革命目前為止最大的成就。當天謝里夫納西爾寫了一份報告給費瑟勒，將功勞歸因於部族戰士的英勇行動。深知英國策戰者重要性的勞倫斯，在八名志願者陪同之下，橫越西奈半島前往開羅。還穿著貝都因人袍子和頭飾的勞倫斯在七月十日抵達開羅的英軍司令部，英國人誤以為他是個衣著破爛的阿拉伯人，然而他一口完美牛津腔英語卻讓司令部的英國人無比震驚，勞倫斯因此得意洋洋。就在這一刻，勞倫斯上尉搖身一變，成為赫赫有名的「阿拉伯的勞倫斯」。無論英國高層看到他的模樣是如何皺起眉頭，他帶來阿拉伯人在阿卡巴打勝仗的消息，因此一夜間成了英雄。開羅的英國高級專員雷金納德·溫蓋特（Reginald Wingate）爵士當天晚上就急忙發了一封電報給帝國總參謀長羅伯森爵士。溫蓋特的聲明讓人覺得，要不是勞倫斯，就是溫蓋特自已誇大阿拉伯人的功勞。「勞倫斯上尉今天從阿卡巴由

一九一七年七月六日，阿拉伯軍隊進入阿卡巴。勞倫斯捕捉了謝里夫軍隊攻下阿卡巴當天這一幅極具代表性的畫面，這次行動將哈希姆家族在漢志的叛變轉變為阿拉伯革命運動。

陸路抵達開羅。塔菲拉（Tafila）、曼恩和阿卡巴之間的土耳其崗哨已經落入阿拉伯人之手。」

新任埃及遠征軍指揮官艾德蒙·阿倫比將軍認為，阿拉伯人在阿卡巴的勝利，很有可能扭轉英國在西奈半島的地位。七月十二日，他邀請勞倫斯向他簡報軍情。在追述占領阿卡巴戰役的事件之後，依舊穿著貝都因人長袍的勞倫斯，開始詳細解釋他對於發動一場全面阿拉伯叛變的想法；他認為要從南邊的曼恩一直遠達北邊的哈馬（在現今敘利亞）對抗鄂圖曼軍，切斷土耳其人與麥地那、大馬士革與巴勒斯坦等地的鐵路聯絡線。為了支持阿拉伯軍，勞倫斯要求阿倫比入侵巴勒斯坦，控制傑馬勒帕夏的軍隊。阿倫比不置可否。「這個嘛，」他以一句話結束會談，「我會看看能幫你什麼忙。」[40]

事實上，阿倫比對於勞倫斯和阿拉伯革命可能替埃及遠征軍對抗鄂圖曼軍的想法十分著迷。第二週，他寫信給戰爭委員會，表達支持勞倫斯呼籲阿拉伯軍和英軍巴勒斯坦戰役之間的協調合作。他主張，發動雙重戰線的攻擊，就能「導致土耳其軍在漢志與敘利亞的戰役中潰敗，無論在政治或軍事上，都能產生深遠的影響」。當然，為了實現他這一部分的計畫，阿倫比需要增援部隊。他請上級加派兩個師給埃及遠征軍，他們也答應了他的要求。最後，為使兩軍溝通無礙，阿倫比建議將費瑟勒和他的軍隊納入自己的麾下。勞倫斯被派至沃季赫與吉達，確保費瑟勒與謝里夫胡笙默許英軍指揮阿拉伯革命。[41]

一九一七年八月，阿倫比將軍已確實握有在敘利亞與巴勒斯坦對鄂圖曼軍作戰的雙前線戰役指揮權。他把注意力轉向巴勒斯坦前線，為第三次進軍加薩做準備。

在阿卡巴投降後，鄂圖曼人試圖以其優勢打敗阿拉伯軍。他們積極博取外約旦（Transjordan，英國人以這個詞稱呼鄂圖曼境內敘利亞的最南端到約旦河東邊地區）主要部族的效忠，並從當地招募武裝民兵，增援他們過度疲憊的正規軍隊。鄂圖曼人希望能藉由與外約旦阿拉伯人聯合抵抗費瑟勒的軍隊，迫使哈希姆家族在敵人的領土上作戰。42

鄂圖曼招募當地民兵的成果不一。在外約旦北部的地區，所有年輕男人都已經被鄂圖曼軍隊徵召入伍，留下的只有擔任志願軍的年長男人。被派往伊爾比德（Irbid）考察聖戰士鄂圖曼軍官，很驚訝地看見一個由年長者組成的兵團，「大多數人因為年長與養尊處優，身體並不健壯」。軍方下令解散伊爾比德志願軍，讓這些人支付免除兵役的稅金。43

安曼（Amman，現今約旦王國首都）內的切爾克斯人熱烈回應鄂圖曼的徵召。十九世紀末俄國人征服高加索時，切爾克斯人逃難到外約旦。這些人的難民身分其實可以免除兵役，然而切爾克斯人對鄂圖曼帝國忠心耿耿，一九一六年十一月，族群的首領米爾薩・沃斯菲（Mirza Wasfi）向伊斯坦堡當局請願，請求政府准許他們組成志願騎兵隊，讓他們「為祖國犧牲性命」。切爾克斯志願騎兵隊由一百五十名騎馬的戰士所組成，這些人在防守漢志鐵路和阿拉伯革命的戰役中扮演了積極的角色。44

第三支志願軍在南方的卡拉克（Karak）組成，這裡是鄂圖曼副總督宅邸所在地。位於山頂上的卡拉克在十字軍東征時代被建造為一座俯瞰死海的碉堡，自一九一〇年以來卡拉克就是主要的部族反叛中心城市，受到鄂圖曼人暴力鎮壓。卡拉克的居民並不喜歡鄂圖曼人，但他們當然更懼怕鄂圖曼人，大戰期間他們表現的忠誠度也並不合格。阿拉伯爆發叛亂之後，傑馬勒帕夏親自到卡拉克提醒百姓「每一個鄂圖曼臣民都有義務保衛國家」，並要求他們為防衛土地而組成一支民兵。不同部落與氏族中，不管是穆斯林或基督教徒，都在一位鄂圖曼上校指揮之下志願加入民兵。45

鄂圖曼人也在外約旦邊境努力培養貝都因部族的忠誠度。傑馬勒帕夏邀請重要部族的謝赫們以政府的經費搭火車造訪大馬士革，他們住在旅館中，受到豪華的款待。為表彰他們「對政府展現的友誼與提供的服務」，傑馬勒帕夏頒給他們許許多多獎章和勳章等等。政府以這種方式或多或少成功籠絡了盧瓦拉（Ruwalla）、畢立（Billi）、巴尼阿提亞（Bani Atiyya）和霍威塔特等部族首領。雖然像奧達・阿布・塔伊（獲頒歐斯曼尼四等獎章）等舉足輕重的部族準備與哈希姆家族共存亡，其他首領仍忠於鄂圖曼帝國的理念。確實，連奧達的忠誠度也搖擺不定。勞倫斯就曾拿傑馬勒帕夏提議要奧達轉而投靠政府的信件，與他對質。在爭取貝都因人忠誠度的這場競賽中，鄂圖曼人的力量不容低估。46

一九一七年七月，阿卡巴陷落之後，鄂圖曼人立刻考驗阿拉伯部族的忠誠度。唯恐哈希姆家族以令人震驚的這場勝仗讓外約旦的阿拉伯人轉而對付鄂圖曼帝國，傑馬勒帕夏下令部族民兵對阿卡巴的費瑟勒軍隊發動攻擊。他承諾貝都因志願軍，鄂圖曼軍隊會盡可能提供可以動用的正規步兵與騎兵，以及火砲與飛機等支援。鄂圖曼政府給每位軍官五天的士兵糧食與馬的飼料，並付給每一名騎兵三個土耳其金鎊，指揮官則收到五個土耳其金鎊。部族人員反應熱烈，於是他們在七月中從卡拉克出發，在駐防地曼恩集合。

奧德・古蘇斯（Odeh al-Goussous）是卡拉克的一位重要人士，他在鄂圖曼政府有相當優異的紀錄。他的土耳其語很流利，因此常擔任政府官員與當地百姓之間的翻譯人員。麥加的謝里夫並沒有特別求助於古蘇斯這名基督教徒，而古蘇斯提到謝里夫胡笙對外約旦人民示好一事時，口氣冷淡。他在組織卡拉克民兵時扮演了重要角色。古蘇斯與四百多名穆斯林志願者一起動員另外八十名基督教徒，加入卡拉克的鄂圖曼營，並擔任他們的指揮官。一九一七年七月十七日，他們出發前往戰場。

古蘇斯眼見部族戰士的熱情在戰役中減退。他了解霍威塔特和巴尼·薩克赫（Bani Sakhr）族人，他知道他們猶豫不決，不知是否該加入戰爭。與這兩個部族敵對的旁系部族，包括霍威塔特的奧達·阿布·塔伊在內，都與費瑟勒並肩作戰。要是他們在戰場上殺掉自己部族的人，族與族之間將成為世仇。古蘇斯也發現上戰場的民兵沒有得到任何一項傑馬勒帕夏承諾的支援：他們沒有正規軍協助，也沒有火砲，更不用說是飛機的支援。傑馬勒只想在不損耗他在曼恩的有限部隊與資源的狀況下，激起外約旦部族與支持哈希姆家族革命的部族之間的敵對。

卡拉克民兵在阿卡巴東北方二十五英里外的一個小電報站卡瓦伊拉（al-Quwayra），對一支阿拉伯小隊發動攻擊。霍威塔特和巴尼·薩克赫貝都因人從周圍的山頭上觀看，卻沒有投入戰場。交戰持續了三小時，卡拉克人殺了九名阿拉伯人，並迫使剩餘的人撤退後宣布勝利。他們捉走一千多頭羊和三十頭驢子、幾隻駱駝和十頂帳棚，得意洋洋地回到曼恩。為符合部族的劫掠習俗，他們把捕捉到的牲口當成戰利品。他們留下五百隻羊給鄂圖曼軍隊當作禮物，其餘的家畜趕回家鄉卡拉克，當成他們自己成功劫掠的獎賞。這是一場微不足道的攻擊行動（沒多久費瑟勒的軍隊就奪回了卡瓦伊拉），但鄂圖曼人已經成功地挑撥當地人與哈希姆家族之間的關係，直到大戰結束為止都是如此。[47]

一九一七年六月二十四日，鄂圖曼戰爭部長恩瓦爾帕夏在敘利亞北部的城市阿勒坡召集幾位指揮官們開會。美索不達米亞的第六軍團指揮官哈里勒帕夏、加里波利戰役的英雄穆斯塔法·凱末爾帕夏、高加索軍指揮官以塞特帕夏以及敘利亞總督與第四軍團指揮官傑馬勒帕夏都參與了這場特殊的會議。正如傑馬勒在回憶錄中提到：「四位指揮官召開由參謀總長主持的會議，這可不是天天會發生的事件。」48

恩瓦爾向這些土耳其高級將領提出一項大膽的新計畫。「我正在思考發動一次攻擊，目的是收復巴格達。」恩瓦爾解釋。會議接近尾聲，他提議在德國指揮下成立一個新的鄂圖曼軍隊，叫做「Yıldırım Group」。Yıldırım這個字是土耳其語的「閃電」或「閃電戰」的意思，這個閃電軍團和德國軍隊的組織方式類似。它將合併哈里勒帕夏的第六軍團和由凱末爾領導的新第七軍團，再加上一整個德國步兵師。總司令將由埃里希・馮・法肯漢將軍擔任，他最近在羅馬尼亞的勝仗，多少挽回了一九一六年無法突破法軍在凡爾登戰線的失利。德國政府保證提供相當於五百萬土耳其鎊的黃金（黃金在一九一七年年中是極為稀有的資源），確保閃電軍團擁有贏得勝利所需的資源。

恩瓦爾的計畫令鄂圖曼軍的指揮官們感到十分震撼。在帝國許多更重要的前線備受威脅的此刻，收復巴格達的軍事行動似乎是一項有勇無謀之舉。他們也很訝異於自己可能即將接受德軍指揮。閃電軍團的德國軍官有六十五人，土耳其軍官只有九人，德國人占壓倒性的多數。大戰期間德國人和土耳其人的關係已經愈來愈緊張。根據士兵的日記的記載，從土耳其軍官到士兵，對於他們眼中自大的德國人都感到無比憤慨。穆斯塔法・凱末爾警告恩瓦爾，土耳其即將成為「德國殖民地」。即使是鄂圖曼帝國的德國軍事任務首長利曼・馮・桑德斯，也認為從德國派遣毫無鄂圖曼帝國或土耳其文化相關知識的軍官是一項錯誤決策。軍官必須依賴翻譯才能傳達命令，這會使得德國人和土耳其人彼此之間的善意喪失在翻譯過程中。

縱使遭到所有指揮官的反對，恩瓦爾並沒有改變主意。一九一七年整個夏天，他開始在阿勒坡組織將派至美索不達米亞的閃電軍團。傑馬勒持續提交情報，追蹤加薩－貝爾謝巴這一條戰線上人數漸增的英軍情況，並遊說恩瓦爾改變策略。令傑馬勒感到痛苦的是，他的巴勒斯坦前線指揮官職務被解除，由馮·法肯漢所取代。不過，對於傑馬勒的擔憂，馮·法肯漢並非不聞不問。九月底，馮·法肯漢終於相信英國將進軍巴勒斯坦，因此說服恩瓦爾將閃電軍團轉向，處理這個危機。九月三十日，閃電軍團開始向南朝巴勒斯坦前線挺進。

正當德國與土耳其閃電軍團在阿勒坡會師時，阿倫比第一批援軍也開始抵達埃及。英國政治家希望阿倫比將耶路撒冷當成一份聖誕禮物，送給厭戰的英國民眾。將軍們希望他以手下可供調派的軍隊，獲得最大的戰果。他們把話說得很明白，這些就是他能得到最多的支援了。他接收到的命令和挺進巴格達之前的莫德將軍相同：突破土耳其陣線，在軍中資源許可的限制內盡可能追趕土耳其人，但避免不計一切代價過度延伸戰線。不准有任何敗仗、撤退，或類似庫特的投降事件。

此時埃及遠征軍在加薩附近的兵力，和鄂圖曼守軍的人數差距上占有相當大的優勢。英軍動員的兵力約是四萬名鄂圖曼步兵的兩倍，以及一千五百名鄂圖曼騎兵的八倍，火砲數量的比例是三比二，勝過土耳其軍。然而，光是在人數上勝過守軍是不夠的。之前英國人正面攻擊土耳其人防禦堅固的壕溝時，已經在加薩輸掉前兩場戰役。在戰役之間的數個月以來，土耳其人不屈不撓地加強防禦。為了攻破堅固的壕溝防禦陣線，阿倫比必須依賴騙術。

加薩的第三場戰役是一個複雜的軍事計畫，牽涉到佯攻與詐騙。英國情報局已確認鄂圖曼人以在加薩附近的防守最強，在貝爾謝巴附近最弱，因為他們想依賴貝爾謝巴險惡的地理環境嚇阻英軍攻擊。阿倫比決定襲擊貝爾謝巴，理由是如果他能攻下這裡，就能確保他的軍隊取得可靠的水源供給，從側翼包圍加薩的鄂圖曼陣地。阿倫比的計畫需要先攻擊加薩的鄂圖曼軍，讓他們將兵力集中在此，如此貝爾謝巴的防禦力更弱，便於英軍發動突擊。

英國人千方百計地誤導鄂圖曼指揮官。軍情局首長理查．梅納茨哈根（Richard Meinertzhagen）上校騎馬往鄂圖曼陣線前進，直到一名騎兵出來攔截他。他引誘這名敵方騎兵與他槍戰並追逐他，在槍戰中他丟下一個染血的軍用斜背袋，裡面是英軍準備攻擊加薩的假文件。英國情報局也散發皇家海軍登陸加薩北邊的謠言。英國戰艦出現在岸邊，使得這些謠言可信度更高。[49]

阿倫比在發動攻擊的十天前也就是十月二十二日，下達攻擊命令。在他的計畫中，步兵與騎兵部隊必須逐漸向貝爾謝巴對面的鄂圖曼陣地移動，以免驚動守軍，讓他們發現集結在此的英軍必定打算進行一次大規模攻擊。到了十月三十日，英軍已經就戰鬥位置。他們在第二天破曉出擊，以一陣猛烈的火砲轟炸貝爾謝巴的鄂圖曼陣線，展開戰役。

曾經參與加里波利戰役的艾敏．丘爾，是貝爾謝巴壕溝中的士兵之一。「我們在砲火聲中醒來，」他回憶道，「反正我們也沒怎麼睡。」貝爾謝巴的土耳其陣線岌岌可危。他們狹窄的壕溝太淺，無法掩護士兵。每段長五十五公尺的壕溝陣線，完全孤立於其他鄂圖曼陣地之外，而且沒有任何聯絡壕溝可供運送物資與人員往返前線。沒有足夠掩蔽物的鄂圖曼軍在敵人砲火攻擊下傷亡人數立刻攀升，死者與傷患堆滿壕溝，活著的人無法以安全的方式移動他們。難怪丘爾沒有勇氣打眼前的這場仗。「我們到底在打一場什麼樣的戰爭？」丘爾默想道，「（鄂圖曼）軍隊沒有堪用的火砲，沒有有效的機關槍，沒有飛機，沒有指揮的軍官，沒有防禦陣線，沒有後備部隊，也沒有電話。作戰的部隊彼此之間完全孤立，他們的士氣已經瓦解。事實上，這支軍隊沒有任何（打勝仗）所需的條件。」[50]

然而，無論士氣多麼低落，鄂圖曼士兵依然艱難地防守。英國步兵衝進土耳其軍猛烈的砲火中，設法在過了中午以後抵達預計的陣地，但他們遭到對方頑強抵抗，無法繼續前進，只好在可以從南方俯瞰貝爾謝巴的山丘上挖壕溝建立陣地，等待進一步命令。

攻擊成功的關鍵在於騎兵。沙漠騎兵隊的任務是連夜騎馬奔馳二十五英里，然後包圍貝爾謝巴，從東北部進入該城。騎兵再次面臨飲用水有限的問題；除非他們在日落前攻下貝爾謝巴與其水井，否則第二天人與馬匹將沒有足夠飲用水支撐他們繼續戰鬥。整個早晨，紐澳軍團騎兵隊在鄂圖曼守軍猛烈的機關槍砲彈攻擊之下延誤了行程，危及整體軍事行動。下午過了一半，騎兵在日落前攻下貝爾謝巴的機會看來已很渺茫。沙漠騎兵隊指揮官、將軍蕭維爾爵士決定違背原本同意的作戰計畫，冒險直接以騎兵攻擊防守該城入口的土耳其壕溝。

離秋天的日落時間只剩半小時，澳洲輕騎兵第四旅就戰鬥位置。約八百名騎兵分成兩大縱隊，兩隊距離四百碼，讓馬以小跑步朝土耳其陣線前進。這是一戰期間，或許也是二十世紀最大規模的騎兵衝鋒（相較之下，在一八五四年克里米亞戰爭中著名的輕騎兵衝鋒，英國部隊人數不到七百人）。到達土耳其機關槍射程內時，輕騎兵先是加速，之後策馬奔馳。

土耳其守軍難以瞄準如此快速前進的目標。艾敏．丘爾目睹響聲如雷的騎兵接近前線。上百名騎兵橫掃第一排壕溝，丘爾和同袍被迫尋找掩護，以免被馬蹄踐踏。接著，一群騎兵下馬與土耳其守軍進行肉搏戰。只要還看得見英軍，丘爾就繼續朝他們開砲。突然間，還有意識的丘爾喪失了視力。受傷的他感覺得到血從臉上流下來。雙方還在激戰，他的朋友用繃帶幫他包紮傷口，帶他到掩蔽處，在那裡待到鄂圖曼軍投降為止。「他們告訴我，有兩個英國士兵朝我們接近。他們拉著我的手，讓我從壕溝出來。」被俘擄的丘爾將會在一年內重獲自由，但他的視力卻再也沒有恢復。[51]

英國騎兵繼續騎馬狂奔進入貝爾謝巴，他們怕撤退的鄂圖曼人會摧毀水井。鄂圖曼人破壞堆放的彈藥，並炸毀火車站的載貨車廂，以免這些東西落入英國人之手，一連串猛烈的爆炸聲撼動整個城市。英國騎兵眼睜睜看著兩個水井爆炸，之後才出手阻止鄂圖曼人，保護了其他水井。夜幕降臨，英國人從四面八方襲擊貝爾謝巴，於是鄂圖曼人試圖撤退。到了半夜，英軍已經成功地攻占這座城市，存活的鄂圖曼軍則是在夜色掩護下，完全退出貝爾謝巴。

在一天戰鬥下來鄂圖曼軍就失去了貝爾謝巴，閃電軍團的指揮官們非常震驚。成功躲避英軍追捕的士兵退回加薩，這裡的防禦曾兩次抵擋英軍入侵。然而，加薩並非安全無虞。英國人使加薩遭到全世界除歐洲戰場外前所未見的猛烈砲轟。十月二十七到三十一日之間，陸基榴彈砲和海軍大砲對加薩城內以及附近的鄂圖曼陣地一共發射了一萬五千回合砲彈。加薩陣地的援軍，彷彿進入了人間地獄。[52]

十一月一日與二日，英國步兵攻擊加薩對面的鄂圖曼陣地。他們以佯攻讓鄂圖曼人相信英軍打算從正面攻擊。為進一步混淆敵人，英國步兵在貝爾謝巴與北邊的山城希伯倫（Hebron）之間進行演習，鄂圖曼軍心生恐懼，怕英軍正面攻擊耶路撒冷。閃電軍團指揮官的因應對策，是派遣軍隊防禦加薩和希伯倫，以至於加薩和貝爾謝巴之間長二十英里前線的中央陣地防禦力薄弱。這就是阿倫比的最終目標——逼迫土耳其人消耗中央陣線的兵力，再派英軍主力部隊突破這防禦的漏洞。

十一月六日，第三次加薩戰役展開最後行動。阿倫比命令主力部隊衝向加薩和貝爾謝巴中點的土耳其陣地。在一天的激戰中，英軍成功地衝破土耳其在七英里長前線上的幾個重要地點，入侵鄂圖曼領土內九英里。然而，土耳其人堅決抵抗，令英軍十分訝異。

帝國駱駝騎兵旅軍在貝爾謝巴正北方的塔爾・庫威法（Tal al-Khuwaylfa）被鄂圖曼軍牽制了兩天。與威爾斯步兵並肩作戰的駱駝騎兵，遭到巴勒斯坦戰役中最慘重的傷亡。法蘭克・瑞德列出這兩天血腥戰鬥中在他身邊被殺戮的同袍名字：丹・波拉德（Dan Pollard）中士，頭部被射穿；亞瑟・奧斯佛德（Arthur Oxford）中士，鼻子中槍；一九一四年才從拉脫維亞移民到澳洲的法蘭克・馬松納斯（Frank Matzonas），頭部中槍；迷路的雷格・瑞德（Reg Reid）在土耳其壕溝內被刺槍刺殺——這份名單上還有許多其他名字。「另一個叫尼爾森的駱駝騎兵受了傷，毫無掩蔽地倒在土耳其壕溝附近，長達幾小時。他每次一喊叫，土耳其人就對他開一

加薩主要清真寺的廢墟，一九一七年。英軍攻擊加薩之前，鄂圖曼人已經強迫所有百姓撤離，當時加薩遭到全世界除歐洲戰場外前所未見的猛烈砲轟。

槍，直到他全身都是彈孔為止。塔爾．庫威法高地上的這些土耳其人都是殺人凶手。」當然，要是有任何一個塔爾．庫威法戰役的鄂圖曼守軍的回憶保留下來，他們會說出和英軍一樣的話。[53]

到了十一月七日，鄂圖曼人全面撤退。阿倫比複雜的計畫已徹底成功。他的軍隊沒有遭到抵抗就進入加薩。當然，加薩城中空無一人，在交戰前鄂圖曼士兵已經強行撤離百姓。英國士兵走在狹窄的街道上，兩旁沒有一棟完好的房子。加薩已經變成一座鬼城。

加薩陣地失守之後，鄂圖曼人奮力重建一條防禦陣線，阻止英國埃及遠征軍進入耶路撒冷。但閃電軍團還在建軍階段，而阿倫比的軍隊卻兵力充足，勢不可擋。紐澳軍團騎兵師將鄂圖曼人追趕至地中海海岸線，英軍在十一月十四日成功占領耶路撒冷南方一個相當重要的鐵路交會點。第二天，紐澳軍團騎兵師占領拉姆拉（Ramla）和利達（Lidda），澳洲騎兵師占領拉特倫（Latrun）；十一月十六日，紐西蘭騎兵旅占領雅法港（Jaffa）。耶路撒冷的南邊與西邊對外隔離，此城已經不保。

十一月九日，阿倫比的軍隊進入加薩兩天後，《猶太紀事報》（*Jewish Chronicle*）發表一項英國的巴勒斯坦新政策。在二月二日寫給英國猶太人領袖華特．羅斯柴爾德（Walter Rothschild）的一封短信中，外交大臣亞瑟．貝爾福發布了一項往後將以他為名的宣言：

> 英王陛下的政府贊同猶太人在巴勒斯坦建立一個民族家園，並將盡最大努力促成此一目標，然而眾人應充分理解，在此過程中，不應做出任何損害目前在巴勒斯坦非猶太人的公民與宗教權利，或猶太人在其他國家享有的權利與政治地位。

就英國政府而言，貝爾福宣言是個非常令人訝異的承諾。英軍才剛進入巴勒斯坦，離耶路撒冷還很遙遠，然而它卻信心十足，對依舊在鄂圖曼境內的猶太人做出承諾。

當然，早在開戰之初，英國就一直針對鄂圖曼領土進行談判。就這個意義上來說，貝爾福宣言不過是從一九一五年三月的君士坦丁堡協定、一九一五年至一九一六年的胡笙－麥克馬宏書信以及一九一六年的賽克斯－皮科協定以來，一連串戰時領土分割計畫中的最後一項。然而，之前的分割計畫一直被保密，貝爾福宣言卻是公開刊登在倫敦報紙上。況且，在承諾「將盡最大努力」替猶太人達成建立民族家園目標的同時，貝爾福似乎違反了先前與謝里夫胡笙和法國政府協議中的條款。擬定賽克斯－皮科協定的馬可·賽克斯爵士遊說英國政府支持猶太人建國運動，使得情況更加複雜。在一九一七年十月三十一日英國戰時內閣會議結束後，賽克斯告訴猶太復國主義（Zionist）的領導者哈伊姆·魏茨曼（Chaim Weizmann）*，這份宣言已經在會議上通過。「孩子生了，魏茨曼博士！」對著焦慮地在戰時內閣會議廳外等候的魏茨曼，賽克斯說出了這句名言。[54]

貝爾福宣言和其他分割鄂圖曼帝國領土的計畫一樣，都是基於戰時考量的產物。值得注意的是，批准這份宣言的是戰時內閣，而它與其說是為了支持猶太復國主義，倒不如說是利用猶太人的影響力促進英國戰事。魏茨曼和他的支持者成功說服英國內閣的重要人士，讓他們知道猶太復國主義運動不只代表歐洲猶太人中的邊緣民族主義份子發言，也是海外各地猶太人所表現的整體政治與經濟力量；它截然不同於長久以來的反猶太主義迷思，也就是認為世上存在著祕密控制全球金融的地下猶太國際

*魏茨曼（Chaim Weizmann）為猶太裔化學家，之後成為第一任以色列總統。

組織。

為支持猶太復國主義，英國政治人物相信他們能在美國和俄國獲得有影響力的猶太人支持。美國很晚才參戰，孤立主義的傳統使它成為一個不情願的盟友；而俄國自從一九一七年二月革命、沙皇三月退位之後，該國的參戰承諾令人懷疑。英國相信猶太人能對美國總統伍德羅．威爾遜和亞歷山大．克倫斯基（Alexander Kerensky）總理的俄國臨時政府發揮影響力。如果猶太人的影響力能讓這兩大強國積極參戰，那麼藉由支持猶太復國主義而爭取猶太人的幫助，將會對英國相當有利。

最後，許多戰爭內閣的成員希望修訂先前的戰時協議，尤其是賽克斯－皮科協定。愈來愈多有力人士發表意見，認為賽克斯對法國太大方。為得到巴勒斯坦而浴血奮戰的英國，實在不願意在戰後將這塊土地拱手讓給角色模糊的國際行政單位。更何況英國從戰時經驗得知，在巴勒斯坦如果有一敵對勢力，對於蘇伊士運河安全將造成多大的威脅。戰爭結束時，英國希望能確保巴勒斯坦在英國的管理之下。在那樣的計畫中，猶太復國主義者是當然的盟友；沒有強權國家的支持，很難想他們的政治理想能順利達成。

表面上看起來，貝爾福勳爵要把巴勒斯坦獻給猶太復國主義運動。事實上，勞合．喬治的政府正利用猶太復國主義運動，讓英國取得巴勒斯坦的統治權。

一九一七年十二月九日，耶路撒冷投降英軍。在這之前鄂圖曼人已經拚死保衛該城，然而阿倫比毫不留情地進攻。幾週激戰以來他的軍隊已有人員耗損，但他只給這些強健的士兵一天時間休息（十一月十七日），他沒有讓鄂圖曼人有任何時間準備防禦。他認為如果在被打敗而士氣低落的鄂圖曼人逃跑時乘勝追擊，英軍成功的機會較高，傷亡的人數也會較低。他的推測完全正確。[55]

兩國都反對在耶路撒冷作戰。無論是英國人、鄂圖曼人或德國人，都不想因為在這座城市打仗，或損毀這個猶太教、伊斯蘭教和基督教聖地，遭到國際間的譴責。當英軍逐漸從南邊、西邊和北邊接近耶路撒冷時，鄂圖曼人與其德國盟友決定將第七軍團剩餘部隊全數撤退至東邊。他們從十二月八日日落後開始撤出耶路撒冷，在一夜間全數撤退。到了十二月九日日出時，耶路撒冷脫離了四百零一年的鄂圖曼帝國統治。

離去前的耶路撒冷總督，要做的最後一件事就是草擬一封投降信，將聖城交給大英帝國政府管理。總督把這封信交給耶路撒冷市長胡笙・薩利姆・胡塞尼（Husayn Salim al-Husayni），他是該城最有名望的家族後裔。會說英語的市長與幾名英國士兵與軍官見面，不過這些人軍階太低，無法代表受降。一直到下午，還在雅法港司令部的阿倫比，才授權謝伊少將（Major general Shea）代表他受降。[56]

一九一七年十二月十一日，阿倫比正式進入耶路撒冷。陸軍部電影委員會（War Office Cinematograph Committee）將這個精心安排的事件拍攝成影片，以便能有更多觀眾看見目前為止大戰中最偉大的一場勝利。畢竟這是勞合・喬治「送給英國的聖誕禮物」。阿倫比的宣言和莫德在巴格達的宣言一樣，是由倫敦方面擬好，再用電報送到巴勒斯坦。英國政府甚至命令阿倫比下馬進入聖城，這是特別為博取基督教徒好感的謙卑舉動。這場受降典禮的劇本不只是寫給耶路撒冷的觀眾看，也有利於首相在下議院發表宣言。勞合・喬治可不想白白浪費這個公關機會，他堅持關照這歷史性一刻中的每一個細節。

進入耶路撒冷時，阿倫比穿過一支由各國組成的儀隊，這些人代表曾在巴勒斯坦作戰的各國士兵，包括英格蘭、威爾斯、蘇格蘭、印度、澳洲和紐西蘭。此外，還有法國與義大利士兵各二十名，代表英國的協約國盟友。阿倫比身邊的重要人士還包括前來討論阿拉伯革命與埃及遠征軍共同策略事宜的勞倫斯，以及賽克斯－皮科協定的草擬者之一喬治－皮科。

耶路撒冷市長與第一批英國士兵相遇，一九一七年十二月九日。市長胡笙・薩利姆・胡塞尼（中，手拿枴杖與香菸）帶著白旗從耶路撒冷城中出來，確保和平地將該城獻給英軍。他遇到的第一批士兵是照片中的賽奇威克（Sedgewick）中士與賀康布（Hurcomb）中士，兩人軍階太低無法接受投降。

在大衛塔下，阿倫比以英語宣讀受降公告，並且在公告以阿拉伯文、希伯來文、法文、義大利文、希臘文和俄文宣讀時，抬頭注視觀眾。他的演說很簡短：耶路撒冷目前處於戒嚴時期，不過居民可以「從事合法的事務，不須懼怕被打攪」，而這屬於「三個宗教」的聖城，將「依據有神聖信仰的人民現有的習俗與信仰，受到維護」。為強調這一點，接下來阿倫比接見耶路撒冷城中的世俗與宗教重要人士，這是由一群身穿異國長袍、留著長鬍子的基督教長老、猶太教祭司（拉比）、伊斯蘭教穆夫提與天主教的首都主教組成的隊伍。影片最後，是耶路撒冷群眾與成列占領軍士兵、驢子拉的貨車、摩托車和汽車推擠的畫面。[57]

耶路撒冷陷落，是一戰在中東的轉捩點。一九一七年底為止，鄂圖曼已經放棄三座深具象徵意義的城市：麥加、巴格達和耶路撒冷。這幾場敗仗對鄂圖曼聖戰是重大的打擊，聖城麥加和耶路撒冷陷落的影響更是重大。埃及和印度的英國官員再也不用害怕戰事逆轉所引發宗教狂熱。更重要的是，雖然在庫特與加薩戰勝英軍，接著鄂圖曼人在美索不達米亞和巴勒斯坦的陣線已經被破壞，他們的軍隊被人數更多、糧食更充足的英軍擊退。現在巴勒斯坦的英國人已經與哈希姆家族的阿拉伯部隊聯繫，後者在占領阿卡巴後，正

阿倫比將軍在英軍占領的耶路撒冷聖城發表宣言。英軍進入耶路撒冷這精心設計的一幕被拍攝成影片，以提升厭戰英國人的士氣；注意攝影師站在照片右上角的屋頂上。

威脅鄂圖曼在敘利亞境內的陣地。

一九一七年底為止，鄂圖曼人尚未戰敗，但他們對這場大戰的企圖心，已從大獲全勝縮小到僅求活命。

第十三章 一個又一個休戰協定

一九一七年十一月，布爾什維克在俄國取得政權，並要求立刻與同盟國停戰；在失去耶路撒冷、戰事到達谷底之後，這難以想像的命運翻轉替鄂圖曼人帶來解救的希望。

戰爭的艱困使得俄國君主在二月革命中垮台（這名稱是基於俄國舊曆；「二月革命」其實發生在一九一七年三月）。沙皇尼古拉二世於三月十五日退位，由亞歷山大．克倫斯基領導的臨時政府掌權。起初協約國以為革命或許能復甦俄國戰事，雖然政治上的動亂卻從一開始就動搖軍隊紀律。

新政府採取的第一個措施（一九一七年三月，第一號法令）就剝奪俄國軍官的權力，從此軍隊將接受選舉產生的「蘇維埃士兵」指揮。占領鄂圖曼領土的俄軍很快就遵守這個命令，混亂也隨之而來。「由於彼得格勒發生革命，今天（俄國）士兵召開許多冗長而重複的會議。」駐黑海港口城市特拉布宗的美國領事在一九一七年三月二十三日的政治日誌中記錄道，「人們害怕動亂擴大。大部分商店都關門了。在選出多數由士兵組成的執行委員會之後，情況較為安定。」1

一九一七年春天與夏天，被俄國人占據的土耳其東部地區籠罩著令人不安的寧靜氣氛。搖搖欲墜的鄂圖曼高加索軍團很高興能得到暫時的喘息，在整個一九一七年接下來的月份，防守陣地的軍隊無須憤怒地發射任何一枚子彈。俄國士兵彼此之間展開激烈的政治辯論，他們只關注自己的國家。許多俄國人質疑，他們到底在鄂圖曼的領土內做什麼。

一九一七年十一月七日（「十月革命」指的是俄國舊曆的十月）掌權的布爾什維克黨解決了這些士兵揮之不去的疑問。布爾什維克黨人指責戰爭是帝國主義的計畫，並且向鄂圖曼人要求舉行「沒有領土兼併與給付補償金」的和平談判。土耳其青年團執政者簡直不敢相信他們的好運。當初鄂圖曼帝國害怕俄國對海峽區和伊斯坦堡領土的野心，因此才與德國結為戰時盟友。戰爭期間，俄國軍隊摧毀鄂圖曼的高加索防線，占據安那托利亞東部大片領土。然而，俄國新政府竟然保證盡快退出戰爭，放棄所有占領的土地。

十二月十八日，土耳其青年團執政者在被占領的埃爾津詹與俄國高加索軍會面，簽訂正式休戰合約。從黑海到凡湖，俄國與鄂圖曼政治領導者開始協商和平條款時，雙方士兵也放下各自的武器。休戰協定在俄國占領的安那托利亞東部地區留下了權力真空。特拉布宗的俄國士兵行動獨立，不受彼得格勒政府支配。經由民主程序選出的「工、農、兵代表會議」聲稱擁有完整的權力與主權，但它卻沒有實行的手段。只要士兵一天沒有紀律與階級之分，他們就會變本加厲地無法無天、難以管理。

一九一七年十二月底，特拉布宗的俄國士兵開始強占船隻，以便橫越黑海回到俄國。許多即將離開的士兵由於好幾個月沒有領到薪資，就搶劫當地商店，奪取返鄉所需。戒嚴令於十二月三十一日頒布，但港口並沒有恢復安全。鄰近鄉村的失序狀況比城市更嚴重，隨著俄國人撤退，武裝的土耳其幫派愈來愈接近。「開槍、劫掠與恐慌，這三件事每天輪流上演。」美國領事在一九一八年一月底的報告中寫道，「土耳其幫派愈來愈膽大妄為，俄國軍人則是愈來愈令人厭惡。」無論休戰協定如何讓鄂圖曼軍隊鬆了口氣，被俄國占領的城市渴望回到正常的政府統治狀態，唯有和平條約才能解決問題。

同盟國與布爾什維克政府代表在德軍司令部布列斯特－立陶夫斯克（Brest-Litovsk）會面。俄國人希望能重新取得被德國與奧地利奪走的領土，不料鄂圖曼人卻一口咬定布爾什維克之前和平協定中不兼併領土的保證，想從中獲利。和平談判桌前的土耳其青年團執政者，不只希望能恢復一九一四年的國界，而且還想重新取回 Elviye-I Selâse，也就是一八七八年被併吞的「三省」：卡爾斯、阿爾達罕和巴統。

經過兩回合沒有結論的談判後，德國再度對俄國開戰，於一九一八年二月十八日向彼得格勒進軍。毫無能力抵抗德軍的列寧指示俄國談判人員與同盟國達成和平協議，任何條款都行。俄國方面態度軟化，鄂圖曼人因此得以恢復一九一四年國界，還讓所有俄國人從三省撤出，該地最終的處置方案將由鄂圖曼人主持的公民投票決定。於三月三日簽訂的布列斯特－立陶夫斯克條約最大受益者，就是土耳其青年團執政者。

鄂圖曼政府在合約簽訂的第二天，對下議院透露了這個消息。政治家們歡慶與俄國的和平協議，視為戰爭結束與永久和平的前奏。布列斯特－立陶夫斯克條約中最有利的條款，也就是恢復長久以來的失土，補償土耳其人戰時種種可怕的犧牲。俄國對君士坦丁堡與海峽區「歷史性的」覬覦，也就此告一段落。這種種利益，使得鄂圖曼人燃起或許能從大戰中凱旋而歸的希望。

布爾什維克不遺餘力地詆毀被罷黜沙皇政府的政策。當時擔任外交人民委員的托洛斯基（Leon Trotsky），一九一七年十一月底在蘇聯的日報《消息報》（*Isvestia*）上發表了舊政權時期最不堪的一些文件。其中最敏感的就是為瓜分鄂圖曼帝國的祕密三方協議——賽克斯－皮科協定。莫斯科的外國通訊記者馬上取得這則被揭發的新聞，傳回給本國急切的報社編輯。在十一月二十六日與二十八日，《曼徹斯特衛報》（*Manchester Guardian*）首先對英語世界透露賽克斯－皮科協定的消息。

鄂圖曼政府逮住這個時機，抹黑叛變的麥加埃米爾謝里夫胡笙和他的兒子——阿拉伯軍隊指揮官費瑟勒。一九一七年十二月四日，就在耶路撒冷陷落的幾天前，傑馬勒帕夏在貝魯特發表了一場演說，對一群驚愕的聽眾洩露賽克斯－皮科協定條款內容。他把謝里夫胡笙和他的兒子們塑造成被英國愚弄的角色，把「敵人兵臨耶路撒冷城下」的全部責任推給阿拉伯叛變的領導者。「要是他的獨立夢想有那麼點實現的可能性，無論這可能性有多麼遙不可及，我或許還能承認漢志的叛變有那麼一丁點理由。然而，現在英國人的真正意圖已經昭然若揭，這些陰謀一下子就曝光了。謝里夫胡笙為此蒙羞，因為他拿伊斯蘭哈里發授與他的高貴身分，換來一個被英國奴役的國家。」鄂圖曼政府將演說翻譯成阿拉伯文，發送給敘利亞報紙，這則聳人聽聞的報導於是廣為流傳。貝魯特與大馬士革的報紙經由鐵路被送往麥地那，又被偷偷運送至麥加，達到鄂圖曼政府羞辱哈希姆家族的目的。[2]

謝里夫胡笙與他的兒子費瑟勒對於英法瓜分計畫並非渾然不覺。畢竟該年年初，馬可．賽克斯爵士與皮科已經到過吉達，向謝里夫與他的兒子簡述協定的內容。然而，這兩位英國和法國外交官刻意不把話說清楚，他們知道如果將計畫全盤托出，將會危及英國與阿拉伯之間的聯盟關係。賽克斯讓謝里夫胡笙相信，英國的計畫是短期占領伊拉克，而且在占領期間會支付他租金。他鼓勵謝里夫將法國對敘利亞的占領，當作是另一項敘利亞沿海一小塊地區的類似租賃行為。謝里夫從傑馬勒帕夏的演說中得知的英法領土野心，遠比從他的英法盟友處來得多。[3]

傑馬勒帕夏希望能利用賽克斯－皮科協定，說服哈希姆家族放棄叛變，重回鄂圖曼帝國懷抱，政府將既往不咎。雙方和解對於鄂圖曼在敘利亞和伊拉克的戰爭局勢大有影響。謝里夫招募到的武裝阿拉伯士兵原本是用來對付鄂圖曼人，現在可以轉而攻擊英國人。法赫里帕夏的軍隊也能調離麥地那，再加上停戰協議之後不用駐守俄國前線的高加索軍，都能被調來與英國作戰，收復巴格達和耶路撒冷。如果能夠重獲阿拉伯人的效忠，土耳其青年團執政者相信鄂圖曼帝國將有從戰爭中存活的一線生機。

一九一七年十二月，傑馬勒帕夏派祕密信差送信給在阿卡巴的費瑟勒。這位土耳其青年團領袖提議，為了回報哈希姆家族對政府輸誠，他會讓阿拉伯人在鄂圖曼帝國內擁有完整的自治權——是真正的自治權，而不是賽克斯－皮科協定中所規劃的外國勢力的統治。費瑟勒沒有回信，而是把信件轉給了他父親。謝里夫送了封信給埃及的英國專員雷金納德．溫蓋特爵士。謝里夫胡笙認為，他的英國盟友必須說明，同樣發布於一九一七年十一月的貝爾福宣言與賽克斯－皮科協定，兩者間的差異從何而來。

埃及的英國官員發現他們的處境十分尷尬。他們根本沒有參與祕密瓜分計畫，但現在卻必須代表英王陛下的政府回答這個問題。他們的風險很高，因為這些難堪的祕密危及英國在美索不達米亞和巴勒斯坦的戰役，並有可能摧毀英國與哈希姆家族的聯盟以及氣勢正盛的阿拉伯革命運動。

在一則日期為一九一八年一月的通訊中，開羅的英國駐阿拉伯情報局局長霍加斯（D. G. Hogarth）回覆了謝里夫所關切的貝爾福宣言。他重新確認協約國肯定「阿拉伯民族應該被賦予再次成立國家的一切機會」，並且在巴勒斯坦「沒有人應該受到他人統治」。然而，「全世界的猶太人」

都希望能「回到巴勒斯坦」，而英國政府也支持此一理想。霍加斯對他的阿拉伯盟友保證，「世界各地的猶太人」在許多國家都有「政治影響力」，而猶太人對阿拉伯人展現的友誼「不應被輕易拋棄」。4

回覆謝里夫有關賽克斯－皮科協定的問題之前，溫蓋特先徵詢英國外交部的建議。一九一八年二月八日，倫敦方面以典型的模稜兩可外交詞令做出回覆。英國政府感謝謝里夫送交傑馬勒帕夏的這封信，並認為它顯然企圖「散播哈希姆家族與協約國之間的疑慮與嫌隙」，並再次確認英王陛下的政府「保證解放阿拉伯人民」。5

謝里夫或許擔心英國人既不承認也不否認分割計畫的內容，但此刻他和他兒子對抗鄂圖曼的革命運動已經如火如荼，無法回頭。緊緊抓著英國重申對阿拉伯獨立運動支持的聲明，謝里夫胡笙和他的兒子們持續與鄂圖曼帝國奮戰，希望能藉由軍事上的成功，獲得英國和法國顯然打算藉由祕密外交加以否認的最初承諾。

自從一九一七年七月鄂圖曼人在阿卡巴投降以來，阿拉伯革命的主要舞台就從漢志轉移到敘利亞南部邊境。費瑟勒在這裡持續擴大由賈法爾．阿斯卡里指揮的正規軍規模，並招募新的部族非正規軍。在來自埃及與阿爾及利亞的殖民地軍隊協助下，英國與法國對阿拉伯人提供專業技術與現代武器。一隊武裝汽車、一隊飛機和一個備有十磅大砲的砲兵連隊，提供阿拉伯人轟炸土耳其陣線的最新軍事科技。

從阿卡巴出發的費瑟勒軍隊，在曼恩遭遇強大的鄂圖曼駐軍。曼恩是介於大馬士革和麥加的朝聖站之一，傳統上它標示敘利亞和漢志之間的邊界，也是漢志鐵路沿線較大的車站之一，有一支主要的駐軍。一九一七年八月，勞倫斯估計鄂圖曼人「有六千名步兵，一支由騎兵與騎馬步兵組成的兵團，他們已經在曼恩築壕溝；以運動戰的標準看來，該城堅不可摧」。費瑟勒的游擊軍隊根本沒有機會攻占防守如此穩固的陣地。6

作為阿倫比軍隊「右翼」的阿拉伯軍，面臨往北挺進的強大壓力。他們首先繞過曼恩，攻占可掌控約旦山谷的高地。由費瑟勒最小的弟弟札伊德率領的小隊攻下古堡城市沙巴克（Shawbak），接著沒有遭到抵抗，就在一九一八年一月十五日占領鄂圖曼行政中心塔菲拉。當地駐軍指揮官薩奇・哈拉比（Zaki al-Halabi）帶著手下的兩百四十名士兵從鄂圖曼軍叛逃，加入阿拉伯部隊。不甘心失去塔菲拉的土耳其軍，在一月二十六日決心試圖收復這座山城，但又被謝里夫的小隊與其新盟友擊退，傷亡慘重。在往後的六週內，塔菲拉將二度易手，鄂圖曼人先是在三月六日收復該城，三月十八日他們又投降阿拉伯人。7

巴勒斯坦的埃及遠征軍再次展開攻擊行動。一九一八年二月，英國首相勞合・喬治指示阿倫比在巴勒斯坦重啟戰事，給予鄂圖曼帝國決定性的一擊，讓它退出大戰。與其深入巴勒斯坦，阿倫比決定在東邊發動攻擊。他的目標是約旦河對岸的安曼，他希望能在該地與阿拉伯軍會合，切斷連結曼恩和麥地那的重要鐵路線。安曼南邊約有兩萬名土耳其軍，阿倫比希望能在他最後進軍大馬士革之前，阻止右翼的威脅。

第一步，阿倫比選擇占領約旦河谷的耶利哥（Jericho），當作外約旦軍事行動的基地。二月十九日，阿倫比的軍隊開始緩慢而謹慎地走下約旦河谷的陡坡，朝耶利哥進軍。車子無法通過狹窄的小徑，步兵和騎兵隊伍延伸長達五英里。土耳其砲手減慢英軍挺進的速度，但沒有讓他們停止，阿倫比的軍隊在二月二十一日早晨進入耶利哥。聖經中約書亞與耶利哥城牆的描述引發他們對這座古城的想像力，不過這些紐澳軍團步兵立刻被拉回了現實世界：「在我軍經過的所有東方城市中，」一名紐西蘭騎兵軍官回憶道，「耶利哥是最為骯髒與惡臭的地方。」[8]

橫渡約旦河之前，阿倫比在巴勒斯坦北邊前線部署了一條安全防禦線。埃及遠征軍往北挺進七英里，控制流入約旦河之一的奧亞河（Waid Auja）周圍高地。如此一來，英軍把軍事行動地點限定在鄂圖曼火砲射程以外的耶利哥；如果土耳其人想從巴勒斯坦派軍增援外約旦的陣地，就不得不大老遠繞道而行。這項行動從三月八日開始進行了四天；為了避開一場大規模交戰，鄂圖曼人勉強撤退。英軍已經確實掌握從地中海到約旦河的陣線，於是阿倫比準備入侵外約旦。

英國指揮官和阿拉伯盟友協調入侵計畫。他們找剛成立的漢志作戰參謀本部（Hijaz Operations Staff）的長官艾倫．道內（Alan Dawnay）中校擔任與謝里夫軍隊之間的聯絡人；在阿倫比的計畫中，阿拉伯軍隊必須攻擊曼恩，牽制該地土耳其駐軍，同時埃及遠征軍趁機占領安曼。費瑟勒和他的軍官開會，徵求他們的同意。第一支部隊必須攻擊曼恩南邊的漢志鐵路，摧毀鐵軌。第二支部隊負責攻擊曼恩北邊的鐵路。阿斯卡里要帶領阿拉伯軍的主力直接攻擊曼恩的鄂圖曼陣地，曼恩與南北兩邊都被截斷的鐵路線分離，不可能得到援軍。如此一來，對於英軍在往北的安曼進行的攻擊行動，曼恩駐軍就沒有威脅性。勞倫斯將會聯絡外約旦的阿倫比部隊，並且帶來戰鬥力強的巴尼．薩克赫部族，增援英軍陣地，對抗土耳其人。

要實現這些野心勃勃的計畫，每一方都必須適時扮演好各自的角色，因為各個部隊間無法與彼此通訊。英國在戰場上引進信鴿，但不同的阿拉伯部隊分散在一段長五十英里的漢志鐵路沿線，無法行動一致，更何況是被數百英里開闊土地所分隔的英軍與阿拉伯軍。如果事情出了差錯，這兩個盟友之間只能靠騎馬的人得知彼此的挫敗。謠言與錯誤消息使得迷霧一般的戰事更加複雜。9

攻擊曼恩的阿拉伯軍遭到慘敗。一九一八年三月，外約旦南部下起不合季節的冰冷滂沱大雨。阿斯卡里陪同突擊小隊摧毀曼恩南邊鐵路，他回憶說：「一陣猛烈的傾盆大雨彷彿滲透到皮膚內，我們不可能再前進。駱駝和載貨的牲畜在泥巴中掙扎，我們的士兵十分痛苦；到了晚上，由於暴露在酷寒與大雨中，有些人因而死去。」最後，他們將攻擊曼恩的時間延後，等待天候狀況較好時進行。10

不清楚曼恩附近阿拉伯軍出了問題的英軍，在三月二十一日度過約旦河。他們從約旦河谷沿著陡峭的小徑往上爬，朝外約旦高地與索特城（Salt）前進。約旦東部最大城索特是鄂圖曼轄區總督所在地，城內有大約一萬五千名穆斯林與基督教徒。三月二十五日接近該城時，聽到連續槍聲的英軍停止前進。前哨兵原本以為敵人在發動攻擊，此時卻發現是城中百姓在洗劫這座鄂圖曼城市時朝空中射擊，慶祝他們撤退。「他們把建築物都扒光了，」一名驚訝的士兵在日記中寫道，「連屋頂和所有建築的木作部分都不放過，只剩下牆還立在那裡。」索特當地人相信，英軍占領該城就表示戰爭結束，因此陶醉在自由的氣氛中，然而他們將會知道，這只是短暫的自由。11

鄂圖曼人不戰而退是為了重整軍隊，防衛安曼。巴勒斯坦與外約旦的新任閃電軍團指揮官不是別人，正是自一九一三年以來就負責領導德國軍事代表團的利曼．馮．桑德斯。事實證明他豐富的經驗對鄂圖曼軍十分有利，而且他尊重鄂圖曼軍官和士兵，他們也回報他高度的信任。利曼需要鄂圖曼軍與他完全配合。如果英軍攻下安曼，擁有當地具戰略重要性的鐵路設施，漢志鐵路南邊的鄂圖曼陣地必將不保，那麼在麥地那和曼恩的兩萬名部隊也將完全孤立。對漢志和外約旦的土耳其軍而言，安曼戰役將是一場生死存亡之戰。

聽到英軍占領索特的消息，利曼的反應是將所有軍隊召集至安曼。鐵路線受到干擾，他們的行動因此減緩，但有數百名來自大馬士革的鄂圖曼援軍開始湧入安曼。約有九百人從曼恩搭乘火車前來，他們完全沒有受到阿拉伯軍事行動的阻撓。巴勒斯坦的土耳其騎兵沿著約旦河涉水而上，從英軍陣地威脅英軍的聯絡線。

英國人打算以步兵保全在索特的陣地，而以騎兵攻擊安曼。他們的目標是安曼附近鐵路上的一座高架橋隧道，一旦將它摧毀，就能阻斷鐵路交通長達數月。接著，再派出以索特為根據地的一支強勁步兵隊，就能防止鄂圖曼修復團隊修補損壞的鐵路，並且能威脅大馬士革和安曼南部駐軍之間的聯絡線。如果英國人能達成目的，鄂圖曼人就會被迫退出安曼北邊，把麥地那和外約旦南半部拱手讓給哈希姆家族。

三月二十七日英國人從索特朝安曼前進時，遇上和阻礙阿拉伯人往南作戰的同樣壞天氣。在滑溜溜的泥地上，有輪子的交通工具無法通過，動物和人的行動都慢了下來。士兵把槍和彈藥從馬車搬到駱駝上運到前線。「連駱駝在這種地面上也很難走，牠們常滑倒，」利曼記錄道，「我們攔截到一則英國的無線電訊息，上面抱怨著這種情形。」監聽英國無線電通訊的德國人因而很清楚英國人的打算，他們根據這些訊息規劃防禦行動。12

兩千名鄂圖曼守軍占領控制進入安曼城的每一個地點。在充分掩蔽的陣地中，他們有七十座機關槍和十座火砲，享有壕溝戰中守軍的優勢。三千名朝安曼接近的英國部隊渾身濕透、疲倦不堪，在行軍過程中還有幾人因為暴露在惡劣天候中而死去。大雨使得英國火砲無法被送達前線，他們的機關槍和彈藥補給也減少到只能以駱駝運送的數量，而且還有許多駱駝死在天雨難行的陡峭山谷小徑上。[13]

三天來，土耳其人抵擋住埃及遠征軍騎兵與步兵的堅決攻勢。和英軍在同樣惡劣的天候中作戰，土耳其人也傷亡慘重，開始退卻。為使前線戰士不受失敗主義影響，利曼・馮・桑德斯下令「不顧一切抵抗到底」。他提醒軍官們，每天都有來自大馬士革和曼恩的援軍，協助他們打這一仗。[14]

土耳其人認為他們的情勢緊要，然而入侵英軍的狀況遠比他們更糟。被無情的大雨淋成落湯雞、睡在曠野中的紐澳軍團騎兵，忍受著酷寒。馬和駱駝在雨中濕滑的小徑幾乎無法行走，彈藥和糧食的補給更不容易。要把人數漸增的傷者撤離，也愈來愈難。幾天激戰下來，土耳其人毫無放棄的跡象。不但如此，土耳其騎兵還騷擾英軍在約旦河與索特的陣地，威脅他們的撤退路線。到了三月三十日下午，英國指揮官承認他們無法攻下安曼，於是下令全面撤退。

鄂圖曼人把撤退的英軍從安曼趕回索特。就在英軍開始撤離傷患、打包備用物品時，索特市民感到一陣驚恐。被掠奪後的市政廳空殼矗立在那裡，像是一座代表百姓不忠於鄂圖曼政府的紀念碑。他們知道土耳其人回來後，必定進行報復。約有五千五百名基督教徒和三百名穆斯林放棄他們的家園，和英國人一起撤退到耶路撤冷。一名英國士兵在日記裡描述了這些市民和英軍一起混亂撤退時的悲慘景況：「一個年輕人把他祖父背在背上。他背了十三英里！男女老幼被背上巨大的包袱壓彎了腰，他們頭上還戴著個煎鍋或臉盆。閹牛擋住戰車的路，駱駝被負載過重的驢子絆到。」[15]

英國媒體宣布英軍「成功突擊安曼」。參與這場有兩百人死亡、一千人受傷戰役的士兵很清楚事實真相。一名紐西蘭騎兵的結論如下：「我軍對敵人造成的損失，根本不值得英軍為此遭受慘重傷亡。」報紙頭條大肆吹噓英軍的勝仗，「與事實真相相比，多少顯得有些滑稽」。16

英軍撤出外約旦時，費瑟勒的軍隊再次攻打曼恩。不久前鄂圖曼人為了防守安曼而將部隊調離，減弱了曼恩駐軍的防禦力，阿拉伯軍大有機會突破這座幾乎堅不可摧的城市。

作戰計畫一樣是在正面攻擊市中心之前，切斷曼恩北邊和南邊的對外聯繫。阿拉伯軍的幕僚長賈法爾・阿斯卡里在四月十二日領軍攻擊北邊的車站賈爾都納（Jarduna）。他率領一支步兵營、一座火砲和四百名貝都因騎兵。他們清晨接近火車站，以十八磅野戰砲朝車站開火。在土耳其守軍密集的砲火中，阿拉伯步兵向前挺進。阿斯卡里一直等著他的貝都因騎兵開始攻擊，援助步兵。他發現這些騎兵「在射擊死角漫無目的地兜圈子」，他催促他們快點行動，並「慷慨激昂地向騎兵指出，除非他們出來牽制敵軍，他們的步兵同袍將會被殺死」。於是這些部族騎兵才衝進車站，迫使兩百名守軍投降。他們劫掠車站，沒收武器、彈藥和軍用補給品。勞倫斯和修伯特・楊（Hubert Young）稍後在傍晚出現，炸毀賈爾都納南邊的鐵路橋，切斷曼恩與北邊的聯繫。17

同一天晚上，努里・薩依德在曼恩南邊的加赫迪・哈吉車站率軍攻擊。穆罕默德・阿里・阿吉盧尼指揮其中一批步兵攻擊車站。士兵分別支持兩位軍官，而私底下有些抱怨，因此吉盧尼和阿斯卡里一樣，不得已必須發表一篇「滔滔不絕、熱血沸騰的演說」恢復突擊隊的秩序。有一支法國砲兵連和一支機關槍小隊提供支援，此外還有由霍威塔特族赫赫有名的奧達・阿布・塔伊所指揮的數百名騎馬的貝都因人加入戰場。和攻擊賈爾都納的時間相同，他們在清晨進攻，以火砲連續轟炸車站兩小時。大多數土耳其守軍在當天稍早就已投降，但壕溝中的鄂圖曼士兵堅守了數小時，才終於投降。

阿拉伯革命激起的仇恨，在加赫迪·哈吉戰場浮上檯面。一名阿拉伯指揮官以一樁暴行與三百名鄂圖曼戰俘對質，據說他部隊裡的某個上尉被逮捕他的土耳其人虐待並且活活燒死。這名阿拉伯指揮官下令鄂圖曼戰俘從自己的部隊中選出四人接受死刑，藉此替他慘死的上尉報仇。行刑之前他被其他阿拉伯軍官阻止，以確保戰俘受到人道對待。於是突擊隊伍再次進攻，摧毀五座橋和約九百碼鐵軌，切斷曼恩南邊的對外聯繫。[18]

曼恩與外界聯繫中斷之後，阿拉伯軍隊開始攻擊該城的駐軍。四月十三日，他們占領曼恩西邊位於西姆納（Simna）的高地。兩天後他們強攻火車站，這次戰役成為阿拉伯革命中最血腥的一場交戰。爭奪車站控制權的戰事繼續了四天，雙方傷亡慘重。阿斯卡里強烈譴責由漢志法國軍事代表團的羅沙里奧·皮薩尼（Rosario Pisani）上尉指揮的法國砲兵連隊，他們在作戰的第一天就把彈藥用完（事實上根據阿斯卡里的敘述，彈藥在第一個小時就用光了）。

這位阿拉伯指揮官對他的法國盟友沒什麼信心，他指控這些法國人積極支持的根本就是賽克斯—皮科協議，而非阿拉伯革命之戰。「當時皮薩尼上尉不停地提醒我們，他只能陪同我們到敘利亞邊境，過了邊境法國人就無法協助阿拉伯人。」阿斯卡里回憶道，「皮薩尼如此宣布，由此可見法國人心懷不軌。」目睹這場曼恩戰役的勞倫斯，選擇相信皮薩尼。「我們發現每當發射完一輪砲彈，皮薩尼就絕望地扭絞雙手。」勞倫斯寫道，「他說他請求努里不要在他武器如此捉襟見肘的時刻發動攻擊。」費瑟勒事後發電報給法國戰爭部長，感謝曼恩法軍「良好的表現」，並表示希望「所有砲手都能得到獎勵」。這位阿拉伯革命的領導者比他的阿拉伯軍官更有外交手腕。[19]

三天猛烈交戰之後，阿拉伯軍成功占領曼恩附近的三排土耳其壕溝。鄂圖曼指揮官們明白，只要鐵路線被切斷，他們就無法得到援軍或新的彈藥。有些軍官呼籲戰到最後一兵一卒；其他人希望能與阿拉伯人展開談判，討論投降條件。曼恩的百姓知道費瑟勒手下的貝都因人將會掠奪他們的家和商店，因此決心展開奮戰。戰役的第四天，五百名百姓加入鄂圖曼軍，堅決抵抗筋疲力盡的阿拉伯軍隊。

到了第四天，阿拉伯軍已經搖搖欲墜。幾天以來士兵被鄂圖曼機關槍和火砲轟炸，卻沒有火砲可供掩護。他們的貝都因騎兵兩天前就撤退了，正規步兵認為這是因為他們一致缺乏信心。阿拉伯軍半數以上軍官非死即傷，正規軍士兵紀律也開始瓦解。阿斯卡里只好不情願地撤退。他們在曼恩的傷亡人數是九十人死亡，兩百人受傷。雖然無法以西線的標準衡量，卻是阿拉伯人在革命過程中最重大的傷亡。

面對如此意料之外的慘敗，埃米爾費瑟勒與他的參謀長努力設法重建殘兵的士氣。他發表了一篇振奮人心的演說，阿斯卡里也提醒他的軍隊，撤退並不是被打敗，一旦他們有足夠的火砲，就能重返勝利之路，取回曼恩。其中一名軍官表示，這些演說的確重振了敘利亞和伊拉克正規軍人的士氣。然而，哈希姆家族在外約旦受損的聲望，卻要在一段時間之後才能恢復。[20]

一九一八年三月二十一日，德國在西線有重大的突破。與俄國簽訂和平條約之後，同盟國得以將東線軍隊調回西線，因而相對於協約國，他們在當地擁有人數上的優勢。德國指揮官們決定搶在前一年參戰的美國之前行動；美國派出的兵力改變均勢。邁克爾行動（Operation Michael）以攻擊聖康坦（Saint-Quentin）英軍防線弱點為目標。德軍以猛烈而密集的砲火掃蕩前方的英軍。第一天戰鬥之後，德國人已經挺進八英里，並占領將近一百平方英里法國領土，而德軍也為此付出傷亡慘重的代價。然而，英軍的損失更驚人——當天英軍損失超過三萬八千人，包括被俘的兩萬一千人。21

埃及遠征軍幾乎立刻就感受到德軍這場春天攻擊行動的後果。三月二十七日，英國戰爭內閣命令阿倫比在巴勒斯坦採取「積極防禦」，並準備讓他的步兵師立刻調派至法國。截至一九一八年中為止，共有約六萬名有經驗的步兵從埃及和巴勒斯坦被送往法國。他們的位置由來自印度的新兵取代，這些沒有經驗的士兵在上戰場前必須接受大量訓練。22

在進行「積極防禦」並將他最好的部隊送往法國之前，阿倫比打算在外約旦做最後一次努力。這場受限於諸多條件的戰役時機不對，設想也不周全。阿倫比顯然將他的士兵送入陷阱。

在阿倫比的計畫中，他的騎兵必須先占領約旦河對岸三個重要的淺灘，防衛從約旦河谷通往安曼平原的三條主要路徑。接著，騎兵必須往河谷上攀登，重新占領索特。穩固索特的陣地，以防土耳其人反攻之後，紐澳軍團騎兵就要沿著約旦河谷往回奔馳，從後方攻擊駐紮在蕭納特·尼姆林（Shunat Nimrin）的土耳其軍，逼迫他們投降。阿倫比手下的人已經和勢力強大的巴尼·薩克赫部族商量好，要他們封鎖約旦河谷和安曼平原之間的四條重要小徑，徹底包圍索特和約旦河谷之間的鄂圖曼軍。占領這個堅強的陣地之後，英軍就能從有利的位置上，進一步占領安曼和高原。23

阿倫比的軍官認為這計畫並不可行。沙漠騎兵軍團指揮官將軍哈利·蕭維爾爵士相信鄂圖曼人已經預期這次的攻擊。事實或許的確如此，因為德國人常常攔截英國無線電訊息。貝都因人可能也已對鄂圖曼人洩露英軍的計畫。阿倫比的計畫賦予貝都因人如此顯著的角色，蕭維爾對此深感不安。他不相信這些部族戰士在這場戰役中有多值得信任。事實上，外約旦有幾個部族內部分別效忠哈希姆家族與鄂圖曼人，巴尼·薩克赫是其中之一。如果阿倫比的軍官商量的對象是偏袒鄂圖曼人的巴尼·薩克赫人，他們的計畫就會直接洩漏給利曼·馮·桑德斯。

從兩件事情上可以看出巴尼·薩克赫人有可能叛變。首先，這些人在決定阿倫比攻擊的日期上，扮演關鍵性的角色，這些人辯稱一定要到五月四日之後他們才能切斷通往薾納特·尼姆林的道路。訂定這個看來完全不能更改的日期，理由聽起來很難讓人信服：他們聲稱在這日期之後，他們必須更改營地，重新補給軍備。巴尼·薩克赫人逼阿倫比在早於他計畫前的某個特定日期發動攻擊，顯然是為了鄂圖曼人的利益。更可惡的是，巴尼·薩克赫人根本沒有在雙方講好的那個日期封鎖通往薾納特·尼姆林的戰略要道，英軍的計畫在還沒開始之前就宣告失敗。24

第一批澳洲騎兵在四月三十日的日出前橫越約旦河，並且占據作戰計畫中指定的陣地。到了八點三十分，聽說英軍出擊的消息，利曼派出一支反攻隊伍，出其不意地攻擊澳洲騎兵。利曼已經在巴勒斯坦部署了新的重要增援部隊，包括來自高加索的騎兵旅和幾支德國步兵隊，他們的行動完全保密。德國人和鄂圖曼人也組裝了一座浮橋並且隱藏起來，以便能在約旦河東岸和西岸間快速調派軍隊。在利曼的指揮下，這些軍隊開始橫越約旦河，迎戰入侵者。

突然間遭遇人數眾多的鄂圖曼軍，阿倫比的騎兵棄守了兩條從約旦河谷通往索特的小徑。土耳其軍依然從通往薾納特·尼姆林的小徑長驅直入，那裡一個巴尼·薩克赫部族戰士的影子都沒看見。英軍只剩下一條通往（或可說撤退至）索特的路可走。而這條路立刻就有被阿倫比預期中更強大的鄂圖曼軍與德軍截斷的危險。

英國又派出一批援軍橫越約旦河，解救埃及遠征軍被包圍的陣地。他們與試圖截斷並擊敗英軍的鄂圖曼軍展開激烈的戰鬥。四天後，蕭維爾請阿倫比准許讓彈藥與存糧量都愈來愈少的部隊撤離戰場。英軍第二次放棄索特；到了五月四日半夜，所有倖存部隊都已經安全渡河回到巴勒斯坦。但埃及遠征軍有兩百一十四人死亡，將近一千三百人受傷。如同一名士兵所下的結論：「第二次索特戰役完全是一團混亂。」[25]

在耶路撒冷陷落的五個月後，鄂圖曼人恢復戰力的速度令人驚奇。鄂圖曼人與俄國休戰後，收回安那托利亞東部地區的失土，而且高加索和美索不達米亞兩地的軍事威脅也大為降低。戰時領土分割協議的消息傳出，讓英國、法國和哈希姆家族信譽受損。閃電軍團成功地阻擋阿拉伯軍在曼恩以及阿倫比軍隊在安曼的兩次攻擊。再加上春天德國在西線突破英國和法國的陣線，看來鄂圖曼人在大戰中已經站在勝利的一方了。

鄂圖曼軍戰勝，對外約旦輿論產生極大的影響。索特百姓志願加入鄂圖曼軍。正如一名法國情報員的報告：「各村莊的隊長登記了許許多多志願前來當兵的百姓。這些居民們說：『既然英國人面對數目如此微不足道的土耳其軍隊都必須從索特撤退，他們勢必無法繼續向前挺進，因為鄂圖曼軍持續增加。這就是為什麼我們必須與土耳其人保持良好關係，爭取他們的同情。』」費瑟勒軍隊的信心也搖搖欲墜。外約旦中部的部族沒有響應他的號召。一名替法國情報局工作的本地情報人員解釋：「阿拉伯人回覆費瑟勒的措詞大概會是這樣：你攻下塔菲拉後不願堅守，遭到攻擊便撤退；英國人兩次攻下索特，也是遭到攻擊便撤退。如果我們對土耳其宣戰，我們擔心，在屠殺了我們之間的土耳其軍隊之後，你們也會拋棄我們。」[26]

送走經驗豐富的士兵，接收新兵之後，阿倫比不得不延後巴勒斯坦的軍事行動，最早也要等到秋天才重新開戰。春天這幾場慘烈戰役給埃及遠征軍帶來的唯一好結果，就是兩次攻打安曼的企圖使鄂圖曼人把軍隊調離巴勒斯坦，增援外約旦的陣地。這是阿倫比的優勢，畢竟埃及遠征軍的最終攻擊目標是巴勒斯坦，而不是外約旦。

既然鄂圖曼軍控制住阿倫比軍隊在巴勒斯坦的攻勢，恩瓦爾帕夏打算孤注一擲，增援帝國在高加索的陣地。一九一八年三月與俄國在布列斯特－立陶夫斯克簽訂和平條約之後，恩瓦爾與他的同僚發現鄂圖曼可以在俄國因革命與內戰而國力虛弱時，趁機收復失土。雖然鄂圖曼已經不再與俄國作戰，恩瓦爾從未像此刻這麼需要派士兵前往東部前線。

早在一九一八年二月，鄂圖曼軍已經展開行動，試圖收復俄國人在戰爭時占領的土地。二月二十四日，鄂圖曼軍連一場仗都沒打，就進入特拉布宗，終於結束該城權力真空的狀態。非但如此，鄂圖曼人抵達時還有一支俄國銅管樂隊在現場歡迎他們。振奮的土耳其軍朝埃爾祖魯姆橫掃而去，在三月十一日席捲該城。糧食短缺的土耳其士兵驚訝地發現俄國人留下許多補給品，多到足夠供給軍隊挺進鄂圖曼帝國一九一四年的邊境。他們在三月二十四日抵達。[27]

正當土耳其人越過一九一四年的邊境，想要回一八七八年割讓給俄國、但在布列斯特－立陶夫斯克條約收回的三個省分時，他們面臨兩難的狀況。一方面來說，他們把恢復鄂圖曼領土當成國家的優先要務，然而設法在鄂圖曼與俄國之間創造緩衝國，卻是一件有利的做法。喬治亞、亞美尼亞和亞塞拜然這三個國家在俄羅斯帝國垮台後出現；相較於巨大的俄國，它們的國力相當衰弱，是比俄國更為安全的鄰居。鄂圖曼的挑戰是以不影響他們在高加索邊境新鄰居的政治穩定性為前提，收復喬治亞境內的巴統以及亞美尼亞境內的卡爾斯和阿爾達罕等鄂圖曼之前的失土。

土耳其軍於四月十九日進入巴統，四月二十五日占領卡爾斯。他們準備依照布列斯特－立陶夫斯克條約進行公民投票，如此就將鄂圖曼帝國合併這些省分的行為合法化。在一個由土耳其公務人員組成的委員會監督下，鄂圖曼軍舉辦了這場公投。經過清一色由男性組成的公民投票後，得到預期中的結果：百分之七十五的公民投票支持將這三省併入鄂圖曼帝國。一九一八年八月十一日，公投結果經由帝國法令正式生效，蘇丹梅赫美德六世在法令中應允該區人民的希望，讓他們回到鄂圖曼帝國「神聖保護的土地」。

就在鄂圖曼軍越過這三個省，企圖進入亞塞拜然的首都巴庫（Baku）時，他們遇上來意不善的德國盟友、布爾什維克黨人與英國人的部隊。富含石油的巴庫是高加索兵家必爭之地。德國人從戰爭一開始就已經在這個裏海邊的城市建立據點；一九一八年夏天，正是他們最需要此地的石油資源的時候。經由波斯挺進的英國人，也極力拒絕把巴庫讓給德國人和他們的鄂圖曼盟友。

布爾什維克黨人和亞美尼亞民族主義份子的達許納克黨共同成立所謂「巴庫公社」，透過這個暴力革命的政體，俄國對巴庫進行薄弱的掌控。一九一八年三月，巴庫公社的軍隊對亞塞拜然境內占人口多數的穆斯林進行一場集體大屠殺，被屠殺的穆斯林高達一萬兩千人。倖存的穆斯林中有一半逃離了巴庫，躲到較安全的鄉間。亞塞拜然的穆斯林求助於鄂圖曼人時，恩瓦爾帕夏立刻接受他們的要求，藉機擴大鄂圖曼在裏海油田的影響力。

一九一八年六月四日，鄂圖曼人和亞塞拜然人簽訂了一份友好聯盟條約。亞塞拜然希望鄂圖曼能幫助他們從布爾什維克黨人手中奪回領土，因此請求他們出兵協助。土耳其盟友進軍巴庫，把德國人惹毛了。柏林方面，德國軍方領袖埃里希·魯登道夫（Erich Ludenforff）和興登堡兩人建議恩瓦爾將軍隊撤回布列斯特－立陶夫斯克條約中承認的鄂圖曼國界內，並把高加索師調往更需要援軍的阿拉伯前線。恩瓦爾不以為意，拒絕他們的「建議」，繼續前進。此刻巴勒斯坦風平浪靜，恩瓦爾想在這場快速變遷的地緣政治競賽中，緊抓住掌握鄂圖曼利益的機會。據恩瓦爾判斷，他可以從巴庫將軍隊派往南邊的美索不達米亞，奪回巴格達。

為了領軍「解放」巴庫，恩瓦爾組織了一支由高加索志願者組成的「高加索伊斯蘭軍」。他指派曾經在一九一五至一九一六年在利比亞沙漠和阿斯卡里一同投入薩努西戰役的同父異母兄弟努里帕夏，領導這支志願軍。由於努里帕夏招募士兵時得到的反應頗為冷淡，恩瓦爾只好調派一支鄂圖曼步兵師，增援高加索伊斯蘭軍。八月五日，他們第一次企圖占領巴庫，但被布爾什維克的火砲以及突然出現的一支英軍分遣隊擊退。努里緊急請求支援，於是恩瓦爾又派出兩個兵團協助征服巴庫。九月十五日他們終於攻下該城。他們並不是把巴庫併入鄂圖曼帝國境內，而是確保亞塞拜然這個新國家在後沙皇時代的高加索地區，成為鄂圖曼忠實的附庸國。

恩瓦爾不只成功收復鄂圖曼的高加索領土，還根據鄂圖曼的利益，在安那托利亞東部邊境建立新國家。如果贏得大戰的是鄂圖曼人，或許人們會因為恩瓦爾保住了帝國東邊國界，而推崇他是一位有遠見的政治家。然而，鄂圖曼軍進入巴庫之後沒幾天，阿倫比的軍隊就突破巴勒斯坦的鄂圖曼防線。恩瓦爾把土耳其的部隊調離美索不達米亞和巴勒斯坦岌岌可危的前線，後人只會記得他的高加索戰役是一場造成帝國殞落而非保存帝國的倉促行動。[28]

一九一八年夏天，西線的協約國軍隊阻止了德國突圍的攻勢。白廳再次催促阿倫比重新進攻鄂圖曼前線——只要他能善用現有的資源，不要求額外援助。七月中，阿倫比通知陸軍部他計畫在秋天重新展開軍事行動。於是這位埃及遠征軍的指揮官開始積極策劃。

阿倫比擅長使用騙術。在貝爾謝巴之役中（一九一七年十月三十一日），他無所不用其極讓鄂圖曼人相信他打算對加薩發動第三次進攻，促使敵軍在他計畫攻擊的地方降低防禦力。現在，為掩護對巴勒斯坦地中海海岸的鄂圖曼陣地進行主要的攻擊行動，阿倫比大肆張揚他第三次攻擊安曼的計畫。

阿倫比沒有讓新軍為即將展開的戰役進行基本的作戰訓練，反而要他們用木頭和帆布做出與真馬一樣大的模型馬，共有一萬五千隻。在夜色掩護下，他緩慢地分批將步兵和騎兵隊從約旦河谷和猶太丘運送到海岸邊。這些部隊駐紮在經過偽裝的帳棚裡，以免被德國飛機發現。他們留下木頭與帆布做的假馬來代替真馬，同時士兵駕駛驢子拉的雪橇越過約旦河谷乾燥的地面，模仿騎兵行動時塵土飛揚的樣子。英軍的工程師在約旦河上架設新橋，他們還從棄置不用的指揮部發出無線電訊號。

阿拉伯軍扮演的角色很重要，他們必須讓鄂圖曼人的注意力放在外約旦。阿斯卡里的正規軍人數已經到達八千人，此外他們還得到英國裝甲車、法國火砲、埃及駱駝騎兵隊與澳洲和英國飛機的支援。謝里夫納西爾已募集數千名誓言支持阿拉伯革命的貝都因非正規軍。九月初，當阿斯卡里和他的大軍還在曼恩周圍的陣地時，一支有一千名士兵的阿拉伯分遣隊被派往安曼東邊五十英里的一個綠洲城市阿茲拉克（al-Azrak）。他們突然出現，助長了英軍即將對安曼發動攻擊的謠言，然而此時費瑟勒的軍隊已經被指派執行一項關鍵任務，也就是切斷位於重要鐵路交會處達拉（Daraa）的鐵路，這裡是漢志鐵路與海法（Haifa）支線的交會處。

皇家空軍在九月十六日對達拉展開空中攻擊，試圖擾亂鄂圖曼的聯絡線，藉此慫恿利曼．馮．桑德斯集中防禦漢志鐵路。勞倫斯率領裝甲車攻擊達拉南邊的鐵路，摧毀了一座橋。第二天，阿拉伯主力部隊攻擊達拉北邊的鐵路，兵力損失不大。鄂圖曼人倉促修復鐵軌，利曼召集海法港的儲備軍增援達拉——這麼做正好落入阿倫比的圈套。

決心將攻擊行動細節保密的阿倫比，一直等到行動展開的三天前，才向手下的指揮官簡報攻擊的真正目標。這時他已經設法將三萬五千名步兵和九千名騎兵集結到地中海岸雅法正北邊十五英里長的前線，此外還有將近四百座重型火砲支援。土耳其人只有不超過一萬個人和一百三十座火砲防守海岸線；他們在外約旦的陣地卻因為預計敵軍將會立刻來襲，因此以重兵防守。29

發動攻擊的兩天前，一名印度士兵從英國陣線叛逃到鄂圖曼壕溝。在鄂圖曼與德國軍官質問之下，他供出了即將開啟的這場戰役一切細節——英國人打算在九月十九日發動攻擊，突破地中海岸的鄂圖曼陣線，而根據利曼的紀錄，這名士兵「想要躲過這場戰役」。但阿倫比的騙局實在太徹底了，利曼與軍官們認為這名逃兵的說法是故弄玄虛的假情報。聚集在阿茲拉克的阿拉伯大軍以及對達拉的攻擊行動，讓利曼深信協約國打算切斷他的主要聯絡線，也就是漢志鐵路，於是他把更多援軍調往外約旦陣地。30

九月十九日破曉前，英軍以密集的火砲攻擊雅法北邊的鄂圖曼壕溝，這才揭開他們真正的企圖。對許多印度新兵而言，初次戰場經驗是極大的震撼，大量火砲以每分鐘一千發砲彈的速度開砲。「火砲與機關槍的攻勢非常猛烈，」一名錫克教士兵在寫給父親的信中說道，「在砲火中地動天搖，我們什麼聲音都聽不見，弟兄們也認不出彼此。」31

密集的槍林彈雨結束後，英國和印度步兵衝鋒陷陣，摧毀鄂圖曼壕溝。在第三與第四條防禦陣線的一陣肉搏戰之後，能撤退的土耳其人都撤退了，其他人則投降英軍。在前兩個半小時的戰鬥中，步兵突破土耳其陣線，挺進七千碼，替騎兵開出一條入侵北巴勒斯坦的通路。

紐澳和印度騎兵部隊湧入步兵突破的缺口，開始一連串作戰行動，包圍鄂圖曼第七和第八軍團，準備占領主要城鎮。他們的首要目標之一就是圖勒凱爾姆（Tulkarm）的交叉路口。戰前在巴黎求學並曾參與組織一九一三年阿拉伯大會的陶飛克・蘇威迪，這次戰役爆發時在圖勒凱爾姆擔任軍中的文書工作。聽到火砲轟炸的聲音，他與同袍「在驚慌中」醒來。他爬到屋頂，看見約十英里外兩軍火砲互攻，「可怕的砲彈成排射往前線，雙方都以無情的砲火進行猛烈轟炸」。日出之後不久，圖勒凱爾姆到處都是撤退的鄂圖曼軍，「英軍從四面八方出現，俘擄土耳其殘兵」。32

就在英國飛機轟炸圖勒凱爾姆時，驚恐的百姓逃出城外。蘇威迪和他們一起撤退到鄰近的村莊，他脫下軍官制服，穿上巴勒斯坦農民的服裝。就這樣，蘇威迪加入了鄂圖曼人數逐漸增多的逃兵。土耳其軍四散潰逃，蘇威迪依舊在被英國占據的土地上，他已經放棄參與鄂圖曼的這場世界大戰，夢想能返回家鄉巴格達。

英國騎兵迅速橫越北巴勒斯坦，攻下主要城鎮與十字路口，包圍曾經聲勢浩大的閃電軍團主力，第七與第八軍團。九月二十日清晨，貝桑（Baisan）和阿富拉（Afula）都落入英軍之手。英國皇家空軍進行轟炸，澳洲飛行隊已經摧毀鄂圖曼電話線。通訊線路被毀，土耳其與德國軍官就無法獲得英國進犯或鄂圖曼被打敗的警告消息。

戰役開始後二十四小時，坐鎮拿撒勒（Nazareth）司令部的利曼訝異地發現英軍出現在該城外圍。近身肉搏戰延誤英軍的進攻速度，利曼因此逃過一劫。「最奇怪的是，」一名印度士兵在家書中說，「有幾架敵軍飛機被扣留在這裡（拿撒勒），他們的飛行員也被俘擄。也就是說，這證明這些騎兵有徒手抓小鳥的技術。」在遭遇激烈抵抗之後，九月二十一日，英軍攻占拿撒勒。33

攻擊行動的第三天，英軍占領了巴勒斯坦山區的主要城鎮，控制約旦河上位於吉斯爾・馬傑米（Jisr al-Majami）的主要鐵路橋。土耳其軍從約旦河西岸地區到外約旦的每一條逃脫路線都被切斷，到了九月二十一日，第七與第八軍團已經毫無戰鬥能力，於是英軍開始接受上萬名士兵投降。征服巴勒斯坦的最後任務就是占領北邊的阿克港與海法港，這兩個港市在九月二十三日也被英國與印度騎兵攻陷。

現在英軍已掌握巴勒斯坦，阿倫比將矛頭轉向外約旦。紐西蘭騎兵旅迅雷不及掩耳地攻下索特（九月二十三日）和安曼（九月二十五日）。曼恩的四千名駐軍接受命令撤退到安曼，準備放手一搏，設法與第四軍團會合後共同防禦大馬士革；然而，他們也被澳洲第二輕騎兵旅攔截。土耳其士兵同意投降，但他們被虎視眈眈的阿拉伯部族戰士包圍，因此不願放下武器。於是戰俘與逮捕他們的英軍都帶著武器前進到安曼，直到覺得不會受到貝都因人攻擊，土耳其人才放下武器。

鄂圖曼軍在大馬士革被擊退之後，阿拉伯軍與阿倫比軍的聯軍蠢蠢欲動，想攻下敘利亞首都。阿拉伯軍在九月二十六日夜晚至二十七日凌晨攻進達拉，第二天與英軍會合。兩軍立刻挺進大馬士革，紐澳與印度騎兵從巴勒斯坦北邊包圍，切斷鄂圖曼從西邊往貝魯特、從北邊往霍姆斯撤退的路線。英軍和阿拉伯軍從達拉向正北方挺進，行進七十英里到大馬士革，不停追趕鄂圖曼第四軍團殘兵。九月三十日，協約國抵達大馬士革城外。

就在兩軍準備進入大馬士革之際，巴勒斯坦戰役的政治情勢一觸即發。基於戰時的種種瓜分計畫，阿倫比的戰役中，政治考量如影隨形。六月時，他接收了兩個猶太人組成的皇家燧發槍步兵營。組織這支部隊，是藉由在戰場上的奮勇殺敵、犧牲性命的方式，明確表達猶太建國主義者宣告在巴勒斯坦的主權意圖。法國則是派出巴勒斯坦與敘利亞法國分遣隊（Détachement Français de Palestine et de Syrie）支援，確實保障法國對敘利亞長期以來主張的所有權。其中一支部隊全數由法國人從著名的穆薩達圍城（Musa Dagh Siege）*中救出的亞美尼亞難民組成。費瑟勒在陣線的前方，勞倫斯是他的擁護者，替他捍衛哈希姆家族把敘利亞納入大阿拉伯王國統治的主張。當巴勒斯坦戰役在大馬士革城門口到達頂點時，胡笙－麥

圖勒凱爾姆附近的鄂圖曼戰犯，巴勒斯坦，一九一八年九月二十二日。九月十九日英軍在巴勒斯坦北部突擊鄂圖曼陣地，造成鄂圖曼第七與第八軍團潰敗，數萬名土耳其士兵投降。照片中英國騎兵正護送一隊一千兩百名鄂圖曼戰犯。

克馬宏書信、賽克斯－皮科協定與貝爾福宣言的利益相關者你推我擠，為了在這場爭奪戰中勝出。[34]

英軍為獎勵盟友哈希姆家族，把接受大馬士革投降的榮耀讓給費瑟勒的阿拉伯軍。不過，第一支進入大馬士革的隊伍，是澳洲第三輕騎兵旅。十月一日清晨，這些騎兵獲准穿越大馬士革市區，截斷在霍姆斯北邊主要道路上的土耳其軍撤退路線。其實，他們已無須費心。最後一批土耳其軍早已在前一天搭上火車前往里亞格（Rayak），把這座城市留給由城裡知名人士組成的委員會。預期費瑟勒即將進城，土耳其的國旗都被換成謝里夫的旗幟。澳洲人立刻離開大馬士革，占領指定的陣地，讓謝里夫的軍隊正式占領該城。

澳洲第二輕騎兵旅進入大馬士革。澳洲人在十月一日首先進入大馬士革，然而基於政治理由，獲准接受大馬士革投降的是費瑟勒的阿拉伯軍。

革命之初就為哈希姆家族奮鬥的謝里夫納西爾，代表自行宣布為阿拉伯國王的麥加謝里夫胡笙進入大馬士革。隨他一起進城的是率領約一千五百名貝都因士兵的奧達・阿布・塔伊和努里・夏朗（Nuri Shaalan），在支持費瑟勒戰役的貝都因謝赫中，他們兩人勢力最大。城中百姓夾道歡迎，將哈希姆軍視為解放者，不過商人們很緊張。正如他們所害怕的，貝都因人一進城就到處襲擊劫掠。英國人與協約國軍隊也開始進入這座解放的城市，眼前的景象令他們震驚；擁擠的人們歡欣鼓舞，因為鄂圖曼人撤退，在他們眼裡就是長久以來可怕戰爭的落幕。35

軍隊入城的盛大儀式持續了兩天，首先阿倫比將軍來到大馬士革，接著在一九一八年十月三日，費瑟勒也終於抵達。在阿拉伯革命中身分相當於勞倫斯替補軍官的修伯特・楊，開著一輛利曼丟棄在大馬士革的大型紅色賓士出來迎接費瑟勒。他看見這位王子「率領一大隊阿拉伯人」騎著馬「穿過狹窄的街道，兩旁擠滿歡欣鼓舞的大馬士革人」。修伯特・楊提議開車載他回市中心。費瑟勒拒絕搭便車，他想騎著阿拉伯戰馬進大馬士革，而不是乘坐德國的加長禮車。

費瑟勒騎著馬直接前往一個碰巧叫做維多利亞（Victoria）的飯店，與阿倫比將軍進行歷史性的初次會面。透過勞倫斯當翻譯員，阿倫比利用這次見面的機會向費瑟勒解釋英國新的行政安排，於是政治利益瓜分使原本值得慶祝的這一刻蒙上陰影。根據貝爾福宣言，阿拉伯在巴勒斯坦將不會有行政

＊穆薩達是土耳其地中海岸哈塔伊省（Hatay）的一座山，一九一五年七月至九月，被政府驅逐的亞美尼亞人撤退到這座山上，展開五十三天的抵抗行動。就在彈藥和糧食即將用完時，倖存的亞美尼亞人被地中海的法國第三艦隊解救。

地位。為尊重法國藉由賽克斯－皮科協定取得的利益，黎巴嫩即將由法國管理，阿拉伯政府無權置喙。也因為必須尊重法國意願，費瑟勒務必將貝魯特公共建築上的謝里夫旗幟拿掉。最後，只要還在大戰狀態下，阿倫比將在所有協約國占領的阿拉伯領土，執行最高指揮權。[36]

與阿倫比會面之後，費瑟勒從維多利亞飯店出發到市政廳，接受大馬士革民眾的歡呼。然而，經過這次會面，不禁讓人懷疑他以大馬士革解放者之名受到讚揚，心中做何感想。

整個十月，英軍繼續追趕鄂圖曼殘兵，攻下敘利亞和黎巴嫩的主要城市。鄂圖曼人一直無法建立防禦陣線，阻止英軍自九月十九日以來的運動戰。十月二十六日阿勒坡陷落，英

一九一八年十月一日，阿拉伯軍騎馬進入大馬士革。這張照片極具象徵性；坐在現代汽車上的英國軍官們朝著大隊阿拉伯騎兵逆向開來。在大馬士革陷落之後，英國人與阿拉伯人的政治目的也和照片上一樣，朝不同方向進行。

軍達成所有的目標，這場戰役宣告結束。鄂圖曼軍在敘利亞被擊潰，迫使鄂圖曼帝國退出戰爭。協約國以相當少的傷亡人數就達成這個目標——傷亡和失蹤人員共五千六百六十六人。土耳其傷亡人數沒有官方的統計數字，不過英軍宣稱他們俘擄了七萬五千名戰俘。[37]

鄂圖曼軍在敘利亞被擊敗時，同盟國勢力已經到了谷底。全世界有愈來愈多的國家加入協約國。一九一七年七月，希臘對同盟國宣戰，中國在八月跟進。幾個南美國家也對德宣戰，或切斷與德國間的關係。然而，美國遠征軍卻是改變均勢、傾向對協約國有利的決定性力量。在對德宣戰後的十八個月間，美軍總人數從十萬人增加到四百萬人，並把兩百萬軍人調往海外。在美國強大戰力威脅下，四年來在戰場上面臨無情殺戮的德國與其盟國，再也沒有更多的人力與物資可用。

首先投降的保加利亞，一九一八年九月三十日在希臘的薩洛尼卡與法國指揮官簽訂休戰協議。此舉隔絕了德國與土耳其之間的聯絡，切斷長期以來支撐鄂圖曼戰事進行的軍隊與物資補給線。德國人的戰敗之日也不遠了。協約國在西線的一連串勝利迫使德軍撤退。當土耳其青年團執政者發現他們的德國盟友已經去找美國總統伍德羅·威爾遜斡旋與英法兩國的停火協議時，鄂圖曼人知道他們已毫無勝利機會，只能求和。

伊斯坦堡的鄂圖曼政府正動盪不安。由塔拉特帕夏所領導的團結黨內閣於十月八日辭職。宰相塔拉特、戰爭部長恩瓦爾以及前敘利亞最高指揮官、海軍部長傑馬勒這治國三巨頭，必須共同擔負鄂圖曼戰爭決策的責任，他們也只能盡力與勝利的協約國協議休戰合約。整整一週，帝國處於沒有政府的狀態，他們找不到任何一位可值得信任的政治家，帶領鄂圖曼人投降。最後，曾指揮高加索鄂圖曼軍的阿哈麥德．伊傑帕夏同意組成新政府，簽訂和平協議。

新政府派遣鄂圖曼軍階最高的戰俘，與英國開啟休戰談判。終戰之前，庫特圍城的前指揮官查爾斯．湯森將軍，一直住在馬爾馬拉海的王子島（Princes Islands）上一座舒適的別墅裡。有人質疑湯森接受敵人熱情款待，尤其是其他庫特圍城倖存者的命運如此悲慘。他被派往萊斯伯斯島（Lesbos），傳達鄂圖曼帝國希望退出戰爭。[38]

英國地中海艦隊指揮官，上將薩莫賽特．高夫－卡索普（Somerset A. Gough-Calthorpe）爵士邀請一名鄂圖曼代表到利姆諾斯島上接受休戰條款。英國選擇這個地點無疑讓鄂圖曼人更感到諷刺：自從第一次巴爾幹戰爭以來，希臘就擁這座島的主權；在加里波利戰役中，島上的穆德羅斯港就是加里波利戰役中英軍的作戰基地。在四天的談判後，英國和鄂圖曼代表談妥條件，十月三十日雙方在戰痕累累的加里波利戰役退役戰艦「阿迦門農號」上，簽訂休戰協議。

休戰協議的條款本身並不嚴苛。卡索普上將接受鄂圖曼帝國全面投降，但他讓政治家在和平條約中訂定更嚴厲的條款。鄂圖曼人必須將海峽區開放給協約國艦隊，在布雷區清出一條安全的通道，並將達達尼爾海峽的要塞交給協約國控管。所有士兵的退伍令必須立即生效，而且要將所有海軍船艦獻給英國與法國。鐵路、電報與無線電設施等通訊與交通網絡必須由協約國監控。德國與奧地利軍隊必須在一個月內撤出鄂圖曼領土。協約國戰俘與所有被拘禁的亞美尼亞人必須被送往伊斯坦堡，「無條件移交」給協約國，但鄂圖曼戰俘依舊由協約國控管。[39]

穆德羅斯休戰協議的內容令鄂圖曼人擔憂帝國的前途。條約中兩次提到亞美尼亞人，提醒鄂圖曼當局必須為戰時違反人道的罪行負責。此外，協議內容還暗示未來的領土瓜分，包括要求鄂圖曼人從法國已宣告其主權的奇里契亞撤軍；承認協約國為保障自身安全，有權占領「任何戰略要地」；以及主張萬一在六個「亞美尼亞行省」出現「失序狀況」時，協約國有權占領行省的任何一部分。簽署這份文件的土耳其代表，被迫承認亞美尼亞人比鄂圖曼人更有權主張擁有安那托利亞東部的六個省。

根據休戰條款，交戰狀態在一九一八年十月三十一日中午終止。在俄國休戰後將近一年，鄂圖曼也結束戰爭，僅僅比十一月十一日投降的德國早了十一天。出乎所有人意料之外，鄂圖曼堅持戰到最後一刻，但他們的堅忍不拔卻一無所得。冗長的戰爭只有讓所有人更艱苦，戰敗後也更加絕望。

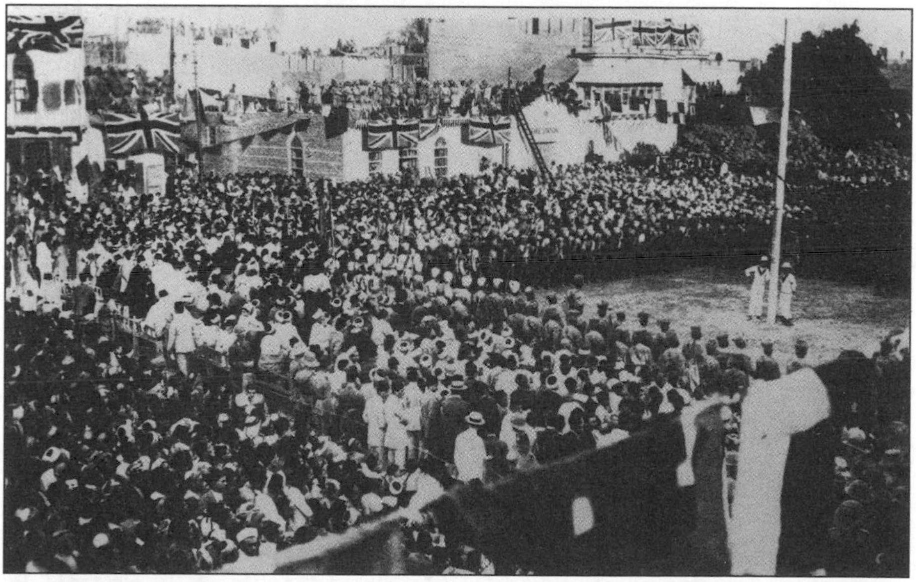
在巴格達市中心宣布休戰，一九一八年十月三十一日。到戰爭結束為止，英國已占領巴格達將近二十個月。照片中看台上身穿西裝頭戴帽子的西方觀眾和當地群眾有所不同，帝國的族群分離情況顯然可見一斑。注意在廣場周圍的建築物頂端，垂掛著幾面英國國旗。

大戰結束後，士兵們慶祝自己活了下來，夢想著能返回家園。「現在，曾經必須流動的水和必須吹起的風已經消逝，」一名印度騎兵以烏爾都語文寫信給他的兄弟，「我們渴求寧靜，就讓我們在和平的氣氛中回到印度。」這番話代表世界各個角落曾經在鄂圖曼前線奮戰、並在大戰中保全性命的每一位士兵深切的期望。40

結論 鄂圖曼帝國滅亡

鄂圖曼人打輸了這場大戰。這是整個國家的災難，但並非無法預料。從一六九九年開始，鄂圖曼人輸了大部分戰爭，但帝國依然存在。然而，鄂圖曼人從未像這次世界大戰後的和平談判中，面對一連串的利益爭奪。被夾在戰勝國與土耳其民族主義者彼此衝突的要求之間，鄂圖曼人滅亡的原因與其說是戰爭的慘敗，更應該歸咎於和平條款。

一九一八年十一月十三日，協約國船艦順利通過不久前完成掃雷的達達尼爾海峽，駛進伊斯坦堡。開戰至今都逃過敵軍的鄂圖曼首都，此刻在戰勝國面前毫無防禦能力。大無畏艦皇家「阿迦門農號」帶領四十二艘船艦，停在俯瞰博斯普魯斯海峽水岸邊的多爾瑪巴赫切宮（Dolmabahçe Palace）前方，最後，一隊雙翼飛機飛過英國、法國、義大利和希臘戰艦上方，為這幅壯觀的景象畫下句點。海軍上將高夫－卡索普與其他軍官走下船艦，接收這座城市。在軍樂隊的樂曲演奏聲中，協約國士兵穿過街道，伊斯坦堡的基督教徒居民將他們視為英雄，熱烈歡迎。

山丘上的格雷戈里·巴拉奇昂，也在人群中看著艦隊抵達伊斯坦堡。費盡千辛萬苦，這位亞美尼亞教士在滅種屠殺中活了下來，在一九一八年九月設法回到出生地。但是，他一直害怕被逮捕，因此之後的兩個月還是在他母親與姊妹家東躲西藏；之前她們早就認為他已經死了。他從早到晚都在撰寫《亞美尼亞髑髏地》（*Armenian Golgotha*），希望能趁著痛苦的回憶依舊鮮明時，記錄他親眼目睹與聽來的種種亞美尼亞人苦難的遭遇。然而，此刻他來到山頭，想親自看見協約國船艦抵達，因為這一刻就代表亞美尼亞人戰時的苦難終於結束。

從伊斯坦堡的亞洲區到歐洲區時，巴拉奇昂穿上長大衣、戴著禮帽，掩飾身分。划船載他越過博斯普魯斯海峽的船夫，不知道自己船上是一名亞美尼亞教士。「閣下，」他悲嘆道，「我們活在多麼糟糕的時局啊！我們的日子多麼黑暗啊！塔拉特和恩瓦爾毀了我們的祖國，然後收拾行李逃跑了，留下我們面對悲慘的命運。誰能相信外國船艦就這樣開進聲名顯赫的君士坦丁堡，我們穆斯林就只能袖手旁觀？」巴拉奇昂驚訝地發現自己轉身安慰這人，向他保證：「這些黑暗的日子也將過去。」[1]

當天在人群中觀看的，還有德國將軍利曼．馮．桑德斯。他在鄂圖曼帝國擔任了五年德國軍事代表團的領導者，大戰末期還在巴勒斯坦擔任閃電軍團的指揮官。九月他在拿撒勒千鈞一髮地逃走，從敘利亞撤退，英軍在後面緊追不捨。在阿達納將剩餘的鄂圖曼部隊交給加里波利之役英雄將領，土耳其將軍穆斯塔法．凱末爾帕夏後，利曼回到伊斯坦堡，依照休戰條款，負責監督將德國部隊從鄂圖曼帝國遣送回國。

雖然利曼和巴拉奇昂從截然不同的角度觀看當天發生的事，他們對於協約國艦隊占領伊斯坦堡的描述卻十分類似。房屋上懸掛著希臘、法國、英國和義大利的國旗。戰勝國士兵從街上走過時，基督教徒女孩們向他們扔花朵，男人把帽子丟向空中，擁抱彼此。一整天下來，城中的百姓和占領軍隊稱兄道弟，喝酒慶祝。利曼和巴拉奇昂二人都覺得這些醉漢令人討厭。「沒有人會認為這些狂歡作樂是高貴的表現。」利曼嗤之以鼻。巴拉奇昂則是對於「土耳其首都已經成為奢華腐敗之都巴比倫」感到遺憾。[2]

當伊斯坦堡的基督教徒歡慶勝利時，占人口大多數的穆斯林只能從緊閉的窗戶後方，默默地看著協約國士兵占領他們的城市，屈辱和絕望籠罩著他們。和載著巴拉奇昂越過博斯普魯斯海峽的船夫一樣，這些穆斯林怨恨的是團結黨的領袖們，正是他們把不情願的平民拖入戰爭中，但在休戰後卻立刻逃逸。

十一月一日午夜，土耳其青年團領導者搭上一艘德國海軍的船艦，祕密逃離鄂圖曼國土。梅赫美德．塔拉特、伊斯瑪儀勒．恩瓦爾和阿赫梅特．傑馬勒在四名親信的顧問陪同下，坐船到烏克蘭的奧德薩，從黑海海岸經由陸路抵達柏林。他們的德國盟友知道團結黨人即將面臨戰勝者的司法審判，便協助他們逃亡，保證提供暫時的避難所。然而，鄂圖曼報紙的報導卻表達大眾對於團結黨三巨頭逃亡的憤怒情緒；這三人讓整個國家去面對團結黨的政策與戰時殘暴行為的後果，而這些行為中最令人髮指的就是亞美尼亞大屠殺。[3]

一九一八年十一月，在鄂圖曼國會的會議廳中以及在土耳其報紙上，眾人憤怒地公開針對亞美尼亞大屠殺進行討論。鄂圖曼政府在戰爭期間到底屠殺了多少亞美尼亞人，不管是當時或是現在都沒有一致的結論。經過慎重的審議，鄂圖曼國會發表的數字為八十萬到一百五十萬人。無論認同高的或低的粗估數字，或認為人數應該介於兩者之間，在與戰勝的協約國進行和平談判時，滅種屠殺都將為會談蒙上陰影。

協約國公開譴責鄂圖曼政府屠殺亞美尼亞人。尤其美國與英國更是公開呼籲要求對土耳其人戰時違反人道主義的罪行，進行報復性正義。為避免遭到過於嚴厲的清算，新的鄂圖曼政府決定開軍事法庭，審判被控必須為消滅亞美尼亞族群負責的人。他們希望讓國際譴責的砲口對準土耳其青年團領導者，讓一手打造滅種行動的他們承受後果，而非懲罰所有土耳其人。

一九一九年一月到三月之間，鄂圖曼當局下令逮捕三百名土耳其軍官。這些被拘留的軍官中，有各省總督、國會中的團結黨員，也有低階的地方軍官。雖然警察沒有事先警告，在深夜進行逮捕，但還是有許多人和已經流亡的三巨頭與他們的顧問一樣，在審判中缺席。主要的軍事審判在伊斯坦堡開庭。審判過程對大眾開放，而國家掌握的證據和法庭的判決都刊登在政府公報《記事曆》（*Takvim-i Vekâyi*）上。

對外公開的起訴書把亞美尼亞大屠殺的一切責任都歸咎於土耳其青年團領導者。起訴人宣稱：「這些屠殺行為是在塔拉特、恩瓦爾與傑馬勒知情的情況下，由他們下令執行。」他們引用阿勒坡一名軍官的話，此人說他從「塔拉特本人」那裡「接到將亞美尼亞人滅種的命令」，並深信「國家的福祉」必須藉由消滅亞美尼亞人方能達成。呈上法庭上當作證據的一封電報中，被懷疑是策劃滅種行動的主謀之一巴海汀・沙奇爾醫師，要求馬穆雷特阿齊茲省（Mamuretülaziz）的總督「據實報告」他管轄省分中亞美尼亞人「被清算」的情形：「在你報告中被趕出家園流放在外的這些麻煩人物，到底是被殺了，還是他們只是被趕走而已？」[4]

目擊者證詞揭發大屠殺的安排過程：官方印出驅離亞美尼亞人的紙本命令，再以口頭指令屠殺被驅離的百姓。這些證據來自當時監獄中的殺人犯，政府將他們放出來，並組織成一批「劊子手」。檢察官蒐集了令人信服的文件，找出恩瓦爾的祕密情報單位與組織劊子手幫派之間的關係。他們蒐集大量的大屠殺證據，包括必須為數千人死亡負責的個人聲明，以及各省驅離數萬名亞美尼亞人的報告等等。5

在數個月的慎重考慮之後，法庭將十八名亞美尼亞大屠殺的關鍵人物判處死刑，其中包括塔拉特、恩瓦爾和傑馬勒，以及與三巨頭一起逃亡海外的沙奇爾醫師與納澤姆醫師。這十八人中有十五人沒有出席審判，因此只有三名低階軍官被送上絞刑台。巴拉奇昂主張約茲加特省總督梅赫美德・凱瑪爾（Mehmed Kemal）必須為屠殺四萬兩千名亞美尼亞人負責，於是此人在一九一九年四月十日被處以絞刑。埃爾津詹的憲兵指揮官哈菲茲・阿卜杜拉・阿夫尼（Hafiz Abdullah Avni），於一九二〇年七月二十二日被處死。第三次也是最後一次執行死刑是在一九二〇年八月五日，巴伊布爾特（Bayburt）的區長貝赫拉姆沙德・努斯雷特（Behramzade Nusret）被處以絞刑。6

到了一九二〇年，軍事法庭看來已不會讓亞美尼亞大屠殺的主要加害者接受審判。顯然審判也無法讓鄂圖曼帝國躲過嚴苛的和平條約。一旦已經失去效用，軍事法庭就陷入停頓。然而，這些審判紀錄卻是土耳其當局針對組織與執行亞美尼亞大屠殺所彙整的最完備證據。這些在鄂圖曼土耳其發表的紀錄，從一九一九年以來就公開流傳，譏笑土耳其青年團政府否認曾命令並組織鄂圖曼亞美尼亞種族滅絕的企圖。

一群達許納克組織中的亞美尼亞激進份子不願眼睜睜看著土耳其青年團領導者流亡海外，逃避審判，於是決定動用私行。一九二一年三月到一九二二年七月間，納許達克下達一連串暗殺土耳其青年團領導者的命令，名為「復仇女神行動」（Operation Nemesis）計畫。[7]

殺手在柏林首次出擊，許多主要的土耳其青年團領導者躲藏在此。一九二一年三月十五日，在滅種行動中生還的二十五歲埃爾津詹人梭格霍蒙·泰利瑞恩（Soghomon Tehlirian），射殺了塔拉特帕夏。這名年輕刺客被逮捕並接受審判，但德國法庭將他無罪釋放，理由是他在亞美尼亞大屠殺中遭受精神創傷和個人損失，罪責得以減輕。二十一歲伊斯坦堡人阿夏維爾·西瑞吉恩（Arshavir Shiragian）在一九二一年十二月五日已經在羅馬暗殺了前任宰相——薩依德·哈里姆帕夏；一九二二年四月十七日，他參與第二次復仇行動，在柏林射殺了巴海汀·沙奇爾醫師以及特拉布宗省總督傑馬拉·阿茲米（Cemal Azmi）。

執政三巨頭中還活著的傑馬勒和恩瓦爾，也在高加索與中亞面臨死亡的命運。亞美尼亞暗殺者追蹤戰時敘利亞總督傑馬勒帕夏到喬治亞的城市塔比力西（Tbilisi），於一九二二年七月二十五日將他射殺。要是知道暗殺者是亞美尼亞人而不是阿拉伯人，傑馬勒會非常驚訝。他在敘利亞處決了許多阿拉伯民族主義份子，為此備受鄙視，但安排被驅逐出境的亞美尼亞人橫越敘利亞省（光是一九一六年一月間就多達六萬人）要歸功於他。然而，讓死亡之旅中倖存的亞美尼亞人改信伊斯蘭教，相當於以另一種手段消滅亞美尼亞人，傑馬勒的人道主義成果因此大打折扣。在治國三巨頭中，只有恩瓦爾躲過暗殺行動。他最後停留在塔吉克與烏茲別克邊境的杜尚貝（Dushanbe）附近；一九二二年八月，他在領導穆斯林對抗布爾什維克黨人的戰役中被殺。[8]

截至一九二六年為止，因參與亞美尼亞滅種行動被伊斯坦堡軍事法庭判處死刑的十八人中，已有十人死亡。在指揮鏈中層級較低的另外八名大屠殺的凶手逃過一死，但他們的罪名引來眾人側目，像烙印般終其一生擺脫不掉。

對於巴黎和會中協約國擬定的嚴苛條款，鄂圖曼人無計可施。大戰一開始，英國、法國和俄國就已經談妥將來如何瓜分鄂圖曼領土。雖然俄國在布爾什維克革命後已經撤銷訴求，卻有新的協約國盟友取而代之。較晚出現在鄂圖曼前線的義大利與希臘（義大利在一九一五年八月對土耳其宣戰，希臘則遲至一九一七年六月），對鄂圖曼領土的覬覦程度並不亞於沙皇。一九一九年四月，義大利軍隊在地中海的安塔利亞港（Antalya）登陸，五月十五日，希臘軍隊占領伊茲密爾港。

一九一九年六月，出現在巴黎和會最高委員會（Supreme Council）面前的鄂圖曼代表，不敢指望戰勝國對他們展現同理心。他們以「威爾遜總統的原則」為訴求——也就是有名的十四點原則中第十二點，呼籲替「現今鄂圖曼帝國中土耳其人居住的部分」取得「穩固的主權」——作為戰後鄂圖曼土耳其的願景。基本上，他們想保留一九一四年十月的國境內所有領土，包括直接由土耳其人統治的地區（安那托利亞和色雷斯），以及在鄂圖曼帝國保護下由當地統治者進行高度自治的地區（阿拉伯各省與備受爭議的愛琴海島嶼）。「所有土耳其人都能感受到這一刻有多麼沉重。」某位鄂圖曼代表在外交備忘錄中下結論，「無論如何，鄂圖曼人民的想法很明確：我們不接受四分五裂的帝國，或者各區分屬不同國家託管。」9

鄂圖曼代表提出外交備忘錄的五天後，也就是一九一九年六月二十八日，協約國與德國簽訂凡爾賽和約。在這份和約中，戰勝國強迫戰敗同盟國接受高基準的嚴苛條款。德國被迫為戰爭造成的損失與傷害負全責，其軍隊必須接受裁軍。此外，德國還喪失超過兩萬五千平方英里土地，並且支付史無前例的高額賠償金——三百一十四億美金（六十六億英鎊）。[10]

處置其他戰敗國的條款幾乎一樣嚴苛。一九一九年九月奧地利在聖日耳曼昂萊（Saint-Germain-en-Laye）簽訂的條約中，奧匈帝國被強制解散，奧地利必須負起戰爭責任，支付沉重賠款，而且帝國領土被分割為數個繼承國，包括匈牙利、捷克、波蘭，以及由塞爾維亞人、克羅埃西亞人與斯洛維尼亞人組成的王國（該王國之後更名為南斯拉夫王國）。

一九一九年十一月，協約國與保加利亞簽訂納依條約（Treaty of Neuilly-sur-Seine）。在保加利亞的歷史中，它是「國家的第二場災難」（第一場災難是保加利亞在一九一三年第二次巴爾幹戰爭中戰敗）。在條約中保加利亞被迫割讓西色雷斯（最後判給希臘）以及西方邊境領土，並負擔一億英鎊賠償金。

一九二〇年六月四日，匈牙利在法國的大特里亞農宮（Trianon）簽訂和平條約中，匈牙利人領土減少至戰前奧匈帝國的百分之二十八，並且使這個內陸國背負大筆賠償金。

鄂圖曼帝國沒有什麼理由能得到比盟友們更大方的條款。事實上，協約國與德國簽訂的凡爾賽和約，將「國際聯盟盟約」（Covenant of League of Nations）納入其中，讓一個分明是為瓜分鄂圖曼帝國而設的託管制度，得以依國際法授權而確立。盟約第二十二條為，「曾屬鄂圖曼帝國的某些民族，其發展階段已達到可暫時被視為獨立國家之程度，但仍須由受委託國提供行政建議與援助，至其完全自立為止。」[11]

土耳其代表回到伊斯坦堡後，戰勝國進行最後一輪談判，以達成分割鄂圖曼領土的最終協議。一九二〇年四月，大英帝國、法國與義大利等國首相在義大利觀光勝地聖雷莫（San Remo）會面，解決胡笙－麥克馬宏書信、賽克斯－皮科協定與貝爾福宣言之間的矛盾。各國以日本為公正的旁觀國，經過六天的討論，同意判定由英國託管巴勒斯坦（包括外約旦）和美索不達米亞；法國託管敘利亞（包括黎巴嫩）。義大利政府暫時保留對各國協議的正式同意權，直到取得它宣告在安那托利亞的利益為止。

協約國對阿拉伯地區的分割取得共識之後，接下來就要與鄂圖曼帝國確認最終的和平條約。一九二〇年五月，協約國首次將這些條文告知高門，這對土耳其人來說是有史以來最糟糕不過的狀況。除了將所有阿拉伯省分移交給歐洲人託管，和平協議草案瓜分了安那托利亞，把土耳其人占大多數的地區，劃分給之前被征服的臣民和有敵意的鄰國統治。

安那托利亞東部被劃分為亞美尼亞人和庫德族人的居住區域。特拉布宗、埃爾祖魯姆、比特利斯和凡城這四個東北部省分被指定為亞美尼亞人的影響範圍。這四個省在美國仲裁下徹底脫離鄂圖曼帝國，加入高加索新建國的亞美尼亞共和國，首都為葉里溫（Yerevan）。庫德族人分到亞美尼亞人南方邊界上的一小塊領土，在迪亞巴克爾周圍。根據和平條款，庫德族人也脫離鄂圖曼帝國，享有完全的自由，得以獨立建國。

安那托利亞西部的港市士麥那（現今伊茲密爾）與其腹地交由希臘管理。希臘政府必須協助當地的希臘人選出國會，以便在將來有立法權讓士麥那與希臘王國結合。土耳其境內的色雷斯大部分領土，包括埃迪爾內（鄂圖曼人在第一次巴爾幹戰爭失去該城，在第二次戰爭後收復），也割讓給希臘。甚至連結黑海與地中海之間戰略性水道的控制權，鄂圖曼人也保不住。博斯普魯斯海峽、達達尼爾海峽與馬爾馬拉海都將由一個國際委員會控管，只有在國聯（League of Nations）的同意之下，土耳其人才能加入委員會。[12]

安那托利亞的瓜分協議還不只如此。根據英國、法國和義大利等國分別簽訂的協議，安那托利亞的地中海區域將被法國與義大利分割。奇里契亞從海岸邊一直到內陸的錫瓦司這一地區被指定為法國的勢力範圍。義大利要求取得安那托利亞西南，包括安塔利亞港和內陸城市孔亞也在協議中被承認。雖然土耳其地中海海岸名義上還是帝國的一部分，實際上卻成為非正式的法國或義大利殖民區。[13]

和平條約草案中留給土耳其人的領土少得可憐。鄂圖曼土耳其帝國只剩下安那托利亞中部那些沒有人想要的地方：布爾薩（Bursa）、安卡拉和黑海海岸城市薩姆松（Samsun）；首都是伊斯坦堡。即便是伊斯坦堡，也是很勉強地判給土耳其人。如果鄂圖曼不願信守對和平條約的承諾，協約國威脅要從戰後的土耳其取回君士坦丁堡。

這些條款在帝國各地激起反對聲浪。外國軍隊出現在土耳其的土地上，已經令土耳其人十分憤慨。一九一九年五月，加里波利之役的英雄、也是全國最受尊敬的軍事領導者穆斯塔法·凱末爾帕夏被派往薩姆松，依照休戰協議的條款監督鄂圖曼部隊進行復員。一九一九年四月和五月，義大利和希臘占領奇里契亞和伊茲密爾，穆斯塔法·凱末爾決定違抗復員命令，發起反抗運動，對抗入侵安那托利亞的外國軍隊。他在安那托利亞中部城市安卡拉設立根據地，發起代表土耳其人民政治理想的土耳其民族運動（Turkish National Movement），逐漸與伊斯坦堡的鄂圖曼政府分庭抗禮。

一九一九年七月到九月間，土耳其民族運動分別在埃爾祖魯姆和錫瓦司召開兩次國會，在之後被稱為「國民公約」（National Pact）的一份文件中擬定土耳其民族運動的原則。國民公約希望能以清楚的原則聲明，與「穩定的鄂圖曼蘇丹王國」協議出「公正而持久的和平」。國民公約成員接受土耳其失去阿拉伯各省的事實，也不排斥確保在海峽區內自由航行的各項安排。但他們不同意對「居民大都為在宗教、種族與目標上一致的鄂圖曼（意指土耳其人）穆斯林」的領土進行分割，並宣稱這些領土「有其整體性，不允許以任何理由進行劃分」。在最後幾次會期之一，伊斯坦堡的鄂圖曼國會與安卡拉的土耳其民族運動站在同一陣線，在一九二〇年一月以壓倒性多數通過國民公約。[14]

無論這些民族主義者的政策受到國會議員多人的支持，高門還是認為安那托利亞中部的土耳其民族運動對它的政權是一種危險的威脅。在一九二〇年五月協約國發布和平條約後，國家面臨危機，鄂圖曼政府相信配合戰勝國是唯一的選擇。只要短期內接受戰勝國嚴苛的條款，高門希望往後能取得更好的條款。然而，土耳其民族運動卻認為鄂圖曼人永遠無法恢復在和平條約中拱手讓出的領土或主權。凱末爾與其支持者呼籲土耳其人拒絕這些嚴格的條款，抵抗所有對安那托利亞的分割行為。

高門認為在鄂圖曼軍事與經濟搖搖欲墜的此刻，凱末爾提倡的對抗手段以及土耳其民族運動將會導致一場大災難。根據和平條約的內容，反抗行動的代價有可能是他們的首都伊斯坦堡。鄂圖曼政府控告穆斯塔法·凱末爾與其他幾名民族主義運動領導者犯下叛國重罪。一九二〇年五月，審判亞美尼亞大屠殺的同一個軍事法庭，對這位「加里波利英雄」進行缺席審判，並判處死刑。

歷史將證明宰相與其內閣成員的錯誤：只有拒絕接受和平條約才能保護土耳其主權，凱末爾並不是叛國者。凱末爾對鄂圖曼帝國忠心耿耿，他的每一個行動都是為了保全蘇丹的國家。國民公約中甚至以「鄂圖曼」一詞而非「土耳其」來描述他的國家。當鄂圖曼政府同意嚴苛的和平條款處置土耳其，讓外國勢力瓜分安那托利亞時，凱末爾主義者終於忍無可忍。一九二〇年八月十日簽訂色佛爾條約（Treaty of Sèvres），引發高門與土耳其民族運動之間無法彌補的嫌隙。從那天開始，凱末爾主義者努力的目標不但是摧毀色佛爾條約，也要推翻簽訂條約的鄂圖曼政府。

一九二二年，凱末爾在高加索對抗亞美尼亞人、在奇里契亞對抗法國人與在安那托利亞西部地區對抗希臘人。在這三個前線激戰的結果，凱末爾主義者大獲全勝，擊退入侵土耳其的所有外國軍隊。一九二二年十月十一日與希臘簽訂休戰條約後，土耳其大國民議會在十一月一日投票罷免鄂圖曼蘇丹。十一月十七日，在位僅僅四年的鄂圖曼帝國最後一任蘇丹梅赫美德六世（一九一八年七月，也就是戰爭結束前四個月，他繼承同父異母兄弟梅赫美德五世的王位）被送上一艘開往馬爾他的英國戰艦，流亡海外。

一九二三年七月，土耳其的民族主義者政府與戰勝國在瑞士洛桑（Lausanne）簽訂新條約，承認土耳其的獨立地位，領土大致上以當時的國界為基礎。一九二三年十月二十九日，藉由國際認可的力量，土耳其共和國宣告建國，穆斯塔法．凱末爾是這個新國家的第一任總統。隨後土耳其國會將阿塔圖克（Atatürk）這個姓賜給他（字面的意思是「土耳其人之父」），以表彰他帶領人民創造現代的土耳其。

如果蘇丹政府加以利用「土耳其人之父」的運動，拒絕與戰勝國在色佛爾簽訂條約，鄂圖曼帝國或許也能在現今土耳其共和國的國界內繼續存在。無論在世界大戰中如何慘敗，接受嚴苛的和平條款的鄂圖曼帝國只有走向滅亡一途。

一九一八年十月，戰爭結束，壕溝兩方的士兵們都渴望回家。第一批離開中東的是戰敗的同盟國士兵。配合休戰條款，利曼．馮．桑德斯負責監督將士兵從鄂圖曼領土送回德國。一開始，他們讓已經在伊斯坦堡的德奧軍隊坐船到奧德薩，走陸路經過烏克蘭回到自己的國家。然而，在美索不達米亞第六軍團的一千兩百名德國與奧地利軍人花了好幾週才到達伊斯坦堡，在敘利亞與巴勒斯坦的士兵也是如此。根據利曼估計，截至一九一八年十二月底為止，有一萬人等待被遣返。他調派五艘蒸汽船，把這些人從伊斯坦堡直接送去德國。一九一九年一月底，利曼自己和一百二十名軍官與一千八百名士兵展開漫長的返鄉之旅，回到他們被戰爭摧殘的家園。德國與鄂圖曼的聯盟關係就此告終。[15]

為數眾多的鄂圖曼軍隊，還留在被協約國占據的領土上。駐守在麥地那的鄂圖曼指揮官法赫里帕夏，享有最後投降的土耳其軍官這份殊榮。雖然從大戰最後幾個月開始就遭到圍城，麥地那的鄂圖曼駐軍限量供給糧食，拒絕所有投降提議。休戰之後，埃及的英國高級專員雷金納德．溫蓋特爵士寫信給法赫里，說服他投降。這位頑固的土耳其將軍斷然拒絕，他回答：「我是歐斯曼利（Osmanli，鄂圖曼土耳其人）。我是穆斯林。我是巴里（Bali Bey）的兒子，我是軍人。」出於對蘇丹的虔誠與對麥地那先知清真寺（Prophet's Mosque）的尊敬，法赫里無意把自己的劍交給一個英國人。[16]

休戰後的十週以來，鄂圖曼駐軍一直堅守麥地那。當阿拉伯軍威脅要衝進城裡時，法赫里帕夏把自己和一箱箱彈藥一起鎖在清真寺裡，揚言寧可炸掉聖殿也不投降。然而，他手下的士兵在數週圍城之後士氣低落，聽說戰爭結束後更無心作戰，開始背棄他們的指揮官，投降阿拉伯軍。一九一九年一月十日，這位狂熱的將軍終於被說服，把聖城麥地那交給哈希姆部隊。埃米爾阿卜杜拉回憶，他「沮喪而憤怒地」從麥地那出來，「像隻籠中獅似地四處張望，卻無路可逃」。法赫里受到相當的禮遇，他被送到揚布港，坐上一艘英國驅逐艦，送往埃及囚禁。接下來的幾週，鄂圖曼軍隊在埃米爾阿卜杜拉的監督下撤離麥地那，駐軍中的阿拉伯士兵湧入哈希姆家族的軍隊，土耳其士兵則被送往埃及，拘留在戰俘營內，等待遣送至土耳其。

至於德國戰俘營中被鄂圖曼軍徵召的北非士兵，法國殖民當局要他們為戰時不忠的行為付出代價。自從一九一七年史丹利．莫德少將占領巴格達以來，已有數千名北非士兵從鄂圖曼部隊中被送往英國戰俘營。他們被遣送至法國，等待遣返。法國政府在南部設置了幾個戰俘營，接收突尼西亞、阿爾及利亞與摩洛哥等「原住民部隊」。他們禁止忠誠度被懷疑的士兵返回北非，或與法國的穆斯林接近。從大戰退役的軍人中，少有像北非戰俘營的士兵這樣，在這麼多不同的前線打過仗，卻幾乎沒有作戰的動機。17

協約國部隊是占領軍，因此在休戰許久之後依舊必須服役。鄂圖曼帝國的阿拉伯省分由一「協約國占領敵方領土之行政單位」（Allied Occupied Enemy Territory Administration）管理。當地人厭惡外國的占領軍，而英國與各自治領軍隊經歷了嚴酷戰爭，又迫不及待想返家，雙方必然關係緊繃。

一九一八年十二月中，一個巴勒斯坦村民殺了一個紐西蘭中士，引發一場報復屠殺行動。到底有多少紐西蘭軍，人數說法不一，但大約有介於六十人與兩百人之間的軍人包圍薩拉方（Sarafand）這個村莊，他們認為殺掉紐西蘭中士的那個村民躲藏在此。軍人把老弱婦孺趕出村子，攻擊村中的男人。根據紐西蘭的資料，報仇心切的士兵造成超過三十個村民傷亡，之後他們放火燒了村子和附近的營地。18

艾德蒙．阿倫比將軍針對屠殺行動召開正式的偵訊。士兵決心保密，在一片沉默中，沒有任何一名駐紮在薩拉方周圍的紐澳軍團士兵出面作證。聽到種種傳聞的阿倫比對於不服從的部隊十分惱怒。然而，集體懲罰可能會引發進一步叛變，因此這位英國將軍決定下令紐澳軍團回到埃及邊境的拉法。

這是英軍讓士兵復員並返回紐西蘭與澳洲的第一站。

在拉法的軍隊開始宰殺紐澳軍團騎兵的馬匹。確切來說，大部分的馬都被殺了，不過有一些被留下供占領軍使用，還有極少數幾匹健壯的馬被留著賣掉。軍隊向騎兵提出許多理由——他們的船隻不夠載運那麼多士兵和他們的坐騎；馬的狀況受不了返鄉的長途旅程；這些動物有可能帶入傳染病，將病菌散播給澳洲與紐西蘭國家的牲口等等。然而，騎兵們很難接受這個意外的消息。「將人與他們的馬分開真是太可憐了。」奧克蘭槍騎兵團的尼可（C. G. Nicol）中士回憶道。幾年的戰役下來，許多騎兵與馬之間的情感，甚至比和同袍間的關係更深。[19]

雖然軍方嚴格禁止，但許多騎兵寧可自己殺馬，也不願把馬交給家畜市場或屠夫。筆名為「騎兵布魯根」（Trooper Bluegum）的澳洲軍中新聞記者奧利佛·霍格曾經參與加里波利與巴勒斯坦戰役，他在一首名為〈被留下的馬〉（The Horses Stay Behind）的詩中，描述了騎兵對他的「威樂馬」（waler，也就是最常見的澳洲戰馬血統「新南威爾斯馬」〔New South Wales的簡寫〕）深切的情感：

想到那匹與我相伴多年的親愛馬兒
背上馱著一個吉普賽人
在古老的開羅街道蹣跚前行
這念頭令我難以忍受
或許巴勒斯坦的某位英國遊客會看見

我那匹心碎的威樂
身後拖著一個木犁。

不，我想我最好射死牠，再說個小謊：
「牠在一個袋熊的洞裡掙扎了半天，結果倒地而死。」
或許我將因此受到軍法審判；
但如果就這樣拋棄我的馬回澳洲去，
我真是太該死了。[20]

紐澳軍團原本預計在一九一九年三月中離開埃及返回家鄉。然而，在上船前，埃及爆發了一場全國叛變，以至於這些部隊又多留了一陣子。[21]

埃及與阿拉伯從世界大戰中浴火重生，對於獨立新時代的來臨懷抱極高的期待。伍德羅・威爾遜在十四點原則中的第十二點中，保證讓阿拉伯人與其他鄂圖曼帝國統治下的臣民「生命安全無虞，自治發展的機會絕對不受干擾」。脫離鄂圖曼帝國長久以來政治壓迫後，一些激進人士在敘利亞與美索不達米亞積極討論不同的政治遠景。在埃及，當地政治菁英很清楚他們想達成什麼目標。被英國占領三十六年之後，他們希望埃及能徹底獨立。[22]

一群埃及政治要人前往開羅，要求英國當局准許他們在巴黎和會中提出埃及獨立的提案。與德國停戰的兩天之後，也就是一九一八年十一月十三日，英國高級專員溫蓋特爵士接待這批以資深政治家薩阿德・札格盧勒（Saad Zaghlul）為首的代表團。他聽完代表們的發言後，立刻非常明確地拒絕他們參加和會的請求。他表示巴黎和會是為了決定戰敗國的命運，與埃及毫無關係。札格盧勒和同僚依舊持續為此目標而努力，卻在一九一九年三月八日被捕並驅逐至馬爾他。第二天，埃及爆發迅速蔓延全國的示威活動，社會各階層人士一致要求獨立。

城鎮與鄉村裡的各地埃及人，攻擊眼前所有代表大英帝國權力的事物。他們破壞鐵路與電報線，燒毀政府辦公室，大批群眾到市政中心前抗議。英國派出軍隊維持秩序，但以軍隊對付平民卻是十分不智，群眾傷亡漸增。埃及人控訴英國士兵手段殘暴；他們以真槍實彈對付示威群眾，焚燒村莊，甚至強暴婦女。截至三月底為止，在這場暴行中共有八百名埃及百姓死亡，更有一千六百名百姓受傷。[23]

為恢復社會安寧，英國人准許札格盧勒回到埃及，並且在一九一九年四月帶領埃及代表團前往巴黎。在埃及代表團到巴黎之前，英國首相勞合・喬治早已說服法國與美國盟友，埃及是「大英帝國的問題，而非國際問題」。埃及代表團抵達巴黎當天，威爾遜總統承認英國是埃及的保護國。和會一直沒有同意正式聽取埃及代表團的意見。戰爭或許已經結束，但英國卻持續統治埃及。

巴黎和會也並不信任埃米爾費瑟勒在大馬士革的阿拉伯行政機構。這位哈希姆王子相信，他領導阿拉伯革命、對抗鄂圖曼帝國，為協約國達到目的，因此自己有權要求這些協約國盟友支持他；然而，他的主張卻與法國在敘利亞的野心有所衝突。

一九一九年一月，費瑟勒將阿拉伯獨立的案子提交給巴黎和會的最高委員會。如果以亨利・麥克馬宏爵士在兩人著名的書信往返中承諾謝里夫胡笙的廣大領土來說，費瑟勒的立場可說是相當保守。他要求立刻在大敘利亞（相當於現今敘利亞、黎巴嫩、約旦、以色列和巴勒斯坦自治政府）與漢志建立獨立的阿拉伯王國，由他父親胡笙國王統治。他接受外國勢力進入巴勒斯坦調停，以解決阿拉伯人和猶太復國主義者之間的衝突。承認英國擁有美索不達米亞主權的同時，費瑟勒也表示，他相信這些領土終有一天會併入他希望說服和會調解者創造的獨立阿拉伯國家。

英國盟友的付出，少於之前對哈希姆家族所做的承諾，費瑟勒接受這一點，但他的要求卻超出英國所能給予的。英國首相勞合・喬治需要法國同意保障英國在美索不達米亞與巴勒斯坦的主權。而戰爭一開始，法國就指定敘利亞為戰勝的獎賞。英國無法調解法國與阿拉伯對立的要求，只好支持它最重要的盟友——法國，讓費瑟勒獨自奮鬥。

一九一九年十一月一日，英國從敘利亞退兵，把這個國家交給法國軍隊統治。由費瑟勒的支持者召開、其代表由大敘利亞不同地區所選出的民選機構敘利亞全體國會（Syrian General Congress），在一九二〇年三月八日做出回應，宣布敘利亞獨立，由費瑟勒擔任敘利亞國王。但費瑟勒的敘利亞王國卻無法持久。法國從黎巴嫩派出一支殖

出席巴黎和會的埃米爾費瑟勒，一九一九年。這位阿拉伯革命領導者在巴黎和會中由勞倫斯當翻譯，提出阿拉伯人的要求，然而面對法國的帝國主義野心，他卻無法保住短命的敘利亞王國。

民地軍隊控制大馬士革。一九二〇年七月二十四日，法軍在貝魯特與大馬士革之間的山徑遇到費瑟勒阿拉伯部隊的殘兵，並且在可汗·麥薩隆（Khan Maysalun）輕而易舉地擊敗僅剩的兩千名阿拉伯軍，沒有遭到抵抗就挺進大馬士革，推翻費瑟勒短命的敘利亞王國。對阿拉伯革命希望破滅的費瑟勒，逃離了敘利亞。

費瑟勒的大馬士革政府垮台，巴勒斯坦人只好獨自面對英國的占領，以及貝爾福宣言。巴勒斯坦鄉鎮與城市的重要人士在敘利亞全體國會中扮演了重要的角色，這些人所代表的村民與市民們，已經把他們的意見告知巴黎和會於一九一九年夏天派出的美國調查委員會。一九一九年六月十日至七月二十一日間，金克蘭委員會（King-Crane Commission）*走訪大敘利亞各地，評估社會大眾對於各地區政治前途的意見，蒐集相關證據。很顯然絕大多數巴勒斯坦的阿拉伯人都希望接受費瑟勒的阿拉伯王國統治。此外，在金克蘭委員會的調查報告中，巴勒斯坦的阿拉伯大眾「強烈反對猶太復國計畫」，而且「全體巴勒斯坦人對此事再同意不過」。[24]

一九二〇年，在貝爾福宣言的鼓勵之下，猶太移民人數漸增，巴勒斯坦緊張氣氛也隨之升高。一九一九年與一九二一年間，有超過一萬八千五百名猶太復國主義移民湧向巴勒斯坦海岸。一九二〇年四月的第一週，耶路撒冷發生暴動，有五名猶太人與四名阿拉伯人死亡，超過兩百人受傷。隨後在一

---

*金克蘭委員會（King-Crane Commission）是美國總統威爾遜指派亨利·金（Henry King）與查爾斯·克蘭（Charles Crane）兩人組成的調查委員會，前往鄂圖曼帝國境內非土耳其人居住地區，了解當地民族自決的意願。

九二一年發生了最嚴重的暴力事件，在五朔節*遊行時，阿拉伯居民在雅法港介入一場猶太共產主義者與猶太復國主義者之間的打鬥。在之後的暴動中，有四十七名猶太人與四十八名阿拉伯人被殺，受傷人數超過兩百人。貝爾福宣言宣布要替猶太人創造一個民族之家，但又不會影響當地非猶太人的權利與利益——其中的矛盾已不言自明。

眼見埃及與敘利亞發生的種種事件，伊拉克政治菁英對於自身的未來，愈來愈憂心忡忡。一九一八年十一月，英國與法國發布宣言，向他們再三保證兩國會支持當地人在阿拉伯人的土地上藉由民族自決的過程「建立政府與行政機構」。然而，過了好幾個月，英法承諾的民族自決卻見不到實質的進展，伊拉克人因此愈來愈懷疑他們的誠意。一九二〇年四月，消息傳來，強權國家已經在聖雷莫會議中同意把他們的國家交給英國人託管，伊拉克人最害怕的事終於發生。25

一九二〇年六月底，伊拉克爆發了全國性叛變，反對英國統治。這場紀律嚴明、組織良好的叛變，對巴斯拉、巴格達和摩蘇爾的英國人造成威脅，不過叛變行動的總部設在幼發拉底河中游幾個什葉派聖城，與大戰期間反抗鄂圖曼人的城鎮相同。叛變行動在各地蔓延，英國只好加派軍隊進入美索不達米亞，鎮壓在所有陣線堅決抵抗的伊拉克人。英軍倉促從印度調來軍隊，支援尚未從美索不達米亞戰役復員的六萬名部隊，因此到了十月，英軍人數增為十萬人。英國人以空中轟炸與猛烈的火砲展開攻擊，以焦土戰略再次征服幼發拉底河中游區域，擊潰反抗軍。「近日來四處血流成河，繁榮的城市被毀，受人崇敬的聖地遭人入侵，人道主義者無不悲泣。」一九二〇年十月，一名納賈夫的新聞記者寫道。十月底抗暴活動被擊垮，英軍宣稱有兩千兩百名英國士兵以及約八千四百五十名伊拉克人死亡或受傷。26

此時已是漢志國王的謝里夫胡笙，在持續關注敘利亞、巴勒斯坦和伊拉克叛變事件之後，他遭英國背叛的感覺愈來愈強烈。手上有與麥克馬宏爵士往來的每一封信件副本的胡笙，認為英國人打破了所有承諾。原本渴望成為阿拉伯國王，胡笙此刻卻被局限在漢志，甚至連這一小塊地方也可能不保。位於阿拉伯中部，由阿卜杜勒・阿齊茲・薩伍德（Abd al-Aziz Al Saud）——也就是西方世界熟知的伊本・薩伍德——所領導的敵對王國，揚言要推翻漢志。更令胡笙氣憤的是，伊本・薩伍德還與大英帝國簽訂條約，每月從英國國庫領取一大筆津貼。

英國人也很在意漢志的未來。雖然早在一九一五年英方就與伊本・薩伍德簽訂正式合約，他們與哈希姆家族的關係也以戰時聯盟的形式得到確認。只不過一旦戰爭結束，雙方的聯盟也告一段落。除非漢志的這位老國王與英國再度簽訂條約，白廳將無保護漢志的合法性。然而，為了讓胡笙國王簽約，他們必須說服他接受在聖雷莫會議上各國談妥的決議。一九二一年夏天，勞倫斯接下了這不可能的任務，與憤怒的胡笙國王就英國－漢志合約的條款進行談判。

在勞倫斯與胡笙國王會面時，英國已設法履行部分被破壞的麥克馬宏承諾。擔任殖民地大臣的邱吉爾，一九二一年三月於開羅召開一場祕密會議，決定英國在中東新託管地的政治前途。在這次會議上，英國政要同意任命胡笙國王的兒子費瑟勒擔任伊拉克國王，阿卜杜拉則擔任當時領土劃分尚未明確界定的外約旦統治者（一九二三年，外約旦才正式脫離巴勒斯坦）。哈希姆家族將統治除巴勒斯坦外所有英國託管地，如此邱吉爾就能宣稱，他雖沒有完全做到麥克馬宏戰時在信件中向胡笙保證的一

＊五朔節（May Day）是歐洲各地慶祝春天的傳統節日，大都為五月一日舉行。

切，但其精神也相去不遠。

一九二一年七月至九月間，勞倫斯設法使胡笙國王接受戰後英國在中東的地位，卻徒勞無功。胡笙有自己的稱王野心，拒絕被困在漢志。他也反對將利比亞與黎巴嫩與其他阿拉伯託管地分離，交由法國託管。他更拒絕英國託管伊拉克和外約旦，即便這兩處名義上由他的兒子們統治。他也不允許猶太人在巴勒斯坦建立民族之家的請願。既然胡笙國王不接受任何英國戰後的領土協議，英國－漢志聯盟條約也就毫無可能性了。勞倫斯兩手空空回到倫敦。

一九二三年，英國最後一次試圖與漢志簽訂條約，但心懷不滿的老國王拒絕了。就在伊本・薩伍德準備征服紅海省分的漢志的這一刻，胡笙失去英國的保護。一九二四年十月六日，胡笙國王把王位讓給他的長子阿里，流亡在外。一九二五年底薩伍德征服漢志，阿里國王結束其統治權。哈希姆家族最後的據點，和之前鄂圖曼人一樣在麥地那；一九二五年十二月，也就是法赫里帕夏簽訂投降條約的將近七年之後，他們也在這座聖城投降。

到頭來，第一次世界大戰中的鄂圖曼前線的影響力，超乎當時人的想像。協約國策戰者原本認為，若能迅速擊敗衰弱的鄂圖曼帝國，或許就能促使同盟國投降。然而，這些國家卻發現他們被捲入一連串幾乎是從大戰從頭到尾的大小戰役——高加索與波斯的幾場戰鬥、企圖攻破達達尼爾海峽的敗仗、美索不達米亞戰事的逆轉，以及從西線與東線主戰場上調來上萬人員與戰略物資，為了進行從西奈半島、巴勒斯坦一路到敘利亞這場漫長的戰役。

協約國在中東的諸多戰事，多半出於對聖戰毫無根據的懼怕。殖民地的穆斯林大都對蘇丹－哈里發的聖戰訴求毫無反應，但歐洲帝國主義國家卻一直假定，任何一場土耳其人的大勝仗或協約國的大挫敗，將會在印度和北非等帝國殖民地引發可怕的伊斯蘭叛變。諷刺的是，協約國對於哈里發的號召，反應遠比聖戰原本鎖定的目標穆斯林群眾更加激烈。即便在一個世紀之後的今天，西方世界依舊無法擺脫穆斯林可能會有某種集體狂熱行動的想法。正如二〇一一年九一一事件之後的「反恐戰爭」證明，西方決策者對聖戰的看法，依舊讓人想起一九一四年至一九一八年策戰者的恐懼。

一戰對於塑造現代中東樣貌上，有著極大的影響力。隨著鄂圖曼帝國滅亡，歐洲帝國主義國家取代了土耳其人的統治。四世紀以來阿拉伯人統一在由鄂圖曼穆斯林所統治的多民族帝國之下，戰後他們卻分隔成受英國與法國管轄的數個新國家。有幾個國家在他們自己所設定的國界內獨立建國，包括土耳其、伊朗和沙烏地阿拉伯。然而，帝國主義國家卻依照戰後強權國的部分協議，強迫該區多數新國家接受他們設定的國界與政府體系。

整場世界大戰從頭到尾，協約國之間一直就戰後如何瓜分鄂圖曼帝國進行緊張的談判。事後看來，每一次瓜分協議都只有在戰時的背景中才有理可循：一九一五年簽訂君士坦丁堡協定時，協約國預計能迅速征服伊斯坦堡；一九一五年至一九一六年胡笙－麥克馬宏通信期間，英國需要穆斯林作為盟友，對抗鄂圖曼聖戰；而一九一七年的貝爾福宣言發布時，英國希望能修訂賽克斯－皮科協定，將巴勒斯坦納入英國統治。簽訂這些只有在戰時才想得出的怪異協定，只是為了英國與法國這兩個帝國得以擴張其殖民地。我們不禁要想，如果歐洲強權國關注的是如何建立穩定的中東局勢，他們擬定中東國界的方式必定截然不同。

事後證明，戰後協議的國界變動性相當大，這些國界也引發許多衝突。在土耳其、伊朗、伊拉克與敘利亞國界劃分下散居各國的庫德族人，為追求自身文化與政治權益，在過去的一世紀以來持續與各自所屬的政府衝突不斷。一九二〇年在法國扶持下建立的基督教國家黎巴嫩，其政治制度無法配合國內人口組成的變動，穆斯林人數多於基督教徒，因而內戰不斷。許多敘利亞民族主義者相信黎巴嫩是他們國家的一部分，他們不承認黎巴嫩建國；一九七六年，敘利亞派兵占領內戰中的黎巴嫩，並持續占領該國長達三十年。至於伊拉克，儘管有天然與人力資源，在戰後劃定的國界內，它卻未曾有過持續的和平安定。伊拉克經歷了一場政變、在二戰期間與英國衝突、一九五八年發生革命，並且在一九八〇年至一九八八年間與伊朗爆發戰爭。此外，薩達姆．海珊（Saddam Hussein）在一九九一年入侵科威特、二〇〇三年美國為推翻海珊政權而入侵伊拉克，使該國陷入似乎永無止境的戰爭循環中。

然而，在眾多戰後領土分割留下的後遺症中，最讓中東烽火連天的莫過於以阿衝突。以色列與阿拉伯鄰國在一九四八、一九五六、一九六七與一九七三年的四場主要戰爭，在中東留下許多棘手的問題；雖然以色列與埃及在一九七九年、與約旦在一九九四年簽訂和平條約，這些問題依然懸而未決。巴勒斯坦難民依舊分散在黎巴嫩、敘利亞和約旦等國，而以色列持續占領敘利亞的戈蘭高地（Golan Heights）與黎巴嫩南部的舍巴農場（Shebaa Farms），也尚未放棄控制巴勒斯坦的加薩與約旦河西岸地區。雖然以色列與其阿拉伯鄰國必須為雙方的戰爭行動負同樣的責任，他們的衝突根源卻可直接回溯至貝爾福宣言中的基本矛盾。

中東各國國界的合法性從開始擬定時就備受質疑。阿拉伯民族主義者在一九四〇與五〇年代曾公開呼籲阿拉伯各國之間制訂統一的計畫，推翻受各方譴責為帝國主義遺毒的國界。泛伊斯蘭主義者曾提倡以上述目標建立一個更廣大的伊斯蘭聯邦。二〇一四年，一支自稱為「伊斯蘭國」（Islamic

State）的民兵部隊在推特上對追隨者宣告，該組織要「粉碎賽克斯－皮科協定」；它聲稱建立一個領土跨越敘利亞以及伊拉克北部的哈里發王國。一次世界大戰的一個世紀之後，中東的國界依然爭議不斷，也變動不斷。[27]

中東對於紀念一戰百年的活動不大感興趣。只有在加里波利半島，土耳其與紐澳軍團的退伍軍人協會一直以來都會聚在一起，緬懷死於戰爭的士兵；其他在鄂圖曼前線奮戰並犧牲生命的各國將士早已被人遺忘，眾人的注意力轉向當今更急迫的問題。在大戰爆發百年紀念時，中東關注焦點是埃及的革命騷動、敘利亞和伊拉克的內戰，以及以色列與巴勒斯坦之間持續暴力相向。然而，當世界上其他角落的人回憶起這場戰爭時，就必須思考鄂圖曼人在大戰中扮演的重要角色。地處亞洲戰場的鄂圖曼前線，士兵來自全球各地，這場歐洲戰爭因而搖身一變成為第一次世界大戰。大戰的後遺症在中東的作用更甚於其他地區，其影響力延續至今。

感謝詞

感謝英國國家學術院（British Academy）藝術與人文研究委員會（Arts and Humanities Research Council）在本書的研究與寫作上給予我相當大的支持。我也十分感謝英國國家學術院與猶太難民協會頒發的二〇一一～一二年的英國研究獎金（Thank-Offering to Britain Fellowship）。我也同樣受惠於藝術與人文研究委員會（AHRC）頒發的二〇一二～一三年度高階研究獎金。

和寫作上一本書《阿拉伯人》時一樣，我受惠於牛津大學卓越的中東研究團體提供的相關知識與鼓勵。本書大部分內容首先在我的課堂上向我深具批判力的學生發表，通過他們審慎的檢查。我也要感謝中東研究中心的同事華特・阿姆布魯斯特（Walter Armbrust）、西莉雅・柯斯雷克（Celia Kerslake）、羅倫・米農（Laurent Mignon）、塔里克・拉馬丹（Tariq Ramadan）、菲力普・羅賓斯（Philip Robins）、艾維・希萊姆（Avi Shlaim）以及麥可・威利斯（Michael Willis）。

知道了我的研究興趣，好些朋友、家人與同事紛紛把自己的書和文件分享給我，對我的研究有莫大幫助。我要感謝圖芙・阿布－胡達伯（Toufoul Abou-Hodeib）和亞當・麥斯提安（Adam Mestyan）介紹了幾位和敘利亞戰事有關的阿拉伯人；阿里・阿拉維（Ali Allawi）在美索不達米亞戰事的資料給予我指導；約阿夫・阿朗（Yoav Alon）和法耶茲・塔拉耐（Fayez al-Tarawneh）提供阿拉伯革命的回憶錄；杜伊・克拉克（Tui Clark）協助我研究鄂圖曼前線紐西蘭士兵的經歷。漢彌頓公爵夫人吉兒讓我使用她圖書館的藏書，也提供她自己關於中東紐澳軍團與英軍的卓越研究。亨利・羅航（Henry Laurens）大方提供由多明尼加教士安東尼・約森（Antonin Jaussen）彙編的法國情報局報告副本。瑪格麗特・麥克米連（Margaret MacMillan）撰寫她那篇關於一戰起源的出色論文〈終結和平的戰爭〉（*The War that Ended Peace*）時，把她找到每一篇與鄂圖曼戰事有關的文章都與我分享。馬丁・邦頓（Martin Bunton）和胡笙・歐瑪（Hussein Omar）提供有關埃及對英國戰事貢獻的寶貴文件。我特別要向我的母親瑪格麗特・羅根（Margaret Rogan）致謝，謝謝她對於我舅公約翰・麥唐諾在加里波利半島生前與死後的狀況進行研究。

在著手研究土耳其一戰退伍軍人的戰爭日記時，我很榮幸能與兩位研究鄂圖曼帝國晚期史的優秀學生共事。迪傑內・巴加蘭（Djene Bajalan）和凱雷姆・提那茲（Kerem Tinaz）兩人都就讀於牛津大學，他們搜索伊斯坦堡各個書店，以取得數量漸增的一戰土耳其士兵與軍官回憶錄出版品。迪傑內協助我完成前兩章的研究工作，凱雷姆則協助我之後的三至十三章。有了他們的幫助，我才能完成本書。

多虧檔案管理員與圖書館員，歷史學家才能找到他們所需的文章。我特別感謝中東研究中心的圖書館員馬斯坦・伊布特哈吉（Mastan Ebtehaj）以及檔案管理員黛比・厄謝（Debbie Usher）慷慨的協助。我也要感謝馬里蘭大學公園市美國國家檔案局的檔案管理員；感謝倫敦的帝國戰爭博物館在擴建同時依然持續服務讀者；也感謝紐西蘭威靈頓亞歷山大・特恩布爾圖書館非常有效率的檔案管理員。

幾位同事讀過我的研究計畫以及幾章草稿，他們提出了寶貴的見解與更正建議。我想特別感謝斐德烈克・安斯康姆（Frederick Anscombe）、班・佛特納（Ben Fortna）、羅傑・歐文（Roger Owen）、喬瑟夫・薩松（Joseph Sassoon）與奈芮・伍茲（Ngaire Woods）。

我衷心感謝我的經紀人費麗絲蒂・布萊恩（Felicity Bryan）與喬治・魯卡斯（George Lucas），他們的智慧與經驗一路引導我從本書一開始到出版為止。我有幸能與英國企鵝集團的艾倫・藍恩（Allen Lane）出版社與美國的基礎叢書出版社（Basic Books）合作，過程中的一大樂事就是能與出版界兩位最了不起的非小說類編輯蘿拉・海莫特（Lara Heimert）與賽門・溫德（Simon Winder）合作。

然而我要把最深的感謝獻給我的家人，即便當我全神貫注在這本書上、他們必須付出一些代價時，他們依舊給我愛與鼓勵。奈芮是我的靈魂伴侶，她幫我逐章校閱；理查最讓我開心，阿拉伯的一切他都喜愛；依莎貝拉是我的明燈，這本書同時也屬於她。

注釋

前言

1. Colonel J. M. Findlay, *With the 8th Scottish Rifles, 1914–1919* (London: Blockie, 1926), 21.
2. Findlay, *With the 8th Scottish Rifles*, 34.
3. The British Council commissioned the YouGov polling agency to carry out an online survey among the adult populations of Egypt, France, Germany, India, Russia, Turkey, and the United Kingdom in September 2013. The results are summarised in the report "Re-member the World as Well as the War: Why the Global Reach and Enduring legacy of the First World War Still Matter Today," British Council, February 2014, http://www.british-council.org/organisation/publications/remember-the-world.
4. Some outstanding diaries have recently been translated from Turkish and Arabic, including lieutenant Mehmed Fasih's *Gallipoli 1915: Bloody Ridge (Lone Pine) Diary of Lt. Mehmed Fasih* (Istanbul: denizler Kitabevi, 2001); Falih Rıfkı Atay's 1981 memoir, *Zeytindağı*, has appeared in an excellent French translation, *Le mont des Oliviers: L'empire Ottoman et le Moyen-Orient, 1914–1918* (Paris: Turquoise, 2009); the diary of the Jeru-salemite soldier Ihsan Turjman was translated by Salim Tamari under the title *Year of the Locust: A Soldier's Diary and the Erasure of Palestine's Ottoman Past* (Berkeley: University of California Press, 2011).

   Among recent studies drawing on the military archive in Ankara are Mustafa Aksakal, *The Ottoman Road to War in 1914: The Ottoman Empire and the First World War* (Cambridge: Cambridge University Press, 2008); M. Talha Çiçek, *War and State Formation in Syria: Ce-mal Pasha's Governorate During World War I, 1914–17* (London: Routledge, 2014); Edward J. Erickson, *Ordered to Die: A History of the Ottoman Army in the First World War* (Westport, CT:

Greenwood Press, 2001); Hikmet Özdemir, *The Ottoman Army, 1914–1918: Disease and Death on the Battlefield* (Salt Lake City: University of Utah Press, 2008).

第1章

1. The head of the bakers' guild is quoted by Stanford J. Shaw and Ezel Kural Shaw, *History of the Ottoman Empire and Modern Turkey* (Cambridge: Cambridge University Press, 1985), 2:187.
2. On the Young Turks, see Feroz Ahmad, *The Young Turks: The Committee of Union and Progress in Turkish Politics, 1908–1914* (Oxford: Oxford University Press, 1969); M. Sükrü Hanioğlu, *Preparation for a Revolution: The Young Turks, 1902–1908* (New York: Oxford University Press, 2001); Erik J. Zürcher, *Turkey: A Modern History* (London: I. B. Tauris, 1993).
3. Abdülhamid II is quoted by François Georgeon, *Abdülhamid II: Le sultan calife* (Paris: Fayard, 2003), 401.
4. Newspaper coverage cited by Georgeon, *Abdülhamid II*, 404; Cemal and Talat quoted by Andrew Mango, *Atatürk* (London: John Murray, 1999), 80.
5. Anonymous, *Thawrat al-`Arab* [The Revolution of the Arabs] (Cairo: Matba`a al-Muqattam, 1916), 49.
6. Cited by Muhammad Izzat darwaza in *Nash'at al-Haraka al-`Arabiyya al-Haditha* [The Formation of the Modern Arab Movement], 2nd ed. (Sidon and Beirut: Manshurat al-Maktaba al-`Asriyya, 1971), 277.
7. Darwaza, *Nash'at al-Haraka*, 286.
8. Zürcher, *Turkey*, 98.
9. Article 61 of "The Treaty of Berlin," in *The Middle East and North Africa in World Politics*, ed. J. C. Hurewitz (New Haven, CT: Yale University Press, 1975), 1:413–414. See also H. F. B. lynch, *Armenia: Travels and Studies*, Vol. 2: *The Turkish Provinces* (London: longmans, Green and Co., 1901), 408–411.
10. dikran Mesob Kaligian, *Armenian Organization and Ideology Under Ottoman Rule, 1908–1914* (New Brunswick, NJ: Transaction Publishers, 2011), 1–2.

11. lynch, *Armenia*, 2:157–158.
12. Georgeon, *Abdülhamid II*, 291–295.
13. Cemal Pasha claimed 17,000 Armenians were killed; Djemal Pasha, *Memories of a Turkish Statesman, 1913–1919* (London: Hutchinson, n.d.), 261. An Armenian deputy, Zohrab Efendi, who served on an official commission of enquiry into the massacres, gave the Armenians' death toll as 20,000; "Young Turk-Armenian Relations during the Second Constitutional Period, 1908–1914," in *From Empire to Republic: Essays on the Late Otto-man Empire and Modern Turkey*, by Feroz Ahmad (Istanbul: Bilgi University Press, 2008), 2:186. See also Kaligian, *Armenian Organization*, 36,) for the claim that between 10,000 and 20,000 Armenians were killed in the Adana massacres.
14. Zabel Essayan, *Dans les ruines: Les massacres d'Adana, avril 1909* [In the Ruins: The Adana Massacres, April 1909] (Paris: libella, 2011), translated from the original Armenian edition published in 1911. Quotes from 40.
15. Kaligian, *Armenian Organization*, 45–47; Djemal Pasha, *Memories of a Turkish States-man*, 262.
16. On the Italian invasion of libya, see Jamil Abun-nasr, *A History of the Maghrib* (Cambridge: Cambridge University Press, 1971), 308–312; Mango, *Atatürk*, 101–111.
17. A Turkish veteran of the campaign claimed total Ottoman strength was only 1,000 men. Italian sources claimed 4,200 Turks in Tripolitania and Cyrenaica. Philip H. Stoddard, "The Ottoman Government and the Arabs, 1911 to 1918: A Preliminary Study of the Teşkilât-i Mahsusa" (PhD diss., Princeton University, 1963), 205–206n174. See also E. E. Evans-Pritchard, *The Sanusi of Cyrenaica* (Oxford: Oxford University Press, 1954), 104–124.
18. M. Sükrü Hanioğlu, ed., *Kendi Mektuplarinda Enver Paşa* [Enver Pasha in His Own letters] (Istanbul: Der Yayinlari, 1989), 75–78
19. Mango, *Atatürk*, 102.
20. Hanioğlu, *Kendi Mektuplarinda Enver Paşa*, 92–94. See also Georges Rémond, *Aux campes turco-arabes: Notes de route et de guerre en Tripolitaine et en Cyréanaique* [In the Turco-Arab Camps: notes on Travel and War in Tripolitania and Cyrenaica] (Paris: Hachette, 1913).

21. Hanioğlu, *Kendi Mektuplarinda Enver Paşa*, 148–153, 185–188, 196–198. See also G. F. Abbott, *The Holy War in Tripoli* (London: Edward Arnold, 1912).
22. Abun-Nasr, *History of the Maghrib*, 310.
23. L. S. Stavrianos, *The Balkans Since 1453* (London: Hurst, 2000), 535–537.
24. Hanioğlu, *Kendi Mektuplarinda Enver Paşa*, letters of 28 december 1912 and 12 Jan-uary 1913, 216–217, 224.
25. Enver recounted the events of 23 January in a number of letters between 23 and 28 January 1913. Hanioğlu, *Kendi Mektuplarinda Enver Paşa*, 224–231. See also Ahmad, *The Young Turks*, 117–123.
26. Quoted in Niyazi Berkes, *The Development of Secularism in Turkey* (New York: Routledge, 1998), 358.
27. Hanioğlu, *Kendi Mektuplarinda Enver Paşa*, 247–248.
28. Hanioğlu, *Kendi Mektuplarinda Enver Paşa*, letter of 2 August 1913, 249–250.
29. Hanioğlu, *Kendi Mektuplarinda Enver Paşa*, letter of 2 August 1913, 249–250.
30. On the origins, aims, and membership of these and other pre-war Arabist societies, see George Antonius, *The Arab Awakening* (London: Hamish Hamilton, 1938), 101–125; Eliezer Tauber, *The Emergence of the Arab Movements* (London: Frank Cass, 1993).
31. Quoted in Zeine n. Zeine, *The Emergence of Arab Nationalism*, 3rd ed. (New York: Caravan Books, 1973), 84.
32. Tawfiq al-Suwaydi, *My Memoirs: Half a Century of the History of Iraq and the Arab Cause* (Boulder, CO: Lynne Reiner, 2013), 60. For Suwaydi's account of the Arab Con-gress, see 62–68.
33. On the Paris Agreement, see Tauber, *Emergence of the Arab Movements*, 198–212.
34. Suwaydi, *My Memoirs*, 68. Abd al-Hamid al-Zahrawi of the Decentralization Party and Muhammad al-Mihmisani and Abd al-Ghani al-Uraysi, both members of al-Fatat, were executed by the Ottoman authorities in May 1916.
35. Hanioğlu, *Kendi Mektuplarinda Enver Paşa*, letter of 2 August 1913, 249–250.

第11章

1. NARA, Istanbul vol. 284, US deputy Consul General George W. Young, “Automo-biles,” 3 July 1914.
2. B. A. Elliot, *Blériot: Herald of an Age* (Stroud, UK: Tempus, 2000), 165.
3. NARA, Istanbul vol. 285, US vice consul in Mersin to consul general, Istanbul, 16 February 1914.
4. NARA, Istanbul vol. 285, Consul General Ravndal, “Successful Demonstration of ‘Curtiss Flying Boat’ at Constantinople,” 15 June 1914.
5. NARA, Istanbul vol. 282, report from Jerusalem dated 29 April 1914, including a translation of the notice sent by the military conscription authorities in Jaffa to village headmen in Palestine.
6. Mustafa Aksakal, *The Ottoman Road to War in 1914: The Ottoman Empire and the First World War* (Cambridge: Cambridge University Press, 2008), 42–56.
7. Michael A. Reynolds, *Shattering Empires: The Clash and Collapse of the Ottoman and Russian Empires, 1908–1918* (Cambridge: Cambridge University Press, 2011), 36–41.
8. Justin McCarthy, *Muslims and Minorities: The Population of Ottoman Anatolia and the End of the Empire* (New York: New York University Press, 1983), 47–88. Ottoman census figures suggest a total Armenian population in the six provinces in 1911 and 1912 of 865,000, while the Armenian Patriarchate claimed a total population in the six provinces of 1.018 million in 1912. Note that Harput was also known as Mamuretülaziz, now known as Elâziğ in modern Turkey.
9. Roderic H. Davison, “The Armenian Crisis, 1912–1914,” *American Historical Review* 53 (April 1948): 481–505.
10. Taner Akçam, *The Young Turks' Crime Against Humanity: The Armenian Genocide and Ethnic Cleansing in the Ottoman Empire* (Princeton, NJ: Princeton University Press, 2012), 129–135.
11. Quoted in Sean McMeekin, *The Berlin-Baghdad Express: The Ottoman Empire and Germany's Bid for World Power, 1898–1918* (London: Allen lane, 2010), 14.
12. NARA, Istanbul vol. 295, reports from Mersina, 3 July 1915, and Constantinople, “Baghtche Tunnel,” 3 September 1915; McMeekin, *The Berlin-Baghdad Express*, 233–258.

13. NARA, Baghdad box 19, Consul Brissel's reports of 2 June 1914 and 10 October 1914.
14. The sultan's comments were cited by Otto liman von Sanders in *Five Years in Turkey* (Annapolis, MD: US Naval Institute, 1927), 1–12.
15. Aksakal, *The Ottoman Road to War*, 80–83; Liman von Sanders, *Five Years in Turkey*, 6–7.
16. Djemal Pasha, *Memories of a Turkish Statesman, 1913–1919* (London: Hutchinson, n.d.), 99–106.
17. Italy, though a member of the Triple Alliance, was bound to Germany and Austria by a defensive alliance only. Because Germany and Austria took the offensive, Italy did not enter the war in 1914. When, in 1915, Italy did finally declare war, it sided with the Entente Powers.
18. Djemal Pasha, *Memories of a Turkish Statesman*, 116–117.
19. Aksakal, *The Ottoman Road to War*, 96.
20. Aksakal, *The Ottoman Road to War*, 99.
21. "Secret Treaty of defensive Alliance: Germany and the Ottoman Empire, 2 August 1914," in *The Middle East and North Africa in World Politics*, ed. J. C. Hurewitz (New Haven, CT: Yale University Press, 1979), 2:1–2.
22. Irfan Orga, *Portrait of a Turkish Family* (1950; rpt. London: Eland, 1988), 47–48. Orga did not rely on his own memory alone to re-create this conversation, acknowledging that "in after years my mother pieced together the most of it for me" (46).
23. NARA, Istanbul vol. 285, Heizer to Morgenthau, 4 August 1914; telegrams from Consul Grech, Dardanelles, 4 and 27 August 1914.
24. Quoted in Aksakal, *The Ottoman Road to War*, 117.
25. Ulrich Trumpener, *Germany and the Ottoman Empire, 1914–1918* (Princeton, NJ: Princeton University Press, 1968), 28; Aksakal, *The Ottoman Road to War*, 115.
26. Djemal Pasha, *Memories of a Turkish Statesman*, 118–119; Halil Menteşe, *Osmanli Mebusan Meclisi Reisi Halil Menteşe'nin Anilari* [Memoirs of the Speaker of the Ottoman Parliament Halil Menteşe] (Istanbul: Amaç Basimevi,

1996), 189–191.

27. John Buchan, *Greenmantle* (London: Hodder and Stoughton, 1916), 7. On *Islam-politik*, see Tilman lüdke, *Jihad Made in Germany: Ottoman and German Propaganda and Intelligence Operations in the First World War* (Münster: lit Verlag, 2005), 33–34.
28. Oppenheim quoted by McMeekin, *The Berlin-Baghdad Express*, 27, 91.
29. Enver's comments were quoted in Chapter 1 (n. 25); Djemal Pasha, *Memories of a Turkish Statesman*, 144. On Unionist views on jihad, see Philip H. Stoddard, "The Ottoman Government and the Arabs, 1911 to 1918: A Preliminary Study of the Teşkilât-i Mahsusa" (PhD diss., Princeton University, 1963), 23–26.
30. Aksakal, drawing on Russian diplomatic dispatches, fully documents the Ottoman proposals to the Russians in *The Ottoman Road to War*, 126–135. Sean McMeekin dismisses Enver's proposals as "a trial balloon of breathtaking cynicism" in *The Russian Origins of the First World War* (Cambridge, MA: Harvard University Press, 2011), 106–107.
31. Hew Strachan, *The First World War*, vol. 1: *To Arms* (Oxford: Oxford University Press, 2001), 230–278. On Austrian losses to Russia and Serbia, see David Stevenson, *1914– 1918: The History of the First World War* (London: Penguin, 2005), 70–73. See also D. E. Showalter, "Manoeuvre Warfare: The Eastern and Western Fronts, 1914–1915," in *The Oxford Illustrated History of the First World War*, ed. Hew Strachan (Oxford: Oxford University Press, 2000), 39–53.
32. Von Falkenhayn quoted in Aksakal, *The Ottoman Road to War*, 149.
33. Mustafa Aksakal, "Holy War Made in Germany? Ottoman Origins of the 1914 Jihad," *War in History* 18 (2011): 184–199.

第三章

1. Hew Strachan, *The First World War* (London: Pocket Books, 2006), 97.
2. NARA, Istanbul vol. 280, "Annual Report on the Commerce and Industries of Turkey for the Calendar Year 1913," 29 May 1914; see also reports in vol. 280 from Tripoli in Syria, Smyrna, Jerusalem, and Trebizond, all of which report on

emigration of men of military age. Istanbul vol. 292, "Report on Commerce and Industries for Calendar Year 1914," Jerusalem, 15 March 1915.

3. NARA, Istanbul vol. 282, report from Jerusalem dated 29 April 1914, encloses a translation of the instructions dated 25 April 1914, sent by "The Chief of the Jaffa Branch of Soldier Collection" to the *mukhtars*, or village headmen, in Palestine; Yigit Akin, "The Ottoman Home Front During World War I: Everyday Politics, Society, and Culture" (PhD diss., Ohio State University, 2011), 22; copies of mobilization posters are reproduced in Mehmet Besikçi, "Between Voluntarism and Resistance: The Ottoman Mobilization of Manpower in the First World War" (PhD diss., Bogaziçi University, 2009), 407–409.

4. Ahmad Rida, *Hawadith Jabal `Amil, 1914–1922* [Events of Jabal Amil] (Beirut: Dar Annahar, 2009), 35.

5. NARA, Istanbul vol. 282, report from US consul in Aleppo dated 3 August 1914; vol. 292, US vice consul Trebizond (Trabzon) report of 31 March 1915.

6. Irfan Orga, *Portrait of a Turkish Family* (1950; rpt. London: Eland, 1988), 65–66.

7. "Ey gaziler yol göründü, Yine garib serime, Dağlar, taşlar dayanamaz, Benim ahu zarima." Orga, *Portrait of a Turkish Family*, 67, 71.

8. Edward J. Erickson, Ordered to Die: A History of the Ottoman Army in the First World War (Westport, CT: Greenwood Press, 2001), 7; Şevket Pamuk, "The Ottoman Economy in World War I," in *The Economics of World War I*, ed. Stephen Broadberry and Mark Harrison (Cambridge: Cambridge University Press, 2005), 117; Beşikçi, "Between Voluntarism and Resistance," 141.

9. David Stevenson, *1914–1918: The History of the First World War* (London: Penguin, 2005), 198–205.

10. NARA, Istanbul vol. 292, "Special Report on Turkish Economics," 8 May 1915.

11. NARA, Istanbul vol. 282, report from Aleppo, 3 August 1914; Istanbul vol. 292, "Trade and Commerce at Beirut for the Year 1914, and January 1915," 15 April 1915; "Annual Report on Commerce and Industries for 1914," Harput, 1 January 1915; Istanbul vol. 295, "Trade Depression in Turkey Caused by European War," Smyrna (Izmir), 26 February 1915.

12. Pamuk, "The Ottoman Economy in World War I," 117.
13. Beşikçi, "Between Voluntarism and Resistance," 73–76; NARA, Istanbul vol. 292, "Special Report on Turkish Economics," Istanbul, 8 May 1915.
14. NARA, Istanbul vol. 279, letter from Hakki Pasha, governor of Adana to the US consul in Mersin, dated 6 Aghustos 1330; for a description of the plundering of a shop and extortion see vol. 279, letter from US consul in Jerusalem, 19 September 1914; correspondence with the Singer Manufacturing Company, September and October 1914; letter from Ottoman governor of Adana to US consul in Mersin, August 1914; report from US consul in Baghdad of 5 October 1914. See also Istanbul vol. 292, "Special Report on Turkish Economics," 8 May 1915.
15. Erik Jan Zürcher, "Between Death and Desertion: The Experience of the Ottoman Soldier in World War I," *Turcica* 28 (1996): 235–258; Pamuk, "The Ottoman Economy in World War I," 126; NARA, Istanbul vol. 292, "Special Report on Turkish Economics," Istanbul, 8 May 1915; Istanbul vol. 294, "Increased Cost of Living in Constantinople," 2 December 1915.
16. Ahmed Emin, Turkey in the World War (New Haven, CT: Yale University Press, 1930), 107.
17. One Algerian captain from a notable family, Khaled El Hachemi, had studied at the elite French military academy Saint-Cyrien and appears to have been a rare exception to this rule. Gilbert Meynier, *L'Algérie révélée: La guerre de 1914–1918 et le premier quart du XXe siècle* (Geneva: Droz, 1981), 85–87.
18. His full name, in French spelling, was Mostapha Ould Kaddour Tabti. Mohammed Soualah, "Nos troupes d'Afrique et l'Allemagne," *Revue africaine* 60 (1919): 495–496.
19. Meynier, *L'Algérie révélée*, 98–103.
20. Jean Mélia, *L'Algérie et la guerre (1914–1918)* (Paris: Plon, 1918), 28–32. The lyrics, in French: "la République nous appelle, Sachons vaincre ou sachons périr, Un Français doit vivre pour elle, Pour elle un Français doit mourir." The final line, Messali recalled, became "Pour elle un Arabe doit mourir". Messali Hadj, *Les mémoires de Messali Hadj, 1898–1938* (Paris: J. C. lattès, 1982), 76.

21. Hadj, Mémoires, 70. Tabti's entire poem in sixty-five couplets is reproduced in Arabic and French translation in Soualah, "Nos troupes d'Afrique et l'Allemagne," 494–520.

22. Meynier, *L'Algérie révélée*, 271–274.

23. Meynier, *L'Algérie révélée*, 280–282; Mélia, *L'Algérie et la guerre*, 257–260, 270–276; Augustin Bernard, *L'Afrique du nord pendant la guerre* (Paris: Les presses universitaires de France, 1926), 94, table II.

24. Peter Dennis et al., eds., *The Oxford Companion to Australian Military History* (Melbourne: Oxford University Press, 1995), 104–109; Cedric Mentiplay, *A Fighting Quality: New Zealanders at War* (Wellington: A. H. & A. W. Reed, 1979), 13.

25. James McMillan, "40,000 Horsemen: A Memoir," Archives New Zealand, Alexander Turnbull Library, MS X-5251; Terry Kinloch, *Devils on Horses: In the Words of the Anzacs in the Middle East, 1916–19* (Auckland: Exisle Publishing, 2007), 32–34; Roland Perry, *The Australian Light Horse* (Sydney: Hachette Australia, 2009), 38–43.

26. Motives for recruiting were recounted by twelve veterans of the New Zealand Expeditionary Force interviewed by Maurice Shadbolt, *Voices of Gallipoli* (Auckland: Hodder and Stoughton, 1988). Trevor Holmden's papers are held in the Alexander Turnbull Library, Wellington, New Zealand, MS-Papers 2223.

27. Jeffrey Grey, *A Military History of Australia*, 3rd ed. (Cambridge: Cambridge University Press, 2008), 88; Christopher Pugsley, *The ANZAC Experience: New Zealand, Australia and Empire in the First World War* (Auckland: Reed, 2004), 52–55, 63; Fred Waite, *The New Zealanders at Gallipoli* (Auckland: Whitcombe and Tombs, 1919), 10–19.

28. On Indian attitudes to the British and Ottomans, see Algernon Rumbold, *Watershed in India, 1914–1922* (London: Athlone Press, 1979), 9–10.

29. P. G. Elgood, *Egypt and the Army* (Oxford: Oxford University Press, 1924), 1, 42–43.

30. Quoted in Robin Kilson, "Calling Up the Empire: The British Military Use of non-white Labor in France, 1916–1920" (Phd diss., Harvard University, 1990), 262–263.

31. Ahmad Shafiq, *Hawliyat Masr al-siyasiyya* [The Political Annals of Egypt] (Cairo: Matba`a Shafiq Pasha, 1926), 1:47–48.

32. Peter Hopkirk, *On Secret Service East of Constantinople: The Plot to Bring Down the British Empire* (London: John Murray, 2006), 66–84; Sean McMeekin, *The Berlin-Baghdad Express: The Ottoman Empire and Germany's Bid for World Power, 1898–1918* (London: Allen lane, 2010), 90–92.
33. Quoted in Budheswar Pati, *India and the First World War* (New Delhi: Atlantic Publishers, 1996), 12.
34. Pati, *India and the First World War*, 15–16.
35. Pati, *India and the First World War*, 18–21.
36. Judith Brown, *Modern India: The Origins of an Asian Democracy*, 2nd ed. (Oxford: Oxford University Press, 1994), 195; Robert Holland, "The British Empire and the Great War, 1914–1918," in *The Oxford History of the British Empire*, vol. 4: *The Twentieth Century*, ed. Judith Brown and William Roger Louis (Oxford: Oxford University Press, 1999), 117; Pati, *India and the First World War*, 32–38.
37. Dozens of testimonials, including those of the two muftis, were published in *Revue du monde musulman* 29 (December 1914), a special edition dedicated to French Muslims and the war, providing statements of loyalty from North African religious personalities in Arabic with French translation.
38. James McDougall, *History and the Culture of Nationalism in Algeria* (Cambridge: Cambridge University Press, 2006), 36–43; Peter Heine, "Salih Ash-Sharif at-Tunisi, a North African Nationalist in Berlin During the First World War," *Revue de l'Occident musulman et de la Mediterranée* 33 (1982): 89–95.
39. Tilman Ludke, *Jihad Made in Germany: Ottoman and German Propaganda and Intelligence Operations in the First World War* (Münster: Lit Verlag, 2005), 117–125; Heine, "Salih Ash-Sharif at-Tunisi," 90.
40. From the interrogation transcript by the Ottoman authorities preserved in the Turkish military archives in Ankara, reproduced in Ahmet Tetik, Y. Serdar Demirtaş, and Sema demirtaş, eds., *Çanakkale Muharebeleri'nin Esirleri—Ifadeler ve Mektuplar* [Prisoners of the Gallipoli Campaign: Testimonies and Letters] (Ankara: Genelkurmay Basımevi, 2009), 1:93–94.
41. Among visiting notables was Algerian exile and veteran of the 1911 Libyan War Amir Ali Pasha, son of famous Algerian

resistance leader Amir Abd al-Qadir. Mélia, *L'Algérie et la guerre*, 230–237; Heine, "Salih Ash-Sharif at-Tunisi," 91.

42. In his article on Salih al-Sharif, Peter Heine claims that German documents provide no evidence of coercion of prisoners of war, though he found "reports of those willing to fight on the Turkish side" who expressed their anger "about the delay of their departure to Turkey". Heine, "Salih Ash-Sharif at-Tunisi," 94n12. The testimony of Ahmed bin Hussein would confirm this.

第四章

1. C. F. Aspinall-Oglander, *Military Operations: Gallipoli* (London: William Heinemann, 1929), 1:34–35.
2. W. E. D. Allen and Paul Muratoff, *Caucasian Battlefields: A History of the Wars on the Turco-Caucasian Border, 1828–1921* (Cambridge: Cambridge University Press, 1953), 245–247.
3. Ali Rıza Eti, *Bir onbaşının doğu cephesi günlüğü, 1914–1915* [Diary of a Corporal on the Eastern Front, 1914–1915] (Istanbul: Türkiye Iş Bankası Kültür Yayınları, 2009); for his account of the Battle of Köprüköy, see 37–42.
4. Ottoman casualty figures are from Edward J. Erickson, *Ordered to Die: A History of the Ottoman Army in the First World War* (Westport, CT: Greenwood Press, 2001), 72n4. Russian casualty figures are from M. Larcher, *La guerre turque dans la guerre mondiale* [The Turkish War in the World War] (Paris: Etienne Chiron et Berger-Levrault, 1926), 381. Enver quoted by Otto Liman von Sanders, *Five Years in Turkey* (Annapolis: US Naval Institute, 1927), 37.
5. Philip Graves, *The Life of Sir Percy Cox* (London: Hutchinson, 1941), 120–126; Daniel Yergin, *The Prize* (New York: Free Press, 1992), 134–149.
6. Delamain's orders are reproduced in E. G. Keogh, *The River in the Desert* (Melbourne: Wilke & Co., 1955), 39–40.
7. Bullard's assessment is quoted by Arnold T. Wilson, *Loyalties Mesopotamia, 1914–1917* (London: Oxford University Press, 1930), 1:4.
8. On the Basra Reform Society and Sayyid Talib al-Naqib, see Eliezer Tauber, *The Emergence of the Arab Movements* (London: Frank Cass, 1993). For a contemporary English profile of Sayyid Talib, see Wilson, *Loyalties Mesopotamia*,

1:18.

9. Basil Sulayman Faydi, ed., *Mudhakkirat Sulayman Faydi* [Memoirs of Sulayman Faydi] (London: Dar al-Saqi, 1998), 194–196.

10. Knox's proclamation of 31 October 1914 is reproduced in Wilson, *Loyalties Mesopotamia*, 1:309; "The United Kingdom's Recognition of Kuwayt as an Independent State Under British Protection, 3 November 1914," reproduced in Hurewitz, *Middle East and North Africa in World Politics*, 2:6–7.

11. Cox's proclamation of 5 November 1914 is reproduced in Wilson, *Loyalties Mesopotamia*, 1:310–311.

12. Faydi, *Mudhakkirat*, 199.

13. Faydi, *Mudhakkirat*, 203.

14. F. J. Moberly, *The Campaign in Mesopotamia, 1914–1918* (London: HMSO, 1923), 1:106–153; Charles Townshend, *When God Made Hell: The British Invasion of Mesopotamia and the Creation of Iraq, 1914–1921* (London: Faber and Faber, 2010), 3–10.

15. Edmund Candler, *The Long Road to Baghdad* (London: Cassell and Co., 1919), 1:111.

16. Moberly, *The Campaign in Mesopotamia*, 117–27; Ron Wilcox, *Battles on the Tigris: The Mesopotamian Campaign of the First World War* (Barnsley, UK: Pen & Sword Books, 2006), 2–26; Townshend, *When God Made Hell*, 30–40.

17. NARA, Basra box 005, letter from John Van Ess dated Busrah, 21 November 1914.

18. Sir Percy Cox's proclamation of 22 November 1914 to the people of Basra is reproduced in Wilson, *Loyalties Mesopotamia*, 1:311.

19. Moberly, *The Campaign in Mesopotamia*, 1:151–152.

20. Casualty figures are tabulated from Moberly, *The Campaign in Mesopotamia*, 1:106–153.

21. IWM Documents 828, Diary of Private W. R. Bird, entry of 14 January 1915.

22. Townshend, *When God Made Hell*, 66.

23. IWM, P 158, documents 10048, private papers of Lieutenant Colonel H. V. Gell, diary entry of 10–11 November 1914.

24. G. Wyman Bury, *Arabia Infelix, or the Turks in Yamen* (London: Macmillan, 1915), 16–19.
25. Harold F. Jacob, *Kings of Arabia: The Rise and Set of the Turkish Sovranty in the Arabian Peninsula* (London: Mills & Boon, 1923), 158–161.
26. W. T. Massey, *The Desert Campaigns* (London: Constable, 1918), 1–3.
27. Letter dated Zeitoun Camp, 4 January 1915, in Glyn Harper, ed., *Letters from Gallipoli: New Zealand Soldiers Write Home* (Auckland: Auckland University Press, 2011), 47–48. See also the memoirs of Trevor Holmden, chap. 3, Alexander Turnbull Library, Wellington, New Zealand, MS-Papers 2223.
28. Ian Jones, *The Australian Light Horse* (Sydney: Time-Life Books [Australia], 1987), 25; Fred Waite, *The New Zealanders at Gallipoli* (Auckland: Whitcombe and Tombs, 1919), 38.
29. C. E. W. Bean, the official historian of the Australian Imperial Force, described the Red Blind District and the disturbances of 2 April 1915, in his personal diary for the months of March and April 1915, 22–31. The diaries, held in the Australian War Monument, may be accessed online at www.awm.gov.au/collection/records/awm38 (henceforth C. E. W. Bean diaries).
30. For Australian and New Zealand accounts of the riots and their causes, see Harper, *Letters from Gallipoli*, 50–51; C. E. W. Bean diary, March–April 1915, 30; Trevor Holmden memoirs, chap. 3, 3–5.
31. Quoted by C. E. W. Bean diary, March–April 1915, 25–28.
32. Ahmad Shafiq, *Hawliyat Masr al-siyasiyya* [The Political Annals of Egypt], Part I (Cairo: Matba`a Shafiq Pasha, 1926), 84. See also Latifa Muhammad Salim, *Masr fi'l-harb al-`alimiyya al-ula* [Egypt in the First World War] (Cairo: Dar al-Shorouk, 2009), 239–243.
33. Larcher, *La guerre turque*, 172.
34. NARA, Istanbul vol. 282, Alfred Grech report from Dardanelles, 31 August 1914; C. F. Aspinall-Oglander, *Military Operations: Gallipoli* (London: William Heinemann, 1929), 1:32–36; Mustafa Aksakal, *The Ottoman Road to War in 1914: The Ottoman Empire and the First World War* (Cambridge: Cambridge University Press, 2008), 136–137.

35. Liman von Sanders, *Five Years in Turkey*, 47–48; Erickson, *Ordered to Die*, 75–82.
36. NARA, Istanbul vol. 292, report of US vice consul, Trebizond, 31 March 1915.
37. NARA, Istanbul vol. 281, report of US consul, Mersin, 2 November 1914; vol. 282, report of US consul, Mersin, 30 November 1914; vol. 293, report of US consul, Mersin, 5 March 1915.
38. NARA, Istanbul vol. 293 contains a number of reports, telegrams, and documents relating to the Alexandretta Incident, including reports from US Consul Jackson in Aleppo of 21 December 1914 and 8 January 1915, and from US Consular Agent H. E. Bishop in Alexandretta of 24 December 1914, 26 December 1914, and 12 January 1915.
39. NARA, Istanbul vol. 281, eyewitness report by C. Van H. Engert on the sinking of the *Messoudieh* in the Dardanelles, 14 December 1914.
40. C. Van H. Engert quoted Vice Admiral Merten in his report of 14 December 1914. For the perspective of the Ottoman General Headquarters on the sinking of the *Messoudieh* and Allied plans for the Dardanelles, see the memoirs of General Ali Ihsan Sâbis, *Birinci Dünya Harbi* [The First World War] (Istanbul: Nehir Yayinlari, 1992), 2:261–262.

第五章

1. Hew Strachan, *The First World War*, vol. 1: *To Arms* (Oxford: Oxford University Press, 2003), 335–357.
2. Ulrich Trumpener, *Germany and the Ottoman Empire, 1914–1918* (Princeton, NJ: Princeton University Press, 1968), 36–37; Mustafa Aksakal, *The Ottoman Road to War in 1914: The Ottoman Empire and the First World War* (Cambridge: Cambridge University Press, 2008), 136–137, 145–155.
3. On the objective of recovering the three provinces lost in 1878, see Michael A. Reynolds, *Shattering Empires: The Clash and Collapse of the Ottoman and Russian Empires, 1908– 1918* (Cambridge: Cambridge University Press, 2011), 171; M. Larcher, *La guerre turque dans la guerre mondiale* [The Turkish War in the World War] (Paris: Etienne Chiron et Berger-Levrault, 1926), 383; Edward J. Erickson, *Ordered to Die: A History of the Ottoman Army in the First World War* (Westport, CT: Greenwood Press, 2001), 53.

4. Djemal Pasha, *Memories of a Turkish Statesman, 1913–1919* (London: Hutchinson, n.d.), 137–138.
5. Henry Morgenthau, *Ambassador Morgenthau's Story* (1918; rpt. Reading, UK: Taderon Press, 2000), 114.
6. Otto liman von Sanders, *Five Years in Turkey* (Annapolis US Naval Institute, 1927), 37–39.
7. Strachan, *The First World War*, 1:323–331; Sean McMeekin, *The Russian Origins of the First World War* (Cambridge, MA: Harvard University Press, 2011), 85–86.
8. See, e.g., Ali Ihsan Sâbis, then serving in the general headquarters in Istanbul, who expressed both his fears and his belief in Enver's luck in *Harp Hatıralarım: Birinci Cihan Harbi* [My War Memoirs: The First World War] (Istanbul: Nehir Yayınları, 1992), 2:247.
9. Larcher, *La guerre turque*, 378–379; Erickson, *Ordered to Die*, 57.
10. Sâbis, *Harp Hatıralarım*, 2:238.
11. Reynolds, *Shattering Empires*, 115–117; McMeekin, *Russian Origins*, 154–156.
12. McMeekin, *Russian Origins*, 154.
13. M. Philips Price, *War and Revolution in Asiatic Russia* (London: George Allen & Unwin Ltd., 1918), 55 and chap. 8; Enver Pasha's report was quoted from documents in the Turkish military archives by Reynolds, *Shattering Empires*, 116.
14. Ali Rıza Eti, *Bir onbaşının doğu cephesi günlüğü, 1914–1915* [Diary of a Corporal on the Eastern Front, 1914–1915] (Istanbul: Türkiye Iş Bankası Kültür Yayınları, 2009), 60; Erickson, *Ordered to Die*, 46, 54. See also Köprülü Şerif Ilden, *Sarıkamış* (Istanbul: Türkiye Iş Bankası Kültür Yayınları, 1999), 124, in which he claimed that thirty Armenian defectors from Van who crossed lines on the night of 16–17 November provided the Russians with details on the weak points in the Ottoman line along the Aras.
15. Eti, *Bir onbaşının . . . günlüğü*, 51, 60–66.
16. Eti, *Bir onbaşının . . . günlüğü*, 60.
17. Ilden, *Sarıkamış*, 146–147.
18. Estimates of troop numbers vary widely from source to source. The figures quoted in the text are from W. E. D. Allen and

Paul Muratoff, *Caucasian Battlefields: A History of the Wars on the Turco-Caucasian Border, 1828–1921* (Cambridge: Cambridge University Press, 1953), 252. Larcher gives a range of figures for the Ottoman and Russian armies in the Caucasus, claiming that the Ottoman Third Army reached a total size of 150,000 men, of which 90,000 were armed and trained to serve in combat, and gives the total for Russian forces as 60,000. Larcher, *La guerre turque*, 283.

19. Allen and Muratoff, *Caucasian Battlefields*, 253.
20. Enver's orders are reproduced in Ilden, *Sarıkamış*, 151–152, and Larcher, *La guerre turque*, 383–384.
21. Eti, *Bir onbaşının . . . günlüğü*, 102–103.
22. Eti, *Bir onbaşının . . . günlüğü*, 104.
23. Eti, *Bir onbaşının . . . günlüğü*, 104.
24. The attack on Oltu took place on 23 December. For accounts of the fighting between the Ottoman 31st and 32nd divisions, see Fevzi Çakmak, *Büyük Harp'te Şark Cephesi Harekâtı* [Operations on the Eastern Front in the Great War] (Istanbul: Türkiye Iş Bankası Kültür Yayınları, 2010), 76; see Ilden, *Sarıkamiş*, 167–168, for claims that 2,000 Ottomans were killed by their own forces; see also Allen and Muratoff, *Caucasian Battlefields*, 257; Larcher, *La guerre turque*, 386.
25. Allen and Muratoff, *Caucasian Battlefields*, 258; Çakmak, *Büyük Harp*, 77.
26. Allen and Muratoff, *Caucasian Battlefields*, 260–268; see also Larcher, *La guerre turque*, 387–388.
27. Ilden, *Sarıkamış*, 212–213.
28. Ilden, *Sarıkamış*, 177–179.
29. For a detailed first-hand account of the fighting on 26 December, see Ilden, *Sarıkamış*, 191–201.
30. Ilden, *Sarıkamış*, 231; Allen and Muratoff, *Caucasian Battlefields*, 278.
31. Eti, *Bir onbaşının . . . günlüğü*, 121–122. Of the estimated 77,000 Ottoman casualties at Sarıkamış, some 60,000 died and the rest would have been taken prisoner. Çakmak, *Büyük Harp*, 113–114; Allen and Muratoff, *Caucasian Battlefields*, 283–284.
32. For the strongest criticisms of Enver and Hakki Hafız's conduct of the campaign, see, in particular, the memoirs of IX

Corps chief of staff Şerif Ilden: Ilden, *Sarıkamış*, 149, 158–159, 174–175, 208, 216–218, 232; Sâbis, *Harp Hatıralarım*, 302–317; Liman von Sanders, *Five Years in Turkey*, 40.

33. Allen and Muratoff, *Caucasian Battlefields*, 286–287.
34. Georges Douin, *L'attaque du canal de Suez (3 Février 1915)* (Paris: Librairie Delagrave, 1922), 45–46.
35. Djemal Pasha, *Memories*, 154.
36. Douin, *L'attaque*, 60.
37. Arslan's account of his involvement in the Sinai campaign is recorded in Shakib Arslan, *Sira Dhatiyya* [Autobiography] (Beirut: dar al-Tali`a, 1969), 141–147.
38. Djemal Pasha, *Memories*, 152.
39. The priest was almost certainly the Dominican Father Antonin Jaussen, who went on to serve as a French intelligence officer in Port Said for the duration of the war. Jaussen undertook archaeological surveys in the Hijaz and wrote an ethnographic study of the Bedouin of southern Jordan. Douin, *L'attaque*, 77–79. On Jaussen, see Henry Laurens, "Jaussen et les services de renseignement français (1915–1919)," in *Antonin Jaussen: Sciences sociales occidentales et patrimoine arabe*, ed. Géraldine Chatelard and Mohammed Tarawneh (Amman: CERMOC, 1999), 23–35.
40. Douin, *L'attaque*, 79–80; George McMunn and Cyril Falls, *Military Operations: Egypt and Palestine from the Outbreak of War with Germany to June 1917* (London: HMSO: 1928), 29.
41. McMunn and Falls, *Military Operations*, 25.
42. IWM, P 158, private papers of Lieutenant Colonel H. V. Gell, Documents 10048, diary entries of 24 to 28 January 1915.
43. NARA, Istanbul vol. 293, "The Egyptian Campaign of the Turkish Army," report by US Vice Consul S. Edelman, Jerusalem, 20 March 1915.
44. IWM, RN, P 389, papers of Commander H. V. Coates, Documents 10871, translations of Ottoman army orders for the attack on the Suez Canal, 1 February 1915.
45. Douin, *L'attaque*, 92.

46. Fahmi al-Tarjaman related his war experiences to his daughter, Siham Tergeman, in *Daughter of Damascus* (Austin: Center for Middle Eastern Studies, 1994), 166–199. This quote is on 180.
47. Both Douin, *L'attaque*, 96, and McMunn and Falls, *Military Operations*, 39, recount how the "jihad volunteers" broke the silence and set the dogs barking; the translated copy of the Ottoman battle orders referred to the Champions of Islam (*Mujahid*) from Tripoli in Africa, who were assigned to a position near Serapeum, where the crossing took place; IWM, RN P 389, papers of Commander H. V. Coates.
48. Tergeman, *Daughter of Damascus*, 181.
49. Ahmad Shafiq, *Hawliyat Masr al-siyasiyya* [The Political Annals of Egypt] (Cairo: Shafiq Pasha Press, 1926), 1:81.
50. Douin, *L'attaque*, 100–102; McMunn and Falls, *Military Operations*, 43–45.
51. Ali Ihsan Sâbis, *Birinci Dünya Harbi*, 346–347; Djemal Pasha, *Memories*, 157.
52. McMunn and Falls, *Military Operations*, 50; Djemal Pasha, *Memories*, 159.
53. On Suleyman Askeri, see Philip H. Stoddard, "The Ottoman Government and the Arabs, 1911 to 1918: A Preliminary Study of the Teşkilât-i Mahsusa" (PhD diss., Princeton University, 1963), 119–130, and the summary translation of the Turkish army pamphlet by Muhammad Amin, "The Turco-British Campaign in Mesopotamia and Our Mistakes," in *The Campaign in Mesopotamia, 1914–1918*, comp. F. J. Moberly (London: HMSO, 1923), 1:352–355.
54. Accounts of Arab participants in the Battle of Shaiba confirm low morale and high desertion rates; see Jamil Abu Tubaykh, ed., *Mudhakkirat al-Sayyid Muhsin Abu Tubaykh (1910–1960)* [The Memoirs of al-Sayyid Muhsin Abu Tubaykh] (Amman: al-Mu'assisa al-`Arabiyya li'l-dirasat wa'l-nashr, 2001), 40–45.
55. Arnold T. Wilson, *Loyalties Mesopotamia, 1914–1917* (London: Oxford University Press, 1930), 34; Charles Townshend, *When God Made Hell: The British Invasion of Mesopotamia and the Creation of Iraq, 1914–1921* (London: Faber and Faber, 2010), 88.
56. Edward J. Erickson cites Ottoman official figures in *Ordered to Die*, 110–111. F. J. Moberly, in the official British history, claimed the British lost 161 dead and 901 wounded, and the Ottomans lost 6,000 dead and wounded, including 2,000

Arab irregulars—which would suggest the Arabs played a more active role in the fighting than either the British or Turks credited. F. J. Moberly, comp., *The Campaign in Mesopotamia, 1914–1918*, (London: HMSO, 1923), 1:217. Wilson, in *Loyalties Mesopotamia*, 34, put British casualties at 1,257 and Turkish losses at "about double this number". The quote is from the diary of W. C. Spackman, quoted in Townshend, *When God Made Hell*, 89.

57. Sir George McMunn, quoted in Townshend, *When God Made Hell*, 80; Wilson, in *Loyalties Mesopotamia*, 34, declared Shaiba "the first and most decisive battle on this front."

第六章

1. Sean McMeekin, *The Russian Origins of the First World War* (Cambridge, MA: Harvard University Press, 2011), 129–130.
2. C. F. Aspinall-Oglander, *Military Operations: Gallipoli* (London: William Heinemann, 1929), 1:51–53.
3. Aspinall-Oglander, *Military Operations: Gallipoli*, 1:57.
4. Henry W. Nevinson, *The Dardanelles Campaign* (London: Nisbet & Co., 1918), 33; Aspinall-Oglander, *Military Operations: Gallipoli*, 1:59.
5. Greece, like Russia, had a historic and religious claim to Constantinople and had offered to send a major infantry force to assist the Allied campaign in the straits, which Britain declined in deference to Russian sensitivities. See McMeekin, *Russian Origins*; Aspinall-Oglander, *Military Operations: Gallipoli*, vol. 1.
6. "The Constantinople Agreement," in *The Middle East and North Africa in World Politics*, vol. 2: *1914–1945*, ed. J. C. Hurewitz (New Haven, CT: Yale University Press, 1979), 16–21.
7. Henry Morgenthau, *Ambassador Morgenthau's Story* (1918; rpt. Reading, UK: Taderon Press, 2000), 123–134.
8. The damage to the *Agamemnon* was still in evidence on 15 April, when a New Zealand soldier noted that she "has had her one mast shot away and one of her funnels smashed". Glyn Harper, ed., *Letters from Gallipoli: New Zealand Soldiers Write Home* (Auckland: Auckland University Press, 2011), 59.

9. US Ambassador Morgenthau, who visited the straits with Ottoman officials in mid-March, found that intensive Allied bombardment had left Turkish batteries practically unharmed. Morgenthau, *Ambassador Morgenthau's Story*, 135–149.
10. Capitaine de Corvette X and Claude Farrère, "Journal de bord de l'expédition des Dardanelles (1915)," *Les œuvres libres* 17 (1922): 218–229.
11. Capitaine de Corvette X and Farrère, "Journal de bord," 214–215. The anonymous first author appears to have served on the French battleship *Suffren*; Captain Claude Farrère survived the sinking of the *Bouvet* on 18 March 1915.
12. Nevinson, *The Dardanelles Campaign*, 57–58.
13. Hans Kannengiesser, *The Campaign in Gallipoli* (London: Hutchinson & Co., n.d.), 76. The Associate Press journalist George Schreiner described the impact of Allied bombardment, quoted in Tim Travers, *Gallipoli* 1915 (Stroud, UK: Tempus, 2004), 33.
14. Farrère, who survived the sinking of the *Bouvet*, claimed that only 62 of the 724 men on board were rescued. Capitaine de Corvette X and Farrère, "Journal de bord," 235–238.
15. Quoted in the editor's introduction to Mehmed Fasih, *Gallipoli 1915: Bloody Ridge (Lone Pine) Diary of Lt. Mehmed Fasih* (Istanbul: Denizler Kitabevi, 2001), 6.
16. I. Hakkı Sunata, *Gelibolu'dan kafkaslara: Birinci Dünya Savaşı anılarım* [From Gallipoli to the Caucasus: My First World War Memoirs] (Istanbul: Türkiye Iş Bankası Kültür Yayınları, 2003), 84–85. For examples of government reports covered in the press, see the articles published in the semi-official Istanbul daily *Ikdâm*, reproduced in Murat Çulcu, *Ikdâm Gazetesi'nde Çanakkale Cephesi* [The Dardanelles Front in the *Ikdâm* Newspaper] (Istanbul: Denizler Kitabevi, 2004), 1:160–165.
17. Kannengiesser, *The Campaign in Gallipoli*, 77–78.
18. Aspinall-Oglander, *Military Operations: Gallipoli*, 1:98–99.
19. Aspinall-Oglander, *Military Operations: Gallipoli*, 1:124–125.
20. Some of the Senegalese troops taken prisoner by the Turks were in fact Sudanese. Muhammad Kamara told his Turkish

interrogators, "I am a Sudanese. But nowadays the French are calling all the black people Senegalese... There are lots of Sudanese [in the French army]." Ahmet Tetik, Y. Serdar Demirtaş, and Sema Demirtaş, eds., *Çanakkale Muharebeleri'nin Esirleri—Ifadeler ve Mektuplar* [Prisoners of the Gallipoli Campaign: Testimonies and letters] (Ankara: Genelkurmay Basımevi, 2009), 1:22.

21. According to Otto Liman von Sanders, *Five Years in Turkey* (Annapolis: US Naval Institute, 1927), 54–58, Enver's decision came only after extensive lobbying by Turkey's German allies.
22. Harper, *Letters from Gallipoli*, 58–64.
23. IWM, "Ataturk's Memoirs of the Anafartalar Battles" (K 03/1686).
24. IWM, private papers of Lieutenant G. L. Drewry, documents 10946, letter of 12 May 1915.
25. Mahmut Sabri Bey, "Seddülbahir Muharebesi Hatıraları" [Memoirs of the Seddülbahir Battle] in *Çanakkale Hatıraları* (Istanbul: Arma Yayınları, 2003), 3:67–68.
26. Aspinall-Oglander, *Military Operations: Gallipoli*, 1:132. See also IWM, private papers of Captain E. Unwin, Documents 13473.
27. Aspinall-Oglander, *Military Operations: Gallipoli*, 1:232.
28. Sabri, "Seddülbahir Muharebesi," 68–69.
29. D. Moriarty, an NCO with the Royal Munster Fusiliers, survived the landing but was pinned down by enemy fire from 7 a.m. until 5 p.m. He claimed seventeen members of his battalion were killed and two hundred were wounded in the landing. IWM, private papers of D. Moriarty, Documents 11752, diary entry of 25–26 April. See also IWM, private papers of Lieutenant G. L. Drewry, Documents 10946, letter of 12 May 1915. Drewry, Captain Unwin, and several other members of the *River Clyde*'s crews were awarded the Victoria Cross for their actions during the landing.
30. Aspinall-Oglander, *Military Operations: Gallipoli*, 1:227.
31. IWM, private papers of Major R. Haworth, Documents 16475, letter of 3 May 1915.
32. From a Turkish document seized by British troops in Seddülbahir Fort, cited in Aspinall-Oglander, *Military Operations:*

Gallipoli, 1:254.

33. This account of the French "diversion" at Kum Kale is based on X. Torau-Bayle, *La campagne des Dardanelles* (Paris: E. Chiron, 1920), 61–64; François Charles-Roux, *L'expédi-tion des Dardanelles au jour le jour* (Paris: Armand Colin, 1920); Association nationale pour le souvenir des Dardanelles et fronts d'orient, *Dardanelles Orient Levant*, 1915–1921 (Paris: L'Harmattan, 2005); Aspinall-Oglander, *Military Operations: Gallipoli*, 1:257–264.
34. Travers, *Gallipoli 1915*, 76–77.
35. Turkish sources give Ottoman losses in Kum Kale as seventeen officers and 45 men killed; twenty-three officers and 740 men wounded; five officers and 500 men captured or missing. The French reported 786 casualties—twenty officers and 766 men dead, wounded, or missing. Edward J. Erickson, *Gallipoli: The Ottoman Campaign* (Barnsley, UK: Pen & Sword Military, 2010), 85.
36. The original hand-written war diaries of C. E. W. Bean have been digitized and are accessible via the Australian War Memorial (AWM) website (http://www.awm.gov.au /collection/records/awm38/3drl606); C. E. W. Bean diary, AWM item 3dRl606/5/1, April–May 1915, 18–19. Letter written by an anonymous Australian soldier, "Malcolm", to his cousin from the Government Hospital in Alexandria, 2 May 1915. IWM, two letters from Alexandria (Australian soldier), Documents 10360.
37. IWM, letter from Australian soldier "Malcolm" of 2 May 1915, Documents 10360.
38. These and all subsequent comments from Mustafa Kemal are from IWM, "Ataturk's Memoirs of the Anafartalar Battles" (K 03/1686).
39. IWM, letter from Australian soldier "Malcolm" of 2 May 1915, Documents 10360.
40. Mostyn Pryce Jones, letter to his mother, n.d., in Harper, *Letters from Gallipoli*, 89–90 His experiences were not unique; other New Zealanders' "letters from Gallipoli" described the experience as "awful" and "like being in the depths of Hell".
41. C. E. W. Bean fully investigated the story and quoted extensively from the report submitted by Colonel Pope. C. E. W.

Bean diary, AWM item 3dRl606/5/1, April–May 1915, 30–31, 39.

42. Aspinall-Oglander, *Military Operations: Gallipoli*, 1:196–198. C. E. W. Bean over-heard Australian commanders debating these very points; C. E. W. Bean diary, AWM item 3dRl606/5/1, April–May 1915, 40.

43. Aspinall-Oglander, *Military Operations: Gallipoli*, 1:269–270.

第七章

1. NARA, Istanbul vol. 294, "Consul Heizer Report on Typhus Fever, Trebizond [Trabzon]," 22 May 1915.
2. Hikmet Özdemir, *The Ottoman Army, 1914–1918: Disease and Death on the Battlefield* (Salt Lake City: University of Utah Press, 2008), 51.
3. NARA, Istanbul vol. 294, "Consul Heizer Report on Typhus Fever, Trebizond [Trabzon]," 22 May 1915.
4. NARA, Istanbul vol. 294, report by Dr Edward P. Case, medical missionary at Erzurum, Turkey, 16 May 1915.
5. To be precise, Eti threatened to force his victims to drink *süblime*, or mercury chloride, a highly toxic compound formerly used to treat syphilis. Ali Rıza Eti, *Bir onbaşının doğu cephesi günlüğü, 1914–1915* [Diary of a Corporal on the Eastern Front, 1914–1915] (Istanbul: Türkiye Iş Bankası Kültür Yayınları, 2009), 135.
6. Eti, *Bir onbaşının . . . günlüğü*, 140, diary entry of 31 January 1915.
7. Taner Akçam, *The Young Turks' Crime Against Humanity: The Armenian Genocide and Ethnic Cleansing in the Ottoman Empire* (Princeton, NJ: Princeton University Press, 2012), 63–96. Ryan Gingeras examines deportations and population exchanges along the southern coasts of the Sea of Marmara in *Sorrowful Shores: Violence, Ethnicity, and the End of the Ottoman Empire* (Oxford: Oxford University Press, 2009), 12–54.
8. The background to the February 1914 Armenian Reform Agreement and its terms are discussed in Chapter 2.
9. Akçam, *Young Turks' Crime Against Humanity*, 175, 183–184. See also the memoirs of the Armenian priest Grigoris Balakian, *Armenian Golgotha: A Memoir of the Armenian Genocide, 1915–1918* (New York: Vintage, 2010), 46.
10. Balakian, *Armenian Golgotha*, 22–23.

11. Balakian, *Armenian Golgotha*, 28, 32–34.
12. The Alexandretta Incident of December 1914 is recounted in Chapter 4. Aram Arkun, "Zeytun and the Commencement of the Armenian Genocide," in *A Question of Genocide: Armenians and Turks at the End of the Ottoman Empire*, ed. Ronald Grigor Suny, Fatma Muge Gocek, and Morman M. Naimark (Oxford: Oxford University Press, 2011), 223.
13. Donald Bloxham, *The Great Game of Genocide: Imperialism, Nationalism, and the Destruction of the Ottoman Armenians* (Oxford: Oxford University Press, 2005), 78–83.
14. Sean McMeekin, *The Russian Origins of the First World War* (Cambridge, MA: Harvard University Press, 2011), 165–166.
15. Akçam, in *Young Turks' Crime Against Humanity*, 56–57, claims that the relocation of Muslim immigrants to Zeytun began on 20 April, only twelve days after the Armenian deportations began. Arkun, "Zeytun," 229–237. US Ambassador Henry Morgenthau wrote of "5,000 Armenians from Zeitoun and Sultanie who were receiving no food whatever" in July 1915 in *Ambassador Morgenthau's Story* (1918; rpt. Reading, UK: Taderon Press, 2000), 230.
16. Balakian, *Armenian Golgotha*, 45, 56–57.
17. The government of Turkey and the official historical establishment as represented by the Turkish Historical Association (the Türk Tarih Kurumu) continue to reject the use of the term "genocide" to characterize the Armenian massacres of 1915 and 1916. However, a growing number of Turkish scholars and intellectuals have struggled to open the debate on this once taboo subject, including Nobel laureate Orhan Pamuk and a number of historians and journalists whose works I have consulted in writing this book: Taner Akçam, Fatma Müge Göçek, Baskın Oran, Uğur Ümit Üngör, and others. In support of their courageous efforts to force an honest reckoning with Turkey's past, as well as from conviction, I refer here to the wartime annihilation of Armenians as a genocide. In line with the 1948 UN Convention on Genocide, I believe the available evidence fully supports the claim that the Ottoman government was responsible for "acts committed with the intent to destroy, in whole or in part", the Armenian community of Anatolia as a distinct national and religious group.

18. Population figures are from Justin McCarthy et al., *The Armenian Rebellion at Van* (Salt Lake City: University of Utah Press, 2006), 3–7. McCarthy, himself a demographer, declared Vital Cuinet's figures for the 1890s "a low estimate". He cites Ottoman figures for the Van district, which included both the town and surrounding villages, of 45,000 Muslims, 34,000 Armenians, and 1,000 others in 1912, which he claimed underreported women, children, soldiers, administrators, and others. Gurgen Mahari was born in Van in 1903. His family relocated to Russia after the Van uprising, and he spent the rest of his life in the Soviet Union, where he published his then controversial novel *Burning Orchards* in 1966. The English translation was published by Black Apollo Press (no place of publication) in 2007; the quote is from 49.
19. Michael A. Reynolds, *Shattering Empires: The Clash and Collapse of the Ottoman and Russian Empires, 1908–1918* (Cambridge: Cambridge University Press, 2011), 145–147. Anahide Ter Minassian, "Van 1915," in *Armenian Van/Vaspurakan*, ed. Richard G. Hovannisian (Costa Mesa, CA: Mazda, 2000), 217–218; McCarthy et al., *The Armenian Rebellion*, 200.
20. Rafael de Nogales, *Four Years Beneath the Crescent* (New York: Charles Scribner's Sons, 1926), 58. For a critical study of de Nogales and his writing, see Kim McQuaid, *The Real and Assumed Personalities of Famous Men: Rafael de Nogales, T. E. Lawrence, and the Birth of the Modern Era, 1914–1937* (London: Gomidas Institute, 2010).
21. De Nogales, *Four Years*, 60–61; emphasis in the original.
22. Reynolds, *Shattering Empires*, 145–146; McCarthy et al., *The Armenian Rebellion*, 221.
23. Ter Minassian, "Van 1915," 242.
24. Djemal Pasha, *Memories of a Turkish Statesman, 1913–1919* (London: Hutchinson & Co., n.d.), 299; Bloxham, *Great Game of Genocide*, 84–90.
25. Taner Akçam, *A Shameful Act: The Armenian Genocide and the Question of Turkish Responsibility* (London: Constable, 2007), 168–169.
26. Akçam, *Young Turks' Crime Against Humanity*, 193–196. Balakian, in *Armenian Golgotha*, 82–83, 104, 106–107, recorded the names of several Ottoman officials who either resigned or were dismissed because of their unwillingness to

massacre Armenians, including the governors of Ankara, Aleppo, and Kastamonu.

27. Akçam, *Young Turks' Crime Against Humanity*, 410–413. Balakian, in *Armenian Golgotha*, 95, 100, recounted several conversations with Turks who saw their role in the massacre of Armenians as participation in a jihad that entitled them to enter paradise. In his conversation with the captain, the officer justified his own role in the mass murder of Armenians in terms of fulfilling his religious duty (144, 146).

28. Taner Akçam, in *Young Turks' Crime Against Humanity*, 193–202, has extensively documented this "two-track approach" from both Ottoman archival sources and German accounts. The quote is from Reşid Akif Pasha's testimony to the Ottoman Chamber of Deputies, 21 November 1918, in Akçam, *A Shameful Act*, 175, and, in a slightly different translation, in *Young Turks' Crime Against Humanity*, 193–194.

29. On the "ten percent principle", see Fuat Dündar, "Pouring a People into the Desert: The 'Definitive Solution' of the Unionists to the Armenian Question," in Suny, Göçek, and Naimark, eds., *Question of Genocide*, 282. Akçam, in *Young Turks' Crime Against Humanity*, 242–263, provides the most extensive analysis of what he terms the "5 to 10 percent regulation".

30. NARA, Istanbul vol. 309, report by Leslie Davis, US consul in Harput, 11 July 1915.

31. Balakian, *Armenian Golgotha*, 109.

32. Balakian, *Armenian Golgotha*, 139–140.

33. Balakian, *Armenian Golgotha*, 167.

34. Baskın Oran, *MK: Récit d'un déporté arménien 1915* [M. K.: Narrative of an Armenian Deportee, 1915] (Paris: Turquoise, 2008), 37–51.

35. Balakian, *Armenian Golgotha*, 247–249.

36. Oran, *MK*, 59. The village of Azak has since been renamed Idil.

37. Bloxham, *Great Game of Genocide*, 97–98. Paul Gaunt argues in "The Ottoman Treatment of the Assyrians," in Suny, Göçek, and naimark, *Question of Genocide*, 244–259, that the estimate of 250,000 might be low and suggests as many as

300,000 Assyrians may have perished. Some modern Turkish scholars deny Assyrian claims of genocide; see Bülent Özdemir, *Assyrian Identity and the Great War: Nestorian, Chaldean and Syrian Christians in the 20th Century* (Dunbeath, UK: Whittles Publishing, 2012).

38. Fethiye Çetin, *My Grandmother: A Memoir* (London: Verso, 2008), 8–9, letter to her father. Habab has since been renamed Ekinozu and is located between Harput and Palu in eastern Turkey.

39. Heranuş's father travelled from the United States to Syria to reassemble his shattered family. He found his wife among the Armenian refugees in Aleppo in 1920. He subsequently hired smugglers to scour the route taken by the Habab deportees, who found his son Horen in 1928. Horen then called on his sister and her husband to persuade them to make the trip to Aleppo with him for a family reunion. In the end, Seher/Heranuş's husband forbade her to go, and she never saw her family again. Horen, reunited with his parents, moved to the United States, where the surviving Gadarian family members tried in vain to make contact with their lost daughter. In the mid-1970s, Seher confided her story to her astonished granddaughter, Fethiye Çetin, who had no idea of her grandmother's Armenian origins. A young lawyer in Ankara, Çetin finally succeeded in making contact with the American Gadarians, though too late for her aging grandmother to make the trip to see her brother Horen again. Through her discussions with her grandmother and her subsequent meetings with the American Gadarians, Fethiye Çetin was able to reconstruct Seher/ Heranuş's remarkable story of tragedy and survival. Her book was first published in Turkey in 2004 to critical acclaim, and by the time the English translation was published four years later, the original Turkish edition had gone through seven printings.

40. Çetin, *My Grandmother*, 102.

41. Balakian, *Armenian Golgotha*, 250.

42. The demographer Justin McCarthy, who maintains that the wartime massacres did not constitute a genocide, claims on the basis of Ottoman census figures that between 600,000 and 850,000 Armenians perished in the course of the war; cf. Justin McCarthy, *Muslims and Minorities: The Population of Ottoman Anatolia and the End of the Empire* (New York: New York University Press, 1983), 121–130; Justin McCarthy, "The Population of Ottoman Armenians," in *The*

Armenians in the Late Ottoman Period, ed. Türkkaya Ataöv (Ankara: Turkish Historical Society, 2001), 76–82. Historians of the Armenian genocide, like Richard Hovannisian and Vahakn Dadrian, maintain that over 1 million Armenians died as a result of a deliberate genocide; see essays by both scholars in Richard Hovannisian, ed., *The Armenian Genocide: History, Politics, Ethics* (Houndmills, UK: Macmillan Palgrave, 1992); Donald Bolxham, *The Great Game of Genocide: Imperialism, Nationalism, and the Destruction of the Ottoman Armenians* (Oxford: Oxford University Press, 2005).

第八章

1. Casualty figures from C. F. Aspinall-Oglander, *Military Operations: Gallipoli* (London: Heinemann, 1929), 1:294, 347; ibid. (London: Heinemann, 1932), 2:53.
2. Edward J. Erickson, *Gallipoli: The Ottoman Campaign* (Barnsley, UK: Pen & Sword Military, 2010), 92–114.
3. On submarine warfare, see Henry W. Nevinson, *The Dardanelles Campaign* (London: Nisbet & Co., 1918), 145–146, 163–166; P. E. Guépratte, *L'expédition des Dardanelles, 1914–1915* (Paris: 1935), 116–125. Later in the campaign, the Allies lost further submarines. The *Mariotte* became entangled in submarine nets in July 1915, and thirty-two members of its crew were taken prisoner; see Ahmet Tetik, Y. Serdar Demirtaş, and Sema Demirtaş, eds., *Çanakkale Muharebeleri'nin Esirleri* [Prisoners of War at the Çanakkale Battles] (Ankara: Genelkurmay Basımevi, 2009), 1:198–216.
4. In June 1915, the *U-21* sank a French transport, and on 13 August, a German submarine sank the British transport *Royal Edward*; only one-third of the 1,400 men on board were rescued from the sea. By autumn 1915, there were no fewer than fourteen German U-boats in the eastern Mediterranean. Aspinall-Oglander, *Military Operations: Gallipoli*, 2:37–39.
5. Aspinall-Oglander, *Military Operations: Gallipoli*, 1:364.
6. Nevinson provides a detailed map of trenches from July 1915 in the collection of maps bound in the back of his book, *The Dardanelles Campaign*.
7. Jean Leymonnerie, *Journal d'un poilu sur le front d'orient* (Paris: Pygmalion, 2003), 109. A. P. Herbert's remarkable

novel, *The Secret Battle*, was published by Methuen in London in 1919 to critical acclaim (Winston Churchill wrote the preface to later editions of the book). Herbert drew extensively on his personal experiences with the Royal Naval Division in Gallipoli and France when writing the book, which he completed in 1917 while recovering from wounds; quotes are from the 1919 edition, 48.

8. Mehmet Sinan Ozgen, *Bolvadınlı Mehmet Sinan Bey'in harp hatiraları* [Bolvadinli Mehmet Sinan Bey's War Memoirs] (Istanbul: Türkiye Iş Bankası Kültür Yayınları, 2011), 26–27.
9. Herbert, *The Secret Battle*, 49–51; English war poet John Still was later taken prisoner and wrote these verses from the Afyon Karahisar POW camp in 1916. Jill Hamilton, *From Gallipoli to Gaza: The Desert Poets of World War One* (Sydney: Simon & Schuster Australia, 2003), 107.
10. Kevin Clunie and Ron Austin, eds., *From Gallipoli to Palestine: The War Writings of Sergeant GT Clunie of the Wellington Mounted Rifles, 1914–1919* (McCrae, Australia: Slouch Hat Publications, 2009), 29–30, diary entry of 16 May 1915. Ibrahim Arıkan, *Harp Hatıralarım* [My War Memoirs] (Istanbul: Timaş Yayınları, 2007), 53.
11. IWM, private papers of H. Corbridge, Documents 16453, description of snipers in Helles in diary entry of 27 April 1915. The reference to the wounded female sniper was in his diary entry of 14 May 1915. Private Reginald Stevens's letter of 30 June 1915, is reproduced in Glyn Harper, ed., *Letters from Gallipoli: New Zealand Soldiers Write Home* (Auckland: Auckland University Press, 2011), 149. For other references to women snipers, see Trooper Alfred Burton Mossman's letter to his parents of 20 May 1915 (136) and Private John Thomas Atkins's letter home of 11 June 1915 (148). Private Gray's account was published in *The Register, Adelaide* on 24 May 1916, consulted on the National Library of Australia's Trove digitised newspapers website (http://trove.nla.gof.au/newspaper). On 16 July 1915, the London *Times* carried a report of a woman sharpshooter captured by the Allies near W Beach on 4.
12. Leymonnerie, *Journal d'un poilu*, 110–111.
13. Mehmed Fasih, *Gallipoli 1915: Bloody Ridge (Lone Pine) Diary of Lt. Mehmed Fasih* (Istanbul: Denizler Kitabevi, 2001), 86–87.

14. Letter of 20 June 1915, in Leymonnerie, *Journal d'un poilu*, 107.
15. IWM, private papers of D. Moriarty, Documents 11752, diary entries of 1 and 2 May 1915. The last entry in the diary was 13 July 1915.
16. Harley Matthews, "Two Brothers," reproduced in Hamilton, *From Gallipoli to Gaza*, 120–121.
17. Leymonnerie, *Journal d'un poilu*, 105.
18. IWM, private papers of R. Eardley, Documents 20218, typescript memoir, 25–26.
19. IWM, private papers of B. Bradshaw, Documents 14940. Bradshaw's letter was written in the form of a diary. This entry was written between 6 and 9 June. He was killed in action on 10 June 1915.
20. A. P. Herbert, reprinted in Hamilton, *From Gallipoli to Gaza,* 79.
21. Diary of Raymond Weil, reproduced in Association nationale pour le souvenir des Dardanelles et fronts d'orient, *Dardanelles Orient Levant, 1915–1921* (Paris: l'Harmattan, 2005), 42. See also the diary of Ernest-Albert Stocanne in ibid., 56, 60. Tim Travers, *Gallipoli 1915* (Stroud, UK: Tempus, 2004), 269.
22. Leymonnerie, *Journal d'un poilu*, 122; Fasih, *Gallipoli 1915*, 66.
23. IWM, private papers of H. Corbridge, Documents 16453, diary entries of 14 June, 28 June, 12 July, and 7 August. On 14 August, he recorded "17 W[ounded], 85 M[ental] cases today". For the account of a man evacuated for shell shock, see IWM, private papers of M. O. F. England, Documents 13759.
24. Arıkan, *Harp Hatıralarım*, 54–55.
25. Emin Çöl, *Çanakkale Sina Savaşları*: *bir erin anıları* [The Dardanelles and Sinai Campaigns: One Man's Memoirs] (Istanbul: Nöbetçi Yayınevi, 2009), 53.
26. IWM, private papers of H. Corbridge, Documents 16453, diary entry of 7 August 1915.
27. IWM, private papers of R. Eardley, Documents 20218, memoir, 29–33. A brief record of Eardley's interrogation by the Ottoman authorities is held in the Turkish Military Archives in Ankara; in it he notes, "The 1st and 2nd companies of our battalion were defeated during an attack on Alçıtepe, on August 8. I was captured during the counterattack of the Turkish

forces." The original document, transcription, and translation are reproduced in Tetik, Demirtaş, and Demirtaş, *Çanakkale Muharebeleri'nin Esirleri*, 2:735–736. Though Eardley's name is clearly written in both English and Ottoman Turkish in the original document, the editors, mistaking his cursive "E" for an "S", transcribed his name in the book as "Sardley".

28. Fred Waite, *The New Zealanders at Gallipoli* (Auckland: Whitcombe and Tombs, 1919), 219. Oliver Hogue, "Love Letter XXXI," 7 August 1915, reproduced in Jim Haynes, ed., *Cobbers: Stories of Gallipoli 1915* (Sydney: ABC Books, 2005), 256.
29. Erickson, *Gallipoli: The Ottoman Campaign*, 140–144; Aspinall-Oglander, *Military Operations: Gallipoli*, 2:168–177.
30. Erickson, *Gallipoli: The Ottoman Campaign*, 147–148. William Baylebridge, "Lone Pine," reproduced in Haynes, *Cobbers*, 249–252.
31. Waite, *The New Zealanders at Gallipoli*, 200–201. The 1981 Peter Weir film *Gallipoli* told the tragic story of Australian soldiers at the Nek. Although some of the Australian officers argued to stop the charges, their superiors overrode them.
32. Otto Liman von Sanders, *Five Years in Turkey* (Annapolis: US Naval Institute, 1927), 88–89.
33. Aspinall-Oglander, *Military Operations: Gallipoli*, 2:282.
34. The disappearance of the 1/5th Norfolk, known as the Sandringham Company, gave rise to a battlefield legend that they disappeared in a cloud. Their story is the subject of the controversial 1999 film *All the King's Men* and featured in the best-selling Turkish novel by Buket Uzuner, *Uzun Beyaz Bulut—Gelibolu*, published in English as *The Long White Cloud—Gallipoli* (Istanbul: Everest, 2002).
35. Ian Hamilton, *Gallipoli Diary* (New York: George H. Doran, 1920), 2:132–136.
36. Hamilton, *Gallipoli Diary*, 2:249–253.
37. Aspinall-Oglander, *Military Operations: Gallipoli*, 2:402.
38. Nevinson, *The Dardanelles Campaign*, 379–380; Aspinall-Oglander, *Military Opera-tions: Gallipoli*, 2:417.
39. Fasih, *Gallipoli 1915*, 104, 130.
40. The British reported two hundred men drowned or frozen to death in the storm and over 5,000 cases of frostbite

following the storm of 26 to 28 November. Aspinall-Oglander, *Military Operations: Gallipoli*, 2:434. I. Hakkı Sunata, in *Gelibolu'dan kafkaslara: Birinci Dünya Savaşı anılarım* [From Gallipoli to the Caucasus: My First World War Memoirs] (Istanbul: Türkiye Iş Bankası Kültür Yayınları, 2003), 184, noted that a number of Ottoman soldiers had drowned in the trenches. Fasih, *Gallipoli 1915*, entries of 9 November (p. 74), 14 November (p. 87), 19 November (p. 102), 24 November (p. 122), and 2 December (pp. 157–158).

41. Fasih, *Gallipoli 1915*, 199, diary entry of 15 December.
42. Fasih, *Gallipoli 1915*, 121, 124, 126, 148. Hakki Sunata noted in his diary that, in view of the build-up of ships off Suvla Bay, his officers fully expected a new Allied assault. "Five hours ago we expected an enemy landing. Now suddenly they are running away." Sunata, *Gelibolu'dan kafkaslara*, 198.
43. Letter from Douglas Rawei Mclean, NZ Machine Gun Corps, to his father, 4 January 1916, reproduced in Harper, *Letters from Gallipoli*, 290; Arıkan, *Harp Hatıralarım*, 61.
44. Arıkan, *Harp Hatıralarım*, 64; Sunata, *Gelibolu'dan kafkaslara,* 200.
45. Çöl, *Çanakkale*, 62–63.
46. Official British figures from Aspinall-Oglander, *Military Operations: Gallipoli*, 2:484. Turkish figures from Edward J. Erickson, *Ordered to Die: A History of the Ottoman Army in the First World War* (Westport, CT: Greenwood Press, 2001), 94–95.
47. The poem was written by the anonymous "Argent", reprinted in Haynes, *Cobbers*, 314–315.

第九章

1. Edward J. Erickson, *Ordered to Die: A History of the Ottoman Army in the First World War* (Westport, CT: Greenwood Press, 2001), 123.
2. The Battle of Shaiba in April 1915 is recounted in Chapter 5.
3. On the rebellions in the Middle Euphrates, see `Ali al-Wardi, *Lamahat ijtima`iyya min tarikh al-`Iraq al-hadith* [Social

Aspects of the Modern History of Iraq] (Baghdad: al-Mak-taba al-Wataniyya, 1974), 4:187–219; Ghassan R. Atiyyah, *Iraq, 1908–1921: A Political Study* (Beirut: Arab Institute for Research and Publishing, 1973), 80–81.

4. Wardi, *Lamahat*, 4:193.
5. Nixon's orders of 24 March 1915, 30 March 1915, and 31 March 1915 are reproduced in F. J. Moberly, *The Campaign in Mesopotamia, 1914–1918* (London: HMSO, 1923), 1:194–195.
6. Britain suffered practically no casualties in the Amara campaign—4 killed and 21 wounded—while the Ottomans lost 120 men dead and wounded and nearly 1,800 taken prisoner. Moberly, *The Campaign in Mesopotamia*, 1:260–262, 265.
7. Ali Jawdat, *Dhikrayati, 1900–1958* [My Memoirs, 1900–1958] (Beirut: al-Wafa', 1968), 31–36.
8. Moberly, in *The Campaign in Mesopotamia*, 1:297, reported 533 British casualties. Captain R. L. Lecky, an officer in the Indian army, claimed British losses of 1,200 dead and wounded; IWM, Captain R. L. Lecky, Documents 21099, diary entry for 24 July 1915.
9. Crewe quoted in Moberly, *The Campaign in Mesopotamia*, 1:303–304.
10. Moberly, *The Campaign in Mesopotamia*, 1:303–304.
11. The attack on Shaykh Said is recounted in Chapter 4.
12. On the Anglo-Ottoman hostilities in South Yemen, see Robin Bidwell, "The Turkish Attack on Aden 1915–1918," *Arabian Studies* 6 (1982): 171–194; Harold F. Jacob, *Kings of Arabia* (London: Mills and Boon, 1923), 168–172; G. Wyman Bury, *Pan-Islam* (London: Macmillan, 1919), 40–50; George Younghusband, *Forty Years a Soldier* (London: Herbert Jenkins, 1923), 274–277.
13. Younghusband, *Forty Years a Soldier*, 274.
14. Bidwell, "Turkish Attack on Aden 1915–1918," 180.
15. Jacob, *Kings of Arabia*, 180.
16. Both Townshend and Duff are quoted by Charles Townshend, *When God Made Hell: The British Invasion of Mesopotamia and the Creation of Iraq, 1914–1921* (London: Faber and Faber, 2010), 120. It is worth noting that

the modern historian Charles Townshend, who wrote *When God Made Hell*, claims no relation to General Charles Townshend, commander of the 6th Division in Mesopotamia.

17. Edward J. Erickson, *Gallipoli and the Middle East, 1914–1918: From the Dardanelles to Mesopotamia* (London: Amber Books, 2008), 133.
18. Flight Sergeant J. McK. Sloss, Australian Flying Corps, identified the pilot as Lieutenant Harold Treloar and the observer as Captain Atkins. He claimed the airplane experienced engine trouble, though other sources claim the plane was shot down. IWM, private papers of J. McK. Sloss, MSM Australian Flying Corps, Documents 13102.
19. Captain Reynolds Lamont lecky, a reserve officer in the Indian army, was attached to the 120th Rajputana Infantry during the campaign in Mesopotamia. IWM, Documents 21099.
20. Although fewer than 100 British soldiers were killed, over 1,100 were wounded, many of them seriously. Ottomans losses were 2,800 dead and wounded and 1,150 POWs. Moberly, *The Campaign in Mesopotamia*, 1:337.
21. Kitchener is quoted in Townshend, *When God Made Hell*, 140–141; F. J. Moberly, *The Campaign in Mesopotamia, 1914–1918* (London: HMSO, 1924), 2:15.
22. Moberly, *The Campaign in Mesopotamia*, 2:28.
23. Wardi, *Lamahat*, 4:224.
24. Salman, the Prophet's barber, is more commonly known as Salman al-Farsi, or Salman the Persian. Wardi, *Lamahat*, 4:224.
25. IWM, Lecky diary, entry of 29 October 1915.
26. Erickson, *Ordered to Die*, 112–113; Moberly, *The Campaign in Mesopotamia*, 2:49–58.
27. From the article by Staff Major Mehmed Amin, cited by Moberly, *The Campaign in Mesopotamia*, 2:59.
28. IWM, Lecky diary, entry of 22 November 1915. On the first day of fighting alone, on 22 November, the British lost 240 officers and 4,200 soldiers dead and wounded; the Ottomans suffered 4,500 dead, 4,500 wounded, and 1,200 POWs. Erickson, *Ordered to Die*, 113.
29. In Arabic, the couplets rhyme: *Rashad, ya ibn al-buma, `asakirak mahzuma / Rashad, ya ibn al-khayiba, `asakirak ha li-*

sayiba. Wardi, *Lamahat*, 4:233.

30. The account of the "Noble Flag of `Ali" (in Arabic, *al-`alam al-haydari al-sharif*) is from Wardi, *Lamahat*, 4:233–242. Note that "haydar" is a name associated with the Caliph Ali.

31. On the Ottoman efforts to promote jihad in Libya, see Sean McMeekin, *The Berlin-Baghdad Express: The Ottoman Empire and Germany's Bid for World Power, 1898–1918* (London: Allen Lane, 2010), 259–274; P. G. Elgood, *Egypt and the Army* (Oxford: Oxford University Press, 1924), 270–274; Latifa Muhammad Salim, *Masr fi'l-harb al-`alimiyya al-ula* [Egypt in the First World War] (Cairo: Dar al-Shorouk, 2009), 290–296.

32. For Jafar al-Askari's account of the Libya campaign in 1915, see his memoirs, *A Soldier's Story: From Ottoman Rule to Independent Iraq* (London: Arabian Publishing, 2003), 54–85.

33. George McMunn and Cyril Falls, *Military Operations: Egypt and Palestine from the Outbreak of War with Germany to June 1917* (London: HMSO: 1928), 106.

34. For the favourable assessment of Jafar al-Askari's training, see McMunn and Falls, *Military Operations*, 112. The British official history claimed British losses of 33 dead and 47 wounded in fighting on 11 and 13 December and estimated Sanussi casualties at 250, although Jafar al-Askari reported only 17 Arab fighters dead and 30 wounded. The British intelligence officer killed in action was Lieutenant Colonel C. L. Snow of the Egyptian Coastguard.

第十章

1. On German efforts to promote jihad, see Peter Hopkirk, *On Secret Service East of Constantinople: The Plot to Bring Down the British Empire* (London: John Murray, 1994); Sean McMeekin, *The Berlin-Baghdad Express: The Ottoman Empire and Germany's Bid for World Power, 1898–1918* (London: Allen lane, 2010).

2. IWM, private papers of Major G. l. Heawood, Documents 7666. Heawood's account was drafted in 1917.

3. `Ali al-Wardi, *Lamahat ijtima`iyya min tarikh al-`Iraq al-hadith* [Social Aspects of the Modern History of Iraq] (Baghdad: al-Maktaba al-Wataniyya, 1974), 4:231. According to Wardi, the tension between the two generals stemmed from the fact

that Nurettin had opposed the appointment of a non-Muslim as commander of the Sixth Army.

4. F. J. Moberly, *The Campaign in Mesopotamia, 1914–1918* (London: HMSO, 1924), 2:194.
5. George Younghusband, *Forty Years a Soldier* (London: Herbert Jenkins, 1923), 284–285.
6. IWM, private papers of the Reverend H. Spooner, Documents 7308, entry for 9 January 1916.
7. The first attack on Hanna took place on 20–21 January 1916. The British suffered 2,741 casualties and estimated Ottoman losses at 2,000. Moberly, *The Campaign in Mesopotamia*, 2:275–276; Younghusband, *Forty Years a Soldier*, 290–291.
8. The search of townspeople's houses took place on 24 January. Charles Townshend, *When God Made Hell: The British Invasion of Mesopotamia and the Creation of Iraq, 1914– 1921* (London: Faber and Faber, 2010), 215.
9. Moberly, *The Campaign in Mesopotamia*, 2:200. Reverend Spooner noted on 30 March 1916 that a company of the 24th Punjabis had been "disarmed for disaffection" and that "many Mohammedans have deserted to enemy". IWM, papers of W. D. Lee of the Royal Garrison Artillery, Documents 1297.
10. For Jafar Bey's account of the Sanussi campaign, see Jafar al-Askari, *A Soldier's Story: From Ottoman Rule to Independent Iraq* (London: Arabian Publishing, 2003), 85–93.
11. The British lost 312 men dead and wounded and estimated 200 Arab dead and 500 wounded in Bir Tunis on 23 January; George McMunn and Cyril Falls refer to the engagement as the "Affair of Halazin" in their *Military Operations: Egypt and Palestine from the Outbreak of War with Germany to June 1917* (London: HMSO, 1928), 122.
12. McMunn and Falls, *Military Operations*, 134.
13. Reverend Spooner recorded the story of the football game on 26 January and the anecdote of the bandaged spade on 1 February 1916.
14. IWM, private papers of Major Alex Anderson, Documents 9724, 57–59; in his description of the first aerial bombardment, Anderson noted the pilot was "already known as Fritz"; for his description of the bombardment of the hospital, see 74–75. See also Reverend Spooner's diary, entry for 18 March, in which, after noting the casualties, he wrote only, "Awful scenes."

15. On the Russian conquest of Erzurum, see W. E. D. Allen and Paul Muratoff, *Caucasian Battlefields: A History of the Wars on the Turco-Caucasian Border, 1828–1921* (Cambridge: Cambridge University Press, 1953), 320–372; Michael Reynolds, *Shattering Empires: The Clash and Collapse of the Ottoman and Russian Empires, 1908–1918* (Cambridge: Cambridge University Press, 2011), 134–139; Sean McMeekin, *The Russian Origins of the First World War* (Cambridge, MA: Harvard University Press, 2011), 191–193; Edward J. Erickson, *Ordered to Die: A History of the Ottoman Army in the First World War* (Westport, CT: Greenwood Press, 2001), 120–137.
16. Allen and Muratoff claim, in *Caucasian Battlefields*, 342, that Ottoman losses at Koprukoy were "nearly 15,000" killed, wounded, or frozen to death, as well as 5,000 taken prisoner and "about the same number of deserters", or 25,000 in all. Russian losses were also heavy: 10,000 dead and wounded and 2,000 hospitalized with frostbite.
17. Younghusband, *Forty Years a Soldier*, 297.
18. Ali Ihsan Bey was later to adopt the Turkish name for Dujaila, Sabis Hill, as his family name. Ali Ihsan Sâbis, *Birinci Dünya Harbi* [The First World War] (Istanbul: Nehir Yayınları, 2002), 3:121–127.
19. Abidin Ege, *Harp Günlükleri* [War Diaries] (Istanbul: Türkiye Iş Bankası Kültür Yayınları, 2011), 275–278.
20. British casualties were 3,474 against 1,285 Ottoman casualties. Moberly, *The Campaign in Mesopotamia*, 2:525.
21. Russell Braddon, *The Siege* (New York: Viking, 1969), 207–208.
22. On Lawrence's mission to Mesopotamia, see Jeremy Wilson, *Lawrence of Arabia: The Authorized Biography of T. E. Lawrence* (London: Heinemann, 1989), 253–278; Townshend, *When God Made Hell*, 250–253.
23. Sulayman Faydi's and Sayyid Talib's pre-war efforts are recounted in Chapter 4.
24. Sulayman Faydi gave a detailed account of his meeting with T. E. Lawrence, presented as a dialogue between the two men, in his memoirs, *Mudhakkirat Sulayman Faydi* [The Memoirs of Sulayman Faydi] (London: Saqi Books, 1998), 221–242.
25. Wilson, *Lawrence of Arabia*, 268.
26. Ege, *Harp Günlükleri*, 294.

27. Quoted in Townshend, *When God Made Hell*, 250–253.
28. Scott Anderson, *Lawrence in Arabia* (London: Atlantic Books, 2014), 176–178. Herbert's account of their negotiations with Halil is from Aubrey Herbert, *Mons, Anzac and Kut* (London: Hutchinson, n.d. [1930]), 248–256.
29. Ege, *Harp Günlükleri*, 307; Moberly, *The Campaign in Mesopotamia*, 2:459. Prior to the fall of Kut, General Cornwallis's surrender with over 7,500 troops in Yorktown (1781) had been the largest in British history. Townshend's defeat in Kut was subsequently eclipsed by the surrender of Singapore in 1942 with 80,000 British, Indian, and Australian troops taken prisoner by the Japanese.
30. IWM, private papers of Major T. R. Wells, Documents 7667, diary entry of 29 April 1916.
31. Civilian casualty figures from Moberly, *The Campaign in Mesopotamia*, 2:459. Reverend Spooner's account is from IWM, "Report Based on the Diary of the Rev. Harold Spooner, April 29th, 1916 to Nov. 1918," Documents 7308. See also IWM, Diary of Captain Reynolds Lamont Lecky, Documents 21099, diary entry of 2 May 1916.
32. IWM, private papers of Lieutenant Colonel l. S. Bell Syer, Documents 7469, diary entry of 6 May 1916.
33. Talib Mushtaq, *Awraq ayyami, 1900–1958* [Pages from My life, 1900–1958] (Beirut: Dar al-Tali`a, 1968), 1:15. He quoted the British sergeant saying in Arabic, "*Al –Inkliz damdam aqwa, lakin khubz maku.*"
34. As quoted by Sergeant P. W. Long, *Other Ranks of Kut* (London: Williams and Norgate, 1938), 34; emphasis in the original.
35. IWM, diary of Lieutenant Colonel L. S. Bell Syer, entry of 14 May 1916. See also papers of Major T. R. Wells, who claimed the Turks showed "favouritism" to Indian Muslims (8 May and 4 June), and the diary of Reverend Spooner, entry of 17 May.
36. The "Crescent Moon Camp" is discussed in Chapter 3. P. W. Long, in *Other Ranks of Kut*, 33, reported a "complete battalion of Algerians" encamped near the British POWs in Baghdad. Given their past in French service, Long recounted, "they claimed to be our friends," but the Britons "did not accept their overtures". The North Africans were subsequently detailed to Persia "to fight the Russians on behalf of the Turks".

37. NARA, Baghdad vol. 25, Brissel report dated Baghdad, 9 August 1916.
38. The article, taken from the *Sada-i Islam* newspaper of 29 Temmuz 1332 (11 August 1916), is preserved among the papers of the US Consulate of Baghdad, NARA, Baghdad vol. 25. The British official history acknowledged that the sultan received British Muslim officers and restored their swords but claimed that the Ottomans arrested "those who refused" to serve the sultan. Moberly, *The Campaign in Mesopotamia*, 2:466.
39. Many officers left detailed memoirs of their experiences in captivity; see, e.g., Major E. W. C. Sandes, *In Kut and Captivity with the Sixth Indian Division* (London: John Murray, 1919); Captain E. O. Mousley, *The Secrets of a Kuttite: An Authentic Story of Kut, Adventures in Captivity and Stamboul Intrigue* (London: John Lane, 1921); W. C. Spackman, *Captured at Kut: Prisoner of the Turks* (Barnsley, UK: Pen & Sword, 2008).
40. E. H. Jones, *The Road to En-Dor* (London: John Lane The Bodley Head, 1921), 123.
41. IWM, private papers of J. McK. Sloss, MSM Australian Flying Corps, Documents 13102; Sergeant P. W. "Jerry" Long, in *Other Ranks of Kut*, 103, published the first account of the common soldier's experience after the fall of Kut.
42. Arnold T. Wilson, *Loyalties Mesopotamia, 1914–1917* (Oxford: Oxford University Press, 1930), 140.
43. Grigoris Balakian, in *Armenian Golgotha: A Memoir of the Armenian Genocide, 1915– 1918* (New York: Vintage Books, 2010), 294–298, claimed to have encountered the British soldiers two to three weeks after the deportation of Armenians from Bahçe in early June 1916, suggesting that the Kut survivors reached the railway station at the end of June or in early July 1916.
44. Curzon quoted in Townshend, *When God Made Hell*, 335.

第十一章

1. The word "amirate" refers to the office of the amir of Mecca. An "amir" is a prince or commander. The reigning prince of Mecca might be referred to as either the amir or the grand sharif of Mecca.
2. Abdullah's account is recorded in *Memoirs of King Abdullah of Transjordan* (New York: Philosophical Library, 1950),

112–113. See also Ronald Storrs, *Orientations* (London: Readers Union, 1939), 129–130; George Antonius, *The Arab Awakening* (London: Hamish Hamilton, 1938), 126–128. Antonius, himself an ardent Arab nationalist, based much of his account of the Arab Revolt on interviews with leading members of the Hashemite family and original documents from their private papers.

3. Storrs, *Orientations*, 155–156.

4. Translated from the Beirut newspaper *al-Ittihad al-`Uthmani* [The Ottoman Union], 29 December 1914, quoted in Antonius, *Arab Awakening*, 145.

5. Quoted from Arab nationalist George Antonius's Arab Awakening, 140. Antonius based his account in *The Arab Awakening* on extensive interviews with Sharif Husayn and his sons Abdullah and Faysal. C. Ernest Dawn, *From Ottomanism to Arabism: Essays on the Origins of Arab Nationalism* (Urbana: University of Illinois Press, 1973), 26.

6. Al-Fatat and its role in the First Arab Congress in Paris is treated in Chapter 1.

7. This account of Faysal's mission to Istanbul and Damascus draws on Dawn, *From Ottomanism to Arabism*, 27–30; Antonius, *Arab Awakening,* 150–159; Ali A. Allawi, *Faisal I of Iraq* (New Haven, CT: Yale University Press, 2014).

8. Antonius, *Arab Awakening*, 157–158.

9. A translation of the Husayn-McMahon Correspondence is reproduced in *The Middle East and North Africa in World Politics: A Documentary Record*, ed. J. C. Hurewitz (New Haven, CT: Yale University Press, 1979), 2:46–56.

10. McMahon's letter to London is quoted in Jonathan Schneer, *The Balfour Declaration: The Origins of the Arab Israeli Conflict* (New York: Random House, 2010), 59.

11. On Faruqi's revelations, see Scott Anderson, *Lawrence in Arabia: War, Deceit, Imperial Folly and the Making of the Modern Middle East* (London: Atlantic Books, 2013), 139–143; Antonius, *Arab Awakening*, 169; David Fromkin, *A Peace to End All Peace* (London: Andre deutsch, 1989), 176–178; Schneer, *Balfour Declaration*, 60–63. Sharif Husayn mentioned Muhamad Sharif Faruqi by name in his letter to McMahon of 1 January 1916, and so clearly had been informed of the Arabist officer's defection, most probably by McMahon's courier.

12. These French territorial claims in Greater Syria were set out in the letter from the French ambassador in Petrograd to the Russian foreign minister dated 1/14 March 1915, reproduced in Hurewitz, *Middle East and North Africa in World Politics*, 2:19.
13. Fromkin, *Peace to End All Peace*, 188–193.
14. Antonius, *Arab Awakening*, 248.
15. The text of the Sykes-Picot Agreement is reproduced in Hurewitz, *Middle East and North Africa in World Politics*, 2:60–64.
16. Djemal Pasha, *Memories of a Turkish Statesman, 1913–1919* (London: Hutchinson and Co., n.d.), 197–199.
17. Turjman's friends were from leading Jerusalemite families: Hasan Khalidi and Omar Salih Barghouti, both commissioned officers in the Ottoman army, and the teacher and diarist Khalil Sakakini. Salim Tamari, *Year of the Locust: A Soldier's Diary and the Erasure of Palestine's Ottoman Past* (Berkeley: University of California Press, 2011), 91.
18. Falih Rıfkı Atay, *Le mont des Oliviers* [The Mount of Olives] (Paris: Turquoise, 2009), 29–30. The book was first published in Turkish in 1932 under the title *Zeytindağı*.
19. Eliezer Tauber, *The Arab Movements in World War I* (London: Frank Cass, 1993), 38.
20. George Antonius, in *Arab Awakening*, 241, claimed that a figure of 300,000 dead from famine was "not open to doubt" and argued that the actual figure might be as high as 350,000. Linda Schatkowski Schilcher, in "The Famine of 1915–1918 in Greater Syria," in *Problems of the Modern Middle East in Historical Perspective*, ed. John Spagnolo (Reading, UK: Ithaca Press, 1992), 229–258, draws on German consular records to argue that the mortality rate from famine and famine related diseases "may have reached 500,000 by the end of 1918". On Seferberlik in popular memory in Syria and Lebanon, see Najwa al-Qattan, "Safarbarlik: Ottoman Syria and the Great War," in *From the Syrian Land to the States of Syria and Lebanon*, ed. Thomas Philipp and Christoph Schumann (Beirut: Orient-Institut, 2004), 163–174.
21. Q. B. Khuwayri, *al-Rihla al-suriyya fi'l-harb al-`umumiyya 1916* [The Syrian Journey During the General War, 1916] (Cairo: al-Matba`a al-Yusufiyya, 1921), 34–35.

22. Enver's initiative and other efforts by the Entente Powers to prevent humanitarian relief to pass through the Allied blockade are recounted in Shakib Arslan, *Sira Dhatiyya* [Autobiography] (Beirut: Dar al-Tali`a, 1969), 225–236.

23. Djemal Pasha, *Memories of a Turkish Statesman*, 213; Rıfkı Atay, *Le mont des Oliviers*, 75–76.

24. Tamari, *Year of the Locust*, 130–132.

25. Telegram from Sharif Husayn to Enver Pasha and his response, reproduced in Sulayman Musa, *al-Thawra al-`arabiyya al-kubra: watha'iq wa asanid* [The Great Arab Revolt: Documents and Records] (Amman: Department of Culture and Arts, 1966), 52–53. Cemal Pasha and Sharif Abdullah provided divergent accounts of this exchange between Sharif Husayn and Enver Pasha; see Djemal Pasha, *Memories of a Turkish Statesman*, 215, and King Abdullah, *Memoirs of King Abdullah of Transjordan*, 136–137. See also Tauber, *Arab Movements in World War I*, 80.

26. Antonius, *Arab Awakening*, 190.

27. Rıfkı Atay, *Le mont des Oliviers*, 73–79. Needless to say, Arab contemporaries are yet more moving in their tributes to those hanged in Beirut and Damascus. Dr Ahmad Qadri, in *Mudhakkirati `an al-thawra al-`arabiyya al-kubra* [My Memoirs of the Great Arab Revolt] (Damascus: Ibn Zaydun, 1956), 55–56, a Syrian member of the al-Fatat movement who was twice arrested and released by the Ottoman authorities for suspected Arabist activities, repeats the heroic last words of many of those executed in Beirut.

28. Later that year, Cemal Pasha published a book in Turkish, Arabic, and French editions to justify the workings of the Aley Military Tribunal. The book, *La verite sur la question syrienne* (Istanbul: Tanine, 1916), provided brief descriptions of eight Arab secret societies, reproduced Documents seized from the French consulates in Beirut and Damascus, and named those convicted by the military tribunal and their crimes. George Antonius probably heard this account of Faysal's reaction to the executions from Faysal himself. Antonius, in *Arab Awakening*, 191, found it difficult to capture the power of the Arabic "Taba al-mawt, ya `Arab" in translation, which "amounts to an appeal to all Arabs to take up arms, at the risk of their lives, to avenge the executions in blood".

29. Cemal Pasha openly regretted not arresting Faysal, his brothers, and their father, Sharif Husayn, on charges of treason;

see Djemal Pasha, *Memories of a Turkish Statesman*, 220–222.

30. The rifle is held by the Imperial War Museum in London. On the history of the rifle, see Haluk Oral, *Gallipoli 1915 Through Turkish Eyes* (Istanbul: Bahcesehir University Press, 2012), 233–236.

31. Djemal Pasha, *Memories of a Turkish Statesman*, 223. T. E. Lawrence, in *Seven Pillars of Wisdom: A Triumph* (New York: Doubleday, Doran & Co., 1936), 93, alleged Fakhri Pasha was involved in the massacre of Armenians. Christophe Leclerc, in *Avec T. E. Lawrence en Arabie: La mission militaire francaise au Hedjaz, 1916–1920* (Paris: l'Harmattan, 1998), 28, linked Fakhri to the 1909 Armenian massacres in Adana and Zeitun.

32. King Abdullah, *Memoirs of King Abdullah of Transjordan*, 138.

33. Turkish historian Haluk Oral, in *Gallipoli 1915*, 236, claims Sharif Husayn used the Gallipoli trophy that Cemal Pasha had given Faysal to fire the opening shot of the revolt, though Imperial War Museum records make no mention of this claim.

34. Abdullah, *Memoirs of King Abdullah of King Abdullah of Transjordan*, 143.

35. Abdullah, *Memoirs of King Abdullah of King Abdullah of Transjordan*, 144–146.

36. Abdullah's account of the siege of Taif is recorded in the *Memoirs of King Abdullah*, 143–153.

37. Turjman, *Year of the Locust*, 155–156.

38. Muhammad Ali al-Ajluni, *Dhikrayat `an al-thawra al-`arabiyya al-kubra* [Memories of the Great Arab Revolt] (Amman: Dar al-Karmil, 2002), 22–25; on the announcement of the Arab Revolt and debates over its merits and dangers, see 27–28. Ajluni was a native of the Ajlun district, which formed part of the province of Syria under the Ottomans but is in northern Jordan today.

39. On Indian reaction, see James Barr, *Setting the Desert on Fire: T. E. Lawrence and Britain's Secret War in Arabia, 1916–1918* (New York: W. W. Norton, 2008), 41–42.

40. On the recruitment of Arab Ottoman officers to the Hashemite war effort, see Tauber, *The Arab Movements in World War I*, 102–117. Jafar al-Askari's capture in the Western Desert is recounted in Chapter 10; his adhesion to the Hashemite

cause is related in his memoirs, *A Soldier's Story: From Ottoman Rule to Independent Iraq* (London: Arabian Publishing, 2003), 108–112. Ali Jawdat's capture at Nasiriyya is related in Chapter 9 and his detention in Basra in Chapter 10; his account of recruitment from POW camps is related in Ali Jawdat, *Dhikrayati, 1900–1958* [Memoirs, 1900–1958] (Beirut: al-Wafa', 1967), 37–40.

41. McMahon's telegram of 13 September 1916, is reproduced in Barr, *Setting the Desert on Fire*, 56. On French concerns to preserve Sykes-Picot, see Leclerc, Avec *T. E. Lawrence en Arabie*, 19. On the Brémond mission, see also Robin Bidwell, "The Brémond Mission in the Hijaz, 1916–17: A Study in Inter-allied Co-operation," in *Arabian and Islamic Studies*, ed. Robin Bidwell and Rex Smith (London: Longman, 1983): 182–195.
42. Bidwell, "Brémond Mission," 186.
43. Edouard Brémond, *Le Hedjaz dans la guerre mondiale* (Paris: Payot, 1931), 61–64, 106–107. The entire French mission, based in Egypt, reached a total of forty-two officers and 983 men (Brémond, *Le Hedjaz*, 64).
44. Lawrence, *Seven Pillars*, 92.
45. Lawrence's report of 18 November 1916 is quoted in Barr, *Setting the Desert on Fire*, 77–78. See also Anderson's analysis of Lawrence's report in *Lawrence in Arabia*, 223–226.
46. Lawrence's account of the events of December 1916 is recounted in *Seven Pillars*, 119–135.
47. Lawrence, *Seven Pillars*, 130.
48. The recommendations of the meeting of the War Committee of 6 July 1916 are reproduced in George McMunn and Cyril Falls, *Military Operations: Egypt and Palestine from the Outbreak of War with Germany to June 1917* (London: HMSO, 1928), 230–232.

第十二章

1. On the deployment of German airplanes, see Desmond Seward, *Wings over the Desert: In Action with an RFC Pilot in Palestine, 1916–1918* (Sparkford, UK: Haynes Publishing, 2009), 29–32. On Austrian artillery, compare Djemal Pasha,

Memories of a Turkish Statesman, 1913–1919 (London: Hutchinson, n.d.), 169.

2. The full text of Murray's proposal of 15 February 1916, is reproduced in George McMunn and Cyril Falls, *Military Operations: Egypt and Palestine from the Outbreak of War with Germany to June 1917* (London: HMSO, 1928), 170–174.
3. Djemal Pasha, *Memories of a Turkish Statesman*, 170; on the "Affair of Qatiya," see McMunn and Falls, *Military Operations*, 162–170; Anthony Bruce, *The Last Crusade: The Palestine Campaign in the First World War* (London: John Murray, 2002), 37–40.
4. On the Imperial Camel Corps, see Frank Reid, *The Fighting Cameliers* (1934; rpt. Milton Keynes, UK: Leonaur, 2005); Geoffrey Inchbald, *With the Imperial Camel Corps in the Great War* (Milton Keynes, UK: Leonaur, 2005).
5. McMunn and Falls, *Military Operations*, 199.
6. Recommendation of the War Committee, 6 July 1916, reproduced in McMunn and Falls, *Military Operations*, 230–232.
7. Inchbald, *With the Imperial Camel Corps*, 113.
8. Reid, *The Fighting Cameliers*, 50–52; McMunn and Falls, *Military Operations*, 257.
9. The British reported capturing 1,635 Ottoman soldiers and their officers and estimated some 200 Ottoman troops killed in the battle for Rafah. British losses were 71 killed and 415 wounded. McMunn and Falls, *Military Operations*, 270.
10. Edward J. Erickson, *Ordered to Die: A History of the Ottoman Army in the First World War* (Westport, CT: Greenwood Press, 2001), 161.
11. CIGS telegram to commander in chief, India, dated 30 April 1916, reproduced in F. J. Moberly, *The Campaign in Mesopotamia, 1914–1918* (London: HMSO, 1923–1927), 3:3–4.
12. Erickson, *Ordered to Die*, 164–166.
13. Charles Townshend, *When God Made Hell: The British Invasion of Mesopotamia and the Creation of Iraq, 1914–1921* (London: Faber and Faber, 2010), 344–345.
14. Arnold T. Wilson, *Loyalties Mesopotamia, 1914–1917* (Oxford: Oxford University Press, 1930), 222.

15. Lieutenant Colonel J. E. Tenant, cited in Wilson, *Loyalties Mesopotamia*, 223.
16. Moberly, *The Campaign in Mesopotamia*, 3:193–195; Wilson, *Loyalties Mesopotamia*, 222–223; Townshend, *When God Made Hell*, 355–357.
17. The exchange of correspondence between Maude, Robertson, and Monro is reproduced in Moberly, *The Campaign in Mesopotamia*, 3:204–211.
18. Wilson, *Loyalties Mesopotamia*, 216.
19. Talib Mushtaq, *Awraq ayyami, 1900–1958* [Pages from My life, 1900–1958] (Beirut: Dar al-Tali`a, 1968), 17–18.
20. NARA, Baghdad vol. 28, transcription from Consul Heizer's Miscellaneous Record Book, 10–13 March 1917.
21. For a detailed discussion of Maude's proclamation and its flaws, see Wilson, *Loyalties Mesopotamia*, 237–241.
22. The full text of the proclamation is reproduced in Moberly, *The Campaign in Mesopotamia*, 3:404–405, appendix 38.
23. Mushtaq, *Awraq ayyami*, 19.
24. Hew Strachan, *The First World War* (London: Pocket Books, 2003), 215–223. The United States never declared war on the Ottoman Empire, though it withdrew all of its consular officials from Ottoman domains upon entering the war against Germany.
25. The British reported just under 4,000 casualties, including 523 killed and 2,932 wounded, though Liman von Sanders claimed the Turks buried some 1,500 British dead after the First Battle of Gaza. Ottoman losses were under 2,500, including 301 killed and 1,085 wounded. See McMunn and Falls, *Military Operations*, 315, 322; Otto Liman von Sanders, *Five Years in Turkey* (Annapolis: US Naval Institute, 1927), 165.
26. Falih Rıfkı Atay, *Le mont des Oliviers* [The Mount of Olives] (Paris: Turquoise, 2009), 205–206.
27. A. Briscoe Moore, *The Mounted Riflemen in Sinai and Palestine* (Auckland: Whitcombe and Tombs, n.d. [1920]), 67.
28. Djemal Pasha, *Memories of a Turkish Statesman*, 179.
29. Reid, *The Fighting Cameliers*, 98; Reid also noted he was issued with a gas mask before the Second Battle of Gaza (97). The British official history noted that gas was used for the first time on the Palestine front in the Second Battle of Gaza;

McMunn and Falls, *Military Operations*, 328.

30. Reid, *The Fighting Cameliers*, 102–110.

31. Rıfkı Atay, *Le mont des Oliviers*, 213–214; McMunn and Falls, *Military Operations*, 348, 350.

32. James Barr, *Setting the Desert on Fire: T. E. Lawrence and Britain's Secret War in Arabia, 1916–1918* (New York: W. W. Norton, 2008), 90–106.

33. Lawrence's first attack on the Hijaz Railway was on March 29–30 at the Abu al-Naam station. T. E. Lawrence, *Seven Pillars of Wisdom: A Triumph* (New York: Doubleday Doran and Co., 1936), 197–203.

34. Jafar al-Askari, *A Soldier's Story: From Ottoman Rule to Independent Iraq* (London: Arabian Publishing, 2003), 112–114. Al-Askari's capture in the Western Desert of Egypt is recounted in Chapter 10.

35. Ali Allawi, *Faisal I of Iraq* (New Haven, CT: Yale University Press, 2014), 94–95.

36. Barr, *Setting the Desert on Fire*, 135. Sykes, accompanied by Picot, met with Faysal and Sharif Husayn in Jeddah on 18 May 1917, to give the sharif the details of the Sykes-Picot Agreement, though suggesting a greater degree of Arab autonomy under French administration than was ever intended. Ibid., 138–141.

37. Lawrence, *Seven Pillars*, 298.

38. Lawrence, *Seven Pillars*, 300–312.

39. Much to the chagrin of Arab historians, Lawrence is credited with—indeed, took credit for—the occupation of Aqaba. As he wrote in *Seven Pillars*, "Akaba had been taken on my plan by my effort. The cost of it had fallen on my brains and nerves" (323). Ali Allawi, in *Faisal I of Iraq*, 95–96, notes how, in his 6 July report to Faysal, Sharif Nasir made "no mention of Lawrence's role in the planning and organisation for the attack". Lawrence, he argued, exaggerated his own role "in the full knowledge that the other actors, overwhelmingly Arab, were in no position to contradict or correct the story". See also Suleiman Musa, *T. E. Lawrence: An Arab View* (Oxford: Oxford University Press, 1966). Wingate cited in Barr, *Setting the Desert on Fire*, 160–161.

40. Lawrence, *Seven Pillars*, 322.

41. Cited in Barr, *Setting the Desert on Fire*, 166.
42. Eugene Rogan, *Frontiers of the State in the Late Ottoman Empire: Transjordan, 1851– 1920* (Cambridge: Cambridge University Press, 1999), 224–229.
43. From the unpublished memoirs of Salih al-Tall, the Irbid notable ordered to recruit the militia (236–237). I am most grateful to the late Mulhim al-Tall for permission to copy this valuable document.
44. The private papers of the commander of the Circassian Volunteer Force, Mirza Wasfi, are on deposit in the Jordanian National Archives in Amman, Jordan. On the volunteer cavalry, compare MW 5/17, docs. 6 and 10, 3–10 November 1916.
45. Odeh al-Goussous, *Mudhakkirat `Awda Salman al-Qusus al-Halasa* [Memoirs of Odeh al-Goussous al-Halasa, 1877–1943] (Amman: n.p., 2006), 84.
46. These efforts to court tribal leaders to counter Hashemite influence are described by Odeh al-Goussous in *Mudhakkirat `Awda Salman al-Qusus al-Halasa*, 84. The Ottoman archives preserve the citations for medals presented to tribal leaders in southern Syria; see the Prime Ministry Archives, Istanbul, DH-KMS 41/43 and 41/46 (August and September, 1916). On Lawrence's confrontation with Auda, see Lawrence, *Seven Pillars*, 355; Barr, *Setting the Desert on Fire*, 169–170.
47. This attack took place shortly after 17 July 1917. There is no mention of this engagement in Lawrence's *Seven Pillars of Wisdom*, no doubt because he was in Cairo at the time. Goussous, *Mudhakkirat `Awda Salman al-Qusus al-Halasa, 86–88. However*, lawrence did report on tribal loyalties to the Ottomans; see T. E. Lawrence, "Tribal Politics in Feisal's Area," *Arab Bulletin Supplementary Papers* 5 (24 June 1918): 1–5.
48. On the 24 June 1917, meeting and the formation of the Yıldırım Group, see Djemal Pasha, *Memories of a Turkish Statesman*, 182–193; Liman von Sanders, *Five Years in Turkey*, 173–184; Erickson, *Ordered to Die*, 166–172.
49. Bruce, *The Last Crusade*, 119–120.
50. Emin Çöl, *Çanakkale Sina Savaşları: bir erin anıları* [The Dardanelles and Sinai Campaigns: One Man's Memoirs] (Istanbul: Nöbetçi Yayınevi, 2009), 103–104.

51. Çöl, *Çanakkale Sina Savaşları*, 106–108. On the charge of the 4th Australian light Horse Brigade, see Roland Perry, *The Australian Light Horse* (Sydney: Hachette Australia, 2010), 3–13.

52. Cyril Falls and A. F. Becke, *Military Operations: Egypt and Palestine from the Outbreak of War with Germany to June 1917*, Part 1 (London: HMSO, 1930), 65.

53. Reid, *The Fighting Cameliers*, 139–147.

54. Chaim Weizmann, *Trial and Error* (New York: Harper and Brothers, 1949), 208; Tom Segev, *One Palestine, Complete: Jews and Arabs under the British Mandate* (London: Abacus Books, 2001), 43–50; Jonathan Schneer, *The Balfour Declaration: The Origins of the Arab-Israeli Conflict* (New York: Random House, 2010), 333–346.

55. Both sides suffered heavy casualties in the Palestine Campaign. By the conquest of Jerusalem, the British reported 18,928 dead and wounded and the Otomans 28,443 casualties. In addition, Allenby reported nearly 12,000 Turks taken prisoner. Bruce, *The Last Crusade*, 165.

56. Segev, *One Palestine, Complete*, 50–54.

57. The Imperial War Museum holds a copy of the thirteen-minute silent film “General Allenby’s Entry into Jerusalem”, which can be consulted online.

第十三章

1. NARA, Trebizond, Turkey, vol. 30, Miscellaneous Record Book, 1913–1918, entry of 23 March 1917. The Americans kept their consulate open through the Russian occupation of Trabzon, the consul keeping a brief log of political events in his Miscellaneous Record Book, from which all subsequent quotes have been drawn. See also Michael A. Reynolds, *Shattering Empires: The Clash and Collapse of the Ottoman and Russian Empires, 1908–1918* (Princeton, NJ: Princeton University Press, 2011), 167–190; Sean McMeekin, *The Russian Origins of the First World War* (Cambridge, MA: Harvard University Press, 2011), 224–235.

2. On the Russian publication of the Sykes-Picot Agreement and Cemal Pasha’s overtures to the Hashemites, see George

Antonius, *The Arab Awakening* (London: Hamish and Hamilton, 1938), 253–258; Ali Allawi, *Faisal I of Iraq* (New Haven, CT: Yale University Press, 2014), 108–112. Cemal's references to agreements struck between Britain, France, Russia, and Italy suggest the Bolsheviks had also published the terms of the 1917 Saint-Jean-de-Maurienne Agreement, in which Italy staked its claims to Ottoman territory in Anatolia.

3. Scott Anderson argues that T. E. Lawrence had shared details of the Sykes-Picot Agreement with Faysal as early as February 1917, though there is only circumstantial evidence to support this; see Scott Anderson, *Lawrence in Arabia: War, Deceit, Imperial Folly and the Making of the Modern Middle East* (London: Atlantic Books, 2013), 270–272; on the visit of Sir Mark Sykes and Georges Picot to Jeddah to brief Sharif Husayn, ibid., 314–319.
4. "The Hogarth Message" of January 1918, reproduced in J. C. Hurewitz, ed., *The Middle East and North Africa in World Politics* (New Haven, CT: Yale University Press, 1979), 2:110–111.
5. "Communication from the British Government to the King of the Hejaz, February 8, 1918," reproduced in Antonius, *Arab Awakening*, 431–432.
6. T. E. Lawrence, *Seven Pillars of Wisdom: A Triumph* (New York: Doubleday Doran and Co., 1936), 341.
7. Muhammad Ali al-Ajluni had deserted from the Ottoman army to join the Arab Revolt. He took part in the defence of Tafila, which he described in his memoirs, *Dhikrayat `an al-thawra al-`arabiyya al-kubra* [Memoirs of the Great Arab Revolt] (Amman: dar al-Karmil, 2002), 58–59. The Ottomans lost 200 men killed and 250 captured, whereas Arab losses were 25 dead and 40 wounded. James Barr, *Setting the Desert on Fire: T. E. Lawrence and Britain's Secret War in Arabia, 1916–1918* (New York: W. W. Norton, 2008), 225–227.
8. Lieutenant Colonel Guy Powles, cited in Terry Kinloch, *Devils on Horses: In the Words of the Anzacs in the Middle East, 1916–19* (Auckland: Exisle Publishing, 2007), 252.
9. Alec Kirkbride, a British adviser to the Arab army, noted in *An Awakening: The Arab Campaign, 1917–18* (Tavistock, UK: University Press of Arabia, 21), that he was to keep a pigeon loft in Aqaba and that "pigeons would be supplied to me, as necessary, for use in sending back my reports".

10. Jafar al-Askari, *A Soldier's Story: From Ottoman Rule to Independent Iraq* (London: Arabian Publishing, 2003), 138.
11. Bernard Blaser, *Kilts Across the Jordan* (London: Witherby, 1926), 208.
12. Otto Liman von Sanders, *Five Years in Turkey* (Annapolis: US Naval Institute, 1927), 211
13. Cyril Falls and A. F. Becke, *Military Operations: Egypt and Palestine from the Outbreak of War with Germany to June 1917* (London: HMSO, 1930), 2:1:348; A. Briscoe Moore, *The Mounted Riflemen in Sinai and Palestine* (Auckland: Whitcombe and Tombs, 1920), 115.
14. Liman von Sanders, *Five Years in Turkey*, 213.
15. IWM, papers of D. H. Calcutt, diary entry of 1 April 1918; see also the diary of J. Wilson, 35. D. G. Hogarth, "The Refugees from Es-Salt," *Arab Bulletin* (21 April 1918): 125; Blaser, *Kilts Across the Jordan*, 216.
16. Moore, *The Mounted Riflemen*, 115. Official casualty figures of 200 British dead and 1,000 wounded and of 400 Ottoman dead and 1,000 wounded were reproduced in W. T. Massey, *Allenby's Final Triumph* (London: Constable, 1920), and in Falls and Becke, *Military Operations*, Part 1, 347.
17. Askari, *A Soldier's Story*, 138–139.
18. Ajluni, *Dhikrayat*, 67–68; Barr, *Setting the Desert on Fire*, 236.
19. Askari, *A Soldier's Story*, 136–137, 142–146; Lawrence, *Seven Pillars*, 520; Edmond Bremond, *Le Hedjaz dans la guerre mondiale* (Paris: Payot, 1931), 268–269.
20. Both the anecdote about the townspeople of Maan resisting the Arab army and the morale-boosting speeches after the retreat from Maan are recounted by Tahsin Ali in *Mudhakkirat Tahsin `Ali, 1890–1970* [The Memoirs of Tahsin Ali] (Beirut: al-Mu'assasat al-`Arabiyya li'l-Dirasat wa'l-Nashr, 2004), 70–71.
21. David Stevenson, *1914–1918: The History of the First World War* (London: Penguin, 2005), 402–409.
22. Falls and Becke, *Military Operations*, 2:2:411–421.
23. Kinloch, *Devils on Horses*, 282–283.
24. Falls and Becke, *Military Operations*, 2:1:365–366.

25. IWM, papers of D. H. Calcutt, diary entry of 6 May 1918, 49–50. For other first hand accounts of the second Transjordan attack, see the diary of A. L. Smith; W. N. Hendry, "Experiences with the London Scottish, 1914–18"; Captain A. C. Alan-Williams, scrapbook vol. 2, loose-leaf diary, "Second Attempt to Capture Amman April 29th 1918"; diary of J. Wilson, 36–38.
26. French Military Archives, Vincennes, SS Marine Q 86, 21 May 1918, no. 23, "Jaussen"; French Military Archives, Vincennes, SS Marine Q 86, 29 May 1918, no. 31, "Salem ebn Aisa, Tawfik el-Halibi."
27. The following analysis draws on Michael Reynold's excellent study, *Shattering Empires*, 191–251, and W. E. D. Allen and Paul Muratoff's classic *Caucasian Battlefields: A History of the Wars on the Turco-Caucasian Border, 1828–1921* (Cambridge: Cambridge University Press, 1953), 457–496.
28. No one was more critical of the Caucasus campaign than Liman von Sanders, who argued in *Five Years in Turkey*, 268–269, that the extra resources sent to secure Kars, Ardahan, Batum, and Baku would better have served the empire's survival in Palestine and Mesopotamia.
29. Anthony Bruce, *The Last Crusade: The Palestine Campaign in the First World War* (London: John Murray, 2002), 215.
30. Liman von Sanders, *Five Years in Turkey*, 274.
31. Anonymised letter from an Indian soldier dated 28 October 1918, translated by British censors and bound in a collection of letters from Indian soldiers in Palestine. Cambridge University Library, D. C. Phillott Papers, GB 012 MS.Add.6170, 80–82.
32. Tawfiq al-Suwaydi, *My Memoirs: Half a Century of the History of Iraq and the Arab Cause* (Boulder, CO: Lynne Rienner, 2013), 71.
33. Cambridge University Library, D. C. Phillott Papers, letter dated 20 October 1918, 106–110.
34. On the 38th and 39th Battalions of the Royal Fusiliers, popularly known as the Jewish Battalions, see J. H. Patterson, *With the Judaeans in the Palestine Campaign* (London: Hutchinson, 1922). On French forces in the Palestine Campaign, see Falls and Becke, *Military Operations*, 2:2:419, 473.

35. Among Arab eyewitness accounts of the entry to Damascus, see Tahsin Ali, Mudhak-kirat, 78–82; Ali Jawdat, *Dhikrayat*, 66–72; Muhammad Ali al-Ajluni, *Dhikrayat*, 81–83.
36. Hubert Young, *The Independent Arab* (London: John Murray, 1933), 256–257.
37. Falls and Becke, *Military Operations*, 2:2:618; Erickson, *Ordered to Die*, 201.
38. The suffering of British and Indian POWs from the siege of Kut is recounted in Chapter 10. Charles Townshend, *My Campaign in Mesopotamia* (London: Thornton Butterworth, 1920), 374–385.
39. The terms of the armistice are reproduced in Hurewitz, *The Middle East and North Africa in World Politics*, 2:128–130.
40. Cambridge University Library, D. C. Phillott Papers, GB 012 MS.Add.6170, letter dated 27 October 1918, 78.

結論

1. Grigoris Balakian, *Armenian Golgotha* (New York: Vintage, 2010), 414.
2. Otto Liman von Sanders, *Five Years in Turkey* (Annapolis: US Naval Institute, 1927), 321–325; Balakian, *Armenian Golgotha*, 414–416.
3. Vahakn N. Dadrian and Taner Akçam, *Judgment at Istanbul: The Armenian Genocide Trials* (New York: Berghahn Books, 2011), 25–26.
4. Dadrian and Akçam, *Judgment at Istanbul*, 250–280.
5. From the transcript of the Key Indictment of 12 April 1919, published in *Takvîm-i Vekâyi* 3540 (27 Nisan 1335/27 April 1919), translated in full in Dadrian and Akçam, *Judgment at Istanbul*, 271–282.
6. Dadrian and Akçam, *Judgment at Istanbul*, 195–197; for Balakian's reflections on the trials, compare with *Armenian Golgotha*, 426–427.
7. Jacques Derogy, *Opération némésis: Les vengeurs arméniens* [Operation Nemesis: The Armenian Avengers] (Paris: Fayard, 1986).
8. For a recent study of Cemal's policies towards the Armenians, based on Ottoman archival sources, compare M. Talha

Çiçek, *War and State Formation in Syria: Cemal Pasha's Governorate During World War I, 1914–17* (London: Routledge, 2014), 106–141. On the death of Enver, see David Fromkin, *A Peace to End All Peace: Creating the Modern Middle East, 1914–1922* (London: André Deutsch, 1989), 487–488.

9. "Ottoman Memorandum to the Supreme Council of the Paris Peace Conference, 23 June 1919," in Hurewitz, *The Middle East and North Africa in World Politics*, 2:174–176.

10. The terms of the post-war peace treaties are analysed by Margaret MacMillan, *Peacemakers: The Paris Conference of 1919 and Its Attempt to End War* (London: John Murray, 2001).

11. "Article 22 of the Covenant of the League of Nations, 28 June 1919," in Hurewitz, *Middle East and North Africa in World Politics*, 2:179–180.

12. "Political Clauses of the Treaty of Sèvres, 10 August 1920," in Hurewitz, *Middle East and North Africa in World Politics*, 2:219–225.

13. "Tripartite (Sèvres) Agreement on Anatolia: The British Empire, France and Italy, 10 August 1920," in Hurewitz, *Middle East and North Africa in World Politics*, 2:225–228.

14. "The Turkish National Pact, 28 January 1920," in Hurewitz, *Middle East and North Africa in World Politics*, 2:209–211.

15. Liman von Sanders, *Five Years in Turkey*, 321–325.

16. Quoted in King Abdullah of Transjordan, *Memoirs of King Abdullah of Transjordan* (New York: Philosophical Library, 1950), 174. On the surrender of Fahri Pasha, see King Abdullah's memoirs, 174–180; James Barr, *Setting the Desert on Fire: T. E. Lawrence and Britain's Secret War in Arabia, 1916–1918* (New York: W. W. Norton, 2008), 308–309.

17. On the detention centres for North African soldiers of divided loyalties, or Centres de regroupement de repatriés indigènes, see Thomas DeGeorges, "A Bitter Homecoming: Tunisian Veterans of the First and Second World Wars" (PhD diss., Harvard University, 2006), 45.

18. A. H. Wilkie, *Official War History of the Wellington Mounted Rifles Regiment* (Auckland: Whitcombe and Tombs, 1924), 235–236; C. Guy Powles, *The New Zealanders in Sinai and Palestine* (Auckland: Whitcombe and Tombs, 1922), 266–

267; Roland Perry, *The Australian Light Horse* (Sydney: Hachette Australia, 2010), 492–496.

19. C. G. Nicol, *Story of Two Campaigns: Official War History of the Auckland Mounted Rifles Regiment, 1914–1919* (Auckland: Wilson and Horton, 1921), 242–244.

20. Reproduced in H. S. Gullett and Chas. Barrett, eds., *Australia in Palestine* (Sydney: Angus & Robertson, 1919), 78. See the equally sentimental poem "Old Horse o' Mine," in ibid., 149.

21. Anzac troops finally shipped out in midsummer 1919. The first New Zealand troops departed on 30 June, and the remainder departed on 23 July.

22. I provide a more detailed analysis of the post-war settlement in Chapter 6 of my *The Arabs: A History* (New York: Basic Books, 2009; London: Allen Lane, 2009). See also Kristian Coates Ulrichsen, *The First World War in the Middle East* (London: Hurst and Company, 2014), 173–201.

23. Egyptian Delegation to the Peace Conference, *White Book: Collection of Official Correspondence from November 11, 1918 to July 14, 1919* (Paris: Privately printed, 1919).

24. The commission's report noted that 222 of the 260 petitions received in Palestine, over 85 percent of the total, declared against the Zionist program. "This is the largest percentage in the district for any one point," they claimed. "Recommendations of the King-Crane Commission on Syria and Palestine, 28 August 1919," in Hurewitz, *Middle East and North Africa in World Politics*, 2:191–199.

25. "Anglo-French Declaration, 7 November 1918," in Hurewitz, *Middle East and North Africa in World Politics*, 2:112.

26. *Al-Istiqlal* newspaper, Najaf, 6 October 1920, cited in `Abd al-Razzaq al-Hasani, *al-`Iraq fi dawray al-ihtilal wa'l intidab* [Iraq in the Two Eras of the Occupation and the Mandate] (Sidon: al-`Irfan 1935), 117–118.

27. Roula Khalaf quoted the Islamic State's tweet in "Colonial Powers Did not Set the Middle East Ablaze," *Financial Times*, 29 June 2014.

ARCHIVAL SOURCES:

Archives New Zealand, Alexander Turnbull Library, Wellington, NZ

Trevor Holmden Papers, MS-Papers 2223

Cecil Manson Papers related to service in Royal Flying Corps 90-410

Francis McFarlane Papers, MS-Papers 2409

James McMillan, "40,000 Horsemen: A Memoir," MS X-5251

Australian War Memorial [AWM], Canberra, Australia

Diaries of C.E.W. Bean, accessed online www.awm.gov.au/collection/records/awm38.

Cambridge University Library, Cambridge, UK

D.C. Phillott papers, MS.Add.6170

The U.S. National Archives and Records Administration [NARA], College Park, Maryland

Record Group 84, U.S. Consular Archives

Baghdad:

Boxes 016 – 019 (1913-1914)

Volumes 0016 – 0030 (1915-1918)

Basra:

Boxes 002 – 005 (1913-1918)

Volume 0003 (1910-1918)

Beirut:

Volumes 0008-0010 (1910-1924), 0018 (1916-1917), 0180-0181 (1914), 0184, 0185 (1915), 0191 (1916), 0458 (1917-1919)

Dardanelles:

Volume 0005 (1914)

Istanbul:

Volumes 0277-0285 (1914)

Volumes 0292-0295 (1915)

Volumes 0307-0309 (1916)

Volumes 0315-0317 (1917)

Ourfa (Urfa):

Volume 0004 (1915)

Trebizond (Trabzon):

Volume 0030 (1913-1918)

Imperial War Museum [IWM], London, UK

Private Papers Collection

Anonymous Account of the Anzac Landing at Gallipoli, April 1915 (Doc.8684)

Anonymous Account of the Evacuation of Gallipoli, Jan 1915 (Doc.17036)

Major Sir Alexander Anderton (Doc.9724)

Ataturk's Memoirs of the Anafartalar Battles (K 03/1686)

Lt Col L.S. Bell Syer (Doc.7469)

W.R. Bird (Doc.828)

B. Bradshaw (Doc.14940)

Captured Turkish Documents, First World War (Doc.12809)

Commander H.V. Coates, RN (Doc.10871)

Staff Sergeant Henry Corbridge (Doc.16453)

Lt G.L. Drewry VC (Doc.10946)

Robert Eardley (Doc.20218)

M.O.F. England (Doc.13759)

Lt Col H.V. Gell (Doc.10048)

Maj. R. Haworth (Doc.16475)

Major G.L. Heawood (Doc.7666)

Capt R.L. Lecky (Doc.21099)

W.D. Lee (Doc.1297)

Letter from a Turkish Officer, 1915 (Doc.13066)

D. Moriarty (Doc.11752)

Capt A.T.L. Richardson (Doc.7381)

Col. R.B.S. Sewell (Doc.14742)

Major D.A. Simmons (Doc.21098)

J.McK. Sloss (Doc.13102)

Rev. H. Spooner (Doc.7308)

Major J.G. Stilwell (Doc.15567)

J. Taberner (Doc.16631)

Two Letters from Alexandria (Australian Soldier) (Doc.10360)

Major T.R. Wells (Doc.7667)

Middle East Centre Archive [MECA], St Antony's College, Oxford, UK

J. D. Crowdy Collection

Sir Wyndham Deedes Collection

Harold Dickson Collection

Sir Harold Frederick Downie Collection

Cecil Edmunds Collection

Sir Rupert Hay Collection

Sir Francis Shepherd Collection

A.L.F. Smith Collection

A.L. Tibawi Collection

Sir Ronald Wingate Collection

UNPUBLISHED DOCTORAL THESES:

Akin, Yigit, "The Ottoman Home Front During World War I: Everyday Politics, Society, and Culture," PhD diss. (Ohio State University, 2011).

Besikçi, Mehmet, "Between Voluntarism and Resistance: The Ottoman Mobilization of Manpower in the First World War," PhD diss. (Bogaziçi University, 2009).

DeGeorges, Thomas, "A Bitter Homecoming: Tunisian Veterans of the First and Second World Wars" PhD diss. (Harvard University, 2006).

Kilson, Robin, "Calling Up the Empire: The British Military Use of Non-white Labor in France, 1916–1920," PhD diss. (Harvard University, 1990).

Stoddard, Philip H.,"The Ottoman Government and the Arabs, 1911 to 1918: A Preliminary Study of the *Teşkilat-i Mahsusa*," PhD. diss. (Princeton University, 1963).

PUBLISHED SOURCES:

Abbott, G.F., *The Holy War in Tripoli* (London: Edward Arnold, 1912).

Abramson, Glenda, "Haim Nahmias and the labour battalions: a diary of two years in the First World War," *Jewish Culture and History* 14.1 (2013) 18-32.

`Abd al-Wahab, Akram, *Tarikh al-harb al-`alimiyya al-ula* [History of the First World War] (Cairo: Ibn Sina, 2010).

Abun-Nasr, Jamil, *A History of the Maghrib* (Cambridge: Cambridge University Press, 1971).

Abu Tubaykh, Jamil, ed., *Mudhakkirat al-Sayyid Muhsin Abu Tubaykh* (1910–1960) [The Memoirs of al-Sayyid Muhsin Abu Tubaykh] (Amman: al-Mu'assisa al-`Arabiyya, 2001).

Ahmad, Feroz, *From Empire to Republic: Essays on the Late Ottoman Empire and Modern Turkey*, 2 vols (Istanbul: Istanbul Bilgi University Press, 1908).

Ahmad, Feroz, *The Young Turks: The Committee of Union and Progress in Turkish Politics, 1908-1914* (Oxford: Oxford University Press, 1969).

Ahmad, Kamal Madhar, *Kurdistan during the First World War* (London: Saqi Books, 1994).

`Ajluni, Muhammad `Ali al-, Dhikrayat `an al-thawra al-`arabiyya al-kubra [Memories of the Great Arab Revolt] (Amman: Dar al-Karmil, 2002).

Akçam, Taner *A Shameful Act: The Armenian Genocide and the Question of Turkish Responsibility* (London: Constable, 2007).

Akçam, Taner, *The Young Turks' Crime Against Humanity: The Armenian Genocide and Ethnic Cleansing in the Ottoman Empire* (Princeton, NJ: Princeton University Press, 2012).

Aksakal, Mustafa, "Holy War Made in Germany? Ottoman Origins of the 1914 Jihad," *War in History* 18 (2011): 184–

199.

Aksakal, Mustafa, "Not 'by those old books of international law, but only by war': Ottoman Intellectuals on the Eve of the Great War," *Diplomacy and Statecraft* 15.3 (2004) 507-44.

Aksakal, Mustafa, "The Limits of Diplomacy: The Ottoman Empire and the First World War," *Foreign Policy Analysis* 7 (2011) 197-203.

Aksakal, Mustafa, *The Ottoman Road to War in 1914: The Ottoman Empire and the First World War* (Cambridge: Cambridge University Press, 2008).

\`Ali, Tahsin, *Mudhakkirat Tahsin \`Ali, 1890–1970* [The Memoirs of Tahsin Ali] (Beirut: al-Mu'assasat al-\`Arabiyya li'l-Dirasat wa'l-Nashr, 2004)

Allawi, Ali. A, *Faisal I of Iraq* (New Haven, CT: Yale University Press, 2014).

Allen, W.E.D., and Paul Muratoff, *Caucasian Battlefields: A History of the Wars on the Turco-Caucasian Border*, 1828-1921 (Cambridge: Cambridge University Press, 1953).

Anderson, Scott, *Lawrence in Arabia: War, Deceit, Imperial Folly and the Making of the Modern Middle East* (London: Atlantic Books, 2014).

Anonymous, *Australia in Palestine* (Sydney: Angus & Robertson, 1919).

Anonymous, *Thawrat al-\`Arab* [The Revolution of the Arabs] (Cairo: Matba\`a al-Muqattam, 1916).

Anonymous, *The Kia Ora Coo-ee: The Magazine for the Anzacs in the Middle East, 1918* (Sydney: Angus & Robertson, 1981).

Antonius, George, *The Arab Awakening* (London: Hamish Hamilton, 1938).

Arıkan, Ibrahim, *Harp Hatıralarım* [My War Memoirs] (Istanbul: Timaş Yayınları, 2007).

Arnoulet, François, "Les Tunisiens et la Première Guerre Mondiale (1914 -1918),"[The Tunisians and the First World War] *Revue de l'Occident Musulman et de la Méditerranée* 38 (1984) 47-61.

Arslan, Shakib, *Sira Dhatiyya* [Autobiography] (Beirut: Dar al-Tali\`a, 1969).

Askari, Jafar al-, *A Soldier's Story: From Ottoman Rule to Independent Iraq* (London: Arabian Publishing, 2003).

Aspinall-Oglander, C.F., *Military Operations: Gallipoli* (London: William Heinemann, 1929).

Association nationale pour le souvenir des Dardanelles et fronts d'orient, *Dardanelles, Orient, Levant, 1915–1921* (Paris: L'Harmattan, 2005).

Atay, Falih Rıfkı, *Le mont des Oliviers: L'empire Ottoman et le Moyen-Orient* [The Mount of Olives: the Ottoman Empire and the Middle East], *1914–1918* (Paris: Turquoise, 2009).

Atiyyah, Ghassan R., *Iraq, 1908–1921: A Political Study* (Beirut: Arab Institute for Research and Publishing, 1973).

Avcı, Halil Ersin, ed, *Çanakkale Şahitleri* [Martyrs of the Dardanelles] (Istanbul: Paraf Yayınları, 2011).

\`Azawi, \`Abbas, *Tarikh al-\`Iraq bayn ihtilalayn* [The history of Iraq between two occupations], vol. 8, 1872-1917, (Baghdad: Shirkat al-tijara wa'l-tiba\`a, 1956).

Balakian, Grigoris, *Armenian Golgotha: A Memoir of the Armenian Genocide, 1915–1918* (New York: Vintage, 2010).

Balakian, Peter, *Black Dog of Fate: A Memoir* (New York: Broadway, 1997).

Balakian, Peter, *The Burning Tigris: The Armenian Genocide and America's Response* (New York: HarperCollins, 2003).

Barr, James, *Setting the Desert on Fire: T. E. Lawrence and Britain's Secret War in Arabia, 1916–1918* (New York: W. W. Norton, 2008).

Behesnilian, Krikor, *Armenian Bondage and Carnage: Being the Story of Christian Martyrdom in Modern Times* (London: Gowans Bros, 1903).

Bekraoui, Mohamed, *Les Marocains dans la Grande Guerre 1914-1919* [The Moroccans in the Great War] (Casablanca: Commission Marocaine d'Histoire Militaire, 2009).

Berkes, Niyazi, *The Development of Secularism in Turkey* (New York: Routledge, 1998).

Bernard, Augustin, *L'Afrique du nord pendant la guerre* [North Africa during the war] (Paris: Les presses universitaires de France, 1926.

Bidwell, Robin, "The Brémond Mission in the Hijaz, 1916–17: A Study in Inter-allied Co-operation," in Robin Bidwell and Rex Smith, eds, *Arabian and Islamic Studies* (London: Longman, 1983) 182–195.

Bidwell, Robin, "The Turkish Attack on Aden 1915–1918," *Arabian Studies* 6 (1982) 171–194.

Blaser, Bernard, *Kilts Across the Jordan* (London: Witherby, 1926).

Bliss, Edwin M., *Turkey and the Armenian Atrocities* (London: T. Fisher Unwin, 1896).

Bloxham, Donald, *The Great Game of Genocide: Imperialism, Nationalism, and the Destruction of the Ottoman Armenians* (Oxford: Oxford University Press, 2005).

Braddon, Russell, *The Siege* (New York: Viking, 1969).

Brémond, Edourard, *Le Hedjaz dans la Guerre Mondiale* [The Hijaz in the World War] (Paris: Payot, 1931).

Brown, Judith, *Modern India: The Origins of an Asian Democracy*, 2nd ed. (Oxford: Oxford University Press, 1994).

Bruce, Anthony, *The Last Crusade: The Palestine Campaign in the First World War* (London: John Murray, 2002).

Buchan, John, *Greenmantle* (London: Hodder and Stoughton, 1916).

Bury, G. Wyman, *Arabia Infelix, or the Turks in Yamen* (London: Macmillan, 1915).

Bury, G. Wyman, *Pan-Islam* (London: Macmillan, 1919).

Busch, Briton Cooper, *Britain, India and the Arabs, 1914-1921* (Berkeley: University of California Press, 1971).

Çakmak, Fevzi, *Büyük Harp'te Şark Cephesi Harekâtı* [Operations on the Eastern Front of the Great War] (Istanbul: Türkiye Iş Bankası Kültür Yayınları, 2011).

Campbell Begg, R., *Surgery on Trestles* (Norwich: Jarrold & Sons, 1967).

Çanakkale Hatıraları [Dardanelles Memoirs], 3 vols, (Istanbul: Arma Yayınları, 2001– 2003).

Candler, Edmund, *The Long Road to Baghdad*, 2 vols, (London: Cassell, 1919).

Capitaine de Corvette X and Claude Farrère, "Journal de bord de l'expédition des Dardanelles (1915)," [Ship's log of the Dardanelles expedition] *Les œuvres libres* 17 (1922): 218–229.

Carver, Field Marshal Lord, *The National Army Museum Book of the Turkish Frong, 1914-18* (London: Pan, 2003).

Çetin, Fethiye, *My Grandmother: A Memoir* (London: Verso. 2008).

Chamberlin, Jan, *Shrapnel & Semaphore: A Signaller's Diary from Gallipoli* (Auckland: New Holland, 2008).

Charles-Roux, François, *L'expédition des Dardanelles au jour le jour* [Day by Day in the Dardanelles expedition] (Paris: Armand Colin, 1920).

Çiçek, M. Talha, *War and State Formation in Syria: Cemal Pasha's Governorate During World War I, 1914–17* (London: Routledge, 2014).

Chehabi, H.E., "An Iranian in First World War Beirut: Qasem Ghani's Reminiscences," in H.E. Chehabi, ed, *Distant Relations: Iran and Lebanon in the last 500 years* (London: I.B. Tauris, 2006) 120-32.

Clunie, Kevin and Ron Austin, eds., *From Gallipoli to Palestine: The War Writings of Sergeant GT Clunie of the Wellington Mounted Rifles, 1914–1919* (McCrae, Australia: Slouch Hat Publications, 2009).

Çöl, Emin, Çanakkale – Sina Savaşları: *Bir Erin Anıları* [The Wars in the Dardanelles and Sinai: One man's memoirs] (Istanbul: Nöbetçi Yayınevi, 2009).

Commandement de la IV Armée, *La verite sur la question syrienne* [The truth on the Syrian question] (Istanbul: Tanine, 1916).

Çulcu, Murat, *Ikdâm Gazetesi'nde Çanakkale Cephesi* [The Dardanelles Front in the *Ikdâm* Newspaper], 2 vols, (Istanbul: Denizler Kitabevi, 2004).

Dadrian, Vahakn N., and Taner Akçam, *Judgment at Istanbul: The Armenian Genocide Trials* (New York: Berghahn Books, 2011).

Darwaza, Muhammad `Izzat, *Nash'at al-Haraka al-`Arabiyya al-Haditha* [The Formation of the Modern Arab Movement] (Sidon and Beirut: Manshurat al-Maktaba al-`Asriyya, 2nd Edition 1971).

Das, Santanu, ed, *Race, Empire and First World War Writing* (Cambridge: Cambridge University Press, 2011).

Davison, Roderic H., "The Armenian Crisis, 1912–1914," *American Historical Review* 53 (April 1948): 481–505.

Dawn, C. Ernest, *From Ottomanism to Arabism: Essays on the Origins of Arab Nationalism* (Urbana: University of Illinois Press, 1973).

Dennis, Peter, et al., eds., *The Oxford Companion to Australian Military History* (Melbourne: Oxford University Press, 1995).

De Nogales, Rafael, *Four Years Beneath the Crescent* (New York: Charles Scribner's Sons, 1926).

Der-Garabedian, Hagop, *Jail to Jail: Autobiography of a Survivor of the 1915 Armenian Genocide* (New York: iUniverse, 2004).

Derogy, Jacques, *Opération némésis: Les vengeurs arméniens* [Operation Nemesis: The Armenian Avengers] (Paris: Fayard, 1986).

Djemal Pasha, *Memories of a Turkish Statesman – 1913-1919* (London: Hutchinson & Co., n.d.).

Douin, Georges, *L'attaque du canal de Suez (3 Février 1915)* [The attack on the Suez Canal] (Paris: Librairie Delagrave, 1922).

Ege, Abidin, *Harp Günlükleri* [War Diaries], (Istanbul: Türkiye Iş Bankası Kültür Yayınları, 2010).

Egyptian delegation to the Peace Conference, *White Book: Collection of Official Correspon-dence from November 11, 1918 to July 14, 1919* (Paris: Privately printed, 1919).

Elgood, P.G., *Egypt and the Army* (Oxford: Oxford University Press, 1924).

Elliot, B.A., *Blériot: Herald of an Age* (Stroud, UK: Tempus, 2000).

Emin, Ahmed, *Turkey in the World War* (New Haven, CT: Yale University Press, 1930).

Enver Paşa, *Kendi Mektuplarinda Enver Paşa* [Enver Pasha in His Own letters], M. Sükrü Hanioğlu, ed. (Istanbul: der Yayinlari, 1989).

Erden, Ali Fuad, *Paris'ten Tih Sahrasına* [From Paris to the desert of Tih] (Ankara: Ulus Basımevi, 1949).

Erickson, Edward J., *Gallipoli and the Middle East, 1914–1918: From the Dardanelles to Mesopotamia* (London: Amber Books, 2008).

Erickson, Edward J., *Gallipoli: The Ottoman Campaign* (Barnsley, UK: Pen & Sword Mili-tary, 2010.

Erickson, Edward J., *Ordered to Die: A History of the Ottoman Army in the First World War* (Westport, CT: Greenwood

Press, 2001).

Essayan, Zabel, *Dans les ruines: Les massacres d'Adana, avril 1909* [In the Ruins: The Adana Massacres, April 1909] (Paris: Libella, 2011).

Eti, Ali Rıza, *Bir Onbaşının doğu cephesi günlüğü* [Diary of a corporal on the Eastern Front], 1914-1915 (Istanbul: Türkiye Iş Bankası Kültür Yayınları, 2009).

Evans-Pritchard, E.E. *The Sanusi of Cyrenaica* (Oxford: Oxford University Press, 1954).

Falls, Cyril, *Armageddon, 1918: The Final Palestinian Campaign of World War I* (Philadelphia: University of Pennsylvania, 2003).

Falls, Cyril and A.F. Becke, *Military Operations, Egypt and Palestine from June 1917 to the End of the War* (London: H.M.S.O., 1930).

Fasih, Mehmed, *Gallipoli 1915: Bloody Ridge (Lone Pine) Diary of Lt. Mehmed Fasih* (Istanbul: Denizler Kitabevi, 2001).

Faydi, Basil Sulayman, ed., *Mudhakkirat Sulayman Faydi* [Memoirs of Sulayman Faydi] (London: Dar al-Saqi, 1998).

Fenwick, Percival, *Gallipoli Diary* (Auckland: David Ling, n.d.).

Findlay, J.M., *With the 8th Scottish Rifles, 1914–1919* (London: Blockie, 1926).

Ford, Roger, *Eden to Armageddon: World War I in the Middle East* (New York: Pegasus Books, 2010).

Francis, Richard M., "The British Withdrawal from the Bagdad Railway Project in April 1903," *The Historical Journal* 16.1 (1973) 168-78.

Fromkin, David, *A Peace to End All Peace: Creating the modern Middle East, 1914-1922* (London: Andre Deutsch, 1989).

Georgeon, François, *Abdulhamid II: le sultan calife* (Paris : Fayard, 2003).

Ghusein, Fâ'iz El-, *Martyred Armenia* (London: C. Arthur Pearson, 1917).

Gingeras, Ryan, *Sorrowful Shores: Violence, Ethnicity, and the End of the Ottoman Empire* (Oxford: Oxford University

Press, 2009).

Goussous, `Odeh al-, *Mudhakkirat `Awda Salman al-Qusus al-Halasa* [Memoirs of `Odeh al-Goussous al-Halasa], *1877–1943* (Amman: n.p., 2006).

Graves, Philip, *The Life of Sir Percy Cox* (London: Hutchinson, 1941).

Grey, Jeffrey, *A Military History of Australia*, 3rd ed. (Cambridge: Cambridge University Press, 2008).

Guépratte, P.E., *L'expédition des Dardanelles, 1914–1915* [The Dardanelles expedition] (Paris: 1935).

Gullett, H. S., and Chas. Barrett, eds., *Australia in Palestine* (Sydney: Angus & Robertson, 1919).

Günay, Selahattin, *Bizi kimlere bırakıp gidiyoursun türk? Suriye ve Filistin anıları* [To whom are you going to leave us, Turk? Memoirs of Syria and Palestine] (Istanbul: Türkiye Iş Bankası Kültür Yayınları, 2006).

Hadj, Messali, *Les mémoires de Messali Hadj, 1898–1938* [The memoirs of Messali Hadj] (Paris: J. C. lattès, 1982).

Hamilton, Ian, *Gallipoli Diary*, 2 vols (New York: George H. Doran, 1920).

Hamilton, Jill, *From Gallipoli to Gaza: The Desert Poets of World War One* (Sydney: Simon & Schuster Australia, 2003).

Hammond, J.M., *Battle in Iraq: Letters and diaries of the First World War* (London: The Radcliffe Press, 2009).

Hanioğlu, M. Sükrü, ed., *Kendi Mektuplarinda Enver Paşa* [Enver Pasha in His Own letters] (Istanbul: Der Yayinlari, 1989).

Hanioğlu, M. Sükrü, *Preparation for a Revolution: The Young Turks, 1902-1908* (New York: Oxford University Press, 2001).

Harper, Glyn, ed., *Letters from Gallipoli: New Zealand Soldiers Write Home* (Auckland: Auck-land University Press, 2011).

Hassani, Abd al-Razzaq al-, *al-`Iraq fi dawray al-ihtilal wa'l intidab* [Iraq in the Two Eras of the Occupation and the Mandate] (Sidon: al-`Irfan 1935).

Haynes, Jim, ed., *Cobbers: Stories of Gallipoli 1915* (Sydney: ABC Books, 2005).

Heine, Peter, "Salih Ash-Sharif at-Tunisi, a North African Nationalist in Berlin During the First World War," *Revue de l'Occident musulman et de la Mediterranée 33* (1982): 89–95.

Herbert, A.P., *The Secret Battle* (London: Methuen, 1919).

Herbert, Aubrey, *Mons, Anzac and Kut* (London: Hutchinson, 1919, rpt 1930).

Hogarth, D.G., "The Refugees from Es-Salt," *Arab Bulletin* (21 April 1918).

Holland, Robert, "The British Empire and the Great War, 1914–1918," in Judith Brown and Roger Louis, eds,, *The Oxford History of the British Empire*, vol. 4: *The Twentieth Century* (Oxford: Oxford University Press, 1999).

Hopkirk, Peter, *On Secret Service East of Constantinople: The Plot to Bring Down the British Empire* (London: John Murray, 2006).

Hovannisian, Richard G., ed, *Armenian Van/Vaspurakan*, (Costa Mesa, CA: Mazda, 2000).

Hovannisian, Richard G., ed, *The Armenian Genocide: History, politics, ethics* (Houndmills: Macmillan, 1992).

Hurewitz, J.C. , ed., *The Middle East and North Africa in World Politics*, 2 vols (New Haven and London: Yale University Press, 1975, 1978).

Hynes, James Patrick, *Lawrence of Arabia' Secret Air Force* (Barnsley UK: Pen & Sword, 2010).

Ihsanoglu, Ekmeleddin, *The Turks in Egypt and their Cultural Legacy* (Cairo: American University in Cairo Press, 2012).

Ilden, Köprülülü Şerif, *Sarıkamış* (Istanbul: Türkiye Iş Bankası Kültür Yayınları, 1999).

Inchbald, Geoffrey, *With the Imperial Camel Corps in the Great War* (Milton Keynes, UK: Leonaur, 2005).

Istekli, Bahtiyar, ed, *Bir teğmenin doğu cephesi günlüğü* [Diary of a lieutenant on the Eastern Front] (Istanbul: Türkiye Iş Bankası Kültür Yayınları, 2009).

Jacob, Harold F., *Kings of Arabia: The Rise and Set of the Turkish Sovranty in the Arabian Peninsula* (London: Mills & Boon, 1923).

Jacobson, Abigail, *From Empire to Empire: Jerusalem Between Ottoman and British Rule* (Syracuse: Syracuse University Press, 2011).

Jamil, Husayn, *al-`Iraq: Shihada siyasiyya, 1908-1930* [Iraq: a political testament, 1908-1930], (London: Dar al-Lam,

1987).
Jawdat, `Ali, *Dhikrayat 1900-1958* [Memoirs] (Beirut: al-Wafa', 1967).
Jones, E.H., *The Road to En-Dor* (London: John Lane The Bodley Head, 1921).
Jones, Ian, *The Australian Light Horse* (Sydney: Time-Life Books [Australia], 1987).
Kaligian, Dikran Mesrob, *Armenian Organization and Ideology under Ottoman Rule, 1908-1914* (New Brunswick and London: Transaction Publishers, 2011).
Kannengiesser, Hans, *The Campaign in Gallipoli* (London: Hutchinson & Co., n.d.).
Karakışla, Yavuz Selim, *Women, war and work in the Ottoman Empire: Society for the Employment of Ottoman Muslim Women, 1916-1923* (Istanbul: Ottoman Bank Archive and Research Centre, 2005).
Keogh, E. G., *The River in the Desert* (Melbourne: Wilke & Co., 1955).
Khoury, Dina Rizk, "Ambiguities of the Modern: The Great War in the Memoirs and Poetry of the Iraqis," in Heike Liebau, Katrin Bromber, Katharina Lange, Dyala Hamzah and Ravi Ahuja, eds, *The World in World Wars: Experiences, Perceptions and Perspectives from Africa and Asia* (Leiden and Boston: Brill, 2010) 313-40.
Khuwayri, Q.B., *al-Rihla al-suriyya fi'l-harb al-`umumiyya 1916* [The Syrian Journey During the General War, 1916] (Cairo: al-Matba`a al-Yusufiyya, 1921).
King Abdullah of Transjordan, *Memoirs of King Abdullah of Transjordan* (New York: Philosophical Library, 1950).
King, Jonathan, *Gallipoli Diaries: The Anzac's own story day by day* (Sydney: Simon & Schuster, 2003).
Kinloch, Terry, *Devils on Horses: In the Words of the Anzacs in the Middle East, 1916–19* (Auckland: Exisle Publishing, 2007).
Kirkbride, Alec, *An Awakening: The Arab Campaign, 1917-18* (Tavistock: University Press of Arabia, 1971).
Kitchen, James E., *The British Imperial Army in the Middle East: Morale and Military Identity in the Sinai and Palestine Campaigns, 1916-18* (London: Bloomsbury, 2014).
Köroğlu, Erol, *Ottoman Propaganda and Turkish Identity: Literature in Turkey during World War I* (London: I.B. Tauris,

2007).

Kundar, Ravinder, "The Records of the Government of India on the Berlin-Baghdad Railway Question," *The Historical Journal* 5.1 (1962) 70-79.

Larcher, M., *La guerre turque dans la guerre mondiale* [The Turkish War in the World War] (Paris: Etienne Chiron et Berger-Levrault, 1926).

Laurens, Henry, "Jaussen et les services de renseignement français (1915–1919)," in Géraldine Chatelard and Mohammed Tarawneh, eds, *Antonin Jaussen: Sciences sociales occidentales et patrimoine arabe* [Western social science and Arab patrimony] (Amman: CERMOC, 1999), 23–35.

Lawrence, T.E., *Oriental Assembly* (London: Williams and Norgate, 1939).

Lawrence, T.E., *Seven Pillars of Wisdom: A Triumph* (New York: Doubleday, Doran & Co., 1936).

Lawrence, T.E., "Tribal Politics in Feisal's Area," *Arab Bulletin Supplementary Papers* 5 (24 June 1918): 1–5.

Leclerc, Christophe, *Avec T. E. Lawrence en Arabie: La mission militaire francaise au Hedjaz, 1916–1920* [With T.E. Lawrence in Arabia: the French military mission to the Hijaz] (Paris: l'Harmattan, 1998).

Lehuraux, Léon, *Chants et chansons de l'Armée d'Afrique* [Songs of the Army of Africa] (Algiers: P. & G. Soubiron, 1933).

Leymonnerie, Jean, *Journal d'un poilu sur le front d'orient* [Diary of a French soldier on the Eastern front] (Paris: Pygmalion, 2003).

Liman von Sanders, Otto, *Five Years in Turkey* (Annapolis, MD: US Naval Institute, 1927).

Long, P.W., *Other Ranks of Kut* (London: Williams and Norgate, 1938).

Lüdke, Tilman, *Jihad Made in Germany: Ottoman and German Propaganda and Intelligence Operations in the First World War* (Münster: Lit Verlag, 2005).

Lynch, H.F.B., *Armenia : Travels and Studies, vol. 2: The Turkish Provinces* (London: Longmans, Green and Co, 1901).

Lyster, Ian, ed., *Among the Ottomans: Diaries from Turkey in World War I* (London: I.B.Tauris, 2010).

MacMillan, Margaret, *Peacemakers: The Paris Conference of 1919 and Its Attempt to End War* (London: John Murray, 2001).

MacMillan, Margaret, *The War that Ended Peace: How Europe Abandoned Peace for the First World War* (London: Profile, 2013).

MacMunn, George and Cyril Falls, *Military Operations: Egypt and Palestine from the Outbreak of War with Germany to June 1917* (London: H.M.S.O., 1928).

Maghraoui, Driss, "The 'Grande Guerre Sainte': Moroccan Colonial Troops and Workers in the First World War," *The Journal of North African Studies* 9.1 (Spring 2004) 1-21.

Mahari, Gurgen, *Burning Orchards* (n.p.: Apollo Press, 2007).

Mango, Andrew, Atatürk (London: John Murray, 1999).

Massey, W.T., *Allenby's Final Triumph* (London: Constable, 1920).

Massey, W. T., *The Desert Campaigns* (London: Constable, 1918).

Mazza, Roberto, ed, *Jerusalem in World War I: The Palestine Diary of Consul Conde de Ballobar* (London: I.B. Tauris, 2011).

McCarthy, Justin, *Muslims and Minorities: The Population of Ottoman Anatolia and the End of the Empire* (New York: New York University Press, 1983).

McCarthy, Justin, Esat Arslan, Cemalettin Taşkıran and Ömer Turan, *The Armenian Rebellion at Van* (Salt Lake City: University of Utah Press, 2006).

McDougall, James, *History and the Culture of Nationalism in Algeria* (Cambridge: Cambridge University Press, 2006).

McMeekin, Sean, *The Berlin-Baghdad Express: The Ottoman Empire and Germany's Bid for World Power, 1898–1918* (London: Allen Lane, 2010).

McMeekin, Sean, *The Russian Origins of the First World War* (Cambridge, MA: Harvard University Press, 2011).

McQuaid, Kim, *The Real and Assumed Personalities of Famous Men: Rafael de Nogales, T. E. Lawrence, and the Birth of the Modern Era, 1914–1937* (London: Gomidas Institute, 2010).

Mélia, Jean, *L'Algérie et la guerre* (1914–1918) [Algeria and the war] (Paris: Plon, 1918).

Mennerat, *Tunisiens héroïques au service de la France* [Heroic Tunisians in the service of France] (Paris: Berger-Levrault, 1939).

Menteşe, Halil, *Osmanli Mebusan Meclisi Reisi Halil Menteşe'nin Anilari* [Memoirs of the Speaker of the Ottoman Parliament Halil Menteşe] (Istanbul: Amaç Basimevi, 1996).

Mentiplay, Cedric, *A Fighting Quality: New Zealanders at War* (Wellington: A. H. & A. W. Reed, 1979).

Meynier, Gilbert, *L'Algérie révélée: La guerre de 1914–1918 et le premier quart du XXe siècle* [Algeria revealed: the war of 1914–1918 and the first quarter of the 20th century] (Geneva: Droz, 1981).

Miquel, Pierre, *Les poilus d'Orient* [French Soldiers of the East] (Paris: Arthème Fayard, 1998).

Mission Scientifique du Maroc, *Les Musulmans Francais et la Guerre* [French Muslims and the War], special issue of *Revue du Monde Musulman 29* (December 1914).

Moberly, F.J., *The Campaign in Mesopotamia, 1914–1918*, 4 vols. (London: H.M.S.O., 1923–1927).

Moore, A. Briscoe, *The Mounted Riflemen in Sinai and Palestine* (Auckland: Whitcombe and Tombs, n.d. [1920]).

Morgenthau, Henry, *Ambassador Morgenthau's Story* (Ann Arbor MI: Gomidas Institute, 2000) rpt 1918 edition.

Mortlock, Michael J., *The Egyptian Expeditionary Force in World War I* (Jefferson NC: McFarland, 2011).

Mouseley, E.O., *The Secrets of a Kuttite* (London: John Lane The Bodley Head, 1921).

Musa, Sulayman, *al-Thawra al-`arabiyya al-kubra, watha'iq wa asanid* [The Great Arab Revolt: documents and papers] (Amman: Da'irat al-thaqafa wa'l-funun, 1966).

Mushtaq, Talib, *Awraq ayyami, 1900–1958* [The pages of my life, 1900–1958] (Beirut: Dar al-Tali`a, 1968).

Nevinson, Henry W., *The Dardanelles Campaign* (London: Nisbet & Co., 1918).

Nicol, C.G., *Story of Two Campaigns: Official War History of the Auckland Mounted Rifles Regiment, 1914–1919* (Auckland: Wilson and Horton, 1921).

Öklem, Necdet, *1. Cihan Savaşı ve Sarıkamış* [The First World War and Sarikamiş] (Izmir: Bilgehan Basımevi, 1985).

Omissi, David, ed, *Indian Voices of the Great War: Soldiers' Letters, 1914–18* (Houndmills: Palgrave Macmillan, 1999).

Oral, Haluk, *Gallipoli 1915 Through Turkish Eyes* (Istanbul: Bahcesehir University Press, 2012).

Oran, Baskın, *MK: Récit d'un déporté arménien 1915* [M. K.: Narrative of an Armenian Deportee, 1915] (Paris: Turquoise, 2008).

Orga, Irfan, *Portrait of a Turkish Family* (1950; rpt. London: Eland, 1988).

Özdemir, Bülent, *Assyrian Identity and the Great War: Nestorian, Chaldean and Syrian Christians in the 20th Century* (Dunbeath, UK: Whittles Publishing, 2012).

Özdemir, Hikmet, *The Ottoman Army, 1914–1918: Disease and Death on the Battlefield* (Salt Lake City: University of Utah Press, 2008).

Özgen, Mehmet Sinan, *Bolvadinli Mehmet Sinan Bey'in harp hatiralari* [Bolvadinli Mehmet Sinan Bey's War Memoirs], (Istanbul: Türkiye Iş Bankası Kültür Yayınları, 2011).

Pamuk, Şevket, "The Ottoman Economy in World War I," in Stephen Broadberry and Mark Harrison, eds,*The Economics of World War I* (Cambridge: Cambridge University Press, 2005).

Parker, Gilbert, *Soldiers and Gentlemen* (Privately printed, 1981).

Pati, Budheswar, *India and the First World War* (New Delhi: Atlantic Publishers, 1996).

Patterson, J.H., *With the Judaeans in the Palestine Campaign* (London: Hutchinson, 1922).

Perreau-Pradier, Pierre and Maurice Besson, *L'Afrique du Nord et la Guerre* [North Africa and the War] (Paris: Félix Alcan, 1918).

Perry, Roland, *The Australian Light Horse* (Sydney: Hachette Australia, 2009).

Philips, Jock, Nicholas Boyack and E.P. Malone, eds, *The Great Adventure: New Zealand Soldiers Describe the First World War* (Wellington NZ: Allen & Unwin, 1988).

Philips Price, M., *War and Revolution in Asiatic Russia* (London: George Allen & Unwin, 1918).

Powles, C. Guy, *The New Zealanders in Sinai and Palestine* (Auckland: Whitcombe and Tombs, 1922).

Price, M. Philips, *War and Revolution in Asiatic Russia* (London: George Allen & Unwin Ltd., 1918)

Pugsley, Christopher, *Gallipoli: The New Zealand Story* (Auckland: Sceptre, 1990).

Pugsley, Christopher, *The ANZAC Experience: New Zealand, Australia and Empire in the First World War* (Auckland: Reed, 2004).

Qadri, Ahmad, *Mudhakkirati `an al-thawra al-`arabiyya al-kubra* [My memoirs of the Great Arab Revolt] (Damascus: Ibn Zaydun, 1956).

Qattan, Najwa al-, "Safarbarlik: Ottoman Syria and the Great War," in Thomas Philipp and Christoph Schumann, eds, *From the Syrian Land to the States of Syria and Lebanon* (Beirut: Orient-Institut, 2004), 163–174.

Reid, Frank, *The Fighting Cameliers* (1934; rpt. Milton Keynes, UK: Leonaur, 2005).

Rémond, Georges, *Aux campes turco-arabes: notes de route et de guerre en Tripolitaine et en Cyréanaique* [In the Turco-Arab camps : notes on the course of war in Tripolitania and in Cyrenaica] (Paris : Hachette, 1913).

Reynolds, Michael A., *Shattering Empires: The Clash and Collapse of the Ottoman and Russian Empires, 1908–1918* (Cambridge: Cambridge University Press, 2011).

Rida, Ahmad, *Hawadith Jabal `Amil, 1914–1922* [Events of Jabal `Amil] (Beirut: dar An-nahar, 2009).

Rogan, Eugene, *Frontiers of the State in the Late Ottoman Empire: Transjordan, 1851–1920* (Cambridge: Cambridge University Press, 1999).

Rogan, Eugene, *The Arabs: A History* (New York: Basic Books, 2009; London: Allen Lane, 2009).

Ruiz, Mario M, "Manly Spectacles and Imperial Soldiers in Wartime Egypt, 1914–1919," *Middle Eastern Studies* 45.3 (2009) 351–71.

Rumbold, Algernon, *Watershed in India, 1914–1922* (London: Athlone Press, 1979).

Rush, Alan, ed, *Records of Iraq, 1914–1966, vol. 1 : 1914–1918* (Cambridge: Archive Editions, 2001).

Sâbis, Ali Ihsan, *Birinci Dünya Harbi : Harp Hatırlaraım* [The First World War : My War Memoirs], 4 vols. (Istanbul :

Nehir Yayınları, 1991).

Sakakini, Khalil al-, *Yawmiyyat Khalil al-Sakakini* [Diary of Khalil al-Sakakini], *vol. 2, 1914–1918* (Jerusalem:Institute of Jerusalem Studies, 2004).

Salim, Latifa Muhammad, *Masr fi'l-harb al-`alimiyya al-ula* [Egypt in the First World War] (Cairo: Dar al-Shorouk, 2009).

Sandes, E.W.C., *In Kut and Captivity with the Sixth Indian Division* (London: John Murray, 1919).

Satia, Priya, *Spies in Arabia : The Great War and the Cultural Foundations of Britain's Covert Empire in the Middle East* (Oxford : Oxford University Press, 2008).

Schilcher, Linda Schatkowski, "The Famine of 1915–1918 in Greater Syria," in John Spagnolo, ed, *Problems of the Modern Middle East in Historical Perspective* (Reading, UK: Ithaca Press, 1992), 229–258.

Schneer, Jonathan, *The Balfour Declaration: The Origins of the Arab Israeli Conflict* (New York: Random House, 2010).

Scott, Keith Douglas, *Before ANZAC, Beyond Armistice: The Central Otago Soldiers of World War One and the Home they Left Behind* (Auckland: Activity Press, 2009).

Segev, Tom, *One Palestine, Complete: Jews and Arabs under the British Mandate* (London: Abacus Books, 2001).

Seward, Desmond, *Wings over the Desert: In Action with an RFC Pilot in Palestine, 1916–1918* (Sparkford, UK: Haynes Publishing, 2009).

Shadbolt, Maurice, *Voices of Gallipoli* (Auckland: Hodder and Stoughton, 1988).

Shafiq, Ahmad, *Hawliyat Masr al-siyasiyya* [The Political Annals of Egypt] (Cairo: Matba`a Shafiq Pasha, 1926).

Shaw, Stanford J., and Ezel Kural Shaw, *History of the Ottoman Empire and Modern Turkey, vol. 2: Reform, Revolution and Republic* (Cambridge: Cambridge University Press, 1977).

Sheffy, Yigal and Shaul Shai, eds, *The First World War: Middle Eastern Perspective* (Tel Aviv: Proceedings of the Israeli-Turkish International Colloquy, 2000).

Smith, Michael, *Fiery Ted, Anzac Commander* (Christchurch NZ: Privately printed, 2008).

Soualah, Mohammed, "Nos troupes d'Afrique et l'Allemagne," [Our African troops and Germany] *Revue africaine* 60 (1919) 494–520.

Spackman, W.C., *Captured at Kut: Prisoner of the Turks* (Barnsley, UK: Pen & Sword, 2008).

Stavrianos, L. S., *The Balkans since 1453* (London: Hurst, 2000).

Stevenson, David, *1914–1918: The History of the First World War* (London: Penguin, 2005).

Storrs, Ronald, *Orientations* (London: Readers Union, 1939).

Strachan, Hew, ed, *The Oxford Illustrated History of the First World War* (Oxford: Oxford University Press, 2000).

Strachan, Hew, *The First World War*, vol. 1: *To Arms* (Oxford: Oxford University Press, 2001).

Strachan, Hew, *The First World War* (London: Pocket Books, 2006).

Sunata, I. Hakkı, *Gelibollu'dan kafkaslara: Birinci Dünya Savaşı anılarım* [From Gallipoli to the Caucasus: My First World War memoirs] (Istanbul: Türkiye Iş Bankası Kültür Yayınları, n.d.).

Suny, Ronald Grigor, Fatma Muge Gocek and Morman M. Naimark, eds, *A Question of Genocide: Armenians and Turks at the End of the Ottoman Empire* (Oxford: Oxford University Press, 2011).

Suwaydi, Tawfiq al-, *My Memoirs: Half a Century of the History of Iraq and the Arab Cause* (Boulder, CO: Lynne Reiner, 2013).

Tamari, Salim, "Shifting Ottoman Conceptions of Palestine, Part 1: *Filastin Risalesi* and the two Jamals," *Jerusalem Quarterly* no. 47 (2011) 28–38.

Tamari, Salim, "With God's Camel in Siberia: The Russian Exile of an Ottoman Officer from Jerusalem," *Jerusalem Quarterly* no. 35 (2008) 31–50.

Tamari, Salim, *Year of the Locust: A Soldier's Diary and the Erasure of Palestine's Ottoman Past* (Berkeley: University of California Press, 2011).

Tamari, Salim and Issam Nassar, eds, *The Storyteller of Jerusalem: The Life and Times of Wasif Jawhariyyeh, 1904–1948* (Northampton MA: Olive Branch Press, 2014).

Tauber, Eliezer, *The Emergence of the Arab Movements* (London: Frank Cass, 1993).
Tergeman, Siham, *Daughter of Damascus* (Austin: Center for Middle Eastern Studies, 1994).
Tetik, Ahmet, Y. Serdar Demirtaş and Sema Demirtaş, eds, *Çanakkale Muharabeleri'nin Esirleri–Ifadeler ve Mektuplar* [Prisoners of War at the Çanakkale Battles–Testimonies and Letters], 2 vols (Ankara: Genelkurmay Basimevi, 2009).
Torau-Bayle, X., *La campagne des Dardanelles* [The Dardanelles Campaign] (Paris: E. Chiron, 1920).
Townshend, Charles, *When God Made Hell: The British Invasion of Mesopotamia and the Creation of Iraq, 1914–1921* (London: Faber and Faber, 2010).
Tozer, Henry Fanshawe, *Turkish Armenia and Eastern Asia Minor* (London: Longmans, Green and Co, 1881).
Travers, Tim, *Gallipoli 1915* (Stroud, UK: Tempus, 2004).
Trumpener, Ulrich, *Germany and the Ottoman Empire, 1914–1918* (Princeton: Princeton University Press, 1968).
Ulrichsen, Kristian Coates, *The First World War in the Middle East* (London: Hurst and Company, 2014).
Uyar, Mesut, "Ottoman Arab Officers between Nationalism and Loyalty during the First World War," *War in History* 20.4 (2013) 526–44.
Üzen, Ismet, *1. Dünya Harbinde Sina Cephesi ve Çöl Hatıraları* [Memoirs of the Desert and Sinai Front in the First World War] (Istanbul: Selis Kitaplar, 2007).
Uzuner, Buket, *The Long White Cloud—Gallipoli* (Istanbul: Everest, 2002).
Waite, Fred, *The New Zealanders at Gallipoli* (Auckland: Whitcombe and Tombs, 1919).
Wardi, `Ali al-, Lamahat ijtima`iyya min tarikh al-`Iraq al-hadith [Social Aspects of the Modern History of Iraq], vol. 4 (Baghdad: al-Maktaba al-Wataniyya, 1974).
Wavell, Archibald, Allenby: A study in greatness (London: George C. Harrap, 1940).
Weizmann, Chaim, *Trial and Error* (New York: Harper and Brothers, 1949).
Westlake, Ray, *British Regiments at Gallipoli* (London: Leo Cooper, 1996).
Wilcox, Ron, *Battles on the Tigris: The Mesopotamian Campaign of the First World War* (Barnsley, UK: Pen & Sword

Books, 2006).

Wilkie, A.H. *Official War History of the Wellington Mounted Rifles Regiment* (Auckland: Whitcombe and Tombs, 1924).

Wilson, Arnold T., *Loyalties Mesopotamia, 1914–1917* (London: Oxford University Press, 1936).

Wilson, Jeremy, *Lawrence of Arabia: The Authorised Biography of T.E. Lawrence* (London: Heinemann, 1989).

Wilson, Robert, *Palestine 1917* (Tunbridge Wells: Costello, 1987).

Witts, Frederick, *The Mespot Letters of a Cotswold Soldier* (Chalford, UK: Amberley, 2009).

Woodward, David R., *Hell in the Holy Land: World War I in the Middle East* (Lexington: University of Kentucky, 2006).

Yergin, Daniel, *The Prize* (New York: Free Press, 1992).

Young, Hubert, The Independent Arab (London: John Murray, 1933).

Younghusband, George, *Forty Years a Soldier* (London: Herbert Jenkins, 1923).

Zeine, Zeine N., *The Emergence of Arab Nationalism*, 3rd ed. (New York: Caravan Books, 1973).

Zürcher, Erik Jan, "Between Death and Desertion: The Experience of the Ottoman Soldier in World War I," *Turcica* 28 (1996): 235–258.

Zürcher, Erik Jan, *Turkey: A Modern History* (London: I.B. Tauris, 1993).

圖片來源

頁五〇　土耳其人從尖塔上對基督教徒開火。George Grantham Bain Collection, Prints & Photographs Division, Library of Congress (hereafter Bain Collection Library of Congress), LC-DIG-ggbain-50066.

頁九八　鄂圖曼軍在提比利亞（Tiberias）附近為「聖戰」招募軍隊。World War I in Palestine and Syria, Prints & Photographs Division, Library of Congress, LC-DIG-ppmsca-13709-00009.

頁一二二　佐森市的戰俘。Bain Collection, Library of Congress, LC-DIG-ggbain-18446.

頁一七一　阿爾達罕的鄂圖曼戰俘。Photo by Roger Viollet/Getty Images, 159147188.

頁一七五　第一次攻擊蘇伊士運河之前，在巴勒斯坦集合的鄂圖曼士兵。Middle East Centre Archive, St Antony's College, Oxford, Saunders Collection, Alb 5-4-003.

頁一九八　加里波利半島上的土耳其砲台。Bain Collection, Library of Congress, LC-DIG-ggbain-20341.

頁二〇一　「無敵號」沉沒。Bain Collection, Library of Congress, LC-USZ62-110854.

頁二一六　一九一五年四月二十五日早晨，澳洲軍隊在紐澳軍團灣登陸。Imperial War Museum, Q 112876.

頁二一八　凱末爾於加里波利。Imperial War Museum, Q 101744.

頁二三一　格雷戈里・巴拉奇昂，一九一三年。Permission of Peter Balakian, Balakian Family Archive.

頁二三九　梅赫美德・塔拉特帕夏，一九一五年。General Photographic Agency/Hulton Archive/Getty Images, #52782735.

頁二四八　亞美尼亞寡婦，一九一五年九月，土耳其。Bain Collection, Library of Congress, LC-DIG-ggbain-03954.

頁二五六　火砲登陸加里波利。Bain Collection, Library of Congress, LC-DIG-ggbain-19425.

頁二六〇　加里波利半島上的土耳其士兵。Bain Collection, Library of Congress, LC-DIG-ggbain-20342.

頁二六五　紐澳軍團在加里波利的刺槍衝鋒。Imperial War Museum, Q 13659.

頁二七〇　加里波利半島，一名皇家愛爾蘭燧發槍兵開土耳其狙擊手的玩笑。Imperial War Museum, Q 13447.

頁二八四　火砲與人員撤出蘇弗拉灣，一九一五年十二月。Imperial War Museum, Q 13637.

頁二九八　納西里耶的英國人搭在底格里斯河上的浮橋。Imperial War Museum, Q 34379.

頁三一一　土耳其步兵發動反攻。Imperial War Museum, HU 94153.

頁三四四　庫特圍城中虛弱的生還者。Imperial War Museum, Q 79446.

頁三六二　麥加的謝里夫胡笙（約一八五四～一九三一）。Imperial War Museum, Q 59888.

頁三七八　一九一六年二月，在耶路撒冷的恩瓦爾帕夏和傑馬勒帕夏。World War I in Palestine and Syria, Prints & Photographs Division, library of Congress, LC-DIG-ppmsca-13709-00069.

頁三九三　黎明時分的謝里夫費瑟勒營地，位於揚布附近的納克勒。Imperial War Museum, Q 58838.

頁四〇〇　鄂圖曼騎兵向前衝鋒。World War I in Palestine and Syria, Prints & Photographs Division, Library of Congress, LC-DIG-ppmsca-13709-00187.

頁四一二　巴格達陷落。Imperial War Museum, Q 24196.

頁四一八　一九一七年三月第一次加薩戰役後，鄂圖曼軍對打勝仗的士兵展示軍旗。Middle East Centre Archive, St Antony's College, Oxford, Estelle Blyth Collection, PA-1-995-006.

頁四一九　西奈半島的大英帝國駱駝騎兵團。Imperial War Museum, Q 105525.

頁四二〇　第二次加薩戰役中被毀的英國坦克車。G. Eric and Edith Matson Photograph Collection, Prints &

Photographs Division, Library of Congress, LC-DIG-matpc-05792 and LC-DIG-matpc-05793.

頁四二七　一九一七年七月六日，阿拉伯軍隊進入阿卡巴。Imperial War Museum, Q 59193.

頁四三七　加薩主要清真寺的廢墟，一九一七年。Middle East Centre Archive, St Antony's College, Oxford, Estelle Blyth Collection, PA-1-995-016.

頁四四二　耶路撒冷市長與第一批英國士兵相遇，一九一七年十二月九日。Middle East Centre Archive, St Antony's College, Oxford, Jerusalem and East Mission Slide B ox4-022.

頁四四三　阿倫比將軍在英軍占領的耶路撒冷聖城發表宣言。Middle East Centre Archive, St Antony's College, Oxford, PA-1-603-001.

頁四六九　圖勒凱爾姆附近的鄂圖曼戰犯，巴勒斯坦，一九一八年九月二十二日。Imperial War Museum, Q 12326.

頁四七〇　澳洲第二輕騎兵旅進入大馬士革。Imperial War Museum, Q 12379.

頁四七二　一九一八年十月一日，阿拉伯軍騎馬進入大馬士革。Imperial War Museum, Q 105670.

頁四七五　在巴格達市中心宣布休戰，一九一八年十月三十一日。Middle East Centre Archive, St Antony's College, Oxford, Bowman Collection, Album 2-05-2.

頁四九四　出席巴黎和會的埃米爾費瑟勒，一九一九年。Imperial War Museum, Q 105615.

中英對照及索引

人名

四畫

五畫

六畫

七畫

八畫

九畫

十畫

十一畫

十二畫

十三畫

十四畫

十五畫

十六畫

地點、建築

六畫

七畫

九畫

十畫

十一畫

十二畫

十三畫

十四畫

十九畫

二十畫

二十四畫

機構、組織

三至五畫

六至七畫

八畫

九畫

十畫

民族、國家

軍事、戰役

三至四畫

十一畫

十二畫

十三畫

十四畫

十五畫

十六畫

其他

七畫

八畫

九畫

十畫

十一畫

鄂圖曼帝國的殞落：一戰關鍵的東線戰場與現代中東的形成（百年紀念版）
（初版書名：鄂圖曼帝國的殞落：第一次世界大戰在中東）

作　　者　尤金・羅根（Eugene Rogan）
譯　　者　何修瑜
選 書 人　張瑞芳
審　　定　林長寬
責任主編　張瑞芳
編輯協力　李鳳珠
校　　對　李鳳珠、張瑞芳、林昌榮
版面構成　張靜怡
封面設計　陳文德
行銷統籌　張瑞芳
行銷專員　段人涵
出版協力　劉衿妤
總 編 輯　謝宜英
出 版 者　貓頭鷹出版

發 行 人　凃玉雲
發　　行　英屬蓋曼群島商家庭傳媒股份有限公司城邦分公司
　　　　　104 台北市中山區民生東路二段 141 號 11 樓
　　　　　畫撥帳號：19863813；戶名：書虫股份有限公司
城邦讀書花園：www.cite.com.tw　購書服務信箱：service@readingclub.com.tw
購書服務專線：02-2500-7718~9（週一至週五 09:30-12:30；13:30-18:00）
24 小時傳真專線：02-25001990~1
香港發行所　城邦（香港）出版集團／電話：852-2877-8606／傳真：852-2578-9337
馬新發行所　城邦（馬新）出版集團／電話：603-9056-3833／傳真：603-9057-6622
印 製 廠　成陽印刷股份有限公司
初　　版　2016 年 10 月／二版二刷 2023 年 11 月
定　　價　新台幣 720 元／港幣 240 元（紙本書）
　　　　　新台幣 504 元（電子書）
I S B N　978-986-262-586-6（紙本平裝）／978-986-262-588-0（電子書 EPUB）

讀者意見信箱　owl@cph.com.tw
投稿信箱　owl.book@gmail.com
貓頭鷹臉書　facebook.com/owlpublishing

國家圖書館出版品預行編目資料

鄂圖曼帝國的殞落：一戰關鍵的東線戰場與現代中東的形成／尤金・羅根（Eugene Rogan）著；何修瑜譯. -- 二版. -- 臺北市：貓頭鷹出版：英屬蓋曼群島商家庭傳媒股份有限公司城邦分公司發行, 2022.12
面；　公分.
譯自：The fall of the Ottomans: the Great War in the Middle East, 1914-1920
ISBN 978-986-262-586-6（平裝）

1. CST：第一次世界大戰　2. CST：中東史
3. CST：土耳其史

740.272　　111016954

本書採用品質穩定的紙張與無毒環保油墨印刷，以利讀者閱讀與典藏。